Introduction to Action Research:
Social Research for Social Change (2nd Edition)

사회개혁과
교육실천을 위한

실행연구 입문

Davydd J. Greenwood · Morten Levin 공저 | **변기용** 역

학지사

Introduction to Action Research:
Social Research for Social Change (2nd Edition)
by Davydd J. Greenwood and Morten Levin

역자 서문

사회과학으로서 교육행정학이 존재하는 이유는 무엇인가? 이 글을 읽는 독자 여러분은 도대체 왜 교육행정학을 공부하려고 하는가? 사람들마다 조금 다른 견해를 가지고 있겠지만 역자가 사회과학으로서 교육행정학을 공부하는 이유는 사회 체제의 일부로서 교육행정 체제와 여기서 발생하는 현상을 단순히 '이해'하고 '설명'하는 데 그치는 것이 아니라, 이러한 이해와 설명을 통해 우리 사회가 보다 나은 방향으로 발전할 수 있도록 교육행정 현실을 실제적으로 '개선'하는 데 있다.

하지만 최소한 역자가 보기에 현재 우리 학계에서는 교육행정 연구의 목적이 '현상의 이해나 설명'에 지나치게 경도되어 있고, '이해와 설명을 바탕으로 한 적용과 이를 통한 현실의 개선'이라는 본질적 문제는 상대적으로 경시해 온 경향이 적지 않다고 생각한다. 다시 말해, 교육행정학 '이론'과 '실천'의 괴리 현상이 학계의 고질적 문제로 자리 잡아 왔다는 것이다. 한국교육행정학회 학회장을 역임했던 두 분의 선배 교수들은 역자와 유사한 문제 인식하에 최근 10년여의 간격을 두고 다음과 같이 반복적으로 이러한 문제점을 지적하고 있다.

> 교육행정 이론은 교육행정 실천에 봉사해야 하며 실천적 수단으로 존재해야 한다. 교육행정 이론은 실천으로부터 문제를 제공받고 그 해결을 위한 노력으로써 형성되며 또한 그것은 실천을 통해서 재음미, 검증된다는, 즉 실천으로부터 이론으로, 이론으로부터 실천으로라는 순환에 의하여 교육행정과 교육행정학이 함께 발전할 수 있다(임연기, 2003, p. 344).[1]

사실 사회과학의 학문영역에서 이론과 실제의 관계는 동전의 앞뒤 면과 같아서

1) [역자 주] 임연기(2003). 한국 교육행정학의 학문적 특성과 과제. 교육행정학 연구, 21(1), 331-353.

> 한 몸을 이루고 있(다). …… 이론의 출처는 실제이고, 이론의 효용 가치는 실제를 통해서 확인될 수 있다는 점에서 이론과 실제는 불가분의 관계를 맺고 있다(신현석 외, 2014, p. 36).[2]

교육행정학회의 학회장을 역임했던 두 분의 주요 학자들에 의해 이루어지고 있는 이러한 반복적 문제 제기가 우리에게 주는 의미는 무엇일까? 긍정적으로 보자면 교육행정학계에 고착화된 문제에 대한 우려가 학계 차원에서 지속적으로 제기되고 있다는 신호로 보일 수도 있다. 하지만 조금 다른 시각으로 보자면, 이러한 문제 제기가 반복된다는 사실은 교육행정 이론과 현실의 괴리 현상에 대한 우려가 개별 학자 차원의 문제 제기에 그칠 뿐, 문제가 발생하고 고착화된 근본적 원인이 무엇인지 그리고 이를 해결하기 위한 방안은 무엇인지에 대한 학문공동체 차원의 논의와 개선 노력이 이제까지 매우 부족했다는 것을 방증해 주는 것일 수도 있다. 따라서 역자가 보기에는 날이 갈수록 이러한 문제가 오히려 악화되고 있고, 또한 무엇보다 문제가 되는 것은 현재로서는 이러한 문제가 해결될 기미조차도 보이지 않는다는 것이다.

역자는 이러한 문제 인식을 담아 2018년에 「한국 교육행정학의 학문적 정체성과 연구 방법론에 대한 비판적 성찰: 이분법적 배타성 극복을 통한 대안적 지점의 모색을 중심으로」라는 졸고를 『교육행정학연구』(36권 4호)에 발표한 바 있다. 이 논문에서 역자는 교육행정학계에서 이론과 실천의 괴리 현상이 고착화된 원인을 (1) 실체적 논의가 결여된 '이론(학문)지향적 연구'에 대한 막연한 가치 부여, (2) 평가 기준의 양화와 양적 연구의 오남용, (3) 질적 연구방식의 지나친 경직성 문제, (4) 가치·규범지향적 교육행정학 연구의 지나친 경직성에 따른 교육행정학의 인문학화, (5) 학문의 지속적 분화 경향으로 인한 분과학문 분야 간 연계 협력의 결여와 연구결과의 파편화의 다섯 가지로 요약하여 제시한 바 있다.

현시점에서 다시 생각해 보면 앞서 언급했던 이론과 실천의 괴리 현상이 발생한 원인에 대한 분석과 진단은 차라리 쉬웠다. 하지만 현재 우리 교육행정학계에 뿌리

---

2) [역자 주] 신현석, 안선회, 가신현, 주영효(2014). 교육행정학 연구의 학문지도: 한국 교육행정학의 블루오션 탐색. 한국교육학 연구, 20(2), 35-77.

내린 가장 큰 고질적 문제 중의 하나인 이론과 실천의 괴리를 과연 어디서부터 어떻게 풀어 나가야 할 것인지에 대한 해법을 찾아내는 문제는 정말 어려운 과업이라는 생각이 든다. 솔직히 내용적으로 해법을 찾아내는 작업도 어렵지만, 쟁점 이슈에 대한 우리 학계의 폐쇄적 · 단속적 논의 관행과 이러한 관행에 익숙해진 개별 학자들의 행태를 고려할 때 현실적으로 그러한 해법을 실천해 나가는 것은 더욱 힘들 것이기 때문이다. 상대적으로 가까운 교분을 가지고 있는 학계의 선후배 동료들과 이야기를 나누어도 모두 나름의 문제 인식은 가지고 있지만 해법이 전혀 다른 경우가 적지 않았고, 때로는 바쁜 일상에서 이런 종류의 고민을 하는 것 자체를 사치로 여기는 사람들도 적지 않았다.

하지만 상황이 그렇다고 해서 역자가 이 중차대한 문제에 대한 고민의 끈을 놓을 수는 없었다. 스스로 이러한 문제에 대해 끊임없이 고민을 하는 과정에서 사고의 진전을 위해 중요한 통찰력을 준 몇 가지 논문과 책들도 찾을 수 있었다.

- 권향원(2017). 행정이론의 한국화를 위한 연구방법 및 이론화 전략. **한국행정학보**, 51(2), 1-31.
- 권향원, 최도림(2011). 근거이론적 방법의 이론화 논리에 대한 이해: 한국행정학의 비맥락성과 방법론적 편향성 문제를 중심으로. **한국행정학보**, 45(1), 275-302.
- 신현석(2017). 한국 교육행정학의 정체성: 이론 탐색의 의의와 지향성. **교육행정학연구**, 35, 195-232.
- 이영철(2006). 사회과학에서 사례연구의 이론적 지위: 비판적 실재론을 바탕으로. **한국행정학보**, 40(1), 71-90.
- Flyvbjerg, B. (2011). Case study. In N. K. Denzin & Y. S. Lincoln (Eds.), *The handbook of qualitative research* (3rd ed., pp. 301-317). Thousand Oaks, CA: Sage.
- Greenwood, D. J., & Levin, M. (2000). Reconstructing the relationships between universities and society through action research. In N. K. Denzin & Y. S. Lincoln (Eds.), *The handbook of qualitative research* (2nd ed., pp. 85-106). Thousand Oaks, CA: Sage.
- Greenwood, D. J., & Levin, M. (2005). Reform of the sciences and of universities

through action research. In N. K. Denzin & Y. S. Lincoln (Eds.), *The handbook of qualitative research* (2nd ed., pp. 43-64). Thousand Oaks, CA: Sage.

- Heron, J., & Reason, P. (1997). A participatory inquiry paradigm. *Qualitative Inquiry, 3*, 274-294.
- Yin, R. (2014). *Case study research: Desing and methods* (5th ed.). SAGE Publication.

상기 논문과 책들은 역자가 오랜 동안 고민해 왔던 문제들에 대한 해법을 찾는 데 도움을 주는 나름의 단초들을 부분부분 제공해 주었다. 특히 2017년 봄, 역자가 우연히 Greenwood and Levin(2000, 2005)의 글들을 읽던 순간 갑자기 '실용적 실행연구(Pragmatic Action Research)'라는 단어가 뇌리를 치면서, 역자에게 '이거다!'라는 커다란 깨달음을 주었다. 실행연구 전반에 대해 좀 더 자세히 공부하고 싶어 이들이 쓴 단행본[Greenwood, D., & Levin, M. (2007). *Introduction to action research. Social Research for Social Change*, SAGE]을 구입하여 밤을 새워 가며 단숨에 읽었다. 아울러 혼자만 그러한 생각을 가지는 것이 너무 아쉬워 그해 여름방학 동안 학생들과 저녁마다 스터디를 했다. 무더운 7~8월 중 일과를 마치고 밤 7시부터 10시까지 6주간 진행된 스터디를 통해 학생들은 많이 지친듯했지만, 역자는 새로운 돌파구를 발견한 것 같은 기쁨에 당시 피로도 제대로 느끼지 못했던 것 같다. 2017년 여름 대학원 학생들과 스터디를 시작한 후 만 2년 이상을 격한 2020년 비로소 출간되는 Greenwood and Levin(2017)의 번역본은 이러한 역자의 오랜 고민과 지속적 학습의 결과로 나타난 조그만 성과물이라고 할 수 있다.

실행연구에 대한 이 번역본은 또한 2018년 역자가 발표한 졸고에 대한 후속작업의 성격도 있다. '교육행정학의 성격에 맞는 질적 연구방법의 탐색'이라는 문제의식하에 추진되고 있는 역자의 저술 작업 중 실행연구에 대한 이번 번역본은 역자의 문제 인식을 철학적으로 뒷받침하는 것이라고 할 수 있다.[3] 즉, 앞서 밝혔듯이 Greenwood and Levin(2007)이 주창한 실용적 실행연구는 (1) 연구는 실제 문제해

3) [역자 주] 한편, 현재 역자가 집필하고 있는 『근거이론: 교육행정학 연구를 위한 질적 연구 방법론의 확장(가제)』은 이러한 역자의 문제 인식을 연구방법론 측면에서 뒷받침하는 것이라고 할 수 있다.

결을 위해 수행되어야 한다, (2) 연구의 타당성은 해당 연구가 얼마나 문제의 해결가능성을 가지고 있느냐에 달려 있다는 기본 입장을 견지하고 있다. 이러한 실행연구의 철학적 지향성은 교육행정 현실을 실제적으로 '개선'하기 위해 교육행정 연구를 한다는 역자의 입장과 정확히 맞아떨어지고 있다.

이 책의 원저자인 Greenwood and Levin(2007)은 "현재 사회과학의 주류를 이루고 있는 전통적인 사회과학 연구자들은 이론적 조작(theoretical manipulation)에 적합하도록 현실을 다루기 쉽게 단순화하고, 지배적인 학문분야 카르텔들(예컨대, 학회)에 의한 관리에 보다 적합하도록 그리고 정부와 기업 등 재정과 권력을 가진 지배자들의 권력 구조를 유지 · 재생산할 수 있도록 사회과학의 세계를 현실과 괴리시키는 경향을 강화시켜 왔다"고 주장한다. 나아가 "이러한 전통적 사회과학은 역동적인 사회변화 과정을 촉진하거나 이에 대한 비전을 제시하지 못하고 있으며, 연구자들은 자신들이 단순히 '과학'을 하고 있다는 자부심에 취해 사회적으로 필요한 행동이나 현실 개선을 위한 문제해결이 자신들의 책임이 아니라는 소극적인 생각을 가지고 있다"고 비판한다. 특히 이들 전통적 사회과학자는 "사회과학 연구가 실천과 적용의 맥락으로부터 분리되어야 한다고 주장함으로써 사회과학자들이 실제 사회에서 논쟁이 되고 있는 현안 이슈에 대해서는 연구하지 않는 것이 관행처럼 되고 있다"는 비판을 곁들이고 있다.

이러한 학계의 분위기 속에서 "새로 학문공동체에 들어온 학문 후속세대들도 이러한 이론과 실제의 괴리를 당연한 것으로 받아들이고, 사회과학 이론과 실천의 괴리에 대해 기본적 문제 인식마저 갖지 못하도록 사회화되고 있다"고 한탄한다. 그럴듯해 보이는 고차원적 통계 기법에 취하여 현실에 대한 적용가능성을 도외시한 채 실제 문제가 발생하고 있는 맥락을 완전히 사상해 버리고 있는 상당수 문제 있는 양적 연구와, 모든 지식은 맥락 특수화된 것이기 때문에 이에 근거해서 일반화된 지식을 도출하는 것은 타당하지 않다고 주장하는 학문적 자기모순의 늪에 빠져 있는 인식론적 상대주의에 기초한 질적 연구가 커다란 영향력을 미치고 있는 우리 교육행정학계도 이러한 Greenwood and Levin(2007)의 비판에서 자유로울 수 없다고 생각한다.

역자가 지난 10년이 넘는 세월 동안 치열하게 고민하는 과정에서 이와 관련해 스스로 가슴에 품었던 근본적 질문들은 크게 보면 다음의 세 가지로 요약될 수 있다.

첫째, 교육행정학계에서 학자들이 금과옥조처럼 말하고 있는 '이론'이란 무엇인가? 소위 이론지향적 연구는 실천지향적 연구보다 우월한 것인가? 둘째, 이러한 이론은 어떤 방식으로 생성 · 축적될 수 있는가? 셋째, 이론과 실천의 간극을 줄이기 위해 현 시점 교육행정학에서 가장 시급하게 해야 할 일은 무엇인가? 역자가 보기에 Greenwood and Levin(2007)이 제안한 실행연구는 역자가 품고 있던 이러한 근본적 질문에 대한 해답을 최소한 일정 부분 제공해 주고 있다고 생각한다. 이론과 실천의 괴리라는 고질적 문제를 해결하기 위한 하나의 연구 형태로서 실행연구는 다음과 같은 특징을 지니고 있다.

- 실행연구는 맥락 의존적인 특정한 현장의 실제 문제를 총체적 관점(holistic perspective)에서 다룬다. 연구문제는 외부 전문가와 문제해결을 원하는 내부 구성원들 간 공동으로 설정한다.
- 실행연구는 질적 연구뿐 아니라 양적 연구를 포함한 활용 가능한 모든 연구방법을 사용한다.
- 실행연구는 외부 연구자와 내부 구성원들의 협력적 의사소통을 통한 새로운 지식의 창출(cogenerative knowledge creation)을 강조한다. 특히 내부 구성원들의 다양한 경험과 역량을 연구 · 실행과정의 풍성화를 위한 중요한 계기로 생각한다.
- 실행연구는 도출된 해결책의 적용, 해결책 및 실행과정에 대한 학습(learning)과 성찰(reflection)을 강조한다. 탐구과정에서 만들어진 새로운 의미들은 실제적 조치로 이어지거나 또는 이러한 조치에 대한 성찰들이 다시 새로운 의미의 구축(학습과정)으로 이어진다.
- 실행연구 지식의 신뢰성과 타당성은 지식으로부터 도출된 조치가 문제를 해결할 수 있는지(문제해결 가능성, workability)와 자기 자신의 상황에 대해 연구 참여자들이 자체적인 통제력을 증진시킬 수 있는지 여부에 달려 있다. 즉, 내부 구성원들이 해당 연구의 결과(제언)에 따라 자신들의 운명을 걸고 기꺼이 행동할 것인가의 여부로 판단된다.
- 실행연구 보고서는 통상적으로 사례연구 보고서의 형식을 가진다.

이러한 실행연구의 특징을 우리 교육행정학계의 현실 분석에 기초한 역자의 문제 인식과 결부시켜 보다 구체적으로 언급해 보자면 다음과 같다. 먼저, 사회과학으로서 교육행정학 연구에서는 소위 '학문성'뿐만 아니라 '실천성'도 그에 못지않게 중요하다. 즉, 우리 학계를 최소한 상당 부분 지배하고 있는 것으로 보이는 소위 "이론 지향적 연구는 실천지향적 연구보다 우월하다"는 주장을 실행연구는 정면으로 거부한다. 단순히 개념, 명제, 이론을 아는 초보적 전문가에서 한 걸음 더 나아가 이러한 이론들을 서로 다른 맥락에 어떻게 적용할 것인지에 대한 통찰력을 가진 숙련된 전문가가 되는 것이 사회의 개혁과 발전을 위해 훨씬 중요하기 때문이다. 화려한 피아노 연주 기법을 모두 숙달한다고 해서 바로 일류 피아니스트가 되는 것이 아니라, 그러한 기법을 특정한 시기와 장소에 모여 있는 청중과 교감할 수 있도록 자신만의 고유한 방식으로 연주할 수 있는 방법을 깨달았을 때 비로소 거장이 되는 것과 같은 이치라고 할 수 있다. 현장과 괴리된 채 교실에서 배운 이론적 지식만으로 사회 현실을 개선할 수 있는 진정한 전문가가 될 수 있다고 생각하는 것은 현실과 인간을 다루는 사회과학에서는 애시당초 어불성설이다.

둘째, 실행연구에서 지식은 외부 전문가로서 연구자와 오랜 기간 현장 경험을 바탕으로 경험적 지식을 체화하고 있는 내부자가, 의도적으로 구성된 협동적 의사소통 과정을 통해 공동으로 생성해 낸다. 따라서 실행연구에서 생성된 모든 지식은 맥락 기속적(context-bounded)인 실체적 지식(substantive knowledge)의 형태를 띤다. 그 당연한 귀결로서 실행연구에서 '일반화'는 양적 연구에서 말하는 통계적 일반화와는 다른 논리를 가진다. 실행연구에서 일반화는 과거에 특정한 맥락에서 산출되었던 맥락 기속적 지식을 새로운 맥락에서 어떻게 적용할 것인지와 관련된 가능성과 방법을 판단하는 적극적인 성찰의 과정이라고 볼 수 있다.

즉, 실행연구에서 산출된 지식들을 다른 맥락에서 활용할 때의 요체는 (1) 해당 지식이 창출되었던 특정한 맥락적 조건에 대한 이해와 (2) 창출된 지식이 적용될 새로운 맥락적 조건에 대한 이해라고 할 수 있다. 이것은 해당 지식이 창출된 맥락과 어떠한 차이가 있는지, 그리고 해당 지식을 새로운 맥락에 적용했을 때 어떠한 결과가 발생할 것인지에 대한 성찰을 포함하는 것이다. 이런 의미에서 실행연구는 연구자 자신의 학습을 위해서도 매우 중요한데, 이는 "구체적인 경험은 연구되는 현실과 지속적으로 친밀성을 유지하고 연구대상으로부터 환류를 함으로써 얻어질 수" 있으며, "연구대상으로부터 너무 멀리 떨어지거나 환류가 부족하면 학습과정은 무의미하게 되고, 연구의 결과나 유용성이 불분명하고 검증되지 않는 의례적인 학문적 막다른 골목에 봉착하게 된다"는 Flyvbjerg(2011)의 주장과도 일치하는 것이다.

따라서 이러한 실행연구의 관점에 따르면 우리나라 상황에 맞는 토착적 이론 구축을 위해 현재 우리 교육행정학에 가장 필요한 이론은 적절한 조직적 · 상황적 맥락에서 타당성을 가질 수 있는 '중범위 이론'이라고 할 수 있다.

셋째, 실행연구는 연구방법에 따라 연구문제가 결정되기보다는 연구문제에 따라 연구방법이 결정된다는 실용적인 입장을 견지하고 있다. 실용주의에 기초한 해석 틀을 가진 연구자들은 연구방법론에 대한 관심보다는 연구되는 문제와 문제에 대한 해결책에 보다 관심을 가지고, 연구자들은 연구의 필요와 목적에 가장 부합하는 연구방법, 기술, 절차를 '자유롭게' 선택할 수 있다고 믿는다(Cresswell, 2013).[4] 즉, 모든 방법론적 논의는 배타적인 관점에서 상호 배척하기보다는 맥락에 따라 서로 대등하게 타당하다는 점을 자각하는 것이 무엇보다 중요하며, 이러한 유연한 사고가 전제될 때 이분법적 배타성을 극복하고 패러다임과 연구방법들 간의 장점을 극대화할 수 있는 '실용적인 상호작용과 소통'이 가능할 수 있다고 보는 것이다(권향원, 2011).[5] 이러한 실행연구의 관점에 따르면 거시적 측면에서 이론의 생성 · 축적을 위해서는 질적 · 양적 연구의 상보적 역할이 필요하고, 질적 연구는 구성주의(해석주의)적 관점뿐만 아니라 다양한 탐구 패러다임에 기초하여 수행될 수 있다.

천재 물리학자인 Einstein은 "같은 방식으로 일하면서 다른 결과를 기대하는 것처럼 어리석은 일은 없다"라는 명언을 남겼다. 그동안 우리 교육행정학계는 어쩌면 '이론과 실천의 괴리'라는 문제 상황을 초래했던 연구방식을 전혀 고치지 않은 채 계속 동일한 방식으로 연구를 수행하면서, 이론과 실천의 괴리라는 고질적 문제가 왜 개선되지 않는지 한탄만을 해 온 것이 아닌가 하는 생각이 든다. 교육행정 이론과 실천의 괴리 현상을 해소해 나가기 위해서는 양적 연구에 기초한 지나친 광범위 이

---

4) [역자 주] Cresswell, J. W. (2013). *Qualitative inquiry and research design: Choosing among five approaches* (3rd ed.). Los Angeles: SAGE Publications.

5) [역자 주] 권향원, 최도림(2011). 근거이론적 방법의 이론화 논리에 대한 이해: 한국행정학의 비맥락성과 방법론적 편향성 문제를 중심으로. 한국행정학보, 45(1), 275-302.

6) [역자 주] Schwandt, T. A. (2000). Three epistemological stances for qualitative inquiry: Interpretivism,

론이나 강한 구성주의적(Schwandt, 2000)[6] 질적 연구에 경도된 지나친 협범위 이론에서 벗어나, 우리 교육행정 현실을 보다 적절하게 설명할 수 있는 현장에 기초한 맥락 기속적 실체이론을 만드는 데 보다 큰 관심과 노력을 기울여 나가야 한다. 이를 기초로 이러한 실체이론이 보다 다양한 맥락에서 적용가능성을 검증받은 '다맥락적 중범위 이론'으로 발전될 수 있도록 하는 단계적 접근방식이 필요한 것이다.

결국 '우문현답(우리의 문제는 현장에 답이 있다)'이 바로 문제에 대한 해답이다. 아울러 이를 위한 가장 효과적인 접근방법 중의 하나가 바로 Greenwood and Levin(2007)이 주창하고 있는 실행연구인 것이다.[7] 실행연구는 응용지향적 학문임에도 불구하고 그동안 지나치게 소위 '이론지향적 연구'에만 우월한 가치를 부여하면서, 실제 학교와 대학의 교육 현실 개선에는 상대적으로 제한된 역할만을 수행해 온 기존의 우리 교육행정학계의 잘못된 연구 편향성과 이에 따른 연구방법상의 한계를 보완할 수 있는 상당한 가능성과 잠재력을 가지고 있다고 생각한다.

이 책은 총 4부 17개 장으로 구성되어 있다. 복잡다기한 실행연구의 분파에 대한 소개와 함께 실행연구가 기반하고 있는 인식론, 철학적 배경을 원저자들의 해박한 지식에 기초하여 현학적으로 설명하고 있는 부분이 많아 번역은 결코 쉬운 작업이 아니었다. 2017년 7월에 시작한 고려대학교 일반대학원 교육학과 대학원생들과의 스터디 과정을 포함하여 만 2년이 넘는 기간 동안 역자와 학생들 간 협업을 통해 고통스러운 번역 작업이 이루어졌다.

먼저, 2017년 역자는 여름방학 스터디를 통해 대학원생들로 하여금 각각 자기가 맡은 장을 초벌 번역하게 하면서 이를 통해 기본적 문제 인식의 공유와 실행연구에 대한 학습을 진행하였다.[8] 다른 바쁜 일을 핑계로 잠시 미루어 두었다가 역자가 연

hermeneutics, and social constructivism. In N. K. Denzen & Y. S. Lincoln (Eds.), *The SAGE handbook of qualitative research* (pp. 189-200).

7) [역자 주] 역자는 이와 함께 현장으로부터 우리의 행정 현실을 설명할 수 있는 개념을 채집하고, 이를 통해 이론화를 추구하는 근거이론(grounded theory)과 같은 귀납적-질적 연구방법 또한 실체이론과 중범위 이론을 생성해 내는 주요한 연구방법 중 하나라는 점을 앞에 언급했던 졸고에서 주장한 바 있다.

8) [역자 주] 제1장은 김연, 제2장은 송인영/홍지오, 제3장은 남미자/조성우, 제4장은 이예슬, 제5장은 김동현, 제6장은 이희영, 제7장은 박해경, 제8장은 선애경, 제9장은 서경화, 제10장은 신범철, 제11장은 유재경/윤지희, 제12장은 정양순, 제13장은 장정현, 제14장은 백상현/장지영, 제15장은 권경만, 제16장은 이상향, 제17장은 박준회가 초벌 번역에 참여해 주었다.

구학기를 앞둔 2019년 1월부터 다시 학생들에게 자신이 맡은 장의 초벌 번역을 두 차례에 걸쳐 다시 수정하게 하고, 학생들의 사정에 따라 일부 장은 초벌 번역자를 교체하였다. 마지막으로, 학생들이 초벌 번역한 17개 장에 대해 역자가 직접 한 줄 한 줄 원문과 대조해 가면서 모든 장을 다시 번역한다는 마음으로 꼼꼼히 수정하였다.

돌이켜 보면, 아직 이 분야의 초보자들인 학생들이 번역하기에는 이 책의 내용이 지나치게 어렵고 복잡한 것이어서, 이런 무리한 선생의 요구를 그래도 묵묵히 믿고 따라와 준 학생들에게 너무 감사하기도 하고 또한 진심으로 미안하기도 하다. 다만, 개인적으로는 단순히 학생들과의 작업을 통해 번역 작업에 드는 고통과 시간을 줄이겠다는 의도보다는, 이렇게 중요한 실행연구에 대한 번역 작업을 역자 혼자가 아니라 반드시 우리 고려대학교 대학원 학문공동체와 함께하여 논의의 외연을 넓혀 보고 싶다는 바람이 보다 간절했음을 이 자리를 통해 분명히 밝혀 둔다.

어쨌든 이렇게 성실한 학생들이 없었다면 역자 혼자 어떤 노력을 기울였다고 하더라도 이 책의 번역을 이렇게 빨리 마무리할 수는 없었을 거라 생각하니 다시 한 번 진심으로 함께해 준 학생들에게 감사의 마음을 가지게 된다. 이와 함께 이 번역서에서 원문의 뜻을 혹시라도 잘못 전달한 부분이 있다면 이는 전적으로 역자의 잘못이라는 것을 밝혀 둔다.

지난 6개월간의 연구학기를 고스란히 삼켜 버린 이 번역서의 출간을 앞두고 만감이 교차한다. 번역 작업에 참여하고 역자와 교감하면서 때로는 역자의 식견을 뛰어넘는 날카로운 통찰력을 보여 준 학생들이 매우 자랑스럽고 사랑스럽다. 특히 연구의 마지막 단계에서 바쁜 와중에도 역자를 도와 이 번역서의 마무리 작업을 헌신적으로 도와준 박해경, 송인영, 강지은 선생 그리고 가장 길고 어려운 장을 꼼꼼히 초벌 번역해 준 이예슬 선생에게는 이 지면을 빌려 특별한 고마움을 전하고 싶다. 마지막으로 어려운 출판 환경 속에서도 이 책의 번역을 허락해 주신 학지사 김진환 사장님과 임직원 여러분께도 진심으로 감사의 말씀을 드린다.

2020년 2월 안암동에서

변기용

저자 서문

Davydd Greenwood와 Morten Levin은 1986년 Einar Thorsrud 기념 콘퍼런스(Einar Thorsrud Memorial Conference) 기획 미팅에서 처음으로 만났으며, 우리의 협력 작업은 6개월 뒤에 시작되었다. Levin은 1987년 코넬 대학교의 노사관계 대학(School of Industrial and Labor Relations)에서 연구년을 보내면서, 고용 및 작업현장 시스템 프로그램(Program for Employment and Workplace Systems)에서 함께 작업하게 되었다. Greenwood 또한 그때 이 작업 그룹에 소속되어 있었고, 우리는 점차적으로 서로를 알아 나가게 되었다. 우리의 웃음, 풍자, 정치적 역학, 전문적 관심사는 너무나 잘 맞았다. Levin은 코넬 대학교에서의 또 다른 연구년(1994~1995 그리고 2005)을 포함하여 이타카(Ithaca)를 자주 방문했다.

1986년 Levin은 실행연구 분야에서 이미 널리 알려져 있었던 반면, Greenwood는 스페인의 바스크 지역에 있는 Mondragón 산업 협동조합에서 그의 첫 번째 주요 실행연구 프로젝트의 마지막 해를 맞고 있었다. Greenwood에게는 기획 콘퍼런스가 두 가지 이유에서 흥미로운 것이었다. 그는 유럽, 미국, 호주에서 실행연구 운동을 주도하는 몇 명의 중요한 인물을 만날 수 있었고, 또한 처음으로 스칸디나비아 스타일의 참여적 기획과정을 경험할 수 있었다. Levin은 노르웨이 트론다임(Trondheim)에 있는 과학기술대학교(Norwegian University of Science and Technology in Trondheim)에서 일정 기간 이미 실행연구 이론과 모형들을 가르쳤던 경험이 있었다. 하지만 Greenwood는 1990년까지는 대학에서 실행연구를 가르친 적이 없었고, 실행연구를 수행하는 데 필요한 교육 문제에 대해서 아직 깊이 생각해 보지도 않은 상태였다.

필자들의 본격적 협력은 강의를 듣는 학생들과 함께 시작되었으며, 우리의 협력은 실행연구 교육에 대한 공통적 관심에 의해 지속되어 왔다. 1989년 Morten Levin과 Max Elden은 Greenwood를 트론다임으로 초청해서 트론다임 과학기술대학교의 제1기 박사과정 학생들에게 몬드라곤(Mondragón) 프로젝트에 대한 일련의 세미나를 열도록 요청했다. 3년에 걸친 몬드라곤 실행연구에서 나타난 복잡한 과정들을 나름의 선행지식을 가진 학생들에게 설명하는 색다른 기회와 이를 준비하기 위한 노력은 Greenwood로 하여금 코넬 대학교에서도 실행연구를 강좌에 포함시켜야겠다는 생각을 하도록 만들었다. 그는 이러한 생각을 실천하기 위한 도정을 1990년(이후 자신의 수업방식을 영구적으로 변화시키게 되는 한 세미나와 함께)에 시작하였다.

그 첫 번째 세미나에 대한 이야기는 세미나에서의 경험에 대한 공동 논문의 참여자에 의해 바로 문서화되었다(Eivemo, Grant Matthews, Greenwood, Martin, Strubel, & Thomas, 1997). Levin과 그의 학생들이 첫 번째 세미나의 말미에 코넬 대학교를 방문하였고, Greenwood와 Levin의 학생들은 실행연구에 대한 아주 진지한 논의를 가졌다.

이후 Greenwood와 Levin은 빈번하게 교류를 위한 방문을 이어 갔다. Greenwood는 Levin의 박사과정 학생들을 지도하기 위해 정기적으로 초청되었다. 이 과정에서 Greenwood는 노르웨이 엔터프라이즈 2000 프로그램(Norwegian Enterprise 2000 Program) 모듈에서 일종의 실행연구 자문가로서 그리고 Levin의 실행연구 팀을 위한 일종의 조력자(provocateur)로서 일하도록 임명되었다. 이러한 방문과정에서, 필자들은 또한 대학에서 함께 강의를 하기도 했다. Levin은 Greenwood의 첫 번째 탐색협의회(search conference)를 설계하는 과정에서 주의 깊게 조력을 제공하였다.

Greenwood와 Levin은 스칸디나비아 실행연구 개발 프로그램(Scandinavian Action Research Development Program)의 직원들인 Hans van Beinum, René van der Vlist, Kjell S. Johannessen 그리고 Claude Faucheux와 함께 일했다. 이러한 공동작업은 30명의 전문적 실행연구자들이 2년에 걸쳐 자신들의 연구의 질적 수준을 향상시키기 위한 추가적 훈련과 실행연구에 대한 저작 활동들을 함께 수행하도록 했다. 필자들은 실행연구의 실천가들이 글을 통해 연구결과를 소통하는 것 그리고 인식론적 문제들에 대해 확고한 입장을 가지는 것이 얼마나 어려운지를 알고 깜짝 놀랐다.

이러한 경험들은 필자들로 하여금 우리가 공통적으로 가진 실행연구 교수(teacher)의 필요성에 대한 신념과 유사한 정치적 · 윤리적 견해를 인식하게끔 만들었다. 그러한 과정에서 필자들은 가까운 벗이 되어 가고 있었다. 그러나 이러한 경험들은 또한 필자들로 하여금 우리가 통상적으로 읽었던 것들과는 다른 실행연구에 대한 견해들을 기존의 실행연구 문헌에 추가할 필요가 있다는 생각을 우리가 공유하고 있다는 것을 깨닫게 만들었다. 비록 필자들이 활용하고 있는 연구방법 자체는 새로운 것이 아니지만, 실행연구와 전통적 사회과학 사이의 정치적 관계, 대학의 수동적 사회적 역할 그리고 많은 실행연구 저작물에서 나타나는 일반적인 인식론적 성취 의욕(ambition)과 방법론적 관심의 결여는 필자들이 가진 실행연구에 대한 견해가 저작물을 통해 자세히 설명할 가치가 있을 만큼, 다른 견해들과 충분히 차이가 있는 것이라는 점을 알게 해 주었다.

Levin은 이 책을 함께 저술하자고 먼저 제안했고, 1994~1995년의 그의 연구년을 이 책을 함께 계획하는 데 사용했다. 필자들이 저술 작업에 본격적으로 몰입하면서, 우리는 아주 의미 있는 시간을 가졌을 뿐만 아니라 실행연구에 대한 우리의 견해가 지배적인 견해와 다르다는 것을 깊이 확신할 수 있었다. 필자들은 또한 공동 저술한 몇몇 논문을 포함하여, 이러한 견해들을 학생들과 동료들에게 시험해 볼 수 있는 많은 기회를 가질 수 있었다. 이 책은 실행연구에 대해 가르치는 것에 대한 어려움들과, 대학 사회 내부에 존재하는 실행연구에 대한 극히 야심찬 인식론적 · 정치적 의제들을 명확히 드러냄으로써 실행연구에 대한 질적 수준과 평판을 향상시키려는 필자들의 공통적 원망(願望)으로부터 나온 것이다.

필자들의 학생들은 이러한 과정 전반에 걸쳐 우리와 함께 했다. 그들은 실행연구에 대해 어떻게 가르쳐야 하는지(그리고 어떻게 가르치면 안 되는지), 이 책에 있는 생각들의 대부분에 대해 비평해 주었다. 그리고 그들은 필자들로 하여금 실행연구자로서 자신들이 직면하고 있는 실존적 딜레마들로부터 도출된 어려운 질문에 대해 고민을 하도록 만들었다. 필자들은 이 책을 저술하는 과정에서 우리 학생들의 공동 학습자였다고 할 수 있다.

따라서 이 책은 11년에 걸친 Greenwood와 Levin의 대화로부터 나온 산물이다. 물론 그러한 과정에서 다양한 경력과 나이를 가진 학생들이 적극적으로 참여하였다. 필자들이 실행연구에 대해 뭔가 색다른 것을 이야기할 수 있다는 우리의 신념과 함께, 이러한 학생들에 대한 우리의 헌신과 노력이 우리로 하여금 이 책을 쓰도록 만들었다.

이 책은 많은 측면에서 독특하다. 이 책은 (1) 많은 실천가의 열망을 충족하기에 충분한 수준으로, 그리고 (2) 인식론적 · 윤리적 논거 양 측면에서 전통적인 학문적 사회과학에 대해 직접적인 문제의식을 제기할 수 있는 정도로 실행연구를 옹호하기 위한 인식론적 의제들을 충분히 제시하고 있다. 이 책은 또한 실행연구에 투영되었던 매우 다양하고 복잡한 사상적(intellectual) 그리고 정치적 분파들에 대한 체계적인 구조화를 시도하고 있다는 점에서 독특하다. 그러나 필자들은 현재 실행연구에 존재하는 이러한 복잡성을 하나의 이상적 모델로 축소하려고 시도하지 않았다. 필자들은 이를 통해 실행연구를 수행하는 다양한 접근방식에 대해 독자들이 나름의 이해를 했다면 그것으로 족할 뿐이다.

필자들은 이러한 접근방식을 의도적으로 채택하였다. 비록 개인적으로 선호하는 실행방식이 있기는 하지만, 필자들은 실행연구를 수행하는 하나의 옳은 방식이 있다고는 생각하지 않는다. 실행연구는 맥락 의존적이고 또한 연구자의 기술, 배경, 관심사와 긴밀히 연계되어 있다. 필자들은 우리의 실행연구 교수과정을 통해 특정한 학생들이 어떻게 실행연구 문제들과 연계될 것인지를 예측할 수 없다는 것을 배우게 되었다. 다만 우리는 좋은 교수법은 학생들로 하여금 그러한 연계점(points of connection)을 스스로 찾도록 만드는 개방적이고 다양한 접근방식을 요구한다는 것을 점차적으로 알게 되었다.

비록 이 책의 저술이 완료되기는 했지만, 우리의 작업은 여전히 진행 중인 상태로 남아 있으며, 이 책을 계기로 아직까지 충분히 이루어지지 못하고 있는 실행연구 분야에서의 지속적인 대화와 논쟁을 기대한다. 필자들의 목표와 희망은 이 책이 독자들로 하여금 실행연구의 실천에 대해 비판적으로 성찰해 보도록 용기를 북돋우는 것이다. 우리는 이러한 실행연구 프로젝트에 여러분을 초대한다.

제2판 저자 서문

필자들은 이 책의 개정판을 내는 기회를 주신 것에 대해 감사드린다. 우리가 초판을 발간한 이후 수년간, 이 책은 실행연구에 대한 나름의 관점을 가지려고 하는 사람들에게 공통적인 교과서가 되었다. 이 책을 저술하는 필자들의 전략은 독자들에게 실행연구에 대한 사상적 · 과학적 · 정치경제적 기반을 소개하는 에세이 구조와 실행연구의 주요한 분파들에 대한 간략한 개관을 혼합하는 것이었다. 이러한 전략은 여전히 좋은 생각이라고 보이며, 이 책의 독특한 특징이기도 하다. 이 책의 최초 출판 이후 수년 동안 필자들은 실행연구에 대해 많은 것을 배웠으며, 우리의 인식론적 이해를 심화시켰으며, 실행연구의 다양한 접근방식에 대한 이해를 넓혔다. 이러한 모든 것이 제2판의 수준을 향상시킬 수 있을 것이다. 아마도 지난 8년간 이루어진 필자들의 노력에 대한 주요한 강조는 바로 이러한 문제점들에 대한 분석이자, 실행연구를 고등교육기관과 그들의 실행방식에 통합하려는 노력에 대한 분석이기도 하다. 단지 실행연구의 미래가 아니라 끝없는 재정 감축의 시기를 겪고 있는 고등교육기관의 미래에 대한 핵심적 요인으로서, 이러한 강조는 아마 이번 제2판의 가장 핵심적 측면이 될 것이다.

차례

제3부 실행연구의 다양한 접근방식: 인간의 잠재력을 해방시키기

제 1 부

실행연구란 무엇인가

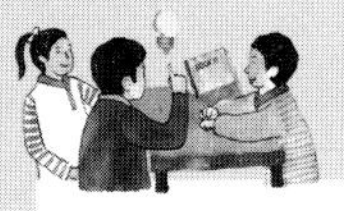

이 책은 실행연구를 민주적 사회변화를 촉진하는 동시에 엄격한 과학적 요구 조건을 만족시킬 수 있는, 사회과학 연구를 수행하는 새로운 접근방법으로 소개하고 있다. 필자들은 독자들에게 실행연구에 의해 제기되는 인식론적, 기술적 이슈들을 소개하고, 전 세계적으로 이루어지고 있는 다양한 실행연구의 모습을 총체적으로 파악하고자 한다. 제1장(서론: 실행연구, 다양성과 민주주의)에서는 실행연구를 하나의 연구 전략이자 개혁의 실천과정으로 소개하고 있다. 필자들은 실행연구를 현장에서 일하는 방식의 하나이자, 변화를 촉진하고 또한 과학적 지식 창출을 위해 다양한 연구기법들을 활용하는 방식으로 보고 있다. 실행연구는 협력적 지식 개발과 상호학습의 과정에 이해당사자들을 온전한 파트너로서 관여시키는 실행 설계(action design)에 기초하고 있다.

실행연구는 지식을 창출하고 실제 개선방안을 도출할 목적으로 이루어지는 의도적(self-consciously) 협력과정이자 민주적 전략이다. 사회과학 혹은 다른 연구 분야에서 훈련된 전문가들과 현장 이해당사자들은 실행연구 과정을 통해 공동으로 작업하게 된다. 연구의 초점은 현장 이해당사자들과 실행연구자들에 의해 공동으로 결정되며, 이들 간에 발생하는 관계들은 공동 학습과정의 일환으로 조직된다. 실행연구는 현장 이해당사자들을 '위해' 무엇인가를 한다기보다, 그들과 '함께' 무엇을 하는 것을 중요시한다. 아울러 오랜 기간 동안 복잡한 환경 속에서 살면서 체득한 현장 이해당사자들의 풍부한 경험과 성찰 가능성을 높이 평가한다.

실행연구는 다양한 연원으로부터 태동되었고, 현재 점차적으로 사회변화를 위한 다면적인 전략으로 통합되어 나가고 있다. 이러한 실행연구 접근방식들의 다양성을 감안하여 제2장(실행연구의 역사)에서 필자들은 실행연구에 대한 전반적 개관과 함께 이에 관한 구체적이고 심도 깊은 논쟁들에 대해 간략히 소개할 것이다. 오랜 기간 동안 실행연구는 사회과학이 다룰 수 있고 또한 반드시 다루어야 하는 문제와 접근방식에 대해 의미 있는 논쟁들을 제공해 왔지만, 필자들의 관점에서 볼 때 이러한 입장들은 이념적 측면과 제도적 측면 양쪽에서 상당 부분 억압되어 왔다고 생각된다. 필자들의 견해로는 현재 실행연구가 어떻게 사회과학에 새로운 활력을 불어넣어 줄 수 있을 것인지를 보여 주는 것이 매우 중요하다. 왜냐하면 세계화에 따라 지식 창출과 확산을 상품 생산과 동일시하는 관점, 그리고 대학을 단순히 산업체나 직업학교로 재구조화하려는 시도가 판치는 오늘날의 환경 속에서 사회과학의 미래 자체가 의문시되기 때문이다.

실행연구의 주요 원천은 현대 사회과학 발전의 토대를 제공하고 있는 정치경제학적 전통, 미국의 '실용주의' 철학, 사회 · 실험적 심리학, 지역사회 개발과 성인교육, 산업 민주주의 운동(industrial democracy work), 인간중심 탐구(human inquiry), 실행과학(action science), 실행학습(action learning), 반성적 실천(reflective practice), 참여적 지역 개발 그리고 해방신학 등이라고 할 수 있다. 이러한 접근방식들이 공통적으로 주는 시사점은 '실천함으로써 배운다'라는 것이 매우 중요하다는 믿음을 다시 한번 재확인시켜 준다는 데 있다.

이러한 믿음에 따른 당연한 결과 중 하나는, 유능한 실행연구자들을 길러 내는 학습과정에 있어 사례와 사례에 대한 내러티브(narratives)가 핵심적 위치를 차지할 수밖에 없다는 점이다. 따라서 필자들은 실행연구가 보여 주는 풍부한 내용, 도전적 상황과 문제점, 가능성을 보여 주기 위해 이 책의 제1부 제3장(실행연구의 실제 사례)에서 필자들이 직접 경험했던 세 가지 실행연구 사례들을 직접 제시한다. 첫 번째 사례는 스페인 몬드라곤 협동조합(Mondragón cooperatives), 두 번째 사례는 서부 노르웨이의 작은 마을, 마지막 사례는 코넬 대학교 내부에서의 필자들의 경험을 기술한 것이다.

제1장

서론

실행연구(action research)는 맥락에 맞는 협력적인 문제 설정과 해결을 통해 보다 향상된 자유롭고 공정한 사회를 만들어 나가는 데 기여한다. 이 책을 통해 필자들은 실행연구에 대한 전반적 개관을 제공한다. 여기에는 실행연구에 대한 종합적 · 철학적 정당화, 통상적으로 많이 사용되어 온 몇몇 접근방식들에 대한 검토, 실행연구를 맥락화하여 보여 주는 실제 사례들 그리고 실행연구 수행(praxis)과 관련된 서로 다른 접근방식들의 다양성에 대한 검토 등이 포함될 것이다. 이러한 전반적 논의과정에서 필자들은 민주적 사회변화의 과정과 의미 있는 사회적 지식의 창출에 직접적으로 기여하지 못하고 있는 다른 사회과학 연구방식들과는 달리, 실행연구와 실행연구가 지향하는 사회 변혁 의제를 적극적으로 옹호해 나가려고 한다.

필자들의 주장은 민주적 포용성(democratic inclusion)과 사회과학의 질적 수준(social research quality)이라는 뚜렷이 구분되지만 서로 관련된 두 개의 근거에 기초하고 있다. 실행연구는 지역 이해당사자들을 공동연구자로 포함시킴으로써 연구과정을 민주화하고 있다. 실행연구는 또한 전통적 사회과학 연구방법보다 훨씬 더 질 높은 연구결과를 산출하고 있다. 따라서 실행연구는 연구, 분석, 실행 설계를 통하여 민주적 사회 변혁을 실현해 나가는 과정에서 중추적 역할을 수행하고 있다.

실행연구의 정의

실행연구는 당면한 상황을 개선하려고 하는 (1) 전문적 실행연구자와 (2) 조직, 지역사회, 혹은 네트워크의 구성원들(이해당사자들)이 팀을 이루어 수행하는 사회과학 연구방법이다. 실행연구는 연구과정에서 이해당사자들의 폭넓은 참여를 촉진하고, 이해당사자들에게 보다 공정하고 지속 가능하며 만족스러운 상황을 가져다줄 수 있는 실천적 행동들을 지원한다.

전문 연구자와 지역의 이해당사자들은 함께 탐구할 문제들을 정의하고, 이러한 문제들에 대한 적절한 지식을 공동으로 생성한다. 또한 이들은 사회과학 연구기법들을 학습하고 시행하며 실제 필요한 실천적 행동을 취한 후,[주1] 이 과정을 통해 자신들이 학습한 내용에 기초하여 실천적 행동의 결과들을 분석한다. 실행연구는 전문적 실행연구자를 포함한 모든 사람들이 일상생활 속에서 지속적으로 복잡한 지식을 축적 · 조직 · 활용하고 있다는 믿음과 경험에 기반하고 있다. 이러한 믿음은 어떤 실행연구 프로젝트에서도 찾아볼 수 있는데, 실행연구자들과 지역사회 조직 혹은 네트워크(이해당사자들)들이 취하는 첫 번째 단계가 바로 그들이 해결하려고 하는 문제를 공동으로 정의하는 것이기 때문이다. 연구 참여자들의 지식을 하나로 모으는 것부터 시작함으로써, 실행연구는 전문 연구자와 지역 이해당사자들 간의 관계를 민주화하게 된다.

이렇듯 사회변화라는 의제를 앞에 내세운 실천적 연구이기 때문에, 실행연구는 실제 사회 문제들을 해결하려는 구체적 노력 없이 사회 문제 연구의 필요성이나 당위성을 운위하는 전통적인 접근방식이나 학문공동체들에 대해서는 비판적 입장을 취하고 있다. 실행연구는 비록 실천적 지향을 가지고 있지 않은 기존의 학문적 · 전문적 지식 체계를 문제가 있는 것이라고 보긴 하지만, 그렇다고 해서 실행연구자들이 전통적 연구방법들을 배척하거나 혹은 의미 있는 사회과학 지식의 개발에 기초가 되는 인식론적인 이슈들을 경시하는 것은 아니다. 오히려 이와는 반대로 실행연구자들은 자신들의 연구 결과가 이해당사자들의 삶에 구체적으로 영향을 미치기 때문에, 산출된 지식의 타당성에 깊은 관심을 가지고 있다. 이러한 이슈들은 이 책의 제2부 전반, 특히 제4장 '실행연구를 위한 인식론적인 기반'과 제5장 '과학적 방법과 실행연구'에서 보다 자세히 논의될 것이다.

실행연구에 대한 종합적 개관을 찾아보기 어려운 이유

대학에서 강의를 듣는 학생들과 실천가(practitioners)들이 이 주제를 처음으로 접하는 경우가 많다는 사실을 감안하여 필자들은 먼저 실행연구에 대해 전반적으로 개관하는 것이 필요하다고 생각했다. 필자들의 경험을 반추해 볼 때, 이러한 학생들과 초보 연구자들은 실행연구와 같은 복잡한 영역에 대해 다양한 연원, 이론, 연구방법, 동인 그리고 문제점들에 대해 종합적이고 균형 있는 방식으로 학습할 수 있는 기회를 얻기가 쉽지만은 않다고 생각했기 때문이다. 비록 실행연구에 대한 수많은 입문서, 그리고 실행연구의 다양한 접근방식에 대한 개관을 제공하는 핸드북(우리는 이러한 저작들을 지속적으로 인용할 것이다) 등 이미 실행연구에 대한 광범위한 참고문헌들이 있음에도 불구하고, 필자들은 또 다른 종류의 실행연구 개론서가 반드시 필요하다고 느끼고 있다. 기존의 저작들은 다른 실행연구 접근방법들을 배제한 채 특정한 실행연구 분파에만 초점을 맞추고 있거나, 실행연구의 역사, 철학, 실천(practice)을 다양한 철학적·과학적·정치적 이슈와 적절히 연계시키지 못하고 있다. 이 책은 선행 저작들에서 보이는 이러한 한계점들을 극복하기 위해 쓰여졌다.

앞서 언급한 실행연구에 대한 개관을 하는 것은 부분적으로 실행연구 활동에 내재하고 있는 구조적 속성 때문에 반드시 쉽지만은 않다. 실행연구자들은 사회 서비스 기관, 비정부 조직, 국제 개발기구, 도시 계획 부서(planning departments)와 산업체에서 흔히 볼 수 있고, 또한 이들은 대학의 다양한 분과학문 분야(예를 들어, 교육, 도시계획, 커뮤니케이션, 사회복지, 프로그램 평가, 사회학, 인류학, 조직행동 등)에 산재해 있다. 사실상 실행연구 학과가 존재하는 대학은 거의 없다. 그보다는 다양한 분과학문 분야 연구자들의 네트워크들이 실행연구에 대한 관심을 공유하고 있다. 이에 따른 당연한 귀결 중 하나는 실행연구 수행자들은 공통된 지식을 거의 가지고 있지 않고, 서로 간에 다른 종류의 저널과 저작물들을 읽으며, 동료 연구자들이 다른 분야에서 이루어 낸 실행연구에 대한 주요한 기여에 대해 제대로 알지 못하면서 글을 쓰는 경우가 많다.

필자들은 실행연구 학과를 창설하는 것이 이러한 딜레마에 대한 해답이 될 것이라고는 생각하지 않는다. 사실 필자들의 관점에서 보면 오늘날 더욱 심화되고 있는 이러한 사회과학의 파편화·분절화는 학문공동체로부터의 사회개혁 의제들이 억압되도록 만드는 19세기 정치경제학에서 발현했던 다양한 기제 중 하나에 불과하다고 보기 때문이다. 하지만 필자들은 대학들로 하여금 이 문제를 도외시하도록 수수방관하지는 않을 것이며, 이 문제를 이 책의 마지막 부분인 제4부에서 다시 언급하고자 한다.

필자들은 이후 제시되는 내용들이 현재 형성되고 있는 특정한 학문분야에 대한 개관이 아니라는 점을 독자들이 명확히 이해했으면 한다. 다음에 기술되는 내용들은 민주적 사회개혁을 위해 사회과학 연구를 활용하는 다양한 분파로 구성된 일련의 접근방식들에 대한 소개라고 할 수 있다. 이러한 목적을 달성하기 위해 필자들은 실행연구에 대한 서로 다른 대표적 접근방식들을 포함시키려고 했고, 또한 독자들로 하여금 자신의 관심에 따라 참고할 수 있는 문헌들을 충분히 제공하려고 노력했다. 물론 필자들이 이 책에 포함시킨 것들은 당연히 우리의 경험, 우리가 알고 있는 다양한 접근방식들에 대한 판단 그리고 우리 자신의 인식론적·방법론적·정치적 의제들에 따라 선택되고 제한될 수밖에 없을 것이다. 하지만 필자들의 목표는 정직하고 열린 관점에서 실행연구 분야에 대한 우리 자신의 개관을 제공하는 것이다. 필자들은 우리가 제시한 지도가 실행연구에 대한 확정된 영역지도가 아니라는 것을 충분히 이해하고 있다. 필자들은 향후 경험과 지식이 많은 실행연구 수행자들이 자신들의 의견을 바탕으로 우리의 주장 중 보완해야 할 빈 곳을 발견하여 발전적으로 수정해 나갈 것을 기대한다.[주2]

실행연구, 응용연구 및 양적 vs. 질적 연구

실행연구는 실행, 연구 그리고 참여라는 세 가지 요소의 결합을 의미한다. 만약 이 세 가지 요소들이 모두 갖추어지지 않았다면, 비록 해당 연구가 유용할 수는 있겠지만 실행연구는 아니다. 바꿔 말하자면 실행연구는 사회 문제 분석과 민주적 사회변화를 촉진하는 실천적 행위를 하는 것을 직접적 목적으로 지식 주장(knowledge claims)을 창출해 내는 연구 전략이라고 할 수 있다. 여기서 필자들이 언급하고 있는 사회변화는 모든 종류의 변화를 다 지칭하는 것은 아니다. 실행연구는 관련된 공동체나 혹은 조직의 구성원들이 자신들의 운명을 보다 효과적으로 통제할 수 있는 능력을 증진시키고, 또한 보다 지속 가능하고 공정한 환경 속에서 자신들의 역량을 지속적으로 향상시켜 나갈 수 있도록 하는 것을 목표로 한다.

실행연구는 응용연구로 분류되는 것에 동의하지 않는다. 실행연구는 오랜 기간 동안 사회과학 연구를 특징지어 왔던 순수와 응용이라는 구분에 내재되어 있는 사유와 행위의 분리를 명시적으로 거부한다. 필자들의 관점에서 보면 이론적/응용적(theoretical/applied) 연구라는 사이비 구분이야말로 사회과학을 기형으로 만든 핵심적 기제였다고 할 수 있다. 이러한 구분은 (현실과 유리된) 이론가와 현장에 뿌리박고 있는 실천가들 사이의 괴리를 가져왔다. 이러한 현실은 이들 양자 모두가 현실사회와 그 변화과정에 대한 타당한 이해를 이끌어 내고, 의미 있는 사회적 결과들(social consequences)과 이를 달성하기 위한 견고한 방법론적 · 이론적 근거들을 제시해야 한다는 사회적 요구로부터도 멀어지게 만들어 버렸다.

필자들은 타당한 사회적 지식은 실제적 적용과정에서 얻어지는 실천적 추론(practical reasoning)으로부터만 도출될 수 있다고 믿는다. 실행연구자로서 우리는 실천적 행위야말로 새로운 지식을 창출하고 검증할 수 있는 유일하고도 합리적 방법이라고 믿는다. 현재 널리 퍼져 있는 '진정한(true)' 사회과학자가 된다는 것이 실천적인 사회적 행위(social action)에 관여하지 않는 것을 의미한다는 생각은, 최소한 필자들에게는 매우 이상하고 반직관적인 것이다. 따라서 필자들은 이 책 제2부의 상당 분량을 바로 이 문제를 설명하는 데 할애하였다.

필자들은 사람들이 흔히 실행연구는 양적 연구보다는 질적 연구이어야 한다고 생각하는 것에 대해서도 동의하지 않는다. 이런 정당화될 수 없는 가정은 아마도 실천지향적 연구는 과학적일 수 없다는 신념(보다 정확히는 그러한 연구는 실천적 행위를 포함한다는 것 때문에), 그리고 양적 연구는 질적 연구보다 훨씬 더 과학적이라는 추가적 가정(우리의 견해로는 오류라고 생각되는)으로부터 나왔을 것으로 보인다. 필자들은 이러한 가정들이 문제가 있고 또한 우리 자신이 양적 · 질적 연구방법 모두를 활용하고 있기 때문에 실행연구는 바로 질적 연구라는 생각에 명확한 반대 입장을 가지고 있다. 오히려 실행연구자들은 사회과학 연구에서 사용되는 모든 주요한 연구방법에 능숙해질 필요가 있다.

실행연구자들은 자신들이 사용하는 사회과학 연구기법의 종류에 어떠한 선험적 제한이 있다는 것을 받아들일 수 없다. 설문 조사, 통계 분석, 면담, 초점집단 면담, 문화기술지 그리고 생애사(life histories) 등의 연구기법들은 만약 그러한 기법들의 적용 이유가 실행연구 협력자들과 합의가 된다면, 그리고 이러한 기법들이 참여자들을 억압하지 않는 방식으로 사용이 된다면 모두 받아들여질 수 있는 것이다. 얼마나 많은 무거운 금속이 지하수 어딘가에 있는가를 정확히 아는 것은, 사람들이 자신의 미래에 대해 얼마나 정확히 이해하는가를 아는 것과 마찬가지로 실행연구 프로젝트의 한 부분이 될 수 있는 것이다. 사회과학에서 공식적으로 사용되는 양적 연구, 질적 연구 그리고 혼합연구 방법 모두는 상황에 따라 실행연구에서 적절히 활용될 수 있다.

실행, 연구 그리고 참여

실행연구의 전문가들과 그들이 처한 여건 사이에 존재하는 커다란 차이에도 불구하고, 필자들은 몇 가지 중요한 접근방식들이 서로 다른 실행연구 분파들 간에 공통적인 요소를 만들어 주는 연계 고리의 역할을 하고 있다고 생각한다. 실행연구는 이 세 가지 요소들의 균형으로 구성된다. 만약 이 세 가지 중 어느 한 가지라도 없다면, 그러한 접근방식은 실행연구가 아니다. 이것은 실행연구에 해당되지 않는 다른 접근방식들이 모두 무의미하다고 말하는 것이 아니라, 실행연구와 다른 종류의 연구방식과 응용적 활동들을 구분하고자 하는 것이다.

1. 실행. 실행연구는 참여적이다. 왜냐하면 실행연구는 집단, 조직 혹은 공동체의 당초 상황을 보다 자율 관리적이고, 해방적(liberated)이며, 지속 가능한 방향으로 바꾸는 것을 목표로 하기 때문이다. '해방된 상태(liberated state)'의 정의는 실행연구 실천가들의 관점에 따라 다양하게 나타난다. 어떤 사람들은 보다 큰

자아실현(self-realization)을 통해 일종의 해방을 실현하기 위해 실행연구를 활용한다. 다른 일단의 사람들은 정치적인 관점에서 자유라는 의미를 보다 강조하며, 이러한 의미들은 그들이 주창하는 특정한 정치적 해방 의제의 강도에 따라 다양하게 나타난다. 또 다른 일단의 사람들은 연구대상 조직의 구성원들이 참여하고 있는 모든 종류의 활동에서 실행연구가 발생하고 있다고 생각한다. 비록 소수의 실행연구 실천가들이 실행연구와 혁명적인 실천을 연계시키려고 노력하고 있긴 하지만, 대체로 실행연구의 실천가들은 혁명가라기보다는 민주적인 개혁가들이라고 할 수 있다.

2. **연구**. 필자들은 연구 그리고 지식과 이론, 모형, 방법 그리고 분석의 힘과 가치를 믿는다. 실행연구는 새로운 연구 지식(new research knowledge)을 창출해 내기 위한 가장 강력한 방법들 중의 하나이다.
3. **참여**. 필자들은 민주주의와 자신이 처한 삶에 대한 자율적 통제에 중요한 의미를 부여하는 참여의 가치를 믿는다. 이러한 가치들은 우리의 논의과정 전반에 스며들어, 지식 창출과정 자체를 민주화시키는 강력하고 광범한 헌신과 노력(strong and general commitment)을 만들어 낸다.

실행연구에는 공동체나 조직 구성원들에게 가르침을 주는 사람이자 촉진자로서의 역할을 하는 훈련된 사회과학 연구자들이 관여되어 있다. 이들은 공동으로 실행연구 의제를 만들고, 상황을 변혁시키는 데 필요한 지식을 창출하며, 연구결과가 실제로 문제해결을 위해 작동될 수 있도록 한다. 따라서 실행연구는 관련된 모든 사람들이 자기 나름의 책무성을 가지는 일종의 참여적 과정이라고 할 수 있다. 이러한 서로 다른 접근방식들은 관심 주제의 유형에 의해 보다 세분화된다(예컨대, 지역공동체 개발, 교육 시스템 변화, 제3세계의 경제적 발전과 해방, 기업체, 공공기관 등 주요 사회기관들에서의 참여적 변화 등). 실행연구에 대한 이러한 서로 다른 접근방식들은 서로 양립되지 못하는 경우가 많다. 어떤 접근방식들은 정치경제와 사회 변혁에 대한 마르크스적 개념들에 기초하고 있는 반면, 어떤 접근방식들은 실용주의 철학에 기초하고 있다. 또 다른 일부의 접근방식들은 사회심리학적 관점에 그 기반을 두고 있는가 하면, 일부는 문제가 무엇이든 간에 참여 자체가 해법이라고 단순히 주장하기도 한다. 필자들은 독자들로 하여금 이러한 차이점에 대해 명확히 인식하도록 만드는 것이 중요하다고 생각하지만, 서로 다른 접근방식들이 상호 조정되거나 타협될 것이라고 생각하지는 않는다.

실행연구, 관련 학문분야와 포괄 범위

앞에서 언급한 바와 같이 실행연구는 특정한 분과학문(discipline)은 아니다. 실행연구에는 많은 비학문적 실천의 양식들을 포함하며, 인류학, 개발연구(development studies), 교육학, 공학, 젠더 연구(gender studies), 사회복지(human services), 심리학, 사회사업(social work), 사회학, 도시계획(planning), 도시공학 등 다양한 분야로부터의 실천가들이 관여하고 있다. 결과적으로 대부분의 대학 학과들에서는 특정 학문분야의 입문 강좌로서 실행연구 과목을 개설하고 있지는 않다. 개별 학과들은 해당 학문분야에서 새로운 구성원들을 모집하고 또한 해당 학과가 추가적 재원을 사용하는 것을 정당화하는 데 도움이 되는 충분한 숫자의 학생들을 확보하기 위해 입문 강좌들을 활용하는 경향이 있다. 이러한 입문 강좌들은 일반적으로 민주주의, 참여 그리고 유용한 지식의 창출에 대해 특정한 견해들을 공유하고 있는 학자나 실천가들을 끌어들이는 데 주된 목적을 두고 있는 것은 아니다. 물론 미국 대학들에서 사회과학과 인문학이 좌파 이데올로기를 촉진하는 온상이 되고 있다고 생각하는 과대망상적인 일부 미국 신보수주의자들은 동의하지 않을지 모르지만, 필자들이 볼 때는 이러한 상황인식이 사실에 가깝다고 생각된다.

고등교육 환경에서 실행연구는 실제로 운영하기가 쉽지 않다. 왜냐하면 학문분야별 학생 모집과 그에 따른 명확한 경계의 존재가 학문분야 간의 경쟁과 행정적 규제를 위해 활용되기 때문이다. 하지만 실행연구를 배우기 위해 필자들을 찾아오는 다양한 분야의 학생들의 숫자가 점점 늘어나고 있다. 일부 학생들은 자신들의 원래 전공분야에서의 추상성과 사회 문제 해결에 대한 비적극성에 대해 만족하지 못해서, 어떤 학생들은 많은 소위 응용학문 분야에서의 도구주의에 대한 반감 때문에, 또 다른 학생들은 '고전적(canonical)' 분과학문 체계에 대해 비판적인 접근방식들(예컨대, 페미니즘, 신마르크스주의, 비판이론 등)에 대한 자신들의 경험 때문에 실행연구에 입문하게 된다. 이러한 서로 상이한 집단으로 구성된 학생들을 대상으로 실행연구를 가르칠 때 필자들이 마주치는 도전적 과제는 (1) 무언가를 찾으려고 하는 사람들에게 어떻게 효과적으로 실행연구에 대한 입문 지식을 제공할 수 있는가, (2) 향후 실행연구에 대해 스스로 지속적으로 공부하기에 충분할 정도의 배경지식을 어떻게 하면 효과적으로 제시할 수 있는가, 그리고 (3) 이 사람들로 하여금 실행연구가 어떤지 탐색할 수 있는 초기 경험들을 어떻게 하면 보다 직접적으로 쌓을 수 있도록 도와줄 수 있는가라는 것이다.

이러한 문제점에 대한 고민과 과거 20여 년 동안 실행연구 강좌들을 직접 가르친 경험에 입각해서 볼 때, 필자들이 생각하는 최고의 접근방식은 (1) 실행연구에 대한 일관된 역사적 · 철학적 · 윤리적 주장을 개발하고, (2) 실제 실행연구 수행과 관련한 사례들을 제공하며, 마지막으로 (3) 다양한 실행연구 접근방식들을 소개하는 것이다. 이러한 필자들의 생각을 충실히 구현하기 위해 우리는 실행연구를 과학적 활동으로 보고, 또한 실행연구를 자연과학, 공학, 사회과학에서의 많은 혁신 운동과 연계시키는 방향으로 우리들의 철학적 논의를 전개하고자 한다. 필자들은 특히 이러한 주장을 학문공동체에서의 실천지향적 사회과학 연구를 억압하고자 하는 정치경제적 주장과 연계하여 제시한다. 필자들은 이론과 실천을 연계하고자 하기 때문에 실행연구에서 유용한 연구방법론과 도구들에 대해서도 논의를 전개한다. 다음으로, 실행연구 실천가들 사이에 존재하는 다양한 견해를 효과적으로 보여 주기 위해, 필자들은 우리 스스로의 접근방법을 포함하여 주류적 실행연구의 견해들에 대한 전반적 개관을 제시할 것이다. 주지하다시피, 다양한 실행연구 접근방식들은 많은 경우 서로의 접근방식을 무시해 온 것이 현실이다.

필자들은 실행연구에 대한 전반적인 개관이 다른 실행연구 실천가들에게 비판을 받을 가능성이 크다는 것을 잘 알고 있다. 왜냐하면 필자들이 제시하는 개관이 완전히 포괄적이지 못할 뿐만 아니라, 우리가 검토하는 각각의 접근방식에 대해 우리 자신의 주관적 견해에 기초하여 설명할 수밖에 없기 때문이다. 실행연구에는 각각의 분파로 구분되는 많은 지지자들이 있고, 몇몇 상이한 실행연구 집단들은 자신들의 실행연구가 '올바른' 방식으로 이루어진다고 주장하고 싶어 한다. 반면, 다른 그룹들은 또 다른 용어[예컨대, 참여연구(participatory research), 인간중심 탐구(human inquiry), 실행과학(action science)]를 선호하면서 실행연구란 용어 자체를 완전히 거부하기도 한다. 또한 어떤 실천가들은 다른 사람의 연구에 대해 무지하거나, 그 결과를 받아들이지 않는 경우도 존재한다.

필자들은 비록 이 책에서 제시되는 실행연구에 대한 개관이 모든 실행연구 그룹에서 우호적으로 받아들여지지 않을 것이라는 것을 잘 알고 있지만, 실행연구에 대한 우리 자신의 견해를 제시하는 것도 일종의 지적 · 정치적인 권리라고 생각한다. 아울러 다른 그룹의 사람들에게 필자들이 제시한 견해에 대한 비판과 이에 기초한 대안적 견해를 제시할 것을 요청한다. 이 책의 초판은 필자들의 견해에 대한 다양한 논쟁들을 불러일으켰지만, 실행연구 분야에 대한 우리의 견해와 다른 종합적인 대안적 견해는 아직까지 제시되지 않고 있다.

실행연구에 대한 필자들의 입장

필자들의 경험은 주로 (완전히 거기에 한정된 것은 아니지만) 유럽과 미국에 있는 기업, 지역공동체 그리고 고등교육기관의 상황에서 얻어진 것들이다. Davydd Greenwood는 인류학자이고, Morten Levin은 공학적 배경을 가진 사회학자이다. 주정부(공공부문)와 사부문이 결합되어 있는 대규모 기관인 코넬 대학교(Cornell University)의 교수인 Greenwood는 인류학을 지속적으로 가르치면서 20년 이상의 기간 동안 대규모의 다학제적 연구센터의 보직교수로 근무해 왔다. 그의 주요 연구는 스페인, 뉴욕주 북부 그리고 최근에는 대학에 대한 국제적 비교연구를 수행하고 있다. 그는 Morten Levin이 주도하는 실행연구 박사과정을 포함하여, 노르웨이와 스웨덴에서 진행되는 수많은 실행연구 프로그램에 적극적으로 참여하고 있다. Levin은 트론다임(Trondheim)에 있는 노르웨이 과학기술대학교(Norwegian University for Science and Technology: NTNU)의 교수인데, 이 대학에서 운영하고 있는 공학과 실행연구가 연계된 다양한 프로그램들을 창시한 리더임과 동시에 수많은 국가 차원의 직업생활 개발 프로그램(work-life development programs)의 리더이기도 하다. 그는 또한 미국과 캐나다에서 실행연구를 수행하고 있고, 노르웨이의 사회적 파트너가 후원하여 자신의 대학에서 뿌리를 내린 실행연구 박사학위 프로그램의 창시자이자 리더이기도 하다.

필자들은 많은 실행연구 접근방식들에 대한 이해를 높이기 위해 많은 노력을 해 왔지만, 우리가 가진 배경에 많은 차이가 있음을 인식하게 되었다. 필자들은 우리 자신의 지식 기반에 기초하여 기술함으로써 다른 접근방식들의 중요성을 의도적으로 경시하려고 하지는 않는다. 이 책에서 논의되는 관점의 균형이라는 문제에 대한 보다 장기적 해법은 필자들과는 다른 견해를 가진 다른 학자들이 동일한 주제에 대해 그들의 견해를 밝히는 것이고, 이 책에서 우리가 제안했던 것을 논리적으로 비판하는 것이 될 것이다. 이러한 비판에 대해 필자들이 다시 반박할 것이고, 우리는 이렇게 해서 실행연구의 범위에 대한 학문공동체의 집합적 인식을 제고하고, 또한 지식 창출과 실행의 민주화에 대한 담론을 향상시키는 소통 구조가 형성되기를 희망한다. 필자들의 희망은 이 책이 실행연구의 기초와 활용에 대해 오랜 기간 동안 요청되었던 비판적 담론을 촉진하는 계기를 만드는 것이다.[주3] 필자들의 목표는 적절한 연구방법과 도구들에 의해 지원되는 실천 전략을 가지면서 철학적 · 방법론적 · 정치경제적 입장을 통합한 하나의 일관된 사고의 흐름을 제시하는 것이다. 물론 이렇게 하는 과정에서 필자들은 다른 유형의 실행연구 방식과 목적을 함께 보여 주도록 노력할 것이다.

앞서 언급한 바와 같이, 필자들은 주로 서구 산업국가에서의 기업과 지역공동체 개발 상황에서 실행연구를 수행해 왔다. 필자들은 지식과 학습의 민주화, 그리고 구성원들의 자율적 관리를 통한 사회변화를 실현하기 위한 노력을 함께 해 왔다. 하지만 필자들은 개혁가들이지 혁명가는 아니다. 또한 필자들은 사회과학자들이지 정신분석학자들은 아니다. 필자들은 실행연구에 대해 보다 해방주의적 실천가나 치료적인 접근방식을 주창하는 사람들과는 달리, 우리가 다른 사람들을 '그들 자신의 편익을 증진시키기 위한' '올바른' 사회적 제도(arrangements)로 '이끌 수 있는' 지혜나 권리를 가지고 있다고 믿지는 않는다. 오히려 필자들은 민주적인 사회 변화를 위한 장과 여기서 활용할 수 있는 도구들을 가능한 한 세련된 방식으로 제공하는데 초점을 맞추고 있다.

필자들은 실행연구자로서 우리의 지위를 활용하여 그러한 변화를 일방적으로 지도하는 것에 대해서는 부정적이다. 필자들은 우리 자신을 변화과정에서의 참여자로 간주하며, 이 과정에서 (외부 연구자와 내부자가 공동으로 설정한) 민주적 규칙들이 의사결정을 안내하도록 노력하고 있다. 필자들은 우리들이 가진 특정한 기술과 지식을 논의과정에 가져오고, 다른 행위자들 역시 주어진 문제들과 관련된 그들 자신의 역량과 경험들을 문제해결 과정에 가져오도록 한다. 이것이 바로 필자들이 우리 자신들의 특정한 실행연구 수행방식을 '실용주의적 실행연구'라고 칭하는 이유라고 할 수 있다.

필자들의 관점에서 볼 때 민주주의와 해방을 가져오는 상황(liberating situations)은 서로 관련이 있다. 필자들은 다음의 논의를 통해 이를 보다 명확히 하고자 한다. 민주주의는 대단히 복잡한 개념이어서 그 의미를 명확히 하고자 하는 어떤 시도라 할지라도 격렬한 논쟁을 피할 수 없다(이 주제에 대한 수준 높은 논의를 제시하고 있는 자료는 Dahl, 1989 참조). 상당수의 사람들, 특히 많은 북미인들에게 있어 민주주의란 단어는 종종 평등주의를 떠올리게 한다. 어떤 사람들에게 있어서 이는 참여를 내포하는 반면, 어떤 사람들에게는 합의에 의한 의사결정을 상기시키고, 또 다른 사람들에게는 다수결 원칙에 따른 의사결정을 떠올리게 한다. 민주주의가 어떤 사람들에게는 동질적인 공동체를 의미하는 것이지만, 다른 사람들에게는 생생한 논쟁이 이루어지는 논의의 장을 의미한다. 앞서 말한 각각의 의미들은 모두 그와 관련된 계보, 이론들, 정체(polities)와 도덕 원리를 내포하고 있다.

이 문제에 대한 필자들의 견해는 민주주의란 "집단들의 다양성을 존중하고 향상시키는 생생한 논쟁과 의사결정을 촉진하기 위한 다양한 소통의 장의 창출"이라고 보는 것이다. 필자들은 민주적 절차에 있어 분배적 정의(distributive justice)와 합의 모형(consensus models) 모두를 명시적으로 부정한다. 필자들은 집단에서 장래에 긍정적인 변화를 이끌어 낼 수 있는 가장 가치로운 자원으로서 기술, 경험, 인종, 성 그리고 정치의 다양성을 강조한다. 이러한 관점에서 필자들은 민주주의를 다수결 원칙으로 보는 지배적인 정치적 관점을 거부한다. 이는 곧 필자들이 민주주의를 정의하는 기존의 방식을 비판하는 Iris Young(1990)의 다음과 같은 견해에 동의한다는 것을 말한다. 즉, '사회적 정의를 사회적 약자들에게 제한된 재화를 재분배하는 것'으로 축소시키는 복지국가 자본주의의 민주주의에 대한 억압적인 관점에 필자들이 전혀 동의하지 않는다는 것을 의미한다. 민주주의에 대한 이러한 관점은 다양성을 존중하지 않을 뿐만 아니라, 권리를 박탈당한 사람들이 자신들을 위해 역량을 증진시키도록 만드는 문제에 제대로 된 관심을 기울이지 않는다는 점에서 문제가 있다. 필자들에게 있어 실행연구는 공동체와 조직들이 그들 자신이 가진 다양하고 복잡한 내적 자원들을 가능한 한 충분히 동원하도록 도와주는 데 목적이 있는 것이다.

결과적으로 필자들은 공동체의 동질성이나 합의에 기초한 의사결정을 강조하는 기존의 접근방식에는 회의적이다. 왜냐하면 그러한 접근방식들은 주류에 의한 다양성의 포섭(co-optation)이나 강제를 위한 가능성을 열어 두고 있기 때문이다. 이런 문제점들을 문서화한 자료들을 찾기는 그리 어렵지 않다. 최근의 역사에서도 이러한 예를 찾기는 어렵지 않은데, 예컨대 1968년 자본주의의 일상적 행동 양식(capitalist business as usual)에 대한 민주적 비판들이 소위 대안적 사회적 양식들(alternative social forms)을 창출하려는 다양한 시도들에 내재화되어 있었다. 이들 중 많은 시도들은 의식적 공동체(intentional communities), 협동조합 그리고 열린 학교(open schools)의 형태를 취하고 있었고, 또한 많은 시도들이 사회적·문화적 차이를 폐지하고 합의에 기초한 의사결정 방식을 다수결로 대체하려고 했다. 그러한 조직에 대한 탁월한 문화기술지적 묘사가 Jane Mansbridge(1983)의 『적대적 민주주의를 넘어(Beyond Adversary Democracy)』에 나타나 있다. 다수에 의한 소수의 억압이라는 흔적을 없애기 위하여, 이들 사회변화의 설계자들은 만장일치 원칙을 다수결 원칙으로 바꾸려고 노력했다. Tocqueville(2001/1835, 1840)이 이미 몇 세대 전에 예측했던 것처럼, 그 결과는 종종 집단적 압력과 자기검열(self-censorship)을 통해 종국적으로는 민주주의에 대한 신념을 약화시키는 합의에 대한 폭압적인 요구로 나타나게 된다.

필자들은 다양성이야말로 인간 사회의 가장 중요한 특징 중 하나라고 믿는다. 다양성은 생물학적 사실의 하나이고, 누군가의 의도에 관계없이 세대를 이어 지속된다. 다양성은 또한 문화적 산물이다. 심지어 가장 동질적으로 보이는 집단에서도 조금만 관심을 가진다면 지식, 관심, 경험 그리고 역량에 큰 차이가 있는 것을 발견할 수 있다. 필자들은 이러한 차이점들을 풍부한 사회적 자원이라 본다. 필자들은 이러한 차이점들이 효과적으로만 사용된다면 특정한 집단이나 조직이 자신을 변화시키려고 할 때 보다 큰 역량을 제공할 수 있는 풍부한 사회적 자원으로서 기능할 수 있을 것으로 생각한다. 필자들은 민주주의를 이러한 차이점들을 기꺼이 받아들이고, 또한 인간적인 목적으로 사용할 수 있도록 만드는 열린 시스템으로 본다. 이러한 필자들의 견해에 따르면 민주주의의 목적은 차이점을 강조하고 이를 오히려 부각시킴으로써 변화를 활성화시킬 수 있는 사회와 조직들을 만드는 데 있다.

필자들은 '해방을 가져오는 상황(liberating situations)'을 사회적 변화가 가능하고,

이것이 참여자들에 의해 통제될 수 있는 상태라고 본다. 나아가 필자들은 특정한 집단이나 조직이 점차적으로 내부에 존재하는 다양한 견해, 역량, 경험들을 수용·활용하며 이를 보상할 수 있을 때, 그리고 점점 더 많은 구성원들이 공동체의 미래 방향에 영향을 미칠 수 있을 때, 그러한 조직과 집단을 해방지향적 궤도(liberating trajectory)에 제대로 자리 잡고 있는 것으로 간주한다. 마지막으로, 해방을 가져오는 상황에서 특정한 집단은 변화를 점차적으로 집단의 향상과 성장을 위한 기회로서 받아들이게 된다.

이 책의 구성

이 책 제1부의 제2장에서는 실행연구의 역사를 제시하고 제3장에서는 필자들의 경험을 바탕으로 세 가지 사례를 제시할 것이다. 이어 제2부(과학, 인식론 그리고 실행연구의 실천)의 제4~8장에서는 현재 학문공동체에서 '사회과학'이라 불리고 있는 것보다 훨씬 더 엄격하게 과학적 기준을 충족시키는 과학적 탐구의 한 형태로서 실행연구에 대한 철학적·방법론적 논쟁들을 제시한다. 필자들은 선진 자본주의 사회의 대학 및 연구기관들에서 나타나고 있는 정치경제를 간략한 역사적 리뷰를 통해 제시함으로써 학문공동체 내에서 실행연구 활동들이 어떻게 주변화되고 있는지를 설명할 것이다. 제3부(실행연구 접근방식의 다양성)에서는 실행연구에 대한 서로 다른 접근방식으로 논의의 초점을 전환한다. 먼저, 제9장에서는 필자들 스스로가 사용하는 실행연구 접근방법으로부터 논의를 시작한다. 제4부의 제16장은 실행연구자들의 양성과 교육에 대해, 제17장은 실행연구, 참여 그리고 민주주의에 대한 보다 폭넓은 개관을 제공하는 것으로 마무리될 것이다. 이 책 전반을 통해 필자들은 우리 자신의 견해들을 강하게 주장할 것이지만, 독자들이 심층적 논쟁 없이 단순히 이를 받아들이는 자세보다는 우리의 주장들이 과연 받아들일 만한 가치가 있는 것인지를 심각히 고민해 볼 것을 권한다.

이 책의 독자에 대한 가정

필자들은 이 책의 주된 독자가 전통적인 사회과학 연구 혹은 사회변화 지향적 행위에 일정한 사전 경험을 가지고 있다고 가정하고 있다. 필자들은 사회과학 연구를 수행하는 보다 적절하고 생산적인 방법이 무엇인지를 알기를 원하는 독자들에게 실행연구를 그 유력한 대안 중 하나로 제시하고자 한다. 필자들은 독자들에게 자신들이 가진 이전의 경험을 깡그리 무시하라고 요구하지는 않는다. 필자들은 여러분이 실행연구의 접근방식에 대해 배워 나갈 때 여러분의 사전 경험을 일종의 준거 틀로 사용하기를 권한다. 필자들의 수업 현장 그리고 실행연구 프로젝트 수행과정에서와 마찬가지로, 필자들은 '독자(참여자)와 저자(연구자)'의 관계를 협동적인 것으로 보고 있다.

저자 주

1. 경우에 따라 전문적 실행연구자는 실행연구 과정으로부터 도출된 실행에 관여하기도 하지만, 반드시 그런 것은 아니다. 이것은 이해당사자의 상황과 요구(필요)에 달려 있다.
2. Peter Reason and Hilary Bradbury(2001)가 편찬한 『실행연구 핸드북(Handbook of Action Research)』은 이런 문제점을 개선하는 데 도움을 주고 있다. 또한 이러한 유형의 연구는 실행연구에 대한 수많은 서로 다른 관점들과 광범위한 참고문헌을 독자들이 탐색하는 데 도움을 줄 수 있다.
3. 최근 이러한 유형의 유용한 상호 의견 교환들이 『실행연구 국제 저널(International Journal of Action Research)』에 출판된 바 있다(『Concepts and Transformation』: Greenwood, 2002, 2004a).

제 2 장

실행연구의 역사

역사는 여러 가지 다른 관점에서 쓰여질 수 있는 것이기 때문에, 누구나 동의하는 역사를 쓰는 것은 불가능하다. 이 장의 목적은 필자들의 현장 연구 경험을 통해 습득한 방법을 중심으로 실행연구의 계보(genealogy)를 제시하는 것이다. 필자들은 실행연구의 발달과정에 대한 객관적 설명을 제시하는 것이 가능하지 않다고 생각한다. 특정 현상에 대한 역사를 만들고자 하는 시도는 종종 해당 분야 내에 존재하는 상이한 요소들을 서로 연계시켜 주는 하나의 역사적인 선을 그리는 것이 가능하다는 암묵적인 가정을 가지고 있다. 이러한 가정은 실행연구의 경우(아마 다른 어느 분야에서도 마찬가지겠지만) 현실과는 거리가 있다. 오늘날 '실행연구'로 지칭되는 활동들의 다양성을 감안할 때 각각의 활동들은 명백히 서로 연계되기 어렵다. 1991년 발생한 다음의 상황은 이러한 현실을 보여 주는 가장 전형적인 사례라고 할 수 있다. 당시 Fals Borda and Rahman(1991)의 『실행과 지식: 참여적 접근방식을 통한 독점의 타파(Action and Knowledge: Breaking the Monopoly with Participatory)』와 Whyte(1991)의 『참여적 실행연구(Participatory Action Research)』 등 유사한 요소를 제목에 포함하고 있는 두 권의 책이 동시에 출판되었다. 두 책은 제목에서 비슷한 요소를 사용하고 있지만, Levin(1998)이 지적하고 있듯이 저자들은 상대방을 거의 인정하고 있지 않다. 저자들은 이 두 책에서 실행연구의 실천과 관련하여 단지 세 개의 참고문헌만을 공유하고 있다.

이러한 상황은 지난 15년간 변화의 조짐을 보이고 있다. Reason and Bradbury (2001a)가 실행연구 분야에 존재하는 다양한 사고의 흐름을 한 권의 책으로 종합하여 편집한 『실행연구 핸드북(Handbook of Action Research)』은 실행연구의 최근 발전과정에 대한 보다 보편적인 견해가 개발되고 있다고 지적한다. Karl Marx, John Dewey, Kurt Lewin, Jürgen Habermas, Hans Georg Gadamer 및 Richard Rorty 등의 고전적 저작들이 실행연구 분야에 공통적인 참고문헌으로 제시되고 있다. 그러나 Reason과 Bradbury의 책뿐만 아니라 실행연구 분야 전반에서 결여되어 있는 것은 실행연구에 대한 상이한 개념화 방식들 간의 비판적 담론 혹은 서로 다른 실천방식과 발견사항들 간에 존재하는 차이점을 대비해 보는 노력이라고 할 수 있다. Reason and Bradbury(2001a)의 『실행연구 핸드북』에서 각 장의 저자들이 암묵적으로 의도했던 것은 서로 다른 여러 가지 사고의 흐름들을 구조화하는 것보다는 오히려 자신이 관심을 가진 하나의 특정한 입장을 제시하는 데 있었다고 생각된다. 필자들은 실행연구 전문가들의 국제적 네트워크에서의 다음 과업은 실행연구의 다양성과 논의 동향에 대한 보다 의미 있는 지도를 제공하는 것을 목적으로 한 일종의 상호 관여적(engaged)·다원적·비판적인 담론을 창출하는 것이기를 희망한다.

그럼에도 불구하고 실행연구라고 불리는 다양한 활동들에 대해 지적·사회적 운동의 특징이 결여되어 있다는 결론을 내리는 것은 잘못이라고 할 수 있다. 총체적으로 볼 때, 실행연구는 광범위하고 다양한 활동을 포함하고 있다. 이러한 활동은 내부적으로 가치관, 현장에 기초한 실증적 접근방식, 문제 소유자와 연구자 간의 상호 학습을 위한 집중적 노력(commitments)이라는 측면에서 많은 유사성을 가지고 있다. 실행연구 분야의 다양한 실천가들은 이제 콘퍼런스에서 서로 만나고 있고, Reason and Bradbury(2001a)와 같이 오랜 공동작업을 통해 실행연구 핸드북을 만들고 있으며, 이 분야의 몇몇 저널들에 함께 논문도 게재하고 있다. 그러나 이러한 활동들은 아직 충분한 정도의 의사소통으로 이어진 것은 아니어서, 독자들이 아직 실행연구의 서로 다른 접근방법들에 대해 충분한 이해를 하는 것은 여전히 쉽지 않은 상황이다.

다양한 사고의 흐름은 보다 정확히 세분화된 범주들로 나뉠 수 있겠지만, 전체적 구성상 이 장에서는 보다 일반적으로 실행연구에 대한 역사적 개관을 작성하는 데 초점을 맞추도록 한다. 이후 이 책의 제3부에서는 이 장에서 개관한 실행연구의 주요 접근방식들에 대한 역사적 연원을 각각 별도로 제시하고자 한다. 필자들의 관점에서 볼 때 실행연구에 대한 역사는 필연적으로 하나 이상의 이야기(narrative)가 포함될 수밖에 없으며, 각각의 이야기는 보다 광범한 실행연구의 역사적 지평을 만드는 데 필요한 세부 구성 요소들을 추가하는 것이라고 볼 수 있겠다.

실행연구에 대한 역사를 구축함에 있어 필자들은 북부의 산업 민주주의 전통에 가장 큰 관심을 기울여 이로부터 논의를 시작하고자 한다. 산업체 조직들의 북부에서의 실행 경험들(Northern experiences)[1]은 실행연구의 발전을 위해 가장 중요하고 풍부한 기반이 되었다. 독자들이 실행연구가 어디에서 유래했는지 알 필요가 있기 때문에, 필자들은 이 장의 대부분을 북부, 서구 국가에서의 전통을 설명하는 데 할애하고 있다. 이것은 특정한 유형을 의도적으로 배제하기 위한 전략으로 해석할 필요는 없으며, 오히려 필자 자신들의 위치에 대한 보다 명확한 설명으로 이해하는 것이 타당할 것이다. 다음으로 필자들은 빈곤국가에서의 해방주의자 운동(liberationist movement)에 대해서도 설명하고자 한다. 이는 필자들 자신의 개인적 경험에서는 그렇게 핵심적인 부분은 아니었지만 실행연구에 대한 역사에서는 매우 중요한 부분이기 때문이다. [이 책의 후속 장들에서는 남부 참여적 실행연구(Southern participatory action research: PAR)와 다른 해방주의적 접근방식이 보다 특별한 의미로 다루어질 것이다.] 북부와 남부 모두에서 민주화에 반대하는 세력들이 존재한다는 사실을 감안할 때, 이 두 분파 간의 궁극적인 관계 개선(상호 동화를 의미하는 것은 아니다)은 실행연구의 미래를 위해 반드시 필요하다. 1977년과 1997년에 콜롬비아의 카르타헤나(Cartagena)에서 '수렴(Convergence)'이라는 주제로 국제회의를 조직하기로 했을 때,

1) [역자 주] 북부–남부 구분은 개략적으로 사회 · 경제적 그리고 정치적 구분으로 간주된다. 일반적으로 지구의 북반구에는 미국, 캐나다, 유럽, 일본, 한국과 호주, 뉴질랜드가 포함되고, 남반구는 아프리카, 라틴 아메리카 그리고 아시아의 개발도상국들로 구성된다. 즉, 북부는 선진 서구 유럽과 후발 산업화 국가를 커버하는 반면, 남부는 개략적으로 제3세계와 일치된다. 하지만 이러한 남부와 북부의 구분은 점점 더 현실과 덜 부합하며, 점차적으로 도전을 받고 있다. 이 책에서의 이 용어의 사용과 관련한 설명은 제10장의 말미에 있는 저자 주 1을 참조하기 바란다.

이 분야를 가장 잘 이해하고 실행연구와 분야에서의 모든 견해에 대해 나름의 이해를 가졌던 사람은 남부 PAR의 주요 실천가들의 한 사람이었던 Orlando Fals Borda였다. 필자는 인간중심 탐구(human inquiry)와 협력적 탐구(collaborative inquiry) 접근방식에 대한 간략한 개관으로써 이 장을 마무리할 것이다.

산업 민주주의

'산업 민주주의(industrial democracy)' 전통 혹은 운동이라고 불리게 된 일단의 사회적 움직임의 출현은 서구 산업 국가들에서 일어난 체계적 · 합리적인 수준에서 대규모로 시행된 최초의 실행연구에 대한 노력을 지칭한다. 그 뿌리는 Kurt Lewin의 미국에서의 초기 연구[코넬 대학교(Cornell University)에서 시작하여 이후 MIT]로 거슬러 올라간다. 그의 생각은 대서양을 가로질러, 영국 런던의 타비스톡 인간관계 연구소(Tavistock Institute of Human Relations)에서 풍성한 기반을 마련하였다. 비록 영국에서도 많은 활동이 있었지만, 대규모 실행연구 프로젝트의 주요한 원천은 산업 민주주의 프로젝트의 본류였던 노르웨이라는 것이 밝혀졌다. 이러한 아이디어 중 상당수는 스웨덴 및 미국의 산업체에서 일종의 산업 경영 전략(industrial management strategies)의 형태로 재창조되었으며, 이후 일본으로까지 전파되었다. 실행연구를 통해 개발된 아이디어들의 광범위한 전파는 실행연구의 확산에 대한 하나의 성공 사례이다. 하지만 이것은 또한 사회변화에 대한 급진적 아이디어들이 공정성보다는 효율성에 초점을 맞춘 조직을 만드는 데 있어서 유용한 관리 도구가 될 수 있다는 것을 보여 주는 하나의 사례이기도 하다.

필자들의 핵심 주장은 산업 민주주의 운동의 기본적 아이디어들이 오늘날 업무를 조직하는 데 있어 최신 아이디어로 받아들여지고 있다는 것이다. 합리적 생각을 가지고 있는 서구의 산업체 리더라면 누구나 팀 기반 업무 조직 또는 작업 현장 수준에서 지속적인 혁신(향상)과정에 관여할 수 있는 숙련되고 책임감 있는 노동자 능력 배양 훈련을 반드시 중요한 수단으로 고려한다. 사실 이러한 아이디어는 현재 너무 광범위하게 받아들여지고 있어 산업 민주주의 운동에 있어서 상대적으로 최근의 기초 작업들(relatively recent origins)은 대부분 잊혀져 버렸다.

이러한 현상이 초래한 하나의 결과로서 산업 민주주의 개념은 그 초기의 의미를 잃어버리게 되었다. 일부 실천가들과 기업들은 산업 민주주의라는 용어를 자신들의 편의에 따른 방식으로(co-opted) 적용하여, 그들이 여전히 테일러적인(Tayloristic) 방식[2)]으로 일하고 있음에도 불구하고 관리에 대한 전형적인 통제 전략에 사회적으로 듣기 좋은 이름을 붙이는 경향이 있다.[주1] 필자들은 이를 문제 있는 상황이라고 보고 있지만, 이는 또한 산업화된 환경에서 새로운 아이디어가 등장할 때마다 우리가 항상 경험하고 있는 상황이라고도 할 수 있다. 또한 필자들은 이 장에서 논의하고 있는 실행연구에 대한 또 다른 두 가지 접근방식에서도 동일한 '언어 길들이기(domestication)' 과정을 볼 수 있다. 예를 들어, 해방주의자 전통에서 '단기 농어촌 지역 평가(Rapid Rural Appraisal)', '참여적 농어촌 지역 평가(Participatory Rural Appraisal)', 또는 '참여적 학습 분석(Participatory Learning Analysis)'(Chambers, 1994a, b, c) 등으로 다양하게 불리는 활동들은 의도치 않게 자금 제공 기관이 요구하는 하나의 기법으로서 '참여'를 개발 전략에 내재된 하나의 필수적 요소로 만들었다. 이러한 과정은 산업 민주주의라는 용어가 이해당사자에 의해 편의적으로 채택되어 결국 오염으로 이어지는 과정과 매우 유사하다.

마찬가지로 Heron(1996)과 Reason(1994)이 주창하고 있는 학습이라는 관점 없이 조직적 상황에서 단지 빠른 해결책을 도출하는 방식을 택하는 것도 동일한 유형의 언어 길들이기와 맥을 같이하는 것이라고 볼 수 있다. 용어의 편의적 채택과 오염(co-optation)은 사회를 민주화하려는 보다 진정한 노력의 진행과정에서 언제나 존재한다. 이와 관련해 실행연구 공동체가 직면한 과제는 (초기 단계에서의) '순수성'을 유지하는 데 있는 것이 아니다. 오히려 핵심적 과제는 어떻게 하면 민주적인 과업조직을 만들기 위한 토대를 새롭게 제시하고 또한 실행연구를 수행하는 것이 가치로운 일이 될 수 있도록 만들 수 있을 것인가 라는 데 있다. 이는 곧 실행연구 수행자가 민주화를 위한 계기(democratizing momentum)를 어떻게 유지할 수 있을 것인

2) [역자 주] 테일러주의란 과학적 관리법(scientific management) 또는 과학적 경영의 창안자인 Frederick Winslow Taylor의 이름을 딴 것으로, 이 이론의 핵심은 경제적 효율성과 노동생산성 증진이다. 즉, 노동자들에게 작업 수행에 대한 표준화된 매뉴얼과 지침을 교육하여 과업 수행이 효과적으로 나타나고, 목표량을 달성하도록 하며, 이에 따른 인센티브를 지급하는 것이다(출처: https://ko.wikipedia.org/wiki/%EA%B3%BC%ED%95%99%EC%A0%81_%EA%B4%80%EB%A6%AC%EB%B2%95).

가를 전략적으로 파악하는 능력에 달려 있다고 할 것이다.

Kurt Lewin의 초기 업적

독일에서의 나치즘 확산으로 심리학자인 Kurt Lewin은 유럽을 떠나 미국에 피난처를 찾게 되었다. Lewin은 사회심리학자로 교육받았고 주요 관심사는 사회변화였다. 보다 구체적으로는 사회변화를 개념화하는 방법과 이를 촉진하는 방법에 관한 문제들이었다. 다소 이견이 있기는 하지만 일반적으로 Lewin은 실행연구라는 용어를 최초로 창안하고, 이 책에서 사용되는 것과 매우 흡사한 의미를 부여한 사람으로 알려져 있다.

실행연구에서 Lewin은 특정한 하나의 목표를 달성하기 위한 목적의식하에 총체적인 사회적 · 물리적 상황(holistic social and material situation)에서 실험을 구안할 수 있는 과정을 구상하였다. 예를 들자면, 제2차 세계대전이 발발한 초기에 Lewin(1943)은 미국 당국에서 위탁받은 연구를 통해 미국인 가정의 일상 식단의 한 부분으로 양[3]을 활용하는 연구를 수행하였다. 연구문제는 어떤 정도로 미국의 가정주부들에게 가족의 저녁 식단으로 쇠고기가 아닌 양을 사용하도록 권장할 수 있을 것인지에 관한 것이었다. 당시 쇠고기는 부족했으며 따라서 주로 군 보급을 위해 사용될 수밖에 없었다. 따라서 미국 당국은 국내 소비에서 쇠고기를 대체할 자원을 찾고 있었던 것이다.

이 연구에 대한 Lewin의 접근방식은 그가 저녁식사를 위해 양을 요리하는 방법을 제한된 수의 주부들에게 훈련시키는 방식으로 연구를 수행하는 것이었다. 그러고 나서 그는 이 훈련이 수강생들의 가정에서 그들의 일상적 요리 습관에 어떤 영향을 미치는지 조사하였다. 이 사례에서 실행연구는 소위 말하는 '자연실험(natural experiment)'이었는데, 이는 실생활의 맥락에서 연구자가 참여자에게 실험 활동에 참여하도록 권유하거나 혹은 강제하는 것을 의미한다. 이 접근법은 여전히 권위적 통제 양식을 가진 전통적 응용 사회과학(applied social science)의 범주에 들어가지만, 구체적이고 바람직한 사회적 결과를 도출하는 것에 목적이 있었다. 자연적 조

3) [역자 주] 소의 내장(양) 특히 위 부분

건하에서의 실험에 대한 Lewin의 생각은 노르웨이 산업 민주주의 프로젝트의 주된 전략이 되었다. Lewin은 사회심리학자로서 교육받았고, 따라서 노르웨이의 근로 조건 향상을 위한 초기 단계에서 핵심 이슈들 중 하나였던 행동 수정(behavioral modification)에 대한 커다란 전문적 관심을 가지고 있었다.

다음과 같은 Lewin의 또 다른 두 가지 사고의 흐름이 산업 민주주의 전통의 발전에 중대한 영향을 미쳤다. 첫째, Lewin은 '사회변화'를 (1) 기존 구조의 해체(unfreezing), (2) 해당 구조의 변화(changing), 마지막으로 (3) 영속적 구조로 정착시키기(freezing)와 같은 3단계의 과정으로 개념화하였다. 둘째, 집단 역동성(group dynamics), 집단의 변화를 위해 중요한 요소들과 힘들의 파악, 갈등, 집단들 간의 협력 등에 대한 그의 연구는 풍부한 후속적인 역사를 가졌던 T그룹(T-groups)[4)]의 개념으로 이어졌다(Gallagher, 2001).

3단계 과정으로서의 변화에 대한 Lewin의 개념화는 지금까지도 여전히 영향력 있는 모형이다. Lewin의 주요 아이디어는 사회변화는 해체(unfreezing), 유동적 단계(floating)과 고체화(freezing)라는 열역학적 은유를 사용하여 이와 같은 순차적이고 서로 구분되는 개별적인 과정으로 파악될 수 있다는 것이다. Lewin 모형의 핵심은 안정된 사회적 상태의 존재, 변화에 선행되는 단계, 변화가 발생한 후에 확립되는 단계라는 개념이다. 실행을 통한 개입(action intervention, 즉 변화과정)은 하나의 사건(episode)이며, 결국 사회 시스템은 다시 안정적 상태로 돌아갈 것이다. 이렇게 간헐적으로 발생하는 사건으로서 변화를 보는 개념화 방식은 실행연구 발전의 초기 단계에서 지배적인 영향을 미쳤으며, 지금도 많은 미국 기반 조직 개발 실천가들의 개념화 방식에서는 보편적으로 받아들여지고 있다(Levin, 1994). 이 모형은 1970년대에 주로 사회심리학자들 공동체에서 개발되었던 개념인 단기적 개입(short-term intervention)을 정당화해 주었기 때문에 매력적이었다. 이는 또한 장기적인 변화과정에 반드시 관여하지 않고서도 조직에서의 참여적 변화를 창출해 낼 수 있는 계획적 · 체계적 노력(Cummings & Worley, 2001)을 말하는 '조직 개발 분야에서의 협의활동(consultation practices)'을 뒷받침하는 사고체계를 구조화하는 데 중요한 역할을 담당했다.

---

4) [역자 주] 제3장의 저자 주 2번 참조.

하지만 필자들의 견해로 볼 때 이것은 매우 제한적이고 잘못된 입장이다. 필자들은 실행연구를 단기적 개입의 형태가 아닌 지속적이고 참여적인 학습과정으로 모형화하기를 주장한다. 필자들에게 있어 변화과정은 개방된 출발점(open starting point)을 가지고 있으며, 대부분 절대적인 종료 시점은 없다. 더욱이 필자들이 선호하는 실천방식의 핵심적 아이디어는 지속 가능한 학습 역량을 창출하고 참여자들에게 자신이 처한 상황에 대한 통제력을 향상시킬 수 있는 선택권을 제공하는 것이기 때문에, 변화과정을 단기적 기간으로 미리 정의하는 것은 훌륭한 실행연구의 실천방식이라고 보기 어렵다. 단기 목표(빠른 해결책)는 지속적인 변화라는 보다 상위의 맥락과 연계되어 생각될 때 비로소 적절성을 가질 수 있다.

실행연구에 관한 Lewin의 견해에 대한 이러한 비판들이 그렇다고 해서 실행연구의 기본 개념 자체를 약화시키는 것은 아니다. 이러한 비판들은 단지 Lewin 자신이 해당 접근방식을 적용하는 데 있어서의 한계를 보여 준 것이며, 그의 단기적 변화과정이라는 개념은 실행연구의 초기 명성을 활용한 컨설턴트들이 조직 개발을 수익 창출 비즈니스로 만들어 가는 데 오히려 편리하게 활용되었다. 현대 실행연구에서는 변화과정들이 특성화되는 방식에서 이러한 Lewin류의 사고로부터의 커다란 변화가 나타나고 있다. 현대에 와서 이와 관련한 사고들은 보다 많은 지속적인 대화를 강조하고(Gustavsen, 1992), 지속적인 변화를 위한 기제로서 공동생성적 학습(cogenerative learning; Elden & Levin, 1991)을 강조한다.

Kurt Lewin의 연구는 다른 영역인 집단 역동성(group dynamics) 분야에도 중요한 영향을 미쳤다. 집단 역동성은 변화과정에서 긴장감이 발생할 때 붕괴되기보다는, 이러한 긴장감을 잘 견딜 수 있는 집단을 만드는 방법에 대한 Lewin의 관점에 크게 의존하고 있다. 즉, 그의 영향을 받아 만들어진 일련의 연구 및 실천 기법이라고 할 수 있다. 이러한 접근방식 중 가장 유명한 것은 T그룹 기법이다. 이름이 말해 주듯이 T그룹의 T는 해당 그룹의 구조를 나타낸다. 이러한 초기의 형태에서 외부 촉진자는 T로 표상되는 해당 그룹의 상부에 위치하면서 그룹에서 중요한 사회적 역할을 담당한다. 촉진자는 명령을 하지는 않지만 (그룹의 참여자와 현장에) 계속 함께 있는 역할을 수행함으로써 (참여자에 의한) 실천을 권장한다. 권위 있는 인물이 존재하기는 하지만 통상적으로 생각되는 권위주의적 방식으로 운영되지 않는 상황에서 집단의 구성원들은 딜레마에 처하게 되고, 때로는 고통스러운 노력을 통해 권위에 대한 그들 자신만의 접근방식을 생성하게끔 강제되어, 결국은 해당 그룹이 새로운 방식으로 일하는 방식을 만들어 나가도록 노력하게끔 한다는 것이다.

T그룹의 실행은 보다 심층적인 개인적 발달을 위한 경로의 하나로서 개인 간의 상호작용에 대한 경험적 학습을 제공하는, 즉 나중에 감수성 훈련 모형(sensitivity groups)이 되는 그러한 활동으로 시작된다. 이것은 사실 연구 수행과정에서 참여자들에게 지속적인 악영향을 끼칠 수도 있는 고위험을 포함하기 때문에, 인간 발달에 대한 접근방법 중 많은 비판을 받았던 방법 중 하나라고 할 수 있다(Filley & House, 1969). 미시건 대학교(University of Michigan)의 국가훈련실험실(National Training Laboratory)에서는 여전히 이 방법론을 사용하여 사람들에게 집단 역동성을 가르친다. 하지만 초기의 감수성 훈련 모형(sensitivity training model)[5]의 중추를 이루는 이슈들은 상대적으로 덜 강조를 하며, 팀 형성에 필요한 집단 역동성과 사회적 상호작용 기술에 보다 중점을 두고 있다.

또한 Lewin은 사회과학 분야에서의 몇 가지 중요한 슬로건들을 창안한 것으로도 명성이 높다. 이 슬로건들은 매우 널리 알려져 있고 또한 흥미롭기 때문에 여기에서도 다시 한번 반복할 필요가 있다고 생각된다. "좋은 이론만큼 실제적인 것은 없다" 그리고 "무엇인가를 이해하는 가장 좋은 방법은 그것을 변화시키려고 노력하는 것이다" 이러한 모토는 실행연구 실천가들에게도 반향을 불러일으켰다. 왜냐하면 그들이 실천을 강조하고, 또한 실천(praxis)에 제대로 도움을 주는 경우에만 이론을 가치롭게 보기 때문이다. 이러한 말에 함축된 관점들은 명백하게 전통적 사회과학 연구자들에 대항하는 입장을 취하고 있다. 필자들은 실행연구에서 '이론'을 검증하는

5) [역자 주] 감수성 훈련(sensitive training)은 실험실 훈련(laboratory training), 만남 집단(encounter group), T 그룹(training groups) 등 다양하게 불린다. 목적 설정이나 규칙 및 규정 등이 없는 집단 내에서 구성원들 간의 상호작용을 통해 행동의 변화를 추구하는 방법을 말한다. 집단 구성원들은 훈련전문가의 최소한의 지침에 따라 자유롭고 개방적인 분위기 속에서 자신의 의견이나 신념, 태도 등을 교환하게 된다. 이 훈련을 통해 자기 자신의 행동을 분명히 인식하고, 다른 사람들은 자신의 행동을 어떻게 보고 있는지를 파악함으로써, 다른 사람의 행동을 보다 명확하게 알 수 있게 되고 결과적으로 조직 내에서 이루어지는 다양한 과정들을 이해할 수 있도록 하는 것이 이 훈련의 목적이다. 다른 사람의 입장에 서서 생각하는 능력의 향상, 경청할 수 있는 기술의 획득, 개인의 차이를 이해하는 능력의 향상, 갈등을 해결할 수 있는 기술의 습득 등이 훈련의 구체적인 목표라 할 수 있다(조남두 외, 2006:219-220; Robbins, 2005:558; 고려대학교 교육문제연구소, 2007:396). 제3장의 '저자 주' 2번에서도 'T 그룹 기법'에 대한 설명이 제공되고 있다.

방법은 해당 이론이 여하히 (1) 사회 구조에 대한 심층적이고 철저한 이해를 제공하고 있고, 또한 (2) 특정한 방향으로 변화를 일으키려는 계획된 노력들을 통해 어떤 이해와 지식을 얻었는지를 보여 주는 것이라고 믿는다. 변화과정에 대한 지역 이해관계자들의 헌신과 이에 수반하는 적절한 변화가 바로 이론의 유용성을 입증하는 것이라고 볼 수 있다.

이러한 Lewin의 사고체계는 오늘날 실행연구라고 불리는 기법들에 대한 가장 기본적인 구성 요소이다. 그는 현실 세계의 문제를 해결하는 데 기반을 둔 지식 산출에 대한 접근방식의 기초를 마련하였다. 처음부터 그는 연구자의 새로운 역할을 주창하였으며, 탐구과정의 질을 판단하기 위한 준거들을 전면적으로 재정의하였다. Lewin은 연구자의 역할을 (연구대상과) 멀리 떨어져 있는 관찰자가 아니라 구체적인 문제해결 과정에의 참여자로 변화시켰다. 특정한 이론이 가치로운 것인지를 판단하기 위해 그가 개발했던 질적 기준은 현실 상황에서 해당 이론이 실제 문제해결을 얼마나 도와줄 수 있는지 정도에 초점을 맞추고 있다.

타비스톡 인간관계 연구소

제2차 세계대전 이후 영국에서는 산업 기반을 재건하는 것이 중요한 정치적 목표였다. 전쟁 기간 동안 영국의 산업 기반은 심각하게 손상되었으며 경제 활성화를 위해 국가 차원의 노력이 종전 후 즉각적으로 시작되었다. 런던의 타비스톡 인간관계 연구소(Tavistock Institute for Human Relations)는 영국 정부로부터 이러한 노력들을 지원해 주도록 요청받게 되었다.

타비스톡 연구소[해당 연구소의 구성원들에 의해 '병원(Clinic)'이라고 불리는]는 정신분석학적 사고와 실행 지향(action orientation)이라는 개념을 바탕으로 만들어진 지적인 환경(intellectual environment)을 가지고 있었다. 이 연구소의 명성은 영국의 탄광에서 수행된 하나의 혁신적 연구로부터 시작되었다. 당시 영국의 탄광에서는 기계화된 새로운 장비의 도입이 예상되었던 만큼의 생산성 증대로 이어지지 않아 고민하고 있었다. 탄광을 감독하는 위원회는 이 문제에 대한 연구를 의뢰하였고, 타비스톡 연구소가 이 연구를 수주하게 되었다. 지금은 널리 알려진 Trist and Bamforth(1951)의 연구결과는 생산 기술과 노동 조직이 어떻게 불가분의 관계로 연계되어 있는지를 보여 주고 있다. 저자들은 새로운 기술로 인한 요구와 상호작용하는 사람들로 구성된 하나의 그룹으로서의 노동자들 사이에 무엇이 유익한 것인가라는 인식 간의 불일치(incompatibility)가 존재하며, 이러한 불일치가 당초 예상에 못미치는 부진한 성과의 원인임을 보여 준다. 각 교대 조에서 작업 주기를 분절하여 나누게 됨으로써, 교대 조에서는 부분 최적화 현상(suboptimization)[6]이 발생하고 이는 곧 전반적인 생산성 저하로 귀결된다. Trist and Bamforth(1951)의 연구에 기초한 통찰력은 작업에 대한 전통적인 테일러식 관리방식과의 단절을 의미한다. 테일러식 관리법에서는 생산 주기에서 작업 요소들을 명확히 구분하고 난 후 이러한 과업을 담당할 노동자들을 책임이 명확히 부과된 분절적인 소그룹들로 나누어 조직하는, 가장 기술적으로 효율적인 방법을 찾아내는 것에 항상 연구의 초점을 맞추어 왔다. 이러한 그들의 통찰력은 산업 민주주의 운동의 출현에도 영향을 미쳤다.

타비스톡 연구소는 자연실험의 개념에 대한 Lewin의 연구와 실행연구(Gustavsen, 1992)를 미국에서 다시 가져와서, 연구소에서 노동 현장(work life)에 대한 직접적인 실험을 수행하였다. (당시) 영국에서 고용주들과 노동조합들 사이의 관계에서는 산업 조직에서 이루어지는 작업에 대한 실험이 허용되지 않았던 상황이었다. 그러나 바로 이 시점에 심리학자이자 노르웨이 산업체의 전직 인적 자원 관리자인 Einar Thorsrud가 타비스톡 연구소와의 협력 관계를 구축하는 과정에 있었다. 결과적으로 이러한 연계가 산업 민주주의 분야에서 기대했던 현장 상황에서의 실제 실험(real-life experiments)으로 이어졌다. 하지만 이러한 시도는 영국이 아니라 노르웨이에서 먼저 이루어졌다.

타비스톡 연구소의 핵심적 연구자들인 Eric Trist와 Fred Emery와의 협력하에, Thorsrud는 Lewin의 접근방식과 매우 유사한 노르웨이 버전의 프로그램(Norwegian program)을 구상하였다(Gustavsen, 1992). 주요 전략으로는 작업 현장 수준에서의 민주주의를 개선하는 데 초점을 둔 몇 가지 실험들을 동시에 시작하는 것이었다. 작업의 '사회기술적(sociotechnical) 재조직'이라고 지칭되는 기법을 통해 노동자들에

6) [역자 주] 전체 조직의 효율성보다는 조직을 구성하는 하위 그룹 혹은 부서의 효율성만을 추구하는 경향을 말한다.

게 향상된 동기 부여를 제공하고 작업 현장 수준에서의 의사결정에 참여할 수 있는 기회를 부여하기 위해 반자율적(semiautonomous) 그룹들이 만들어졌다.

Thorsrud와 타비스톡 연구소의 전문가들은 산업 민주주의 프로젝트를 지원해 주도록 노르웨이 고용자연맹(Confederation of Employers)과 노동조합협의회(Trade Union Council)를 설득하는 데 성공했다. 계획된 활동의 첫 번째 단계는 유럽의 산업 민주주의 전반에 관한 연구로서 "민주주의의 대의제(representative) 혹은 참여적(participative) 모형 중 어떤 것이 작업에 대한 노동자들의 통제 수준을 실제로 향상시켰는가"라는 문제에 초점을 두고 수행되었다(Emery & Thorsrud, 1976). 충분히 예상할 수 있었던 것과 같이, 결론은 작업 조직 구성에 있어 참여적 접근방식이 산업 민주주의의 향상을 위해서 필요하다는 것이었다.

노르웨이의 산업 민주주의 프로젝트는 농어촌 및 도시 지역에 위치한 다양한 생산 분야와 양식을 가진 서로 다른 기업들에서 수행된 일련의 실험들로 구성되었다. 이 프로젝트의 실험이 이루어진 6개 기업 중에서 아마도 한 곳만이 장기적 관점에서 성공을 거두었다고 분류될 수 있다. 특정한 기업에 여전히 명확한 영향을 미치고 있기 때문이다. 다른 실험들은 단기적 차원의 성공을 가지고 왔으며, 그룹기반 생산방식(group-based production)이 산업 환경에서 실현 가능하고 효율적이라는 것을 증명하였다. 이렇게 변화된 작업 시스템들은 전통적인 테일러식 조직 시스템보다 명확히 성과가 높은 것으로 나타났다.

이러한 작업을 통해 세 가지 주요한 개념 구조(conceptual schemes)가 드러났다. 첫째는 기술과 과업 조직 간 직접적인 연계를 설정하는 '사회기술적' 사고방식이다. 사회기술적 접근은 모든 개입 설계에 대한 준거가 되었다. 둘째, 과업의 설계는 '심리학적인 직무 요구(psychological job demands)'라고 지칭되는 개념에 따라 이루어졌다. 셋째, 사회기술적 사고와 심리학적인 직무 요구의 성취를 연계시킴으로써 '반자율적 집단(semiautonomous group)'이라는 아이디어가 창안되었다. 노동자 집단이 생산에 대한 책임의식을 가지게 되면 심리학적인 직무 요구가 충족될 수 있다. 학습, 일정한 자율에 기초한 현장에 필요한 변용(needed variation) 및 자기통제가 반자율적 집단 내에서 달성될 수 있다. 산업 기술(industrial technology)은 노동자들에게 보다 넓은 자유를 제공하고, 더 많은 과업들을 함께 연계시킴으로써 인간과 산업 모두의 발전을 위한 보다 큰 가능성을 제공할 수 있도록 재구조화될 수 있다.

필자들은 이러한 중심 개념에 대한 몇 가지 간략한 예를 제시하고자 한다. 사회기술적 상호연관성(sociotechnical interrelationship)에 대한 주장('결합된 최적화'를 의미)은 조정과정이 사회적 조직에서 기술로 또는 그 반대 방향으로, 가능성 차원에서는 양방향 어느 쪽으로든 움직일 수 있다고 단언한다. 사용할 기술을 감안할 때, 사람들은 특정한 기술 환경에서 일하는 데 필요한 기술을 가진 노동자들을 채용 또는 훈련시키거나 혹은 반대로 특정한 종류의 행동과 집단의 조직의 특징을 염두에 두고 그 기술을 설계하여야만 한다는 것이다.

사회기술적 설계에서의 핵심적 원리는 기술적·조직적 설계를 동일한 관계망(web of relationships)에서 분리할 수 없는 요소들로 간주하고, 이러한 두 가지 조정을 동시에 수행하는 것이다. 노동자가 선반의 조각들을 끼우는 법, 적절한 절단 속도를 선택하는 법, 얼마나 깊이 잘라야 하는지에 대해 이해하고 있지 않는 한 선반을 조립하는 것은 불가능하다. 그러한 기술에 대한 필요조건을 더욱 구체화할 수는 있겠지만, 이러한 예는 선반이라는 개체가 이를 운영하는 데 필요한 기술과 이를 위한 필요조건을 만들어 낸다는 점을 지적하기에는 충분하다고 생각한다. 필요한 기술을 보유하지 못한 노동자는 선반을 생산하는 데 있어 분명히 많은 어려움을 겪을 것임에 틀림없다.

조직 측면에서 볼 때 이와 유사한 사례는 컨베이어 벨트 생산 시스템이다. 자동차 조립 라인의 일반적인 작업 주기는 보통 1분 미만이다. 이러한 조건하에서 어떻게 일이 학습 기회와 개인의 자유를 창출할 수 있는지를 상상하기는 쉽지 않다. 컨베이어 벨트 생산 시스템이 완전히 재설계되지 않는 한 조직변화의 가능성은 거의 없다. (그러나) 긴 작업 주기를 사용하고 비교적 높은 자율성을 노동자에게 제공하는 그룹 기반 작업을 통해 자동차를 생산하는 것은 가능하다. 볼보(Volvo)의 칼마르(Kalmar)와 토스랜다(Thorslanda) 공장은 이러한 시스템을 만들었다. 두 가지 사례에서 공동의 사회적·기술적 설계가 효과적인 생산 시스템을 창출했다는 점은 명확하다.

심리학적 직무 요구는 사회기술적 전통에서 핵심적인 설계 준거로 나타나고 있다. Emery and Thorsrud(1976)는 이러한 준거들을 [그림 2-1]과 같이 제시하고 있다. [그림 2-1]에서 제안된 준거들은 과업의 설계를 안내해 준다.

사회기술적 설계의 또 다른 중요한 측면은 Philip Herbst(1976)의 '최소 제약 사양(minimum critical specification)' 개념의 적용이다. 그의 아이디어는 조직 설계에 있

직무 내 최적의 과업 다양성(Optimum Variety of Tasks Within the Job)

- 각각의 직무가 하나의 연계된 종합적 과업이라는 느낌을 주는 의미 있는 과업들의 방식
- 최적의 작업 주기
- 생산품의 양과 질에 대한 기준들을 설정하는 데 있어 일정한 재량과 결과에 관한 지식에 대한 적절한 피드백
- 일정한 보조적 · 준비 작업을 직무에 포함
- 직무에 포함된 과업은 일정한 정도의 관심, 기술, 지식이나, 해당 공동체에서 존중받을 가치가 있는 노력을 포함해야 함
- 직무는 소비자의 효용성에 어떤 인식 가능한 기여를 해야 함
- 직무들 간의 필수적 상호의존성이 존재하는 상황에서는 상호 연관된 과업들, 직무 순환(job rotation) 또는 물리적 근접성(physical proximity)의 제공
- 개별 직무들이 최종 산출물의 효용성에 명확히 인식할 만한 기여를 하지 못하는 상황에서는 상호 연관된 과업들, 직무 순환(job rotation) 또는 물리적 근접성의 제공
- 수많은 직무들이 상호 연관된 과업들, 직무 순환에 의해 함께 연결된 상황에서는 이러한 직무들이 일정한 그룹으로 범주화되어야 함
- 초기 단계에서 노동자들의 최소 요구사항들을 새로운 직무들의 설계에 반영할 수 있도록 의사소통 경로의 제공
- 노동자들로부터 승인된 관리자 계급으로의 승진 경로 제공

[그림 2-1] 심리학적 직무 요구

출처: Emery & Thorsrud (1976), pp. 103-105.

어 가능한 한 많은 선택이 가능한 방식으로 기술과 조직 구조를 만들어야 한다는 것이다. 도구와 기계를 운영하는 방식 또는 조직 구조에서 가능한 한 가장 적은 제약만을 도입함으로써 노동자에게 자신의 근무 조건을 설계할 수 있는 보다 많은 자유를 부여할 수 있다. 따라서 운영을 위한 최소 조건만을 구체적으로 명시함으로써 현장 노동자들의 수준에서 보다 높은 수준의 참여적 통제를 달성할 수 있다는 것이다. 물론 이러한 가정의 타당성은 노동자들의 지식과 동기 수준에 대한 가정에 의존한다.

사회기술적 설계에 적용된 또 다른 중요한 개념은 Emery and Trist(1973)의 '기능의 가외성(redundancy of functions)'과 '과업의 가외성(redundancy of tasks)'이다. 기

능의 가외성[7]이 존재하는 시스템에서 한 명의 노동자는 한 가지 이상의 직무(job)를 처리할 수 있는 반면, 과업의 가외성에 따라 설계된 시스템에서는 노동자들이 모두 제한적이고 협소한 역량을 가지기 때문에, 이들이 서로 쉽게 대체될 수 있다는 점을 기초로 하여 조직이 설계된다. 여기서 기능의 가외성이라는 원칙을 따르는 목적은 조직의 모든 구성원들이 그들 자신이 직접 담당하는 과업의 범위보다 더 많은 과업들을 처리할 수 있는 방식으로 작업을 설계하는 것이다. 이는 물론 노동자들이 복수의 기술 영역을 관리할 수 있다는 가정하에 그러하다. 생산 시스템의 어느 단계에서든 문제가 발생하면 다른 사람이 도울 수 있다. 이는 생산 책임자에게 보다 큰 유연성과 잠재적 자유를 부여한다. 한 가지 이상의 일을 관리할 수 있는 훈련을 받았기 때문에 노동자의 학습 기회도 향상된다. 이것은 다시 전체 생산 시스템과 시스템 내에서의 자신들의 위치에 대한 이해를 증진시키게 된다.

사회기술적 사고는 산업 민주주의 전통에서 비롯된 중요한 개념적 산출물이라고 할 수 있다. Trist and Bamforth(1951)의 탄광에 대한 연구에서 기술과 작업 조직 간의 상호관계는 이미 분명히 밝혀진 바 있다. 이는 기술 및 관리자의 통제가 모든 것을 지배하는 테일러식(Tayloristic) 사고나 또는 조직적 · 사회적 · 심리적 요인이 기술적 영향과는 별개로 간주되는 인간관계론적 사고(Herzberg, 1996; Maslow, 1943; Mayo, 1933)로부터 조직 관리방식에 획기적 변화가 일어났다는 것을 의미한다. 기존의 접근방식들에서 조직과 기술은 두 개의 뚜렷하고 분리된 영역으로 간주되는 반면, 사회기술적 견해에서는 어떠한 기술적 또는 사회적 설계도 서로 독립된 채 수행될 수는 없다고 주장한다. 이것은 다시 복잡한 차원들로 구성된 인간들의 시스템으로서 노동자와 근로 조직들을 보고 있는 보다 통합되고 종합적인 관점으로 이어지게 된다.

7) [역자 주] 가외성(加外性, redundancy)이란 '여분, 반복, 초과분'을 의미한다. 행정의 운영에 있어서도 신뢰성 등을 높이기 위하여 행정기관 · 법규 · 메시지 등의 중첩, 기능의 중첩 등이 어느 정도 필요하다. 전통적 행정이론은 능률성을 절대시하였기 때문에, 가외성이란 비능률 또는 낭비로서 간주되었으며, 행정개혁도 비능률 또는 기능 중첩을 제거하는 데 초점이 있었다. 그러나 중첩 · 반복 등의 장치가 없는 최소 구성 단위로 이루어진 조직체는 오류 발생의 가능성이 높은 허약 체제라는 인식이 점차 높아지면서 가외성 또는 여벌성 장치에 대한 인식도 높아졌다(출처: 온라인행정학전자사전, http://www.kapa21.or.kr/epadic/epadic_view.php?num=627&page=1&term_cate=&term_word=&term_key=&term_auth=).

표 2-1 작업 조직(work organization)의 신-구 패러다임

구 패러다임 (과학적 관리론)	신 패러다임 (사회기술적 설계)
기술적 원칙(technological imperative)	공동 최적화(joint optimization)
기계의 확장으로서의 인간	기계와 상호 보완적인 인간
소모품, 대체품으로서의 인간	개발될 자원으로서의 인간
최대한의 분업 및 단순, 협소한 기술	최적의 작업 그룹화, 복수의 널리 적용되는 기술
외부적 통제(감독자들, 전문분야 직원)	내부적 통제(자기규제적 하위 시스템, 절차)
다단계의 수직적 조직도, 권위적 방식	수평적 조직도, 참여적 방식
경쟁, 게임가적 술수(gamesmanship)	협력, 동료의식
조직의 목표만 강조	구성원과 사회의 목표도 강조
소외	헌신
낮은 위험 부담(low risk taking)	혁신(innovation)

출처: Trist (1981), p. 42.

Trist(1981)는 〈표 2-1〉과 같이 새로운 사회기술적 패러다임과 근로 조직에 대한 기존 패러다임들 간의 관계를 요약하여 제시하고 있다.

사회기술적 사고가 산업체 조직들의 업무들을 조직하는 데 있어 중요한 영향을 미쳤다는 것은 의심의 여지가 없다. 사회기술적 설계는 업무를 조직함에 있어 테일러식 방식을 벗어나려는 노력을 포함하며, 기술과 사회적 삶 간의 상호관계를 명확히 찾아내는 데 중요한 역할을 수행했다. 이는 기술변화 혹은 인간의 사회적 측면을 고려한 과업 조직 어느 한 측면만에 대한 배타적인 관심으로는 바람직한 업무 시스템을 창출하지 못할 것이라는 점을 효과적으로 주장해 왔다. 그러나 필자들이 볼 때 사회기술적 접근방식의 지지자들은 명확히 그 영향력을 과대평가하고 있다[예를 들어, Van Eijnatten의 1993년의 과장된 제목을 붙인 책『작업장을 바꾼 패러다임(The Paradigm That Changed the Work Place)』].

노르웨이의 산업 민주주의 프로젝트는 민주적·이상적 측면을 가지고 있다. 작업 현장 수준에서의 참여는 그 자체로서도 가치가 있다. 노동계 지도자들과 실행연구자들은 이러한 입장을 지지하였다. 주목할 만한 사례는 선도적인 연구자들 중 하나인 Philip Herbst(1976)에 의한 "노동 현장의 민주화는 사회 전반의 민주주의를 향

상시키기 위한 첫 단계"라는 직설적이고 무조건적인 언명이라고 할 수 있다. 이러한 이념적 요소는 오랜 시간에 걸쳐 노르웨이에서 점차 잊혀져 갔으며, 노르웨이 너머로의 아이디어의 확산과정에서도 대부분 사라졌다.

산업 민주주의 프로젝트의 아이디어가 노르웨이에서 즉각적으로 확산되지 않았다는 점을 언급하는 것은 의미가 있다. 이 아이디어는 흥미로운 것으로 여겨졌지만, 대부분의 노르웨이 산업계는 그러한 아이디어를 실행하는 데 적극적이지 않았다. 초기에 이러한 아이디어는 노르웨이보다는 다른 국가에서 영향력을 발휘했다. 따라서 보다 장기적인 관점에서 보는 경우에만 산업 민주주의 프로젝트가 노르웨이의 생산 시스템에 어떻게 점차적으로 영향을 미쳤는지를 파악하는 것이 가능하다.

확산 경로: 영국에서 서유럽으로 그리고 북미와 일본으로

산업 민주주의의 핵심 아이디어(반자율적 작업 그룹과 심리적 요구에 따라 설계된 과업)는 스웨덴의 주요 기업들에서도 채택되었다. 볼보(Volvo), 사브-스카니아(Saab-Scania), 알파 라발(Alfa Laval) 등의 기업은 이러한 아이디어의 잠재력을 인식하고 이를 기초로 일부 제조 공정을 재설계했다. 셰브데(Skøvde)의 사브 엔진 조립 공장과 칼마르(Kalmar)의 볼보 자동차 조립 공장은 곧 업무 재설계의 독창성으로 세계적 명성을 얻었다. 그러나 효율성이 프로젝트에 대한 긍정적 평가와 정당화 과정에서 강조되었으며, 그 자체로서 하나의 목표였던 노동의 민주화라는 아이디어는 결여되어 있었다. 스웨덴의 고용주연맹(Swedish Confederation of Employers)으로부터 출현한 조직인 PA rådet은 실행연구 기반 접근방식과 전통적 컨설팅 기법 사이의 경계선상에서 일하는 선도적인 변화 창도자가 되었다. PA rådet은 산업 민주화 프로젝트를 통해 만들어진 아이디어들을 구상하고 실천하며, 이를 스웨덴 산업계가 받아들이도록 하는 데 상당한 기여를 했다. 그러나 PA rådet이 고용주연맹으로부터 출현했다는 태생적 한계는 산업 민주주의가 사회적으로 보다 공정한 시스템으로 가는 경로로서보다는, 조립 공정 생산 라인에서 과업을 효율적으로 조직하는 방식으로 산업계에서 보다 큰 명성을 얻게 되는 결과로 나타났다. 이는 경제적 측면에서 전통적인 포드주의적(Fordist) 과업 조직 방식을 일정 정도 능가했지만, 당초 이를 창안하게 된 동기가 이러한 경제적 성과보다는 훨씬 상위의 사회적 변혁 프로그램을 포함하고 있었다는 사실을 간과하게 만들었다.

북미 대륙으로의 사회공학적 사고의 전파는 이와 거의 비슷한 속도로 신속하게 이루어졌다. 캘리포니아 주립대학교(UCLA)의 교수인 Louis Davis는 이 아이디어를 받아들여 교수법과 컨설팅 프로그램에 사회기술적 디자인을 적용했다(Davis & Taylor, 1972). 하지만 Davis의 생각은 이 접근방식 자체에 내재되어 있는 민주적 가치와는 완전히 단절된 것이었다. 이 대신 사회기술적 디자인은 산업체에서의 생산과정에서 높은 성과(high-performance)를 달성하기 위한 최적의 설계 도구로 전환되었다. 설계의 기본 개념은 기술과 사회적 시스템의 공동 최적화(joint optimization)에 초점을 맞추었다. 이러한 관점은 효과적인 생산 시스템을 만드는 유일한 방식은 기술과 사람을 적절히 조화시키는 것이라는 점을 강조하고 있다.

Morten Levin은 1980년 UCLA의 연구자 그룹이 개최한 워크숍에 참여했다. UCLA 그룹은 토론토에서 14일짜리의 연수 프로그램을 조직하였으며 캐나다와 미국에서 많은 사람들이 참여하였다. Levin은 작업의 사회 시스템적 차원들이 Talcott Parsons(1951)의 실증주의적 유형 변수들(positivist pattern variables)[8]에 따라 설명·분석된다는 점을 학습하고는 매우 놀랐다. 왜냐하면 Parsons의 모델은 역할이론(role theory) 분야에서 가장 추상적이고 비행동주의적(nonbehavioral)인 이론 구조를 가진 것이어서, 기술과 사회 체제 분석을 연결하는 매개체로 삼기에는 매우 부적절한 것이기 때문이었다. 보다 효과적으로 받아들여졌던 것은 사회심리학적 모형의 사용과 심리학적 직무 요구의 분석이었지만, Levin은 심지어 그 당시에도 기술과 작업의 공동 최적화(joint optimization of technology and work)가 단순히 하나의 개념 정도로 인식되어 무시되고 있다는 점을 알아차렸다. 흥미로우면서도 한편으로 시기적절하게 발생한 우연은, Levin이 워크숍 기간 중 노조파괴 업체(union-busting

8) [역자 주] 유형 변수(pattern variables)는 Parsons가 개인이 사회적 상호작용에서 나타나는 역할 정의(role definition)와 관련하여 맞닥뜨리게 되는 딜레마 상황에서 자신이 지향하고 있는 가치들을 도출하기 위해 개발한 서로 대조적인 이분법적 가치로 기술된 구성된 5개의 변수들이다. 이분법적 패턴 변수들의 한 측면은 전통적인 사회에서 지배적인 가치 유형들(Gemeinschaft)을 반영하고, 다른 한 측면은 현대 사회의 지배적인 가치(Gesellschaft)를 반영한다. 5개의 유형 변수들은 다음과 같다. (1) 감정지향적(affectivity)-감정중립적(affective neutrality), (2) 분산성(diffuseness)-특수성(specificity), (3) 특정성(particularism)-보편성(universalism), (4) 속성(ascription)-성취(achievement), (5) 공동체 지향(collectivity orientation)-자기지향(self orientation)(출처: http://sociologyindex.com/pattern_variables.htm).

firm)가 같은 호텔에서 관리자들을 대상으로 어떻게 회사에서 노조를 쫓아낼 수 있을 것인가에 대해 연수를 진행하고 있다는 것을 알게 되었다는 것이다.

명백히 대비되는 목적을 가진 이 두 연수과정은 스칸디나비아 국가들과 북미 간에 존재하는 정치 · 경제적 맥락의 차이를 극명하게 보여 준다. 스칸디나비아 국가의 맥락에서 노조 파괴(union busting)는 어떤 사업을 운영하든지 간에 상상도 할 수 없는 전략이다. 스칸디나비아 국가의 근로생활에 초점을 둔 변화 프로젝트들은 거의 언제나 노조와 경영진 간의 협의를 통해 이루어진 공동작품이라고 할 수 있다. 따라서 북미에서 이루어지는 사회공학적 시스템 작업에서 기업 내부의 사회정의 차원에서 제기되는 많은 이슈에 대해서는 거의 관심을 기울이지 않는 것은 북미 지역의 산업 환경이 보다 광범위하고 적대적인 정치경제적 속성을 가지고 있다는 사실을 명백히 반영하는 것이라고 할 수 있다.

산업 민주주의적 사고는 또한 다른 국가에서 일어난 사회개혁 운동에도 영감을 제공했다. 일본은 높은 생산성과 탁월한 품질 모두를 보장할 수 있는 산업체에서의 생산 조직 방안들을 찾고 있었다. J, M. Juran과 W. E. Deming이라는 두 명의 미국인 품질관리 분야 전문가는 일본의 산업부흥(reindustrialization)에 중요한 역할을 했다. 이들의 고품질 생산 촉진을 위한 모델은 일본 기업들에서 쉽게 받아들여졌다. 실제 일본인들은 미국인들에 비해 이 모델 수용에 훨씬 적극적이었다. 미국의 아이디어들(그중 일부는 스칸디나비아 국가와 영국에서 온 것임에도 불구하고)은 일본에서 놀라울 정도로 생산 증대에 이바지했다. 부차적인 것처럼 보일지는 모르지만, 이는 사실 산업 민주주의 운동과 병행하여 이루어졌다. 산업 민주주의의 핵심적 의제들은 일본에서 풍성한 토대를 찾을 수 있었는데, 이는 일본이 집합적 노동(collective work)을 강조하는 문화적 배경을 가지고 있어서 공동의 문제해결과 운영상의 책임을 맡는 집단이라는 산업 민주주의의 아이디어가 손쉽게 받아들여질 수 있었기 때문이다.

일본에서는 이러한 활동들이 생산 시스템에서의 현안 이슈들을 처리하기 위해 창안된 품질관리 서클(quality circles), 문제해결 그룹(problem-solving groups) 등의 형태로 처음 나타났다(Ishikawa, 1976). 여기에서의 목표는 노동자와 엔지니어가 생산 문제를 해결하기 위해 함께 일하도록 하는 것이었다. 품질관리 서클들은 대개 일상적 업무들과는 분리하여 별도로 조직되었다. 이들 그룹은 종종 업무 시간 이후 추가 수당 없이 만나 회사의 문제를 해결하기 위해 노력했다. 일본의 문화적 맥락에서 이러한 일들은 크게 납득하기 어려운 것이 아니었다. 이후 '간반(Kanban, 도요타의 생산 관리 시스템)'(Monden, 1983 참조), '적시생산방식(just-in-time, 불필요한 낭비와 임시 저장을 없앤 생산방식)'(Womack et al., 1990 참조)과 같은 새로운 개념의 생산 관리 방법이 과업의 조직에 대한 다른 접근방식을 요구하게 되었다. 성과를 체계적으로 향상시키기 위한 방법을 학습하는 능력과 결합된 고도의 자율성과 현장중심 책무성은 이러한 접근방식의 핵심적 요소가 되었다. 일본에서의 이러한 노력들은 산업 민주주의의 전통에서 유래한 사회기술적 설계 원칙과 맥을 같이한다. 따라서 산업 민주주의의 전반적 확산 경로는 사실 복잡하면서도 놀랄 만한 것이다. 즉, 영국에서부터 시작되어 노르웨이를 거쳐 스웨덴으로, 이후 미국과 일본, 종국적으로는 전 세계로 확산되어 나간 것이다.

확산의 경로는 그 자체로도 흥미로운 현상이다. 왜냐하면 이 과정에서 연구 네트워크가 중요한 역할을 담당했기 때문이다. 스웨덴으로의 확산과 이후 미국으로의 확산은 연구자들 간의 소통에 의해 가능했다. 사실 학자들의 사명 중 일부는 아이디어를 창안하여 직접 적용해 보는 것이다. 이러한 현상이 항상 발생하는 것은 아니지만, 산업 민주주의의 사례에서는 학계에서 창안된 아이디어가 바로 산업계에서 실행(praxis)되는 교두보를 확보하게 되었다. 노르웨이의 산업 민주주의 프로젝트 초기에, 이러한 노력은 트론다임(Trondheim)의 노르웨이 기술원(Norwegian Institute of Technology, 이후 노르웨이 과학기술대로 이름 변경)에 의해 주도되었으며 이들은 국제적 학술 네트워크와의 연계를 위한 장을 만들었다. 한편, 타비스톡 연구소는 대학에 기반한 기관은 아니었으나 조직변화에 관심이 있는 연구자들 사이에서는 높은 평가를 받았기 때문에 국제적 차원에서 널리 알려져 있었다. 그리고 타비스톡 연구소의 연구자들은 각종 지적 네트워크(intellectual networks)를 통해서도 광범위한 의사소통을 추진했으며, 이러한 활동들은 학문적 맥락에서 사회기술적 아이디어가 꽤나 빨리 확산되는 것을 촉진하는 역할을 했다.

그러나 이 과정에서 학자들의 역할을 지나치게 과대평가하는 것은 이치에 맞지 않는다. 분명히 말하자면, 학자들은 민간 부문과 공공 부문에 이러한 아이디어들과 실행방식들을 적용하기 위해 '적극적으로 노력(sell)'하지는 않았다. 오히려 이러한 사고의 광범위한 확산은 궁극적으로 효과적이고 수익성 높은 생산 시스템을 만들려고 하는 산업 민주주의에 기반한 설계 원칙들의 성공에 그 원인을 돌리는 것이 타당하다. 즉, 이러한 아이디어들은 현장에서 효과적으로 작동했고(worked), 또한 당시 나타났던 사회적 필요에 강하게 부응했기 때문에 확산되었던 것이다.

사회기술적 관점은 점차적으로 참여에 대한 보다 넓은 관점으로 발전해 나갔다. 작업 연구에 대한 차세대 연구자들은 Elden(1979)이 말하는 '슬리핑백 세대 전문가(sleeping bag generation)'[9]에서, 자신들의 역할을 장기적 관점에서 지역 기업들이 점차적으로 변화과정을 자체적으로 관리할 수 있도록 기업들의 능력 개발에 대한 지원을 제공하는 것으로 이해하는 연구자들로 변화되었다. 보다 확대된 기업 내에서의 참여를 지향하는 운동은 흥미로운 민주주의의 패러독스를 발생시켰다. 첫 번 째로, 전문가 주도 단계(expert-driven phase)에서 민주주의는 명시적으로 언급된 가치였다. 그러나 변화의 실천이 점차 자율관리(self-managed) 방향으로 이동함에 따라, 실천 자체는 보다 협력적이 된 반면 개념과 가치로서의 민주주의에 대한 초점은 사라져 버리게 되었다.

산업계에서 실행연구에 대한 일반적 접근방식에서의 이러한 변화는 사회기술적 사고에 기초한 이론적 입장에서 벗어나서, 조직에서 문제를 가지고 있는 사람과 관련 연구자 간의 상호 학습 혹은 의견 교환에 초점을 맞추는 쪽으로 이동하게 만들었다. 이러한 관계는 다음의 두 가지 방식으로 모델화되었다. 하나는 Habermas(1984)의 이상적 담화의 윤리(ethics of ideal speech)[10]에서의 조작화(operationalization) 개념에 기반한다. Bjørn Gustavsen(1985, 1992)은 특히 조직 개발 작업이 동등한 참여자들(해당 조직의 구성원들과 연구자들) 사이에서 어떻게 담론(discourses)으로 이해될 수 있는지에 대해 집중적으로 연구했다. 이러한 작업 양식에서의 또 다른 주요 학자는 Øyvind Pålshaugen(1998)과 Per Engelstad이다(Gustavsen & Engelstad, 1986). 이들이 쓴 저서들에서의 주된 강조점은 참여자로 하여금 후속적인 조직변화로 이어질지도 모르는 자신의 삶의 현장을 묘사하는 언어를 만들어 내도록 하여, 이를 바탕으로 대화를 형성해 나가는 데 맞추어져 있었다.

논증적 방식(discursive mode)으로 이루어진 실행연구 수행에 대한 또 다른 견해가

9) [역자 주] '지역에 찾아와서 사람들에게 무엇을 하라고 말하고 떠나 버리는 전문가'를 말함
10) [역자 주] 제4장의 설명 참조

1990년대 초반 Elden and Levin(1991)에 의해 제시되었다. 여기서 연구과정은 문제의 소유자들과 연구자들이 관여하는 하나의 상호 학습으로 개념화되며, 이들 간의 다양성과 차이는 지식 생성과정에 필요한 주요 구성 요소로 간주된다. 연구자들이 가진 권력(power)이 지역의 문제 소유자들의 그것과는 다른 것처럼, 참여자들도 자신들이 처한 입장과 관련한 서로 다른 권력을 가지게 된다. 이러한 접근방식에서 실행연구는 실험과 성찰의 지속적인 과정으로부터 이루어지며, 이 과정에서 상호 학습은 지속 가능한 변화와 지식 창출을 위한 가장 중추적 과정이라고 할 수 있다.

산업 민주주의 전통의 지적인 연원

미국에서의 실행연구 노력으로부터 시작하여, 타비스톡 연구소 시기에 지적으로 확장되고 노르웨이의 산업 민주주의 프로젝트에서 완전히 개화한 이러한 일련의 지적 노력들에 '산업 민주주의'라는 이름표를 붙이는 주요한 이유는 이러한 모든 접근방식들이 관습적인 위계적 조직에 대한 대안을 만드는 데 중점을 두고 있기 때문이다. 앞서 언급했던 것처럼 이 모든 활동들 중에서 오직 일부만이 민주주의가 자신들의 주된 관심사라고 언급하고 있다. 하지만 이러한 접근방식들이 심지어 소유권의 민주화와는 관련이 없는 경우라 할지라도, 이들의 조직변화에 대한 참여의 측면들을 간과하는 것은 타당하지 않다.

산업 민주주의는 연구결과가 입증하고 있는 방식, 즉 재설계된 조직은 참여자가 자신이 처해 있는 상황을 통제할 수 있는 능력을 향상시킬 가능성이 크다는 점에 초점을 맞추고 있었다. 또한 산업 민주주의는 처음으로 참여자와 연구자 간의 관계를 훨씬 더 상호 의존적인 것으로 재정립하는 방향으로 연구과정을 설계하는 것에 대해 고민하기 시작했다. 노르웨이의 산업 민주주의 프로젝트 내에서의 제2세대 연구방식은 참여자 통제에 대한 보다 넓은 가능성을 열었다(Elden, 1979).

Carole Pateman(1970)의 저서 『참여와 민주적 이론(Participation and Democratic Theory)』은 조직적 상황에서의 민주주의에 대한 자신의 주장을 효과적으로 제시한 바 있으며, 이 책은 참여적 산업 민주주의 노력들에 대한 이론적 배경을 만들어 내는 데 중요한 역할을 담당했다. Pateman은 Rousseau와 Mill의 사상으로부터 작업현장 수준의 민주주의에 관한 현대적 토론에 이르기까지 하나의 계보를 이끌어 냈다. 그녀의 연구는 자신들의 작업 환경을 통제할 수 있는 노동자들의 능력이 민주화의 출발점으로 받아들여지는, 민주주의에 대한 제대로 논증된 모델을 제공하고 있다. 그녀의 주장에서 작업 환경에 대한 즉각적인 통제는 성공적인 민주적 사회를 형성해 나가는 핵심 요소로서, 숫자에 치우친(numerical) 민주주의 모형(즉, 대의제)을 대체한다. Pateman은 대의 민주주의와 참여 민주주의 간의 관계에 대해서는 논의하지 않았는데, 이 문제는 머지않아 노동 조직에서 민주주의를 어떻게 증진시킬 수 있는가라는 이슈에 관한 유럽에서의 논쟁에서 중요한 논점의 하나로 부상했다.

직접적 참여를 통한 개인의 영향력은 곧 작업장을 대표하는 시스템을 통해 창출된 집합적 권력(collective power)과 맞부딪치게 되는데, 이러한 이슈는 노동조합의 활성화와 직접적으로 관련된 이슈라고 할 수 있다. 이 논쟁은 곧 노동조합 권력이 현장 근로 조건에 대한 개인적 또는 직접적 통제에 의해 얼마나 훼손되는지 그 정도에 초점을 맞추었으며, 이는 산업 민주주의에 관한 담론에서 여전히 핵심적인 질문이라고 할 수 있다(이 책의 제17장 '실행연구, 참여, 민주화' 참조).

그럼에도 불구하고 산업 민주주의 전통에서의 초기 10년간을 지배했던 매우 이상적인 민주주의의 내용은 실행연구 진영 내에서 점차적으로 약화되었다. 당초 지배적인 주장은 민주주의가 이념적인 원칙이라는 것이었다. 하지만 이러한 주장은 점차적으로 산업 민주주의가 제기하는 정치경제에 관한 질문들을 완화시킨 실용적 주장에 의해 대체되었다. 이 과정에서 산업 민주주의를 대변하는 수사(rhetoric)는 민주주의에 대한 초점으로부터 권한 부여(empowerment)의 강조로, 또한 민주주의의 핵심적 요소로서의 참여로부터 보다 효과적이고 효율적인(아마도 수익성이 높은) 조직을 형성하기 위해 노동자를 동기 부여시키는 수단으로서의 참여로 변화되었다.

확실히 권한 부여라는 말은 필자들에게 참여와 민주주의라는 보다 야심차고 명료한 개념들을 대체하는 용어처럼 보인다. 하지만 필자들의 생각으로는 불가피하게 계층적 차원을 가지는 권한 부여라는 이 용어는 이전보다 한발 후퇴한, 그리고 산업 민주주의 운동을 시작했던 당초의 개념에서 명백히 한 걸음 벗어나 있는 개념이라고 생각한다. 이러한 내용은 조직 개발에 관한 표준적 교과서 중 하나인 Cummings and Worley(2001)의 책에 잘 설명되어 있다. 이 책에서는 제대로 정의되지 못했던 개념(ill-defined concept)으로 사용되었던 권한 부여라는 개념이 민주주의를 대체하였다고 주장하고 있다. 1975년에 출판된 초판본은 당시 이에 대해 매우 강경한 입장을 취했으나 2001년 판에서는 논조가 상당히 약화되었다.

산업 민주주의와 Kurt Lewin의 초기 저작들이 연계되는 또 다른 차원은 지나치게 단순화된 변화 모델(해체–변화–정착)에 대한 의존과 변화과정에 대한 실험 설계에 대한 그의 생각이다. 이 두 가지 요소들 모두 실행연구에서 산업 민주주의적 전통이 발전해 나가던 초창기에 두드러지게 나타났다. 레빈적 전통에 바탕을 둔 실험 설계는 아이디어가 작동되는 방식이 되었다. 연구자들은 자신들의 분석을 수행하여, 새로운 조직 설계를 권장하고, 변화가 시행되는 과정들을 구조화했다. 여기에서 핵심적 아이디어는 변화를 실행한 뒤, 조직으로 하여금 그러한 변화들을 통합하여 안정된 상태로 발전해 나갈 수 있도록 하는 것이었다. 현지 참여자들과의 협의는 최소한의 수준으로만 진행되었다.

이는 현재 실제로 활용 중인 '전문가(expert)' 모델로 남아 있으며 필자들이 현재 이해하는 실행연구로 진화하지는 않았다. 초기 발전 단계에서 산업 민주주의의 전통을 따르는 연구자들은 아주 분명한 전문가 역할을 수행했다. 이들은 특정한 맥락에서 주어진 상황을 분석하고 새로운 조직 설계에 대한 자신들의 제안사항을 마련했다. 그들의 활동의 다음 단계는 변화에 영향을 받는 노동자가 관여하는 방식으로 이러한 아이디어를 실행하는 것이다. 이러한 방식으로 연구자들은 그들의 아이디어가 유용한지 여부를 테스트하기 위해 자연적 환경에서 실험 상황을 만들었다. 그러나 이들은 보다 넓은 의미에서의 협력적 연구자가 되지는 못했다.

이 접근방식의 현재 버전에서는 변화과정에 직원을 관여시키는 것에 커다란 중점을 둔다. 이때 참여는 대개 참여자가 실제 변화과정 개발에 영향을 미칠 수 있는 다양한 종류의 회의를 통해 이루어진다. 이 중 '탐색협의회(search conferences)'는 비교적 잘 개발된 도구이며 '상호대화 협의회(dialogue conferences)'[11]라고 이름 붙여진 약간 상이한 접근방법은 스칸디나비아 국가들에서 주로 활용되고 있다.

---

11) [역자 주] 상호작용과 참여를 독려하는 기법은 대표적으로 상호대화 협의회(dialogue conference)와 탐색협의회(search conference)를 들 수 있다. 이 중 상호대화 협의회는 Gustavsen과 John Shotter가 방식을 체계화하였으며 반성과 학습을 장려하는 구조화된 대화과정으로 이루어져 있다. 반면, 탐색협의회는 이와 크게 다르지 않으나 향후 계획에 보다 커다란 초점을 맞추며 시스템적 사고와 상호작용을 통해 떠오르는 아이디어를 강조하는 경향이 있다(출처: The SAGE Encyclopedia of Action Research).

남부 PAR, 노동 조직화, 지역사회 조직화, 시민권

실행연구의 역사적 발전과정에서 두 번째 주된 흐름은 명백한 억압적 상황하에서 발생한 민주화를 위한 노력들이 다양한 방식으로 결합(heterogeneous combination)되는 것이다. 산업 민주주의 운동이 단일한 활동이 아니듯이, 이러한 해방주의적(liberationist) 접근방식들은 (이를 여기서 모두 기술하기에는 지나치게 많을 정도로) 기본적 동기(politics), 목표, 방법론 등에 있어 많은 내부적 차이점이 있다. 여기서 중요한 것은 이러한 접근방식들 가운데 가장 대표적인 것들을 확인하는 것이다.

여기에서 논의된 활동 중 상당수는 남부 PAR(participatory action research), 참여적 연구(Participatory Research) 및 참여적 지역사회 개발(Participatory Community Development)이라는 용어보다 시기적으로 앞선 것으로서, 이러한 개념들이 어떻게 발전해 왔는지를 이해하는 데 있어 중요한 요소라고 할 수 있다. 실행연구에 대한 이러한 접근방식들은 당초 인간이 만들어 낸 가장 비민주적인 상황(아프리카, 라틴아메리카, 동남아시아에서의 광범한 식민지 수탈, 아메리카 원주민에 대한 집단 학살과 인종차별, 유럽 이민자의 세대에 걸친 오랜 빈곤 문제, 서구 국가에서의 아프리카인의 노예화 등)에 의해 창출된 사회적 상황으로부터 출현했다. 이러한 모든 사회적 상황은 고도로 제도화되고 고착화된 불평등 및 착취와 인권 침해를 발생시켰다. 국가 독립 운동의 대두, 세계의 다양한 지역에서 나타난 시민권 운동, 기본적 인권에 대한 일정한 세계적 표준을 성취하려는 시도들은 모두 이러한 장기적 해악(long-term evils)에 대한 잠재적 해결방안을 약속하고 있는 것으로 보인다.

그러나 불행히도 탈식민화(decolonization)는 식민 통치 기간으로부터 이어져 온 지속적 불평등, 글로벌화를 통한 새로운 불평등 창출의 형식으로 재식민화(recolonization) 현상을 야기시키고 있다. 또한 재식민화는 '저개발의 개발(development of underdevelopment)'(Gunder Frank, 1970)이라고 불리는 형식으로도 야기되고 있다. 과거에 통용되던 식민주의는 아니지만 이러한 불평등이 지속되도록 하는 선진 자본주의의 고유한 구조가 존재한다는 것이다.

필자들이 보기에, 평등을 위한 투쟁이 새로운 형식을 취해야 한다는 인식이 1968년 마침내 폭발한 소요 사태를 계기로 엄청난 열정과 활력을 가지고 출현한 것으로 생각된다.[주2] 이 시점 이후로 구조적 불평등에 반대하는 투쟁 분파들 중 상당 부분이 남부 PAR, 참여적 연구, 시민권 운동의 범주하에서 알려지게 되었다. 이러한 운동이 나타나고 있는 현장은 세계적으로 확산되고 있는데, 빈곤국의 농어촌 지역사회(rural communities)와 산업화된 '북부(North)'에서의 농어촌 지역사회, 도시 지역 슬럼가, 소도시 등이 그곳이다. 이들의 초점은 소작농(landless), 여성, 인종 차별 및 대량 학살의 피해자, 장애인, 노인, 고아, 노숙자 등 억압받는 집단에 맞추어진다.

이 분야의 모든 접근방식을 관통하는 단일한 주장, 분석, 또한 연구방법은 존재하지 않지만, 특정한 분석틀이 빈번하게 발견된다. 이러한 사고체계 중 상당수는 혁명과 폭동에 대한 문헌, 노동조합 주의자들의 조직화 운동, 성인교육자와 운동가들의 공동체 조직화 전략, 해방신학과 에큐메니컬 가톨릭 운동(ecumenical Catholic Action),[12)] 페미니스트 운동들에 의해 고무되었다. 참여자들의 복잡성과 다양성을 감안했을 때 이들을 하나의 역사적 계보로 만드는 것은 불가능하다. 대신 필자들은 독자들을 돕기 위해 간략하게나마 이와 관련된 몇 가지 예를 제공하고자 한다.

'남부'('The South')

이 제하에서 논의되는 접근방식은 너무나도 광범위한 영역을 포괄하고 있기 때문에 설령 우리가 그 특징을 잡아내려고 노력한다고 하더라도 그것은 분명 매우 이질적인 접근방식들의 혼합물이 될 수밖에 없다. 주제 면에서의 핵심적 동일성은 농어촌과 도시 지역 모두에서 나타나는 거대하고 구조화된 불평등 및 계급과 관련된 폭력이다. 실행연구에 대한 이러한 접근방식에서는 처음부터 (기득권 세력들이) 권력을 나누거나, 빈곤층이나 소외된 계층의 복지를 향상시키기 위해 무엇을 할 것이라고 아예 생각조차 하지 않는다. 이러한 정치 체제에서 필요한 재정은 빈곤층의 착

12) [역자 주] 해방신학은 일반적으로 가톨릭 교리와 교회학의 변화에 대응하여 1960~1970년대에 출현한 신학의 한 형태로, 신이 억압으로 고통받는 모든 이를 해방시키기를 바라며 구조적 억압 및 경제적 불평등에 도전하게 된다. 흔히 라틴 아메리카에서 발생되었다고 생각되지만 해방신학은 미국의 민권 운동 시기 및 아프리카, 아시아의 다양한 정치적 해방 운동으로부터 출현한 것으로 볼 수 있으며 가톨릭 국가에서 주로 발생되었지만 현재는 세계적 운동으로 볼 수 있다(출처: The SAGE Encyclopedia of Action Research). 한편, 에큐메니컬 가톨릭 운동은 교파나 교단의 차이를 초월하여 모든 그리스도교 신도의 일치 결속을 도모하는 세계교회 일치 운동을 의미한다(출처: 두산백과사전).

취를 통해 조달되며, 참여라는 기제는 권위주의적 정치적 통제 시스템을 훼손하려는 시도로 이해될 뿐이다. 따라서 실행연구는 본질적으로 정치적 활동이며, 이에 따라 위험과 상반되는 이해를 가지는 그룹 간의 갈등과 분열을 수반한다.

이러한 상황에서 실행연구를 한다는 것은 억압받는 이들과의 연대(solidarity)를 확인하고, 존재하는 권력에 대해 적대적인 역할을 수행할 것임을 선언하는 것이다. 결과적으로 이런 종류의 실행연구에서는 기득권 세력들이 거의 포함되지 않는다. 교육, 조직화, 동원 등 활동의 대부분은 일정한 성공의 가능성을 가질 수 있도록 조직화하고 자신감을 불러일으켜서, 빈곤층으로 하여금 충분한 수의 사람들과 명확한 계획들을 가지고 기득권 세력에게 맞서게 하려는 내용들을 포함하고 있다. 실행연구 실천가는 권력층의 앞잡이(agent provocateur)로 보일 수 있기 때문에 이러한 작업에는 항상 위험이 따른다.

실행연구에 대한 이러한 접근방식들은 그들이 다루는 이슈의 측면에서가 아니라, 직면하기(confronting)나 '권력을 가진 사람에게 진실을 말하기(speaking the truth to power)' 등 이들이 사용하는 전략 측면에서 다른 실행연구 분파와 차이가 있는 것이다. Paolo Freire의 '의식화(conscientization)'(1970)에서는 대화와 관련한 성인교육 전략들과 억압적인 조건에 대한 집단 분석을 강조하고 있다. 그리고 억압을 감추기보다는 드러내도록 하기 위해, 이러한 기법과 전략들을 생각과 말을 변화시키도록 하는 학습과 결합시키고 있다. 이해당사자들은 수동적인 입장에서 능동적인 참여자로, 무력감과 무가치함에서 권력에 과감히 맞서도록 설계된 과정을 학습하도록 유도되며, 이러한 과정을 통해 변화를 경험하게 된다. 이러한 학습된 이해는 그들이 현재 겪고 있는 고통의 수혜자들(beneficiaries, 즉, 기득권 세력을 말함)에 의해 존재한다고 말해지는 사회가 아닌, 억압받는 자(downtrodden)들에 의해 경험된 현실로서의 사회를 다시 기술함으로써 개발되는 것이다. 그리고 Freire의 접근방식에서 피억압자는 궁극적으로 자신을 억압하고 있는 압제자들(oppressors) 또한 그들이 누리고 있는 편익의 원천이 되는 체제의 비인도성(inhumanity)으로부터 해방시킬 필요가 있다고 생각하고 있다.

Orlando Fals Borda와 기타 많은 지역사회 운동의 주창자(promoters)들에 의해 실행된 이러한 접근방식들은 많은 경우 일종의 '자연적' 이해당사자 연합(예: 불법 거주자 공동체, 노동조합, 종교 단체, 협동조합 등)의 형태를 취하려고 하며, 그 세력을 키우고 활동 범위를 넓히려고 한다. 다른 경우에 이들의 작업은 사람들을 모을 수 있는 성인교육, 공공 프로젝트 등을 통해 여건을 조성하는 것을 포함한다. 즉, 이러한 활동을 통해 사람들을 조직화하고, 자아성찰(self-reflection), 사회 비판 및 변화를 위한 의제 설계라는 실행연구 과정이 일어날 수 있도록 한다. 또 다른 경우, 예컨대 참여적 농어촌 지역 평가(Participatory Rural Appraisal; Chambers, 1997)와 같은 상황에서 외부 변화촉진자(external agents)는 지역사회 또는 조직 구성원들 사이의 다면적 대화를 촉진시키는 일련의 기법들을 활용하고, 이러한 대화의 결과는 실행 계획과 변화를 위한 노력으로 이어지게끔 한다.

남부의 가난한 국가들에서 정부는 종종 이러한 노력들의 적대 세력(adversaries)이 되지만, 다국적 기구 혹은 비정부 단체들이 현지인들이 정부에 저항하는 상황에서 도움을 줄 수 있도록 현장에 있기도 한다. 그러나 강력한 외부자들이 해결책을 주기보다는 오히려 문제가 되는 일도 심심치 않게 존재한다.

'북부' 안의 '남부'('North' in the 'South')

만약 빈곤한 지역(South)이 정말 남부(South)에만 존재한다면 세계는 그렇게까지 불평등한 것은 아닐지도 모른다. 이러한 종류의 실행연구는 다른 지역과 마찬가지로 북부에서도 이루어지고 있다. 왜냐하면 자본주의의 구조적 불평등은 세계의 부유한 국가에 사는 사람들의 절대 다수 또한 비참한 삶을 영위하도록 만들고 있기 때문이다[이 책에서 '남부(South)'라는 표현은 북반구에 있는 빈곤 지역 또한 포함하며 빈곤과 수탈을 나타내는 일종의 암호(code word)의 성격을 가진 단어라고 볼 수 있다]. 그 결과로서, 미국의 애팔래치아(Appalachia; Belenky, Bond, & Weinstock, 1997; Gaventa, 1982; Hinsdale, Lewis, & Waller, 1995; Horton, 1990), 북동부의 저개발 지역(Reardon, 1997; Schafft & Greenwood, 2003) 및 도시의 슬럼 지역(Benson, Harkavy, & Puckett, 2000) 등 모든 곳에서 상당한 수의 실행연구 활동이 진행되어 왔다. 이러한 활동들은 농어촌 지역 개발, 지역사회 및 노조 조직화 운동, 지역사회 간 네트워크 및 연합 형성, 시민권 운동, 페미니즘 및 빈곤층 보호 운동 등이 복잡한 형태로 결합한 것이라고 할 수 있다.

미국 테네시(Tennessee)주의 하이랜더 연구 및 교육 센터(Highlander Research and

Education Centre)를 설립한 Myles Horton을 포함한 일부 실천가들은 사람들은 권력을 가지고 있지만 자신이 권력을 가지고 있다는 사실을 모르거나 이를 믿지 못한다고 생각했다. 따라서 Horton은 사람들을 불러 모으고 그들로 하여금 자신들이 가진 문제와 이에 대한 분석 결과를 공유하도록 격려했다. 그는 사람들 간의 대화를 촉진시키고, 여기에다 자신의 경험을 덧붙여 사람들로 하여금 자기 자신의 실행 계획을 설계하도록 도움을 주었다. 약간의 도움만 외부에서 주어진다면 사람들이 스스로 자신들을 조직할 역량을 가지고 있기 때문에, 그는 자신이 사람들을 굳이 '조직하는' 것은 아니라고 생각했다. 같은 분야에서 이루어진 다른 접근방식들의 경우 보다 개입주의적 틀(interventionist framework)을 취해 왔으며, 의도적으로 목적 달성 위주(goal-driven)의 노력에 관심을 기울였다는 것이다(Belenky, Bond, & Weinstock, 1997, Maguire, 1994, 1996).

또 다른 실행연구 실천가들은 그들이 살고 있는 곳에 노력을 집중하기로 하고, 자신이 살고 있는 바로 그 지역사회에서 활동해 왔다. 펜실베이니아 대학교(University of Pennsylvania)의 지역사회 파트너십 센터(Center for Community Partnerships)의 경우가 그러한 사례 중 하나이다. 여기서 Ira Harkavy, John Puckett, Lee Benson 등의 학자들은 펜실베이니아 대학교를 빈민가로 악명이 높은 서부 필라델피아 지역사회와 협력적 · 지원적 관계를 맺도록 한 바 있다(Benson, Harkavy, & Puckett, 2000). 일부 운동가들은 소속 대학에 대해, 대학이 위치하고 있는 주의 주민들을 위해 봉사해야 한다는 당초 '토지 불하대학의 설립 취지(land grant mission)'를 잊지 말고 사회적 책무성을 가져야 한다고 주장했다. 이것은 곧 이스트 세인트루이스(East St. Louis) 재개발 프로젝트가 이루어지게 된 배경이 되었다(Reardon, 1997). 다른 한편에서는 노숙자, 마약 중독자, 성 노동자, 노인, 고아 등 복지 시스템의 사각지대에 머물러 있는 집단에 주목했으며, 실행연구를 통해 이러한 집단들의 역량 강화, 자존감 회복 등 일정한 성과를 거두기도 했다(Lather, 1991, McIntyre, 2004, Maguire, 1994, 1996). 유사한 활동들이 스칸디나비아 국가에서도 나타났는데, 이곳에서는 특히 노동조합 교육 조직들의 지원이 있었다.

이렇게 접근방식들 간에 상당한 차이가 있음에도 불구하고 이러한 접근방식들은 특정한 어떤 요소들을 공유한다. 먼저, 이러한 활동들은 철저하게 정치적 활동으로 이해된다. 이들은 또한 가난하고 수동적인 사람들로부터 일정한 반응을 촉발하기 위해 기꺼이 지시하고, 행동을 취하려고 하는 태도를 보인다. 이들은 이해당사자들이 권력을 가진 압제자들과 맞서도록 준비시키기 위해 지역사회 형성과 이해당사자들 간의 연대를 강조하고 있다. 이들의 목표는 권력관계를 평등하게 하고, 부유한 자로부터 가난한 자들로 자원을 재배분하는 것이다.

인간중심 탐구와 협력적 탐구

인간중심 탐구(human inquiry) 또는 협력적 탐구(cooperative inquiry) 접근방식의 기원은 1977년 런던에서 형성된 한 연구자 집단으로 그 시초를 거슬러 올라갈 수 있다. 새로운 패러다임 연구 그룹(The New Paradigm Research Group)이라 불려졌던 이 연구자 집단은 전통적인 사회과학 접근방식에 대한 대안을 개발하여, 참여자들의 인간성(humanity of the participants)의 측면에서 보다 나은 정의를 구현한다는 명시적 목표를 가지고 있었다(Reason & Rowan, 1981). 이 그룹은 John Heron, Peter Reason, John Rowan에 의해 결성되었으며, 3년 동안 3주마다 회합을 가졌다. 이들은 아마 자신들이 어디로 가야 한다는 분명한 비전보다는, 무엇에서 벗어나야 하는가와 관련하여 보다 명확한 그림을 가지고 있었던 것으로 보인다. 사실 이러한 연구자 집단에서 흔히 발견되는 흥미롭고 강력한 가치는 새로운 아이디어에 대한 개방성과 지배적 정설(dominating orthodoxy)에 대한 대안적 연구를 창출하기 위해 현장에 나가 생생한 이해(lived understanding of being 'on the road')를 도모하는 것이다. 이 연구자 집단이 중점을 두었던 핵심적 가치는 사람에 대하여 연구하는 대신 '사람과 함께' 연구를 하는 것이었다. 초기의 분석 틀은 연구에서 '인간적인 면(humanness)'을 형성하는 데 관심이 있었다. 연구와 함께 진행되고 있는 지식의 생성과정에서 연구자들의 관여는 연구자들을 내부자로 전환시키기 때문에 참여는 필수적 요소가 되었다.

인간중심 탐구 혹은 협력적 탐구 분야에서는 4명의 연구자들이 가장 대표적이었다. 뭐니 뭐니 해도 가장 중요한 인물은 Peter Reason이었다. 그는 이러한 관점에서 많은 의미 있는 책들을 단독 혹은 공동으로 저술했다. 바스 대학교(University of Bath)에 있는 그의 연구 센터는 이 분야에서의 학문적 거점이었다. 바스 대학교에서 Reason은 실행연구를 위한 센터를 설립하였고 이를 석 · 박사과정의 미래 전문가들을 양성하는 데 활용하였다. Hilary Bradbury와 함께 Reason은 『실행연구 핸드북(Handbook of Action Research)』(Reason & Bradbury, 2001a)을 펴내기 위해 엄청난 노력을 기울였으며, 『실행연구 저널(Journal of Action Research)』을 출판하기 위해 SAGE 출판사를 설득하는 데 성공했다. 현재 이 저널은 『체계적 실천과 실행연구 그리고 개념과 혁신(Systemic Practice and Action Research and Concepts and Transformation)』(현재는 『International Journal of Action Research』)과 함께 실행연구 분야에서 대표적 저널로 평가받고 있다.

인간중심 탐구는 연구자가 점차적으로 자신을 연구과정에 관여하게 하여, 자신의 정서적 · 암묵적인 통찰력을 (전통적인 연구의 출발점인) 명시적 성찰과정에 연결시키는 접근방식이다. 모든 이해당사자들을 탐구과정에 관여하게 함으로써 외부자와 내부자 간에 존재하는 구분이 점차적으로 사라지게 된다. 바스 대학교의 연구자 집단은 보건 분야에서 많은 연구를 수행했는데 의사와 간호사가 주된 협력 파트너였다. 사실 의료 전문가들과의 작업은 그들이 연구했던 최초의 분야였으며, 이러한 작업들은 런던 대학교(University of London)와 연계를 가지고 있는 영국 의학대학원 연합회(British Postgraduate Medical Federation)와 함께 이루어졌다.

이 연구자 집단의 최초 구성원들은 각자가 여전히 독립적인 지적인 활동을 해 나가면서도 동시에 하나의 그룹으로 정체성을 유치하려고 노력해 왔다. John Heron은 직접적 실행과 저작물 양 측면에서 모두 중요한 역할을 수행했다. 그의 저서 『협력적 탐구(Cooperative Inquiry)』(Heron, 1996)는 참여적 연구를 수행하는 자신의 인식론적인 토대에 대해 매우 심층적인 논의를 포함하고 있다. 북미에서는 William Torbert(1991, 2001)가 핵심적 인물인데 그는 인간중심 탐구에서 개인적 · 정서적 측면을 더욱 강조하고 있다.

이 접근방식의 중요한 강점은 실행연구 진행 내부에 존재하는 다른 사고방식에 대한 개방성과 새로운 아이디어들을 인간중심 탐구를 특징짓는 지식 체계에 통합시키는 잠재력에 있다. 이들 전문가는 실행연구에 관한 국제 콘퍼런스와 미국에 있는 경영교육원(Academy of Management)연차 회의의 특별 관심 그룹(Special Interest Group: SIG) 미팅 연차 회의 등에서 적극적인 활동을 전개해 오고 있다.

결론

이제까지 제시했던 실행연구의 부분적인 역사는 이 책의 집필에 영향을 미쳤던 주요한 관점들에 대한 배경을 제공하고 있고, 또 다른 역사들은 다른 실행연구 기법들을 이해할 수 있는 토대를 이루고 있다(이들에 대해서는 이 책의 제2부와 제3부에서 다시 약간의 언급되어 있다). 반복적으로 말하지만 필자들은 실행연구는 단일한 발전 양상으로 기술되고 분석될 수 없다고 생각한다. 실행연구는 역사적으로 상당히 독립적으로 발전되어 왔던 수많은 경쟁적 사고의 흐름들이 존재하는 하나의 분야로 이해하는 것이 보다 적합하다. 실행연구의 역사에 대한 필자들의 설명에서 우리는 세 가지 서로 다른 접근방식들을 포함하였다. 산업 분야 실행연구는 단순히 필자들이 원래 뿌리를 가지고 있는 분야이기 때문에 이 책에서 집중적 관심을 두었다. 남부 PAR과 이와 유사한 정치적 접근방식들 또한 중요하다. 왜냐하면 이러한 활동의 분파들이 아마 활동에 관여하는 핵심 그룹의 측면에서 가장 크고, 또한 현 시점에서 커다란 시의성이 있고 갈등 요소가 있는 사회적 문제를 직접적으로 다루고 있기 때문이다. 인간중심 탐구 또는 협력적 탐구는 조직과 개인의 복지를 향상시키기 위해 명시적 · 암묵적 · 정서적 지식을 함께 동원함으로써 실행연구가 지식 창출을 어떻게 지원할 수 있는지 보여 준다.

이제까지 제시한 실행연구의 역사에 대한 설명들은 필자들의 접근방식을 일련의 적절한 제도적 · 역사적 맥락하에서 확고히 자리매김하기에 충분하다. 하지만 이 책의 주된 목적은 단지 실행연구가 이제까지 걸어온 길을 되짚어 보는 것이 아니라, 어디까지나 향후 필자들이 희망하는 실행연구가 나아갈 방향이 어디인가를 제시하는 데 있다는 점을 다시 한번 분명히 해 둔다.

저자 주

1. 테일러주의(Taylorism)는 협소한 특수 분야로 과업들을 구획하는 것을 통해 생산과정에서 최대한의 노동 분업을 포함하는 산업체 조직에 대한 접근방식을 지칭한다. 이러한 분업은 설계 및 기획을 담당하는 고위 경영진과 생산 엔지니어들에 의해 통합된다. 이 접근법이 테일러주의라고 불리는 이유는 '과학적 관리론'이라고 일컬어진 개념을 가장 명확하게 포착하고 확산시킨 사람이 Frederick Winslow Taylor(1911)였기 때문이다.
2. Fals Borda(1969) 등의 예를 참고할 것

역자 참고문헌

고려대학교 교육문제연구소(2007). **알기 쉬운 교육학 용어 사전**. 서울: 원미사

조남두, 권기욱, 오영재, 유현숙, 조남근, 최창섭, 신현석(2006). **교육행정론**. 서울: 원미사

Robbins, S. P. (2005). *Essentials of Organizational Behavior* (8th ed.). Upper Saddle River: Prentice Hall.

제3장

실행연구의 실제 사례:
스톤피오르덴, 몬드라곤, 코넬 대학교의 고용 및 노동 현장 체제 프로그램

제3장에서는 (1) 작은 공동체, (2) 산업체 조직에서의 특정한 소그룹, 그리고 (3) 주요 대학에서 이루어진 세 가지 서로 다른 실행연구 과정을 소개하고자 한다. 이러한 실행연구 사례에 대한 묘사는 제2부에서 다룰 실행연구에 대한 추상적이고 구체적인 논의에 앞서 제시된다. 이러한 사례들을 이야기하는 과정에서, 필자들은 실행연구 수행과정에서 당면하게 되는 복잡성, 어려움 그리고 나름의 열정을 직접적으로 전달하려고 한다. 풍부한 학습 기회를 제공할 수 있다는 의미에서, 심지어 당초 의도한 목표를 제대로 달성하지 못한 실행연구 프로젝트라 하더라도 그러한 경험은 중요하다고 할 수 있다. 이 장에서는 실행연구가 수행되는 이질적 상황을 강조하기 위하여 서로 다른 맥락에서 수행된 세 가지 실행연구 사례를 제시할 것이다. 스톤피오르덴(Stongfjorden) 프로젝트는 노르웨이의 작은 시골공동체의 발전을 지원하기 위하여 수행되었으며, 몬드라곤(Mondragón) 프로젝트는 스페인 바스크 지방(Basque Country)에서 발생한 산업 협동조합(industrial cooperatives)의 조직 문제에 초점을 맞추고 있다. 마지막으로, 코넬 대학교(Cornell University)의 실행연구 사례는 산업 및 노동관계 학부(School of Industrial and Labor Relations)에서 연구와 산학

연계의 관계를 재구조화하는 것을 목표로 하고 있다.

세 가지 사례는 모두 필자들이 현지에서 장기간 참여했던 경험에 기초하고 있다. 실행연구는 특정 맥락 속에서 이루어지는 구체적인 실천과 성찰의 과정이다. 그런 점에서 이 장에서 제시되는 실행연구 사례들은 독자들이 실행연구를 이해하는 데 적절한 출발점이 될 것이다. 필자들은 각 실행연구 프로젝트가 시간이 경과됨에 따라 어떻게 변화하고 발전하는지, 연구자의 성찰을 통해 어떻게 프로젝트마다 독특한 발견과 차이를 가져오는지를 강조하면서 설명해 나갈 것이다. 우리는 또한 세 가지 사례들을 통해 사례에 대한 서사(narratives)가 모든 실행연구 접근방식에서 얼마나 중요하게 강조되고 있는지를 알려주고자 한다.

스톤피오르덴 사례: 서부 노르웨이에서의 마을 개발 프로젝트

노르웨이 서쪽 끝을 지나 해안 남쪽으로 항해하다 보면 내륙에서 3마일 거리에 있는 좁고 짧은 피오르를 만난다. 스톤피오르덴은 물 아래로 바로 연결되어 있는 낮은 산들에 둘러싸여 있다. 해안가에는 집들이 드문드문 있고 산업체 빌딩, 소규모 학교, 식료품점, 테니스 코트 그리고 수력발전소 때문에 부분적으로 말라 버린 폭포 하나가 있다. 작은 농장들은 피오르를 감싸고 있다. 지역 전체 인구는 217명 정도이며 대부분의 주민은 40세 이상이다.

이 지역은 1960년대 초까지만 해도 노르웨이 내륙으로부터 고립되어 있었다. 도로 하나가 주민들을 주민회관(community center)으로 연결해 주지만, 이를 제외하면 주요 도로로 가기 위해서 배편을 이용해야 한다. 이 지역에서는 해상을 통한 타 지역과의 교류가 주를 이루었다. 하지만 1960년대 중반 주민들은 자신들의 교통 환경을 개선하기로 결정하고, 험난한 산악지대 위로 수 마일에 걸친 도로를 건설하고 이 지역과 주요 고속도로를 연결하기 위해서 집단적 행동(collective action)을 했다. '주민의 길(The People's Road)'로 명명된 이 도로는 바로 지역 공통의 현안 문제를 해결하는 데 있어서 지역 주민들의 연대감과 역량이 얼마나 중요한지를 강력하게 뒷받침해 주는 사례이다. 이는 작은 지역공동체가 자신들만의 힘으로 공공정책 결정을 뒤바꾸는 실제 사례를 제시하였다는 점에서 커다란 국가적 관심을 불러일으켰다.

스톤피오르덴은 19세기 말 연어 낚시를 하던 한 영국 귀족에 의해 발견되었다. 영국 알루미늄(British Aluminum) 협회장이었던 이 사람은 초여름 어느 날 피오르 하부에서 발견한 폭포의 장관에 매료되었다. 기업가로서 그는 즉시 폭포의 에너지원으로서의 가능성을 보았고, 이후 노르웨이 최초의 알루미늄 용광로 건설을 위한 작업에 착수했다. 그는 폭포 사용권을 확보해 수력발전소를 만들었고, 알루미늄 용광로 건설을 시작하였다. 발전소는 1908년도에, 용광로는 1913년에 완공되었다. 영국 산업공동체를 모델로 하는 기업 도시가 조성되었다. 테니스 코트는 사회계층에 따라 구획된 당시 도시의 모습을 상징적으로 보여 주고 있다. 관리자들의 집은 피오르에서 빛이 잘 들어오는 곳에 지어졌고 노동자들의 거주지는 반대로 그늘진 곳에 지어졌다. 학교, 병원, 기술 지원 같은 사회기반시설은 회사가 제공하였고, 단시간에 서부 노르웨이 지역 전체에서 가장 우수한 공립학교 및 보건의료 체계가 갖추어지게 되었다.

스톤피오르덴의 산업화 과정에서 몇 가지 난관이 발생했다. 먼저, 용광로 운영에 있어서 첫 번째 고비는 최초로 맞은 겨울에 생겼다. 겨울이라서 폭포가 용광로 운영에 필요한 충분한 물을 제공하지 못했다. 결과적으로 외딴 이 마을을 본토의 전력 공급 시스템에 연결시켜 주는 최초 고압 송전선이 건설되었다. 용광로에서는 제2차 세계대전 말까지 알루미늄이 생산되었다. 제2차 세계대전의 종전은 곧 알루미늄 용광로의 폐쇄를 의미했고, 노동자들은 스톤피오르덴에서 북쪽으로 300마일가량 떨어진 곳에 있는 용광로에서 새로운 일자리를 제안받았다. 노동자 가족들이 마을을 떠나 새로운 알루미늄 용광로가 있는 지역에 정착하는 과정에서 일어난 매우 감동적이고 의미심장한 이야기들이 있다. 몇 년이 지난 후, 지역의 나이프 제조업자가 용광로를 인수하고 식탁용 날붙이류(나이프, 포크, 숟가락 등)를 생산했으나, 스톤피오르덴의 몰락은 이미 진행 중이었다. 상당수의 산업 관련 일자리들이 사라졌고, 주거용 집과 마을의 공공시설들의 상태는 악화일로를 걷게 되었다. 사회 구조가 와해되면서 마을은 종국으로 치닫는 것처럼 보였다.

1970년대 말에는 노르웨이 환경보호 및 국토활용부(Norwegian Ministry for Environmental Protection and Land Use)에서 지역 문제에 대한 주민의 참여와 통제를 높이기 위한 지방자치 단체 활동들을 지원하는 프로그램을 출범시켰다. 이 프로그램에는 소도시, 지역 또는 지방자치 단체들이 참여할 수 있었다. 어떤 역량 있는 한 여성의 리더십하에 '불타는 영혼들(burning souls)'(Philips, 1988)이라고 불리는 한 집단이 동 프로그램을 통해 재정 지원 신청을 하였다. 이 지역 태스크포스(Task Force: 이하 TF) 팀은 지방 정부를 통해 신청서를 제출하는 공식적 절차를 따르지 않고 이를 제출하였다. 그럼에도 불구하고 스톤피오르덴은 정부가 발표한 60개의 지역 재생 프로그램 중 하나로 선정되었다.

외부 컨설턴트들로서 트론다임(Trondheim) 지역의 Morten Levin과 일단의 협력자들은 국가 차원의 프로그램 집행기관을 통해 스톤피오르덴의 TF 팀과 연결이 되었다. 사회학자인 Lewin과 Tore Nilssen은 실행연구 팀의 리더 역할을 수행하게 되었고, 전문 연구원인 Ivar Brokhaug와 함께 작업하게 되었다. 연구 첫해에는 학생 2명이 추가적으로 연구에 참여하였다. 동 프로젝트에는 노르웨이 과학기술대(Norwegian University of Science and Technology)의 노동생명과학과(Department of Organization and Work Life Science)와 산업 분야 사회과학연구원(Institute for Social Research in Industry)이 참여하였다.

트론다임에 있는 연구실에서 스톤피오르덴으로 가는 길은 매우 복잡했다. 최소한 비행기를 3번 갈아타야 했고, 이와 별도로 차량도 렌트해야 했다. 비행에 걸리는 시간은 전체 이동 거리를 자동차로 운전하는 데 소요되는 12시간과 거의 동일했다. 하지만 차량으로 이동하려면 3개의 산을 가로지르고, 피오르로 바로 떨어지는 가파른 경사를 가진 절벽 길을 운전해야 했다. 처음에 팀원들은 비행기를 이용했고 이후에는 이동 수단으로 주로 자동차를 이용했다.

TF 팀과의 첫 번째 미팅은 생산적이었다. TF 팀의 구성원들은 현재 상황에 대한 그들의 견해를 제시하고 그들의 지역을 보존하기 위해 관심을 두고 있는 부분을 명료하게 설명했다. 연구팀은 지역 개발과정에 착수하기 위해 '탐색협의회(search conference)'(제9장 '실용적 실행연구' 참조)를 운영할 것을 제안하였다. 연구팀이 탐색협의회 운영을 제안한 데는 몇 가지 이유가 있었다. 당시에 연구팀은 이념적으로 지역공동체 개발을 위해 일종의 합의 모델에 경도되어 있었다. 또한 연구팀은 최대한 광범위하게 마을 주민을 참여시킬 필요성을 느꼈고, 만일 소수의 지역 주민만이 관여할 경우 이러한 개발 노력은 결코 성공할 수 없을 것이라는 믿음을 가지고 있었다. 지역의 TF 팀 구성원에게 탐색협의회가 좋은 아이디어라는 것을 설득하는 것은 어렵지 않은 일이었다.

다음 달포 정도의 기간 동안 연구진은 탐색협의회의 준비를 위해 해당 지역에 몇 차례 방문했다. 탐색협의회를 준비하는 과정에서 연구팀은 가능한 한 많은 잠재적 연구 참여자들과 친숙해지기를 희망했고, 동시에 탐색협의회가 무엇인지를 이들에게 전달하고자 했다. 이를 위해 새로운 TF 팀이 만들어졌고 당초 신청자들보다 많은 인원이 참여했다. 탐색협의회 운영진은 Morten Levin의 소속 기관에서 온 3명의 연구자들과 국립 도시 및 지역 계획원(National Institute for City and Regional Planning)에서 온 1명의 연구자들로 구성되었다. 운영진이 지나치게 많아져 버린 상황은 의도와는 달리 운영진 내부 갈등으로 이어져, 탐색협의회 운영자가 다른 운영자들과의 협력을 거부하는 사태가 발생하기도 했다. 그럼에도 불구하고 탐색협의회는 전반적으로 매우 효과적으로 진행되었으며, 이는 연구자들이 연구 설계 자체가 매우 효과적으로 이루어졌음을 확증하는 계기로 작용했다.

몇 개의 새로운 TF들이 만들어졌다. 어떤 팀은 새로운 가로등 설치와 관련된 책임을 맡았고, 다른 팀은 소형 배들을 보호하기 위한 항만 구축에 집중하였다. 세 번째 팀은 집과 도로의 재건설을 계획하였다. 과거에 몇몇 노동자 계층 가족들이 거주하고 있었던 오래된 집들 중 한 채는 지역 운동가들에게 주어졌다. 그리고 해당 TF가 그 집을 복구하기 위한 활동들을 계획하여 완성한 후 이를 공동체적 목적으로 활용했다. 유치원이 세워졌고 직물 생산을 위한 작업장도 만들어졌다.

탐색협의회가 시행된 이후 첫 번째 해에 연구진은 두 차례의 후속 협의회를 개최하였다. 이는 서로 다른 TF 참여자들이 자신들의 과업에 대해 발표하게 함으로써 다른 참여자들과 실현 가능성, 성공 사례 그리고 문제점들을 공유하기 위해서였다. 따라서 후속 협의회들은 지역 개발 노력에서 집단적 요소들을 유지시키고, 집단적 성찰을 촉진하며, 아울러 연구자들과 현장 운동가들 간의 상호 학습을 지원하는 역할을 담당했다. 더욱이 이러한 후속 협의회들은 TF로 하여금 자신들이 당초 설정한 목적에 집중하여 노력하도록 만드는 한편, 추가적 활동들을 위해 자신들의 계획을 수정하게 만들었다. 이러한 후속 미팅들은 환류 메커니즘을 만드는 데 매우 유용했다. 기존에 제시된 목표에 대해 성찰한 후, 무엇을 성취하였고 여전히 과제로 남아 있는 것이 무엇인가를 확인하는 데 커다란 도움이 되었다.

TF들은 대체로 자신들의 목표를 성취하는 데 아주 성공적이었다. 가로등을 다시 설치하기로 한 팀은 시와 카운티 그리고 전력회사의 지원금을 신청하는 데 있어 다양한 수완을 발휘하였다. 가로등 설치에 필요한 하드웨어 비용의 대부분은 지원금에서 충당된 반면 작업 자체는 공동으로 이루어졌다. 이러한 조치는 협업에 대한 스톤피오르덴의 강력한 전통에서 기인하였는바, 이는 가정에서는 다루기 어려운 상호 이해관계에 대한 문제들을 해결하기 위해 협력해야 했던 초기 농어업 문화로부터 이어진 두그나드(dugnad)1)라는 노르웨이 고유의 문화와 관련이 있다. 처음에는 많은 사람들의 도움으로 과업들이 신속하고도 효과적으로 이루어졌다. 하지만 과업이 상당히 도전적이고 많은 개인들의 집중적 노력이 필요한 것으로 나타나자, 시간이 지나면서 참여 그룹은 점차적으로 원래의 '불타는 영혼들' 몇 명 수준으로 줄어들었다.

일부 과제는 신속히 처리되었다. 과거에 부의 상징이었던 테니스 코트는 곧바로 리모델링되었다. 지역 주민 소수가 테니스를 치긴 했지만 테니스 코트는 주로 아이들의 놀이터로 사용되었다. 정화 작업(clean-up activities)은 매우 성공적이었다. 도로와 집들은 복구되었고 마을의 모습은 전반적으로 개선되었다.

한 가지 성공적이지 못했던 일은 소형 배들을 위한 항구 건설이었다. 항구 건설에 필요한 재원을 조달하려면 TF가 비영리 회사를 설립해야 했다. 배를 뭍으로 끌어올리기를 원하는 사람들은 모두 사전에 돈을 지불하도록 했다. 이어서 TF는 한 기업가와 계약을 맺었지만 항구를 건설하지는 못했다. 그 기업가가 가진 장비들이 항구 건설 작업에 적합하지 않았고, 새로운 장비를 구매하지 않고는 요청된 작업을 완료할 수 없었기 때문이다. 해당 기업가가 마을에 거주했기 때문에 이는 갈등의 원인이 되었다. 일부 주민들은 이 기업가가 배 소유자들에게 사기를 쳤다고 생각하였지만, 나머지 사람들은 기업가의 판단 착오를 이해했다. TF는 이 문제를 법정으로 가져가려고 했으나 그 전에 문제가 해결되었다.

연구팀은 1986년까지 해당 지역에서 연구를 수행하였다. 연구의 후반부에서는 기업가적인 노력과 지방자치 단체의 정치적 및 행정적 조직 사이의 관계에 점차적으로 초점을 맞추었다. 오랜 기간 동안 프로젝트를 추동시키는 중심적 역할을 해 왔던 지역 여성들은 점차적으로 소진되어 갔다. 이들은 프로젝트에 엄청난 시간과 에

1) [역자 주] 두그나드(dugnad)는 자신의 기술을 조건 없이 나누는 노르웨이의 공동체 문화 양식을 일컫는 말이다.

너지를 들였지만, 자신의 에너지가 한계에 도달했다는 것을 느끼면서 자신들의 리더십을 매우 창조적인 지역 기업가에게 넘겼다. 그 기업가는 바닷가재를 중심으로 한 어업 벤처를 시작했고, 관련 기술 및 전략을 짜면서 시장을 형성해 나갔다. 그는 최첨단 접착 및 맨틀링 기술(mantling techniques)로 첨단 목선(wooden boats)을 만들기 시작했다. 그는 검은 들꿩을 기르는 일도 시작했다. 이에 더해 그는 자기 소유의 캠핑장 및 캐빈 임대업을 하며 성공적으로 관광 산업을 육성했다.

모든 활동은 높은 위험 부담이 있었지만 성공할 경우 고수익이 보장되었다. 이 프로젝트를 통해서 지역 기업가는 마케팅 능력을 키웠고, 독일 시장에 발판을 만들기 위해 인근 지역에 있는 다른 캠핑장들과 협력하기 시작하였다. 이러한 활동은 상당히 성공적인 것으로 나타났다. 프로젝트 후반기에 걸쳐 연구팀은 기업가와 긴밀히 협업을 하였고, 그의 기업 활동에 대해 계속적으로 정보를 받았지만 기업 활동에 우리가 직접적으로 관여하지는 않았다.

연구팀이 프로젝트 마지막 해에 참여한 또 다른 중요한 문제는 마을이 스톤피오르덴의 도로 및 공공 부두 재건축에 대한 지원을 받을 수 있도록 지방자치 정부를 설득하는 일이었다. 지역 활동가들은 오래전부터 기존 부두가 너무 낡아 붕괴되기 직전이었기 때문에 피오르드의 공공부두(배들이 정박 가능한 길고 넓은 플랫폼) 재건축에 관심이 있었지만, 새로운 부두를 건설할 수 있는 재원이 없었다. 지방자치 정부는 새로운 부두가 이윤을 낼 만큼 교통량이 충분하지 않을 것이라고 주장하면서 재정비 사업에 대한 투자를 거부했다. 선박 정박은 과거 몇 년간 급격히 줄어들었는데, 해당 지방자치 단체는 이를 수송 수단이 선백에서 트럭으로 구조적으로 변화했기 때문이라고 생각했다. 하지만 이와는 반대로 스톤피오르덴 사람들은 선박의 정박 규모가 줄어든 이유는 부두가 너무 낙후되었기 때문이라고 주장하였다. 이에 따라 정부와 주민의 입장이 서로 충돌하여 돌파구가 보이지 않는 교착 상태가 이어졌다.

지역 주민들은 환경부(Ministry of Environment)에 도움을 요청하였고 여러 종류의 지원을 받았다. 환경부의 담당자로부터 연구팀은 지역의 단체가 지방자치 당국과 해법을 도출하는 협상을 할 때 도와줄 것을 요청받았다. 연구팀은 지역사회를 방문하여 지방자치 단체 담당자와 미팅을 잡았다. 연구팀은 환경부의 명시적 지원을 바탕으로 논쟁에 맞서는 노련한 기술을 활용하여 지역 주민들의 주장을 강하게 밀어붙였다. 그 결과, 마침내 재정 지원이 이루어졌다. 그리고 부두는 재정비되었다. 이후 연구팀과 해당 지역사회의 관계는 서서히 멀어졌다. 환경부로부터의 보조금 지원이 중단되었고, 연구팀은 스톤피오르덴에서 3년 반 만에 철수하였다.

시간이 지남에 따라 연구자들의 역할도 상당한 정도로 바뀌었다. 연구자들은 탐색협의회 운영이라는 상당히 협소한 범위의 과업을 위한 조력자로서 시작하여, 몇 개월 동안은 그와 관련된 작업을 하였다. 프로젝트의 초점이 변경됨에 따라, 연구자들의 역할은 특정한 노력들을 지원하고 진행 중인 활동에 대해 지역 주민들로 하여금 집단적 성찰을 하는 것을 독려하는 것으로 바뀌었다. 이 기간 동안 연구팀은 활동을 지원하고 실행연구를 학습할 기회를 제공하기 위해 2명의 학생들을 참여시켰다. 실행연구를 통해 연구자들은 마을의 사회적 구조를 구체적으로 파악하고 분석할 수 있었고, 성탄절 경매에 내놓을 옷을 만들어서 국내 및 해외 선교 활동에 필요한 돈을 모으는 13개의 서로 다른 여성 지역선교 그룹들에 대해서도 배우게 되었다. 또한 연구팀은 가족 구조, 친척관계 그리고 지역 주민들이 다른 종류의 네트워크와 어떻게 연계되어 있는지를 알게 되었다. 비록 그러한 작업이 진행 중인 변화 활동을 촉진시키는 일과 결부되어 이루어지기는 했지만, 실행연구의 중간 단계에서는 많은 분석적 작업이 필요했다. 또한 이 기간 동안 연구자들은 지역의 칼 제조 공장을 위한 탐색협의회를 운영하는 과업도 맡았다. 이 칼 제조 회사는 해당 자치 지역에서 가장 지배적인 고용주였으며, 탐색협의회의 목적은 칼 판매와 관련된 새로운 시장을 개척하는 데 있었다. 비록 회사가 원하는 시장 개척을 위한 뾰족한 대안은 도출되지 못했지만, 협의회 자체는 비교적 성공적으로 이루어졌다.

업무 후반부에는 연구자들이 직접적이고 적극적인 역할을 맡았다. 연구자들은 지역 운동가 역할을 하면서 외부 이해당사자 그룹을 상대하는 지역 활동을 사실상 주도했다. 이는 연구자들에게는 불편한 역할이었고 여러 가지 심각한 윤리적 질문을 만들어 내기도 했다. 돌이켜 보면, 연구자들은 지역사회가 지방자치 정부와 협상하는 과정에서 실제적 권력을 행사하는 역할은 맡지 않았어야 했다. 연구팀은 스톤피오르덴 운동가들을 지원하기 위한 전문적인 네트워크를 동원할 수 있는 '우호적인 외부자(friendly outsiders)'(제8장 참조)로 연구 현장에 들어갔다. 최소한 갈등관계에 있는 이해당사자들 스스로 문제에 대한 해법을 탐색하는 초기 노력 단계에서 연구자들은 갈등 관리 역할을 맡는 것이 타당했다고 생각한다.

스톤피오르덴에서 연구팀에게는 '불타는 영혼들' 같은 매우 강력한 파트너가 존재했다. 이들 중 일부는 프로젝트를 진행하는 과정에서 지쳐 낙오하기도 했지만 대부분은 프로젝트가 종료될 때까지 남아 있었다. 그들은 4명의 남성과 1명의 여성으로 구성되어 있었으며 중요한 목표를 달성하기 위해 집중할 수 있는 정신력과 역량을 가지고 있었다. 그 그룹은 외부 주민들과는 비교적 차단된 채 폐쇄적 조직 단위로 운영되었다. 캠핑장을 운영하던 기업가와 지역의 칼 제조 공장 관리자만이 나중에 이 그룹에 합류하였다. 관리자는 몇 년간 적극적으로 연구에 참여하였지만, 회사에서 본연의 업무에 집중하기를 원하면서 결국 그만두었다. 기업가는 연구팀의 실행연구 과정의 후반기에 선도적 역할을 했다. 연구자들은 가끔씩 지역공동체의 다른 구성원들과 접촉을 했지만 그들이 핵심 참여자가 된 적은 없었다. 하지만 그럼에도 불구하고 핵심 선도 그룹은 대다수 마을 주민의 지지를 받았던 것으로 보인다. '자조적 지역 활동(dugnad)'이 요청될 때마다 주민들은 항상 나타났다.

프로젝트가 진행되는 동안 여러 개의 의사소통 창구가 만들어졌다. 연구자들은 먼저 탐색협의회를 만드는 것으로 시작했다. 이러한 활동들은 추진 상황 점검과 추진 절차 개발에 대한 집단적 성찰이 주된 의제가 되는 일련의 회의들로 이어졌다. 이러한 회의들은 지역 주민들에게 자신들이 원하는 목적을 잘 달성할 수 있도록 업무를 재설계할 수 있는 지식을 제공하고, 외부자들에게는 지역공동체 발전의 도전과제에 대해 더 많은 이해를 할 수 있는 계기를 제공하였다.

다음의 두 가지 문제들은 연구팀의 학문적 연구 노력을 촉발하는 기초가 되었다. 첫 번째 핵심 문제는 복잡한 사회 구조를 이해하는 것과 관련이 있다. 연구팀은 정보가 지역사회에 퍼지는 속도가 빠른 것에 놀랐다. 기본적으로 연구팀은 지역의 몇몇 사람들하고만 소통했다고 생각했으나 사실은 지역사회 전체가 모든 것을 알고 있었다. 연구의 초기 질문은 이러한 사회 구조에서 통합을 촉진하는 요소는 무엇인지에 초점을 두었다. 참여 학생들의 작업을 통해 연구자들은 최종적으로 13개의 선교 단체, 성가대, 항구 그리고 커피 마시는 소그룹들의 효과를 발견했다. 이와 같이 촘촘하게 연결된 네트워크들이 효과적인 정보 전달을 가능하게 만들었다. 이는 참여 학생들의 작업을 통해 조사 · 보고되었다.

실행연구 프로젝트에서 도출된 가장 중요한 연구는 왜 특정한 주민들이 소위 '불타는 영혼들'이 되는 것인가를 이해하는 데 초점을 맞추었다. 가정의 일상사에 파묻혀 있던 어떤 개인이 그러한 일상으로부터 벗어나 지역 개발 활동을 주도하는 어려운 과업과 책임을 맡게 된 이유와 과정을 도대체 어떻게 설명할 수 있을까? 이 같은 질문의 초동적 틀은 스톤피오르덴 프로젝트 진행과정에서 만들어졌다. 앞서 언급한 주민 동원 관련 이슈(mobilization question)에 대한 초동적 이해는 지역 활동가들과 몇 차례의 논의를 통해서 이루어졌다. 이러한 초동적 이해는 연구 참여 대학원생 중 한 명에게 지역공동체 개발의 초기 단계에 초점을 맞추어 석사학위 논문의 연구 주제를 설정하는 데 도움을 주었다. 연구자들이 수행한 상기 연구의 결과는 최종적으로 Morten Leven(1988)에 의해 '지역사회 개발에서의 주민 동원(Local Mobilization)'이라는 제목으로 출판되었다.

몬드라곤 사례: 산업 협동조합 분야에서의 조직 문제

스페인의 몬드라곤(Mondragón) 협동조합은 세계 전역에 걸쳐 산업 민주주의의 가장 성공적인 예이고, 전 세계적인 관심과 논쟁의 주제가 되고 있다. 선진 자본주의 사회에서 성공적으로 경쟁할 수 있는 민주적 조직의 역량이라는 이슈에 초점을 맞추고 있는 많은 논쟁들에서 노동자가 관리하는 사업체로서 협동조합은 항상 논의의 중심에 위치하고 있다(Bradley & Gelb, 1983; Kasmir, 1996; Thomas & Logan, 1982; Whyte & Whyte, 1991). 여기서 간략히 기술된 프로젝트는 연구팀이 협동조합과 다수의 외부 전문가와 함께 수행한 4년간의 실행연구를 포함하고 있다. 결과적으로 협동조합 분야에서 수많은 개혁 사례들을 창출하고, 연구팀 구성원에 의해 연구결과에 관한 단행본도 출간되었다(Greenwood et al., 1992).

몬드라곤은 스페인에서 인구 밀도가 가장 높고 고도로 산업화된 지역인 바스크 지역에 위치해 있다. 이 지역은 바스크 민족주의자의 정치 운동으로 잘 알려져 있으며, 전 세계 어디에서도 사용되지 않는 독자적 언어를 사용한다. 19세기 이후 스페인이 산업화에 초점을 맞추게 됨에 따라, 바스크 지역은 국가 내 인구 이동의 주요 목적지가 되었고 바스크 외부 스페인 지역에서 온 비바스크인 인구가 24% 이상을 차지했다. 오랜 성장기 이후 이 지역은 인프라의 노후화, 높은 사업 비용 및 국내외 경쟁의 심화로 산업의 쇠퇴를 경험하였다. 프로젝트가 시작된 시기에 이 지역의 전반적인 실업률은 25% 수준을 맴돌았다. 몬드라곤 지역은 바스크 지역의 평균 실업

률보다는 훨씬 더 낮은 실업률을 유지하고 있는 인구 27,000명의 산업도시이다. 몬드라곤 협동조합들은 이 지역 활동 인구의 약 50%를 채용하고 있는데, 이것이 바로 이 지역의 현저히 낮은 실업률을 설명해 주는 요인이라고 할 수 있다.

먼저, 1956년에 5명의 리더와 13명의 동료들에 의해 단일 협동조합인 울고(Ulgor)[2)]가 설립되었다. 지금은 거의 200개 정도의 협동조합들에 30,000명 이상의 조합원들(worker-owners)이 가입되어 있다. 세계 경제의 불황 속에도 협동조합들은 전반적으로 자금 회전에 큰 문제가 없었고, 유럽연합(EU) 내에서 효과적으로 경쟁하기 위한 체제 전환을 성공적으로 해냈다. 이들은 산업용 로봇, 전동 공구, 반도체, 컴퓨터 회로판, 냉장고, 식기 세척기, 난로, 전자레인지, 전기 및 배관 도구 그리고 식료품을 생산하고 있다. 또한 이들은 청소 용역 및 요리와 같은 다양한 서비스 분야 협동조합들을 소유하고 있고, 평가 인증을 받은 대학교를 포함한 다양한 학교들을 운영하고 있다. 이들은 자신들이 생산한 물품과 서비스의 30% 이상을 수출한다.

협동조합들은 산업 민주주의 원칙에 기반을 두고 설립되었고 노동자 소유 및 참여의 원칙을 내재화하고 있다. 협동조합에 가입하려면 먼저 1년치 임금 수준의 출자금을 내야 한다. 이는 조합원 자신의 자본 계정(capital accounts)의 기초가 되며, 협동조합의 성공이라는 공동의 목표를 달성하기 위해 개인이 부담하는 지분의 일부가 된다. 조합원들은 급여의 형태로 수익 배당금과 자본 계정의 인상분을 받는다. 조합원들에게 다시 배분되는 금액은 협동조합의 사업 계획에 근거하여 산정되는 기대 경제 성과(anticipated economic performance)와 요구되는 미래 자본 수준(future capital requirements)에 따라 달라진다. 이러한 배분과 계획은 매년 조합원의 투표에 의해 결정된다. 급여 배분은 조합원이 수행하는 직무의 기능적 분류에 따라 이루어진다. 연구를 수행할 당시 가장 낮은 임금을 받는 직무가 가장 많은 임금을 받는 직무의 1/6 수준으로 임금 격차는 1 대 6 정도였다.[주1]

사기업보다 임금이 훨씬 낮게 설계되어 있는 이러한 보상 체계로 말미암아 협동조합 관리자들은 4년마다 조합원 중에서 선출하고, 선출된 사람들은 반드시 이를 따라야 한다. 정교한 내부 지배 구조는 정보에 대한 자유와 함께 의사결정 과정에서

2) [역자 주] 스페인의 대표적인 협동조합인 석유 난로 공장 울고(Ulgor)는 1956년에 5명의 조합원이 모여서 만들어졌으며, 이후 세계에서 가장 성공적인 몬드라곤 협동조합으로 발전하였다.

강력한 견제와 균형의 메커니즘을 제공한다. 협동조합 체제는 조합원들만의 건강관리 및 퇴직 제도, 연구 및 개발에 대한 협동조합, 협동조합 은행 그리고 초등학교부터 대학 수준에 이르는 다양한 학교들을 보유하고 있다.

추후 재조직을 통해 전체 구조가 재편되고 전체 몬드라곤 협동조합이 단일 조직으로 만들어질 때까지, 협동조합 체제 내에서는 파고 협동조합 그룹(Fagor Cooperative Group)이 가장 규모가 크고 잘 알려진 것이었으며, 최초 협동조합 프로젝트를 발기한 울고 협동조합을 포함하고 있었다. 따라서 실행연구 프로젝트는 이 파고 그룹 내에서 수행되었다.

이 프로젝트는 산업 및 노사관계 분야에서 저명한 코넬 대학교 교수인 William Foote Whyte가 협동조합의 종합적인 역사 및 구조를 분석하는 책을 집필하기로 결정했을 때 시작되었다. Whyte가 1982년 이 책을 저술하기 위한 자료를 수집하기 위해 처음 방문한 후, 그는 주최 측에게 자신이 본 것에 대한 세미나를 개최하였다. 그는 협동조합 체제 내에 존재하는 특정 관습에 대해 많은 비판적 관찰과 성찰을 제공했다. 그의 예상과는 달리 놀랍게도 파고의 인사부장인 José Luis González가 일어나서 그에게 감사의 뜻을 표하면서, Whyte 교수가 지적한 문제들을 어떻게 해결할 수 있을 것인지에 대해 물어보았다.

Whyte 교수는 미국으로 돌아간 후, 바스크 지역에서 다년간 현지 조사와 역사적 연구 경험이 있는 코넬 대학교의 인류학자인 Davydd Greenwood를 프로젝트에 참여시켰다. Gonzalez를 포함하여 이 세 사람은 2년 동안 재정 지원을 받기 위한 프로젝트 제안서를 만들었다.

Gonzalez가 공동작업의 목표를 제시하였고 프로젝트를 주도하였다. 프로젝트의 목적은 파고 그룹의 내부 사회과학 연구 역량(social research capacity)을 발전시켜, 내부에서 수행된 경제적 연구에서 이미 달성한 것과 동등한 수준의 정치한 단계로 끌어올리자는 것이었다. 이러한 생각은 협동조합들이 자신들의 경제적 · 사회적 차원 간에 유지해야 하는 적절한 평형점(necessary equilibrium)에 대한 González 자신의 이해를 체화한 것이기도 했다. 그럼에도 불구하고 외부자들에게는 그러한 연구의 저변에 깔려 있는 동기, 지역 파트너들의 정체성 그리고 수행되는 활동들의 실제적 의제가 무엇인지 명확하게 다가오지는 않았다.

실행연구 과정은 상호 방문으로 시작되었으며, 이는 1985년에 Greenwood가 파고 그룹에서 일하는 15명의 구성원에게 실행연구를 가르치는 여름 강좌로 이어졌다. 이 강좌는 파고의 역사적 발전과정에서 나타난 위기들에 대해 논문 초안을 공동으로 쓰는 것으로 마무리되었다. 이 논문에 기초하여 파고 그룹 구성원과 경영진은 해당 프로젝트를 계속하기로 결정하였다. 이에 따라 광범한 인터뷰 프로젝트, 새로운 여름 강좌, 일련의 포커스 그룹들 그리고 프로젝트에서 발견된 사항들을 정리한 두 권의 책을 함께 저술하는 기나긴 과정이 이어졌다(Greenwood et al., 1990, 1992).

협동조합 측 참여자들은 주로 파고 그룹의 중앙 인사 담당 부서에서 선정되었다. 그들은 창립 세대보다는 협동적 운영을 하고 있는 다음 세대를 대표했다. 그들은 협동조합의 미래가 보장되지 않는다는 점에 대해 깊고 진실된 우려를 표명했다. 특히 그들은 모집된 많은 조합원들이 협동적 가치에 대해 헌신적이지 않은 점과, 스트레스 상황 속에서는 체제가 제대로 적응하지 못할 수도 있다는 점에 대해 우려했다.

이러한 우려를 해결하기 위해, 실행연구 팀은 상반된 의미들과 복잡하고 종종 상호 모순된 관행들을 창출하는 역동적 의미의 연결망(dynamic webs of meanings)으로서의 문화적 시스템에 대한 이해를 강조하는 분석적 관점을 개발했다. 연구팀은 해당 협동조합들에 대해 내·외부자들이 쓴 책들을 읽고, 이에 대한 연구자 자신들의 비평을 명료하게 언급했다. 연구팀은 협동조합에서 바람직하다고 생각되는 행동과 승인되지 못하는 행동을 전형화하기 위해, 그리고 해당 협동조합들을 일반적인 기업들과 대조하기 위해 일관되게 이분법적 방식을 사용하는 방안을 탐색했다.

시간이 지나면서 그리고 훈련을 통해, 연구자들은 공동연구자들로 하여금 (1) 협동조합 구성원들이 인식하고 경험한 현실을 실제적으로 이해할 수 있도록 하고, (2) 추상적인 문화적 형성과정(abstract cultural formulations)을 자신들의 조직적·역사적 맥락에 다시 연계시킬 수 있도록 할 수 있는 특정한 집단적 태도(team attitude)와 일련의 기법들을 개발하였다. 이러한 활동의 목적은 협동조합들의 상태에 대한 차별화되고 역동적인 이해를 획득하되, 이러한 이해를 획득하는 과정이 협동조합의 운영에서 그랬던 것처럼 자율적으로 관리되고, 개방적이며, 실천적으로 유용한 연구과정들을 통해 이루어지게 해야 한다는 데 초점이 있는 것이다. 이 프로젝트는 협동적 가치들을 잃을지도 모른다는 두려움에 대한 분석에서 시작되었지만, 점차 구성원들이 자신들의 집합적 미래에 대해 가지고 있는 가장 근저에 있는 두려움과 희망을 전면적으로 다루는 대규모 실행연구 프로젝트로 진화하였다.

수행된 연구과정은 이례적이었다. 1985년 7월에 개최된 출범 세미나는 사람들의 통상적인 기대를 깨는 놀라운 내용이었다. 파고 그룹의 구성원들은 그들이 조직문화에 대한 학문적 강의를 들을 것이라고 기대했다. Greenwood는 대부분의 전통적 사회과학 연구가 새롭고 유용한 지식을 만들어 내는 데 실패한다고 믿고 있었다. 아울러 만약 협동조합이 사람들의 생각대로 정말 자율적 관리 조직이라면, 이와 같은 성공적인 자율적 관리 집단은 연구과정과 학습에서도 이를 자율적으로 관리할 수 있어야 한다고 믿었다. 따라서 Greenwood는 사람들이 일반적으로 기대하는 잘 정리된 강의를 준비하는 대신, 구성원들이 활용할 수 있는 일련의 도구들을 제공해 줌으로써 구성원들이 스스로 자신들의 문제를 해결하게 하는 방식을 택했다. 그의 목적은 오히려 구성원들이 그들 스스로에 대해 새로운 것들을 배우고, 직관적이지 않은 정보를 찾을 수 있는 연구지향적 마음가짐을 개발하고, 이러한 발견사항들을 적절한 실천과 연계할 수 있도록 하는 실행 계획의 개발에 있었다. Greenwood는 해당 그룹의 구성원들이 기꺼이 자신들이 가지고 온 문제와 우려들을 정의하려고 하기 전까지는 사회과학 연구에 필요한 도구들을 가르치려고 하지 않았다. Greenwood는 모수(parameter)에 대한 가정과 얄팍한 실증주의에 기초한 표준화된 사회과학 연구가 실제 활용할 만한 결과를 도출하지 못할 것이며, 따라서 그런 측면에 협동조합의 자원을 낭비하지 말아야 한다고 믿었다. 그는 파고 그룹의 구성원들이 이미 연구자임을 믿었다. 하지만 그들이 익숙하지 않은 사회과학 연구에 대한 반직관적 비모수적 접근방법들(counterintuitive nonparametric approaches)과 '반증주의적(falsificationist)'[3] 연구자가 되는 것을 학습하는 데 도움을 줄 수 있을 것이라고 생

---

3) [역자 주] 반증주의(反證主義)란 가설이나 이론은 관찰이나 실험에 의해 지속적인 확인을 받게 되며 반증된 가설이나 이론은 더 우수한 가설이나 이론으로 대체되어 과학이 발전한다는 과학관이다. 반증주의자들은 가설은 반증가능성이 높을수록 더 큰 의미를 지니며, 가설은 반증 시도를 극복하면서 발전되어 점점 더 발전해 나간다고 주장한다. 하지만 어떤 가설이 '반증 가능하다'는 것이 그 가설이 틀리다는 것을 의미하지는 않는다. 대신, 만약 가설이 틀렸다면 어떤 관찰이나 실험을 통해 그 가설이 틀렸다는 것을 보일 수 있다는 것을 의미한다. 반증주의의 예로, 기존의 과학적 방법들에서는 '모든 백조는 하얗다'라는 가설을 증명하기 위해 모든 백조를 관찰하고 조사하거나 일정한 수의 백조를 조사한 후 다른 백조들도 흴 것이라고 일반화시켜 과학적 사실로 만들려고 한다. 그러나 이는 현실적으로 불가능하거나 논리적인 비약이 있다. 반면에, 반증주의에서는 직접적으로 증명하지 않고 반증 시도를 통해 가설이 설득력을 획득하거나 더 우수한 가설로 대체된다. 즉, 특정 백조의 집단에서 검은 백조를 찾아낸다면 본래의 가설은 '모든 백조가 하얗지는 않

각했다. 그는 구성원들이 그들이 발견한 사항에 따라 행동하려고 한다는 것을 알고 있었기 때문에, 그들이 주어진 상황의 복잡성과 다양성에 주목하도록 만드는 데 특별한 관심을 가졌다.

이러한 신념을 바탕으로 Greenwood는 출범 세미나에 사전에 준비된 강의 없이 왔고, 이에 대해 파고 그룹의 구성원은 당연히 화가 났다. 이러한 상호 기대 불일치의 효과는 자연스럽게 T그룹[주2] 분위기를 창출하는 것으로 이어졌다. Greenwood는 해당 그룹의 구성원들이 학습할 필요가 있는 쟁점을 파악하고, 모든 구성원이 원칙적으로 동등한 협동조합 내에서 수행되는 협력적 연구의 윤리적 측면에 관한 책임감을 가지기 전에는 연구 기법을 가르치려 하지 않았다.

이러한 상황은 권위들 간의 상충을 야기했고, 버티기 어려운 역동적 상호작용을 초래했다. Greenwood는 그 기간을 어렵게 버티어 낸 후, 다른 사람들이 해당 협동조합들에 대해 어떻게 보고 있는지를 성찰해 봄으로써 구성원들이 스스로 자신들이 알기를 원하는 것이 무엇인지를 알아 가는 작업을 시작할 수 있을 것이라고 제안했다. 구성원들은 전문적인 사회과학 문헌들과 몬드라곤에 관한 내부 자료에 대한 비판적 독해에 참여했다. 공동연구자들은 이러한 Mondragón에 관한 내부 자료들이 구성원들과 그들의 경험을 잘못 대변하고 있다고 느꼈기 때문에 해당 자료들을 매우 싫어했다. 이러한 사실의 와전(misrepresentation)이라는 개념을 바탕으로, Greenwood는 만일 구성원들이 자신들이 설정한 목적을 달성하기 위해 지속적으로 사회과학 연구를 하려고 한다면, 그들 자신에 대한 올바른 견해를 스스로 개발하고, 이에 대해 책임을 져야 한다고 주장했다. 프로젝트는 거기서부터 본격적으로 발전되기 시작했다.

시간이 흐름에 따라 해당 그룹의 구성원들은 사회과학 연구에 대한 많은 기법들을 배웠고, 협동조합에 관한 그들 자신의 견해를 발전시켜 나갈 수 있었다. 이러한 견해의 핵심은 문화를 복잡하고 역동적인 것으로 보는 것이다. 특히 연구팀은 파고의 조직 문화가 해당 그룹에서의 갈등과 모순을 형성하는 조건을 만들었다고 믿게

다'라는 가설로 대체되고 만약 찾아내지 못한다면 '모든 백조는 하얗다'라는 가설은 좀 더 설득력 있어진다. 이러한 과정들의 반복을 통해 반증주의에서는 과학이 진보하는 것이다(출처: https://ko.wikipedia.org/wiki/%EB%B0%98%EC%A6%9D%EC%A3%BC%EC%9D%98).

되었다. 따라서 이 체제의 강점은 갈등의 부재 속에서는 찾을 수 없고, 오히려 갈등을 포용할 수 있는 포괄적인 목표와 논쟁의 규칙을 세우는 노력을 통해서 찾을 수 있다고 생각하게 되었다. 조직이 절대적으로 원하는 목표를 어떻게 달성할지에 대한 장기적인 의견 불일치는 존재하지 않았다.

연구팀이 자체적인 연구와 해석들을 발전시켜 나가자, 각각의 새로운 견해는 지속적인 연구와 다른 협동조합 구성원들과의 피드백 과정을 통해 실질적 타당성 검증과정을 거치게 되었다. Greenwood와 González는 프로젝트가 더이상 조직을 위해 유용하다고 여겨지지 않는다면 언제든지 해당 프로젝트를 종료할 가능성을 열어 두어야 한다고 주장했다.

사실 협동조합은 성공적인 이야기이고 그러한 성공은 잘 알려져 있기 때문에, 연구팀은 협동조합 체제 내에서의 다양성, 알력, 논쟁 그리고 불일치 문제에 자신들의 관심을 집중하기로 했다. 설문조사 과정, 협동조합 체제로부터 가장 소외되었다고 느끼고 있는 조합원들을 대상으로 한 오랜 기간에 걸친 면담 그리고 초점 집단 면접 방식 등 연구과정 전반을 통해, 연구팀은 관점의 이질성에 관심을 기울이고 협동조합 체제 내에서의 갈등과 모순을 찾아내는 데 관심을 기울일 것을 강조하였다. 또한 협동조합 체제의 미래에 대해 가능한 가장 위협적인 질문에 대해서도 이를 다루는 데 주저하지 않았다. 공식적인 연구과정은 일련의 초점 집단으로 종료되었다. 여기서 연구팀 구성원들이 참여, 연대의식, 정보의 자유 등 협동조합 생활에서 그들이 가장 중요하다고 여기는 가치에 대해 개방적으로 토의하는 자리가 마련되었다.

이러한 연구과정에서 갈등과 모순을 찾아냈지만, 연구진은 심지어 새로 가입한 조합원들 사이에서도 협동조합 체제의 엄청난 장점을 발견하기도 했다. 점차적으로 협동적 가치에 대한 근본적인 위기는 없다는 것이 명백해졌고, 이는 연구의 초기 전제 자체가 잘못되었다는 것을 말해 준다. 즉, 협동조합에서 인식된 문제점에 대한 가장 통상적 설명이 단순히 오류였다는 사실이 밝혀진 것이다. 그러나 구성원들 사이에서 협동조합의 미래에 대한 불안감은 여전히 남아 있었기 때문에, 연구팀은 다양한 측면에서 협동조합 운영에 대해 제기되는 불만족과 관련된 다수의 결과들을 수면 위로 끌어올려 관심의 대상이 되도록 했다. 공동연구자들은 협동조합 체제 내에 명백히 존재하는 긴장 상황을 이해하는 데 도움이 되는 다른 요인들을 찾기 시작했다. 특히 공동연구자들은 이러한 부정적인 상황이 만들어지는 과정에서 협동조합 인사 시스템의 일부를 이루는 자신들의 역할과 업무 관행에 대해 성찰하기 시작했다.

협동조합의 구성원들은 초기 단계에서 공동적 가치에 대한 신규 조합원들의 헌신 부족이 해당 협동조합의 문제라고 설정한 것이 자신들의 편향적인 생각에 불과했다는 것을 깨달았다. 오랫동안 조합원으로 있었던 기존 조합원들은 신규 조합원들이 자신들만큼 협동조합에 헌신하지 않는다고 느꼈으며, 이에 따라 신규 조합원들에 대한 불신이 나타났다는 점이 명확해졌다.

불만을 가진 조합원들과의 광범위한 인터뷰를 진행하기로 결정했기 때문에, 연구팀은 불만들 중 상당수는 인사 부서(personnel departments) 자체의 업무 관행에 대한 것이었다는 점을 쉽게 파악할 수 있었다. 불만을 가진 조합원들은 인사 부서가 협력의 원칙과 관련해 그들의 업무를 수행하는 데 있어서 당사자들에 대한 직접적이고 개인적인 보상과 처우(direct personal treatment)를 내재화하기보다는, 조합원들에 대해 인간미 없이 획일적으로 규칙을 적용하는 행태를 보이고 있다는 점을 문제점으로 지적했다. 그래서 연구팀의 지역 구성원들은 자신들이 바로 조합원들이 해결하고자 하는 문제의 일부라는 점을 인식하기 시작했다.

성찰과정 역시 아주 광범위한 수준으로 이루어졌다. 공동연구자들은 협동조합 내의 광범위한 절차들에 대해 성찰하는 것에 대해 조직 내에 상당히 부정적 기류가 흐르고 있다는 것을 이제까지의 경험과 느낌을 통해 충분히 인지하고 있었다. 작업 현장에서 어떤 문제가 표면으로 드러나고 불만이 쌓여 갈 때, 지역 관리자들과 인사 부서에서는 해당 문제를 현장에서 내부적으로 해결하려 하기보다는 바로 협동조합의 공식적 결정 기구(cooperative governance apparatus)로 넘겨 처리하려고 했다. 그러한 관행이 지속되면서, 공동연구자들은 협동조합 체제 내부에 존재하는 위험한 제도적 역동성(dangerous institutional dynamic)을 인식하게 되었다. 협동조합 체제가 작업 현장의 민주화를 위해 분투하기보다는, 오히려 업무관계로부터 나타나는 모든 갈등을 끌어내고 이러한 갈등을 단순히 규칙, 법령, 절차 등 공식적 거버넌스 체제에 의해 처리하는 경향을 강화시켜 왔다는 것을 알게 되었다. 이러한 경향은 곧 협동조합이 정의에 관한 개인적 요구에 제대로 귀 기울이지 않고 있을 뿐만 아니라, 점점 관료화되고 있다는 것을 보여 주었다. 이는 오류가 다시 나타나도록 만드는 조건들을 재생산함으로써 오류에 대응한다고 하는 Argyris and Schön(1996)의 모델

O-I(Model O-I) 조직 행동의 좋은 예라고 할 수 있다. 이러한 잘못된 대응방식으로 나타나는 결과 중 하나는 작업 현장 민주주의의 지속적인 성장과 발전의 싹을 처음부터 자르는 것이다.

이러한 견해를 뒷받침하는 증거는 연구과정에서 수행된 많은 인터뷰에서 잇따라 발견되었다. 공동연구자들은 협동조합 체제 내에 존재하는 모순된 긴장관계에 대해 구성원들이 이야기하는 불만들을 잘 이해하게 되었다. 즉, 현 체제에서 노동자들은 연간 사업 계획에 대해 투표하고, 관리 체제를 재편할 수 있으며, 종종 전체 노동조합 체제를 근본적으로 재구조화할 수 있는 총회에도 참여하고 있지만, 정작 자신들은 기본적으로 비민주적인 작업 환경에서 일하고 있는 모순에 처해 있는 것이다. 달리 말하면, 구성원들은 자신들이 영위하고 있는 노동자로서의 삶과 관리자로서의 삶 간에 존재하는 본질적 모순에 대해 명확히 지적하고 있는 것이다. 연구팀 내의 지역 참여자는 이러한 발견사항들을 스스로의 경험에 기초한 수많은 에피소드들을 통해 납득할 수 있었기 때문에, 조직 내에 존재하는 그러한 모순들이 인사 관리자로서 자신들의 행동에 의해 확대되어 왔다는 결론이 상당한 설득력을 가졌다.

보다 추상적인 또 다른 성찰의 측면 또한 연구의 이 특정 단계를 특징짓는 데 도움을 준다. 몬드라곤에 대한 기존 자료에서 협동조합의 성공을 설명하는 주된 방법 중 하나는 조합원들을 결속시키는 강력하게 공유된 가치들을 성공 요인으로 이야기하는 것이다. 바스크 문화의 요소들(연대감, 평등주의 등)이 되었든 혹은 협동조합 체제의 성직자 창립자(priest-founder)와 그의 동료들에 의해 부과된 강력한 조직 문화가 되었든, 이러한 요소들은 같은 자본주의 사회라 하더라도 런던, 디트로이트, 싱가포르가 아니라 어떻게 스페인 북부에서 성공적인 민주적 산업 조직이 번성할 수 있었는지를 설명하는 데 활용되고 있었다. 지역 공동연구자들이 자신들의 실제 경험과 수행했던 연구과정을 바탕으로 이러한 기존 분석에 대해 치밀한 검토를 한 결과, 이들은 기존의 관점들이 잘못되었음을 증명할 수 있게 되었다.

협동조합들에서 수행된 실행연구는 체제 내의 모든 핵심적 가치가 상충되고 이로 인해 본질적인 긴장이 넘쳐 난다는 것을 보여 주었다. 비록 이상적인 협동조합의 모습과 협동조합의 삶을 운영하는 일종의 절차적 규칙들에 대해 조합원들이 높은 수준의 의견 합치를 가지고 있다는 것이 명확해졌다고 하더라도, 그들은 이러한 가치들에 부응하지 못하는 협동조합 체제의 일상적 실패에 대하여 상당한 긴장과 실망감을 경험하고 있었다. 그들은 또한 이러한 문제점들을 해결하는 방법에 있어서도 각기 다른 입장을 가지고 있었다. 따라서 협동조합의 조직 문화는 매우 강력했지만, 그러한 강력함이 동일한 방식으로 나타나지는 않았다. 협동조합 문화는 조직의 원칙과 윤리적 이상이라는 두 가지 요소의 본질적 조합에 대한 논쟁, 토론, 대화의 문제라고 할 수 있다. 공동연구자들은 강력한 조직 문화의 개념을 서로 다른 개인을 동일한 범주로 묶으려는 그 무엇이 아니라, 중요하고 공유된 가치들을 특정한 조직에 내재화하기 위한 방법으로서 지속적 대화와 토론을 만들어 내는 일종의 기제라고 보았다. 이러한 조직 문화에 대한 견해는 당시 이 주제에 대한 학문적 그리고 컨설팅 문헌에서 매우 새로운 것이었으며, 이것은 바로 실행연구의 직접적 결과로서 산출되었다.

이 시점에 도달하자, Grenwood는 실행연구 팀에게 연구결과를 다른 사람들과 공유할 수 있는 책을 쓸 것을 제안했다. 이것은 멀고도 험난한 과정이었다. 왜냐하면 공동으로 책을 쓰는 것이 원래 어려운 일일 뿐만 아니라, 처음 책을 쓴다는 것은 대부분의 연구팀 구성원들에게는 매우 두려운 일이었기 때문이다. 사회과학 연구자로서의 역량과 자신감이 향상되었음에도 불구하고, 실행연구 팀의 지역 참여자들은 당초에는 자신들이 외부의 독자를 위해서 글을 쓸 역량이 되지 못한다고 생각했다. 연구과정의 맨 마지막인 성찰을 위한 마지막 세션에서, 공저자들(Greenwood et al., 1990)은 비로소 글을 쓰는 데 요청되는 성찰의 과정이 자신들의 전체적인 학습 경험에서 가장 의미 있는 부분이었다는 점에 동의했다.

글을 쓰는 것과 마찬가지로, 문제를 해결하기 위한 접근으로서 실행연구는 파고 그룹 내에서 제한된 방식이긴 하지만 제도화되었다. 40여 명의 사람들이 실행연구 접근방식에 대해 3년에 걸친 프로젝트 기간 동안 체계적 훈련을 받았다. 5개의 시범적 프로젝트들이 특정 협동조합들에서 수행되었다. 여기서 우리 실행연구 팀의 내부 구성원으로 참여했던 사람들이 새롭게 만들어진 실행연구 팀의 리더로 활동했다. 많은 연구팀 구성원들에게 협동조합 체제 내의 중요한 관리 책임이 주어졌고, 그중 3명은 프로젝트가 끝난 후 수년 내에 협동조합의 총괄 관리자가 되었다. 또 다른 2명은 새로운 조합원에 대한 훈련과 기존 조합원의 재교육을 위한 협동조합 훈련 부서에서 핵심적 역할을 맡게 되었다. 이 프로젝트를 바탕으로 출간된 책(Grenwood et al., 1990)은 현재 교육·훈련과정에서 사용되고 있다. 우리가 수행한 시범 프로젝트들 중 하나는 해당 협동조합의 근본적인 재구조화로 이어졌고, 그 결과 이 협동조합은 현재 전체 협동조합 체제 내에서 가장 성공적인 곳으로 손꼽히고 있다.

결론적으로 이 사례는 실행연구가 조직적 성찰, 조직 내부자의 훈련, 조직 개선 노력과 어떻게 연계될 수 있는지 보여 주고 있다. 동시에 실행연구가 특정한 사례라는 한계를 보기 좋게 뛰어넘어 지적인 목표를 달성할 수도 있음을 함께 보여 주고 있다.

코넬 대학교의 노사관계 대학: 연구와 지역사회 협력

코넬 대학교 노사관계 대학(School of Industrial and Labor Relations)의 지역사회 협력 학부(extension division)[4] 내 고용 및 노동 현장 체제 프로그램(Programs for Employment and Workplace Systems: 이하 PEWS)은 해당 프로그램이 개설된 이후 발전과정에서 일정 기간 동안 학과 내의 일반 교수들(resident faculty)과의 연계를 강화하고, 또한 일반 교수들 사이에서 해당 프로그램의 평판을 높이기 위한 방안을 모색한 적이 있다. 일반 교수들 사이에서 응용지향적 연구는 지적인 흥미가 떨어지는 것이라는 신념이 뿌리 깊게 자리 잡고 있었기 때문에 이러한 노력들은 사실 그다지 성공적이지 못했다. Greenwood는 PEWS의 창시자들 중 한 사람인 William Foote Whyte의 노력을 통해 이 프로그램에 관여하게 되었다. PEWS의 논의에 참여하면서, Greenwood는 PEWS의 구성원들과 코넬 대학교 일반 교원들의 사고방식이 현저히 다르다는 점에 놀랐다. PEWS의 구성원들은 자신들의 고객인 의뢰기관들의 요구에 관심을 가지고 그들의 요구에 따라 적극적으로 움직이는 반면, 일반 교

4) [역자 주] 지역사회 협력 학부(extension division)는 원래 대학이 제공하는 서비스(교육, 연구 등)를 지역사회 등으로 범위를 확대하여 제공할 수 있도록 하기 위해 이러한 활동들의 기획, 조직, 시행 등을 주관하도록 만들어진 대학의 조직 단위이다. 원래 대학이 학내에서 제공하는 서비스 외에 이러한 과외적 서비스 제공 활동들을 수행하기 위해, 이 조직 단위에서는 일반적으로 모체가 되는 조직과는 분리된 자체 정원, 직원, 재정을 유지한다(물론 모체가 되는 조직에서 자신들의 데이터베이스에 이러한 별도 조직의 기록들을 포함하는 경우가 많기는 하다). 이러한 별도 조직 단위에서는 학위나 학점을 수여하지 않지만, 모체가 되는 조직에서 별도 조직 단위를 통해 제공된 강의에 대해 학위나 학점을 수여하기도 한다(출처: National Center for Education Statistics, https://definedterm.com/extension_division).

원들은 자신이 믿는 연구 패러다임과 자신의 연구가 전문적인 공동체 내에서 인정을 받을 수 있는 것인가라는 점에 모든 관심을 쏟고 있었다. 결과적으로 이들 교원 간에 퇴행적인 분업이 이루어졌다. 즉, 실행연구 전문가들(action agents)은 논문을 쓰거나 이론적으로 사고하지 않을 것으로 기대되었고, 학문지향적 교수들(academic faculty)은 지식의 적용이란 견지에서 글을 쓰거나 사고하지 않을 것이라는 기대가 일반적이었다.

Greenwood가 PEWS에서 일하던 기간 동안, 그는 PEWS의 고객중심 과정들(client-centered processes)이 교원들의 전문성과 관심사를 활용할 수 있는 연구 측면들에도 퍼져 나갈 수 있도록 노력함으로써 이러한 양 그룹의 교수들 간에 존재하는 부적절한 입장 차를 조화시켜 나갈 필요가 있다고 제안했다. 이러한 접근방식을 모형화하기 위한 하나의 실험적 실행연구로서 PEWS는 근처에 있는 제조 공장에서 시범 프로젝트를 출범시켰다. 이 공장은 새로운 제조 시스템을 시행[제조공정 셀(manufacturing cells),[5] 종합적 품질 관리(total quality), 통계적 과정 통제(statistical process control), 적시 생산(just-in-time production)]하는 데 어려움을 겪고 있었다.

PEWS의 효과성을 증진시키기 위한 실험의 일환으로 참여자들은 통상적인 컨설팅 과정의 초기 단계를 연구의 관점을 활용하여 진행하였다. 먼저, PEWS는 공장에 접근할 수 있는 허락을 얻어, 일단 공장 사람들과 기본적인 인간관계를 형성하였고, 이어서 공장과 연구를 위한 기본 계약을 맺었다. 연구가 한창 진행되는 과정에서 전문적 사회과학 연구자로서 활동하는 Greenwood는 PEWS 직원들(Peter Lazes와 Ann Martin)을 이틀간 참여 관찰자로 동반하게 해서 함께 작업을 수행했다. 그 기간 동안 그리고 이후에 작성한 분석 보고서에서 그는 질문을 던지고 자신의 관찰에서 드러난 이슈들을 추적하였다. 이러한 노력은 연구과정에 직접적으로 참여하지 않은 사람들도 실행 조치의 구안과정에 나름의 방법으로 접근할 수 있도록 하는 가능성을 제공했다.

5) [역자 주] 제조공정 셀(manufacturing cells)은 제조 공정을 보다 효율적으로 만들기 위한 방법으로 기계나 사람들을 배치한 그룹을 말한다. 다른 말로 하자면, 이들은 기계들의 배치가 기계의 종류보다는 제조 공정의 흐름에 기초하여 이루어진 장소(stations)라고 할 수 있다. 이러한 셀들은 낭비와 의존하는 사람들을 줄이기 위한 노력의 일환으로 도입되었다(출처: Accounting Dictioinary, https://www.myaccountingcourse.com/accounting-dictionary/manufacturing-cells).

다음으로, Greenwood와 공장의 직원들은 PEWS의 다른 연구자들 그리고 마침 코넬 대학교 노사관계 대학을 방문 중이던 Jan Irgens Karlsen과 협업하면서 이 공장과 관련된 연구문제들을 탐색하였다. 이러한 노력은 PEWS의 연구자들이 다른 사람들에게 공장의 문제들을 알려 주고 질문을 던질 수 있는 기회를 제공했다. 이와 같은 질의응답 과정은 연구에 관여하고 있는 모든 사람들에게 해결해야 할 이슈들을 명확히 알게 해 주었다. 이에 따라 일련의 중요한 연구문제들이 도출되었고, PEWS의 컨설턴트들이 필요로 하는 해당 공장의 추가적 정보에 대한 목록들도 만들어졌다.

이 과정은 두 가지 방향으로 진행되었다. 먼저, Greenwood와 Karlsen과 함께 공장에 투입된 컨설턴트들은 공장에서 벌어지고 있는 사건들에 내재되어 있는 커다란 이론적인 이슈를 발견했다. 크게 볼 때 다음 두 가지 범주의 이슈들이 등장했다. (1) 새로운 제조 공정 시스템이 조직에 미치는 효과, (2) 새로운 작업 단위인 제조공정 셀을 만드는 과정에서 나타난 조직적 변화. 이러한 이론적 이슈들은 이어서 새로운 제조 공정이 암시하는 보다 큰 사회적 의미에 관한 이슈들을 제기하게 만들었다. 이는 또한 조직변화를 모델링하는 데 있어서 조직이 직면하고 있는 어려움을 그대로 드러내 주었다.

둘째, Greenwood와 Karlsen은 이 공장의 맥락에서 유용할 것으로 생각되는 해당 이슈에 관한 선행연구들을 찾아보았다. 여기에는 조직학습, 조직 모형, 새로운 제조 공정 시스템 등에 관한 문헌들이 포함되었다. 셋째, 그들은 PEWS 스태프들로 하여금 공장의 노동자들로 구성된 연구-실행 팀들(study-action teams)을 통해 이러한 질문들에 답하기 위해 필요한 기초 자료를 수집해 볼 것을 제안했다. 이러한 팀들과의 경험은 내부 참여자들이 아주 빠르게 실행연구에 대해 이해하는 것이 가능함을 보여 주었다. 그들은 종종 스스로가 변화과정의 긍정적인 요소로 작용하기도 했다.

마지막으로, Greenwood와 Karlsen은 이러한 연구 자료들을 조직하고 분석했다. 이러한 노력은 PEWS 스태프들이 공장에서 적용할 수 있는 좋은 이론적·방법론적 관점들을 제공하였다. 이 실행연구 그룹에게 있어 사회적 연구문제(social research issues)는 고객의 요구만큼이나 명확한 것이었다. 공장에 도입된 새로운 제조 공정 시스템의 주요 요소에 대한 문헌 및 현장 조사를 통해 비교연구가 가능하게 되었다.

이런 식의 연구는 교수들에게 연구 자체의 가치뿐만이 아니라 학생들에게 가르칠 거리를 제공받을 수 있다는 측면에서도 매우 흥미로운 것이었다. 사실 PEWS와 다른 지역사회 협력 프로그램들은 그들의 고객이 직접 생활하고 있는 현장에서 끊임없이 필요한 문제들에 맞닥뜨리고 있다. 이러한 경험들에 기초하여 만들어진 연구 결과들은 산업체의 사회 현상을 연구하는 연구자들에게 중요한 자료로 활용될 수 있을 것이다. 그러나 안타깝게도 위의 프로젝트는 여기에서 중단되었다.

무엇이 이 프로젝트가 지속되는 데 장애 요소로 작용했을까? 이 프로젝트를 지속적으로 시행하기 위해서는 PEWS와 노사관계 대학에 조직적으로 커다란 변화가 필요했다. PEWS 구성원들은 그들의 고객의 요구에 대해 적극적으로 노력하는 일뿐만 아니라, 읽고 쓰고 일반 교원들과 의사소통하는 일에 추가적으로 시간을 할애함으로써 프로젝트가 사회과학 연구 분과로서의 특성을 유지할 수 있도록 균형을 잡아야 했다. 일반 교원들은 사례로부터 상위의 보다 큰 이슈들을 찾아내고, 관련된 문헌을 적절히 분석 · 제시하며, 실행이 중요한 요소가 되는 이러한 프로젝트에 적극적으로 관여하는 등 개인적으로 시간을 투자할 의지가 필요했다. 일반 교원들에게는 명확히 이를 위한 인센티브가 결여되어 있었다. 하지만 실행연구를 수행하고 있는 전문가들(action agents)조차 왜 그들이 일하고 있는 프로그램의 구조를 바꾸려고 노력하지 않았는지에 대해서는 여전히 불명확하다.

성공적인 실행연구 모형이 조직 내에 적용되었고, 유용하고 독창적인 결과를 산출해 냈으며, 다른 사례들에도 반복 적용이 가능했지만 결과적으로 다시 적용되지는 못했다. 왜냐하면 코넬 대학교(그리고 다른 대학)의 일반 교수와 지역사회 협력 학부 스태프들의 업무가 서로 결합되면서, 실행연구를 통상적으로 수행할 때보다 지역사회 협력 학부 스태프들의 업무가 더 힘들고 시간이 많이 들게 되어 버렸기 때문이다. 프로젝트 자체는 명백히 성공적인 것이었지만 주창자가 이를 다음 단계로 발전시켜 나가기 위한 자원과 정치적 동력이 부족했기 때문에 결국 이 프로젝트는 흔적도 없이 사라져 버렸다.[주3]

몇 년 후 이러한 과정의 연장선상에서 일반 교수들은 오히려 PEWS를 적극적으로 없애려고 했다. 이에 따라 PEWS에서 일하던 많은 핵심 인력이 떠나 버렸고, 실천과 연구(extension and research) 사이의 간극은 더욱 깊어지고 있다. PEWS는 축소된 형태로 명맥은 유지하고 있지만, 이 사례를 통해 필자들은 전통적인 사회과학과 이들의 공고한 사고방식이 지배하고 있는 많은 학계의 상황에서는 옳은 일을 잘 수행하고 이 과정에서 커다란 외부적인 신뢰를 얻었다고 해서 그것이 곧 실행연구의 성공이나 존립을 보장해 줄 수 있는 것은 아니라는 점을 뼈저리게 느끼게 되었다.

결론

필자들이 제공한 매우 개략적인 설명만으로는 세 가지 사례에 대한 수행 경험들이 아주 풍부하게 드러나지는 않지만, 필자들은 우리가 실행연구라는 용어를 사용할 때 어떤 생각을 가지고 있는지를 특징적으로 보여 주는 것을 목표로 했다. 여기에 소개된 사례들은 실행연구가 가지고 있는 잠재적 다양성에 대한 일면을 보여 준다. 이들 사례에서 실행연구가 초점을 맞춘 부분은 명확히 차이가 있다. 스톤피오르덴 사례는 특정한 실행의 장면으로부터 시작된 반면, 몬드라곤 사례는 좀 더 추상적이고 분석적인 연구 설계에 기초하고 있다. PEWS 사례는 대학의 지역사회 협력 부서 내의 구성원들이 자신들의 지적인 역량을 증진시키고, 또한 자신들의 업무를 적절한 이론적 · 방법론적인 문헌에 기초할 수 있도록 하기 위한 내부적 필요성에 따라 수행되었다. 여기서의 핵심은 연구자들과 지역의 집단 구성원 간의 담론이 어떻게 상호 학습이 이루어지는 상황을 점진적으로 만들어 나가며, 결과적으로 연구와 실행 양면 모두에 어떻게 영향을 미치는가의 문제라고 할 수 있다. 스톤피오르덴에서는 실행연구 과정을 통해 단순한 사회운동가 집단(activist community)이 자원의 효과적 동원과 연구문제를 효과적으로 연계시킬 수 있는 방법을 학습한 집단으로 변화가 이루어졌다. 반면, 몬드라곤에서는 조직 문화에 대한 강력한 연구지향적 프로젝트에서, 파고 그룹 내에 존재하는 중요한 도전 과제들을 해결하는 실천적 프로젝트 쪽으로 초점이 옮겨 갔다. PEWS는 학문적 요소와 실천적 요소를 통합시키는 성공 사례를 보여 줌으로써 해당 프로그램이 자리 잡고 있는 조직의 정치적 상황을 변화시키려는 실험적 시도였다고 할 수 있다.

실행연구는 지역사회 혹은 조직 구성원들과 전문 연구자 양자 모두의 최선의 노력을 요구하는 복잡하고 역동적인 활동이다. 동시에 이는 새로운 정보와 분석의 공동 생성, 그리고 민주적인 방향으로 주어진 상황을 변화시키기 위한 구체적 실천을 수반한다. 실행연구는 총체적이고 또한 특정한 맥락의 기속을 받는다. 통합된 활동들의 총체적 조합으로서 실제적인 해법과 새로운 지식을 만들어 낸다. 필자들은 이 장에서 실행연구가 전통적인 의미에서의 연구방법과는 다른 것이라는 우리의 생각을 효과적으로 전달하려고 했다. 실행연구는 관여한 사람들에게 가시적이고 그들이 원하는 바람직한 결과를 만들어 내는 접근방식이다. 또한 이는 연구자와 참여자 모두에게 통찰력을 길러 주는 지식 생성과정이다. 따라서 실행연구는 복잡한 실천지향적 지식의 생성과정(complex action knowledge generation process)이라고 할 수 있다. 여기에 소개된 세 가지 사례에서 내부자의 지식과 이에 기초한 실행 조치가 매우 중요하다는 것이 분명하게 드러났다. 이는 전통적인 연구에서 내부자의 지식을 편의에 의한 선택에 불과하다며 체계적으로 불신하는 경향과는 분명한 차이라고 할 수 있다.

저자 주

1. 이러한 협동조합의 이러한 측면을 여기서 정확히 특징짓는 것은 어려운 일이다. 이 주제는 협동조합 구성원들이 가진 가장 민감한 논쟁 주제들 중 하나이기는 하지만, 오랜 기간 동안 임금이 가장 많은 일과 가장 적은 일 간의 임금 차이는 1 대 3 정도였다가 점차적으로 1 대 6으로 확대되었다. 근자에는 서로 다른 협동조합들이 각기 다른 임금 구조를 채택하였다. 여기서 극히 일부는 최대 1 대 20으로 격차가 벌어지는 것을 허용하는 곳도 있었지만, 다른 곳들은 대체로 1 대 6 정도의 선을 지키고 있다,
2. T그룹 기법은 집단의 역동적 학습을 향상시키기 위해 개발되었다. 기본적 아이디어는 구성원들로 하여금 자신들의 학습과 사회적 관계의 개발에 스스로 책임을 지도록 훈련시키는 데 있다. T그룹들의 개념은 제2장에서 제시되었다.
3. 이러한 경험은 Greenwood(1989)에 기술되어 있다.

제 2 부

과학, 인식론 그리고 실행연구의 실천

실행연구는 과학적 지식 창출로 분류되어야 하는 지식 생성과정의 유형에 속한다. 필자들의 핵심적 주장은 실행연구는 전통적인 사회과학보다 훨씬 더 강력한 연구 전략이라는 것이다. 실행연구는 적절한 모든 사회과학 연구방법들을 활용하지만, 이러한 방법들은 새로운 지식을 획득하고, 그 의미를 성찰해 보고, 실행을 통해 그 타당성을 검증하는 연구과정 전반에 걸쳐 지역 참여자들이 핵심적 역할을 담당한다는 보다 상위의 연구 수행 전략과 원칙하에서 통합된다. 연구되는 문제들은 해당 이슈들이 지역의 맥락에 적절한가라는 관점에서 선택되고, 이러한 지역 문제들을 보다 명확하게 해결하기 위해 그리고 성과와 도출된 연구 결과 적절성을 평가하기 위해 여러 가지 노력들이 이루어진다.

실행연구는 '아무렇게나 해도 되는(soft)' 연구방법 혹은 단순한 질적 연구방법이 아니다. 실행연구는 다양한 연구기법이 필요한 연구이며, 연구결과의 타당성은 실행을 통해 검증된다. 전통적인 사회과학 연구와는 대조적으로, 실행연구는 지역의 이해당사자들이 가지고 있는 실제적 지식보다 전문 연구자의 지식이 우월하다는 관념을 거부한다. 실행연구는 두 종류의 지식 모두의 가치를 인정하며, 이러한 두 종류의 지식을 통합할 필요가 있다는 점을 강조한다. 실행연구는 '상태를 이해하는 것(knowing that)' 자체에 대해서만 중요한 가치를 부여하는 입장을 거부하는 대신, 타당하고 신뢰할 만한 지식과 이를 기초로 한 적절한 실행으로 가기 위한 수단으로서 '어떻게 그러한 상태로 갈 수 있는지 그 방법을 아는 것(knowing how)'에 최우선적 가치를 둔다.

따라서 실행연구는 필연적으로 다학문적 · 복합적 연구기법이 필요하며, 맥락을 강조하고 총체적 관점을 지향한다. 왜냐하면 실행연구는 사람들이 일상에서 마주치는 문제들의 다차원성과 복잡성을 고려해야 하기 때문이다. 이러한 측면에서 실행연구는 서로 다른 유형의 사람들로 구성된 집단들이 다양한 지식 체계들을 집합적으로 사용할 수 있도록 조정해 나가는 방안을 탐색한다. 이 경우 이들은 (1) 지역 이해당사자들이 가진 지식보다 전문적 지식이 우월하다고 생각하거나 혹은 (2) 연구를 수행함에 있어서 적절한 훈련을 받지 못한 상황에서 일반적으로 행동하는 것보다는 훨씬 체계적이고 현명한 방식으로 행동할 수 있게 된다.

인식론적으로 실행연구에서는 실재가 서로 연결되어 있고, 역동적이며, 다양한 변인들로 구성되어 있어 우리가 생각하는 것보다 훨씬 복잡하다는 전제를 가지고 있다. 실행연구는 추상적인 지식이 실천지향적인 지식보다 우월하다고 생각하지 않는다. 실행연구에서는 현상을 이해하는 것(knowing that)보다 어떻게 그러한 현상이 나타나게 되었는지를 이해하는 것(knowing how)이 훨씬 중요하다. 비록 현상을 이해하는 것(knowing that)이 그러한 현상이 나타나게 한 원인을 이해하는 것(knowing how)에 있어서 나름의 역할을 하고 있기는 하지만. 실행연구는 어떤 것을 제대로 이해하는 유일한 길은 이를 변화시키려는 종합적 · 협동적인 노력을 통해서만 가능하다는 입장을 가지고 있다. 이러한 입장은 아주 강고하게 실행연구를 신실용주의적 접근방법(neopragmatist approach)의 범주 내에 자리매김하도록 하고 있다.

실행연구는 과학적 연구기법을 적용하고 있는 다른 모든 사회과학적 접근방법과 매우 밀접한 관계를 유지한다. 실행연구는 문제의 정의, 조작화, 가설의 형성, 데이터 수집, 데이터 분석, 실행 조치의 구안, 실행, 실행 조치의 평가와 가설의 재형성, 해석 등 지속적인 순환과정으로 진행된다. 이러한 관점에서 실행연구의 지식은 실행과정과 주어진 맥락 속에서 검증된다. 따라서 주로 기존의 이론과 수치화된 자료에 의존하면서, 연구되는 상황과 완전히 괴리된 외부 전문가들에 의해 해석이 이루어지고 있는 전통적인 사회과학적 접근방식보다 과학적 연구방법에 대한 기준들을 훨씬 효과적으로 충족시키고 있다.

이러한 입장에 기초하여 필자들은 실행연구를 현재 진행 중인 사회과학의 미래에 관한 논쟁에 연계시키고자 한다. 이러한 논쟁은 적용의 맥락에서 산출되는 지식의 생성을 높이 평가하고 있다[Gibbons, Limoges, Nowotny, Schwartzman, Scott, and Trow(1994)의 모형에서의 Mode 2]. 모드 2 사고는 실행연구에서 오랫동안 핵심적 위치를 차지하고 있다. 여기서 관여된 모든 연구자들은 새로운 통찰력을 만들어 내기 위해 그리고 실제 문제에 대한 해법을 찾아내기 위해 문제의 소유자들과 함께 노력한다. 연구자들은 독립된 행위자들이 아니라 팀기반 연구에서처럼 지역의 참여자들과 협력하여 연구를 수행한다.

지역의 이해당사자들과 연대하여 작업하는 것은 실행연구자 자신들이 바로 지역 주민과 같은 사람이 되라는 의미는 아니다. 비록 그것이 특정한 이해당사자 그룹의 새로운 참여자로서의 지위 혹은 단순한 외부자의 지위이든지 간에, 실행연구자가 일종의 외부자로서의 위치를 가지는 것에는 명확한 이점이 있다. 왜냐하면 그 연구자를 해당 그룹의 다른 구성원들과는 차별화시키는 연구자가 가진 경험과 훈련 때문이다. 실행연구는 다양성으로부터 학습하는 것을 매우 강조한다. 아울러 실행연구는 모든 참여자들이 가진 다양한 역량과 요구들을 성과물과 연계시키는 것을 강조한다. 이때 실행연구의 성과물은 이들이 가지는 요구와 희망을 사회적 · 정치적 · 윤리적 측면에서 최대한 존중해야 한다. 실행연구자들은 지역 이해당사자들의 복지에 대해 공감하고 헌신한다. 하지만 동시에 지역 이해당사자들에게 의문을 제기하고, 그들로 하여금 자신의 논리와 해석에 대해 다시금 성찰해 보도록 한다. 또한 어떻게 사회과학 연구를 수행할 수 있는지, 특별한 연구방법을 어떻게 사용할 수 있는지 그리고 현실의 맥락에서 자신들이 도출한 결론을 타인의 비판으로부터 어떻게 방어할 수 있는지 등에 대해 지역 이해당사자들 스스로 학습할 수 있도록 도와준다.

필자들은 이러한 이슈들을 다음의 순서로 제시할 것이다. 먼저, 제4장에서 필자들은 실행연구에 대한 인식론적 기반에 대해 논의한다. 이어서 제5장에서는 이러한 논의를 실행연구에서의 과학적 연구방법의 활용과 연계시킨다. 제6장에서 필자들은 특히 실행연구와 관련하여 기존의 사회과학 연구방법들의 문제점들에 대한 일반적 주장을 전개할 것이다. 나아가 제7장에서는 현장 지식과 협력의 중요성, 이리고 이러한 것들이 실행연구에서 특히 강조되는 서사 양식(narrative forms)의 사용과 어떻게 연계될 수 있는지를 논의한다. 마지막으로, 제8장에서 필자들은 실행연구 과정에서 외부자 그리고 지역 참여자 양쪽 모두의 입장을 가지는 실행연구자의 위치에 대해 탐색해 볼 것이다.

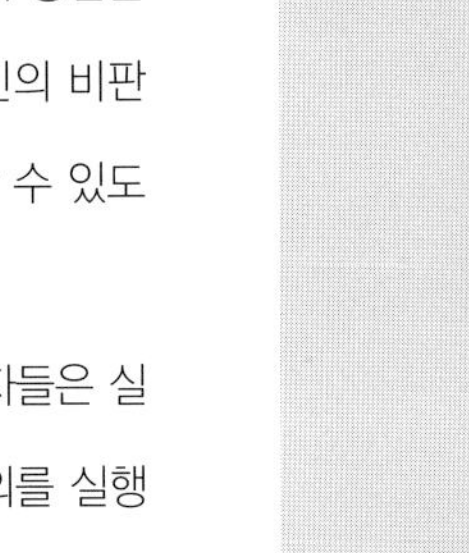

제 4 장

실행연구를 위한 인식론적 기반

사회과학 연구가 '과학적'이란 것은 무엇을 의미하는가? 이 장에서 필자들은 실행연구가 사회과학 연구를 수행하는 데 매우 강력하고 과학적인 접근방식이라는 믿음에 대한 몇 가지 근거들을 제시할 것이다. 이를 위해 필자들은 일반 과학철학에서 논의되는 몇 가지 이슈들을 언급하고, 이어서 과학에 대한 실증주의의 견해들을 지금 통용되고 있는 실용주의와 해석철학(hermeneutic philosophy)과 대비시켜 논의할 것이다. 다음에 기술할 내용은 이와 관련된 일반적이고 도전적인 이슈들에 대한 개괄적 리뷰라고 할 수 있다. 이 장에서 필자들의 목적은 무엇보다 우리 실행연구의 기초를 명확히 밝히기에 충분한 인식론적 관점을 제공하는 데 있다.

이를 위해 필자들은 실행연구와 일반 체제이론의 관련성을 검토하면서 논의를 시작한다. 다음으로 필자들은 실용주의 철학이 실행연구에 어떤 기여를 했는지 그리고 Wittgenstein 학파의 철학과 어떠한 관계가 있는지(Monk, 1990)에 대해 검토할 것이다. 마지막으로, 필자들은 이러한 주장들을 정치경제학적 맥락에서 조망해 보는 것으로 마무리할 것이다. 이를 통해 필자들은 (1) 실행연구가 가장 과학적인 형태의 사회과학 연구가 될 잠재력을 지니고 있으며, (2) (현재 주류를 이루고 있는) 전통적인 사회과학 연구는 과학적 연구의 중요한 특성을 제대로 반영하지 못하고 있다는 우리의 기본적 주장을 재확인할 것이다.

이러한 설명과정에서 필자들은 실행연구에 관심을 가진 많은 독자들이 실천의 한 형태로서의 과학에 대해, 경험에 기초한 이해가 부족하다는 것을 가정하고 있다. 이러한 상황은 과학적 탐구의 한 형태로서 실행연구에 찬성하거나 혹은 반대하는 주장들을 효과적으로 대비시키는 것을 어렵게 한다. 사회적으로 형성된 이러한 딜레마 상황을 해결하기 위해 간단한 해법은 없지만, 실행연구에 관심이 있거나 이를 적극적으로 옹호하는 사람들에게는 과학과 과학적 실천방식에 대해 현실에 토대를 둔 차별화된 이해를 발전시켜 나가는 것이 무엇보다 중요하다.

과학적 연구 정의하기

필자들의 논의에 대한 나름의 기본적 준거를 마련하기 위해, 우리는 '과학적 연구'를 (1) 우리의 인식이 예측하는 대로 세상이 조직되어 있다는 (혹은 조직되어 있지 않다는) 것을 알게 해 주는 지식을 개발하고, (2) 그러한 이해를 뒷받침하는 근거를 가진 체계적 방법들을 제안하고, (3) 그에 따라 행동하게 하는 조사 활동(investigative activity)이라 정의하였다. 과학적인 연구는 이에 관심을 가진 다른 사람들이 연구에서 제시된 정보와 해석들을 평가할 수 있도록, 그리고 취해진 일련의 조치들의 결과를 검증하기에 충분할 정도로 조사 과정과 이로부터 도출된 결론들을 자세히 문서화하여 제공한다. 과학적 지식들은 정형화된 실체라기 보다는 세상을 제대로 이해하기 위해 노력하는 과학자들 간에 이루어지는 지속적인 담론으로 이해되어야 한다. 이러한 관점에서 보면 과학적 지식은 특정한 현상과 과정들에 대해 연구자들이 가능한 최선의 이해와 관리 방식을 찾아 헤매는 끊임없는 변화의 과정(transition)에 있다고 할 수 있다.

다음의 논의에서 필자들은 논리 실증주의와 해석학이라는 용어를 사용할 것이다. 논의를 명확하게 하기 위해 이 책에서 이 두 가지 개념이 무엇을 의미하는지 명확히 정의해 두는 것은 매우 중요하다고 생각한다.

- 논리 실증주의(logical positivism)는 세상이 객관적으로 주어진 것이라는 존재론적 주장에 기반하고 있다. 인식론적인 입장은 진리를 얻기 위해서는 객관적인 기법들을 적용해야 한다는 것이다.
- 해석학(hermeneutics)에서는 세상은 개인의 관점에서 주관적으로 구성된다는 존재론적 입장에 기반하고 있다. 인식론적 입장은 이러한 주관적인 세상에 대한 서로 다른 해석들을 적절하게 고려하여 나름의 의미를 찾아내도록 해야 한다는 것이다.

이러한 설명을 할 때 필자들이 직면하는 핵심적인 전략적 문제는 (자연과학, 사회과학 그리고 인문학을 포함한) 대부분의 학문분야에서의 입문서가 해당 분야에서의 가장 우수한 접근방식이나 가장 사려 깊은 견해들을 적확하게 반영하고 있는 것은 아니라는 점이다. 입문 단계의 학생들의 수준에 맞추기 위해 종종 복잡한 관점들을 단순화하려는 잘못 정향된 노력은, 학교에서의 강의가 경험 많은 전문적 실천가들(experienced professional practitioners)에게는 수용될 수 없을지도 모르는 방식으로 해당 분야에서의 기본적 사고틀(frameworks)과 실천방식을 빈번히 왜곡하고 있다. 이는 정력적으로 활동 중인 대부분의 사회과학자들이 자신이 속한 학문분야에서의 입문 서적에 거의 관심을 기울이지 않는다는 사실에서 명확히 알 수 있다. 또한 부분적으로 입문 서적들이 너무 기초적이라는 점 때문이기도 하며, 보다 근본적으로는 이들 서적이 대개 최선의 실천방식(best practices)들을 반영하지 못하고 있기 때문이다.

이러한 문제는 비단 사회과학 분야에만 국한되는 것은 아니다. 기초과학에서도 마찬가지이다. 일반적으로 과학 분야에 있어서 입문과정의 강의는 학생들에게 지나치게 이상적이고 몰역사적이며, 인간의 본연의 모습에 기초하지 않은 과학관을 절대적인 진리 혹은 완벽한 연구방법으로 가르치는 경향이 있다. 과학의 다양성과 혼동(confusions), 인간적 측면, 사회적 · 역사적 차원 그리고 결과적으로 과학이 가진 행동지향적이고 인간적인 열정은 종종 이러한 과정에서 사라져 버리고 없다. 과학자들은 그들의 과업이 내포하고 있는 많은 복잡성과 열정을 사상시킨 채, 혼란스러운 세상의 모습 뒤에 있는 진리를 추구하는 객관적인 실체(disembodied minds)로서 묘사된다. 달리 말하자면, 일반적으로 연구의 수행과정에서 실천과 그 토대가 되는 맥락이 간과되고 있다는 것이다.

게다가 공식과 원칙들(formulas and principles)은 '이미 획득된 진리'로서 제시된다. 실험실에서 행해지는 실습과 문제들은 모두 하나 또는 두 개의 '올바른' 해답을 가지고 있다. 현실에서의 과학적 접근방식과는 달리 교실에서의 모든 문제들은 하나의 명확한 답을 가지고 있다. 교실에서는 마치 과학자들이 이러한 답들을 알고 있는 것처럼, 그리고 과학자가 되려고 하는 학생들 또한 이러한 해답들을 알아야만 하는 것처럼 생각하게 만들고 있다. 물론 이러한 방식이 아주 터무니없는 것은 아니다. 기본 원칙들을 바탕으로 한 체계적인 작업, 각종 자료들을 처리하고 보고하는 것 그리고 그 결과로 도출된 법칙들을 이해하는 것 등은 모두 과학에 있어서 의미있는 활동이라고 할 수 있다. 하지만 실제 현장에서 활동하는 과학자들은 일반적으로 이와 같이 좁은 방식으로 규정된 과학을 하며 살아가지는 않는다.

과학적 연구를 한다는 것은 교과서에 쓰인 방법론적인 청사진을 그대로 따라 하는 것이 아니라, 복잡한 현실 사회의 맥락에서 다양한 연구방법들을 융통성 있게 적용하는 것을 의미한다(Latour, 1987). 다음 장에서 논의될 노벨상을 수상한 한 화학자의 강의에서 보다 자세하게 설명되겠지만, 과학자들은 대개 사회적으로 복잡한 현실에 기반하고 있다. 또한 다양한 제약 조건을 가진 불완전한 도구와 한정적인 예산 및 에너지를 가지고 역동적으로 변하는 현상을 추적하며 살아가고 있다.

앞서 필자들은 과학적 연구를 (1) 우리의 인식이 예측하는 대로 세상이 조직되어 있다는 (혹은 조직되어 있지 않다는) 것을 알게 해 주는 지식을 개발하고, 또한 (2) 이것을 이해하는 체계적인 방법을 제안하는 것을 가능하게 만드는 조사 활동이라 정의하였다. 과학적인 연구는 이러한 연구에 관심을 가진 다른 사람(그룹)들이 연구에서 제공된 정보와 해석들을 평가할 수 있도록 조사과정과 이러한 과정으로부터 도출된 결론들을 모두 문서화하여 제공한다. 오늘날 '과학'이라 지칭되는 모든 제도적 체계(institutional edifices)가 이러한 과학적 연구의 정의와 반드시 밀접한 연계성을 가지는 것은 아니다.

일반 체제이론

실행연구와 관련된 과학적 사상과 개념들 중 하나의 흐름은 '일반 체제이론(general system theory: GST)'이라고 알려진 느슨하게 통합되어 있는 분야로부터 비롯되었다. 일반 체제이론은 1920년대에 물리학, 화학, 생물학 그리고 공학으로부터 기원하였고 이후 군사적 목적으로 이루어진 자기수정 유도 장치(self-correcting guidence systems)의 개발과 연계되면서 우리가 살고 있는 세상에 상당한 영향을 미치고 있다. 그럼에도 불구하고 일반 체제이론은 일상적으로 쓰는 용어는 아니다. 이는 부분적으로 일반 체제이론이 실행연구와 마찬가지로 어떤 특정한 학문분야에 소속되어 있는 단일 분과학문 영역이 아니기 때문이다. 이는 다양한 배경과 서로 다른 정치적 사상을 가진 많은 과학자들과 사회개혁가들에 의해 널리 공유되는 관점들의 집합체라고 할 수 있다.

일반 체제이론의 핵심은 세상이 조직되는 방식에 대해 설명하고 있는 일련의 총체적인 개념들에 있다. 서로 분리되어 있는 원자, 분자 등이 상호 연계되어 보다 상위의 조합과 구조(higher combinations and structures)로 구성되어 있는 '미립자로 구성된 우주'의 개념을 단순히 수용하기보다, 일반 체제이론은 세상을 상호작용하는 체제들[무기적(inorganic), 유기적(organic) 그리고 사회문화적(sociocultural)]로 구성된 것으로 본다. 체제에서 발생하는 과정들은 세상에서 발생하고 있는 동일한 기본 문제들에 각기 다른 방식으로 작용하여, 우리가 경험의 세계에서 직면하게 되는 무수히 많은 서로 다른 사물과 현상들을 만들어 낸다. 일반 체제이론의 관점에서는 무기적 · 유기적 그리고 사회문화적 체제 간의 차이는 그러한 체제들이 조직되는 방식(종류, 순서, 체제 내부에서 발생하는 과정들의 매개변수 등)의 차이에서 비롯된다고 본다.

비록 일반 체제이론이 설명이 필요한 다양한 개념들을 포함하고 있기는 하지만, 전문가들은 이에 더해 '개방'과 '폐쇄' 체제에 대한 근본적인 구분이 추가적으로 필요하다고 주장한다. 이 두 개의 광범위한 수준의 체제는 서로 다른 방식으로 운영된다. 개방 체제와 폐쇄 체제에서의 균형은 서로 다른 과정을 통해서 유지되며, 이러한 체제들은 환경으로부터의 변화에도 다른 방식으로 반응한다. 일반 체제이론에서 특정 체제의 속성은 (1) 해당 체제가 가지는 개방적 혹은 폐쇄적 속성의 조합으로 이해되며, 또한 (2) 체제 내부에서 발생한 혹은 체제 외부로부터 영향을 받은 다양한 과정들이 축적된 역사(history)에 의해 주로 해석되게 된다.

이러한 관점은 최근까지도 대부분의 서구 사상의 중심으로 자리매김하고 있었던 미립자적 세계관(particulate view of the world)과는 완전히 다르다. 어떠한 체제도 고립된 채로 운영되지 않으며, 다른 이웃한 체제들과 연계된 구조와 과정들에 의해 만들어지고 구분된다. 일반 체제이론에서 분석의 단위는 '체제'이지 '개인'이 아니다. 체제는 상호 분절된 기관들(separate institutions)이 아니며, 전체로서 작동한다. 개인은 자신의 행동의 결과에 복잡한 방식으로 영향을 미치는 과정 환경(process environments)을 창출하는 체제들 내에서 움직인다. 또한 세상은 무기물에서 시작하여 유기물로 이행하고, 사회문화적인 힘에 따라 초월적인 것으로 발전하는 식으로 명확한 위계적 발전 경로(stratigraphic map)에 따라 조직되어 있는 것이 아니다. 오히려 세상은 복잡하고, 다양한 체제들과 체제 내에서의 과정들은 상호작용하며, 아주 다양한 방식으로 서로 충돌하기도 한다. 물리적 세계가 사회적 활동에 의해 변화가 이루어지듯이, 물리적 세계도 사회적 관계와 과정들에 영향을 미친다. 어떤 특정한 사물이나 사실을 이해하기 위한 유일한 희망은 그것을 적절한 체제의 맥락하에 두고 그것이 작동하는 과정들을 추적하는 것이다. 이것이 바로 Senge(1990)가 주장한 '다섯 번째 규율(fifth discipline)'[1], 즉 전체적인 상황을 조망하는 가운데 개별 요소들과 하위 체제들이 어떻게 상호작용하는지를 이해하는 능력이다.

일반 체제이론은 무기물과 유기물, 그리고 생명의 진화 사이의 관련성을 설명하는 고대로부터의 수수께끼를 푸는 데에도 적용되었다. 이러한 논의에는 Ludwig von Bertalanffy(1966, 1968)의 연구가 핵심적 기초를 제공했다. 이러한 관점을 사회체제에 적용하게 되면서, 국제적 갈등에 관한 다양한 이론들(Rapoport, 1974)과 조

---

1) [역자 주]『다섯 번째 규율: 학습 조직을 만들기 위한 접근방식과 실행전략(The Fifth Discipline: The Art and Practice of the Learning Organization)』(Senge, 1990)은 MIT의 선임 강사(senior lecturer)인 Peter Senge가 출간한 단행본이다. 이 책은 회사를 학습 조직으로 전환시키기 위해 시스템적 사고방법을 활용한 집단 문제 해결방식에 초점을 맞추고 있다. 이 책에서 제시된 다섯 가지 규율(five disciplines)은 다음의 세 가지 핵심적 학습 역량을 개발하기 위한 접근방식을 대표하고 있다. 포부를 키우기(fostering aspiration), 성찰적 대화 개발하기(developing reflective conversation), 복잡성을 이해하기(understanding complexity).

직 행동 분석에서 나타난 다양한 노력들(Argyris, 1985; Argyris & Schön, 1996; Flood & Romm, 1996 참조)은 바로 이러한 생각들을 기반으로 형성되었다. 마지막으로, 후속 연구에 엄청난 영향을 미친 Gregory Bateson(1979)의 정신(mind)과 자연(nature) 간의 관계에 대한 선구적인 연구도 이러한 접근방식에 크게 의존하고 있다. Bateson은 자연과 문화(nature-culture) 사이에 존재하는 해석상의 문제는, 우리가 이 둘의 관계를 자연의 어디에서나 발견될 수 있는 통상적 변화과정들이 사회적 현상의 설명에도 적용될 수 있는 것으로 이해할 때 비로소 급격하게 변화된다는 것을 설득력 있게 보여 주고 있다. Bateson에게 '정신'은 자연의 일부분이다. 따라서 필연적으로 자연에서 발견되는 일련의 조직적인 과정들에 따라 작동하지만 특정한 방식으로 정신적 활동에 결합되어 있다. 따라서 정신은 완전히 자연의 일부분이기는 하지만, 동시에 하나의 체제로서 독특성을 가지고 있다는 것이다.[2)]

왜 일반 체제이론이 실행연구와 밀접한 관련이 있는가? 본격적인 논의에 앞서 일반 체제이론의 세상에 대한 설명은 현재 '사회과학'이라 지칭되고 있는 상당수의 견해들과는 상당 부분 차이가 있다. 전통적인 사회과학은 독립적으로 존재하는 사회적 사실의 이미지에 기초하여 대체로 층위적이고, 미립자화된 세계관의 견지에서 개념화되고 있다. 특히 최근 사회과학에서 일종의 '현자의 돌(philosopher's stone)'인 것처럼 세력을 넓혀 가고 있는 합리적 선택이론들(rational choice theories)은 주류 사회과학을 구성하는 이론들이 얼마나 극단적 개인주의와 자유 시장 이데올로기로 환원되고 있는지를 보여 주고 있다(Elster, 1986; Scott, 1995). 일반 체제이론은 이러한 견해에 대한 심층적인 비평이며, 따라서 그러한 이론과 사고에 천착하고 있는 전통적 사회과학 연구자들의 가식적 주장에 대한 심오한 비판이기도 하다.

체제적 접근방식은 그 주장들의 모든 측면에서 필연적으로 실행연구의 기저를 이루고 있다. 양자는 모두 구성 요소들이 상호 연계되어 있다고 생각하는 총체적인 세계관에 의존하고 있다. 인간은 사회 체제 내에서 존재한다고 이해되며, 이러한 사

2) [역자 주] 이 부분은 인류학, 생물학 그리고 사회과학에 커다란 기여를 한 Gregory Bateson(1979)의 『정신과 자연(Mind and Nature)』을 기반으로 작성되었다. 이 책에서 Bateson은 자연이 지구상에서 조화롭게 살아가는 것처럼 사람도 그렇게 사고해야 한다고 주장하고 있다. 이를 위해 자연의 세계(natural world)로부터의 사례를 인용하며, 생물학적 진화는 정신적 과정이라는 주장을 지지하고 있다(출처: https://books.google.co.kr/books/about/Mind_and_Nature.html?id=EvXWAAAAMAAJ&redir_esc=y).

회 체제는 인간의 행동을 조건 짓는 또는 반대로 그러한 인간들의 행동에 의해 조건 지워지는 과정과 속성들을 가지고 있다. 사회 체제는 단순한 정태적 구조가 아니며, 지속적으로 움직이고 있는 역동적 과정이다. 사회 체제는 역동적이고 역사적이다. 사회 체제는 물질적인 경계 내에서 작동하며, 물질적인 삶의 조건들을 변화시키는 능력을 가지고 있다. 또한 사회 체제는 상호 연계되어 있으며, 개별적 사회 구조들과 보다 상위의 체제들의 생태계가 거시적 체제들과 뒤엉켜 상호작용하는 복잡한 구조를 형성하고 있다.

일반 체제이론과 실행연구의 관련성은 (1) 실행연구가 사회를 보다 개방된 체제로 변혁시키려는 노력으로 이해되는 데서, 또한 (2) (실행연구와 마찬가지로) 일반 체제이론은 특정한 체제가 하나의 전체 체제로서 작동하는 데 있어서, 해당 체제를 구성하고 있는 하위 요소들 간의 관계가 결정적인 요소라고 이해하고 있는 데서 명확해진다. 실제로 몇몇 실행연구 실천가들은 특히 확대된 개방성(increased openness)을 민주주의와 동일시한다(Flood & Romm, 1996). 따라서 실행연구의 발전 방향을 선도하거나 지원하는 큰 줄기 중 하나는 일반 체제이론이다. 또 다른 하나는 실용주의(pragmatism)와 신실용주의(neopragmatism)라는 매우 폭넓은 철학적 운동이라고 할 수 있다.

실용주의 철학과 실행연구

필자들이 보기에는 현 시점에서 과학에 대한 특정한 고정관념이 과학자가 아닌 사람들 사이에 널리 퍼져 있다. 하지만 이러한 사실이 필자들이 주장하는 생각들을 여태까지 사람들이 제대로 알지 못해 왔다는 것을 의미하는 것은 아니다. 과학에 대해 보다 복잡하면서도 인간적 의미가 있는 견해들은 실용주의적 전통의 저작물이라고 할 수 있는 John Dewey(1976), Charles Sanders Peirce(1950), Willaim James(1948, 1995), Kurt Lewin(1935, 1948) 그리고 좀 더 최근에는 Stephen Toulmin and Bjørn Gustavsen(1996) 등을 통해 체계적으로 설명되어 왔다. 바꾸어 말하자면, 실행연구의 토대를 이루고 있는 요소들은 이미 20세기 초반부터 잘 알려져 있는 사실이라는 점이다.

특히 필자들에게 John Dewey는 매우 중요하다. 왜냐하면 그의 실용주의 철학은 인간중심 탐구(human inquiry)의 한 형태로서 과학에 대한 실천적 접근방식(action approach)의 저변을 닦아 놓았으며, 실행연구에 대한 우리의 관점과 일치하는 방식으로 실용주의와 민주주의 간의 본질적 연계성을 강조하고 있기 때문이다. Dewey는 1859년에 태어났고 1952년에 작고하였다. 그의 지적 저작물은 1880년대부터 시작되어 그의 삶이 끝날 때까지 지속되었다. Dewey는 미국 공교육에 중요한 영향을 미친 사람이라 평가받고 있으며, 미국 사람들 중 서구 철학의 발전에 기여한 몇 안 되는 선도적 사상가라고 할 수 있다. 그럼에도 불구하고 전기 집필 작가인 Robert Westbrook(1991)은 Dewey의 주장이 언제나 소수자의 관점에 머무르고 있다는 것을 보여 주고 있다. Dewey의 사상에 찬동하여 그를 인용한 사람이 실제로 그의 생각을 실천에 옮겼다는 증거는 거의 발견되지 않는다. 이들이 Dewey가 쓴 글들을 정말로 읽었다고 믿기 어려울 정도이다. 그렇다면 Dewey의 생각은 무엇인가? 사실 70여 년간 이루어진 그의 저작물들(이 기간 동안 무려 30권 이상의 책을 저술함)을 몇 개의 문단으로 제시하는 것은 불가능하다. 여기서 필자들은 그의 접근방식 중에서 실행연구 그리고 사회과학 연구와 사회개혁 간의 관계와 관련된 몇 가지 주요한 논점들만을 개관할 것이다.

Dewey는 사회의 모든 계층이 참여하는 지속적이고 집합적인 사회 개선의 과정으로서의 민주주의에 대한 철두철미한 신봉자였다. 이러한 그의 주장들은 『대중과 그들의 문제점(The Public and Its Problems)』(1927/1991)이라는 책에 잘 나타나 있다. 그의 견해에 따르면, 공교육의 역할은 사회의 모든 구성원들에게 충분한 훈련을 제공하여 이들이 자신들의 견해와 경험을 바탕으로 집합적인 민주적 과정에 기여할 수 있도록 만드는 것이다. 『학교와 사회(The School and Society)』(1900)와 『아동과 교육과정(The Child and the Curriculum)』(1902)이란 책에서, Dewey는 민주주의 이론과 교육 사상 간의 관련성에 대한 그의 주장을 자세히 설명하고 있다. 여기서 중요한 논점은 민주주의가 그러한 세상을 만들려는 일반인들의 활발한 참여에 의해 발전해 왔지, 권력자들이 외부에서 적용한 처방을 통해 피동적으로 발전해 온 것은 아니라는 점이다.

아마도 Dewey의 접근방식에서 가장 인상적인 특징은 그가 사유를 행동으로부터 분리하는 것에 대해 확고하게 거부하는 입장을 지속적으로 취해 왔다는 것이다.

Dewey에게 있어 모든 것은 '실행(action)'이라는 개념 속에 응축되어 있다. 그는 민주주의 자체가 바로 지속적인 사회적 실천의 양식(ongoing form of social action)이라고 보았다. 이는 바로 모든 사회 구성원들의 능력을 향상시키기 위한 제도적 형식들(institutional forms)과 윤리적 헌신의 조합을 말한다. 즉, 민주주의라는 사회적 실천 양식을 통해 개개인은 그들의 지적 능력을 보다 세련되고 분별 있는 전체 사회를 만들어 나가는데 활용할 수 있다. 그는 지식의 진정한 근거는 현장과 유리된 탁상공론에 의해서가 아니라, 실행을 통해서만 발견될 수 있다고 믿었다. 그에게 있어 모든 지식의 검증과 이에 기초하여 도출된 증거들은 민주주의 그 자체와 같이 지속적으로 이루어지는 실험적 활동에 불과한 것이었다. 이러한 입장은 논리(logic)에 대한 그의 견해에서 명확해지는데, 그는 논리를 특정한 탐구에 대한 이론으로 다루고 있다(Dewey, 1991).

이로 인한 하나의 귀결은 학생들에게 과학, 역사, 예술을 공부하면서 얻는 기술을 활용하여 해결할 수 있는 문제들을 학교에서 접할 수 있도록 해 주어야야 한다는 것이었다. 학교는 빈 도화지와 같은 학생들에게 파편화된 지식들만을 채워 주는 의미 없는 장소가 되어서는 안 된다. 이것은 과학적 판단은 소수만이 알 수 있는 내밀한 형태의 지식(form of esoteric knowledge)이 아니라는 Dewey의 견해와 부합한다. Dewey는 모든 사람들이 과학적 판단을 할 수 있고, 사회는 모든 사회 구성원들 사이에서 이러한 능력이 향상되는 정도만큼 개선될 수 있다고 믿었다. 같은 맥락에서 그는 공교육을 직업 트랙과 학문 트랙으로 나누는 것을 강력하게 반대했다. 왜냐하면 그는 이러한 구분이 바로 불평등을 유지하는 기제이며 궁극적으로는 전반적 민주주의의 약화를 가져온다고 보았기 때문이다. 모든 사람들은 실험적 지식 창출과정에서 능력 있는 참여자가 될 수 있다. 그는 개인의 학습을 제한하는 것은 결과적으로 전체 사회의 발전을 제한하는 것이라고 믿었다.

이러한 생각들은 바로 (1) 환경으로서의 학교, 그리고 (2) 실행의 과정으로서의 학습에 대한 Dewey의 견해와 연결된다. 이러한 Dewey의 견해에 따르면 학생은 반드시 적극적인 학습자이어야 하며 수동적인 청취자에 머물러서는 안 된다. 비록 많은 사람들이 이러한 생각들을 Dewey와 연결시켜 말하지만, 자신들의 수많은 교육적 경험들을 이러한 용어들을 사용하여 묘사하는 사람들은 거의 없다. 이러한 점에서 본다면 Dewey는 최고의 대우를 받는 동시에 완전히 무시를 당한 인물이었다고 볼 수도 있다. 개혁의 예봉을 둔감하게 만드는 최고의 방법은 그러한 개혁의 취지를 형식적으로 받아들이되 그 내용을 변질시키는 것이다. 즉, 앞에서는 받아들이겠다고 하고 실제로는 그 반대로 행동하는 방법이다. 어쩌면 이것이 바로 Dewey의 운명이 아니었을까?

Dewey는 그의 생애 전반에 걸쳐 다양한 민주적 운동에 정치적으로 관여하였다. 그는 자신이 직면한 상황에 대해 현실적이었다. 그는 현존하는 권력 구조가 지배 계층의 존재에 우호적이며 일반 대중의 입장에서는 말도 안 되는 사회적 조화를 강조하면서, 일반 대중이 직업 교육을 받은 후 도덕적 의무를 가지고 지배 계층을 위해 일하도록 강요하고 있다는 점을 간파하였다. 그는 학문적 제도들(academic institutions)과 그가 변화시키기를 희망하는 인간의 상황 간에 철저한 괴리를 알게 되었다. 비록 그가 경험을 유기체적 전체라고 단언했음에도 불구하고, 실제 학교에서의 교육적 실천과정에서는 경험을 아주 작고 특수화된 세부 구획들로 분절시키고 있었으며 결과적으로 이러한 과정이 자신이 주창하는 방식으로 민주주의를 통제할 수 있는 시민들의 능력을 무력화시킨다는 것을 Dewey는 알고 있었다. 무엇보다 그는 전통적인 사회과학이 자신의 실천 지향성과 배치된다는 것을 깨달았다. 왜냐하면 전통적 사회과학은 사유를 행동으로부터 분리시키게 되어, 결과적으로 기존 권력관계에 아무런 위협이 되지 않는 사회과학자들만을 양산하게 되었기 때문이다.

요약하자면, Dewey의 주장은 다음과 같다. (1) 모든 사람이 과학자이고, 사유는 행동으로부터 분리되어서는 안 된다, (2) 인간공동체의 다양성이 인간 사회가 가진 가장 강력한 특징들 중 하나이다(만약 그러한 특징이 민주적 과정에 따라 만들어졌다면), 그리고 (3) 일반적으로 학문적 제도들, 보다 구체적으로는 전통적인 사회과학 연구는 과학 또는 민주적인 사회적 실천을 제대로 촉진하지 못하고 있다.

이러한 견지에서 거의 모든 그의 저작물들은 일반 체제이론의 전제들과 일치하는 것으로 보인다. 왜냐하면 Dewey가 (1) 사회 속의 개인(individual in society)과 (2) 역동적이고 개방적인 체제들로서 다시 해당 사회의 환경들로 작용하고 있는 보다 상위의 사회들(societies in their environments as dynamic and open systems)에 초점을 맞추고 있기 때문이다. 결과보다는 과정, 그리고 사회가 체제 내부와 외부로부터의 지속적인 변화에 반응하게 만들 수 있는 방법 등에 대한 그의 단호한 강조 또한

Dewey를 일반 체제이론과 이어 주는 연결 고리라고 할 수 있다. Dewey의 실용주의는 그것이 내포하는 지식과 행동의 연계, 그리고 지식, 행동, 공동체 그리고 민주주의 간의 연계성과 함께 실행연구의 중요한 토대가 되고 있다.

실행연구의 인식론적 기반

앞서 제시한 일반 체제이론과 실용주의에 관한 설명들은 실행연구와 직접적으로 연계된다. 실행연구는 민주적인 탐구과정을 통해 주어진 맥락에서 발생하는 문제들을 적절히 해결하는 것을 목표로 한다. 실행연구 과정에서는 지역 주민들에게 중요한 문제들에 대한 해결책을 탐색 · 실행하고자 하는 노력의 일환으로 전문적인 연구자들과 지역의 참여자들이 긴밀히 협력하게 된다. 이렇게 함으로써 실행연구는 특히 체제에 기반한, 실용적인 사회과학의 영역에 깊숙이 발을 들여놓게 된다. 실제로 실행연구에서는 최상의 과학적 실천방식과 민주적 사회변화를 위한 노력이 결합된 최첨단의 과학을 실행하라는 도전적 요구를 받기도 한다. 그러나 실행연구는 안타깝게도 전통적인 사회과학자들에 의해 거의 예외 없이 무시되고 있다. 이들은 실행연구를 비체계적이고 비논리적인 스토리텔링 정도로 생각하기 때문이다. 물론 필자들은 그러한 비판들이 타당한 근거를 결여하고 있을 뿐만 아니라, 매우 이기적인 의도에서 비롯되었다고 생각한다.

먼저, 일반적으로 실행연구는 전통적인 사회과학보다 훨씬 더 복잡한 문제들을 다루고 있다. 실행연구는 '특정한 맥락'에 초점을 두고, '이론'과 '실행'이 분리될 수 없다고 주장하고 있으며, 어떠한 이론의 타당성은 해당 이론이 실제 상황에서 발생하는 문제들을 해결할 수 있는 능력으로 검증된다는 생각에 깊이 천착하고 있다. 실행연구가 복잡성과 역사성 그리고 역동성을 가진 경험의 세계에 초점을 두고 있다. 이는 결함이 없는 완전한 정보 제공 상태와 연구자를 보다 편하게 만드는(비록 그 대가가 현실 세계와의 적합성을 현저히 떨어뜨리는 것이기는 하지만) '다른 모든 것은 동일하다(Ceteris Paribus)'는 전통적 사회과학 연구에서의 비현실적 가정으로부터 실행연구가 스스로 거리를 두고 있음을 의미한다. 필자들의 입장에서 볼 때 전통적인 사회과학 연구자들은 현실을 다루기 쉽게 보다 단순화하고, 이론적 조작(theoretical manipulation)에 보다 적합하도록 하여 지배적인 학문분야 카르텔들(* 역자 주: 예컨대, 기존 학회 등)에 의한 관리에 보다 적합하게 만들고 있다.

실행연구는 이러한 타협을 받아들이지 않는다. 일반 체제이론과 실용주의에 대한 필자들의 설명과 일관되게, 우리는 하나의 연구 형태로서 실행연구는 다음과 같은 핵심적인 특징을 지니고 있다고 주장한다.

- 실행연구는 맥락에 기반하며, 실생활의 문제들을 해결하기 위해 총체적(holistic) 관점에서 접근한다.
- 실행연구는 모든 참여자들의 기여가 진지하게 받아들여지는 협동적인 의사소통 과정을 통해 참여자와 연구자가 공동으로 지식을 생성하는 탐구방법이다.
- 실행연구는 현장의 참여자 그룹 내부의 경험과 역량의 다양성을 연구-실행 과정의 풍부함을 향상시키기 위한 기회로 활용한다.
- 탐구과정을 통해 구축된 의미들은 사회적 행동으로 이어지거나 혹은 이러한 행동에 대한 성찰이 다시 새로운 의미의 구축으로 이어진다.
- 실행연구 지식의 신뢰성과 타당성은 지식으로부터 도출된 행동이 문제를 해결할 수 있는지(문제해결 가능성, workability)와 자기 자신의 상황에 대해 연구 참여자들이 자체적인 통제력을 증진시킬 수 있는지 여부에 따라 평가된다.

이러한 실행연구의 개념화 방식을 감안할 때 몇 가지 중요한 질문들이 제기된다. 이러한 방식으로 구성된 탐구의 논리는 무엇인가? 실행연구에서 지식이 신뢰성 있다고 판단되기 위한 합리적인 기준은 무엇인가? 철저히 맥락에 기초한 지식들이 학자들과 다른 잠재적인 실행연구의 수혜 집단들에게 어떻게 효과적으로 의사소통될 수 있을 것인가? 다음에 제공되는 논의는 실행연구에 대한 인식론적인 입장을 제시함으로써 실행연구에 대한 필자들의 주장을 뒷받침하는 것을 목적으로 한다.

현장의 중요한 문제에 대한 맥락에 기반한 탐구

실행연구는 실생활의 문제를 해결하는 데 초점을 둔다. 탐구의 초점은 참여자가 무엇을 중요하게 생각하는가, 그리고 그들의 일상적인 생활에 영향을 주는 것이 무엇인가에 따라 결정된다. 따라서 탐구의 과정은 검토된 문제에 대한 해결책을 제공하기 위해 취해지는 행동과 연결된다. 물론 탐구가 실행보다 앞서는 경우도 있다. 이러한 경우에 탐구는 특정한 문제를 해결하기 위한 행동을 구안하기 위해 필요한 지식을 얻는 하나의 방법이 될 수 있다. 또한 탐구는 이전의 행동으로부터 도출되어 새로운 방식으로 이해될 수 있는 경험에 기초한 성찰을 발전시키는 하나의 방법이 될 수도 있다. 물론 대부분의 실제 상황에서 중요한 문제를 해결하기 위한 시도들은 사전과 사후의 의미 구축을 포함하게 된다.

필자들은 탐구의 과정이 실제적 문제를 해결하는 것과 연계되어 있다는 점을 강조한다. 그러나 소위 전통적 사회과학 연구자들의 근원 모를 자부심에도 불구하고 실제 문제들은 그렇게 단순하지만은 않다. 지역사회 경제 개발, 특정 조직에서 새로운 조직 구조를 개발하는 것, 이웃에 있는 거주자들이 만날 수 있는 집을 짓는 것, 또는 지역공동체에서 폭력을 감소시키기 위한 집합적인 노력들은 모두 실제적 문제들이지만, 종종 극도로 다루기 힘든 복잡한 문제들이기도 하다.

해당 문제가 사회 조직적인 것이든 혹은 물리적인 것이든 간에, 실행연구의 결과는 참여자들이 스스로 설정한 문제를 실제로 해결할 수 있는지 여부를 이해할 수 있을 정도로 손에 잡히는 가시적인 것이어야 한다. 여기서 실행연구는 다시 실용주의 철학과 직접적으로 연결된다. 실행연구 과정의 결과들은 반드시 도출된 해결책의 '문제해결 가능성(workability)'의 관점에서 판단되어져야 한다. 문제해결 가능성은 해결책이 최초에 제기된 문제의 해결책이라 판명될 수 있는지 또는 해석의 수정 또는 취해진 행동의 재설계가 요구되는지 여부를 의미하기도 한다. 표본의 이중맹검법(double-blind experimentation),[3] 층화 무선 표집 그리고 유의 수준의 문제가 아니다. 이것은 집합적인 사회적 행동의 결과에 대해 지식이 풍부한 참여자들이 집합적으로 사회적 판단을 하는 문제이다. 전문적인 연구자도 오로지 한 표를 행사하게 되는 이러한 사회적 판단과정 자체가 일종의 민주적 대화의 과정이라고 할 수 있다.

3) [역자 주] 이중맹검법(double-blind experimentation)이란 약의 효과를 객관적으로 평가하는 방법으로 진짜 약과 가짜 약을 피검자에게 무작위로 주고, 효과를 판정하는 의사에게도 진짜와 가짜를 알리지 않고 실험하는 것을 의미한다. 이는 환자의 심리 효과, 의사의 선입관, 개체의 차이 따위를 배제하여 약의 효력을 보다 정확히 판정하는 방법이다(출처: 표준국어대사전).

내부 참여자와 외부 전문가를 연계하는 민주적인 탐구과정

필자들은 실행연구를 잠재적으로 (압제 상태로부터의) 해방을 가져올 수 있는 새로운 지식의 창출을 목적으로 하는 민주적인 과정으로 틀 지으려 한다. 그렇다면 탐구의 과정은 명백하게 지역 주민들에게 중요한 문제를 해결하는 데 그 목적을 두어야 하며, 탐구과정에서 산출된 지식들은 자신들의 상황에 대한 참여자들의 통제력을 향상시킬 수 있어야 한다. 이것은 Freier(1970)의 '의식화 운동(conscientization)'의 개념과 일치한다. 의식화 운동에서는 '참여자들이 행동하고 있는 바로 그 역사적 · 정치적 맥락에 대한 비판적인 이해를 바탕으로 그에 맞는 적절한 행동을 구안하고, 이를 수행하는 데 걸맞는 합당한 지식을 형성하려고 하는 의도된 행위'로서 탐구과정을 이해하고 있다. 참여자들은 발견되는 지식들을 적절히 활용할 수 있어야만 하며, 이러한 지식들은 참여자들이 당초 가졌던 목표의 달성을 뒷받침해 줄 수 있어야 한다.

탐구과정에서의 민주적인 요소들은 외부 연구자와 내부 참여자들 간에 서로 도움이 되는 공생관계(mutualism)가 존재해야 함을 의미한다. 실행연구는 탐구과정을 통해 참여하는 양측 모두가 최선을 다해 공동으로 지식을 창출해 나가는 소통의 과정이다. 내부자들의 현장 지식, 역사의식 그리고 일상 경험들은 외부자들의 학습과정을 촉진시키는 기술, 연구과정상의 기술적 기법 그리고 연구되고 있는 대상에 관한 비교적 · 역사적인 지식을 보완하는 기능을 수행한다. 이와 동시에 필자들은 Dewey(1976)의 다음과 같은 주장을 다시 한번 상기시키고자 한다.

> 이 모든 것에 있어서 과학에서 사용되는 연구방법과 일반인들이 사용하는 방법 간에 근본적 차이는 없다. 차이가 있다면 과학의 경우 연구문제의 진술, 그리고 관련된 자료에 대해 합리적인 사고과정과 개념적인 정교성 측면 양쪽에서 보다 많은 통제가 이루어진다는 것이다.(p. 305)

협동적 탐구과정에서 외부 연구자와 내부자를 연결하는 것은 무엇이 진실 혹은 적절한 지식으로 간주될 수 있는지를 판단하는 일종의 객관적 외부 기준이다. 이는 Fregian(1918, 1956)과 Russellian(1903) 식의 논리를 신성시할 가능성을 원천적으로 차단하는 결과를 가져온다. 실행과 반성적 성찰이 연계되어 있는 '탐구과정'을 통해 불확실한 상황을 보다 통제 가능한 상황으로 만들기 위해 노력하는 과정에서, 탐구의 논리는 탐구과정 그 자체와 긴밀히 연계되어 있다. 이러한 의미에서 외부 연구자는 불가피하게 내부자들과 함께 한 명의 참여자가 된다.

몇 년 전 노르웨이의 한 철학자는 그의 석사학위 논문에 '객관성과 인간에 대한 연구(Objectivity and the Study of Man)'(Skjercheim, 1974)라는 제목을 붙였다. 이 논문은 사회과학의 기초를 다루고 있다. Skjercheim의 관점에 따를 때, 탐구과정에서 연구자가 적극적 참여자라는 점에는 의심의 여지가 없다. 이러한 입장에 대한 수용과 이를 적극적 · 의식적으로 활용하는 것은, 연구자의 사회적 역할을 의도적으로 혼란스럽게 만들고 있는 전통적인 사회과학과 그와 반대되는 입장을 취하고 있는 실행연구의 차이를 극명하게 대조해 보여 주고 있다. 사회과학자가 어떤 연구과정에서든 명백히 참여자로서의 지위를 가진다는 것은 실행연구에서 충분히 용인되고 있으며, 연구자는 연구과정에서 활용될 수 있는 일종의 자원으로 간주된다. 새로운 지식의 구축은 이러한 상호 관여를 전제로 이루어진다. 반면, 적극적인 연구자의 관여는 어쩔 수 없이 연구 진실성과 비판적인 성찰에 대한 중요한 도전 과제들을 야기한다. 하지만 실행연구는 연구자가 지역 실천가들 혹은 권력자들 중 어느 한쪽 편에 의해 포섭되는 것을 용인하는 연구가 아니다. 따라서 연구자의 적극적 관여와 연구 진실성, 반성적 성찰이 균형을 이룰 수 있도록 노력하는 것은 어떤 실행연구 과정에서나 가장 기본적인 고려 요소가 되어야 한다.

기회로서의 다양성

연구과정에서 참여자들의 관여는 개개인의 능력을 활용할 수 있는 특별한 기회를 만든다. 필자들은 연구가 현안 문제에 대한 잠재적인 해결책을 개발하는 데 있어서, 그리고 해당 문제에 대한 설명에 있어서 인간의 창의성을 필요로 한다고 주장하였다. 다양한 공동연구자로 구성된 연구 집단을 가지는 것을 옹호하는 견지에서 매우 합리적인 주장은, 참여자들이 가진 보다 폭넓은 경험과 태도가 연구과정에서 보다 창의적인 해결책을 개발할 수 있게 해 준다는 것이다. 창의성에 대한 기존 연구로부터의 교훈은 이러한 생각을 잘 뒷받침해 준다(예를 들어, Amabile, 1996에서 볼 수 있듯이).

두 번째 그리고 동등하게 중요한 주장은, 다양성을 유지하는 것은 정치적인 권리 그 자체로서 중요하다는 윤리적인 입장이다. 실행연구는 참여자 집단의 다양성을 통해 창의적인 잠재력을 위한 동력을 끌어낼 수 있도록 구성되어야 하며, 불요불급하지도 않는데 다양성을 감소시키는 문제 해결책을 이끌어 내서는 안 된다.

실제적 조치와 연계를 전제로 하는 실행연구의 탐구과정

일단 지식이 도출되면 해당 지식의 타당성은 실행과정을 통해 또는 그러한 실행의 결과로서 평가받게 된다. 발견의 과정은 완전히 인지적인 과정만은 아니며, 인간의 행동으로부터 동떨어진 별개의 영역으로 사라져 버려서는 안 된다. 필자들은 Dewey의 주장과 같이 탐구를 '새로운 지식 창출을 위해 통합적으로 연구를 수행하는 과정에서 반성적 성찰과 행동을 연계시키는 활동'으로 이해해야 함을 강조한다. 이것은 탐구과정의 논리 그 자체가 바로 인간 지식의 기저를 이루는 진정한 기초가 됨을 의미한다(Burke, 1994).

주어진 맥락에서 탐구와 실행을 연계시킴으로써, 실행연구는 인간 탐구자를 총체적인 상황하에서 행동하는 주체로 이해하게 만든다. 탐구는 파편화되거나 서로 분절되어서는 안 된다. 탐구는 자체적 정합성이 있는 사회과학 분야(coherent social field)로 간주되어야 한다. Dewey(1976)는 이러한 상황을 총체적인 상황을 구성하는 유기적 조직체와 환경으로 구성된 체제(organism-environment system)로 파악한 바 있다. 이러한 견해에서 탐구자는 또한 항상 새로운 지식을 획득하는 과정에서 중요한 역할을 담당하게 된다. 실행연구는 탐구자들이 연구 중인 질문에 대해 유사중립적(pseudo-neutral) · 유사객관적(pseudo-objective) 입장을 취해야 한다는 입장을 취하는 전통적인 견해를 거부한다.

실행연구 과정은 탈맥락적 지식에 대한 요구를 하지 않는다. 일반화 가능성에 대한 전통적인 개념은 일반적인 것을 맥락과 관계없이 보편적으로 진실인 것이라고 생각한다. 실행연구는 모든 의미 있는 탐구는 맥락에 기반하고 있다는 생각에 기초하고 있으며, 필자들은 우리가 믿는 것이 보다 강력하고 훨씬 더 유용한 것이라고 생각한다.

필자들은 실행연구에서 개발된 지식은 그것이 개발된 맥락과는 다른 맥락에서도 유용할 수 있다고 생각한다. 하지만 필자들은 한 상황에서 다른 상황으로의 지식의 전이가능성은 반드시 그러한 지식에 대한 추상적인 일반화에 의해 성취 가능하다는 생각을 거부한다. 하나의 맥락에서 다른 맥락으로의 지식의 전이는 (1) 연구가 이루어지는 상황에서 맥락적인 요소를 이해하는 것, (2) 지식이 적용될 것이라고 가정되는 새로운 맥락을 판단하는 것, 그리고 (3) 두 맥락이 과정과 구조에 있어서 충분한 공통점을 지니고 있어서 연계할 만한 가치가 있는지에 대한 비판적 평가에 달려 있다. 필자들은 추후 이 문제에 대해 다시 언급할 것이다.

실행연구에서 내부자와 외부자는 상호 학습과정에 참여한다. 이것을 가능하게 하는 기제가 바로 의사소통이다. 새로운 이해는 탐구과정에 관여하고 있는 사람들 간의 대화를 통해 창출된다. 이것이 제대로 이루어지기 위해서는 서로를 이해할 수 있는 대화가 필요하며, 이것은 상당한 시간에 걸쳐 같이 살고, 경험을 공유하며, 함께 행동을 취함으로써 이루어질 수 있다. 의사소통을 가능하게 하는 이러한 담론은 Wittgenstein(1953)이 '실천(practice)'이라 묘사한 것과 매우 유사하다. 언어는 행위자들에게 의미 있는 행동을 명료하게 만듦으로써 의미를 만들어 낸다. 필자들의 견해에 따르면 새로운 지식은 행위와 반성적 성찰과정으로부터 만들어진다. 이러한 논리에 따라 새로운 지식은 행위와 그러한 행위로부터 나타나는 학습을 묘사하는 데 적절한 언어를 만들어 낼 수 있게 된다. 즉, 실행연구의 과정은 탐구과정을 통해 구성된 의미를 명료화하기 위해 내부자와 외부자 사이에 공유된 언어를 창출해 내게 된다.

이러한 주장은 우리로 하여금 특정한 행동을 뒷받침하는 의미를 창출하는 의사소통 과정뿐만 아니라, 반대의 과정에 대한 이해를 촉진시킨다. 어떤 상황에서는 행동으로부터 발생한 성과와 경험들이 결과적으로 새로운 의미를 창출하는 집합적인 성찰의 과정을 시작하게끔 만들기도 한다.

실행연구 탐구과정에서의 신뢰성과 타당성

전통적인 사회과학 연구에서 신뢰성과 타당성은 연구자들의 부적(amulet)과 같은 기능을 수행해 왔다. 완전하지 못한 정보로 가득 찬 혼란된 세상 속에서, 이러한 정교한(그리고 매우 의례화된) 방법론적 장치를 통해 일견 연구자들은 의식적으로 골치 아픈 문제들로부터 마음의 평안을 얻고자 하는 것으로 보인다. 전통적인 사회과학은 연구에서 도출된 결과가 그에 기초하여 구체적 실행 조치를 취할 만큼 충분히 신뢰할 만한 것인가라는 질문에 답하는 대신, 단순히 방법론적 규칙의 준수 여부에 초점을 맞춤으로써 문제해결 가능성에 대해 제기되는 다양한 도전을 간과해 온 경향이 있다.

따라서 실행연구를 통해 구성된 의미를 주장하는 사람들이 전제 조건으로 삼는 것이 무엇인지를 이해하는 것은 중요하다. 필자들은 '신뢰성'을 어떤 사람들로 하여금 연구결과를 신뢰하게 만드는 데 필요한 주장과 과정이라 정의한다. 신뢰성 있는 지식은 두 가지 종류로 구분할 수 있다. 첫 번째는 지식을 산출해 낸 집단에 대한 '내적 신뢰도'를 가지고 있는 지식이 있을 수 있다. 이러한 종류의 지식은 실행연구에서 연구과정의 협동적인 성격 때문에 근본적으로 중요한 의미를 가진다. 연구의 직접적 결과로서 사회적 행위 양식에 수정이 일어났다는 것은 연구의 신뢰성에 대한 명확한 검증이 이루어졌다는 것을 의미하며, 이러한 검증방식은 많은 추상적인 사회과학의 사고체계(framework) 속에서는 결여되고 있는 것이다. 만약 도출된 이론이 지역 상황과 제대로 연계되어 있다는 점을 인식할 수 없는 경우, 공동체나 조직의 구성원들은 외부자들이 주장하는 소위 '객관적인' 이론을 신뢰성 있는 것으로 받아들이지 않을 가능성이 높다. 왜냐하면 지역구성원들이 가진 현장 지식이 결국 외부 연구자들이 사용한 분석 체계(framework)가 너무 추상적이거나 혹은 특정한 맥락에 대해 잘못 적용되었다는 점을 명확히 밝혀 주기 때문이다.

두 번째 종류의 신뢰성은 외적인 판단을 포함한다. 외적 신뢰도는 연구에 참여하지 않은 사람들에게 도출된 연구결과가 믿을 만한지 설득이 가능한가의 문제라고 할 수 있다. 이는 복잡한 문제이다. 왜냐하면 실행연구는 반성적 성찰과 행동의 결합, 그리고 특정한 맥락에서 새로운 지식의 공동생성(cogeneration)에 의존하고 있으므로 외부 사람들에게 이러한 지식의 신뢰성을 효과적으로 의사소통하는 것은 매우 어려운 도전 과제임에 틀림없다. 종종 실행연구 보고서들을 싸잡아 '단순한 스토리텔링'에 불과하다는 모욕적 비평을 하기도 한다. 이는 특정한 실행연구 사례에서 얻어진 지식의 가치를 떨어뜨리기 위한 편협한 비평에 불과하다. 서사(narrative)는 실행연구에서 매우 중요한 역할을 담당한다. 개별 사례에 대한 이야기를 제대로 이해하는 것이 다른 일반적 상황의 이해에도 강력한 효과를 가질 수 있고 또한 가져야만 한다는 주장에 얼마나 가치를 부여할 수 있느냐에 따라 이에 대한 판단이 완전히 달라질 수 있다. 스토리를 이야기하는 것은 사회과학 수행방식과 모순되는 것이 아니다. 오히려 그것은 사회과학 수행에 근본적인 것이라고 할 수 있다.

필자들은 과학적 추론의 논리에 따라, 일반적인 사회이론을 반증하는 개별적인 실행연구 사례가 존재한다면 그러한 사례는 해당 이론을 무효화하게 되며, 그러한 논점을 체계적으로 설명하기 위한 새로운 이론이 개발되어야 한다는 점을 강조한다. 실행 가능한 이론(viable theories)은 예외를 허용하지 않는다. 그들은 정합성 있는 방식으로 발견된 예외들을 포함하기 위해 재구조화되어야 한다. 따라서 개별적인 사례와 이야기, 그리고 많은 실행연구 저작물에 담겨진 내용들은 이론을 바꿀 수 있는 거대한 잠재력을 가지고 있다. 아무리 명성이 높은 학파에서 나온 복잡한 이론이라고 하더라도 해당 이론과 모순된 사례를 그대로 넘어갈 수는 없다.

이것은 실행연구의 신뢰성과 타당성 논의에 있어서 가장 핵심적 이슈이다. 전통적인 사회과학 연구공동체는 신뢰성이 보편적 가설(universal hypothetical), 보편적 선언(universal disjunctive),[4] 그리고 일반적(generic) 형태의 명제들의 일반화, 보편화를 통해 창출된다고 믿는다. 반면, 실행연구에서는 오직 지식이 실행과정에서 생산되고 검증될 때만 신뢰할 수 있다고 믿는다. 전통적인 사회과학 연구는 오직 유사한 방식으로 훈련받은 전문가들의 공동체만이 신뢰성 문제를 결정하는 데 필요한 능력을 가지고 있다고 믿고 있다. 하지만 실행연구에서는 집합적으로 도달한 결론을 받아들이고 그에 따라 행동하려는 이해당사자들의 의지와 신뢰성의 본질적인

4) [역자 주] 선언명제(disjunctive proposition)는 "A이거나 또는 B이다" 형태로 진술되는 명제의 형태이다. 여기에는 다시 배타적 선언명제(예컨대, A 아니면 B)와 포괄적 선언명제(A와 B, 또는 A, B 중의 하나)가 있다. 포괄적 선언명제의 경우 둘 다 참이어도 되고 그중 하나만 참이어도 된다.

의미를 규정하는 특성(defining characteristic of credibility)을 보다 강조한다.

문제해결 가능성

실행연구 과정에서 신뢰성에 대한 첫 번째 도전은 현장에서 검증되는 실행연구 문제의 해결책과 관련되어 있다. 실행연구에서 문제해결 가능성(workability)의 검증 문제는 매우 중요하다. 실행연구 과정에서 취해진 행동들이 해당 문제를 해결할 수 있는 대안을 도출했는지 여부를 반드시 확인해야 한다. 이는 연구과정에 대한 Dewey(1976)의 생각과 동일 선상에 있는데, 그는 주어진 상황에 대한 행동을 통해 지식이 창출되거나 혹은 의미가 구성된다고 주장하고 있다. Johannesen(1996)도 실행연구의 타당성 기준에 대해 논의하는 과정에서 이와 유사한 개념을 발전시키고 있다. 따라서 직접적으로 실용주의자들의 사고체계에 기초하여(Diggins, 1994), 필자들은 (1) 탐구의 과정을 행동과 반성적 성찰이 통합된 과정으로, 그리고 (2) 손에 잡히는 가시적 결과인가에 대한 검증이 바로 문제해결 가능성인 것으로 이해한다.

납득하기

두 번째이자 탐구에서 보충적인 과정은 이렇게 도출된 가시적인 결과가 납득할 수 있는 것(making sense)인가라는 점이다. 도출된 결과가 어떻게 새로운 지식을 창출하는 의미 구축과정에 통합될 수 있는가? 여기서 필자들은 숙고의 과정을 통해 의미가 어떻게 생성되는지에 초점을 맞출 것이다. Berger and Luckmann(1966)는 모든 지식이 사회적으로 구성된다는 주장의 초창기 버전을 대표한다. 하지만 그들의 구성주의적인 입장은 사회적으로 구성된 지식의 질적 수준에 대해 충분히 성찰하지 못하고 있다. 왜냐하면 그들은 구성된 결과물의 질을 면밀히 조사하려고 하지 않았기 때문이다. 그들에게 있어 구성된 어떤 결과는 다른 가능한 결과만큼 옳거나 혹은 잘못된 것일 수 있다. 이것은 실행연구와는 정반대의 입장이라고 할 수 있다.[주1] 실행연구에서는 일련의 주장들에 대해 검증 절차들을 거치도록 한다. 이를 위한 다양한 형식들이 존재하기는 하지만, 필자들은 그러한 검증과정에서 활용될 수 있는 두 가지 수단들[(1) Habermas(1984)의 이상적인 대화 상황(ideal speech situation)과

(2) Gadamer(1982)의 해석학(hermeneutics)]에 대해 간략히 기술하고자 한다.

Habermas(1984) 학파가 주장하는 '이상적인 대화 상황'은 어느 한 당사자에 의해 대화가 지배되지 않는 가설적 상황으로(counterfactually) 특징지어질 수 있다. 여기서 의미 구축에 관여하는 행위자들은 어떠한 강압도 없이 자유롭게 의견을 교환한다. 이러한 이상적인 상황에서 각각의 참여자들은 자신에게 제시된 주장을 진지하고 정직하게 판단하고, 반론을 통해 자신이 제시할 수 있는 최선의 판단들을 대화과정에 다시 가져오게 된다. 이러한 과정은 더이상 어떤 주장도 이미 진술된 기존 주장들을 부정할 수 없을 때, 비로소 남아 있는 기존 주장들이 정당성을 획득한 진실(legitimate truth)이 된다는 논리로 귀결되게 된다.

이러한 관점에서 주장에 대한 신뢰성은 더 나은 설명이 제공될 수 없는 이상적인 상황이라는 논리로부터 도출된다. 따라서 당연히 이는 일회성 이벤트라기보다는 지속적인 과정이라고 할 수 있는데, 이 과정에서 새로운 경험 혹은 새로운 주장이 기존에 신뢰성 있는 지식이라고 생각되어 온 지식들에 대해 계속적으로 문제를 제기한다. 이러한 관점에서 보면, 과학적인 지식은 특정한 현상에 대한 최선의 해석을 찾아 나가는 지속적인 대화의 과정(ongoing discourse)으로 쉽게 이해될 수 있다. Habermas(1984) 학파의 이러한 이상적인 대화 상황은 엄격한 논리와 이성적인 추론을 강조하고 있다는 점에서 상당히 매력적이다. 하지만 이는 모든 의사소통 과정의 핵심적인 결정 요소로 작용하는 감정(emotions), 권력 그리고 불평등 등을 제대로 언급하지 않고 있으며, 따라서 이에 대한 비판이 광범하게 제기되고 있다(예컨대, Flood & Romm, 1996).

Gadamer(1982)의 주요한 저작『진리과 연구(Truth and Method)』는 너무나 방대하고 복잡하여 간략히 요점만을 제시하기는 매우 어렵다. 그는 Habermas(1984)의 이상적인 대화 상황을 순진한 이상주의(naive idealism)의 한 편린으로 치부하고, 대신 대화(dialogue), 상호 해석(mutual interpretation) 그리고 궁극적인(그러나 결코 최종은 아닌) '지평의 융합(fusion of horizons)'[5]이라는 다양한 요소들의 보다 복잡한 조합을

5) [역자 주] 모든 유한한 존재들에게는 스스로의 한계가 있다. 우리는 비전의 가능성을 제한하는 특정한 관점을 나타낸다고 말하면서 '상황'이라는 개념을 정의한다. 따라서 상황이라는 개념의 본질적인 부분은 '지평(horizon)'이라는 개념이다. 지평은 특정한 유리한 측면에서 볼 수 있는 모든 것을 포함하는 비전의 범위이

강조하고 있다. Gadamer는 지식과 해석의 역사성 그리고 참여자들이 가지고 있는 경험들을 존중했다. 해석학을 단순히 학자들 공동체 내에서의 논쟁거리(academic parlor game)로 치부했던 사람들과는 달리, Gadamer는 해석학이 단순히 하나의 사고방식에 그치는 것이 아니라 실행(acting)의 한 형태임을 주장하였다.

범맥락적 신뢰성

물론 보다 상위의 차원에서 상황의 범맥락적 모형화의 가능성도 존재한다. 이것은 역사적·인과적으로 설명될 수 있다. 사실 이는 매우 중요한 문제이다. 왜냐하면 전통적인 사회과학자들이 통상적으로 일반화 가능성의 규준(canon of generalizability)을 들먹이며, 사회과학 연구를 그들이 말하는 소위 객관성이란 잣대로 틀 지으려고 하는 근거가 정확히 이와 관련되기 때문이다. 물론 그러한 과정에서 사회과학 연구는 필자들이 이해하는 과학적인 연구로부터는 오히려 멀어지게 되는 것이다.

François Jacob(1982)의 가능한 것(the possible)과 실재로 존재하는 것(the actual)에 대한 논의와 유사한 맥락에서, 필자들의 견해는 모든 상황은 현재 나타나고 있는 상황보다 가능성 차원에서 훨씬 더 많은 상황들을 포함하고 있다고 본다. 필자들은 현재 나타난 모든 상황들이 경우에 따라 다른 것일 수도 있었지만, 실제로는 그렇게 되지 않았음을 이해한다. 어떤 특정한 결과는 참여자들의 행위를 포함하여,[주2] 환경적 조건, 참여하는 사람들 그리고 다양한 역사적 사건이 교차되는 복잡한 과정을 통해 실현된 것이다.

며…… 그러한 지평이 없는 사람은 충분히 멀리 보지 못하여 자신에게 보이는 것만을 과대평가하는 것이라고 할 수 있다. 반면에, '지평을 갖는 것'은 자신에게 보이는 것에 한정되지 않고 그 너머를 볼 수 있다는 것을 의미한다. 사람들은 각기 다른 배경을 가지고 있고 자신의 배경, 역사, 성별, 언어, 교육 등을 자신으로부터 분리하는 것은 불가능하다. 따라서 사람들은 청자로서 다른 문화에 대한 대화를 이해하는 데 어떻게 관여해야 하는지 그 방법을 찾으려고 노력한다. 화자도 역시 자신의 과거 경험과 편견에 기초하여 문서나 이야기들을 해석한다. 따라서 해석학적 성찰과 자기 자신의 현재 생활에 대한 해석방식의 결정에 있어서 자신의 효과적-역사적 의식(effective-historical consciousness)을 드러내는 것이 필요하다. 대화과정 중에 화자와 청자 사이에 이러한 '지평들(horizons)'의 융합이 발생하게 된다. '지평의 융합(fusion of horizon, 독일어 Horizontverschmelzung)'은 두 가지 대안의 기각으로부터 결과하는 변증법적 개념이다(출처: https://en.wikipedia.org/wiki/Fusion_of_horizons#cite_note-3).

이러한 관점에서 현재의 상황에 대한 모든 설명은, 특정한 맥락에서 실제로 존재하면서 어떤 특정 기관(조직)에 영향을 미치고 있는 역사적 순간들과 서로 복잡하게 연계되어 있는 특별한 원인들에 대한 설명이라고 할 수 있다. 이러한 사고체계에서 이론은 특정한 상황에서의 결과를 예측하지 못한다. 이론의 역할은 이미 발생했던 일들이 어떻게 가능했는지를 설명하고, 미래에 발생 가능한 시나리오를 제시하며, 다음에 나타날 것으로 보이는 결과에 타당한 이유들을 제시하는 것이다.[6)] 물론 후자는 다른 사례들로부터 도출된 결과와 맥락을 정합성 있는 방식으로 유추하여 설명하는 방식에 전적으로 의존한다.

이러한 실천방법들이 제대로 수행되는 경우 비로소 과학이라고 말할 수 있으며, 이는 진화생물학으로부터 도출된 것이다. 이러한 사례들이 사회과학에도 존재할까? 그러한 사례들이 전반적으로 무시되고 있긴 하지만 필자들은 그래도 일정한 영역에서는 존재한다고 믿는다. 그러한 사례 중 하나는 Max Weber의 저작들의 저변을 이루고 있는 사고 체계이다. Weber는 자신이 연구하고 있는 이슈들의 다양성과 복잡성을 보다 알기 쉽게 이해할 수 있도록 '관료제' '카리스마' '합법성' '권위' '종교' '도시화' 등과 같은 매우 다양한 이념형들(ideal types)을 만들어 냈다.[주3] 모든 사례에 대해 그는 수많은 역사적 사건에 대한 철저한 조사를 거친 후에 범맥락적인 특성들에 대한 요약적 목록(abstracted list)을 작성하였다. 이후 그는 다양한 설명 전략들(explanatory strategies)을 개발하는 데 이러한 특성들을 적절히 활용하였다.

현재까지 그다지 널리 인용되고 있지는 않지만, Weber(1958)의 도시에 대한 연구는 이와 관련하여 특히 명확한 예시를 제공하고 있다. 그는 '도시'라는 현상에 대해 가능한 한 전 세계에 걸쳐 모든 증거들을 모으려고 노력했다. 이러한 광범위한 노력에 기초하여, 그는 서로 다른 장소에 있는 주요 도시들의 사례에서 찾을 수 있는 특징들을 종합적으로 정리하였다. 다음으로 그는 이러한 특징들을 목록화하였고, 세계의 주요 도시에서 그가 발견할 수 있는 모든 주요한 특징들의 목록을 완성할 때까지 목록에 있는 특징들을 연계시켜 조합해 보았다. 이와 같이 주요한 특징들의 종합적 목록은 그가 제시한 도시에 대한 이념형을 만드는 데 기초가 되었다.

6) [역자 주] 이는 개방체제를 상정하고 있는 비판적 실재론의 문제인식과 매우 유사하다. 이와 관련된 보다 자세한 논의는 이영철(2006)을 참조하라.

하지만 이것은 단지 시작에 불과하였다. 이러한 목록을 기반으로, Weber는 각각의 상황에서 어떤 특징들이 있고 없는지를 검증하기 위해 세계의 다른 지역, 즉 각각의 맥락으로 다시 돌아와 작업을 시작했다. 특정한 지역에 특별히 복잡한 특성들의 양상들이 존재하거나 혹은 존재하지 않는 것을 발견한 경우, Weber는 그러한 특성들의 존재 또는 부재를 설명하기 위해 해당 지역의 역사를 다시 면밀히 검토하였다. 점차적으로 그는 '역사에 대한 인과적 해석(casual interpretation of history)'이라고 자신이 명명한 접근방법을 개발하게 되었다. 이러한 방법은 그로 하여금 왜 특정한 상황에서 특정한 특징들이 존재하거나 혹은 존재하지 않는지를 이해하는 것을 도와주었으며, 도시화 현상에 대한 일반 지식의 배경을 형성할 수 있도록 만들었다.

특정한 상황과 환경을 면밀히 검토하는 Weber의 방식은 상황 속에서 특징들을 세밀하게 수집하고, 그러한 특징들을 목록화하고 분석한 다음, 바로 그 특정한 상황으로 다시 돌아오는 절차를 거친다. 이러한 Weber의 연구방식은 바로 하나의 실행연구 상황에서 개발된 지식이 어떻게 다른 상황들로 전이될 수 있는 것인지를 보여 주는 단초를 제공해 준다. 실행연구는 추상화나 역사 및 맥락의 상실을 통한 일반화를 추구하는 것이 아니다. 하나의 맥락에서 생성된 의미들은 또 다른 상황에서 그 신뢰성을 검토받게 된다. 맥락적인 특징들과 역사적인 요인들 간의 유사성과 차이점에 대한 의식적인 성찰이 이 검토과정에서 핵심적 요소라고 할 수 있다. 하나의 맥락에서 생성된 의미들은 그러한 지식이 적용될지도 모르는 특정한 상황에 대한 협력적인 분석을 통해 당초 그러한 이해가 생성된 맥락으로부터 (다른 맥락으로) 전이될 수 있는 것이다. 실행연구에서는 이러한 역사적이고 맥락적인 분석에 기초하여, 한 상황에서 다른 상황으로의 지식을 적용하는 것이 가능한지에 대한 판단이 이루어진다. 이것은 또한 복수의 맥락에서 다양한 연구 기법과 과정을 활용하는 방식에 대해 심층적 분석을 함으로써 실행연구의 접근방법을 개발하는 데도 적절하게 활용될 수 있다.

따라서 필자들은 사례, 맥락 그리고 역사에 대한 주도면밀한 관심이 일반적으로 과학의 발전에 가장 필수적인 것이라고 믿는다. 이것은 (1) 상황의 다양성을 존중하면서도 동시에 많은 상황들에서 발견되는 과정들에 대한 이해를 높여 나갈 수 있고, 또한 (2) 각각의 사례에서 무엇이 발생했는지 이를 역사적·인과적 관점에서 설명하는 데도 적용될 수 있는 현실개선에 직접적으로 도움이 되는 사회과학을 발전시켜 나가는 데 가장 의미 있는 방법이라고 할 수 있다.

실행연구 과정에 대한 추가적 성찰

필자들은 이슈가 되고 있는 문제를 해결하기 위한 적절한 행동들이 실행연구의 전체 과정에서 첫 번째 성과라고 주장했다. 또한 필자들은 실제적인 문제해결과 연계된 의미 구축과정이 실행연구에서 가장 중요한 지식 생성 요소라고 주장한 바 있다. 마지막으로, 필자들은 학습이 하나의 맥락에서 다른 맥락으로 전이되는 상황들과, 각각의 특정한 상황에서 무슨 일이 발생했는지에 대한 역사적이고도 인과적인 해석을 어떻게 발전시킬 수 있는지에 대해 논의했다.

왜 기존의 학문공동체에서 이 모든 것을 너무 뻔해서 진부하게 보일 정도로 받아들여지지 않았을까? 이러한 현재 상황을 성찰해 보기 위해서, 필자들은 우리 논의의 배경을 형성하는 보다 상위의 인식론적 논쟁으로 되돌아가야만 한다. 비록 필자들은 이제까지 Dewey에 집중해 왔지만, Dewey의 사상은 실용주의 철학의 기틀을 마련하기 위해 노력했던 Charles Sanders Peirce와 William James를 포함한 많은 동료들과의 담론을 통해 발전되었다. 물론 이들은 잘 알려져 있으며 오랜 기간 동안 존경을 받았지만, 현시점에서 볼 때 거의 완전히 사람들의 기억에서 사라져 버린 것으로 보인다. 실용주의의 몰락은 그 자체로서 하나의 논쟁의 대상이면서, 또한 Richard Rorty(1980)의 중요한 저작이라고 할 수 있는『철학과 자연의 거울(Philosophy and the Mirror of Nature)』의 핵심 주제가 되었다. 이러한 이슈들에 대한 메타논의(meta-commentary)는 John Diggin(1994)의『실용주의의 약속(The Promise of Pragmatism)』에서 찾아볼 수 있다. 이러한 저작물들은 특히 실행연구에 관심을 가진 사람들에게는 주목받을 만하다. 왜냐하면 그들의 분석은 실행연구가 이제까지 겪어 온 부침의 과정을 적절히 드러낼 수 있는 분석적이면서도 사료 편찬에 걸맞은(historiographical) 논의구조를 제공해 주기 때문이다.

Rorty(1980)의 입장에서 볼 때, 실용주의자, 현대의 해석학자(예를 들어, Gadamer, 1982; Taylor, 1985), Willard Quine과 같은 언어철학자, 프랑크푸르트 학파, Wittgenstein, Martin Heidegger, 일부 실존주의자 그리고 자신의 동료들(신실용주의 학자들) 중 일부는 그가 스스로 '인식론적 프로젝트(epistemological project)"라고 부르는 분석체계에 대해 거부하고 있다. 비록 Rorty는 인식론적 프로젝트를 다양한 방식으로 정의하고 있지만, 기본적으로 그의 주장은 무엇이 '옳고' '그른' 지식인가를 구분하는 데 활용될지도 모르는 분석 체계를 구안해 낸 현대 철학자들의 자만(pretensions)을 비판하기 위한 것이었다. 즉, 이러한 체제에서는 철학자 자신이 스스로를 판결자로 임명하고, 자신이 산출한 지식의 옳고 그름을 다시 판단하는 일종의 최고법원의 역할을 하도록 만들고, 이러한 그릇된 체제에 다른 사람들을 종속시키는 치명적 문제들을 초래하고 있다는 점을 지적하고 있는 것이다.

Rorty는 (1) 전문가에 의해 결정되는 절대적인 실재(absolute reality)에 대한 탐색이라고 할 수 있는 '체계적인 철학(systematic philosophy)'과 (2) 사람들로 하여금 일정한 의사소통상 명료성의 상태(some kind of state of communicative clarity)에 이르게 하기 위한 지속적인 대화(기법과 토론과정)라고 할 수 있는 '교화적 철학(edifying philosophy)'을 구분함으로써 인식론적 프로젝트를 반박하고 있다. 당연히 Rorty는 후자를 옹호하고 있지만, 그는 특히 Dewey, Wittgenstein 그리고 Heidegger를 예시로 언급하며, 교화적 철학자들(edfiying philosophers)이 현대철학에서는 주변부로 전락하고 있다는 점을 강조하고 있다.

Dewey, Wittgenstein, Heidegger 그리고 그들과 같은 입장을 가진 다른 철학자들을 칭송하며, Rorty는 이러한 철학자들 모두가 '인간에 대한 고전적 상(classic picture of man)'을 조롱하고 있다고 지적하고 있다. 그러한 고전적 상은 본질적으로 체계적인 철학(systematic philosophy)을 가정하고 있으며, 단언적인 언어(final vocabulary)로 보편적인 상응성(universal commensuration)을 탐색하는 잘못을 범하고 있기 때문이다. 그들은 다음과 같은 내용을 통해 이러한 문제점을 지적하려고 꾸준히 시도하고 있다.

> 단어들(words)은 그들이 표상하는 특질에 의해서라기보다는 다른 단어들과의 관계에서 의미를 가지게 되며, 어휘들(vocabularies)도 이들이 가지는 실재에 대한 명징성(transparency to the real)으로부터보다는 이를 사용하는 사람들로부터 특권적 지위(privileges)를 획득한다는 당연한 귀결…… 교화적 철학의 논점은 객관적 진실(objective truth)을 발견하는 것보다는 대화가 지속적으로 이루어지도록 하는 데

있다. 진실은…… (바로) 통상적 담화를 통해 도출되는 통상적 결과인 것이다(Such truth … is the normal result of normal discourse)(Rorty, 1980, pp. 368, 377).

필자들이 보기에 이러한 주장은 실행연구에서 핵심적인 것이다. 무엇보다 실행연구는 '대화를 지속시켜 나가는' 방법이다. 실행연구의 방법들은 서로 다른 논의의 지평을 열고 집단적인 성찰의 공간을 창출하는 것을 중요한 목적으로 간주한다. 이러한 과정에서 새로운 행동을 취하기 위한 기초로서, 현안 문제에 대한 새로운 기술과 분석들이 발전된다. 이것이 바로 필자들이 말하는 '공동생성적 학습(cogenerative learning)'인 것이다.

이는 또한 Hans Georg Gadamer(1982)에 의해 공표된 지적 · 사회적 프로젝트와도 직접적인 관련이 있다. 인간의 지식이 가진 해석적, 대화적(dialogical) 그리고 실천지향적인 특성에 대한 그의 강조는, 이러한 차원들이 모든 과학 분야(물리, 생물, 사회과학 그리고 물론 인문학과 예술)에 존재하고 있다는 주장을 내포하고 있다. 그는 해석(interpretations)이 가지는 지속적 · 영속적 · 잠정적인 성격을 강조하고 있으며, 해석학(hermeneutics)이란 하나의 행동 양식(form of action)이라는 점을 지적하고 있다. Rorty(1980)의 말을 빌리자면, 이는 곧 대화가 지속되도록 하는 하나의 방법이다. 실행연구의 실천가들이 Gadamer와 다른 현대 해석학자들의 이러한 저작들을 주의 깊게 고찰하지 못했다는 사실이 받아들이기 어려울 정도이다. 결국 이러한 현실이 자신들의 좁은 학문적 영역 속에 움츠리고 있는 전통적인 사회과학자들의 부적절하지만 정력적인 비판에 실행연구가 이제까지 취약함을 보이는 하나의 중요한 원인이 되었다.

실용주의의 제반 요소들과 기존 사회 구조에 대한 민주적 · 정치적 비평들은 서로 긴밀하게 연계되어 있다. Diggins(1994)의 가장 흥미로운 논점 중 하나는, 그의 주장을 뒷받침하는 데 있어 Henry Adams와 John Dewey의 교육에 대한 통렬한 비판을 적극적으로 활용한 것이다. Adams가 R. Crunlinffe에게 1875년 8월 31일에 쓴 편지를 인용하며, Diggins는 하버드 교수들과 그들의 학생들을 묘사한 Adams의 말을 다음과 같이 생생하게 인용하고 있다.

교수들은 간접적인 사실과 이론들을 자신들이 받아들일 수 없을 단계까지 지속

> 적으로 주입한다. 그 다음 이들은 하버드 대학교(Harvard College)에서 강의한다. 그들은 자신들이 지적 귀족이며, 온 세상에 있는 젊은 세대들에게 자신들의 생각을 설파하여, 단순·정직하고 악의가 없는 학자로서 행세하는 또 다른 일단의 사람들을 만들어 냄으로써 자신들이 진짜 영웅적인 일을 한다고 착각한다(Henry Adams: Diggins, 1994, p. 307에서 재인용).

현재의 대학과 연구소 등 교육연구 기관들은 실행 없는 지식과 노력 없는 성찰을 촉진하고 있는 거점으로 전락하고 있는 것은 아닐까? 이것은 Adam과 Dewey의 비판과 매우 유사하다. 이들은 진실은 획득될 수 있는 것이 아니라 협동적 탐구의 과정에서 끊임없이 추구해 나가야 하는 하나의 목표라고 주장하고 있다. 이점에서 우리는 다시 실용주의와 실행연구 사이의 공통점을 발견할 수 있다.

Diggins(1994) 또한 실용주의, 해석학, 언어철학, 프랑크푸르트 학파 그리고 해체이론들 사이에 설득력 있는 연계 고리를 만들었다. 비록 이것들이 어울리지 않는 조합처럼 보이지만, 만약 어떤 사람이 인식론적 프로젝트(epistemological project)에 대한 비판을 중심적 요소로 생각하고 있다면, 이러한 학파와 사고체계들은 모두 그러한 비판에 핵심적인 근거들을 제공하고 있다는 것을 알 수 있다. 필자들의 목적상 보다 중요한 것은 이러한 학파들이 실행연구의 사고체계에 상당한 영감을 주고 있다는 것이다. 따라서 이런 점에서 본다면 실행연구는 학문의 주변부에 위치해 있는 것이 아니다. 실행연구는 사회과학 연구에서 신실용주의(neopragmatism)적 입장을 가지며, 지속적인 대화를 유지시켜 나가고자 하는 시도이며, 우리 사회를 보다 민주화하려는 의도를 가지고 있다. 실용주의와 마찬가지로, 실행연구는 인식론적 프로젝트와 실증주의적 사회과학자들의 격렬한 저항에 직면하고 있다. 그들은 실용주의를 진지하게 받아들이는 것은 자신들이 알고(그리고 그로부터 혜택을 받고) 있는 학문 세계의 종말을 가져올지 모른다고 우려하고 있기 때문이다.

과학의 정치경제와 사회 구조

필자들이 이제까지 논의해 왔던 주제들의 저변에 깔려 있는 것은 우리 사회의 권력 구조에 대한 일련의 생각이다. 실행연구는 보다 민주적인 방향으로 권력관계를 변화시키고자 한다. 그러나 필자들의 기존 경험에 따르면 세상은 권위주의, 명령과 통제, 관료제, 협소한 전문화, 실행과 성찰의 분리가 일상화되어 있는 곳일 뿐만 아니라, 이러한 체제들에 반대하는 사람들에 대한 엄격한 제재도 커다란 문제의식 없이 다반사로 이루어지고 있는 곳으로 보인다. John Dewey는 이러한 이슈를 매우 적절하게 제기하고 있다. 그는 삶과 사유, 행동이 모두 하나의 커다란 전체 중 일부분이지만, 우리가 경험하는 일상은 세상이 지속적으로 갈등 양상을 빚어내는 서로 다른 이기적이고 독립된 개체들로 구성된 하나의 커다란 집합체처럼 보이도록 만들고 있다고 주장하고 있다.

그렇다면 무엇이 통합된 전체 체제를 독립된 조각과 파편들의 집합체처럼 보이게 만드는 것일까? 실행연구는 권력관계가 바로 그 원인이라고 생각하고 있으며, 따라서 권력관계에 대한 분석 없이 실행연구는 불가능하다. 자본주의 사회, 실천으로서의 과학 그리고 고등교육 및 연구에서의 정치경제는 실행연구가 극복해야 하는 딜레마를 이해하기 위해 반드시 필요한 요소들이다. 이는 또한 모든 사회 분야에서 권력 엘리트들이 실행연구 활동을 주변화하려고 지속적으로 노력하고 있는 원인을 설명해 주기도 한다.

실행연구는 사회를 민주화시키기 위해 기존 권력구조의 전면적 재편을 추구한다. 또한 집단적인 문제를 해결하는 데 있어 모든 사회 구성원들이 지닌 다양한 지식과 경험을 통합하는 것을 적극적으로 추구한다. 실행연구는 사회가 중요한 문제에 직면할 때 만연한 권위주의로 인해 사회의 구성원들이 자신들이 가진 극히 협소한 부분의 지식과 능력만을 사용한다고 주장한다. 이러한 현상이 발생하는 이유는 현재 존재하는 핵심 자원들에 대한 통제권을 보유하고 있는 소수 엘리트들의 욕구와, 사회의 피지배 계층의 역량에 대한 지배 엘리트층의 존중의식이 근본적으로 결여되어 있기 때문이다. 이러한 지배 엘리트층의 이해관계와 그들이 활용할 수 있는 자원을 고려해 본다면, 지배 엘리트층들은 시민들을 다양한 방식으로 범주화(자격이 있는 사람/자격이 없는 사람, 범죄자/선한 사람, 이성애자/동성애자, 남성/여성, 흑인/백인/황인종/북아메리카 원주민 등)하고, 자신들이 통제 가능한 충성스러운 관료제를 통해 기존의 권력관계를 유지하려고 한다. 즉 지배층에 의해 통제되는 자원들은, 이러한 분류 체계들을 받아들면서 자신들에 대한 지배층의 헤게모니적인 정의를 수용하는 사람들에게 조금씩 분배되게 된다. 이러한 종류의 관료제적 분배는 복지라는 허울 좋은 이름하에 종속된 개인들과, 이들을 통제하는 보다 상위의 권력 구조로 구성된 이분법적 관계를 만들어 내고, 이러한 기제는 결국 선물(largesses)을 받은 사람들의 저항과 협력을 무력화시키거나 억제하는 기능을 수행하게 된다.

이러한 정치경제는 과학과 학계에도 영향을 미친다. 과학은 현재 대부분 정부나 대기업으로부터 재정적으로 지원받고 있으며, 만약 정부의 지원금이 없다면 전통적인 사회과학은 사라질지도 모른다. 재정 지원자로서 정부와 대기업들은 연구의 주제와 방법을 결정하고, 동료 평가(peer review)라는 감시과정을 만들어 과학자들이 자신들의 집단에서 서로 협동하지 못하도록 만들고 있다. 사회과학분야에서 이러한 종류의 재원들은 결국 연구를 사회와 유리시키게 만들고, 양적 연구 지향적인 '분과학문 영역'의 융성만을 가져왔다.

그 결과, 이러한 분과학문 영역들은 결국 기존의 관료적 통제 구조들이 작동하는 방식과 내용을 단순히 기록하는 데 그치고 있다. 이들은 역동적인 사회변화 과정을 촉진하거나 이에 대한 비전을 제시하지 못하고 있다. 이들은 자신들이 소위 과학을 하고 있으며, 사회적인 실천행동 혹은 심지어 자신들의 지식을 사회문제 해결에 완곡하게 적용하는 것조차도 자신들의 책임은 아니라는 이기적인 생각을 단호하게 표명하고 있다. 따라서 개혁을 이루어 내려고 할 때 이들은 종종 매우 치명적인 정치적인 비용을 치러야 한다(Price, 2004 참조).

그 결과 사회과학 연구와 사회개혁은 이러한 메커니즘에 의해 뚜렷이 분리되어 왔다. 다른 학생들과 치열하게 경쟁한 후 대학에 온 새로운 세대의 학생들은 다시 이러한 분리를 빨리 수용하도록 사회화된다. 권력자들이 자신들의 권력을 유지하면서 동시에 많은 수의 관료들과 학계의 동조자들을 동원하기 위한 이데올로기로서, 이러한 사고체계는 이제까지 명백히 성공을 거두고 있다. 참여자들은 서로 상대방을 규율하였고, 이 과정에서 권력자들의 손은 거의 보이지 않았다.

이러한 맥락속에서 실행연구는 사회적 · 도적적 관여를 핵심적 요소로 하는 특성 때문에 '비과학적'이라는 낙인이 찍히게 되고, 그 결과로서 재정적 · 제도적인 지원을 박탈당하게 된다. 실행연구는 또한 본질적으로 다학문성을 지닌 학제적 활동이기 때문에, 학계에서 그리고 다른 관료적인 구조에서 철저히 소외당하고 있다. 분과학문 영역을 세분화함으로써 그리고 자신들의 영역을 지키기 위한 구조화된 이해관계를 창출함으로써, 학교, 대학 그리고 다른 관료 체제들은 실행연구의 핵심이라고 할 수 있는 민주화라는 사회적 프로젝트를 억압하고 있다. 마지막으로 사회과학 연구가 적용의 맥락으로부터 분리되어야 한다고 주장함으로써, 권력자들은 사회과학자들이 사회에서 매우 논쟁적인 이슈에 대해서는 연구하지 않을 것이라는 자기 확신을 가질 수 있었다. 결국 왜 현재 실행연구가 주변화되어 있는가라는 질문에 대해 필자들은 그 이유가 우리 사회와 대학에서 전반적으로 민주적인 사회적 변화에 대한 노력이 결여되어 있는 데 있는 것이지, 과학적 연구의 한 양식으로서 실행연구의 내재적인 약점에 있는 것은 아니라는 점을 분명히 밝혀두고자 한다.

결론

이어지는 제2부의 각 장들에서 필자들은 실행연구에서 대화를 지속해 나가기 위해 사용하는 다양한 전략들에 대해 자세히 설명할 것이다. 또한 필자들은 전반적 실행연구 영역의 개관에 대해 일반적인 용어로 요약하여 제시할 것이다. 필자들의 관점에서 보면 실행연구는 인간의 삶의 중심에 놓여 있다. 실행연구는 새로운 지식의 공동생성, 조치 계획의 개발과 시행 그리고 사회 민주화를 위해 공동체 또는 다른 조직들에 의해 의도적으로 만들어진 대화적 환경들(dialogical environments)에서 이루어지는 일련의 의사소통 행위들로 구성되어 있다. 앞서 언급한 인식론적 프로젝트에서와는 달리, 실행연구는 (1) 도전받지 않는 권위(unquestioned authority)와 (2) 사회적 학습과 사회변화에 대한 합리적인 접근방식(reasonable approaches)으로서 실재론-실증주의(realism-positivism)를 모두 거부한다. 지역적 행동주의(local activism)와는 달리, 실행연구는 순수한 상대주의(pure relativism)와 자신이 봉사하는 집단에 대한 무비판적 헌신 또한 거부한다. 실행연구는 대화의 한 양식이며, 새롭지만 종종 고통스러운 지식을 산출해 내는 비판적인 의사소통이라고 할 수 있다.

실행연구 과정은 권위를 가진 당국과 공동체, 실재론과 상대주의의 세력들이 자신들이 가진 모든 입장들을 철저히 상호 검증하도록 만들뿐만 아니라, 이를 통해 상호 간에 서로 생산적인 기여를 할 수 있도록 개방된 의사소통의 상황에서 만날 수 있는 구조화된 장을 창출한다. 실행연구는 모든 사람에게 열려 있으며 참여자들 사이에서 지속적인 대화가 이루어지게 하는 것을 목표로 한다.

저자 주

1. 존재론적·인식론적·방법론적 입장에 대한 개관에 대해서는 Guba and Lincoln(2005) 참조
2. 보다 자세한 설명은 제8장 참조
3. 이념형(ideal type)의 개념은 대부분의 사회과학 문헌에서 부적절하게 다루어지고 있다. 지배적인 견해에 따르면, 이념형은 변수들이 상호 간에 동적인 관계로 형성되지 않는 본원적인 모델링(primitive modeling)의 한 양식이다. 현대 사회과학의 주요한 공헌은 아마 이념형을 넘어 역동적으로 연결된 변수들의 모델들을 만들어 검증될 수 있는 가설들을 만들어 낸 것에 있다고 할 것이다. 필자들은 이러한 방법의 우월성에 대한 어떠한 증거도 발견할 수 없다. 더욱이 필자들은 현재 사회과학이 맥락과 역사와의 연계성을 잃어버린 것은 현재 수행되고 있는 사회과학 분석이 이러한 유형의 사고방식에 잘못 길들여졌기 때문이라고 생각한다.

역자 참고문헌

이영철(2006). 사회과학에서 사례연구의 이론적 지위: 비판적 실재론을 바탕으로. 한국행정학보, 40(1), 71-90.

제 5 장

과학적 방법과 실행연구

과학의 역할은 오랜 기간 동안 현대 사회과학 연구자들 사이에서 높게 평가되고 있다.[주1] 이를 추구하는 사람들에게 '과학적'이라고 여겨진다는 것은 곧 재정적·이념적 지원과 함께 연구에서 도출된 이론, 결과 및 제언에 사회적 평판을 부여받을 수 있다는 것을 의미한다. 그러한 생각을 지지하는 '수치에 대한 신뢰(trust in numbers)'(Porter, 1966)라는 상황의 발생과, 사회 연구에서 오랜 기간 지속되어 온 실증주의와 규범주의의 분리는 우리에게도 잘 알려져 있다. 이러한 상황은 결국 실행연구가 비과학적 또는 '엄격하지 못한(soft) 연구'로 분류되고, 이에 따라 학문공동체와 일반 사회 전반의 지배적 권력들이 실행연구자들의 연구결과들을 무시하게 되는 귀결로 이어진다. 물론 이러한 현상은 우리의 연구결과가 기존의 권력관계에 비판적이거나, 우리의 연구방법들이 전통적 사회과학 연구자들에게 자신들의 연구실과 도서관을 넘어 자신들이 존재하는 세상과 함께 지식을 창출하는 활동에 보다 적극적으로 관여할 것을 요구할 때 더욱 강화될 것이다.

논의의 목적상, 필자들은 과학에 이러한 평판을 부여하는 현재의 정치경제적·문화적 조건을 주어진 것으로 본다. 과학이 무엇인가에 대한 지배적 견해 자체가 또한 설명을 필요로 하는 것이지만, 이를 설명하는 것은 이 책 혹은 이 장의 목적을 넘어서는 것이다. 필자들은 실행연구가 '과학'에 반하지 않는다는 것을 분명히 하고자 한다. 과학은 새로운 지식을 창출하기 위한 활동으로서 수행될 수 있으며, 해방적 과정을 위한 기초로서 작동할 수 있다. 이러한 주장이 진실인지 아닌지는 과학이 어떤 방식으로 사회에서 자리를 잡고 수행되는지에 달려 있다.

이 장과 다음 장에서 필자들은 단순하지만 대담한 주장을 펼치고자 한다. 필자들은 실행연구가 전통적인 사회과학 연구의 주류적 연구방법들에 비해 물리학이나 생명과학의 실천방식(practices)에 훨씬 가깝다고 주장한다. 이는 필자들이 실행연구를 단순히 과학의 이름으로 정당화하고자 하기 때문이 아니라, 실행연구가 전통적인 형태의 사회과학 연구에 비해 훨씬 더 사회 현상에 대해 신뢰할 수 있는 정보를 산출하고, 이러한 정보가 직접적으로 실행 가능하다는 것을 보여 주고 싶기 때문이다. 전통적인 사회과학들(경제학, 심리학, 사회학, 정치학 그리고 좀 더 약하게는 인류학)은 학문공동체 내에서 지배적인 분야로 자리매김하고 있다. 그들은 다른 모든 사회과학 연구의 형태를 기타 혹은 열등한 학문분야로 취급한다. 예컨대, 경영학(management studies), 기획, 교육, 실행연구 등이 그것이다. 따라서 이런 주류 학문의 헤게모니 속에서 실행연구와 같은 다른 학문적 접근방식들은 필연적으로 과학적이지 않은 것으로 생각되기 쉽다.

우리는 실행연구의 접근방식이 대부분의 전통적인 사회과학 연구와 근본적으로 다르다는 데 동의한다. 그러나 필자들은 전통적인 사회과학 연구에서는 실제 적용하면서 타당성을 검증할 수 있는 결과들을 거의 산출해 내지 못하는 반면 실행연구는 타당하고 실행 가능한 연구결과를 산출할 가능성이 높다는 점을 강조하고 싶다.[주2] 이 책의 제7장, 제16장, 제17장에서 필자들은 왜 전통적인 사회과학 연구에 대한 현재의 구조가 존재하는지, 그리고 대학을 포함한 연구기관에서 실행연구가 어떻게 주변부화되어 왔는지에 대해 설명한다.

과학적 연구방법으로서 실행연구

필자들은 "실행연구는 비과학적이다"라는 전형적인 비판에 대해 우리의 생각을 제시하는 것으로부터 논의를 시작하려고 한다. 실행연구 공동체의 일부 연구자들은 과학 자체가 필연적으로 비인간적(inhumane)이며, 인간과 분리되는 것(alienating)이라는 생각을 받아들임으로써 이 문제에 접근한다. 그들은 비과학적(unscientific)이라고 불리는 것을 자랑스러워한다. 우리는 그들과는 근본적으로 의견을 달리하며, 실행연구가 타당하고 의미 있는 사회과학 연구결과를 창출할 수 있고, 실제 창출하고 있으며, 창출해야 한다고 주장한다.

학계에서는 실행연구, 응용연구 그리고 대부분의 질적 연구가 일반적으로 '비과학적인 것'으로 폄하되고 있다. 전통적인 사회과학 연구자들은 때때로 일부 실행연구가 유용하다고 인정하긴 하지만, 일반적으로 실행연구에서의 발견은 과학을 하는 것이라기보다는 스토리텔링을 하는 것을 기반으로 한 일화적인(anecdotal) 것에 불과하다고 주장한다. 사실 대부분의 전통적인 연구자들은 마치 '실천적으로 유용한 작업'은 (과학의 정의로 볼 때) '과학적'으로는 중요하지 않은 것으로 믿는 것처럼 행동한다. 학계에서 과학을 한다는 것은 객관적이고 엄격한 통계적 검증, 특히 최소한 준실험적 통제를 활용하고 실제 적용의 세계로부터는 멀리 떨어져야 하는 것으로 생각한다. 이런 점에서 전통적인 사회과학 연구자들은 Nowotny, Scott and Gibbons(2001)가 말하는 모드 1 지식, 즉 '믿을 만한 지식(reliable knowledge)' 창출에 집중하고 있다. 반면, 실행연구는 실제 적용의 맥락에서 지식을 생산하는, 즉 '사회적으로 탄탄한(socially robust)' 모드 2 지식을 산출하는 것이라고 볼 수 있다.

여기서 독자들은 필자들이 마치 이전에 전혀 제기되지 않았던 사회과학에 대한 새로운 비판을 새로 만들어 내는 것처럼 오해하지는 않았으면 한다. 전통적인 사회과학은 종종 적용하고 있는 과학적 방법의 문제점에 대해 오랜 기간 동안 비판을 받아 왔다. 현대 사회과학에 대한 비판자들은 다양한 사회과학의 학문분야들이 과학의 모델로서 고전적인 물리학이나 화학을 받아들임으로써 오류를 범하고 있다고 주장한다(Clifford & Marcus, 1985; Geertz, 1973; Porter, 1995; Rabinow & Sullivan, 1987). 이 비평가들 중 일부는 과학을 부인하고, 일반화가 가능한 지식의 존재 자체에 대해 비판적인 관점을 가지고 있다. 또 다른 비평가들은 보다 '적절한' 연구를 수행함으로써 사회과학 연구방법에서의 다양한 개혁을 주장한다. 하지만 그들이 주장하는 적절성에 필요한 연구자들의 진지한 관여가 바로 전통적 사회과학 연구의 접근방식에 대한 근본적인 변화를 의미한다는 것을 제대로 이해하지는 못하고 있다.

많은 비평가들은 사회과학이 개념화를 하는 과정에서 일종의 기계적 · 의식적 오류에 사로잡혀 왔고(예를 들어, Barnes & Shapin, 1979; Mills, 1959), 이러한 오류는 해석학(hermeneutics)에서 구조주의(structuralism)와 해체주의(deconstruction) 이론에 이르기까지 다양한 대안적 접근방법에 의해 논의되어 왔다고 설명한다. 이러한 견해에서는 사회과학이 자신들에게 적절한 연구방법들로부터 벗어나기 시작했다고 본다. 이것은 '비극적인' 이야기이며, 통상적으로 사회과학이 자연과학에는 존재하지 않는 다양한 사회적 현상의 차원(예를 들어, 상호 주관적 이해, 언어)에 충분한 주의를 기울이지 않아 왔다고 주장한다. 물론 특정한 학문적 의제는 이러한 비판에서부터 나타나기도 한다. 예컨대, 학계에서의 권력과 영향력을 둘러싼 투쟁이라는 문제인식은 바로 그런 것들 중 하나이다. 사회과학 분야에서 합리적 선택 실증주의자와 문화적 연구자들 사이에서 나타나는 논쟁에서 볼 수 있듯이, 이러한 투쟁은 나날이 격렬해지고 있다.

우리는 이러한 의제를 바꿔야 할 필요를 느끼지는 않는다. 하지만 이렇게 가상적으로 존재하는 사회과학의 역사는 전통적인 사회과학의 역사에 대한 연구로부터의 결과나 실제 우리가 경험한 상황들과는 서로 일치하지 않는다고 생각한다. 여기서 우리는 핵심적인 사회과학 분야로부터 적극적인 사회적 관여가 수반된 개혁적인 작업(engaged and reformist work)을 몰아낸다거나(Madoo Lengermann & Niebrugge-Brantley, 1998; Messer-Davidow, 2002; Ross, 1991 참조), 그것이 아니라면 뜻을 알 수 없는 전문용어를 사용하여 비적절성에 대한 논의로 후퇴(retreat into jargonized irrelevance)하는 과거의 행태를 다시 반복하자는 것이 아니다. 필자들의 의도는 여기서 보다 본질적인 논의를 전개하자는 것이다. 우리가 앞으로 초점을 맞추고자 하는 논쟁의 또 다른 부분은 과학 자체에 대한 오해로부터 발생한다.

물리학 및 생물과학 분야에서의 연구는 (우리가 생각하기에는) 이러한 비평가들이 잘 모르고 사용하고 있다고 생각되는 과학적 연구에 대한 고정관념(stereotype of scientific research)과 잘 부합되지 않는다. 필자들은 그보다는 과학 분야에서의 많은 연구가 (가설의) 검증과 재형성이라는 반복적 순환과정, 그리고 사유와 행동 사이의 관계에 대한 성공적이고 엄격히 훈련된 양식(successful and disciplined form)으로서 가장 잘 이해될 수 있다고 믿는다. 다른 말로 표현하자면, 실제로 과학은 현대의 사회과학과는 근본적으로 다르다. 하지만 이는 현대의 사회과학 방법이 과학적 방법과는 별로 관련이 없기 때문이다.

(자연)과학에서 잘못 차용된 한 가지 오해는, 사회과학자들이 그들이 탐구하는 현상으로부터 (실제적으로 그리고 의도적으로) 완전히 분리되어야 한다는 것이다. 사회적 거리두기(social disengagement)를 객관성, 비편파성, 과학적 실천에 대한 요구와 동일시함으로써, 전통적 사회과학자들은 자신들의 연구대상들과 체계적으로 거리를 둔다. 이렇게 인간의 행동을 이해하는 것을 거의 불가능하게 할 정도로 거리 두기를 하는 것에 더해, 그들은 과학을 행동으로부터 분리시킬 것을 주장한다. 이러한 그들의 행태는 연구결과의 검증을 할 수 있는 사유와 행동 간의 관련성을 단절시킴으로써, 전통적인 사회과학을 물리학이나 생물학과 다르게 만들고 또한 실행연구와도 현저한 차이를 만들고 있다.

필자들은 여기서 과학 그 자체의 의미에 관한 보다 근본적 이슈에 대해 논하려는 것은 아니다. 단순히 몇 가지 실효적인 의미에서 물리학과 자연과학이 과학적이라고 간주하는 것이 유용하다는 점을 가정하자는 것이다.[주3] 필자들의 초점은 사유와 행동 사이의 지속적이고 체계적인 상호작용을 추구하는 실행연구가 전통적인 사회과학의 접근방법보다 물리학 및 생물학에서의 연구와 훨씬 더 유사하다는 점을 강조하는 데 있다.

이 문제의 핵심은 전통적인 사회과학자들이 '과학적이라는 것'은, 연구자들이 관찰 대상과의 모든 관계를 단절하고, 자신들이 가진 편견의 유혹에 의해 포섭되는 것을 피해야만 한다는 자신들의 주장을 엄청나게 강조한다는 데 있다. 그러한 사회과학자들은 객관성을 자신들이 연구 중인 현상과의 분리와 동일시하고, (1) 다른 인간을 이해하는 자신들의 능력과 (2) (반대로) 자신들의 연구대상들이 자신들의 행동과 상황에 대한 개념적 분석을 제공할 수 있는 능력은 존재하지 않는다고 보는 오만함을 보여 주고 있다. 이러한 믿음과 접근방식은 전통적 사회과학자들이 과학적 방법을 사용하고 있다는 주장의 타당성을 약화시킨다. 무엇보다 생물학자와 물리학자들은 연구가 객관적이기 위해 그들이 연구하는 현상으로부터 자신들을 분리시키지는 않기 때문이다. 실험적 방법은 오히려 이와는 정반대라고 할 수 있다. 즉, 특정한 조건이기는 하지만 연구자와 연구대상의 연계를 요구한다. 과학적 방법과 그것의 실험을 위한 장치는 그것이 비록 민주적인 사회변화를 지향하는 것은 아니지만, 우리가 사는 세상에 대한 그리고 세상 속에서의 실천의 한 형태라는 것은 분명하다.

이러한 방식으로 사회과학 연구를 보는 것은 새로운 생각이 아니다. 하지만 전통적인 사회과학자들과 그들의 연구가 추구하는 목표가 민주적 사회 참여와 개혁이라는 보다 중요한 가치로부터 벗어남에 따라 이러한 생각들은 지속적으로 억압되었다. 앞의 제2장에서 필자들이 소개했던 사회심리학자이자 실행연구의 초기 주창자인 Kurt Lewin은 사회과학 연구가 과학적이고 동시에 사회 참여를 지향해야 한다는 견해를 견지하고 있다. 필자들이 제2장에서 말했듯이, 이 문제에 대한 그의 견해는 "좋은 이론만큼 실제적인 것은 없다" 그리고 "무엇인가를 이해하는 가장 좋은 방법은 그것을 변화시키려고 노력하는 것이다"라는 그가 언급한 두 개의 문장들에 요약적으로 제시되고 있다. 그는 민주주의와 교육 분야의 유명한 실용주의 철학자였던 John Dewey의 초동적 생각들을 반영하여 이러한 견해를 1930~1940년대에 명료히 제기한 바 있다.

필자들은 제6장에서 이러한 주장들에 대한 보다 상세한 설명을 할 것이다. 현재의 맥락에서 Lewin과 Dewey가 중요한 것은 사회과학 연구에 대한 그들의 접근방식이 현대 과학자들이 생각하고 행동하는 방식들과 일치한다는 점과, Lewin이 실행연구와 과학적 방법 간의 연관관계에 대해 명확하게 이해하고 있었다는 점이다.

실행연구와 과학적 방법에 대한 토론에서 보이는 전형적인 방식(즉, 공식적 의견의 표명)에 천착하기보다, 필자들은 우리의 주장들을 잘 드러내 주는 에피소드를 이야기 형식으로 서술함으로써 우리의 주장을 뒷받침하고자 한다.[주4] 필자들의 목적은 실행연구가 전통적인 사회과학 연구보다 타당한 결과를 산출할 가능성이 더 크다는 우리의 주장의 의미를 명확히 하고, 이어서 전통적 사회과학[주5]이 왜 이러한 궤적에서 벗어나게 되었는지를 검증하는 데 있다.

사유와 행동의 반복적 순환으로서의 물리학과 생물학

여기서 말하는 에피소드는 25년 전 Greenwood에게 일어났다. 그는 그 이야기를 매우 자주 반복했다. 따라서 이야기를 구성하는 방식에 있어서 그의 회상은 당초 에피소드뿐만 아니라 이제까지 자신이 해 온 이야기들에 밀접한 영향을 받고 있다. 그는 자신의 강의 노트 이외의 어떤 것으로도 해당 에피소드에 대해 문서화해 놓지는 않았다. 왜냐하면 이와 관련된 큰 의미들은 오랜 기간 동안의 성찰에 의해 보다 명확해진다고 믿었기 때문이다. 그리고 여전히 Greenwood는 그가 참여했던 해당 에피소드에 대해 그가 사실을 말하고 있다고 믿고 있다.

이 에피소드가 일어났을 당시 Greenwood는 코넬 대학교(Cornell University)의 생물학과 사회 전공(Biology and Society Major)의 주임교수였다. 학부생 대상 교육 프로그램이었던 이 다학제적, 복수 대학 참여 전공은 기초 생물학과 물리학, 사회과학 및 인문학을 연계하기 위한 목적으로 설계되었다. 이 전공은 기초과학에 대한 강한 관심을 가진 학생들에게 사회과학과 인문학을 체계적으로 탐구할 기회를 제공했다. 이뿐 아니라 Greenwood는 생물학과 사회학 간의 관계에 대한 개관과 함께 과학과 과학적 방법에 대한 토의를 포함하는 중핵적, 심화과정 강좌들을 담당했다.

몇 차례에 걸쳐 이 과정을 가르치면서, Greenwood는 수학, 물리학, 화학 및 생물학에 대한 튼튼한 배경지식을 갖춘 우수한 학부생들이 과학적 방법에 대한 구체적이고 행동적인 이해를 거의 하지 못하고 있다는 사실을 발견했다. 그들은 과학적 방법의 규칙들을 기술하기에 적절한 언어를 사용할 만큼 충분히 훈련이 되어 있었지만, 지식 생성 및 성찰적 행동의 한 형식으로서의 과학적 방법에 대해서는 제대로 이해하지 못하고 있었다. 대신 그들은 과학적 방법에 대한 그들의 생각을 주로 진리, 객관성 및 반복가능성(replicability)에 대한 과학적 가치들을 지지하는 하나의 방법으로만 활용하고 있었다.

성찰을 하는 과정에서, Greenwood는 학부 3학년이 될 때까지 대부분의 학생들이 그들이 이수한 입문과정에서 무턱대고 외우는 방식의 과학 활동만을 해 왔기 때문에 이러한 그들의 사고방식이 아주 놀랍지는 않다는 점을 깨달았다. 그들에게 있어 실험실 상황에서의 발견과 해석과 같은 형태로서의 과학에 대한 경험은 거의 전무했던 것이다.

즉 비록 상황을 이해할 수는 있었지만, Greenwood는 생물학과 사회 전공에서 그러한 사실이 지속되는 것을 받아들일 수는 없었다. 대부분의 전공은 행위의 한 형식으로서 그들의 과학적 방법에 대한 이해가, 수많은 환자에게 직접적인 결과를 가져올 수도 있는 의학이나 보건 분야로의 진로를 준비하는 것이었다. 그는 문제를 해결하기 위한 방법을 두루 찾아보았다. 그는 자신이 학생들과 좋은 관계를 맺고 있음에도 불구하고, 문화인류학자로서 과학적 방법에 대한 그의 견해가 학생들에게는 거의 신뢰를 줄 수 없다는 것을 알았다. 따라서 그는 코넬 대학교의 노벨상 수상 경력의 화학자를 수업에 초청하여 과학적 방법에 관한 강연을 부탁하기로 결정했다. 이러한 선택을 한 이유는 먼저 그가 그 노벨 수상자를 알고 있었기 때문이었고, 또한 그 교수가 과학에 대해 탁월하고 헌신적인 교수자로 알려져 있기 때문이었다.[주6]

초청된 화학자가 진행한 강연은 50분 정도 진행되었고, 학생들은 강연 내내 흥미를 가지고 경청하였다. 노벨상 수상자의 강연은 개인적 명망과 함께 그가 가진 친근하고 현실적인 태도와 결합되어 대부분의 참석자들에게 매우 효과적으로 받아들여졌다. 강연을 시작할 때 학생들은 이 저명한 과학자로부터 매우 추상적이고 이론적인 강연을 기대했다. 그들은 훌륭한 과학이란 심오하고 추상적 개념, 일반적인 법칙들, 거대 이론들과 동일한 것이라고 생각했다. 하지만 그들이 강연을 통해 얻은 것은 당초 그들이 생각했던 것과는 다른 것이었다. 강연자는 과학자로서의 자신의 활동들을 묘사한 후, 행동적 관점에서(특히 과학 연구 프로젝트를 담당하는 책임 연구자의 관점을 통해) 학생들을 자신의 세계로 이끄는 방식을 선택했다.

그는 학생들에게 어떠한 과학적 탐구에 있어서도 가장 첫 번째 이슈는 연구할 문제를 창출하는 것이라는 점을 지적하면서 강연을 시작했다. 그는 이것이 단순한 과정이 아니라고 설명했다. 학생들의 반응으로 미루어 볼 때, 학생들은 이전에는 과학자들이 자신들이 제기할 질문을 어떻게 창출해 내는지에 대해 생각해 보지 않았던 것이 분명해 보였다. 아마도 이는 학생들이 일반적으로 그들의 수업 활동에서 교수로부터 일련의 이해하기 용이한 형태로 만들어진 질문들을 받아 왔기 때문으로 보인다. 화학자는 세상에는 많은 문제들이 있으며 과학적 문헌에는 더 많은 문제들이 제시되어 있다고 지적했다. 이들 중 일부는 연구자들에게 흥미롭기도 하고, 일부는 그렇지 않기도 하다. 그의 주장에 따르면, 이때 흥미로운 점은 이것이 부분적으로 개인적인 선호와 역사의 문제라고 말한 점이다. 또한 어떤 문제들은 이용이 불가한 장비와 자금이 필요한 경우도 있다. 또 다른 일부 문제들은 그것들을 매력적이거나 혹은 매력적이지 않게 만드는 이전의 경험 요소들을 다루게 된다. 때로는 관찰을 통해 파악된 이상 현상이 질문의 과정을 창출하거나, 선행연구의 검토가 결국은 사람들로 하여금 연구할 가치가 있는 문제를 결정하도록 만들기도 한다.

이 시점에서 학생들이 이전에는 그리 친숙하지 않았던 새로운 생각들을 접하고 있다는 점은 이미 분명해졌다. 대부분의 학생들은 과학자들이 질문을 제기하는 맥락을 제공하는 아이디어, 경험, 조직 구조 및 역사라는 매트릭스를 제대로 고려해 보지 못했던 것이다. 그러나 강연자의 주장은 과학철학(Kuhn, 1962)과 과학의 사회적 연구(Barnes, 1977; Barnes & Shapin, 1979; Latour & Woolgar, 1979; Rabinow, 1996; Traweek, 1992; Zabusky, 1995)에서 수행된 연구의 결과들과 잘 부합되는 것이었다. 과학적 탐구 문제의 창출과정에 대한 설득력 있는 설명은 거의 제시되지 않고 있다. 예외가 있다면 재조합된 DNA 연구에서 하나의 특정한 발견과 관련하여 이 문제를 효과적으로 제기한 Paul Rabinow(1996)의 연구 정도가 있을 뿐이다. 이 주제는 이제 과학과 기술 연구 분야의 핵심적 관심사라고 할 수 있다(Hess, 2001 참조).

문제 선택은 다음과 같이 '개인의 창의력', '천재성' 등의 제목하에서 범주화되는 경향이 있는데, 이는 과학을 개인적 영웅의 이야기로 바꾸어 놓는다. 즉, 우리가 보기에는 위계적이고 권위주의적인 도덕률을 갖다 붙인 이야기 혹은 소수의 리더와 많은 추종자들에 대한 이야기 등이 그런 것이다. 강연자는 이 과정을 개인 혹은 팀이 그러한 문제들이 충분히 연구될 수 있도록 문제를 생각해 내거나 정의를 하는 창의성을 발휘하는 단계라는 점을 지적했다. 개인과 팀은 지역의 사회적 맥락 안에서 활동한다. 동시에 이들은 과학적 문헌을 통해, 그리고 문제들을 복잡한 사회적 · 지적 · 공간적 연결망에 위치시킴으로써 자신들을 둘러싼 세상과의 지속적인 접촉을 하게 된다.

강연자는 다음으로 선택한 특정한 문제가 연구할 만한 가치가 있는지를 어떻게 알 수 있는지 학생들에게 물어보았다. 학생들은 다시 당혹스러운 상황에 빠졌다. 그는 특정한 주제로부터 제기되는 결과들에 대한 많은 합리적인 검증방법이 있지만, 어떤 방법도 문제 자체가 그만한 노력의 가치가 있음을 보장해 주지는 않는다는 점을 지적했다. 특정한 연구자 혹은 팀이 특정한 문제를 연구하는 데 노력을 기울일 것인가 말 것인가라는 문제는 개인적 선호, 직감, 통찰력 및 연구 자금을 포함하여 필요한 자원의 활용가능성과 밀접한 관련이 있다. 또한 그것은 종종 이러한 특정한 활동이 만들어 놓은 이전에 이루어진 일련의 작업들과의 연계 활동의 결과물이기도 하다.

특정한 문제를 정의하고 탐구하기에 충분할 만큼 중요하다고 결정하고 나면, 연구자들에게 주어지는 다음 문제는 그것을 어떻게 연구할 것인지 결정하는 일이다. 연구자들은 선택된 문제의 연구를 위해 잠재적으로 적절한 데이터가 무엇일 것인지에 대해 자문할 필요가 있다. 강연자는 특정한 연구문제에 대해 종종 어떤 데이터가 적절한지가 명확하지 않다는 점을 의도적으로 보여 줌으로써 이 문제의 핵심을 드러내고자 했다. 그의 견해로 볼 때, 연구자들은 어떤 데이터가 연구문제와 일정 정도 합리적인 관련성을 가질 수 있는지, 그리고 다른 연구자들이 납득 가능한 수준으로 만들 수 있을 것인지 결정하기 위해 종종 많은 노력을 투여하게 된다.

학생들은 또다시 놀랐다. 필요한 데이터가 무엇인지에 대한 모호성, 특정한 과학적 연구팀에서 이루어지는 사회적 과정의 양, 자신들이 속한 보다 넓은 네트워크 그리고 지역적 장비와 자금의 한계에 대한 지역 연구자의 의존성이 모두 과학에서 고려해야 하는 요소들이고, 그들이 이제까지 수강한 입문 과학 강좌들에서는 이러한 점을 전혀 말해 주지 않았기 때문이다. 그들에게 과학적 방법이란 주로 개인적으로 사실의 세계와 맞부딪치는 것, 그리고 개인적 방식으로 형성되는 가설, 연구 전략의 설정, 실험 및 보고서의 작성 등을 수행하는 것이라는 견해가 지배적이었다. 즉, 학생들은 이제까지 과학에 대한 영웅적이고 급진적인 개인주의적 견해만을 들어 왔다. 하지만 지금 그들은 영웅적인 것과는 거리가 멀기는 하지만, 과학자들의 활동에 대한 심오한 존경심으로 가득 차 있는 과학 분야의 한 영웅의 이야기에 귀를 기울이고 있었던 것이다.

학생들은 특히 데이터 또한 연구 현장에서 활용 가능한 장비의 종류에 의해 일정 부분 결정된다는 생각에 매우 당황해하는 것처럼 보였다. 장비의 활용가능성 자체가 어떤 데이터가 적절한지 그리고 데이터가 수집되는 방법에 일정 부분 영향을 미친다는 점은 그들에게는 매우 생경한 사실이었다. Greedwood는 그들이 친숙했던 과학적 절차가 이상적이라고 생각했던 만큼, 학생들에게 강연자가 설명한 그러한 현실이 마치 일종의 부정행위를 범하는 것처럼 편하게 받아들여지지 않는다는 점을 느낄 수 있었다.

강연자는 또한 수집된 정보를 어떻게 문서화하고, 연구팀 구성원들의 활동을 어떻게 효율적이며 합리적으로 조직화해야 할 것인지에 대해서도 수많은 결정을 해야 한다는 점을 강조했다. 노벨상 수상 화학자가 팀 리더, 연구 보조금 제안서 작성자, 그룹을 조직하고 동기 부여하는 데 능숙한 사회적 행위자가 되어야 한다는 생각은 학생들에게는 놀라운 사실이었다. 연구팀이 데이터 수집을 마치기 전까지 연구자금이 고갈되지 않도록 하기 위해 연구 활동을 설계함에 있어서 다양한 타협이 이루어질 수 있다는 점 또한 새로운 사실이었다. 물론 이것이 학생들의 잘못은 아니다. 이들 중 거의 아무도 주어진 예산의 한계 내에서 연구 보조금 제안서를 작성하거나, 자원을 동원하거나, 실험을 수행할 필요에 직면하지 못했기 때문이다.

강연자는 과학적 연구의 과정에서 나타나는 모든 요소들이 지적인 요소뿐만 아니라 사회적인 요소와 깊은 관련이 있다는 점을 강조한 후, 언제 데이터 수집이 완료되어야 할 것인지를 결정하는 것은 매우 어려운 일이라고 주장했다. 그는 얼마나 많은 데이터가 충분한지를 결정하는 것은 추상적인 기준에 따라 항상 정당화될 수는 없으며, 종종 실제적인 문제가 기준이 되는 경우가 많다고 지적했다. 예컨대, 피로, 재정적 · 물리적 혹은 시간적 자원의 고갈에 의해 결정이 이루어질 수도 있다. 또한 탐구하는 문제에 대해 충분한 데이터가 있다고 다른 사람들이 믿을 만큼 데이터가 수집되었다는 생각이 의사결정의 기준이 되는 경우도 있다. 학생들은 그들이 예상했던 것보다 과학적 연구의 과정에서 데이터 수집 단계의 종료가 명확하지 않음을 깨달았다.

이 시점에서 강연자는 가설 혹은 연구문제 설정이라는 두 번째 단계로 논점을 이동했다. 그는 연구 활동이 맨 처음에는 특정한 문제 인식과 아마도 가설에 의해 안내되었겠지만, 일단 데이터가 수집되고 검증되고 난 이후의 이슈는 활용 가능한 데이터의 배열 혹은 배치, 또는 구조를 어떻게 설명할 것인가라는 점이 된다는 것을 지적했다. 물리학 및 자연과학에서 이 과정은 종종 그룹 활동으로 진행된다. 관련 문헌의 탐독, 이메일의 교환, 개인적 혹은 단위 부서 차원의 관계와 기타 상호작용을 통한 브레인스토밍 활동에 의해 다양한 가설들이 종종 만들어진다.

강연자는 다음으로 학생들에게 그들이 충분한 가설들을 만들었는지를 어떻게 알 수 있는지 질문했다. 학생들은 특정한 행동의 양식으로서의 가설 형성이 그들이 수강한 과학 강좌에서는 자주 논의되지 않았기 때문에 어리둥절할 수밖에 없었다. 강연자의 냉철한 답변은 가설 형성 작업은 학생들이 더 이상의 가설을 생각해 낼 수 없거나, 계속하기에는 너무 지쳐서 계속할 수 없을 때 끝난다는 것이었다. 학생들은 처음에 강연자가 농담을 하고 있다고 생각했지만, 그것이 아니라는 점이 곧 명확해졌다. 강연자는 과학이 완전한 정보, 무한한 가용 자원 그리고 완벽하게 합리적인 인간이 있는 이상적이고 공상적인 공간에서 일어나는 활동이 아니라는 것을 학생들에게 이해시키고자 했다. 과학은 주어진 순간에 존재하는 모든 요소들 사이에서 일련의 실용적인 타협이 결합된 인간 활동의 한 형태인 것이다.

그러한 상황에 대한 실용성을 넘어, 강연자는 또한 보다 심층적인 논점을 제기하기를 원했다. 필자들은, 강연자가 논의가 되고 있는 데이터의 배열에 대해 충분한 대안적 유형의 설명을 제공한 시점이 언제인지를 연구자들이 알 수 있는 합리적인 방법이 있을 수 없다고 주장했다고 생각한다. 세상은 우리의 이해 정도에 비해 훨씬 더 복잡하기 때문에, 우리는 항상 일련의 불완전한 타협을 통해 이러한 복잡성에 접근하게 된다. 특정 집단의 과학자들과 함께 특정한 기관에서 훈련받았다는 사실은 얼마나 많은 가설들이 충분한지에 대한 판단에 커다란 영향을 미칠 가능성이 크다. 이러한 학문적 그룹들의 복잡성과 서로 다른 철학과 연구방법에 대한 취향은 아마도 특정한 젊은 과학자를 특정한 방식으로 사회화시키는 데 많은 영향을 미칠 것이다. 하지만 이러한 사회화가 어떤 방식으로 일어났건 간에, 연구자가 적절하고 가능한 방식으로 데이터에 대한 설명을 충분히 했음을 알 수 없다는 점을 강연자는 특별히 지적했다. 그 자체로서 강력하기는 하지만, 그렇다고 과학이 인간이 가진 한계를 초월할 수 있는 수단은 아닌 것이다.

청중을 완전히 당혹스럽게 만든 후, 강연자는 다음 단계인 데이터에 반하는 연구질문 또는 가설의 검증으로 넘어갔다. 학생들은 이제까지 실험실에서 한정된 해결책을 찾는 사전에 구조화된 실험들만을 수행해 왔기 때문에, 강연자가 말하고 있는 것을 제대로 이해할 수 있는 준비가 되어 있지 않았다. 학생들이 경험한 바에 따르면 모든 문제들은 특정한 해답들을 가지고 있었고, 그들은 특정한 종류의 자원과 제한된 시간 내에서 문제들을 풀고, 성적을 받았을 것이기 때문이다. 학생들은 항상 해답들이 거기에 있다는 것을 알고 있었고, 이를 단순히 발견해 내기만 하면 되었다. 이러한 기존의 과학적 훈련방식들에 익숙해진 학생들은 강연자의 개방적인 견해가 낯설다고 느낄 수밖에 없었다.

그는 가설을 검증 가능한 명제로 변환하고, 데이터를 가설과 매치시키는 일이 복잡하고 모호하며 창의적인 활동이라고 지적했다. 데이터와 가설을 연결하기 위해서는 일련의 가정과 정의의 연쇄가 요구되며, 이러한 연쇄적 연결 고리는 수행된 추론과 연구 과정이 합리적이어서 다른 사람들을 설득할 수 있고, 이에 따라 연구결과가 받아들여질 만하도록 구축되어야 한다. 실험실 상황에서 이러한 작업을 수행하는 것은 종종 신속한 브레인스토밍, 많은 시행착오 그리고 탁월한 사회적 활동들로

구성된 하나의 집단적 과정인 경우가 많다.[주7]

연구 그룹이 자신들이 수집하고 조직화한 데이터에 대비하여 생각할 수 있는 모든 질문이나 가설들을 목록화한 이후 가능한 최고의 결과는, 그 그룹이 처음에 개발했던 모든 설명들이 틀렸음을 입증하는 상황을 피하는 것이다. 최소한 하나는 남아야 희망이 있다. 하지만 꽤나 자주 이런 상황은 발생하지 않으며, 연구 그룹은 설정한 가설 중 유효한 것이 아무것도 남지 않았기 때문에 가설 설정과정으로 되돌아가야만 한다. 이와는 달리 수집된 데이터가 대안적인 설명들 중에서 일부를 선택하기 위한 근거를 제공하지 못할 수도 있으며, 이 경우 실험은 다시 설계되어야만 한다.

이 부분에서 학생들은 강연자가 설명한 것이 그들이 과학이라고 생각하는 유형의 것과 유사하다고 보였기 때문에 나름 안심할 수 있었다. 이 과정의 마지막 단계에서, 연구 그룹은 비로소 타당한 설명을 도출하게 된다. 그러나 강연자는 여기서 강연을 끝맺지 않았다. 그는 모든 가설들이 무효화되지 않았다는 것이 남은 가설들이 진리라고 입증되었음을 의미하는 것은 아니라고 설명했다.

이러한 주장을 함에 있어서 강연자가 단순히 삐딱한 태도를 보인 것은 아니었다. 연구 그룹이 생각하지 못했던 가설들의 존재가능성이 항상 존재하고, 재정 및 인적 자원이 유한하다는 의미에서 가설 설정의 초기 과정이 완전하지 않을 수 있다는 점을 지적함에 있어서, 강연자는 주장의 전체적 일관성을 유지하고 있었다. 만일 검증 절차가 완료된 후 하나의 가설만이 남아 있다면, 연구자는 설정된 가설들 중에서 최소 한 개는 오류가 입증되지 않았다고 말할 수 있을 뿐이다. 그것은 향후 틀렸다고 입증될 수도 있고, 미래에 더 나은 가설들이 공식화될 수도 있다. 따라서 살아남은 설명이 정확하다고 말할 수는 없는 것이다. 그것은 단지 설정한 가설 중 살아남은 유일한 것일 뿐이다.

50분이 끝났다. Greenwood의 학생들은 감탄해 마지않으면서도 놀란 것처럼 보였다. 평소처럼 빠르고 시끄럽게 교실을 빠져나가지 않고, 학생들은 조용히 강의실 밖으로 걸어 나와 서성거렸다. 물론 초청된 강연자는 훌륭한 강의를 제공했다. 하지만 보다 중요한 것은 그가 과학을 복잡성, 모호성, 창의성, 그룹 역동성을 포괄하는 인간 행동 그리고 가용할 수 있는 자원과 시간에 따라 발생하는 한계들을 고려한 실용적인 타협의 한 형태로서 보는 견해를 학생들에게 제공했다는 것이다. 그의 견해는 과학의 권위를 떨어뜨리거나 신비화하지 않고, 우리로 하여금 과학이 하나의 행동방식이며, 인간 이외의 그리고 인간 세계와 관련하여 행동하는 방식이라는 것을 이해시켜 주었다. 이를 통해 이러한 세상들이 어떻게 작동하는지, 그러한 세상의 상태를 변화시키려는 우리의 능력을 제대로 이해하는 데 있어 커다란 인식상의 발전을 만들어 냈다. 훌륭한 과학적인 실천은 사유와 행동의 지속적인 순환에 초점을 맞춘다.

강연자가 어떤 시점에서도 한 번도 언급하지 않은 것은 '예측(prediction)'이었다. 만약 설명이 타당하다면 그러한 설명이 데이터의 관계를 설정할 수 있는 사전적 아이디어를 생성하는 데 사용될 수 있다는 점이 명확하지만, 그는 과학의 핵심 요소로서 예측 그 자체를 강조하지는 않았다. 오히려 그보다 설명을 강조했다. 하지만 과학에 대한 상식적인 견해는 거의 항상 과학을 예측과 동일시한다. 필자들은 이 저명한 화학자가 과학에 대한 근본적인 기준으로서 예측을 강조하지 않았던 것이 옳다고 믿는다.

과학자들은 데이터의 관계를 설명하고자 노력한다. 주어진 조건하에서 예상되는 데이터의 관계를 예측하는 것은 설명을 검증하는 강력한 방법이지만, 여기서 (과학자들의) 목표는 납득 가능한 설명을 제시하는 것에 있다. 예측이 생산적으로 사용되는 또 다른 방법은 중요한 문제를 해결하려고 시도할 때 엔지니어가 그들이 '예측'하기에 그 문제를 해결할 수 있는 장치 또는 시스템을 설계하는 경우이다. 여기서 예측은 그들의 개발과정을 안내하여 이상적인 성과물을 만들어 낼 수 있는 비전이라고 할 수 있다.

예측은 이러한 노력에서 사용되는 하나의 도구이며, 그 사용방식은 조건에 따라 크게 달라진다. 진화론에 대한 역사적 연구에서처럼, 어떤 조건하에서 일반적인 의미에서의 예측은 불가능하다.[주8] 다른 조건하에서 예측은 모집단에 대한 통계적 일반화의 형태를 취한다. 이 경우 모집단 중 특정 부분(segment)에서 발생하고 있는 현상은 정확하게 포착할 수 없다. 또 다른 상황에서 예측 활동은 원하는 방향으로 상태를 변화시키기 위하여 연구 중인 현상에 개입하는 형태를 취한다. 이것은 정확히 과학에서의 실험방법과 현실 사회에서 실행연구가 달성하려고 하는 목표라고 할 수 있다.

초청된 화학자의 관점은 현재 활동하고 있는 과학자와 엔지니어로서 필자들의 경험과 강력히 부합한다. 그의 관점은 행위자로서의 인간을 사회적 요소와 연구 요소가 결합된 활동으로서의 연구의 중심부에 위치시킨다. 그는 과학자들과 엔지니어들이 추상적이고 완벽하며 결정적인 시스템을 만드는 사람이 아니라는 점을 분명히 했다. 그 화학자는 과학적 방법이 사회적 행동의 한 형태이며, 또한 누구나 할 수 있는 것은 아니지만 의문을 제기하는 인간의 능력을 활용하면서, 합리적이지만 또한 충분히 사회적인 탐구방식을 통해 그러한 의문들을 검증하려고 시도하는 활동 양식임을 전달하려고 했다. 그는 이러한 종류의 연구과정에서 중요한 한계와 불완전성을 인식할 필요가 있음을 강조하였다. 또한 인간의 판단, 창의성, 사회적 상호작용이 그러한 과정에 내재되어 있는 본질적 요소임을 확인해 주었다.

여러 차례에 걸쳐, 그는 과학이 보다 넓은 범위의 과학적 공동체 내의 연구팀 구성원들에 의해 수행되는 집단적 활동임을 강조했다. 보다 넓은 과학적 공동체는 일정 정도 특정 연구가 기반하고 있는 관련 선행연구를 제공하고, 연구를 수행하기 위해 필요한 자원들을 제공한다. 연구팀과 실험실은 현상에 관여하는 사람들의 복잡하고 역동적인 사회적 시스템을 형성하고, 또한 주요한 자원의 가용성과 참여하는 사람들 간의 인간관계의 역동성에 의해 주어지는 실제적 제한 조건 내에서 그들의 생각을 공유하도록 한다.

과학은 바로 실행하는 인간의 문제

이 이야기에서 배울 점이 많지만, 필자들은 이러한 방식으로 과학적 방법을 제시함으로써 과학적 활동의 사회적 · 문화적 측면을 강조하기를 기대했다. 과학자들은 실험실 밖에 나가 보조금을 획득하고 종종 이를 위해 공동작업을 할 뿐만 아니라, 그들이 일하는 연구실 자체도 팀워크와 업무 분담이 필요한 사회적 시스템인 것이다(Adams, 2004; Latour, 1987; Latour & Woolgar, 1979; Zabusky, 1995). 그들의 활동들은 종종 공동생성적(co-generative) 문제해결 과정으로 특징지어진다. 왜냐하면 이들은 그룹 단위로 작업하고, 스스로 만들어 낸 연구결과뿐만 아니라 다른 사람들이 수행한 연구결과들을 발표하기 때문이다. 브레인스토밍은 이러한 환경에서 일반적인 활동이며, 데이터 수집은 종종 팀워크의 산물인 경우가 많다. 연구 주제의 형성도 사람들이 서로 질문을 하는 과정에서 그룹 단위로 일어나는 경우가 많다. 과학과 기술 분야에서의 연구가 명확히 보여 주는 것처럼, 좋은 과학이란 분명 사회적 활동이다.

또한 과학은 대개 개입을 수반하는 활동이다. 대부분의 실험들은 어떤 방식으로든 인간에 의해 숙성되거나 조작이 이루어지고(개입), 개입의 결과로서 이들이 어떻게 변화될 것인지를 예측함으로써 원칙과 원인들을 발견할 수 있도록 고안된 개입의 한 유형이라고 할 수 있다.

그리고 과학은 '실행–성찰–실행 주기'들이 되풀이되는 매우 반복적이고 역동적인 활동이다. 결과 데이터를 기대 가설들과 상호 비교하는 데 걸리는 시간, 모델 적합성에 대한 확인과 재확인, 수집된 데이터와 가설을 바탕으로 특정한 처치 결과의 효과를 평가하기 위해 데이터를 분석하는 것이 과학의 주요한 특징이다. 사유와 행동은 마치 모든 종류의 실행연구에서 그러하듯이 반복적으로 상호작용하면서 순환한다.

실행연구는 사유와 행동의 순환 주기의 활용과 (다시 다음 단계 사유와 계획 순환 주기의 일부가 되는) 실행을 통해 공동생성적으로 창출된 이해의 검증이라는 방법을 사용한다는 측면에서 (생물학, 물리학과 같은 자연과학과) 매우 유사하다. 이와는 달리, 전통적인 사회과학은 실행의 세계로부터 의도적으로 거리두기를 추구한다.

이것은 단순한 폭로가 아니라, 사회과학 연구의 역사와 발전을 재고해야 한다는 시대적 요청이라는 점에서 매우 중요한 문제이다. 실행연구에서 사유와 행동의 협력적 순환과정에 대한 필자들의 경험은 우리가 초청한 저명한 화학자가 과학자로서 그의 경험을 강연을 통해 제시했던 것과 매우 잘 부합한다. 필자들은 독자들에게 전통적 사회과학이 왜 우리 사회에서 지배적인 위치를 차지하고 있는지, 왜 과학의 역할을 주장하면서도 여전히 과학자들이 하고 있는 방식과는 다른 방식으로 이를 수행하고 있는지 다시 한번 생각해 보기를 권한다.

결론

이 장에서 필자들은 물리학과 생물학에서 과학적 방법이 활용되고 있는 방식과 사유와 행동의 반복적 순환이라는 특성을 가지고 있는 실행연구의 방식에 대한 체계적 비교를 수행했다. 이를 위한 핵심적 수단으로서 과학에 대한 강연에서 이루어졌던 내러티브를 활용하였다. 필자들은 전통적인 사회과학은 기본적으로 사유와 행동 간의 관계를 단절시키기 때문에 물리학이나 생물학뿐만 아니라 실행연구와도 다른 접근방식을 취하고 있다는 점을 지적하였다. 다음 장에서 필자들은 사회과학의 한 형식으로서 실행연구에 대한 보다 자세하고 철학적인 주장들로 논점을 이동하기로 한다.

저자 주

1. 혹자는 현 세대의 사회과학 연구에 대한 해체주의적 · 해석적 그리고 포스트모더니즘적 접근방식이 과학의 명성에 반한 것이라고 말하는 데 대해 반대할지도 모른다. 하지만 필자들은 그러한 관점에서 이루어지고 있는 대부분의 노력들은 과학에 대한 잘못된 이해에 기반하고 있으며, 따라서 우리는 이를 '진보로 묘사된 사실상의 퇴보'라고 생각한다. 일부 예외는 Fuller(2000), Latour and Woolgar(1979), Rabinow(1996), Zabusky(1995) 정도이다.
2. 필자들의 주장에 대해 실행연구에 관심을 가지고 있는 독자들로부터 나오는 한 가지 공통적인 반응은 이것을 나쁜 소식으로 보는 것이다. 전통적인 사회과학에서 명백히 소외되어 가는 과정의 일환으로서, 많은 연구자들은 과학이 무엇인지에 대한 생각으로부터 동시에 소외되어 간다. 필자들은 이것이 문제라고 생각한다. 과학적이라는 것은 비인간적인 것이 되는 것과 같지 않다. 사회적 행동은 그것이 빈약한 연구 수행이나 미흡한 현장 상황에 대한 이해에 기반하고 있을 때 더욱 비인간적인 것이 되는 것이다. 필자들은 전통적인 사회과학 연구가 가지는 비인간적이고 권위주의적인 문제점의 많은 부분이 바로 해당 연구가 대부분의 사회 문제들의 원인과 해결책을 발견하지 못하게 만드는 주요한 요인이라고 믿는다.
3. 이러한 견해를 거부하는 독자들은 이 책을 더 이상 읽을 필요가 없다. 왜냐하면 필자들은 모든 지식이 동일하게 문제가 있다는 급진적 상대주의적 입장을 거부하기 때문이다.
4. 전통적인 사회과학 연구자들에 의해 제기되는 실행연구에 대한 주요 비판들 중 하나는 실행연구자들은 단순히 스토리텔러들에 불과하다는 것이다. 이 때문에 필자들은 전통적인 사회과학자들을 위해 매우 엄격한 도적적 규준에 따라 스토리를 기술하는 것이 적절하다고 생각한다.
5. 이러한 주장은 실행과학에서 Chris Argyris, Robert Putnam and Diana McClain Smith

(1985)가 주창한 견해를 긴밀히 반영하고 있다. 매우 상이한 접근방식으로부터 도출된 이러한 이슈들에 대한 견해에 관심이 있는 사람들은 제15장 '실행과학과 조직학습'과 Chris Argyris의 이와 관련한 저서들을 참조하기 바란다.

6. 초청 강사는 코넬 대학교의 Frank H. T. Rhodes Professor of Humane Letters(석좌교수의 일종)인 Roald Hoffman 교수였다. 만일 Hoffman 교수가 제공한 강연과 관련하여 이 장에서 부정확한 기술이 있었다면 이는 전적으로 저자인 Greenwood의 책임임을 밝혀 둔다.
7. 비록 강연에서 다루어지지는 않았지만, 행위의 한 형식으로서의 과학에 대한 또 하나의 언급할 가치가 있는 측면은 모든 형태의 과학적 연구에서 발생할 수밖에 없는 시행착오적 실험 및 문제해결에 필요한 엄청난 양의 시간이다. 대부분의 경험 많은 과학자들은 과학이 조금의 통찰력과 발견, 그리고 방대한 양의 일상적이고 지루하며 종종 좌절스러운 실험실 작업으로 구성된다는 것을 알고 있다. 문제해결, 잘못된 긍정, 잘못된 부정 및 혼란은 모두 과학적 작업에서 일상적으로 발생하는 루틴들의 일부라고 할 수 있다.
8. 때때로 추리(retrodiction)라는 용어는 이론의 형성으로부터 과거의 과정들에 대한 예측 모형을 구축하려는 시도를 지칭하는 데 사용된다. 필자들에게 이것은 유용한 것이기는 하지만 단순히 예측의 또 다른 의미인 것처럼 보인다.

제 6 장

실행연구에서의 사회과학적 연구기법, 작업 양식 및 연구 전략

이 책에서는 비록 실행연구가 다양한 전통적 사회과학의 연구기법들을 사용하고 있긴 하지만, (전통적 사회과학과는 다른) 특유한 방식으로 전반적인 연구과정을 조정하는 연구 전략으로 이해하는 접근방식을 취하고 있다. 이러한 입장을 명확히 하기 위해 필자들은 실행연구를 일반적 사회과학적 접근방법들의 넓은 범주 속에 일단 자리매김하려고 한다. 물론 필자들은 실행연구가 (전통적 사회과학적 연구방법과는 다른) 완전히 특유한 접근방식이라고 생각하는 실행연구자들이 (1) 서면으로 자신들의 견해를 명확히 표명하거나, (2) 이 책에서 필자들이 이들 이슈를 틀 짓는 방식(way of framing of these issues)에 대해 반론을 제기하는 것에 대해서 언제든지 환영한다.

실행연구가 기존에 존재하는 사회과학 연구에 대한 모든 접근방법과 분리되어 있다는 생각은, (그간 이루어진) 많은 실행연구 문헌들이 기본적으로 많은 전통적 사회과학 방법들을 활용하고 있는 것으로 나타나기 때문에 일단 경험적으로 정당화될 수 없다. 실행연구를 독자적 연구방법으로 보는 접근방식은 또한 역사적으로도 타당하지 않다. 사회과학은 그 자체가 사회 개선을 목표로 하는 사회 참여적 정치경제학의 한 형태로 시작되었다. 사회과학의 사회 운동적 성격이 부유층과 권력을 가진 자들의 심기를 건드림에 따라, 점차 사회과학은 지금과 같은 전통적인 학문분야로 분리되고 동시에 괴롭힘과 배척의 대상이 되었다. 그 결과 사회과학은 실행과 분리되게 되었다. 따라서 실행연구는 현재 (학문 내적으로) 자체 생산되는(autopoitetic) 현재의 전통적 사회과학보다는 본래의 사회과학의 지향점에 훨씬 더 가깝다고 생각된다. 우리는 이러한 전통적 사회과학이 비록 방법적으로 그리고 이론적으로는 세련된 것일지는 모르지만, 본래의 사회과학의 취지와는 거리가 있는 파생물(impoverished derivative)에 지나지 않는다고 보며, 실행연구를 본래의 사회과학의 정당한 계승자로 생각한다.

실행연구를 독립된 별도의 연구라고 생각할 때 발생하는 또 다른 문제점은 실행연구의 특유성을 주장하는 실행연구자들로 하여금, 그들이 사회과학 연구에서 통상적으로 사용되는 양적 · 질적 연구방법에는 능숙해질 필요가 없다는 잘못된 생각을 하게 만든다는 것이다. 사실 이것은 심각한 문제로 여겨지는데, 왜냐하면 실행연구자는 주요한 사회과학 연구기법 및 이론뿐만 아니라, 실행연구의 특정 분파와 밀접하게 관련된 몇몇 연구방법 및 작업 양식[work forms, 예를 들어 탐색협의회(search conference), 상호대화 협의회(dialogue conferences),[1] 차이점 나열하기 기법(variation matrices)]에도 능통해야 하기 때문이다. 실행연구자들은 전통적인 동료 사회과학 연구자들보다 훨씬 폭넓게 훈련을 받아야 하는데, 실행연구를 하나의 독자적 접근방식으로 생각하는 관점은 이러한 요구 조건을 애매하게 만드는 경향이 있다.

전통적인 사회과학 연구와 실행연구

이 논의를 체계화하기 위해, 필자들은 전통적인 사회과학에 대한 우리의 태도와 실행연구에 대한 설명을 함께 병렬적으로 제공하도록 한다. 전통적인 사회과학 연

1) [역자 주] dialogue conferences는 탐색협의회(search conference)와 사실상 유사한 개념으로서 다만 다른 연구자에 의해 개발 · 제시된 개념이다. 탐색협의회와의 차별화를 위해 번역의 편의상 여기서는 '상호대화 협의회'로 번역한다.

구에 대해서는 이미 독자들이 잘 알고 있을 것으로 가정하고 간략하게 설명하겠지만, 어쨌든 필자들은 전통적인 사회과학 연구와 실행연구 간의 유사점과 차이점 모두를 보다 명확하게 드러내기 위해 두 가지 접근방식을 대비하여 제시하고자 한다.

필자들이 연구의 다양성을 이야기할 때 이를 연구 전략(research strategies)으로서 논의를 풀어 나가는 것이, 일련의 가정(postulates), 연구기법(techniques) 및 목표(aims)의 차원으로 말하는 것보다 유용하다고 생각한다. 모든 형태의 연구는 최소한의 요건으로서, 일련의 인식론적 · 이론적 · 방법론적 가정들에 뿌리를 둔 개별 연구기법, 작업 양식(work forms) 및 연구 전략을 가지고 있다.

필자들이 다음에서 논의하고자 하는 내용은 다른 책에서는 통상적으로 '연구방법(method)' 또는 '연구방법론(methodology)'의 표제 하에 다루어지고 있는 것들이다. Schwandt(1997a)의 연구에서는 방법론(methodology)의 표준적 정의를 다음과 같이 제시하고 있다.

> [방법론이란] 탐구(inquiry)가 어떻게 진행되어야 하는지에 대한 이론이다. 이는 특정한 탐구 영역에서 적용되는 원칙과 절차들에 대한 분석을 포함하며, 이는 다시 특정한 연구방법들의 활용을 좌우하게 된다. 방법론에 관한 연구(study of methodology)는 사회과학에 대한 철학(philosophy of social science, 예컨대 설명, 이론, 인과관계 등) 및 철학적 인류학(philosophical anthropology, 인간 본성에 대한 연구)에서의 논의 주제들을 포함한다(p. 93).

그러나 방법론에 대한 광의의 철학적 지향들은 너무도 포괄하는 범위가 넓어 실제적 유용성이 별로 없을 정도로 모호하고, 또한 방법론으로부터 가치의 문제를 분리한다는 문제점이 있다. 이러한 견지에서 필자들은 연구방법과 방법론과 같은 관념들을 포기하고, 논의를 다른 방식으로 펼치고자 한다.

필자들은 여기서 세 가지 개념들을 소개하고 이를 통해 실행연구를 전통적인 사회과학 연구와 비교함으로써 실행연구의 핵심적 특징들을 명확히 설명하고자 한다. 필자들은 사회과학에서의 구체적인 연구 실행방식을 '연구기법(techniques)'(예를 들어, 전통적인 방법론 교과서에 나와 있는 표준적인 사회과학 연구기법)으로, 학습이 일어나는 장을 구축하는 데 있어서 이러한 연구기법들을 서로 연계시키는 것을 '작업 양식(work forms)'으로, 실행연구에서 이러한 연구기법들과 작업 양식들을 '연구 프로젝트'로 조율하는 전반적인 과정을 '연구 전략(research strategies)'으로 정의하고 논의를 시작한다.

따라서 필자들은 연구 전략이라는 용어를 연구기법, 인식론적 입장, 탐구과정에서 (옹호되거나 또는 내재화되어 있는 가치들을 포함하여) 채택된 전반적인 접근방식을 말하는 것으로 사용한다. 다음에서는 전통적인 사회과학 연구 및 실행연구에서 연구기법, 작업 양식 및 연구 전략이 어떤 방식으로 활용되는지를 중심으로 간략한 비교를 해 보도록 한다.

전통적 사회과학에서의 연구 전략

연구기법

전통적인 사회과학 연구는 방식은 좀 다를 수 있지만, 어쨌든 연구자와 연구대상이 완전히 분리되는 것을 상정하는 인식론을 기초로 한다. 여기서는 이러한 구분이 가능할 뿐만 아니라 심지어 바람직한 것으로 간주하는 경향이 있다. 연구자는 연구대상들에 대해 우월한 지위를 부여받게 되는데, 이는 전통적인 연구자가 현장의 다른 이해당사자들보다 특정한 상황에서 어떤 일이 일어나고 있는지에 대해 훨씬 심층적 해석을 할 수 있는 이론적·방법론적 훈련과 교육을 받았기 때문이다. 물론 이러한 연구자의 해석적 자율성(interpretive autonomy)은 사회적 구성주의자들(social constructivists)보다는 논리 실증주의자들(logical positivists)에게 훨씬 더 강하게 나타난다.

작업 양식

전통적인 사회과학 연구에 대한 이러한 관점은 전문적인 사회과학 연구자들로 구성된 폐쇄적 공동체를 만들고, 이에 속하지 않는 사회의 나머지 부분은 잠재적 연구대상들로 치환시켜 버린다. 이와 같은 생각들은 이런 유형의 연구 특성을 나타내는 작업 양식들에서 명확히 가시화된다. 지역 이해당사자들은 주제, 연구기법, 가설 형성, 자료 수집, 해석 또는 출판된 연구결과의 보고 방식의 선택과정에 영향을 미쳐서는 안 되는 것으로 상정하고 있다. 개인 혹은 팀으로서 전통적인 사회과학 연구자들이 '과학적' 연구 절차의 모든 측면을 조율한다. 인식론과 작업 양식에서 현장 이해당사자를 배제함으로써 전통적인 연구자들은 연구결과를 '소유'하게 된다. 그 이유는 데이터는 연구대상들로부터 추출된 것이며 이는 연구 전문가들에 의해 처리될 때 비로소 의미를 부여받기 때문이다.

연구 전략

전통적 연구에서는 연구 절차가 진행됨에 따라 지속적인 성찰이 이루어진다. 이러한 성찰 과정은 주로 자료 수집 및 분석 절차의 효율성, 효과성 그리고 방어가능성(defensibility)을 극대화하는 데 주된 목적을 두고 있다. 만약 성찰의 결과들이 공유되는 경우가 있다 하더라도, 이는 동료 전문가들 사이에서 제한될 뿐이다. 프로젝트 종료 시점에서 전통적인 사회과학자들은 자신들이 해당 프로젝트로부터 도출할 수 있는 중요한 의미와 시사점들에 대한 성찰과정을 거치지만, 이것 역시 비슷한 훈련을 받은 전문가 공동체의 맥락에서 이루어진다. 전통적 연구자들은 연구결과를 연구대상자들에게 전달할 의무가 없다고 생각하며, 일반적으로 대부분의 연구대상자들은 연구결과에 관심이 없거나 이를 이해할 수 없다고 가정한다. 필자들의 입장에서는 이와 관련하여 심지어 사회적 구성주의자들(social constructivists)조차도 연구대상자에 대한 연구자의 우월한 관계를 상정하는 것을 당연한 것으로 받아들이는 것이 특별히 흥미로운 점이라고 할 수 있다.

실행연구 전략

연구기법

실행연구 프로젝트에서는 참여적 · 민주적 지식 생성의 가치를 추구하는 범위 내에서는 모든 사회과학 연구방법을 적용할 수 있다. 이러한 관점에서 연구방법론에 대한 모든 사회과학 교재들은 실행연구를 위해 활용될 수 있다.

작업 양식

실행연구는 사회과학의 제반 연구기법들과 학습의 공동생성을 가능하게 하는 작업 양식으로 구성된다. 실행연구자들은 (1) 조직 개발 및 변화 영역에서 이루어진 선행연구 및 실천 사례들(Cummins & Worley, 2001 참조)과 (2) 필자들이 실행연구 수행과정에서 만들어 낸 연구기법들(예: 탐색협의회, 상호대화 협의회, 차이점 나열하기 기법)에 많은 관심을 기울인다. Levin and Kiev(2000)의 연구에서는 이러한 접근방식들이 학습영역(learning arenas)주 1 구축을 위한 작업 양식들임을 확인하였다. 실행연구에서 필자들은 내부자와 외부 전문가 모두를 위한 상호 학습 기회를 만들기 위하여 프로젝트 수행과정 전반에 걸쳐 의식적으로 작업 양식들과 기술적 연구방법들이 상호작용할 수 있도록 만든다. 기술적인 사회과학 연구방법들(technical social science methods)은 학습영역의 구축과정에서 이루어지는 선택을 하는 데 도움을 주며, 분석적 연구방법들(analytical research methods)은 구체적인 변화 활동으로부터 나타나는 학습을 체계적으로 이해하고 또한 그러한 의미 구축과정을 지원하는 데 활용된다. 사회과학 연구방법론에 기초한 변화와 성찰 간의 변증법적 과정은 실행연구 전략에 내재된 가장 중요한 역동성이라고 할 수 있다.

연구 전략

필자들이 실행연구 프로젝트를 구상할 때는, 단순히 연구방법을 선택할 뿐만 아니라 프로젝트 수행 전반에 걸쳐 발생하게 되는 사회적 변화와 학습과정을 종합적으로 계획하여야 한다. 실행연구 절차는 연구에 참여하고 있는 문제 소유자(지역 이해당사자)와 전문적 연구자 모두를 대상으로 학습을 이루어 내는 것을 목표로 한다. 이들 양 당사자 모두의 이익을 창출할 것으로 기대되는 지식 생성은 (1) 활용 가능한 모든 사회과학 연구방법들뿐만 아니라 (2) 잘 관리된 공동생성적 학습과정(process of cogenerative learning)에서 모든 현장 이해당사자들의 지식과 경험을 활용하는 데 기반을 둔다. 이러한 상호성이야말로 바로 실행연구가 중요시하는 민주적 가치이다. 이는 특히 연구 참여자들에게도 자신의 견해를 밝힐 기회를 부여하고, 또한 참여자로 하여금 지식 창출과정에 참여할 수 있는 자유, 권리 그리고 의무를 동시에 지도록 한다. 즉, 공동으로 창출된 지식과 실행 계획에 대해 공동 소유권과 대표성을 부여하는 것이다.

공동생성 모형

실행연구는 적어도 두 개의 분석적으로 구분되는 단계로 구성되어 있다. 첫 번째 단계는 초동적 연구 질문의 명료화와 관련되고, 두 번째 단계는 사회적 변화와 의미 구축과정의 시작 및 유지와 관련된다. 이는 문제 정의과정이 종국적이라는 것을 의미하는 것은 아니다. 사실 실행연구 프로젝트에서 학습이 일어날 것이라는 긍정적 징후는 바로 초기 질문들이 (연구 수행과정에서) 새로 발견된 차원들을 포함하여 재구성된 경우일 때가 많다.

필자들은 [그림 6-1]과 같이 공동생성 모형(cogenerative model)을 시각화하여 제시한다. 다음에서는 이러한 공동생성 모형을 구성하는 요소들에 대해 보다 심층적으로 설명할 것이다.

공동생성적 실행연구 모형에는 두 종류의 주된 행위자 그룹들이 존재한다. 현장 이해당사자들을 의미하는 내부자들은 모든 실행연구 프로젝트의 초점이 된다. 이

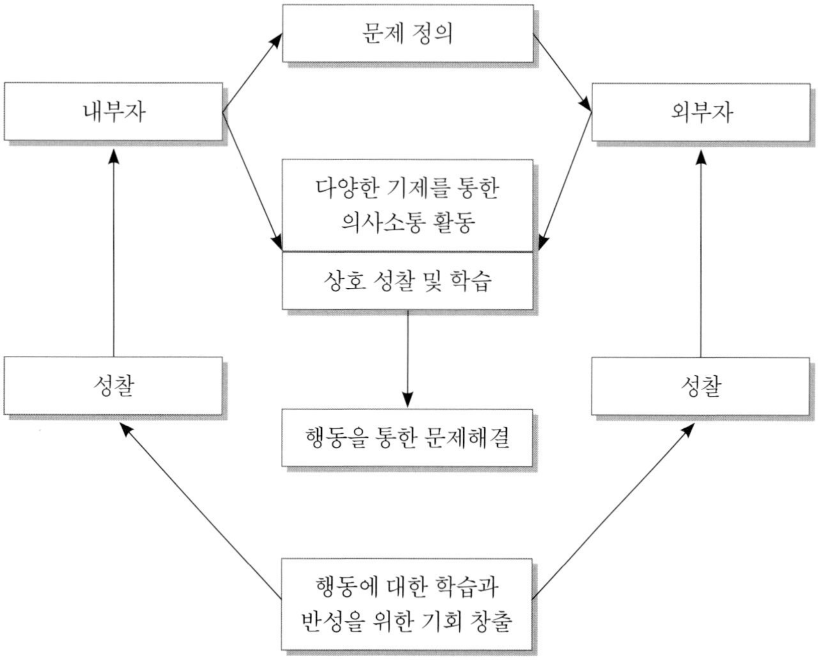

[그림 6-1] 공동생성적 실행연구 모형

들은 문제의 '소유자들'이지만 서로 균질적이거나 평등주의적이지 못하며, 현 시점에서 어떤 견지에서 보더라도 이상적인 그룹이라고는 볼 수 없다. 그들은 단순히 문제를 '소유'한다. 외부자들은 (1) 지역의 문제들을 해결하려는 목적을 가진 공동학습과정을 촉진하고, 동시에 (2) 과학적인 담론에 기여하기 위한 전문적 연구자들이다. 내부자와 외부자 그룹은 평등하기는 하지만 이들이 처한 입장은 서로 다르다. 대부분의 내부자들은 프로젝트에서 시행되는 특정한 혁신 활동의 결과에 직접 영향을 받으면서 살아갈 수밖에 없지만, 대부분의 외부자들은 (현장을) 떠날 수 있기 때문에 이들의 입장은 서로 다르다고 할 수 있다. 또 다른 차이점은 내부자들이 연구 활동의 초점이 무엇이 되어야 하는지에 대해 결정적 영향력을 행사한다는 것이다.

문제 정의

연구될 문제는 참여자들에게 커다란 의미가 있는 것이어야만 한다. 그렇지 않다면 실행연구 과정은 아무런 성과를 거둘 수 없을 것이다. 일단 문제가 정의되고 나면, 몬드라곤(Mondragón) 프로젝트에서 조직 문화 문헌을 활용한 사례(제3장 참조)에서처럼, 해당 분야의 적절한 전문 지식들을 활용함으로써 추가적인 도움을 얻을 수 있다.

필자들은 실행연구의 과정이 참여자들에게 적절한 문제들을 다룬다는 점을 주장해 왔다. 이런 견지에서 실행연구의 전반적 연구과정은 학문공동체 외부에서 발생하는 수요로부터 나타난다. 이것은 연구문제가 외부의 사회적 요구뿐만이 아니라 학문분야 내부에서의 요구에 의해 정의되는 전통적인 사회과학의 방식과는 대조적이다. 그러나 실행연구 전문가들은 지역 참여자들이 제기한 어떤 문제 정의도 맹목적으로 받아들이지는 않는다. 필자들이 보기에 문제 정의과정은 내부자와 외부자 간의 상호 학습과정이 일어나는 첫 번째 단계이다. 내부자의 현장 지식이 외부 전문가의 전문 지식에 비추어 볼 때 명확해지는 과정을 촉진하기 위해, 상호 합의된 초점 문제를 개발할 수 있도록 의사소통 절차가 설계되어야 한다. 이러한 절차에는 개방성, 상호 지원 및 공유된 '협의 시간(air time)'을 포함하는 민주적 대화의 규칙이 포함된다. 연구문제에 대한 첫 번째 정의는 상호 의사소통을 통해 내부자와 외부자가 지닌 지식이 새로운 상호 이해를 공동 생성해 나가는 담론에서 시작된다.

의사소통의 장

실행연구에서 공동생성 과정의 핵심은 연구과정에서 학습을 위한 여지를 창출하고, 이것이 결과적으로 참여자들이 신뢰할 수 있는 해석과 실행 설계를 만들어 낼 수 있도록 하는 것이다. 이를 위해 행위자 그룹 간 의사소통을 위한 '장(arena)'이 반드시 올바르게 구성되어야 한다([그림 6-1] 참조). 이러한 의사소통을 위한 장은 관련된 행위자들이 실행연구를 수행할 목적으로 물리적인 환경에서 서로 마주치는 장들이다. 그러한 장은 두 명 혹은 그 이상의 사람들 간의 만남, 팀 구성 세션, 탐색 협의회, TF 회의, 리더 그룹 회의 또는 지역 주민 회의 등의 형태로 나타난다. 이러한 장을 만드는 데 있어서 핵심은 공동생성이 가능하도록 하기 위해 구조화된 환경 속에서 의사소통 행위들이 자유롭게 일어날 수 있도록 조장하는 것이다.

모든 실행연구 프로젝트에서의 핵심적 과제는 지역 참여자들에게 중요한 문제점들에 대한 의사소통이 일어나도록 하는 데 필요한 장을 설계하는 것이다. 의사소통을 위한 장들은 특정한 이슈의 필요성에 적합하도록 설계되어야 한다. 모든 이슈에 통용되는 만병통치약적 접근방식은 없다. 조직 개발과정에서 전체 조직을 참여시키는 것이 문제인 경우, 새로운 프로젝트에 대한 계획을 만들기 위해 일반적으로 넓은 방에 모든 사람을 모으는 것이 현명한 방법이다. 그러나 조직에서의 관리자들 간의 갈등을 다루는 것은 리더 그룹 형식으로 접근하는 것이 바람직하다. 적절한 장을 선택하고 구조화하는 것은 실행연구 촉진자(facilitator)의 전문 기술과 경험에 달려 있으며, 성공적인 실행연구 프로젝트를 위해서는 적절한 선택이 필수적이다.

이러한 의사소통을 위한 장들에서 내부자와 외부자 간의 의사소통은 학습을 생성하고, 관련된 당사자들에 대한 성찰과정을 촉진하는 것을 목표로 한다. 이러한 토론과 성찰은 지속적인 학습 주기를 위한 추동력으로 작용한다. 초기 단계에서 초점 문제는 담론의 장의 설계에 대한 시사점을 제공한다. 후속적인 의사소통들은 문제해결 방안을 도출하는 데 도움을 주는 이해를 증진시키게 되고, 결과적으로 내부자와 전문 연구자 양자 모두가 성찰할 수 있는 새로운 경험을 창출하게 된다.

이러한 장들에서 발생하는 담론들은 본질적으로 비대칭적이다. 내부자는 특정한 지역 공동체 또는 조직에 실제로 있지 않는 한 외부자로서는 절대 얻을 수 없는 지역적 경험에 기반한 이해를 제공한다. 마찬가지로 외부 연구자는 어떻게 학습과정을 설계 · 실행하고 과정을 성찰할 것인지에 대한 지식을 포함하여, 일반적으로 지역의 맥락에서 잘 나타나지 않는 기술이나 관점을 제공할 수 있다.

기술과 현장 지식에서의 비대칭성은 관여한 당사자들이 해당 상황을 이해하기 위해 상호작용함으로써 새로운 이해를 창출하는 데 중요한 역할을 한다. 실행연구의 민주적 이상은 또한 외부자로 하여금 점차적으로 통제권을 내려놓도록 하고, 내부자가 스스로의 발전과정을 통제하고 인도해 나가는 방법을 배울 수 있도록 하는 것이다. 아울러 실행연구에서는 이러한 일련의 학습 경험들이 없는 경우와는 달리, 보다 다양한 참여자 그룹들과 한층 더 복잡다단한 내부적 소통을 유지할 수 있도록 내부자들의 역량 개발을 촉진한다.

외부자와 내부자 사이의 이러한 비대칭적인 상황(Markova & Foppa, 1991)은 복잡한 사회적 교환이 일어나게 하는 핵심적 요인이다. 외부자는 지식의 이전을 가능하게 하고, 개발과정을 지도하기 위해 자신의 영향력을 사용할 수 있도록 훈련 방식을 설계하게 된다. 전문 연구자들은 필연적으로 이 과정에서 권한을 행사하게 된다. 외부자는 지역의 조직 위계 구조에서 특정한 공식적인 위치를 가지고 있지는 않지만, 변화과정들을 설계하고 관리하는 데 이들이 중요한 역할을 할 것이라는 참여자들의 기대를 통해 영향력을 행사하게 된다. 그러한 기대를 통해 연구자에게 부여되는 권한을 정직하고 공개적으로 사용하는 것이 실행연구 과정에서 핵심적 과제의 하나라고 할 수 있다. 이것은 지역 학습과정의 개발에 중요한 영향을 미치며 사실 이러한 연구자의 권한은 종종 오용되기 쉽다.

연구 절차가 시작될 때 외부 전문가는 의사결정을 내리고, 내부자와 외부자 모두가 중요하다고 생각하는 주제들에 대해 지역 참여자를 교육하고 훈련시킨다. 동시에 외부자는 내부자들로 하여금 스스로 개발과정을 통제하도록 독려할 책임이 있다. 프로젝트의 종료가 가까운 시기에 내부자에 대한 통제권을 내려놓아야 한다는 전문적 연구자의 책무는 때로 부응하기 어려운 경우도 있다. 하지만 이것은 자신들의 이해관계에 따라 진행되고 있는 개발과정들을 스스로 통제하고 인도해 갈 수 있도록 지역 참여자들의 능력을 적절히 개발하는 과업보다는 달성하기 쉽다고 생각된다.

참여자들이 특정한 변화과정에서 능동적인 참여자가 되기 위해서는 스스로 권한을 행사할 수 있어야 한다. 초기 단계에서 내부자와 외부자 사이의 비대칭적인 상황은 전문 연구자의 기술과 지식을 지역 참여자에게 제공하고, 지역 참여자의 정보와 기술을 외부 연구자에게 알려 줌으로써 균형을 맞출 수 있다. 하지만 종국적으로 변화가 지속 가능하기 위해서는 해당 과정이 지역 참여자들에 의해 자체적으로 이루어질 수 있어야 한다. 과정의 핵심적 부분이 진행 중인 지식 산출과 실행과정에 대한 지역 참여자의 통제를 증진시키려는 것이 아니라면, 해당 실행연구 과정이 그 민주적 책무를 달성했다고 볼 수 없다. 전통적 사회과학 연구와 전체 학문 보상 체제(whole academic reward system)[2]에서의 표준적 기준은 연구 활동의 설계와 실행 양자 모두에 대한 연구자의 통제권을 유지하는 데 초점을 두고, 이러한 통제를 연구자의 전문성을 나타내는 핵심적 특징으로 간주하고 있다.

지역의 중요 문제들을 해결하기 위한 투쟁은 새로운 이해를 창출하기 위한 기반을 형성한다([그림 6-1]의 이중 피드백 루프). 즉, 공동생성 과정의 결과로서 취해진 조치들을 통해 참여자는 자신들이 직면한 문제에 대해 새로운 것을 배우고, 종종 그들의 기존 이해를 근본적으로 수정하게 된다. 이러한 집단적 실행과 성찰 과정의 결과는 새롭게 공유된 이해의 창출에 이바지하게 된다. 공유된 기반이 넓으면 넓을수록 의사소통은 더욱 풍부해지고, 공유된 지식에 기초한 성찰과 실행들을 통해 더 깊은 통찰력이 개발될 수 있다. 이것은 다시 실행연구 문제들을 형성하는 새로운 방법을 제시할 수 있고, 결과적으로 전문 연구자를 포함한 연구과정에 참여한 모든 당사자에 대한 지속적인 학습을 가능하게 한다.

피드백

피드백 경로는 내부자와 외부자 모두에게 유사한 형태로 나타나지만, 이들에 대해 양자가 부여하는 의미와 이를 통한 의사소통으로부터 경험하는 효과는 매우 다를 수 있다. 내부자들에게 피드백은 실행 지식 역량을 향상시키는 데 있어 핵심적인 과정일 가능성이 크고, 외부자들에게는 성찰과정을 통해 연구공동체에 대한 의미

2) [역자 주] 학문 보상 체계라는 것은 연구비의 지원 심사, 학술지 게재 심사 등에서 바람직한 것으로 인정되는 기준 등을 말하며, 연구자들은 이러한 기준의 충족 여부에 따라 보상을 받거나 페널티를 받게 된다. 따라서 이러한 기준은 연구자에 대한 보상 시스템을 설계하는 핵심적 요소로 작용하게 된다.

(출판물 또는 통찰력)를 창출하는 과정이 될 가능성이 크다.

이 두 가지의 성찰과정들은 의사소통 과정으로 다시 투입되어 초기 연구문제를 재정의하거나 또는 지역의 문제해결 능력을 향상시키는 것을 목표로 하는 새로운 논의의 장(arenas)을 형성하게 된다. 이와 같은 순환과정들은 프로젝트가 진행되는 전 주기에 걸쳐 지속적으로 반복된다.

논의의 장 만들기

실행연구에 있어서 주된 어려움은 관련 당사자들 간에 적어도 부분적으로라도 공유될 수 있는 타당한 초기 질문을 찾는 것이다. 이를 위해 극복해야 할 몇 가지 장애물이 있다. 일반적으로 연구자의 전통적인 훈련은 개념적 모형들(conceptual models)을 다루는 데 익숙한 숙련된 토론자를 키워 내는 것을 지향한다. 이러한 현실은 자칫하면 공동생성 과정을 훼손하는 일방향적 의사소통 상황을 불러일으킬 수 있다. 이 같은 상황에 대해 Bråthen(1973)은 '모형 독점(model monopoly)'이라고 지칭해 왔다. 그는 어느 한쪽이 의사소통에서의 기술과 개념 모형의 활용을 통해 지배적이 되는 경우 내부자와 외부자 간의 거리가 지속적으로 멀어지게 된다는 분석들을 기초로, 이러한 '모형 독점' 현상을 주장하게 되었다. 또한 전문가의 사회적 명성과 오랜 기간에 걸친 공식 교육은 사람들로 하여금 그들이 가진 특정한 관점을 지나치게 쉽게 받아들이도록 만드는 경향이 있다. 이런 일이 발생하게 되면 해당 실행연구 과정에 심각한 위협으로 작용하는데, 이는 모든 실행연구 과정의 시작 단계에서 핵심이라고 할 수 있는 현장의 관점으로부터의 이탈을 의미하기 때문이다. 숙련된 실행연구자는 지역적 모형들을 명확히 표현하고 (지역 이해당사자들이 이에 대해) 이해하는 것을 도와줄 수 있는 능력을 개발하고, 이것이 의사소통 과정에서 명료하게 설명되고 있는지 확신을 가질 수 있어야 한다.

따라서 실행연구는 현안 문제를 조사하고 해당 문제에 대한 연구를 바탕으로 실행 전략을 구안한 후, 그러한 결과로 나타난 해방지향적 조치들을 직접적으로 수행하고 평가하며, 의도적으로 고안된 공동생성적 학습의 과정에서 나타나는 다양한 연구기법과 변화지향적인 작업 양식을 조율해 나가는 하나의 전략이다. 전통적인 사회과학 연구는 단순히 전문적인 깨달음(professional enlightenment)을 추구하는 반면에, 실행연구는 호기심을 충족시키기 위한 지식을 산출하거나 또는 특정한 전문적·학술적 필요를 충족하는 것뿐 아니라 특정한 사회적 목표를 달성하는 것을 지향한다.

실행연구자가 해서는 안 되는 것

비록 필자들이 실행연구에는 어떤 종류의 사회과학 연구기법과 절차도 활용될 수 있다고 단언했지만, 실행연구자가 연구를 수행하는 데 있어서 제약 조건들도 존재한다. 특정한 유형의 '이중맹' 기법들("double-blind" methods)[3)]은 만약 실행연구자가 특정한 이해당사자 집단들에게 중요한 영향을 미치는 지원이나 정보를 의도적으로 배제하는 경우에는 허용되지 않는다. 즉, 지역 이해당사자에게 아무런 도움이 되지 않고 단순히 전문적인 사회과학을 발전시키거나, 외부자의 호기심만을 충족하기 위한 통제된 과정들은 허용되지 않는다. 실행연구자는 지역 이해당사자에게 그들이 하고 싶지 않은 일들을 요구할 수 없다. 만약 관심사와 목적을 공개하는 것이 의사소통의 장을 구성하는 일부라면, 실행연구자들은 해당 상황에서 자신의 관심사와 목적을 함께 공개해야 한다.

실행연구자는 해당 실행연구 과정에서 창출된 지적 재산권을 획득하거나 사유화해서는 안 된다. 모든 결과는 공동생성적 과정에서 함께 소유되어야 하며, 산출된 결과를 공개하거나 출판하는 것과 관련된 복잡한 협상과정은 실행연구에서 필수불가결한 요소라 할 수 있다.

실행연구와 질적연구의 관계

필자들은 애초에 실행연구를 '질적' 연구로 생각하는 것은 잘못된 것이라고 주장했다. 하지만 많은 전통적 연구자들과 보다 많은 실행연구자가 여전히 이러한 오류

3) [역자 주] 이중맹(二重盲)이란 특정 약물의 효과 시험을 하는 데 사용되는 방법으로서, 투여 시에 투여자나 투여받는 자 모두 그 물질이 활성인지 또는 불활성인지를 모르게 하는 것을 말한다. 자세한 내용은 제4장의 역자 주 5) 참조.

를 범하고 있다. 필자들에게 있어 실행연구를 질적 연구 접근방법으로 제한하는 것은 전혀 수용할 수 없는 일이며, 이는 실행연구 활동 자체와 모순되는 것임이 자명하다. 실행연구 과정은 실행연구 팀이 수행하고 있는 연구 조건과 대상이 요청하는 경우 언제 어디서나 양적 · 질적 연구 그리고 혼합 연구기법들을 적극적으로 활용해야 한다. 만약 수행하고 있는 과업에 빈도 분석, 표본 추출, 요인 분석, 경로 분석 또는 회귀 분석이 필요한 경우 이러한 연구기법들이 사용되어야 한다. 만약 다양한 입장의 파악, 공동체의 이야기, 논리적으로 의미가 있는 담론의 세계(universe of discourses)[4] 및 문화적으로 구성된 인간적 상황(culturally constructed human situations)이 특정한 실행연구 프로젝트의 핵심인 경우 해당 연구는 적절한 질적 연구방법을 사용해야 할 것이다. 이와 함께 텍스트 기반 데이터베이스 분석(공식적, 비공식적, IT 보조적), 내러티브 분석, 생활사 및 자서전 기법, 포커스 그룹, 면담, 문서 분석 및 기타 방법들이 사용되어야 할 것이며, 이들 중 많은 것들은 전통적 학문공동체에 속하지 않은 실행연구 팀의 구성원들에 의해서도 학습되고 실행될 것이다.

실행연구가 특정한 하나의 방법론적 분파에 속한다는 주장은 이를 뒷받침하는 어떤 논리적 근거도 없다. 실행연구는 필자들이 이해하는 한 특정한 연구기법들의 조합이 맥락에 따라 결정되는 하나의 혼합연구 방법 전략이라는 점을 명확히 해 둔다. 이것은 하나의 원칙으로는 매력적으로 들릴지 모르겠지만, 실행연구자들을 어려운 상황에 처하게 만들기도 한다. 왜냐하면 혼합연구방법에 대한 절차의 개발과 인식론적인 측면에서의 정당화와 관련한 논의에서 상당한 진보가 있었지만, 혼합연구 방법에 대한 인식론적 · 방법론적 논의는 여전히 상대적으로 잘 발달되어 있지 않기 때문이다(Miles & Huberman, 1994 참조).

따라서 실행연구는 전문적 사회 연구가들에게 많은 부담을 지우고 있다. 실행연구자가 모든 사회과학 조사방법들에 대해 충분히 숙달되어 있어야만 한다고 주장하는 것은 불합리한 것일지 모르지만, 실제로는 이것이 가장 이상적이라고 할 수 있

4) [역자 주] De Morgan이 처음으로 논리학에 도입한 용어로서 판단이나 논증이 관여되는 영역. 판단이나 논증에 사용되는 언어는 실제로 존재하든지, 관념적으로 상상된 것이든지 간에 그것의 대상이 되는 세계를 가진다. Russell은 명제도, 함수(函數)도 아닌 것으로 최초의 논리적 형식이라고 할 수 있는 개체들의 총체, 즉 전집합(全集合)에 상당하는 것을 논의영계라고 한다[출처: 네이버 지식백과 '논의영계(論議領界, universe of discourse)'; 교육학용어사전, 1995. 6. 29, 하우동설].

다. 실행연구자들이 알지 못하고 있는 것, 결여하고 있거나 쉽게 배울 수 없는 역량은 지역 이해당사자들이 협의의 장에서 활용할 수 있도록 전달할 수 없다. 따라서 현실적으로 실행연구자들은 모든 연구방법에 대해 개방적인 입장을 가지고, 이를 배우기 위해 노력하고, 필요할 때마다 실행연구 프로젝트에서 그러한 연구기법들의 적용을 지원할 수 있도록 하는 방법을 배워 나가야 한다.

자신이 가진 한계에 대해 명확히 이해하는 것은 전문적 실행연구자가 되어 가는 과정의 핵심적 특징 중의 하나라고 할 수 있다. 이것이 얼마나 문제가 될지는 모르겠지만, 필자들은 일부 협소한 특정 연구기법의 숙지만으로도 명성과 전문적 보상이 주어지는, 전통적인 사회과학에서의 자기충족적 전문적 지식에 대한 문화보다는 훨씬 더 낫다고 생각하고 있다. 따라서 실행연구를 하는 것은 끊임없이 겸양을 드러내는 일이라고 할 수 있다.

실행연구는 '연구'이며, 단순히 '뭔가 옳은 일'을 한다고 해서 그것이 실행연구는 아니다. 의미 있는 참여와 민주화 변화과정들에 관여하고 있는 사람들은 아주 빈번히 자신들이 실행연구를 수행하고 있다고 주장하지만, 그들의 프로젝트에서 '연구'의 요소가 없는 경우가 비일비재하다. 참여와 협력은 종종 그러한 과정에 존재하지만, 자료를 수집하고 노력을 동원하는 것 이상의 명확한 연구 목적은 없는 경우가 많다. 실행연구 보고서와 프로젝트에 대해 전통적인 사회과학 연구자들은 종종 이러한 점에 대해 문제를 제기해 왔다(Sørensen, 1992 참조).

당연한 말이겠지만, 무엇인가가 연구라고 지칭되려면, 필자들은 그것이 실제로 연구여야 한다고 생각한다. 필자들은 실행연구 절차를 통해 산출된 지식은 "해당 주장들이 도출되는 데 투입된 기초 데이터들과 도출된 결론들을 신뢰할 수 있도록, 축약되고 재구조화된 연구 수행 절차를 명확히 드러내 보이는 구성물"(Cronbach & Suppes, 1969)이 되기를 기대한다. 이것은 투명한 데이터 분석과정을 포함하며, 궁극적으로 과학적 지식 산출에서의 핵심적 목표인 신뢰할 수 있는 지식으로 이어질 수 있다. 연구과정은 연구로부터 산출된 논의 결과에 접근하는 사람들을 납득시킬 수 있어야 한다. 따라서 '뭔가 옳은 일을 하는 것'이 특정한 프로젝트를 실행연구로 만드는 것은 아니다. 특정한 프로젝트가 실행연구의 이름에 걸맞는 위상을 가지기 위해서는 실행과 연구가 공동생성적 지식 창출의 장에서 서로 긴밀한 관계를 유지하고 있어야만 한다.

이 지점에 실행연구에 내재된 갈등 상황이 존재한다. 실행연구 프로젝트들은 지역 이해당사자들과 그들의 문제들에 대해 초점을 맞추고 있다. 그러나 실행연구가 지속적으로 발전되고, 실행연구의 연구 전략 및 효과적인 실행연구에 대한 학습이 보다 확산되어 나가기 위해서는 실행연구의 절차와 결과 또한 다른 곳에 있는 현장 전문가, 연구자 및 이해당사자들과 효과적으로 공유될 수 있는 신뢰할 수 있는 지식의 형태를 취해야만 한다.

비록 혹자에게는 이것이 불가능한 것처럼 들릴지도 모르겠지만 이는 명백히 가능한 일이다. 이러한 목표들을 조화시키는 것이 불가능한 것처럼 보이는 것은 주로 전통적인 사회과학이 오랫동안 추구해 왔던 자기규제적이고 자기 이익 지향적인 방식들에 스며들어 있는 유산이라고 할 수 있다. 실제 실행연구 프로젝트의 주제, 복잡성, 연구기법, 해석 및 전략들은 사회과학에서의 모든 주요한 이슈들과 관련되어 있으며, 이는 일상적으로 논의되고 있는 주된 인식론적·이론적·방법론적 이슈를 포함한다. 차이점이 있다면 실행연구는 학문적인 '온실'에서 이러한 문제를 다루는 것이 아니라, 현장 지식을 가진 지역 이해당사자들과 함께 해법을 만들고 적용하는 맥락에서 이러한 문제들에 접근한다는 것이다. 실행연구자들은 현재 사회과학 분야의 주요 인물들이 21세기 사회과학에서의 새로운 변화 노력을 위한 목표라고 주장(Nowotny, Scott, & Gibbons, 2001)했던 것들과 정확히 같은 종류의 '사회적으로 활용 가능한 견고한 지식'을 창출하는 것을 목표로 한다.

문제해결 가능성 및 설명

실행연구에서 사용되는 많은 연구기법들과 실행연구 프로젝트에서 수행되는 일부 작업 양식들은 경험 많은 사회과학 연구자들에게 친숙하지만, 그러한 유사성은 문제해결 가능성(workability)이라는 문제에서는 존재하지 않는다. 문제해결 가능성은 예를 들어 특정한 지역 맥락에서 실행될 때 그것이 제대로 잘 작동하느냐에 따라 도출된 방안의 적절성을 판단하는 것이다. 전통적 사회연구는 문제해결 가능성에 전혀 관심을 보이지 않는다. 그 대신 폐쇄적인 전문적 검증방식(통계적 확률, 반복연구, 학문공동체 동료에 의한 비평)이 연구결과의 질을 평가하기 위해 사용된다. 여기서 전통적인 연구와 실행연구 간의 차이가 나타난다. 왜냐하면 실행연구의 핵심은 믿을 만한 지식을 창출하고, 구체적 실행 조치를 구안하고 시행하는 데 그러한 지식을 사용하고, 결과를 평가하는 데 있기 때문이다. 문제해결 가능성은 모든 실행연구 프로젝트의 가장 핵심적 목표이며, 특히 현지 이해당사자들의 관점에서 본다면 더욱 그러하다고 할 수 있다.

기존의 연구자들은 문제해결 가능성에 대한 강조가 '반학문적'[5]이라고 본다. 필자들은 사실 그 반대라고 믿는다. 거대 이론(grand theories)을 상정하고 문제해결 가능성이 거의 없는 화려한 연구기법들에 천착하는 것은 필자들에게는 전혀 지적인 성취로 보이지 않는다. 그러나 동일한 맥락에서, 특정 맥락에서 작동한다고 해서 작동의 메커니즘이 충분히 이해되었다는 것은 아니다. 다른 말로 하자면, (특정 맥락에 대한) 문제해결 가능성이 높다고 해서 어떤 방안이 효과적으로 작동하는지에 대한 신뢰할 수 있는 이해를 자동적으로 창출하는 것은 아니라는 점이다. 그것은 다만 특정한 방안이 (해당 맥락에서) 효과가 있었다는 것을 보여 줄 뿐이다.

따라서 특정한 문제에 대하여 성공적인 해법(혹은 성공적이지 못한 해법)에 도달했을 때, 실제 특정 대안의 적용으로 인한 효과 발생 메커니즘을 이해하기 위해 풀어야 할 일련의 해석적 퍼즐들이 당연히 남아 있을 것이고, 그러한 결과에 기초하여 해당 지역과 다른 곳에 있는 실행연구 전문가들은 후속적 작업을 지속할 필요가 있을 것이다. 다른 말로 하자면, 문제해결 가능성은 중요한 평가 요소이지만 특정한 실행연구 절차에 대한 종착점은 아니다. 하지만 이는 특정한 문제에 대해 연구자가 실천적인 해결책의 제공 여부를 보여 줄 수 있다. 문제해결 가능성으로부터 단순히 지역적 프로젝트의 범위를 넘어 공유될 수 있는 신뢰할 수 있는 지식으로 한 단계 발전하기 위해서는, 특정한 맥락에서 작동했던 성과들이 다른 맥락에서도 작동하는지를 검증하는 절차, 그리고 유사한 결과를 산출한 다른 접근방식에 관한 선행연구나 알려진 사례를 검색해 보는 절차를 거쳐야 할 것이다. 만약 다른 사례들이 발견된다면(이것은 실행연구 전문가들이 해야 할 명백한 책임이라고 할 수 있음), 그들이

5) [역자 주] 한국의 교육행정학 공동체에서도 실체가 없는 학문(이론)지향적 연구와 실천지향적 연구라는 경직된 이분법적 사고방식하에 후자를 전자보다 열등한 것으로 취급하는 풍토가 여전히 무시 못할 영향력을 미치고 있는 것으로 생각된다(이와 관련된 보다 구체적 논의는 변기용, 2018 참조).

왜 특정한 조치를 취했는지 그리고 그러한 조치에 왜 효과가 발생한 것인지에 대해 해당 지역 사례에 기초한 실행연구자의 해석이 (해당 연구를 결과를 설명할 수도 있는) 가능한 다른 경쟁적 해석들과 대조될 수 있다. 이러한 방식으로 실행연구의 발전에 있어서 가장 핵심적 특징이라고 할 수 있는 실행연구 사례 간의 상호작용이 이루어지는 것이다.

비록 이것이 실행연구자들에게만 편익을 주는 것처럼 보일지는 모르지만, 이는 사실이 아니다. 지역의 이해당사자들과 전문적 연구자가 이러한 방식으로 보다 넓은 신뢰성에 대한 상호 성찰과 논의에 관여할 때, 이들 양자는 모두 해당 과정에 대한 이해관계를 가지게 된다. 전문 연구자는 자신들이 이러한 과정에서 무엇을 배웠는지, 그리고 그것을 어떻게 해당 맥락을 넘어 소통할 수 있는지를 이해할 필요가 있다. 지역 이해당사자들은 자신들이 관여해 왔던 해당 프로젝트가 지속되는 데 필수적인 이해, 협조, 재정 지원 등이 가능하려면, 프로젝트 외부의 사람들에게 자신들의 성과와 이에 대한 이해 정도를 정당화할 수 있어야 한다. 양자 모두 자신들이 처한 맥락을 넘어 개발한 이해 정도를 확장할 필요가 있는 것이다.

결론

필자들은 실행연구가 단순히 하나의 연구방법이라기 보다는, 해방지향적 사회변화 과정을 촉진하기 위해 기존에 알려진 사회과학 연구 절차들을 포함한 다양한 연구기법들을 협력적으로 조율하는 방법의 하나라고 주장했다. 만일 협력적으로 조정된 연구과정에서 맥락적으로 적절하기만 하다면, 필자들은 실행연구에서 자연과학, 사회과학 및 인문학에서 발견된 거의 모든 연구기법들을 사용할 수 있다고 주장하였다. 양적 연구, 질적 연구, 혼합연구 방법 및 해석적 대화 분석 기법(hermeneutic dialogues)은 모두 실행연구 프로젝트에서 사용될 수 있다. 실행연구에서 배제되는 연구기법이 있다면 그것은 실행연구 프로젝트에 참여하는 지역 이해당사자들에게 도움이 되지 않거나 또는 적극적으로 위해를 가하는 기법이기 때문이다. 필자들은 실행연구 수행에 필요한 역량을 습득하기 위해서는 광범위한 연구기법과 작업 양식의 학습, 그리고 공동연구 절차를 운영·촉진하고 연구결과 및 실행의 함의에 대한 문서화 및 종합적 분석과정에서 조력하는 방법 등에 대한 학습을 해야 한다고 주장했다. 마지막으로, 필자들은 문제해결 가능성 및 특정한 맥락을 넘어서는 타당성의 확보가 실행연구 과정의 핵심적 특징임을 지적하였다.

저자 주

1. Levin and Klev(2000)의 연구에서는 이 논의를 위해 전체 절(section)을 할애하였다.

제 7 장

실행연구에서의 지식의 생성:
현장 지식과 연구에 기반한 지식 간의 변증법

이 장에서는 실행연구에서 지식이 생성되는 과정에 대한 보다 구체적인 논의를 진행하고자 한다. 제6장에서 다루었던 공동생성적 모형(cogenerative model)을 다시 살펴보면, 실행연구에서 지식 생성과정의 핵심은 (1) 현장 참여자의 통찰력과 외부 연구자가 현장으로 가져온 이론적 이해와의 만남, 그리고 (2) 이러한 통찰력이 (실제적인 문제를 해결하기 위한 기초로 작용하는) 공유된 이해과정에 결합되는 것이라고 할 수 있다. 이들 두 가지 형태의 지식은 서로 관련되어 있으면서도 매우 다르다. 현장 지식과 외부 연구자의 지식 간의 관계를 이해하는 한 가지 방법은 이들 간의 관계를 변증법적인 관계로 이해하는 것이다. 이해당사자들 중 한 사람의 주장(affirmation) 또는 명제(proposition)[이를 '정(正, the thesis)'이라 함]가 제기되면, 이들은 어렵고 도전적인 질문들에 마주치게 되고 이를 통해 제기된 명제에 대한 반박이 이루어진다[이를 '반(反, antithesis)'이라 함]. 이러한 서로 다른 견해들이 우호적인 상호 교환을 통해 보다 발전된 이해[이를 '합(合, synthesis)'이라 함]로 진화되는 것이다.

이러한 변증법적인 지식 생성과정을 주어진 맥락에서 이루어지는 실제적인 문제해결과 밀접하게 연계된 것으로 개념화하는 것은 매우 중요하다. 현장의 지식들은 외부 연구자들의 연구에 기반한 지식에 의해 문제가 제기되고, 이론적 지식들은 일상의 사건들을 설명할 수 있는 능력에 따라 평가받는다. 맥락 기속적 지식(context-bound knowledge)의 관점에서 볼 때, 현장 지식은 연구에 기반한 통찰력과 이론적 지식으로부터 영향을 받는다. 그러나 이러한 외부의 관점들은 지역 이해당사자들이 만족할 정도로 지역적 · 맥락 기속적 현상들을 설명할 수 있는 능력을 가져야만 한다. 물론 변증법적인 과정은 학습을 위해 구조화된 상황 속에서 어떤 일이 발생했는가를 말하는 것이다. 이는 필자들이 제6장에서 공동생성적 모형을 논의할 때 묘사했던 바로 그 과정이다.

이러한 배경지식을 가지고 필자들은 이제 실행연구에서의 지식 생성의 토대에 대한 논의로 넘어간다. 실행연구에 기반한 지식은 연구 참여자들의 합의(consensus)를 반영해야 한다고 생각하는 경향이 있음에도 불구하고, 실행연구를 통해 생성되는 지식이 현지 참여자들과 연구자들 사이의 합의를 반드시 반영해야 한다는 규칙은 존재하지 않는다. 오히려, 현지 참여자들과 외부 연구자들 간에 존재하는 지식과 경험의 다양성 위에서 새로운 지식을 구축하는 것이 매우 중요하다. 이것이 바로 필자들이 이들의 관계를 변증법적이고 역동적이라 생각한 이유라고 할 수 있다. 공동생성적 학습과정은 규칙적으로 수정이 이루어지는 담론(rolling discourse)이자, 지속적인 변증법적 순환과정(ongoing dialectical cycle)이라고 할 수 있다.

그러한 관점에서 '진리(truth)'는 상호 협력하에 지식을 생성하는 과정 중의 특정한 시점에 이해당사자들이 받아들일 수 있는 가장 합리적인 지식으로 이해되어야 한다. 따라서 잠정적이고, 타당성을 검증하는 과정(sense-making efforts)을 통해 만들어진 이전의 결과는 지식의 변경을 요구하는 새로운 경험에 의해 항상 다시 도전을 받게 된다. 개인 또는 그룹에 의해 받아들여진 새로운 입장은 기존 지식에 문제를 제기하거나 혹은 지지할 수 있으며, 이러한 변증법적인 과정에서 지식의 타당성을 높이기 위한 추가적인 노력을 촉발할 수도 있다.

이 장을 마치면서 필자들은 실행연구 프로젝트에서 산출한 지식을 어떻게 의사소통하거나 혹은 보고서로 작성하는지 다룰 예정이다. 필자들이 보았던 보고서들은 너무나 자주 현장 지식과 학문공동체 사이에서 방황하다가 오류의 구렁텅이에 빠져 버리고 있었다. 필자들은 연구공동체 혹은 지역 주민들의 실천 어느 쪽에도 별로 도움이 되지 않는 이론적 근거가 없는 사례에 대한 기술을 종종 발견한다. 또한 우리는 지나치게 과학적 전문용어에 천착하여 실행연구와 관련된 요소들이 사라져 버린 문장들을 발견하기도 한다. 실행연구의 핵심 요소를 손상시키지 않고 간직하고 있는 생생한 목소리를 찾는 것은 매우 어려운 일이었다. 내러티브의 수준 높은 활용이 부분적 해결책이 될 수 있으며, 경험적 학습을 위한 소단위 그룹(experiential learning circles)에서 보고서를 작성하는 것도 나름 도움이 될 수 있을 것이다.

현장 지식과 전문적인 사회과학 연구 지식

실행연구에서 전문적인 사회과학 연구자들과 내부자 공동체, 조직, 또는 네트워크의 구성원들은 연구과정에서 공통의 연구대상(cosubject)이자 공동연구자들(coresearchers)이다. 이들 양자는 자신들이 가진 지식과 자신들의 행동을 통해 협력 프로젝트에 기여한다. 전통적인 사회과학에서 전문가로서의 사회과학 연구자라는 생각을 받아들이는 데는 아무런 어려움이 없지만, 전통적인 사회과학의 이론과 연구방법을 훈련받지 않은 현지 주민들이 연구과정에서 형식(form)과 내용(substance)의 양 측면에서 가치 있는 공헌을 할 수 있다는 생각에는 일반적으로 동의하지 않는다. 실행연구는 모든 사람들이 그들의 삶, 환경, 목적에 대해 세부적이고, 복잡하며(complex), 가치 있는 지식을 가지고 있다는 확신에 기초를 둔다. 이러한 지식은 학문적인 지식(scholarly knowledge)과는 다르다. 왜냐하면 일상적 지식(everyday knowledge)은 개인의 행동, 특정한 지위(particular positions)에서 오랜 기간 축적된 경험을 통해 사람들에게 체화되어 있는 것이기 때문이다. 이런 종류의 앎(knowing)은 실천적 지혜, 실천적 추론, 암묵지(tacit knowledge)가 핵심적 특징이기 때문에 전통적인 과학적 지식과는 매우 다르다(Carr & Kemmis, 1985; Schwandt, 1997b).

실행연구는 실천적 추론의 세계와 과학적으로 구축된 지식의 세계가 서로 협력하여 공동으로 지식을 만들어 내는 구조화된 상호 교류(structured encounter)에 초점을 맞춘다. 필자들은 어느 한 종류의 지식이 우월하다고 주장하는 것이 아니다. 하지만 복잡한 문제들을 연구하여 해법을 도출하는 데 있어서 이러한 종류의 지식의 결합이 가지고 있는 내재적인 우월성(inherent superiority)을 신봉하고 있다. 이를 필자들은 현장 지식과 전문적 지식 간의 '변증법적인 관계(dialectical relationship)'라고 명명하였다. 실행연구 과정들은 필자들이 '공동생성적 학습'이라고 부르는 지식의 생성과정 속에서 현장 실천가들과 외부 전문가들이 협력함으로써 이러한 두 가지 서로 다른 지식들의 세계를 연결시키는 데 초점을 두고 있다. 이와 같은 협력과정을 통해 연구의 질이 향상될 수 있다. 그 이유는 내부자들은 중요한 현장 지식과 분석으로 연구에 기여할 수 있으며, 또한 외부 전문가의 해석 틀(interpretive frameworks)에 대해서도 효과적인 비평을 할 수 있기 때문이다. 일상의 문제들을 다루는 데 사용할 수 있도록 과학적 지식을 새롭게 받아들이고 변용시킴으로써, 내부자의 행동을 실질적으로 안내하는 실천적 추론도 향상되고 재구성될 수 있다.

필자들은 현장 지식과 전문적 지식 간에 근본적인 차이가 있다고 생각하지 않는다. 이 두 가지 지식은 모두 사회적으로 구성되었지만, 서로 다른 '제도적 영역(regimes)'하에서 정당화되고 있을 뿐이다. 현장 이론(local theory)은 맥락 기속적(context bound)이며, 지역적 맥락에서 오랜 기간 동안 해석과 구체적인 경험을 맞추어 보는 과정을 거쳐 그 타당성을 획득한 것이다. 이런 과정들은 Berger and Luckmann(1966)의 『실재의 사회적 구성(The Social Construction of Reality)』에 자세하게 기술되어 있다. 저자들은 사회적 구성과정(social construction processes)이 기초적인 일상 이론(everyday theories)에서부터 공식적인 과학적 이해에 이르기까지 다양한 수준의 이해를 만든다는 사실을 분명히 밝히고 있다. 이러한 지식의 모델들은 그것들이 구성된 조건들을 형성하는 사회적 과정들의 구조와 내용에 따라 달라진다.

실행연구에서 중요한 목적은 이 두 가지의 '지식 세계'를 연결시키는 지식을 창출하는 것이다. 이것은 일반인(laypeople)이 관련된 문제를 해결하기 위한 적극적인 처치(active manipulation)를 통해 지식 창출에 접근하는 방식과 과학자들이 자신들의 과학적인 문제들을 해결하는 방식 간에는 커다란 차이가 없다는 Dewey의 주장과 완전히 일치하는 입장이다.

필자들은 지역 주민들이 적절하고 타당한 지식을 근거로 종종 요령 있게 행동한다는 점, 현장 지식 체계들(local knowledge systems)은 복잡하고 차별화되어 있으며(differentiated) 또한 역동적이라는 점, 정규 훈련 없이도 사람들이 적절한 분석(good analyses)에 기반하여 자신들이 취할 행동의 근거를 개발하는 것이 가능하다는 점을 믿고 있다. 그러므로 지역 이해당사자들은 어떠한 사회과학 연구 활동에서도 필수적인 협력자라고 할 수 있다. 따라서 필자들은 편향(bias)과 오류(error)를 제거할 것이라고 스스로 믿으면서 정형적 연구방법에 천착하고 있는 '객관적인' 외부 연구자들만이 타당한 지식을 만들어 낼 수 있다는 생각에 대해서는 이를 명백히 거부한다.

지역 이해당사자들이 행동을 취할 때, 이들도 원하는 결과를 요령 있게 만들어 내는 것을 더 좋아한다는 말을 굳이 지적할 필요는 없다. 훈련된 사회과학자들을 제외한 모든 사람을 아마추어 사회 운동가라고 생각하는 것은 용납할 수 없는 학계의 오만(academic conceit)에 불과하다. 지역 이해당사자들이 그들 자신의 환경 속에서 조치를 취하기 때문에, 잘못된 조치의 결과는 그들 자신에게 중대한 문제를 초래하며, 그러한 문제들은 종종 빠른 속도로 나타난다. 연구와 실행 간의 연계를 단절시켜 왔던 전통적인 사회과학 연구자들은 자신들의 연구결과가 맞는지 또는 틀렸는지 아는 경우가 매우 드물다. 왜냐하면 그들의 연구결과들이 실제에 적용되는 경우가 거의 없고, 또한 그들이 도출한 연구결과가 연구자 자신에게 직접적 영향을 미치는 경우도 매우 드물기 때문이다.

현장 지식의 중요성에도 불구하고, 실행연구 문헌들에서 이에 대해 분명하게 언급하는 경우는 별로 없다. 일부 실행연구자들은 이를 비판적으로 평가하기보다는 주문(mantra)처럼 '현장 지식'이라는 용어를 반복적으로 사용하고 있다. 이러한 실행연구자들에게 현장 지식이란, 주도권을 쥐고 있는 외부 연구자에 의해 부과된 잘못된 그리고 계급 이익에 천착된 지식(false and class-interested knowledge)과 대척점에 있는 '진정한 지식(true knowledge)'이다. 실행연구자들 중 다른 일부는 현장 지식을 분석과 정보가 뒤섞여 있는 더미(mixed bag of analyses and information)로 취급하면서, 어떤 것은 유용하고, 어떤 것은 유용하지 않으며, 어떤 것은 도움이 되고, 어떤 것은 아마 심지어 위험할 정도로 잘못된 것이라고 생각한다. 현장 지식에 대한 견해는 부분적으로는 실행연구자들의 신념 체계(system of beliefs)와 인간 본성(human nature)에 대한 관점에 달려 있다. 물론 인간이 가진 서로 다른 조건은 일반적으로 어떠한 실행연구 활동이 이루어지기 이전에 존재하는 것이다. 그러한 견해는 또한 부분적으로 실행연구자의 현장 경험에 따라서도 차이가 있다. 현장에서 연구자는 현장 지식을 실행과정에서 경험하기도 하고 또한 변화과정에 적용하여 그 결과의 타당성을 실제로 경험하기도 하기 때문이다.

일부 실행연구자들에게 현장 지식은 단순히 내부자들의 지식, 즉 해당 공동체나 조직 내의 사람들이 가지고 있는 지식을 의미한다. 다른 실행연구자들에게 현장 지식은 지역 상황에 대한 세부적이고 복잡한 형태로 조직되어 있는 지식으로 이해된다. 두 번째 견해에서 현장 지식은 주로 내부자들에게 속한 것이지만, 외부 연구자들도 오랜 기간 동안의 지역 문제에 대한 관여(local engagement)에 기초한 문화기술지 연구를 통해 다양한 현장 지식을 개발할 수 있다. 이런 각각의 관점들은 이념적으로 그리고 방법론적으로 매우 다른 결과를 가져온다.

필자들 자신은 현장 지식을 (1) 행위를 하는 데 기반으로 작용하는 실천적 추론(practical reasoning)과 (2) 그러한 행위에 대한 지역 참여자들의 현장의 성찰(local reflections)로 보는 데 초점을 맞추고 있다. 이러한 지식의 개념은 아리스토텔레스의 실천지(phronesis)—"어떤 상황에서도 요청되는 행동을 알아차리는 능력(Toulmin, 1996, p. 207)"—라는 개념으로 그 연원을 거슬러 갈 수 있다. Eikeland(1992)와 Schwandt(1997b)가 지적한 것처럼, 이것은 사회과학 이론을 개발하기 위해 최근의 세대가 사용하고 있는 것과는 다른 유형의 지식이라고 할 수 있다. 실행연구의 목적 중 하나는 실천적 추론과 사회적으로 구성된 의미가 지역적 맥락에서 결합되는 방식을 드러내고, 가치를 부여하는 연구과정을 만들어 내는 것이다(Berger & Luckmann, 1966). 실행연구는 이어서 새로운 현장 지식과 새로운 과학적 이해 두 가지 모두를 만드는 과정에서 공동생성적 학습을 통해 현장 지식과 과학적 지식을 연계한다.

실행연구자들이 현장 지식에 대해 어떤 견해를 가지고 있느냐와 상관없이, 실행연구에서 현장 지식은 일반적으로 전통적인 사회과학 분야의 지식과는 매우 다르다고 이해된다. 최근 들어 사회적 구성주의(social constructivism)와 담화 분석(discourse analysis) 그리고 질적 연구의 필요성에 대해 보다 강하게 동의하는 학계의 동향이 있음에도 불구하고, 지배적인 위치에 있는 전통적 사회과학에서의 일반적 관행은 여전히 연구자에게 지식이 구조화되는 틀(structures into which knowledge is put)을 구성하는 권리와 힘을 맡기는 것이다. 전통적 사회과학 연구자들은 주어진 지역의 맥락과 관계없이 변수 간의 상관관계 설정(intercorrelated), 정형화된 처치(formal manipulations) 및 결과의 비교, 가설의 형성–종합–이론화로 이어지는, 맥락과 유리되어 있는 '객관적인' 지식을 만들어 내는 능력과 권리에 대해 전혀 의문을 제기하지 않는다. 비록 어떤 전통적 사회과학자가 이런 종류의 논리 실증주의자

(logical positivist)는 아니라 하더라도, 이런 관점을 가지고 있는 연구자는 일반적으로 자신의 생각을 적절한 이해당사자들의 현장 지식과 비교하여 검토하는 과정 없이도 연구대상들이 무엇을 생각하는지, 어떻게 생각하는지 그리고 그렇게 생각하는 것이 무슨 의미가 있는지를 공식화하여 표현할 권리를 가지고 있다고 생각한다. 무엇이 타당하고 흥미로운가, 그리고 무엇이 중요하고 또한 사소한 것인가는 아마추어들에 의해 추측되는 것이 아니라 전문적인 연구자들의 결정으로 다루어져야 한다는 것이다.

이러한 사회과학 지식의 생성에 대한 생각은 사회과학 연구의 산출물과 현장 지식 산출물을 상반된 것으로 만들어 버린다. 왜냐하면 현장 지식은 매우 다양한 맥락 기속적 형식(context-bound formats)을 통해 내재화되어 전달되며, 또한 종종 확장된 내러티브 구조(extended narrative structures)로 표현되기 때문이다. 문화기술지 현장 조사와 실행연구 경험을 통해, 필자들은 현장 지식의 내러티브 구조들이 종종 현장 지식이 구성되고 학습되고 적용되는 방식의 핵심 요소(key component)가 된다는 점을 알고 있다. 실행연구는 현장 지식에 가장 중요한 가치를 부여하기 때문에, 연구과정에서뿐만 아니라 연구결과를 보고서로 작성할 때도 필연적으로 내러티브의 역할을 강조할 수밖에 없다. 대부분의 논리 실증주의자들과 정형화된 질적 연구기법(formal qualitative techniques)을 사용하는 연구자들에게 있어서, 내러티브에 대한 역할의 강조는 실행연구가 절망적으로 '비과학적'이며, 타당한 지식을 만들어 낼 수 없다는 것을 보여 주는 것으로 받아들여질 것이다.

필자들은 이미 제4장에서 타당성(validity) 문제에 대해 논의하였다. 여기서 필자들은 타당성 문제가 전통적인 사회과학 연구자들과 실행연구자들 간에 일부 매우 비생산적인 논쟁들을 불러일으켰다는 점을 강조하고자 한다. 많은 전통적인 사회과학 연구자들은 현장 지식을 근거 없는 정보, 또는 적어도 주관적인 정보와 동일시하였다. 그들은 훈련되지 않은 사람들은 연구기법에 대한 훈련, 해석과정에서의 편견과 자신의 이해관계를 극복할 수 있는 노력이 결여되어 있기 때문에 타당한 지식을 만들어 낼 수 없다고 믿는다. 이와 반대로 일부 실행연구자들은 현장 지식을 타당한 정보와 동일시하고, 오직 자본주의 체제에 의해 오염되지 않은 현지인들만이 현상을 명확하게 볼 수 있을 것이라고 믿는다. 두 가지 중 어느 입장도 설득력이 없다. 만약 누군가가 현지인들이 늘 옳거나 혹은 항상 잘못되었다고 믿는다면, 이론,

연구방법, 또는 그 외 어떤 다른 것들도 필요 없을 것이다. 따라서 이는 사회과학 연구를 제대로 수행하는 데 대한 관심이라기보다는, 단순히 자신의 주장을 펼치기 위한 논쟁을 위한 논쟁에 불과한 입장이라는 것을 말해 주는 명백한 신호라고 할 수 있다.

따라서 필자들은 이러한 논쟁적 주제는 내려 두고, (1) 현장 지식이 역사적으로 구축되는 정도와 방식, (2) 현장 지식이 어떻게 수집되어(mobilized), 활용되고(relied on), 실행되며, 해석될 수 있는지 그리고 (3) 부분적으로 현장 지식에 기반한 연구결과들이 어떻게 그러한 지식이 도출된 지역 상황을 넘어 효과적으로 의사소통되고 맥락화될 수 있는지에 대해 초점을 맞출 것이다. 새로운 지식은 현장 지식과 전문적인 지식 사이에 존재하는 간극에 대해 논쟁하는 과정에서 만들어진다.

지식 생성과정

필자들은 타당한 지식의 생성과 효과적인 사회적 실천에 더하여, 실행연구가 민주적인 이상을 핵심적인 실천방식으로 내재화시키고 있다고 주장한다. 민주화는 실행연구의 과정과 결과에 모두 포함되어 있다. 실행연구에서 연구과정은 개방적이고 참여적이며 모든 참여자들에게 공정해야 한다는 점에서 민주적이어야만 한다. 이에 더해 실행연구에서 산출된 지식은 참여자들 스스로가 자신의 상황을 통제할 수 있도록 하는 능력을 신장시켜서 참여자들의 이익을 뒷받침할 수 있어야 한다. 필자들은 실행연구를 '공동생성적 연구'로 지칭함으로써 이러한 민주화의 두 가지 의미를 요약적으로 제시하였다.

연구를 민주화하기 위한 노력에서 핵심적인 것은 연구대상(the researched)과 연구자(the researcher)의 역할을 뒤바꾸는 것이다. 탐구과정에서 민주주의는 선택된 방법과는 관계없이 지역 참여자들이 의미 구성과정에 주도권을 가지지 못한다면 제대로 구현될 수 없을 것이다. 동시에 훈련받은 연구자들도 이러한 지역 참여자들과 확실한 의사소통 연결 고리 없이 현지의 사회적 삶(social life)을 이해할 수 없을 것이다. 내부자와 외부 연구자의 지식 사이에 존재하는 이러한 역동적인 긴장감(dynamic tension)은 공동생성적 과정을 위한 기초가 된다.

실행연구에서 필자들은 전체 의사소통 과정은 부분의 합보다 더 클 수 있다고 믿는다. 외부 연구자들은 (1) 내부자들과의 대화를 통해, (2) 지역 상황에서 공유된 행위들(shared actions)을 경험하고 이해하는 과정을 통해, 자신들이 알지 못했던 것들 그리고 자신들이 즉각적으로 인지하지 못하는 것들을 배우는 데 있어 커다란 도움을 받을 수 있다. 내부자들은 외부 연구자들이 제기한 의문에 답하여 자신들의 현장 지식을 다시 구성하고 평가한다. 이러한 상호작용을 통해 양쪽 모두 이해가 증진된다. 양쪽 모두 복잡하게 연계된 의도들(complex web of intentions)과 자신들이 관여하고 있는 구조와 과정들에 대한 고유의 해석을 가지고 있다. 이것들은 적어도 부분적으로라도 공동생성적 과정을 통해 서로에게 공유되게 할 수 있다.

차이를 유지하는 것

실행연구에서는 내부자들과 외부 연구자들이 동등하게 진실성(integrity)을 가지고 있는 것으로 취급되어야 한다. 왜냐하면 실행연구에서는 양자 모두 자신들의 배경과 지식에 따라 행동하는 것으로 기대되고 있고, 양자 모두의 목소리가 동등하게 받아들여질 권리를 예정하고 있기 때문이다. 실행연구 전문가가 내부자인 것처럼 행동하지 않는 것은 중요하다. 전문적인 연구자는 외부자로서 언제나 특정한 전문적인 실천(praxis)과 행위의 윤리적 기준에 대한 요구를 만들어 내는 제도적이고 (institutional) 전문적인 상황에 있는 사람으로서의 역할을 가져야 하기 때문이다.

이러한 불균형한 상황에서의 공동생성적 도전 과제(cogenerative challenge)는 이해당사자들 간의 차이를 최대한 활용하는 것이다. 내부자들과 외부 연구자들 모두 모든 참여자들을 위한 새로운 학습의 장을 만들 수 있으며, 이들이 가진 차이점들은 자신들이 실행연구 과정에 만들 수 있는 가장 중요한 기여가 될 것이다. 실행연구 과정에서 차이를 줄이는 것은 무익한 일이다. 차이를 인정하고 다른 이해당사자들 사이에서 공통점을 고려하여 종합적인 조치들(comprehensive actions)을 구안하는 것을 배우는 것이 실행연구에서의 핵심적인 과정이다. 따라서 이러한 변증법적 과정에서의 '합(合, synthesis)'은 단순히 참여자들 간의 차이점을 줄이는 것과는 다르다.

실행연구에는 시간이 필요

어떤 실행연구 과정도 관여한 이해당사자들 간의 의사소통과 실행을 기반으로 이루어진다. 연구 문헌과 우리의 일상 경험으로부터 필자들은 상호 간 흥미로운 대화에 관여하는 데 있어서는 서로에 대해 학습할 시간과 상호 간 이해할 수 있는 언어를 만드는 과정이 필요하다는 것을 알고 있다. 따라서 실행연구 과정들은 이러한 요구에 맞춰 공유된 이해를 형성할 수 있는 지속적 의사소통과 상호작용을 촉진하기 위한 작업 양식(form)에 충분한 시간의 투자를 요청한다. '간편한(drive-by)' 또는 '일회성인(one-shot)' 과정으로서는 의미 있는 실행연구를 만들기 어렵다. 신속한 결과를 약속하는 실행연구라면 일단 그 실효성을 의심해 보아야 한다. 하나의 실행연구가 언제 시작되어서 끝날지 정확하게 아는 사람은 없다. 실행연구는 사회적 관계를 통해 시작되고, 사회적 관계가 더이상 지속되지 않을 때 종료된다.

실제적 그리고 맥락 기속적 문제해결

실행연구 과정에서 실제적인 문제를 해결하기 위한 의식적인 노력을 통해 지식이 창출된다는 것을 강조하는 것은 매우 중요하다. 이런 해법들의 문제해결 가능성(workability)은 자연스럽게 새로운 지식이 구축될 수 있는 플랫폼을 만들 것이다. 이러한 측면에서 그 어떤 사회과학 연구 전략도 실행연구보다 지식의 생성을 지식 생성과정에 참여하는 행위자들의 일상적인 실천방식(everyday practice)과 강하게 연계시키지 못하고 있다. 반면에, 예를 들어 공학 분야에서의 지식 생성은 이와 그렇게 많이 다르지 않다. 그 이유는 새로운 공학적 통찰력은 구안된 과학 기술이 원하는 목적 달성에 적합하게 기여하지 못한다면 타당한 것으로 여겨지지 않기 때문이다.

연구기법의 선택과 작업 양식

실행연구에서 모든 상황에 다 적용될 수 있는 하나의 만병통치약은 없다. 현장 지식, 서사성(narrativity), 공동생성적 접근방식은 모두 중요하지만, 실행연구 과정의 설계에서 이들을 어떻게 결합하여 사용할 것인지에 대한 구체적 청사진은 제공되지 않고 있다. 실행연구에서 산출된 지식은 연구의 맥락과 연계되어 있다. 연구기법(technique)과 작업 양식(work forms)은 특정한 맥락에서 주어진 문제의 초점에 맞도록 선택된다. 따라서 공동생성적 접근방식은 적절한 연구기법과 작업 양식을 어떻게 선택할 것인가를 숙고하기 위한 일종의 틀(framework)이라고 할 수 있다. 하나의 단순한 처방(simple recipe)이 아니라는 뜻이다. 공동생성적 접근방식은 매우 다양한 연구 기법과 의제들을 활용하는 방식(deployment)과 충분히 그리고 필연적으로 조화된다.

이러한 의사소통의 장(communicative arenas)의 설계(제6장 참조) 그리고 특정한 집단적 과정들의 활용은 언제나 특정한 상황에 대한 평가에 따라 선택된다. 따라서 주민들이 경제적 · 사회적 생존에 강력한 공통적 이해관계를 가지고 있는 곳에서는 합의 형성(consensus building)을 기반으로 한 연구기법이 아마도 적절할 것이다. 탐색협의회 기법(search conference methodology; 제9장 '실용적 실행연구' 참조)의 활용도 도움이 될 수 있다. 반면, 예를 들어 천연 자원의 활용과 같이 서로 대립하는 그룹들이 분명한 잠재적인 갈등을 가지고 있는 상황에서는 갈등 연계 전략(conflict-bridging strategy)이 보다 유용할 수도 있다. 숙련된 실행연구 실천가들은 특정 상황을 파악하고 이해할 수 있으며, 실행연구 과정을 설계하는 방법을 제안하기 위해 이러한 통찰력을 활용할 수 있어야 한다. 각각의 상황에 따라 현장 지식과 사회과학 지식, 행위자와 연구과정들의 각기 다른 조합이 필요한 것이다.

실행연구를 수행한다는 것은 상호 간 실천과 성찰로 이루어진 상호 결정과정(codetermined process)에 참여하는 것을 의미하기 때문에, 필자들은 실행연구에 대한 획일적 접근방식(one-size-fits-all approach)을 절대적으로 거부한다. 숙련된 전문적인 실천가는 변화과정이 계속 진행되도록 하기 위해 그리고 무엇이 학습되고 있는지 추적하는 데 필요한 것이 무엇인지 찾아냄으로써, 현장으로부터의 경험에 대해 끊임없이 성찰한다. 연구기법, 작업 양식 그리고 지역 이해당사자들의 조합이 어떻게 나타날 것인지는 행동과정에서의 성찰(reflection-in-action)과 행동에 대한 성찰(reflection-on-action) 모두를 포함하는 실행연구의 과정에 걸맞도록 항상 맥락의존적(context dependent)일 수밖에 없다(Schön, 1983, 1987; 또한 제15장 '실행 과학과 조직학습' 참조). 이것이 바로 실행연구 실행방식에서의 핵심적인 특징이다.

실행연구 보고서 작성

실행연구에서 지식 생성을 개념화하는 방법으로써 변증법의 개념을 적용하는 이차적 효과(secondary effect)는 지식 생성의 역동성을 총체적 장면(picture)으로 보여줄 수 있다는 것이다. 지식은 최종적으로 만들어지기보다는, 일련의 변증법적 정(正, theses) · 반(反, antitheses) · 합(合, syntheses)의 검증과정을 통해 결과로서 도출되는 것이다. 각각의 검증과정(sequence)은 그 시점에서 가장 적절한 지식을 산출해 낸다. 하지만 그러한 지식은 공동생성적 과정에서 내부자들과 외부 연구자들 양자 모두에 의해 항상 잠정적이고, 새로운 문제 제기에 의해 발전되고 개선될 수 있다고 이해될 수 있다. 따라서 지식 생성과정은 행위자들 사이의 관여가 지속되는 한 변증법적으로 진화해 나간다.

이러한 지식 생성과정의 속성을 감안할 때, 연구결과의 작성도 전통적인 사회과학의 형식을 그대로 채택할 수는 없다. 지식이 생성되게 된 변화과정이 제대로 전달되어야 하고, 내부자들에게 명료하게 이해되어야 한다. 다양한 이해당사자들이 지니고 있는 연구과정에의 참여 정도, 해당 프로젝트에 대한 관점들 그리고 프로젝트의 시행과정 등이 참여한 행위자들의 입장에서 전달되어야만 한다.

실행연구는 역동적이고 지속적으로 발전되어 가는 실행연구 자체의 속성을 충실히 반영하고, 또한 독자들을 위해 해당 경험학습 과정에서의 핵심 요소들을 재현할 수 있는 고유한 글쓰기 장르를 필요로 한다. 독자가 모든 학습과정들(learning sequences)을 이해할 필요는 없지만, 독자에게 특정한 프로젝트에서 주요한 학습이 발생해 나간 흐름(major learning history)에 대해 명확히 알 수 있도록 할 필요가 있다. 이러한 요구는 내러티브 형식(narrative style)을 경험적 학습과정(experiential learning cycles)에 통합하는 것을 필요하게 만들 것이다.

내러티브

필자들이 생각하는 것처럼, 내러티브(narratives)는 일반적으로 실행연구 경험들을 기록하는 데 있어 가장 좋은 방법이다. 물론 이런 말이 실행연구자들이 이론과 실천(practice) 간의 관계에 대한 언급없이 끊임없는 이야기만을 기록해야 한다는 의미는 아니다. 실제 실행연구의 결과를 작성하는 것과 관련한 도전 과제는 이론과 실천 간에 존재하는 설득력 있는 연결 고리를 제시하는 것이다. 이 문제에 대한 가장 명확한 해결방법은 실천가들과 과학자들 모두에게 의미를 가지는 텍스트(text)를 만드는 것이다. 이것은 학술지에서 신문에 이르기까지 서로 다른 독자들을 위해 연구 결과를 달리 작성하는 것이 불필요하다는 의미는 아니다. 여기서 말하고자 하는 핵심은 일반적으로 이러한 보고서들이 실제 수행했던 프로젝트를 명료하게 설명하기 위해서는 내러티브 형식(narrative mode)에 기초할 수밖에 없다는 것이다. 물론 필자들이 아래에서 이야기하겠지만 독자가 어떤 사람들인지도 중요하다. 이런 모든 이유 때문에, 실행연구 보고서 작성(writing up action research)은 참여자들(group)이 상호 소통하고 적용했던 지식을 생성하면서 겪었던 과정들에 대한 상세한 논의를 포함하고 있는 사례연구의 형식을 취하는 경우가 많다. 그 결과, 대부분의 실행연구는 내러티브 글쓰기(narrative writing)의 많은 수사학적인 전통(rhetorical convention)을 따르고 있다.

구성주의와 포스트모더니즘 쪽에서 나타나고 있는 다양한 학계의 발전 동향에도 불구하고, 전통적인 사회과학자들은 무엇이 의미 있는 전문적 기준인지에 대해 매우 편협한 관점을 가지고 있는 실증주의자들이 대부분이다. 그들에게 있어 내러티브란 이해할 수 없고, 통제 불가능하며, 사소한 것이고, 어쩌면 약간 공포스러운 것일 수도 있다. 필자들의 입장에서는 매우 불행하게도 합리적 선택 모형(rational choice model)이 인기를 끌면서 한때 수세에 몰렸던 실증주의자들이 다시 중흥의 계기를 얻게 되었고(글로벌 시스템에서 신보수주의적인 변화와 정확히 조류를 같이하여), 전통적인 사회과학의 전통에서는 특히 내러티브 분석에 대해 호의적이지 않다.

내러티브는 태생적으로 특정한 것을 다루고, 공동생성적 변증법(cogenerative dialectic)의 핵심인 특유한 역사, 과정, 노력, 투쟁, 패배와 승리를 드러내는 속성을 가지고 있기 때문에, 실행연구는 내러티브를 통해 많은 힘을 얻는다. 비록 내러티브는 광범위한 유형으로 나누어질 수 있겠지만, 각각의 내러티브는 특정한 상황과 다양한 요소들(사람, 조직, 사건) 간의 특유한 조합을 의미한다. 그러나 내러티브 글쓰기가 과학적인 기여를 하는 것과 상충되는 것은 아니다. 필자들이 제4장과 제5장에서 많은 노력을 들여 지적했던 것처럼, 만약 특정한 실행연구 프로젝트에서 만들어진 내러티브가 주요한 사회과학 연구의 일반화와 상충된다면, 그러한 일반화는 틀렸거나 혹은 해당 상황에 맞게 수정되어야만 할 것이다. 내러티브는 과학적으로도 강력하다.

예를 들어, 경제 이론가들 사이에서 일반화된 지배적인 견해 중 하나는 협동조합(cooperatives)은 그러한 형태로 운영되지 않는 기업들(noncooperative businesses)과 성공적으로 경쟁할 수 없다는 것이다. 몬드라곤 연구(Greenwood et al., 1992)는 협동조합들이 그들의 직접적 경쟁자들보다 성공적이라는 것을 명확히 보여 주었다. 후속적으로 발생한 일들도 이러한 주장이 사실임을 충분히 확인해 주었다. 따라서 몬드라곤 연구의 내러티브는 협동조합이 경쟁력이 없다는 일반화가 이미 언급한 것처럼 잘못되었다는 것을 의미한다. 비록 합리적 선택 모형에 경도된 과학자들(rational choice gang)이 그러한 사실을 좋아하지 않는다고 하더라도 필자들이 보기에 그러한 일반화는 타당하지 않다.

지난 15년에 걸쳐 서사성(narrativity)에 대해 다시금 새로운 평가가 이루어지고 있다. 이러한 재평가는 사회과학 연구는 인간의 모든 행동처럼, 담론 구조(discursive structures)로부터 만들어지는 일련의 사회적으로 구성된 이해(a set of socially constructed understandings)라는 인식을 통해 이루어져 왔다. 이런 담론 구조들은 내러티브의 속성을 가지고 있다. 그러한 내러티브 속성들은 그 자체가 주어진 상황에서 의미들(local meanings)을 어떻게 만들어 내고, 또한 특정한 담론 구조가 지배적인 것이 되거나 혹은 (지배적인 것이 되기 위해 구성원들을) 납득시키려고 노력하는 과정에 대한 이해를 촉진하기 위해 분석될 필요가 있다.

그리 오래지 않은 과거에 필자들이 썼던 글들은 터무니없고 모호한 접근방식으로 보였고, 따라서 완전히 묵살되어 왔을지도 모른다. 그러나 전통적인 사회과학은 자신들이 스스로 만들어 낸 다양한 위기들을 겪고 있다. 전통적인 사회과학이 여전히 상당한 재정적 지원을 받고 있기는 하지만, 상당수의 대중은 전통적 사회과학에서 받아들여지는 것들에 대한 신뢰를 거두고 있다. 왜냐하면 대중들은 전통적 사회과학자들이 주장하는 것이 이해하기 어렵고, 학문공동체에만 도움이 되며(self-serving), 진부한 것이 아니면 잘못된 것이라고 생각하게 되었기 때문이다. 지난 수년 동안 자신들의 학문분야에서 '공공적' 가치를 주장했던 미국사회과학회(American Sociological Association)와 미국인류학회(American Anthropological

Association)에서 이루어졌던 다양한 개선 노력들은 이러한 학문의 적절성의 상실에 대한 수세적인 반작용이었다.

경험적 학습에 대한 내러티브

필자들이 주장했던 것처럼, 내러티브는 실행연구 프로젝트에서 이루어졌던 활동들로부터 얻은 경험을 (체계적이고 심도 깊은 방식으로) 기술하는, 중요하고도 강력한 도구라고 할 수 있다. 그러나 그것만으로 실행연구의 과정과 통찰력을 전달하기 위한 좋은 기술(記述)이 되기에는 한계가 있다. 우리에게는 무언가가 더 필요하다. 일단 실행연구에서 가장 핵심적인 요소를 다시 한번 개괄하는 것에서 시작해 보자. 활동(activity)은 적극적인 실험, 결과의 성찰, 그 결과를 생산해 낸 혹은 창조해 낸 요인이 무엇인지를 이해하는 주기를 중심으로 지속적으로 이루어진다. 문제를 가진 사람들(problem owners)과 외부 연구자들의 통합을 통해 이루어지는 이러한 의미의 구성은 프로젝트의 목표를 더 잘 충족할 수 있는 활용 가능한 새로운 조치들(actions)로 이어진다. 실행연구 과정은 실험하고, 결과로부터 학습하며, 새로운 행동으로 이어져 새로운 통찰력을 창출하는 일련의 순환적 과정으로 개념화될 수 있다. 이는 행동으로 이어지는 지식을 내부자와 외부 연구자들이 공동으로 생성하는 과정인 것이다. 따라서 실행연구 보고서를 작성하는 데 있어 이러한 순환적인 학습 과정을 포착해 내는 것이 중요하다. 순환과정의 일부는 짧고 단순하고, 어떤 부분은 길고 복잡하다. 어떤 부분은 프로젝트에 별로 영향을 미치지 않았던 반면, 다른 부분은 결과를 결정하는 데 있어 핵심적인 역할을 담당했다.

이런 관점에서 실행연구 보고서를 작성하는 것은 학습의 어떠한 과정(sequences of learning)이 프로젝트의 현재 상황을 초래하는 데 중요한 영향을 미쳤으며, 어떤 것은 그렇지 않았는지에 대한 사려 깊은 판단을 요구한다. 내러티브 글쓰기 양식에서 이러한 과정들은 일어난 일들을 투명하게 그리고 독자들이 비판적이고 몰입된 독서를 할 수 있도록 만들기에 충분한 구성을 가질 수 있도록 기술되어, 프로젝트에서 발생했던 사건들이 독자들에게 잘 전달되도록 해야 한다. 이러한 관점에서 보면, 독자들은 연구의 과정, 연구의 실제적 · 가시적 성과 그리고 연구결과를 기술한 원고에서 주장하는 기존 연구에 대한 공헌 등에 대해 스스로의 판단을 할 수 있는 기회를 가질 수도 있을 것이다.

이런 권고에 따라, 실행연구 원고가 전통적인 연구 기반의 출판물에서 보이는 선형적 양식(linear form)을 실질적으로 파괴하고 있다는 점은 명확하다. 프로젝트에서 창출된 지식은 실제 프로젝트 수행과정에서 만들어졌던 것과 동일한 논리를 따라갈 수 있도록 독자들에게 전달될 것이다. 이러한 기술방식은 독자들로 하여금 어떻게 지역의 맥락과 정치경제가 해당 프로젝트의 결과를 만들어 냈는지 알 수 있게 해 준다. 이런 관점에서 이러한 나선형 원고(spiraling text)의 형식은 선형적인 글쓰기 방식(linear writing)보다 현실 세계에서 일어나는 일에 훨씬 가까이 다가갈 수 있도록 해 주며, 결과적으로 실행연구 과정에 대한 보다 풍부한 이해와 관점들을 형성해 나갈 수 있을 것이다.

전통적인 출판물

실행연구 결과에 기초하여 논문 등 전통적인(conventional) 형식의 출판물(publications)도 산출해 낼 수 있다. 예컨대, 지역 참여자들이 상대적으로 관심을 갖지 않지만, 실행연구자가 연구 문헌에서 중요한 이슈로 다룰 수 있는 무엇을 발견했을 때와 같은 경우가 될 것이다. 하지만 필자들은 실행연구는 본질적으로 장기간에 걸친 관여와 내부자들과 같이 발전시킨 공유된 이해를 기반으로 하기 때문에, 실행연구에 기초한 이러한 전통적인 형식의 출판물이라 하더라도 대부분의 다른 전통적 사회과학 연구결과보다는 훨씬 더 견고한 기초 위에서 기술될 수 있다고 믿는다.

공동저술

과학공동체(scientific community)와의 의사소통은 실행연구 프로젝트에서 내부자과 외부 연구자들에 의해 공동으로 만들어질 수 있다(제3장의 몬드라곤 사례와 Levin, 1988; Levin et al., 1980a, 1980b 참조). 비록 이 과정은 복잡하고, 저자 문제(authorship), 지적 재산권(intellectual property) 등의 다양한 새로운 문제를 초래하기는 하지만, 내부자와 외부 연구자가 함께 전문적인 연구공동체와 효과적으로 의사소통할 수 있다는 방법이라는 것은 부인할 수 없다.

내부자와 외부 연구자와의 공동저술(joint writing)의 방식에는 다양한 접근방식이 있을 수 있다. 때로는 두 개의 보고서가 산출될 수도 있는데, 이 경우 하나는 지역 이해당사자들을 위한 것이고, 다른 하나는 실행연구 실천가들을 위한 것이다. 다른 경우에는 지역 이해당사자들을 위한 보고서만 만들어지는 경우도 있다. 물론 이 외에도 다양한 선택이 가능하다. 이러한 선택은 주어진 맥락과 프로젝트에 관여된 모든 이해당사자들의 목표에 달려 있다.

내부자의 성찰

외부 연구자들과 보고서를 함께 작성하는 것은 성찰적 학습의 한 양식으로서, 비전문가들(laypeople)에게 글쓰기 도구로 소개하는 방법의 하나이다. 과학적 성찰(데이터 다루기, 분석과 결론)에서 활용되는 많은 도구들을 포함하는 글쓰기 과정은 현장 지식의 생성에 새로운 차원들(dimensions)을 가져올 수 있다. 비록 이렇게 성찰과정(reflection process)을 구성하는 방식이 일상의 실천적 추론을 대체하지는 못할지라도, 이것은 지역의 조직과 공동체가 활용할 수 있는 매우 유용한 도구가 될 수 있다. 또한 내부자들은 실행연구 팀의 구성원으로서 자신들이 취했던 조치들로부터 경험하고 배운 내용들을 공유함으로써 자신들의 실천적 추론을 향상시키게 된다. 그러한 과정은 외부 연구자의 노력과 관계없이 종종 일어나지만, 여전히 실행연구 과정의 한 부분이라고 할 수 있다.

좋은 실행연구의 기준

필자들은 이러한 글쓰기 과정과 학생들과의 수업 경험을 통해서 우리가 실행연구에 대한 매우 이상적인 이야기를 할 때 사례를 과장할 수 있고 또한 실행연구는 탁월하게 높은 기준을 충족해야 한다고 보일 수도 있다는 점을 알고 있다. 실행연구는 완전한 정보, 다른 모든 조건이 동일하다(ceteris paribus)는 가정 그리고 다른 불합리하고 현실적으로 존재하기 어려운 환경적 조건을 전제로 논의가 이루어지는 신고전주의 경제학(neoclassical economics)에서 발생하는 현상과 같은 이상적인 과정이 아니다. 그것은 실제의 맥락에서 그 속에 살고 있는 사람들과 함께 만들어 가는 실제적 과정이며, 어떤 인간적 과정에서나 수반되는 우연성, 결함 그리고 나름의 흥분감 모두를 가지고 있다. 변증법은 매력적으로 들릴 수 있으나, 필자들의 실제 경험에 따르면 이는 종종 연구자들을 지치게 하고, 심지어 무기력하게 만드는 경우도 있다.

대부분의 실행연구 과정은 종종 어쩔 수 없이 문제 정의(problem statement)가 상당히 제한적이고, 협력 의지가 강하지 않으며, 적절한 이해당사자가 모두 참여하지 않은 채로 시작된다. 좋은 실행연구 실행의 핵심은 (1) 중요한 성찰이 의사소통을 통해 일어날 수 있고, (2) 가능한 한 광범위하고 공정한 방식으로 일부 실제적인 문제해결을 해낼 수 있는 연구과정을 설계하고 유지해 나가는 데 있다. 실험실 연구에서 가설이 다시 만들어지고 정교화되어 가는 것(제5장 참조)처럼, 실행연구에서도 몇몇 초기에 이루어진 성공을 통해 당초에 설정된 문제가 정교화되고 재설정될 수 있다. 또한 최초에 구성된 그룹의 구성도 좀 더 광범위한 문제 소유자들(problem owners)이 보다 적절히 반영될 수 있도록 변화될 수 있다. 특정 프로젝트가 이상적인 실행연구 과정의 방향에 얼마나 다가갈 수 있는지는 자원, 정력, 기술 그리고 프로젝트가 진행되는 상황에서의 다른 요소들에 달려 있다.

필자들이 이러한 점을 강조하는 이유는, 우리의 눈에는 실행연구 실천가들 또는 실행연구를 하고 싶어 하는 사람들이 종종 자신들의 프로젝트에 대해 매우 부끄러워 하는 것처럼 보이기 때문이다. 예컨대, 필자들은 사람들이 자신들의 프로젝트에 대한 이야기를 시작할 때 "음, 제 프로젝트는 '진정한' 실행연구 프로젝트는 아니지만……"이라고 말문을 여는 경우를 수없이 보아 왔다. 필자들은 이런 마음가짐이 아주 해로운 것이라고 생각한다. 실행연구 프로젝트는 공동생성적 지식 구축과 상호 간의 이해를 발전시켜 나가는 과정에서 인내심을 가지고 한 단계, 한 단계 나아가는 장기간의 복잡한 과정이며, 이해당사자들이 통제하기 어려운 지역적 맥락에서 일어나는 많은 사건들에 의존하고 있다. 완벽성이란 관점에서 보면, 대부분의 실행연구 프로젝트들은 이상적인 수준에 미치지 못한다. 필자들은 이에 대해 변명하지 않으며, 타협과 결점이 없는 전통적 사회과학 연구 프로젝트를 결코 본 적이 없다고 성급하게 지적하지도 않는다. 성경에 "죄가 없는 자만이 돌을 던지게 하라"라는 말이 있듯이 말이다.

결론

이 장의 주제는 학습 시스템의 수준(learning system level)에서 실행연구에서의 지식 생성과정들에 대해 논의하는 것이었다. 공동생성적 모형을 소개했던 제6장에서 필자들은 사회적 그리고 행위자 수준에서 학습과 지식의 생성을 논의하였다. 이 장에서 필자들은 지식에 대한 분석적 수준으로 논의의 초점을 이동하였다.

우리가 논의한 것들 중 어느 것도 특별히 전문적인 연구자에게 위협적으로 보이지는 않는데, 왜 전통적 사회과학 연구자들의 실행연구에 대한 반응은 그렇게 적대적일까? 전통적인 사회과학 연구자들이 우리로부터 두려워해야만 하는 것은 무엇일까? 필자들은 (1) 실행연구가 전문가로서의 그들의 안락한 삶에 가하는 위협 때문에, (2) 만약 실행연구가 지배적인 위치를 차지하게 된다면 자신들이 박식한 이해당사자들(knowledgeable stakeholders) 앞에서 그리고 문제가 발생하는 실제의 맥락에서 자신들의 업적에 대한 사회적 가치를 명료히 설명하도록 요구받을지 모른다는 위협 때문에 그들이 그렇게 반응하는 것이 아닐까 생각해 본다.

제 8 장

우호적인 외부자:
연구전략으로서 실행연구로부터
실행연구자가 되는 데 필요한 기술에 이르기까지

제7장에서 지역의 이해당사자들에게 초점을 맞추었다면, 이 장에서는 주로 전문적인 연구자에 대해 살펴보고자 한다. 그러나 실행연구에서 늘 그렇듯이 지역의 이해당사자와 전문 연구자는 공동생성적 학습과정들을 통해 항상 연결되어 있다.

통제가 불가능한 세상을 통제하려고 하는 모순

앞서 정의한 바와 같이 실행연구는 전문 연구자들과 지역의 조직, 공동체 또는 연구에 협력하기 위해 특별히 만들어진 조직의 관계자들이 공동의 관심 문제를 이해하고 해결하고자 하는 공동생성적 과정이다. 실행연구는 (전문가들의) 전문 지식, 현장의 (경험적) 지식, 절차적 기술(process skills), 연구 기술(research skills) 및 민주적 가치가 어우러져 공동생성적 지식과 사회적 변화의 기초로서 작동하는 사회적 과정이다.

전통적인 연구자들은 (1) 연구를 시작하기 전에 연구자에 의해 결정되고, 연구과정 전반에 걸쳐 자신들이 통제하려고 노력하는 연구 설계(당초 계획과 달라진다면 그 차이를 주의 깊게 살피며)와 (2) 주로 연구 활동이 종료된 후에 이루어지고 보고되는 연구의 분석 결과를 엄격하게 분리하고자 노력한다. 이들은 사회적으로 적용 가능한 연구결과를 산출하거나, 연구결과를 적용하는 일에 대해서는 거의 책임을 지지 않는다. 이들 중 일부는 자신들의 연구가 사회과학적 지식의 증진에 기여하고, 또한 연구 주제가 사회적으로 중요하기 때문에 사회적으로 유용하다고 주장하기도 한다.

이러한 행동들은 필자들로 하여금 이 세상은 사실상 통제가 불가능한 것임에도 불구하고 이것이 가능하다고 연구자가 스스로를 속이고 있는 것은 아닌가 하는 의문이 들게 한다. 그들에게 있어 통제하기 어려운 세상에 대응하는 방법은, 데이터 생성 및 조작과 같은 객관적(impersonal) 연구기법에 대한 의존 그리고 자기훈련(self-discipline)을 통해 그러한 무작위성을 통제하기 위해 할 수 있는 모든 노력을 기울이는 일이다. 연구기법은 연구자에게 통제권, 연구대상과의 거리 및 객관성을 부여하여, 비슷한 문제 인식을 가진 다른 연구자가 동일한 연구기법을 사용할 때 같은 연구결과를 재산출할 수 있는 한 매우 중요하다.

실행연구자들은 다양한 논거를 가지고 이러한 견해를 반박한다. 많은 실행연구자들은 세상에 대해 우리가 보다 선호하는 것이 무엇이든지 이를 믿는 것이 얼마나 편한 일인지를 인지하고 있지만, (1) 연구과정에서 인간적 측면들(human dimensions)을 분리하거나 또는 (2) 연구과정과 결과를 분리하는 것이 가능하다는 사실을 받아들이지는 않는다. 실행연구는 과정과 결과를 가능한 한 가장 가까운 관계로 유지하고, 인간 스스로의 역량에 대한 근본적인 존중과 믿음에 바탕을 둔 연구를 지향한다. 실행연구는 또한 현장의 이해당사자들이 자신들이 처한 상황에 대한 통제권을 증진시키고자 하는 과정에서 적용할 수 있는 지식을 협동적으로 창출함으로써 민주적 가치와 절차를 강조하게 된다.

한계 상황의 고착화보다는 가능성 창출에 초점

강력한 역사적, 정치 · 경제적 이유들로 인해, 전통적인 사회과학 연구의 지배적인 이미지는 관료적 조직을 묘사하는 언어들과 밀접한 관련을 가지고 형성되고 있다. 이러한 조직들은 관료주의적 그리고 권위주의적 사고방식의 가장 핵심적 특징들인 통제, 객관성, 역할 구분(classification) 및 반복가능성(replicability)을 지속적으로 추구한다. 그러나 필자들이 이와 관련한 논의를 더 진전시키기 전에, 학문공동체에서 내세우는 세련된 반관료주의적 이데올로기에도 불구하고, 관료주의는 다른 어떤 제도보다 사회 정의라는 추상적 개념에 대한 공적 구조(public structures)와 의사결정 기준을 수립하고자 하는 노력들을 개념 그 자체에 내재화하고 있다는 사실을 기억할 필요가 있다. 관료들은 개인적 · 주관적 근거에 따라 공적 자원 배분에 대한 결정을 내리기보다는, 자원의 배분이 단순한 관료 개인의 주관적 선택이 되지 않도록 고객들의 문제들을 체계적으로 분류하기 위한 객관적 기준들을 개발해야 한다. '공정한' 규범과 방법을 개발하고 채택함으로써, 관료들은 중요한 사회 문제들에 대해 공평하고 편견 없는 결정을 내리고, 사회적 자원을 공정하게 배분하도록 요구하는 것이다. 국제 카르텔, 무기 상인, 특정한 집단에 대한 정치적 선심 공세(pork barrel politics)[1] 등을 보면 관료적 사회 정의 확보 장치들이 얼마나 자주 실패해 왔는지 굳이 강조할 필요가 없기는 하지만, 그럼에도 불구하고 이러한 견해는 전통적인 사회과학에 지워지지 않는 강한 흔적을 남겼다.

관료주의 이데올로기와 실천방식의 저변에 깔려 있는 생각은 인간은 철저히 자기기만의 성향을 가지고 있으며, 무질서한 세상이 합리적으로 통제되어야 한다는 것이다. 관료들은 다른 사람들과의 사이에 항상 일정한 거리를 두고, 다른 사람들이 주관적 · 정서적으로 반응하는 문제들을 합리적인 사고를 통해 해결해야 한다고 배

1) [역자 주] 남북전쟁 전 미국의 남부 농장에서는 돼지를 잡으면 주인은 좋은 부위만 챙겼다. 나머지는 통에 집어넣고 절여 노예들에게 한 조각씩 던져 주었는데, 이때 노예들은 돼지고기 통 주위로 몰려들었다. 현 시대에는 연방 예산을 끌어들여 지역구에 선심을 쓰고 표를 얻으려는 행위를 이러한 광경에 빗대어 표현하고 있다. 이것을 '포크 배럴 정치(pork barrel politics, 정치적 선심 공세)'라고 한다[출처: 중앙일보, 2007. 4. 12 '(분수대) 포크 배럴', 김진국 기자].

운다. 관료들은 또한 자신들과 고객들 사이에 존재하는 사회적 권력과 지적 능력에서의 현격한 차이를 인정한다. 관료들은 권력과 자원을 가지고 있고, 고객들은 도움을 요청하기 위해 자신들의 주장을 외부로 표출할 수 있을 만큼만 적극적으로 행동하기 때문이다. 관료주의적 이데올로기는 전통적인 사회과학 연구의 기본적인 신념 체계와 전문적 실천방식에 그대로 반영되어 있다.

실행연구자들은 이러한 논의의 틀을 이론적 · 방법론적 · 정치적 · 도덕적 논거를 들어 거부한다. 먼저 이론적인 근거를 살펴보면, 실행연구자들은 사회적 문제에 직면한 사람들은 문제해결에 필요한 많은 정보와 분석 능력을 가지고 있다고 단언한다. 실행연구자는 기존 연구자들이나 관료들보다는 현지 이해당사자가 가지고 있는 지식에 보다 큰 중요성을 부여한다. 실행연구자는 다른 모든 형태의 앎(all other forms of knowing)보다 전문적 지식(professional knowledge)이 우월하다는 식의 주장에 대해 회의적이다.

방법론적으로, 실행연구자들은 연구방법에 대한 공유된 의사결정 방식, 협동적 사례 분석 그리고 연구 파트너 집단에게 분석 기법을 가르치는 것이 수집된 정보의 양과 질, 그리고 수행된 분석의 깊이와 질적 측면에서 현격히 좋은 결과를 가져온다고 주장한다. 정치적으로, 실행연구자들은 연구결과는 현지 파트너들이 자신들이 처한 상황에 대한 스스로의 통제력을 높이는 데 유용해야 하고, 연구문제들은 연구에 관여하는 모든 이해당사자들의 의견을 반영하여 결정되어야 한다고 주장한다. 도덕적으로, 실행연구자들은 다른 인간들을 전적으로 연구의 대상으로만 취급하는 것을 거부한다. 필자들은 사회과학 연구가 전문가들의 권리가 아니라고 믿는다. 필자들은 전문가가 아닌 연구자들도 보다 효과적으로 자신들의 삶과 사회적 상황들을 스스로 통제할 수 있도록 만드는 연구방법들을 장려하고 있다.

따라서 실행연구는 전문 연구자가 다른 사람들에게 적용하는 연구기법이 아니라, 관련된 이해당사자가 공동으로 수행하는 과정이라고 할 수 있다. 이것은 실행연구자들은 위로부터 일방적인 지시를 내리지 않고, 고유한 방식으로 연구과정을 시각화하고, 또한 시각화를 사용하여 전체 연구과정이 유용한 방향으로 움직여 갈 수 있도록 도와준다는 것을 의미한다. 실행연구에 대한 필자들의 공동경험을 가장 잘 포착하는 시각화 노력 중 하나는 프랑스의 생물학자 François Jacob(1982)의 책 『가능한 것과 실제 존재하는 것(The Possible and the Actual)』에 의해 제시된 바 있다.

동 세대에서 가장 뛰어난 진화론적 생물학자 중 한 사람인 Jacob(1982)은 직접 실행연구에 대해 저술한 바는 없다. 그는 일반 대중이 진화론적 과정에서 나타나는 개방적 · 역동적이며 다양화된 특성에 대해 명확히 이해하고 소통할 수 있도록 노력했으며, 진화론을 일종의 미리 예정되거나 정향된 최적의 과정으로 축소하려고 하는 견해를 비판한 바 있다. 이를 위해 그는 진화를 "가능한 것(the possible)과 실제 존재하는 것(the actual) 사이의 끊임없는 대화에 기반하는 과정"으로 묘사했다.

물리화학적 · 생물학적 세상에 대한 Jacob(1982)의 분석은 "역사적으로 어떤 시점에 실제로 존재하는 것은, 항상 존재할 가능성이 있었던 것들보다 훨씬 적은 대상과 존재들만을 포함하고 있다"는 견해를 바탕으로 이루어졌다. 이는 이상하게 들릴지 모르나 사실 상당히 논리적이다. Jacob은 물리화학적(physicochemical) · 유기적 물질은, 이제까지 존재해 왔고 현재도 존재하며 그리고 이에 더해 앞으로도 존재할 가능성이 있지만 아직까지 존재한 적은 없는, 엄청난 수의 실재 가능한 조합을 만들어 낼 수 있음을 관찰했다.

어떠한 조합이 존재하거나 존재하지 않는 것은 근본적으로 역사적 이유에 기인한다. 역사가 개입하는 이유는 지구 발전의 각 단계마다 특별한 조건이 존재하기 때문이다. 그 순간과 조건하에서는 물질의 물리화학적 또는 생물학적 능력 중 일부만이 작용하며, 진행 중인 진화과정에서 다른 가능성은 실재화시키지 않은 채 영원히 남겨 둔다. 다시 말하면, 일어난 일은 단순히 일어난 일일 뿐이다. 일어날 수 있는 모든 일이 아닌 것이다. 시간이 지남에 따라 새로 만들어진 가능성 중 일부만이 다음 전환점에서 작용하게 된다[생물학적 표현으로는 선택의 발생(selection events)이라고 한다].

이 주장은 Latour(1987)의 연구와 평행선상에 있다. Latour의 중요한 주장 중 하나는 행위자들이 그것이 진실이라고 결정할 때 비로소 사실이 사실이 된다는 것이다. 이것은 블랙박스를 닫는 것의 비유를 통해 전달될 수 있다. 즉, 박스가 언제 어떻게 닫히는지는 참여자, 그들의 권력과 이해관계, 상자가 닫히는 상황에 달려 있다. 일단 상자가 닫히게 되면 사실(fact)은 진실(truth)이 된다. 새로운 사람들로 구성된 행위자들이 참여하게 되면, 그 블랙박스를 다시 열어서 새로운 '진실' 또는 가능성이 새로 만들어질 수 있다.

이 관점이 주장하는 바에 따르면, 가능한 것과 실제 존재하는 것 사이의 관계는 역사적이고 우발적인 관계이며, 그 과정 자체의 역사가 인과관계를 초래하는 진원지이다. Jacob을 비롯한 진화론자들의 주장에 따르면, 우리의 세계는 Pangloss[2)]가 말하는 가능한 모든 것 중 최고의 세계가 아니라, 실현되지 않은 다른 세계들은 그대로 남겨 둔 채 역사적으로 실재화된 하나의 가능한 세계(possible world)를 말한다. 이제껏 진화과정을 이미 주어진(directed) 목적론적 과정으로 만듦으로써 진화의 개념을 길들이려고 했던 반복적인 시도에도 불구하고, 바로 이것이 진화의 개념이 보다 정확히 의미하는 것이라고 할 수 있다(Greenwood, 1985 참조).

지금까지 필자들은 자기를 인식하고 있는 존재(self-aware beings)가 개입하지 않은 소위 맹목적인 진화과정(blind evolutionary processes)만을 논의해 왔다. 그러나 인간이 개입되는 경우 상황은 훨씬 복잡해진다. 왜냐하면 가능한 것과 실제 존재하는 것 사이의 대화는 계속되지만, 대안적인 과거와 미래를 개념화하는 인간의 능력은 훨씬 더 광범위한 '가능한 것과 실제 존재하는 것의 관계들'의 가능성을 제시하기 때문이다. 따라서 인간 문제(human affairs)에 있어서 과거와 미래 사이의 관계는, 물리화학적 · 생물학적 가능성들, 역사적 조건, 그리고 자신이 취하는 행동들을 결정할 때 인간들이 마음속에 그리는 다양한 과거와 잠재적인 미래의 모습들이 조합되어 나타나는 것이라고 할 수 있다.

다른 목적론적 · 반진화론적 세력(forces)과 마찬가지로, 관료제적 통제 시스템과 기존의 권력자들은 미래가 구현되는 방향을 결정할 수 있도록 하기 위해서 과거와 미래 사이의 관계들을 개념적으로 설명하는 방법을 통제하려는 명백한 시도를 하고 있다. 이러한 시도에 대응하여, 실행연구는 특히 (1) 가능한 것과 실제 존재하는 것 사이의 대화를 다시 시작하는 것과 (2) 미래가 이미 정해져 있는 것처럼 행동하는 권력자들과 그들의 관료적 대리인들(bureaucratic agents)의 시도에 대항하는 것을 목표로 삼는다. 따라서 실행연구의 핵심적인 신념은 항상 처음에 드러나 보이는 것보다 더 많은 가능한 미래가 있을 수 있다는 것이다. 즉, 모든 실행연구 과정에서는 다른 가능한 결과들에 대하여 실제 무엇이 일어났는지를 생각하면서 과거를 다시 분석하는 데 상당한 노력을 기울이게 된다. 그 결과는 미래가 (기득권자에 의해 이

2) [역자 주] 프랑스 작가 Voltaire의 소설 『캉디드(Candide)』에 등장하는 인물로서, 이 인물은 소설 중 "세상은 최선으로 되어 있다(Tout est pour le mieux)"를 주장한다.

미 정해진 상황이 아니라) 다음의 두 가지 미래가 모두 가능할 수 있는 그러한 상황이 될 것이다. (1) 자의식적인 행동(self-conscious action)이 취해지지 않을 때 발생할 가능성이 높은 미래 그리고 (2) 아마도 보다 바람직한 또 다른 어떤 미래.

실행연구자가 되는 것은 현재 존재하는 것보다 더 나은 다른 상황이 가능하다고 믿는 것이다. 실행연구자들은 변화의 가능성을 다시 열고, 미래가 지향해야 할 방향에 대한 나름의 책임의식을 제고하며, 불편부당한 통제 시스템(impartial control systems)이 아닌 인간 행위자(human agency)가 사회변화의 핵심이 되어야 한다는 점을 강조한다. 이러한 관점을 적용함에 따른 당연한 귀결 중 하나는 실행연구자는 상황에 연구기법을 단순히 '적용'하지 않는다는 것이다. 오히려 실행연구자들은 스스로 만들어 가는 사회변화(self-managed social change)의 가능성을 함께 열어 나가는 사람들에게 필요한 지식과 기술을 제공하는 것을 목표로 한다. 필자들이 이 책에서 논의하고 있는 거의 모든 실행연구 접근방식들은 어떤 방식으로 혹은 어떤 언어로 표현되든지 간에 이러한 기본 관점을 바탕으로 한다.

이론과 현장에 대한 이해의 연계: 직관을 넘어서 과학적, 기술적으로 유능해지기

전통적인 사회과학 연구에서 전문 지식이란 연구자의 높은 위상과 특정한 연구 상황에 대해 연구자가 통제와 연구방법 결정권을 행사할 수 있는 능력의 토대가 된다. 앞서 제6장과 7장에서 언급한 바와 같이 실행연구자들은 명백히 전문 지식을 가지고 있어야 하지만, 이것이 곧 연구자의 일방향적인 권력 행사의 원천으로 생각되어서는 곤란하다. 오히려 필자들은 그러한 전문 지식이 우리가 도움을 제공하려고 하는 특정한 사회적 상황에서 연구자들이 공헌하게 할 수 있는 원천이라고 생각한다.

실행연구자에 대한 지식적 요구는 엄중하고 날카롭다. 중요한 사회 문제를 해결하는 데 있어 협력자들을 돕고자 한다면, 실행연구자는 관련된 특정 문제에 대해 상당한 수준의 실질적 이해를 가지고 있어야 한다. 문제가 오염된 산업이라면, 실행연구자는 산업, 공해 그리고 가능한 해결책에 대해 알고 있거나 배워야만 한다. 그러나 기본적으로 현장 지식을 불신하는 전통적인 사회과학 연구자의 경우와는 달리, 실행연구에서는 이러한 맥락적인 지식이 전문가만의 일방적인 책임으로 간주되지 않는다. 실행연구자는 상당한 정도로 현장 지식에 의존할 수 있고 또한 의존해야만 한다.

현장의 이해당사자는 현재 진행되고 있는 일에 대한 많은 정보(또는 그러한 정보에 대한 접근가능성)와 그들이 처한 상황에 대한 오랜 경험적 지식을 가지고 있다. 실행연구자는 연구과정의 한 요소로서 이러한 지식을 적극적으로 추구한다. 이것은 연구 방법이나 기법이 (특정한 맥락에 관계없이) 보편적인 방식으로 적용되어야 한다고 주장함으로써, 그러한 현장 기반의 실체적인 지식(substantive knowledge)을 도외시하고 이를 한낱 신뢰할 수 없는 오염된 정보의 원천(co-opted source of information)으로 간주하는 전통적인 연구자의 입장과는 명확히 대조된다.

실행연구 프로젝트의 산출물은 바로 인간들이 관련된 특정한 상황에 적용될 가능성이 높기 때문에, 실행연구자는 과학적 방법을 제대로 습득해야 한다. 실행연구는 아마도 이러한 측면에서 가장 높은 기준을 가지고 있을 것이다. 왜냐하면 전통적인 사회과학 연구는 연구결과를 인간들이 관련된 상황들에 적용하는 데 있어서는 별로 책임의식을 가지지 않기 때문이다.

전문적인 실행연구자는 한편으로 문화적 학습(cultural training)과 사회 제도에 내재되어 있는 다양한 가정들과 견해에 종종 암묵적으로 숨겨져 있는 예상하기 어렵고 직관에 반하는 설명들을 발견하기 위한 체계적 노력을 유지해 나가면서 또한 과학적 방법의 사용에도 능숙할 필요가 있다. 이것은 실행연구자가 특정한 연구 상황에서 만들어 낼 수 있는 가장 근본적인 기여 중 하나라고 할 수 있다. 단순한 직관을 넘어서는(counterintuitive) 질문을 하고, '외부'의 관점에서 문제에 접근하며, 사람들이 선호하는 설명에 반대로 의문을 제기하는 능력은 실행연구자라면 누구나 반드시 능숙히 활용할 수 있어야 하는 소양이다.

실행연구자는 또한 연구과정에 사용할 일련의 분석적 틀을 명확히 알고 있어야만 한다. 정치경제, 사회 구조, 담론 전략(discursive strategies), 변화과정 그리고 이데올로기에 대한 견해 등은 그러한 분석적 틀 중의 일부라고 할 수 있다. 이러한 분석 틀은 과거와 가능한 미래 사이의 관계들을 개념화하는 데 있어 매우 중요하다. 사회과학 분야의 일부 연구는 이러한 구조들을 명확하게 만드는 데 도움이 될 수 있는 관점과 기법을 개발해 오고 있으며, 실행연구자는 이에 대해 잘 알고 있어야만 한다.

인간은 언급된 모든 문제들에 대한 나름의 견해들을 가지고 있다. 이러한 견해들은 삶을 영위하는 데 있어서 필수적인 요소이며, 현장 지식의 일부를 형성하기도 한다. 사회과학 연구는 일반적으로 현장의 지식 체계에서는 볼 수 없거나 자주 사용되지 않는 몇 가지 분석적 기법들과 비교 틀(comparative frameworks)을 추가적으로 제공해 준다. 오랜 시간에 걸쳐 이러한 문제들을 전 세계적 차원에서 분석한 후에, 전문 연구자들은 국지적으로 작동하는 시스템이 보다 광범한 변이를 가진 다른 맥락에도 적용될 수 있는지에 대한 문제 인식을 발전시켜 왔다. (개발된 지식과 이론을) 보다 넓은 범위에서 맥락화할 수 있다는 주장은 실행연구의 관점에서 보면 매우 유용한 것이다. 왜냐하면 심각한 문제로 고통받고 있는 많은 집단들이 해당 상황에 대한 특정한 견해에만 갇혀 있어 (그러한 현실을 타개할 수 있는) 대안적인 조치들을 개발하는 데 어려움을 겪고 있기 때문이다. 보다 광범한 비교의 맥락 속에 어떤 특정한 현장 상황을 정치(定置)함으로써, 전문적인 실행연구자는 지역 이해당사자들에게 현재의 상황에 대한 문제 인식을 가지게 하고, 이를 바탕으로 미래를 위한 몇 가지 대안들을 생각해 볼 수 있도록 이들을 도울 수 있게 된다.

비록 필자들은 전문적인 실행연구자가 지역 상황에 가져 오는 정치경제, 사회 구조 및 이데올로기에 대한 견해들이 매우 중요한 것이라고 믿기는 하지만, 전문가들이 주도하고 있는 이들 각각의 주제에서 절대적으로 옳은 하나의 접근방식이 있다고 생각하지는 않는다.

물론 필자들은 이 문제들에 대한 스스로의 견해를 가지고 있지만, 우리는 이러한 각각의 주제 영역에서 서로 다른 종류의 타당한 분석방법이 존재하고 있다는 점을 잘 인식하고 있다. 예컨대, 정치경제학적 분석에는 마르크스주의자, 신마르크스주의자, 그람시주의자, 신고전주의자, 개혁주의자, 혁명가, 노동조합주의자 등이 있고, 사회 구조 분석에는 Parsons 학파,[3] 구성주의자 등이, 관념적 체계(ideational

3) [역자 주] 미국의 사회학자 Talcott Parsons의 이론을 따르는 학파. Talcott Parsons는 미국의 이론사회학자로 사회 행동의 일반이론을 전개하였다. 특히 패턴 변수(pattern variables)를 중심으로 한 사회체계론으로 알려졌다. 저서에『사회적 행위의 구조』등이 있다(출처: 두산백과).

systems) 분석에는 구조주의자, 해체주의자, 구성주의자 등이 있다.

어떤 분석 체계도 완전히 옳은 것은 없다고 하지만, 실행연구에서 명백히 의미 있는 기여를 할 수 없는 특정한 접근방식도 있다. 경제적 · 사회적 권력의 역할이나 역사의 전개과정에서 전반적으로 양지만을 좇아다니는 기득권 세력의 부당함에 눈을 감는 분석 체계(frameworks)는 실행연구에서는 아무 쓸모가 없다. 권력관계의 분석, 이데올로기의 역할 그리고 역사에 대한 지향성은 모든 실행연구에 생기를 불어넣을 수 있다. 따라서 이는 해결해야 할 문제 현상으로서 어떠한 연구 의제에서든 반드시 존재해야 한다.

실행연구자의 실천방식과 기술

지금까지 필자들은 전문적 실행연구자의 상황을 상당히 추상적인 용어로 묘사해 왔다. 따라서 다음에서는 보다 구체적인 설명을 제공하고자 한다.

방법을 아는 것, 암묵적 지식, 실행과정에서의 성찰, 실행에 대한 성찰

학계에서는 일반적으로 지적인 능력과 훈련을 특정한 범위로 제한해 버리는 협소한 의미에서의 역량(competence)과 전문성(expertise)이란 개념을 사용하고 있다. 실행연구에서는 기술(skills), 역량(competence) 및 앎(knowing)에 관한 오랜 철학적 담론의 전통을 바탕으로 이러한 입장이 가진 문제점에 도전한다. Gilbert Ryle(1949)은 '무엇을 아는 것(knowing what)'과 '방법을 아는 것(knowing how)'을 구분하는 것이 중요하다고 주장한다. '무엇을 아는 것'은 학계에서 말하는 전통적인 지적 삶에서 중요한 활동이며, 특정한 이슈가 왜 존재하고 그 정의가 무엇인지를 아는 능력을 강조한다. '무엇을 아는 것'에 있어 유능한 전문가는 자신의 생각하는 바가 왜 타당한지 논리적으로 주장할 수 있는 사람이지, 특별히 무엇을 어떻게 해야 하는지 아는 사람을 말하는 것은 아니다.

Ryle(1949)은 우리가 생각하는 방식에서보다는 행동하는 방식에서 이러한 지성이 보다 명확하게 나타난다고 주장함으로써 이 틀을 거부한다. '방법을 아는 것'은 특정한 사람이 가지고 있는 능력과 지식이 무엇이든지 간에 그것을 적용하는 지적인 실행과정에서 명확히 나타난다. 즉, 주어진 맥락에서 지식의 적용을 통해서 나타나는 것이다. 역량과 전문성의 정의는 바로 무엇인가를 적절하게 하는 방법을 안다는 것이다.

해당 이슈를 보는 관점을 이러한 방식으로 '틀 짓기' 하면서, Ryle(1949)은 역량이라는 논의 주제에 대한 추후의 노력들을 기대하고 이를 위한 토대를 마련했다고 볼 수 있다. 예를 들어, 철학자 Michael Polanyi(1964, 1966)는 역량이 인간 행동의 암묵적인 차원들을 통해 획득된다고 주장한다. 인간은 우리가 말로 표현할 수 있는 것보다 훨씬 많은 것을 알고 있으며 표현되지 않은 (암묵적) 지식은 적절한 인간 행위의 핵심적 구성 요소라는 것이다.

Polanyi(1964, 1966)가 제시한 가장 강력한 예시는 아이들이 어떻게 말을 배울 수 있는지에 초점을 맞추고 있다. 만약 지식은 단지 언어로 표현될 수 있는 것이라는 관점으로 우리 자신을 제한한다면, 논리적으로 아이들은 말하는 것을 배우지 못한다는 결론으로 이어질지도 모른다. Polanyi는 언어는 우리가 인지하고 아는 것의 일부만을 전달하고, 다른 대부분의 지식은 우리의 행동에서부터 표현된다고 주장함으로써 이 문제를 해결하고 있다. 그의 견해에 따르면 아이들은 암묵적 지식(tacit knowledge)으로부터 먼저 배움을 얻으며, 이는 결국 아이들이 해당 언어를 사용하는 사람들의 공동체에 합류할 수 있도록 만드는 근원이다. 물론 그 이후에도 사람들은 그러한 암묵적 차원을 항상 지니고 있게 되기는 하지만 말이다.

이러한 사고의 틀을 기반으로, 필자들은 지적인 행위의 근저에 깔려 있는 복잡한 활동을 인간관계 기술, '방법을 아는 것'들의 복잡한 조합, 암묵적 지식 그리고 기타 다른 유형의 지식(무엇을 아는 것, 언어 등) 등으로 개념화한다. 필자들은 실행연구에 관한 전통적인 학문적 지식(무엇을 아는 것)은 미래의 실천가들에게 중요하다는 것을 믿지만, 그러한 지식이 실행연구 실천가를 훈련시키는 데 결코 충분하지 않다고 단언한다.

필자들은 이러한 틀을 감안할 때 기술은 실행연구에서 근본적으로 필요한 구성요소이며, 이는 단지 추상적이고 수동적인 지식화 과정으로부터가 아니라 지적인 행동들을 통해 출현하는 것이라고 주장한다. 동시에 필자들은 기술이 개발될 수 있고 개발되어야 한다고 강조하며, 그러한 기술이 선천적인 인간의 특성이라고 믿지 않는다. 전 생애에 걸쳐 모든 인간들은 새로운 그리고 향상된 기술을 개발해 나간다. 이 책의 핵심 목표는 실행연구 실천가들을 위한 기술 개발을 지원하는 것이다. 실행연구에서의 기술은 분명히 개념들의 지적인 숙달에 기반하고 있다(이를 일부 사람들은 '이론'이라고 부른다). 하지만 기술은 그 자체가 실행연구 과정들을 촉진하기 위해 취해지는 행동으로 표현되며, 그 과정적 · 기술적 초점은 실행연구에 대한 학습과정에서 필수적인 부분이라고 할 수 있다.

이 점에 대하여, 필자들은 Donald Schön(1983, 1987, 1991)이 개발한 성찰적 실천(reflective practice)이라는 관점을 강력히 지지한다. Schön은 자신의 연구에서 전문적 역량이 훈련을 통해 개발되는 방식을 분석하기 위해 성찰적 실천이라는 개념을 도입하고 있다. 그는 수많은 교사–학생 상호작용들의 분석에 초점을 맞추면서, 전문적 기술의 개발과정에서 서로 연계된 성찰과 실천의 역할을 강조하는 개념적 장치를 개발한다. 지식은 단순히 교사로부터 학생으로의 개념의 전달을 통해 습득되는 것이 아니다. 이는 오히려 협력적 행동을 통해 특정한 문제를 함께 해결하려는 집합적 노력들과 그들 사이에 벌어지는 상호작용을 통해 이루어지는 것이라고 보는 것이 타당하다.

Schön의 주장은 Ryle이 말하는 방법을 아는 것과 Polanyi의 암묵적 지식에 대한 생각과 직접적으로 관련이 있지만, 그는 특히 이러한 성찰적 실천가를 교육하는 방법에 관심을 가지고 있기 때문에, 여기서 한 걸음 더 나아가 문제를 제기하고 있다. 이러한 그의 문제 인식은 John Dewey의 저서와 정신분석학에 대한 저작의 탐독, 그리고 그의 오랜 기간 동안의 조직 컨설팅 경험에 의해 자극받은 것이다. Schön은 다음과 같은 두 가지 서로 다른 성찰적 과정들이 존재한다고 주장한다. 첫 번째는 '행위과정에서의 성찰(reflection-in-action)'로서, 행위 그 자체에 특정한 성찰적 과정을 반영할 수 있는 능력이다. 이것은 곧 행위를 하는 과정에서 그 행위들을 평가하는 하나의 방법이기도 하다. 두 번째는 '행위에 대한 성찰(reflection-on-action)'로서, 이는 행위가 이루어지고 난 이후 그 행위로부터 획득된 경험들을 분석하는 것으로 이루어진다. 이 두 가지 과정들은 전문가가 다른 사람들과의 상호작용에 관여할 때 크게 향상된다. 이때 이 상호작용 과정에서는 이해를 향상시키기 위해 서로에 대한 성찰들(mutual reflections)이 활용되게 된다. Schön은 행위에 대한 성찰보다는 행위과정에서의 성찰에 관한 자신의 주장을 훨씬 더 치밀하게 발전시키고 있다.

결과적으로 자신의 이론적 틀을 개발하고 제시하는 과정에서, Schön은 전문가의 기술을 향상시키는 핵심적 수단으로서 도제관계(master-apprentice relationship)를 강조하고 있다. 경험 많은 스승과 함께 일하고 일상적 업무과정을 통해 스승을 따라하며 성찰적인 과정에 함께 관여하면서, 제자는 스승의 기술에 비로소 접근하게 된다. 왜냐하면 그러한 기술들은 스승의 행위에 내재화되어 있고 행위로 설명되기 때문이다. 이는 스승과 제자 간의 성찰적 대화과정에 수반되기도 한다.

이러한 과정적 특성에서 귀결되는 결과 중 하나는 능숙한 실행 행위들(skillful actions)은 고립된 상황에서 개발되지 않는다는 것이다. 물론 필자들도 기술을 습득하는 논리적인 첫 단계는 교과서를 읽고 수업을 듣는 방식으로 일반적 지식을 습득하는 것일 수 있다는 점에 동의하며, 이러한 길은 통상적으로 대학에 다니는 학생들에게는 널리 열려 있다. 그러나 이것은 단지 기나긴 여정의 시작 단계에 불과하다. 전문적 실행연구 기술의 개발은 많은 단계가 중첩되어 이루어지는 과정이기 때문이다.

Levin은 실행연구를 수행하기 위해 대학원생을 훈련시키는 것을 목적으로 하는 박사학위 프로그램들을 오랜 기간 동안 운영해 왔다. 이 모든 훈련과정에서의 핵심적 아이디어는 이론적 앎(theoretical knowing)과 방법을 알아 가는 과정에서의 실제적 기술들(practical skills in knowing how)을 결합하는 것이었다. 이를 달성하는 방법은 학생들이 숙련된 연구자들과 함께 연구를 수행하도록 하는 것이다. 여기서 프로젝트는 학생들이 경험 많은 교수들과 함께 연구를 수행하는 방식으로 진행된다. 학생들은 프로젝트에 대한 책임을 공유하고 연구문제 설정에도 함께 관여한다. 이러한 교수-학생 양자 간의 관계는 함께 배우고 함께 기술을 개발하는 실행연구자들의 커뮤니티를 형성하는 하나의 집단적 구조(group structure)로 결합되어 나타난다.

이러한 관계들은 앞서 언급한 도제관계가 의미하는 것보다 훨씬 복합적이다. Dreyfus and Dreyfus(1986)는 전문가의 기술 개발과정에서 다음의 5단계를 제시하고 있다. '초보자(novice)-발전된 초심자(advanced beginner)-기술자(competent practioner)-숙련 기술자(proficient)-전문가(expert)'. 숙련된 인간 활동은 점차적으로 다른 단계에 도달하게 되고, 실천가들은 이러한 각각의 단계에서 다른 방식으로 활동한다는 것이다. 즉, 초보자(novice)는 맥락을 제대로 인지하지 못한 채 적용된 분석 규칙을 따르며, 전통적인 연구자와 마찬가지로 과정으로부터의 괴리감을 느낀다. 점차적으로 맥락을 읽고 행위들에 대한 가능한 함의들을 이해하는 능력이 개발되면서, 초보자는 발전된 초심자(advanced beginner) 수준으로 이동하게 된다. 자기 자신의 경험에 기반하는 것이 이러한 발전 단계에서의 핵심 요소이다. 학계에서 그토록 소중하게 여기는 명시적 · 분석적 의사소통의 형식보다는 취해진 행위의 연혁이 학습의 원천으로서 훨씬 더 중요한 것이다.

기술자(competent practitioner)는 특정 개입 상황에서 탈맥락적 요소와 특정 맥락에 한정된 요소들을 구분할 수 있는 능력을 가지지만, 해당 활동에 대한 관여는 결과에 영향을 미치려고 시도하는 것에 제한된다. 마지막으로, 전문가(expert)는 전문적 활동을 지역적 상황에 대한 전적인 관여에 기반하며, 과거의 작업에서 도출된 합리적인 대안들에 대하여 경험에 기반한 직관들을 근거로 많은 제안을 한다. "우리가 이해하고 있듯이 직감이나 노하우는 어설픈 추측이나 초자연적 영감이 아니다. 하지만 이는 일상적인 과업을 해결하고자 할 때 우리가 항상 사용하는 일종의 능력이다"(Dreyfus and Dreyfus, 1986, p.29). Dreyfus and Dreyfus(1986)의 발달 단계 개요는 〈표 8-1〉에 요약되어 있다.

표 8-1 기술 습득의 단계

숙련도	구성 요소	관점	결정력	헌신도
초보자 (novice)	일반적 접근(context-free)	없음	분석적	과정과 괴리됨 (detached)
발전된 초심자 (advanced beginner)	일반적 접근 및 상황적 접근(situational)	없음	분석적	과정과 괴리됨
기술자 (competent practioner)	일반적 접근 및 상황적 접근	선택적 (chosen)	분석적	과정과 괴리된 이해와 결정, 결과에만 관여
숙련 기술자 (proficient)	일반적 접근 및 상황적 접근	경험에 기반 (experienced)	분석적	관여된 이해, 괴리된 결정
전문가 (expert)	일반적 접근 및 상황적 접근	경험에 기반	직관적	전 과정에 관여되어 있음 (involved)

우리가 Schön(1983, 1987, 1991) 또는 Dreyfus and Dreyfus(1986)의 특정한 기술 개발에 대한 모형들을 받아 들일 것인지 여부에 관계없이, 그러한 기술들이 훌륭한 실행연구 실천가가 되기 위해 필요한 능력의 주요 구성 요소임은 명확하다. 전문적인 실천에는 강의실에서 추상적으로 습득된 명시적 규칙 이상의 것이 필요하다. 지식은 맥락의 영향을 받으며, 직관력과 암묵적 지식이 중요한 역할을 한다. 그리고 기술 습득은 주로 행위과정에서의 그리고 행위에 대한 성찰을 통해 이루어진다. 스스로의 경험을 통해 배우는 것이 바로 실행연구 실천가를 위한 기술 개발에서의 핵심 요소이며, 이를 대신 할 수 있는 것은 아무것도 없다.

우호적인 외부자

앞서 우리가 분명히 밝힌 기술에 대한 일반적인 방향성에 더해, 필자들은 여기서 실행연구 실천가가 효과적으로 활동하기 위해 반드시 숙달해야 하는 특정한 기술들에 대해 간략하게 짚어 보고자 한다. 전문적인 실행연구자는 '우호적인 외부자(friendly outsider)'이 되는 법을 알아야 한다. 외부적 관점은 변화를 위한 지역의 집단과정(group processes)을 여는 핵심적 요소이기 때문에 이러한 역할은 매우 중요하다. 그러나 여기서 외부자는 특별한 의미에서 우호적이라는 점을 유념해야 한다. 외부자는 필요하다면 지역 주민들의 관점이나 습관에 대한 비판을 포함하여 지역의 집단이 스스로 성찰할 수 있는 기회를 제공해야만 한다. 다만 이는 지역 주민들을 부정적으로 비판하거나 위세 부리는 방식이 아니라, 이들이 자신들을 지지하는 것으로 느낄 수 있도록 이루어져야 한다. 훌륭한 전문 실행연구자는 직접적 피드백, 서면 성찰, 비교 가능한 사례들의 제시, 유사한 문제와 기회 또는 과정이 발생한 전문적 문헌에서 사례를 인용하는 것 등 다양한 행위를 통해 비판과 지지의 균형을 이루어 나간다.

우호적인 외부자는 또한 훌륭한 소크라테스형 교사와 같이 토론의 장을 여는 데 전문가여야 한다. 지역 단체나 그룹은 종종 변화하기 어려운 경직된 상황에 갇혀 있거나 변화가능성에 대해 비관적인 입장을 가지고 있다. 제3부에서 설명할 다양한 방법은 그러한 변화가능성을 열기 위해 사용된다. 비슷한 문제가 있었지만 변화가 가능한 것으로 판명되었던 다른 지역의 사례들을 활용하여 정보 제공과 정서적 지지를 제공하면서, 변화를 위한 융통성과 기회가 왔음을 지역 주민들에게 강조하게 된다.

우호적인 외부자의 또 다른 중요한 역할은 적절한 현지 행동방식에 대한 지침 역할을 하는 암묵적인 지식을 명확히 하는 것이다. 이는 지역의 역량 수준에 대한 비판적 성찰 또는 지지적 논평의 형태가 될 수 있다. 지역의 그룹과 상황에 익숙하지 않은 외부자는 내부자에게는 잘 보이지 않는 이런 종류의 암묵적인 지식을 알아차리는 데 유리한 위치에 있다. 이러한 역할은 종종 지역 주민들이 그들이 직면한 문제를 해결하는 데 필요한 지식의 저장고를 이미 가지고 있음을 깨닫도록 하는 방식으로 이루어진다. 그리고 때로는 문제를 해결하지 않고 포기하거나 문제에 대해 비생산적인 순환만이 반복되도록 하는 주된 원인이 되고 있는, 해당 지역에 존재하는 특정한 사고방식에 대해 비판하는 형태로 이루어지기도 한다.

이와 관련하여 우호적인 외부자들이 해야 할 또 한 가지 역할은 해당 지역에서는 하기 어려운 이야기들을 대신 해 주는 것이다. 그러한 문제의 배경에는 지역사회의 구조와 경제적 관계, 단순한 예의범절, 또는 지역 사람들 간의 역사가 개재되어 있기 때문에 서로 분명히 알고 있는 불편한 문제들을 지역 주민들이 서로 이야기할 수 없는 경우가 있다. 사실 사람들이 모여 살고 있는 모든 곳은 이러한 상황에 가깝다고 할 수 있다(Argyris & Schön, 1996). 모든 구성원이 다른 모든 구성원에게 완전히 정직한 피드백을 제공하는 경우는 없지만, 사회적 변화과정에서는 특정한 사회적 영역들(social arenas)에서 행동을 촉발하기 위한 가능성을 창출하기 위해 보다 개방된 피드백이 이루어지도록 할 필요가 있다.

하지만 이러한 맥락에서 우호적인 외부자가 지역 주민이 말로 표현하기 어려운 모든 문제에 대해서 대신 이야기해 주어야 하는 것은 아니다. 우호적인 외부자가 특히 노력을 기울여야 하는 부분은, 해당 지역에서 특정한 어떤 것들에 대해서는 논의를 하지 않는다는 암묵적 합의, 즉 현재 당면한 문제에 대해 긍정적 변화를 만들어 내는 데 장애가 되는 현장의 수동적 태도와 행동방식을 찾아내고 조사하는 것이다. 이것은 실행연구자가 주의 깊게 해야 할 판단이라고 할 수 있다. 피드백이 너무 많으면 해당 집단이 방어적 자세를 취할 수 있고, 너무 적으면 해당 집단의 문제 상황 해결에 진전이 없게 된다.

우호적인 외부자의 또 다른 역할은 지역 사람들이 변화 프로젝트에 사용할 수 있는 지역 자원의 목록을 작성하고 평가할 수 있도록 도와주는 것이다. 지역 사람들은 외부자보다 현장에 대해 더 많은 전문 지식을 보유하고 있다. 하지만 그들이 함께해 온 역사로 인해 변화를 위한 중요한 자원을 간과하기 쉽다. 이는 그들이 활용에 대해 생각을 하지 못한 지식의 저장고를 어딘가에 가지고 있다는 사실을 단순히 인식하지 못하는 문제일 수도 있다. 또한 이것은 나쁜 관계 또는 불신의 역사가 있음에도 특정한 지역 사람이나 집단이 이 과정에 참여해야 한다고 주장하는 문제일 수도 있다. 때때로 이것은 외부자가 서로 반대 입장을 취하는 정치 집단들이나 다른 종류의 이데올로기 집단의 대표자들에게 참여를 요구하는 형태로 나타나기도 한다. 또는 외부자가 작업 그룹(working group)의 구성에서 성별, 계급 또는 인종 집단별 균형을 요구하는 것이 될 수도 있다.

이 모든 일들을 하는 데 있어서 외부자의 주요한 전략 중 하나는 명확히 외부자가 되는 것이다. 외부자가 외부 세계(대학, 주, 국가 및 국제 기구, 노동조합, 자선 단체, 전문 컨설턴트 등)와 가지고 있는 연계관계는 지역 프로젝트에 상당한 실제적 가치와 자산이 될 수도 있다. 이러한 측면에서 외부자는 또한 지역 프로젝트의 자원이며, 자신이 지니고 있는 다양한 외부와의 연계를 지역 프로젝트의 성공을 위해 효과적으로 활용할 수 있어야만 한다. 또한 외부와의 연계관계는 우호적인 외부자의 견해들에 일정한 정당성을 부여한다. 하지만 물론 이러한 정당성은 지역변화의 가능성을 향상시키기 위해 주의 깊게 관리되어야 할 것이다.

우호적인 외부자의 과정적 기술

우호적인 외부자는 감독이나 상사가 아닌 코치이다. 어려운 상황에 처해 있는 대부분의 지역 주민들에게 가장 도움이 되지 않는 일은 그들에게 무엇을 해야 할지를 직접 말해 주는 것이다. 코치는 지역 사람들을 재능 있는 선수로 간주하고, 그들의 기술과 전략을 향상시키는 데 도움을 주어야 한다. 이에 반해 상사는 지역 그룹들에 대한 지휘, 관리 및 통제권을 넘겨받아 그들을 대신해서 행동하고, 대부분의 경우 지역 주민들의 권한을 더욱더 박탈해 버린다. 따라서 이런 상황에서는 설령 어떤 변화가 발생한다 하더라도 결국은 이러한 변화가 지역적으로 주도된 변화를 창출하는 데로는 연결되지 못할 가능성이 높아진다.

자신감과 진정성

외부자는 사회적 상황에 대해 자신감을 가져야 하며 행위 또는 성찰에 있어 진실성을 입증해야 한다. 외부자는 무엇을 어떻게 해야 하는지에 대해 의심을 품을 수 있고 반드시 그렇게 할 필요가 있는 경우도 있겠지만, 자신이나 협조자에 대해 기본적으로 낙관론을 가져야 한다. 오만함과는 다른 이러한 자신감은 다른 의견에 대한 개방성, 지역 주민에 대한 지위상의 우월을 드러내는 것에 관심을 두지 않는 것, 지역 주민의 능력과 행위들을 격려해 주려는 의지, 지역사회에 존재하는 변화가능성에 대한 적극적인 인정 등으로 표현된다. 또한 외부인에 의한 변화 가능성에 대한 인정을 전략적으로 명확히 표명하기 위해 다른 사람들이 가진 기술을 제대로 평가하는 능력을 포함한다. 지역 프로젝트와 지역사회의 성공에 대한 외부자의 관심은 진정성이 있어야 한다. 지역 사람들은 외부에서 온 사람들의 진정성을 느끼는 데 매우 능숙하다.

외부 연구자에게 '현지인들처럼 행동하는 것'을 기대하지는 않는다. 공동생성적 학습과정을 구축하는 것이 연구자가 가져야 할 전문적 · 윤리적인 가치들에 관심을 두지 않아도 된다는 것을 의미하지는 않는다. 이와는 반대로 공동생성적 학습과정에서는 진정성에 대한 필요를 명확히 알아 두는 것이 중요하다. 진정성이야말로 실제 협력이 이루어질 수 있는 가장 기초적 토대가 될 것이기 때문이다. 자신을 '지우는 것(erasing)'은 협력을 위한 실현 가능한 전략이 아니다. 협력은 바로 함께 배우고 행동하는 과정에서 나타나는 다양성과 능력을 바탕으로 하기 때문이다. 물론 진정성은 외부자들만큼이나 지역 내부자들에게도 중요하다. 공동생성적 학습은 참여자들과 그들의 협력과정에서의 진정성을 기반으로 할 때만 발생할 수 있다.

위험의 감수

외부자는 또한 위험을 감수할 수 있는 사람이 되어야 한다. 외부자가 성공할 수도 있고 그렇지 않을 수도 있는 지역 프로젝트 수행과정에서 스스로 개인적인 실패를 기꺼이 감내할 수 없다면, 이러한 외부자는 지역 주민들이 위험을 감수하도록 스스로 노력하는 과정에서 필요한 정신적인 지지와 확신을 제공하지 못할 것이다. 대부분의 학자와 관료는 무슨 일이 일어나든 위험을 회피하고 그럴듯하게 보일 수 있도록 하는 훈련을 받았다. 우호적인 외부자는 다른 사람의 삶에 대해 일정한 책임을 지고 있는 한 명의 전문가 및 인간으로서, 지역 프로젝트의 성공 또는 실패에 기꺼이 관여할 수 있어야 한다.

반어법

마지막으로, 일종의 명랑함과 반어법(irony)[주1]은 전문적인 실행연구자에게 없어서는 안 될 도구이다. 끊임없이 진지하고 뚱하기만 하며, 세상의 짐을 자기 혼자 어깨에 지고 있는 사람은 누구에게도 에너지를 불어넣을 수 없다. 유머와 장난기는 사회변화 과정에서 중요한 역할을 한다. 이것은 실행연구 프로젝트가 평소와 같은 업무는 중단하고 개연성은 낮지만 긍정적인 결과를 생산해 내려는 시도이기 때문이다. 이러한 맥락에서 반어법, 부조리, 유머의 힘은 일상적 생각을 순간적으로 멈추게 하고, '변화의 즐거움'과 사고의 개방성을 동시에 불러일으킬 수 있도록 분위기를 만들어 낼 수 있다.

엄밀히 말하면, 반어법이란 청자가 이해하는 것과는 정확히 반대되는 사실이나 상황을 말로 표현하는 것을 말한다. 반어법은 일종의 환치(displacement)이며, 세상을 거꾸로 바라보면서 종종 유머를 유발하지만, 동시에 새로운 가능성에 대한 사고의 패턴을 열어 줄 수 있다. 유머는 또한 암묵적 지식을 불러일으키는데, 그것은 사람들로 하여금 스스로 반응하게 하고 적극적이 되도록 한다. 이는 또한 전문적 외부자와 힘 있는 내부자들에게 중요한 결정들을 하는 권리를 유보하는 대신, 지역의 많은 참여자를 지역 문제의 논평자로 전환하도록 하여 외부자와 내부자의 지위를 균형 있게 만들 수도 있다.

반어법, 유머 그리고 Jacob(1982)이 말하는 가능한 것과 실제 존재하는 세계 간의 의미를 획득하는 것들 사이에는 강한 연결 고리가 있다. 반어법과 유머는 가능한 결과 중 딱 하나의 결과만을 만들어 내며, 가능한 한 유리한 시점에서 세상을 바라본다. 외부자들이 반어법과 이와 유사한 형태의 말 바꾸기 유머 및 논평을 사용함으로써 지역 주민들도 동일한 행위를 하도록 유도한다. 이는 지역 주민들로 하여금 브레인스토밍과 가능한 새로운 미래를 예상하는 데 필요한 아이디어들을 적극적으로 논의할 수 있도록 하는 가능성을 열어 준다.

안정성

다양한 사회과학 연구의 접근방식을 배워야 하는 어려움에 대응하려는 의지 이외에도, 실행연구자는 지역 이해당사자 집단의 맥락 속에 자신이 존재하고 있다는 특정한 사고방식과 성격 및 능력을 반드시 갖추어야 한다. 실행연구자는 자신의 무지와 불확실성을 인정할 만큼 개인적으로 안정성(security)이 있어야만 하지만, 동시에 자신의 이해와 추구하는 비전을 옹호할 수 있어야 한다. 이는 민감하게 이루어져야 하며, 공감, 진정성 및 관여를 위한 능력을 필요로 한다.

이런 방식의 운영은 다른 사람들의 경험과 지식에 대한 열린 마음을 가지고 호기심을 가지고 존중하는 태도가 필요하며, 프로젝트 수행과정들이 강압적이지 않은 방식으로 발전할 수 있도록 하는 일정 정도의 여유가 포함된다. 이는 또한 많은 학자들이 어려움을 겪는 다른 사람을 진정하게 하고 마음을 여는 능력을 요구한다.

인내심

인내심 있고 안정성 있는 방법으로 불확실성에 맞서는 것은 실행연구자가 가져야 할 가장 중요한 특성 중 하나이다. 부담이 큰 상황에서 다양한 이해당사자와 함께 하는 복잡한 프로젝트에서 신속한 처방이나 마법의 특효약을 만들어 내는 것은 통상적으로 가능하지 않다. 실행연구 프로젝트의 많은 부분에서 프로젝트가 어디로 가고 있는지(어딘가로 가고 있기는 하다면) 또는 어떤 식으로든 성공하기는 할 것인지 자체가 명확하지 않다. 실행연구자는 이 불확실성을 용인할 수 있어야 할 뿐만 아니라, 지역의 이해관계자가 이 불확실성과 종종 그에 수반되는 위험 또는 사기 저하를 견디도록 도와줄 수 있어야 한다.

따라서 실행연구자에게 기대되는 기준은 상당히 높다. 실행연구자는 매우 광범위한 사회과학 연구에 대한 훈련, 자신감, 민주주의에 대한 헌신, 어느 정도의 불확실성을 받아들일 수 있는 의지, 자신의 직업적 한계에 대한 명확한 이해 그리고 어떤 특정한 프로젝트의 지역 이해당사자들에게 관여하도록 하는 적절한 개인적 이유(good personal reasons)를 가져야 한다. 만일 '진정성을 가진(real)' 사람이 실제로 존재하지 않는다면, 현장에서 사람들과 신뢰관계를 형성할 수는 없을 것이다.

실행연구자 되기

이 책의 제4부에서는 실행연구자에 대한 교육 문제를 자세히 다루고 있다. 여기서는 필자들의 핵심 논점 중 일부만을 간단히 열거하기로 한다.

사회적 기술

전통적인 사회과학에서는 연구자의 사회적 기술에 상대적으로 별로 관심을 두지 않는다. 이것은 자료가 연구자와 독립적이라는 실증주의자들의 지배적인 생각과 일치한다. 즉, 많은 실증주의 연구는 연구를 수행하는 연구자와 설문 응답자들 간의 사회적 관계 없이 이루어질 수 있다. 도구를 준비하고, 이를 배포 · 시행하여 데이터를 수집하며, 통계적 또는 다른 공식적 기법들을 사용하여 필요한 분석을 수행하여 보고서를 작성할 수 있는 숙련된 기술이 연구자들에게 요구되는 전부라고 할 수 있다.

학생들은 현장과의 관계와 상관없이 이러한 기술들을 훈련할 수 있다. 사실 교수들이 새로운 학생들로 하여금 자신이 수집했던 데이터를 가지고 작업하게 하고, 교수 자신이 관심을 가지는 방향으로 학생들의 활동을 조정해 나가는 것이 상당히 일반적이다. 하지만 이것은 모두 맥락과는 동떨어진 연구이자 훈련이라고 아니할 수 없다.

질적 연구의 영역에서 인터뷰를 하거나 보다 심층적인 민족지적 연구에 관여할 수 있도록 학생들을 훈련시키는 것은, 그들의 삶의 맥락에서 그 사람들의 행동과 생각을 보는 것에 대한 일정한 관심과 노력을 요구한다. 면담 참여자의 말을 주의 깊게 듣거나 이들을 성찰적 과정에 관여시킬 수 있는 능력, 즉 공감의 기술 없이 훌륭한 질적 연구자가 되는 것은 불가능하다. 실행연구와 같은 민족지적인 작업에서 지역의 주민들과 관계를 맺고 함께 삶을 영위하는 사회적 기술의 필요성은 훨씬 더 높다고 할 것이다.

계획과 즉흥적 대응

실행연구에서 개입(intervention)을 하기 위한 계획은 매우 중요하며 가능한 한 자세하게 작성되어야 한다. 이것은 연구자에게 연구과정이 발전되어 나가는 로드맵을 볼 수 있는 기회를 제공한다. 해당 과정을 위해 철저히 생각하고 계획하는 것(planning)의 중요성에 대해서는 두말할 나위가 없다.

그러나 실제 과정이 진전되는 것과 계획이 일치하는 경우는 드물다. 프로젝트는 항상 예기치 않은 방향으로 진행되며, 연구자는 이를 즉시 조정해야 한다. 참여자가 프로젝트를 중단하거나, 참여자 또는 연구자 간에 갈등이 발생하거나, 자금 조달방식이 변경되거나, 공식적인 규제가 바람직한 방향으로의 발전을 방해하는 경우 프로젝트 수행과정은 다시 조정되어야만 한다. 때로는 약간의 조정만 필요할 때도 있지만 어떨 때는 커다란 변화가 필요할 때도 있다. 여기서 연구자가 직면한 과제는 무엇이 위험에 처해 있는지 파악하고, 지역의 그룹이 적절하게 새로운 행동을 취할 수 있도록 도움을 주기 위해 정확한 판단을 할 수 있는가 여부이다.

이러한 결정들 중 많은 것은 현장에서 즉각적으로 이루어져야 한다. 이러한 행동들이 실시간으로 이루어져야 하기 때문에, 상황을 파악하고 적절한 대응방식을 만들어 내는 것은 주로 암묵적 지식과 숙련된 즉흥적 대응 능력으로부터 나온다. 철저한 성찰은 취해진 행위에서부터 만들어질 수 있고 만들어져야 하지만, 현장에서는 충분한 사고의 과정과 시간이 항상 보장되지는 않는다. 이러한 종류의 상황을 용인하거나 훈련할 수 없는 사람들은 실행연구에 관여해서는 안 된다.

결론

실행연구자에 대한 기준은 높고 이들이 갖추어야 할 실체적인 지식과 기술의 형태도 매우 다양하지만, 인간의 능력에 대해 필자들이 언급했던 낙관적인 견해는 필자들로 하여금 사람들이 유능한 실행연구자가 되도록 훈련될 수 있다는 사실을 다시금 소중하게 받아들이게 한다. 그러나 많은 전통적인 사회과학 교수법에서 전형적으로 보이는 학문 간 상호 분절된 상태로 암기식 · 주입식으로 이루어지는 교육 모형(banking-model)[4]이 아니라, 보다 통합적인 관점에서 총체적 훈련이 이루어져야만 한다. 실행연구에는 많은 실체적인 지식(substantive knowledge)이 필요하며, 서로 다른 많은 종류의 과정적 기술이 필요하다. 필자들의 생각으로는 공식적인 교육과 도제식 훈련방식의 조합이 요구된다. 필자들은 실행연구자 교육에 대해 다시 이 책의 후반부(제16장)에서 자세히 설명할 것이다.

저자 주

1. 반어법(irony)은 사려 깊은 행동의 핵심적 요소로 인정되고 있다. Rorty(1980), Flood and Romm(1996)을 참조할 것.

4) [역자 주] 'banking model of education(주입식 교육 모형)'은 Paulo Freire가 전통적 교육 시스템을 묘사·비평하기 위해 사용한 용어이다. 이 용어는 학생들을 교육자들이 지식을 주입해야 하는 그릇(container)에 비유하는 의미를 담고 있다. Freire(1970)는 이 모델이 학생들에게 있어 비판적 사고와 지식의 소유감(knowledge ownership)을 가지지 못하게 하고, 이것은 다시 억압과 압제를 강화하는 역할을 하게 된다고 주장하고 있다. 이는 물론 지식이란 인간적·창조적 과정의 결과물이라는 Freire 자신의 생각과는 첨예하게 대립된다(출처: en.wikipedia.org/wiki/Banking_model_of_education).

제 3 부

실행연구의 다양한 접근방식:
인간의 잠재력을 해방시키기

이 책의 제3부에서 필자들은 실행연구에 대한 우리 자신의 접근방식(실용적 실행연구)에 대한 보다 자세한 설명을 제공한다. 후속적으로 이어지는 6개 장들에 걸쳐 실행연구의 다양한 분파들 중 주요한 접근방식에 대한 설명을 추가로 제공함으로 우리의 접근방식이 전체 실행연구의 맥락 속에서 어떤 위치를 차지하고 있는지를 살펴본다. 이러한 필자들의 시도는 결코 실행연구 접근방식에 대한 완전한 체계화를 의미하는 것은 아니다. 필자들의 의도는 다만 실행연구에 대한 우리 자신들의 접근방식을 일종의 준거점으로 삼아 다른 실행연구 접근방식들과 비교 및 대조를 함으로써 서로 다른 접근방식들 간에 존재하는 공통점과 차이점을 명확히 보여 주려고 하는 것일 뿐이다. 하지만 제3부에서 필자들은 실행연구는 정말로 다양한 실천적 활동들과 이념적 입장을 포괄하는 상위 범주의 개념이라는 것을 명확히 강조하려 한다. 제9장에서 먼저 우리 자신들의 접근방식을 논의한 후, 필자들은 제10장에서 실행연구에 대한 해방적 그리고 해방주의자적 접근방식(emancipatory and liberationist approaches)을, 제11장에서는 교육 실행연구, 제12장에서는 참여적 평가를, 제13장에서는 참여적 농어촌 지역 평가를, 제14장에서는 인간중심 탐구, 협동적 탐구 그리고 실행적 탐구를, 제15장에서는 실행과학과 조직학습을 검토한다. 누차 언급한 대로 이러한 필자들의 검토는 모든 실행연구 접근방식을 망라하는 것이 아니다. 실행연구에는 이 책에서 제시한 것보다 훨씬 많은 접근방식들이 존재한다. 지면의 제한과 함께 실행연구에 대한 입문서란 이 책의 성격을 감안하여, 여기서 제공하는 간략한 설명들은 특정 접근방식에 흥미를 느끼는 독자들이 그러한 접근방식에 대해 스스로 찾아볼 수 있도록 하기 위한 안내 수준의 설명에 그치고 있다는 점을 이해해 주기 바란다.

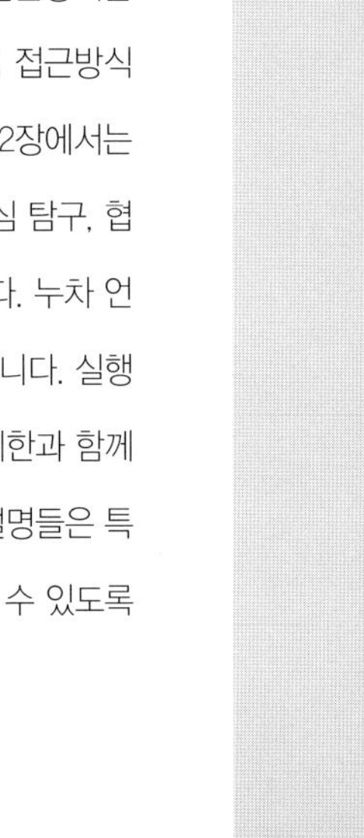

제9장

실용적 실행연구

이 장에서는 앞의 제3장에서 필자들의 실제 실행연구 경험과 연구방법에서 도출된 3개의 실제 사례에서 이미 구체적으로 제시했던, 우리 자신들의 접근방식인 실용적 실행연구(pragmatic action research)에 대해 보다 체계적으로 설명해 보고자 한다. 비록 3개 사례의 소개를 통해 필자들이 연구 수행방식들을 기술하기는 했지만, 기술된 사례들을 통해 필자들이 우리 자신들의 실행연구 접근방식에 대해 어떻게 생각하는지, 그리고 독자들에게 이후 제10장에서 15장에 걸쳐 자세하게 설명되어 있는 실행연구의 다른 접근방식들과 우리의 접근방식이 어떤 점에서 같고 어떤 점에서 다른지를 이해할 수 있을 만큼의 충분한 정보를 제공하지는 못했다고 생각한다. 필자들은 우리의 접근방식이 결코 완벽하다고 주장하는 것은 아니다. 독자들도 제3장을 읽고 이미 알아차렸겠지만, 필자들이 제시한 사례들은 성공과 실패의 요소 모두를 포함하고 있다. 실행연구가 수행되는 방식 자체로 인해, 심지어 적절한 해결책들을 찾기 어려운 사례들의 경우에도 가치 있는 지식이 (외부 전문가와 현장 이해당사자에 의해) 함께 만들어진다.

제3장에서 필자들이 소개한 세 가지 사례들[서부 노르웨이의 마을 개발, 스페인 몬드

라곤의 산업 협동조합(industrial cooperatives) 그리고 코넬 대학교(Cornell University)의 일반 학과와 노사관계 대학(School of Industrial and Labor Relations)의 지역사회 협력 학부(extension division) 간의 협력]은 매우 다양한 연구기법과 작업 양식들(work forms)을 포함한다. 특정한 초점 문제를 가진 각각 다른 상황적 맥락에서, 필자들은 서로 다른 실행연구 과정을 개발했다. 세 가지 사례 모두에서 초기 연구 설계와 프로젝트의 실제 진행이 완벽하게 일치되는 상황은 없었지만, 이는 실행연구뿐만 아니라 다른 모든 종류의 연구와 개선 노력에서 일반적으로 나타나는 일이다. 하지만 실용적 실행연구에서는 프로젝트가 진행되는 동안 공동생성적 학습(cogenerative learning)을 향상시키기 위해 지속적 · 목적지향적으로 프로젝트를 재설계하는 것이 연구 수행에서의 핵심적인 원칙이다. 필자들의 연구 수행방식은 다음과 같이 기술될 수 있다. '우호적인 외부자(friendly outsider)'가 문제를 가진 지역 사람들로 구성된 다양하고 복잡한 그룹과 다방향적인 의사소통 방식을 통해 상호작용함으로써 다양한 아이디어들과 대안들을 공동으로 생성 · 명확화하는 한편, 이를 통해 구체적 행동을 이끌어 낸다. 이러한 프로젝트들에서는 모든 사람들이 종속되는 어떤 하나의 확고한 의견 일치에 도달하는 일은 없다. 이보다는 Rorty(1980)의 신실용주의(neopragmatism) 관점에 따라 필자들은 관련 집단들 간에 '지속적인 대화를 해 나가는 것'을 지향한다.

앞서 설명했던 사례들 그리고 필자들이 관여했던 다른 많은 상황들에서, 연구자들과 지역 참여자들은 공동으로 해당 지역이 지향해야 할 곳은 어디인지, 그리고 어떠한 행동들이 취해져야 하는지에 대한 일반적인 이해를 형성해 나가게 된다. 실행연구자로서 필자들은 의도적으로 이러한 초기 단계에서의 공동적인 이해와 활동 방향 설정(initial formulations)이 엄격한 계획으로 설정되는 것에 반대한다. 필자들의 관점에 따르면 전체 실행연구 과정은 다음의 사항이 발생할 때까지는 (지속적이고 반복적으로) 이루어지는 것이라고 본다. 즉, (1) 최소한 지역 참여자들이 만족하는 최소한의 수준으로 문제가 해결되거나, (2) 재원과 에너지가 고갈되거나, (3) 다른 사건이 프로젝트 진행과정의 기본 방향을 변화시키거나 종료시키는 일이 발생할 때까지 등이다.

그렇다고 해서 실행연구 과정이 논리성이나 엄격성을 결여한 것이라고 말하는 것은 아니다. 필자들이 이미 기술했듯이 실행연구는 (1) 원하는 결과를 도출하고 이를 실제 행동을 통해 검증하는 것을 목적으로 하는 구조적이고 논리적인 일련의 활동들, (2) 학습의 장들(learning arenas)의 의도적이고 계획된 구축, 그리고 (3) 전반적인 실행연구 전략이 이끄는 연구기법의 체계적 선택으로 구성되는 형태(shape)를 취하게 된다. 실행연구 프로젝트의 방향은 전체 연구 수행과정을 통해 일어나는 학습에 의해 설정되며, 특정한 상황이나 행위자들에 의해 사전적으로 부과된 일련의 규범이나 기대에 따라 결정되지는 않는다. 필자들 자신의 경험을 통해 도출한 사례들 전반을 주의 깊게 살펴보면, 우리는 대부분의 상황에 공통적으로 나타나는 실용적주1 실행연구 접근방식이 가지는 일련의 '일반적 특징들'을 추출해 낼 수 있다고 생각한다.

- **대화와 상호 학습의 장을 작업 양식으로서 구축함.** 필자들의 프로젝트에서는 참여자와 연구자들이 대화적인 관계(dialogical relationship) 형성에 참여할 수 있도록 하는 대화와 상호 학습의 장을 구성하려고 노력한다. 이러한 장들은 상호 학습이 발생하는 공간을 형성한다.
- **공동생성적인 연구(cogenerative research).** 실행연구 과정은 현장의 참여자와 외부 연구자들 간의 공유된 경험과 이러한 경험에 대한 상호 성찰(mutual reflections)로부터 발현되어 다양한 경험과 새로운 지식의 산출로 이어지게 된다.
- **다양한 연구기법과 작업 양식의 활용.** 이미 언급했듯이 필자들은 실행연구가 특정한 이론 혹은 특정한 연구기법의 조합이라는 생각을 거부한다. 만약 연구 참여자들이 적절하다고 생각하고 또한 함께 활용하는 데 적절한 기술들을 획득한 경우에는 사회과학과 인문학 분야에서 개발된 수많은 이론, 기술 그리고 작업 양식들이 모두 실행연구에서 활용될 수 있다.

이러한 세 가지 요소들은 필자들이 주창하는 실행적 실행연구의 핵심적 요소이다. 작업 계획, 연구기법, 작업 양식, 공동생성적 학습과정은 참여자들이 각각의 구체적인 실행연구 상황에서 결정한 판단들에 근거하여 이루어진다. 이는 실용주의 철학(이 책의 제2부에서 논의된 바 있음)에서 도출했던 실행연구에 대한 필자들의 현상학적 주장과 맥을 같이한다. 따라서 필자들은 사회과학 연구에서 실행연구는 실용주의자(혹은 신실용주의자)들의 철학적인 견지에서 가장 잘 이해되고 수행될 수 있을 것이라고 믿는다.

이러한 접근방식은 필자들의 연구 수행방식을 한 개의 장에서 모두 기술하려고 할 때 문제를 야기시킨다. 우리의 연구수행 방식이 의도적으로 특정한 지역의 상황들에 맞추어져 있기 때문에, 필자들이 이를 특정한 조리법처럼 간명하게 기술하기는 쉽지 않다. 그러나 필자들은 독자들에게 우리가 실행연구 수행과정에서 고려하는 몇 가지 요소들과 연구기법들, 선호하는 작업 양식들 그리고 이 과정에서 나타나는 전반적인 실행연구 전략에 대해 간략하게나마 소개를 할 필요성을 느낀다. 따라서 다음에서는 실용적 실행연구 과정에서 활용될 수 있는(그리고 종종 실제로 활용되는) 몇 가지 핵심 개념, 도구, 작업 양식들을 개괄적으로 살펴보도록 한다. 연구기법 선택과 관련해 공동생성적 학습과 실용적 접근방식에 대해서는 이미 제6장에서부터 8장까지 포괄적으로 다루었기 때문에, 이 장에서는 대화를 위한 장의 구축에 대한 필자들의 접근방식을 집중적으로 다루기로 한다.

대화의 장 구축

필자들에게 있어서 실용적 실행연구의 핵심적 요소는 토의와 협동적 연구가 공동생성적 학습을 촉진할 수 있도록 하는 장을 만드는 것이다. 지역의 이해당사자들과 전문적 연구가들이 만나는 장은 상호 학습이 이루어지는 가장 중요한 계기가 된다. 필자들의 경우 사전에 정의된 연구기법을 가지고 시작하는 것이 아니라 지역의 상황과 행위자들에게 우리의 접근방식을 맞추려고 하고 있기 때문에, 일반적으로 필자들의 실행연구 과정은 시간을 가지고 집중적으로 상호 대화를 하게 되는 시작단계를 가진다. 인내심을 가지고 공통된 관심 사항에 대한 탐색적 논의과정을 거치는 방식으로 시작한다는 점에서, 필자들의 실행연구 접근방식은 대부분의 다른 실행연구 접근방식과는 차별화된다.

필자들은 전문적 연구자로서 우리의 책임은, 지역 참여자 집단이 스스로 관심을 가지는 과정에 적합한 연구기법들과 이론들(그것들이 무엇이든지에 관계없이)을 선택하고 배울 수 있도록 도와주는 데 있다고 믿는다. 필자들은 항상 준수해야 되는 특정한 '기존의 방식들(recipes)'에 의존하지는 않는다. 그런 방식들은 전문적인 연구자들이 자신들이 해야 하는 일에 대한 불안정성을 줄여 주는 데는 도움이 될지 모르지만, 일반적으로 지역 이해당사자들이 가진 잠재력의 성장과 발전에는 오히려 방해가 되는 경향이 있다.

필자들은 지역의 문제들에 대해 우리가 가진 모든 지식과 기술들을 가지고 대응한다. 우리가 알지 못하거나 또는 익숙하지 못한 기술이 특정 프로젝트의 성공에 부정적 영향을 미칠 수도 있다. 하지만, 필자들은 항상 우리가 보다 현명하고 숙련되어 있으며, (주어진 상황에서 그래도 가장) 잘 훈련된 상태이길 바란다. 그러나 필자들은 우리에게 제시되는 요구사항들의 해결에 문제를 초래할지도 모르는 특정한 기법들의 조합에만 고착되기보다는, 전문적 실행연구자로서 이러한 존재론, 인식론적 불확실성에 직접적으로 맞부딪쳐 보기를 주창한다. 이것은 연구자로서 필자들의 진실성을 내보이는 하나의 필수적인 부분이라고 할 수 있다.

동시에 필자들은 특정한 하나의 작업방식을 맹목적으로 추구하지는 않는다. 우리는 실행연구에서 핵심적 기술들은 (1) 사회적 · 물질적인 맥락들을 이해하고 해석하는 능력, (2) 적절한 대화의 장을 찾고 구성하는 능력, (3) 상호작용 과정을 이끌어 가는 능력, (4) 참여자들이 실행을 통해 자신들의 지식을 검증하고 그 결과를 성찰하는 것을 도와주는 능력들이 중심이 된다고 믿고 있다. 따라서 실행연구자들은 결과로서 도출되는 지식에 대한 적극적 검증을 포함하는, 공동생성적인 학습과정 전반의 관리에 대해 논리적으로 사유하고 해석하는 능력을 가져야만 한다.

실행연구에 있어서 가장 핵심적인 윤리적 · 정치적 목적은 '(압제로부터의) 해방을 가져오는 성과(liberating outcomes)'를 획득하는 것이다. 해방을 가져오는 성과가 정확히 무엇인지를 말하는 것은 쉽지 않지만, 필자들이 연구의 최종 결과물을 일종의 '대증적 처방(recipe)' 정도로 그 범위를 한정하는 것이 아니라는 점은 분명하다. 필자들이 수행하는 실행연구 수행방식에서는 무엇이 해방을 가져오는 성과인지를 결정하는 것이 공동생성적인 학습과정의 명시적인 부분 중 하나이다.

해방을 가져오는 성과를 '지역 참여자들이 하나의 집단으로 자신들이 처한 문제상황에 대한 통제력을 향상시키는 것'으로 일단 초동적으로 정의하고 논의를 시작하는 것도 하나의 방법이라고 생각한다. 여기서 필자들은 개인적 해방이 집단의 구성원에 의해 개인적 권력을 획득하는 것을 말하는 것은 아니고, 지역 참여자들이 자신들의 상황을 집합적으로 규정하고 관리할 수 있는 향상된 역량을 의미하는 것이다.

이러한 종류의 해방은 추상적으로 정량화할 수 있는 산물은 아니다. 고도로 압제되어 있는 상황에서는 조그마한 정도의 진전이 매우 강렬한 해방이 될 수 있고, 반면에 보다 개방적인 상황에서는 주요한 변화가 있다 할지라도 참여자들에게는 특별히 유의미한 것으로 받아들여지지 않을 가능성도 있다. 필자들은 하나의 집단으로서 지역 참여자들에게 변화가 실제적이고 의미 있는 것이어야 한다고 믿는다. 사람들이 '해방을 가져오는 성과'를 경험하는지 여부를 결정하는 것은 실행연구 전문가들에 달려 있는 것이 아니다. 해당 실행연구에 참여하는 그룹에게 이러한 문제를 제기하고, 그와 관련한 대화가 지속적으로 이루어질 수 있도록 만드는 '우리 실행연구 참여자 모두'에게 달려 있다.

탐색하기

필자들은 실용적이고 다양한 연구기법과 작업 양식을 강력하게 주장하고, 실제 연구 수행과정에서도 많은 다양한 연구기법들과 작업 양식들을 활용하고 있다. 하지만 공동생성적 학습에 대해 포괄적이고 잘 정의된 하나의 접근방식이 있다면 우리의 실용적 실행연구 접근방식에 특별히 유용할 것으로 생각되는데, 이는 '탐색하기(searching)'로 명명된다. 필자들은 이 장에서 이를 상세하게 다루려고 하는데, 이는 '탐색하기' 기법이 모든 실행연구 상황에서 사용되어야 하기 때문은 아니다. 오히려 필자들이 이 기법은 (1) 의미 있는 결과들을 생성할 수 있는 가능성을 가진 것으로 입증된 강력한 접근방식이며, (2) 이를 상세하게 기술하는 것이 필자들이 가진 실행연구에 대한 사고방식을 독자들에게 구체적으로 전달하는 데 효과적이라고 생각했기 때문이다.

탐색하기는 특정한 유형의 공동생성적인 학습과정을 지칭한다. 탐색하기의 핵심적인 아이디어는 일반적인 사람들이 체계적인 실험 적용(systematic experimentation)에 기반하여 구조화된 지식 생성(계획의 개발에서부터 실행에 이르기까지)에 관여할 수 있는 상황을 창출한다는 것이다. 참여자들은 실행하면서, 부단히 탐색하면서 그리고 새로운 방식의 사고와 행동을 시도하면서 학습을 해 나가도록 도움을 받게 된다(Emery, 1993, p. 192).

탐색협의회

탐색협의회(search conferences)는 참여적 계획 수립과 설계를 위한 하나의 특정한 작업 양식이다. 탐색협의회 기법의 목표는 제기된 문제를 프로젝트에 참여하는 사람들에게 적합한 방식으로 해결하는 것을 목표로 설정하고, 이에 맞는 계획 수립과 실행방안의 설계를 공동으로 도출하는 데 있다. 이것은 집단적인 문제 탐구의 과정으로서, 참여하는 모든 사람들에게 다양한 학습 기회를 제공하고 또한 (단순한) 계획에 그치는 것이 아니라 구체적인 실행방식의 구안에까지 이르게 한다.

탐색협의회는 대개 일종의 연찬회 상황에서 비교적 많은 사람들(15~40명)이 참여하는 여러 날에 걸친 회의로 진행된다. 탐색협의회에 앞서 행사 계획은 준비 그룹의 문제 설정과 참여자의 의도적인 선별 및 사전 준비과정으로부터 시작된다. 먼저 탐색협의회는 구성원들이 바로 자신들이 속한 (조직) 상황의 역사(history)에 대해 서로의 견해들을 공유하면서 진행된다. 그다음 참여자들은 문제를 해결하기 위한 다양한 실행 계획의 개발로 이어지는 창의적인 과정을 통해 공동으로 해결해야 할 문제들을 설정하게 된다. 탐색의 마지막 단계에서 참여자들은 여러 가지 대안적 실행 계획들 중에서 특정한 대안을 선택하게 되고, 이를 어떻게 실행해 나갈지에 대해 공동으로 의사결정을 하게 된다. 따라서 탐색협의는 계획, 창조적 문제해결 그리고 구체적 실행을 하나의 과정에서 통합하고 있다. 이러한 통합은 실행연구의 가장 독특한 특징이며, 실행연구를 수행해 나가기 위해 가장 적합한 방법론이라고 할 수 있다.

탐색협의회는 서로 다른 많은 대화의 장들을 만들어 낸다. 탐색이 지속되는 기간 전반에 걸쳐 행사의 구성은 대체로 사전에 결정된다. 탐색의 과정에서 비록 다수의 탐색협의회 관리자들의 지속적인 안내를 받기는 하지만, 협의회 자체의 내부적 논리에 따라 역동적으로 움직이게 된다. 탐색협의회에서는 탐색을 위한 촉진(facilitation)이 능숙하게 이루어지기만 한다면, 거의 대부분의 경우 참여자들이 자신들의 문제를 스스로 발견하고 이를 해결하기 위해 자신들의 에너지를 투입하도록 마음먹는 데까지 이르게 한다. 일단 사람들을 모으고 그들에게 자신들의 미래에 대해서 숙고하게 하고, 계획할 수 있는 기회를 제공하는 것은 필연적으로 (참여자들로 하여금) 탐색협의회 과정에서 생산적으로 유도되는 창조적 에너지를 방출하게끔 만든다. 필자들은 비록 후속적 실행 결과가 탐색협의회에서 설정된 높은 기대치를 충족시키지 못하는 경우는 본 적이 있지만, 실패한 탐색협의회에 참여하거나 이에 대한 책임을 맡은 적은 없다고 말할 수 있다.

탐색협의회는 다음의 다섯 가지 과정들을 통합한 것이다. 첫째, (조직 상황의) 역사에 대해 이해당사자들 간 서로 다른 해석을 공유하는 것을 목적으로 하는 일종의 담론을 만들어 낸다. 둘째, 탐색협의회는 미래를 위한 공통의 비전(목표들)을 개발하고, 현 시점에서 창의적으로 접근되지 않을 때 자신들의 미래에 어떤 일이 일어날 것인지를 명확히 보여 준다. 셋째, 탐색협의회는 참여자들이 창의적인 활동에 직접 관여하게 하고, 원하는 목표에 도달하기 위한 실행 계획을 탐색하도록 한다. 넷째, 탐색협의회는 실행이 요구되는 문제들 중에서 어떤 것에 우선순위를 부여할 것인지에 대해 집합적 의사결정을 촉진한다. 마지막으로, 탐색협의회는 실행 계획과 (이를 담당할) 실행 그룹 및 (이들이 담당할) 특정한 실행 과업들을 명확히 연계한다. 성공적인 탐색협의회의 성과물은 참여자들이 집단적으로 추구하기를 원하는 일련의 실행 문제와 이에 대한 구체적 계획들이다.

탐색하기의 역사적 기원

탐색협의회는 영국, 스칸디나비아, 호주의 산업 민주주의(industrial democracy) 전통에서 유래하였다. 탐색의 이론적 · 방법론적인 발전은 런던의 타비스톡 연구소(Tavistock Institute)의 핵심 연구자들인 Fred Emery와 Philip Herbst로 거슬러 올라간다(제2장 참조). 이들은 임상학적으로 잘 훈련된 사회심리학자로서 유사한 전문적 배경을 가지고 있었고 같은 국제적 연구 네트워크에서 일했다. 한 사람은 남반구에, 다른 한 사람은 북반구에 기반을 두면서, 이들은 상호 병렬적으로 '탐색하기(searching)'에 대한 사유와 실행 전략을 만들어 갔다. 호주에서는 또한 Merrelyn Emery가 탐색과정을 개념화하고 발전시키는 데 중추적인 역할을 담당했다(Emery, 1982, 1993).

'탐색하기' 기법이 어떻게 발전되어 왔는가를 기술하는 또 다른 방법은 '산업 민주주의 운동(industrial democracy movement)'에 초점을 맞춘 국제 네트워크들에서 이러한 기법이 발전되어 온 양상을 살펴보는 것이다. 산업 민주주의에 헌신해 온 사람들의 주요한 관심사항 중 하나는 어떻게 참여적 계획방식을 변화를 위한 협동적인 실행 전략 구안과정에 통합할 수 있을 것인가 하는 문제였다. 그 당시 대부분의 실행연구 모델에서의 주된 장애 요소는 전문가들이 과정을 독점적으로 지배하는 문제였고, 이러한 문제는 제2장의 Kurt Lewin에 대한 필자들의 논의에서 자세히 언급된 바 있다. 변화과정들은 종종 실행연구자들에 의해 계획되고 수행되었으며, 참여자들의 실제적 관여는 매우 제한적이었다.

그 당시 나타난 두 번째 문제는, 보다 폭넓은 범위의 집단들에게 사회적 혁신 성과들을 효과적으로 확산시키지 못하고 있는 상황에 대한 우려였다. 현장에서의 사회적 변화에 대한 많은 실험들은 성공적인 것으로 나타났지만, 이러한 성공 사례들의 효과는 해당 지역 내에만 국한되는 경우가 대부분이었다. 단순히 효과적인 성과가 달성되었다는 사실만으로는 이러한 성공 사례들이 다른 지역으로 자동적으로 퍼져 나가지는 않았다. 이러한 우려는 보다 광범위한 사회 영역에 대해 참여적인 과정을 널리 확산시키는 접근방식들에 대한 관심으로 이어졌다.

Emery and Oeser(1958)는 호주의 농업 개혁 사례의 확산에 대한 연구에서 처음으로 앞서 기술한 두 번째 문제를 언급했다. 일정한 시간이 지난 후에 이러한 이슈들은 탐색협의회가 하나의 주제로 비로소 출현하게 되는 다음의 2개 출판물에서 언급되었다. 1980년에 출판한 인류의 미래에 대한 논문에서 Herbst는 탐색협의회의 접근방식에 대한 개념화를 시도했고, 동시에 노르웨이 북부의 스케르뵈이(Skjervøy)섬에서 개최된 첫 번째 탐색협의회에서 자신의 생각과 경험들을 공유하였다(Engelstad & Haugen, 1972; Herbst, 1980). 첫 번째 탐색협의회는 매우 중요한 의미를 띠고 있는데, 왜냐하면 이를 통해 오슬로(Oslo)의 노동연구소(Work Research Institute)에서 일하는 광범위한 연구자 집단에게 탐색협의회 기법에 대해 (익숙해질 수 있는) 경험을 제공했을 뿐만 아니라, 지역공동체에도 긍정적인 결과를 창출했기 때문이었다.

한편, 호주에서는 Fred Emery와 Merrelyn Emery의 탐색협의회에 대한 연구 성과가 1974년 호주 국립대학교(Australian National University)에서의 조사보고서(working paper)로 처음 출판되었다. Herbst와 Emery의 출판물은 오늘날 탐색협의회가 광범위하게 실행되고 높은 평판을 가지게 되는 일련의 발전과정에서 시금석을 놓은 가장 대표적이고 핵심적인 저작물이라고 할 수 있다(Emery, 1998; Martin, Hemlock & Rich, 1994; Martin & Rich, 1994; Weisbord, 1992).

노르웨이의 경험

탐색협의회라는 접근방식의 저변에 깔려 있는 일반적인 생각은 1970년대 초 노르웨이의 상황을 짐작해 보면 쉽게 이해할 수 있다. 당시 노르웨이에서는 사회적 민주주의 체제에서 노동자의 참여에 대한 광범위한 대중적 논의가 진행되고 있었다. 산업 민주주의에 대해 이루어진 중요한 실행연구는 사회변화를 이끄는 참여적 접근방식에 대한 풍성한 기반을 마련하였다. 이러한 맥락에서 탐색협의회의 저변에 깔려 있는 생각은 참여적 계획과 변화과정의 확산에 대한 문제들과 아주 잘 일치되었다.

예를 들어, 그 당시 오슬로 노동연구소의 실행연구자들은 사회기술적 변화(sociotechnical change)를 위한 전문가 모형을 폐기하고(Elden, 1979), 동시에 복수의 회사들에서의 변화 노력을 향상시킬 수 있는 탐색협의회 모형들을 찾으려는 실험을 하고 있었다. 탐색협의회는 이러한 상황에 적절하게 들어맞았는데, 이러한 분위기하에서 이루어진 스케르뵈이에서의 도시 계획 수립은 최초로 탐색협의회 기법을 활용한 주요한 시도였다고 할 수 있다. 국제적 네트워크에 연계된 주요 노르웨이인 중 하나였던 Philip Herbst는 이 첫 번째 탐색협의회에 많은 영향을 미쳤다. 첫 번째 탐색협의회는 경제 및 도시 개발에 대한 도전 과제에 초점을 두었으며, 개발 활동이 상당히 광범위한 대중적 참여에 기초했기 때문에 그 당시 노르웨이 상황에서는 상당히 급진적인 것으로 받아들여졌다.

지역공동체 개발 프로젝트에 탐색협의회를 적용하는 것은 노르웨이에서 사용된 주요한 개발 기법들 중 하나가 되었으며, 탐색하기는 일부 정부 지원 지역공동체 개발 프로그램에서 핵심 요소가 되었다. 특정한 시점에서는 60개가 넘는 지방자치 단체가 지역사회 개발 노력에 관여하고 있었고 탐색협의회는 그러한 노력을 시작하는 데 종종 활용되었다. 노르웨이 내무부가 탐색협의회를 운영하는 방법에 대한 매뉴얼 작성 과제를 위탁할 만큼 탐색협의회의 결과는 성공적이었다(Brokhaug, Levin & Nilssen, 1986). 모든 사람들이 제안된 청사진을 다 따르는 것은 아니지만 탐색협의회 방법론의 주요 요소들이 널리 보급되어 탐색협의회는 많은 현장 실천가들에게 납득이 될 수 있는 하나의 방법으로 발전되었다.

지역공동체 상황에서 탐색하기 기법이 확대되어 적용되는 동안, 산업체 조직 상황에서도 대등한 발전이 이루어지고 있었다. 탐색협의회는 산업 영역에서 변화과정을 시작하는 하나의 도구로 채택되었다. 이 방법론은 서로 다른 몇몇 산업 분야에 성공적으로 적용되었다. 특히 오슬로의 노동연구소와 관련된 연구자 및 컨설턴트는 변화과정을 시작하는 방법으로 탐색협의회에 많은 관심을 가졌다(Hanssen Bauer & Aslaksen, 1991, p. 202). 이러한 노르웨이 사례는 미국 출신의 개인 컨설턴트인 Marvin Weisbord에게 많은 영감을 주었고, 그는 노르웨이 실천가로부터 탐색협의회에 대한 학습을 하는 데 1987년 한 해를 고스란히 투자했다. 나중에 그는 이 지식을 바탕으로 미국의 기업과 공공행정에서 사용하기 위한 자신의 특별한 방식을 고안하기도 했다.

오슬로의 노동연구소는 탐색협의회의 엄격한 구조를 대부분 융통성 있게 풀어주고 또한 촉진자의 역할도 변화시킨 탐색협의회에 기반한 작업 양식을 개발하였다. Habermas(1984)의 이상적인 대화 상황(ideal speech)에 대한 생각을 '조작화(operationalization)'한 것을 토대로, 그들은 민주적 대화 상황을 만들기 위한 일종의 규칙으로서 탐색협의회를 주관하는 촉진자의 실행방식을 개발했다(Gustavsen, 1985; Pålshaugen, 2000, 2002). 이러한 유형의 협의회는 '상호대화 협의회(dialogue conferences)'란 이름이 붙여졌고, 그 이름에서 알 수 있듯이 가장 핵심적 요소는 참여자들 간의 열린 의사소통을 위해 노력하는 것이다. 이 모델은 노르웨이 산업체에서 노사가 함께 상호 기업 개발 활동에 참여하는 상황에서 주로 사용된다.

호주의 경험

Fred Emery와 Merrelyn Emery는 탐색협의회가 널리 활용되고 있는 호주에서의 탐색협의회 발전에 중요한 역할을 한 사람들이다. Fred Emery는 제2장에서 논의되었던 산업 민주주의 운동의 발전과정에서의 역할과 함께, 탐색협의회 기법의 발전과정에 있어서도 국제적 수준에서 중요한 역할을 담당했다. 호주에서는 그의 아내인 Merrelyn이 동등한 수준의 중요한 역할을 해 왔으며, 시간이 지남에 따라 남편의 업적을 뛰어넘어 탐색하기에 대한 많은 저작물을 남겼다.

호주에서 직면한 많은 도전 과제들은 노르웨이에서 나타난 것과 유사한 것이었다. 호주에서도 역시 사회변화 과정들을 개발하고 결과를 확산시키는 것이 효과적이지 못했다. 새로운 민주적 작업 양식을 개발하였다 하더라도 그러한 개발된 양식들이 개발된 지역에만 한정적으로 적용되는 경향이 남아 있었다. Merrelyn Emery는 1982년 탐색하기에 대한 중요한 논문을 출판하였는데, 이는 참여자의 학습과정에 대한 매우 상세한 주장들을 전개한 것이다. Merrelyn은 또한 참여적 기획을 위해 보다 광범위한 대중적 참여 계기를 만들어 내기 위한 방법의 하나로서 복수의 탐색협의회를 주장하기도 했다. 이러한 전략은 중요한 의미가 있었는데, 이는 결국 사회변화 과정에 탐색하기 기법을 범국가적으로 적용하도록 만드는 야심찬 계획이었던 '호주 탐색하기(Searching Australia)'로 발전되게 된다(Emery & Emery, 1974).

1989년 호주의 노동생활 연구자들은 '호주의 노동 현장(Work Place Australia)'이라는 국제 콘퍼런스를 개최하였는데, 이 행사의 가장 주요한 특징 중 하나는 참여자들이 탐색협의회에 1주일간 참여하는 시간을 가지는 것이었다. 외국 사람들과 지역주민이 함께하는 복수의 탐색협의회(20개)가 조직되었다. 비록 이러한 복수의 탐색협의회 프로그램의 효과성을 판단할 수는 없지만, 이러한 노력은 참여적 설계를 위한 하나의 방법론으로서 탐색협의회에 대한 국제적 인식 확산을 가능하게 했다. 실로 이 콘퍼런스의 성공은 호주 연구자들의 후속적 활동에서 나타나고 있는데, 이들은 주기적으로 해외로 가서 탐색협의회 기법 분야에서 다른 나라의 전문가들을 훈련시키게 되었다. 예를 들어, Merrelyn Emery는 미국에서 탐색협의회를 어떻게 운영하는지에 대해 가르치기 위한 자신만의 체제를 구축했다.

미국에서의 탐색협의회의 활용

탐색하기는 런던 타비스톡 연구소의 연구원들에 의해 미국에 최초로 도입되었다. 1980년대 초에 Fred Emery와 Eric Trist 두 학자는 모두 펜실베이니아 대학교(University of Pennsylvania)의 와튼 경영대학원(Wharton School of Business)에 다시 재직하게 되었다. 이 기간 동안 Trist는 뉴욕주 제임스타운(Jamestown)에서의 대규모의 실행연구 프로젝트에 적극적으로 참여하고 있었으며, Emery는 뉴욕주 북부의 아메리카 인디언 그룹들과 함께 작업하도록 초대되었다. 이 후자의 활동은 세네카 인디언 부족(Seneca Indians)의 미래에 초점을 맞춘 탐색하기로 이어졌다.

미국에서의 보다 강력한 영향력은 Marvin Weisbord의 컨설팅을 통해 이루어졌다. 그의 저작물 중 하나인 『생산적 노동 현장(Productive Workplaces)』(1987)에서 그는 광범한 상황과 문화적 환경에서 수행된 탐색협의회들의 몇 가지 실천적 사례를 수집했다. Weisbord는 탐색협의회를 수행하는 컨설턴트들을 훈련시키는 데 주된 관심을 두고, 상당한 규모로 컨설팅 회사를 차렸다. 그러한 탐색협의회 전문가 훈련을 위한 노력과 관련된 그의 저작물을 통해, 그는 미국에서 탐색 기법에 대한 사고의 발전에 커다란 영향력을 미쳤다.

비록 이러한 새로운 탐색 기법의 확산은 물론 환영할 만한 것이었다. 하지만 이는 동시에 탐색하기 기법에 대한 매우 특별한 견해가 미국에서 광범위하게 통용되는 성과를 거두었다는 점에서 의미가 있다. Weisbord(1992)의 탐색협의회 작업방식은 미국 기업에서의 권력 구조라는 주어진 맥락에 맞도록 탐색하기 기법을 변형한 것이다. Weisbord의 접근방식이 앞서 논의되었던 기법들과 차별화되는 중요한 특징 중 하나는, 그가 사전에 특정한 매개 변수를 설정한 후 특정한 불일치 영역은 뒤로 돌리는 데 동의하는 방식을 취한다는 것이다. 따라서 그는 탐색협의회를 주로 공유된 비전을 형성하고 참여자들의 창의적인 능력을 자극하는 방법으로 사용한다. 반면, Weisbord는 탐색과정을 통해 촉발된 개발 실행 조치들을 어떻게 지속 가능하게 할 것인지에 대해서는 별로 관심을 두지 않았다. 이러한 접근방식의 일부는 Weisbord 자신의 실행 경험으로부터 유래되었고, 또한 Ann Martin(2000)의 박사 논문에서 권력과 탐색하기에 대한 논의가 제시되었지만, 조직 설계와 권력 구조에 도전하는 것과 같은 요소는 미국에서의 탐색협의회에서는 일반적으로 제외되는 경향이 있다.

탐색하기를 둘러싼 또 다른 활동의 흐름은 코넬 대학교를 중심으로 진행되고 있다. 원래 William Foote Whyte에 의해 영감을 받은 '고용 및 노동 현장 체제 프로그램(Programs for Employment and Workplace Systems)'[주 2]이라 불리는 코넬 대학교의 노사관계 대학의 프로그램은 Morten Levin과 트론다임(Trondheim)에 있는 노르웨이 과학기술대학교(Norwegian University of Technology and Science)와의 연계를 적극적으로 활용하여 탐색하기 기법을 개발하였다(Whyte, 1994, p.307). 연계의 직접성을 감안할 때 코넬 대학교의 접근방식은 노르웨이의 기법과 매우 유사하며, Weisbord가 적용한 기법보다는 노르웨이의 탐색협의회 전통과 미국의 학계 간의 보다 강력한 연계를 내재화하고 있다고 생각된다.

구조화된 변화과정으로서의 탐색협의회

비록 필자들의 선호는 명확하긴 하지만, 우리는 탐색(searching)이 단지 하나의 연구기법과 동일시되어서는 안 된다는 점을 강조한다. 탐색협의회를 운영하는 하나의 절대적으로 옳은 방법이 있는 것은 아니다. 실행연구자들은 접근방식과 기술 면에서 각기 다르다. 이에 더해 유능한 실행연구자들은 자신들이 관여한 과정들로부터 학습하면서 더 많은 기술을 획득하게 되고, 이에 따라 자신들만의 접근방식들을 지속적으로 개발·수정해 나가고 있다. 이 방법론의 주창자들 중 어떤 한 사람에게만 '하나의 올바른' 접근방식을 가질 수 있도록 하는 것은 타당하지 않다. 예컨대, 이런 관점에서 필자들은 오직 하나의 탐색협의회 수행방식이 존재한다는 M. Emery(1993)의 의견에는 명확히 반대한다.

용어의 편의적 사용과 의미의 오염

다른 집단들에 의한 '탐색'이란 용어의 편의적 사용(co-optation)은 실로 문제가 아닐 수 없다. Lewin 학파 실행연구(Lewinian action research)와 그 이전에 존재했던 사회공학적 체제 연구(sociotechnical systems work)에서 '탐색'이란 용어는 본격적인 유행을 타게 되었다. 하지만 참여적이고 압제로부터 해방을 가져오는 사회변화에 초점을 맞추는 탐색협의회의 필수적 요건을 도외시하고 있는 많은 과정들이 현재 탐색협의회라고 칭해지고 있다. 이러한 문제들 중 일부는 충실하지 못한 계획과, 탐색이란 것이 실제로 무엇인지에 대한 이해의 결여에서 비롯된 결과라고 생각된다. 하지만 이러한 용어의 편의적 사용 사례들 중 일부는, 탐색협의회를 참여자들에게 실제 변화과정에 참여하고 있다는 단순한 환상을 줌으로써 일종의 '마법적인 순간'을 만들어내기 위한 도구로 사용하는 데서 나타나는 것으로 보인다. 이러한 문제 많은 탐색협의회의 기저에 깔린 의도가 실제로는 변화에 대한 내부적 압력을 줄이기 위한 것임에도 불구하고 말이다. 이러한 문제점들을 극복하는 데 있어 실행연구자들을 돕고 또한 독자들에게 탐색과정들에 대한 보다 상세한 지침들을 제공하기 위해, 필자들은 우리 자신의 연구 수행 경험을 바탕으로 탐색협의회를 구성하는 주요 요소에 대해 논의하고자 한다.

언제 특정한 과정이 '탐색'되는가?

필자들의 견해에서 볼 때 특정한 집단적 과정이 탐색으로서의 특성을 가지기 위해서는 다음의 여섯 가지 주요 요소가 나타나야 한다.

1. (조직 혹은 상황에 대한) 공유된 역사(문제점이 발생한 이유에 대한 연혁적 이해)를 창출하고, 참여자들로 하여금 다른 참여자 집단들의 관점에서 생각해 보도록 하기
2. 참여 그룹이 희망하는 미래 또는 초점 문제에 대한 해결책이 무엇인지에 대해 공유된 비전을 창출하기
3. 어떠한 조치도 취해지지 않을 때 예상되는 미래가 어떤 것인지에 대해 구성원들의 생각을 모아 보기. 때때로 이러한 관점은 바람직한 미래를 생각해 보는 일과 통합되어 수행되기도 한다.
4. 초점 문제를 해결하기 위한 실행 계획 파악하기
5. 다양한 대안적 실행 계획 중에 참여자들의 선택이라는 집합적 결정과정을 통해 대안들 간의 우선순위 만들기
6. 구체적 변화 활동 시작하기 및 성취 결과와 학습 내용을 공유하기 위한 후속과정 계획하기

이러한 여섯 가지의 요소들은 내용과 구조 면에서 각기 다르다. 역사를 공유하기 위해 노력하는 것은 실행 계획을 만드는 과정에서 새로운 아이디어들을 개발하기 위해 창의성을 활용하는 것과는 다르다. 아울러 탐색과정 전반에 걸쳐, 전체 회의와 (또 하나의 새로운 사회적 구조를 만드는) 소집단 활동 간에는 정기적인 상호작용이 존재한다. 탐색의 또 다른 중요한 측면은 어떻게 하면 나름대로 엄격한 운영 구조와 규칙들이 가치 있는 대화의 장 형성을 돕는 의식적 과정(ritual process)을 만들어 낼 수 있을 것인가 하는 점이다.

Herbst(1980)는 탐색과정을 이중적 과정으로 묘사하고 있다. [그림 9-1]은 탐색의 전반적 개념을 생성적이고 창조적인 과정으로 나타내고 있다(공유된 역사와 비전들의 형성, 창의적 실행 대안들의 창출, 실행 대안들의 현실적 실현가능성에 대한 성찰, 최

종적으로 실행 가능한 대안들 중에서 우선순위 결정).

탐색협의회에서의 작업과정은 전체 회의(plenary session)에서의 발표와 협의 그리고 소집단 활동을 포함한다. 동질적으로 혹은 배경과 관심사를 달리하는 이질적 사람들로 혼합하여 구성된 소집단 활동은 전체 회의에서의 토론을 위한 아이디어와 자료들을 준비하는 데 주로 활용된다. 따라서 소집단 활동에서는 가능한 한 많은 참여자들에게 발언권을 줄 필요가 있다.

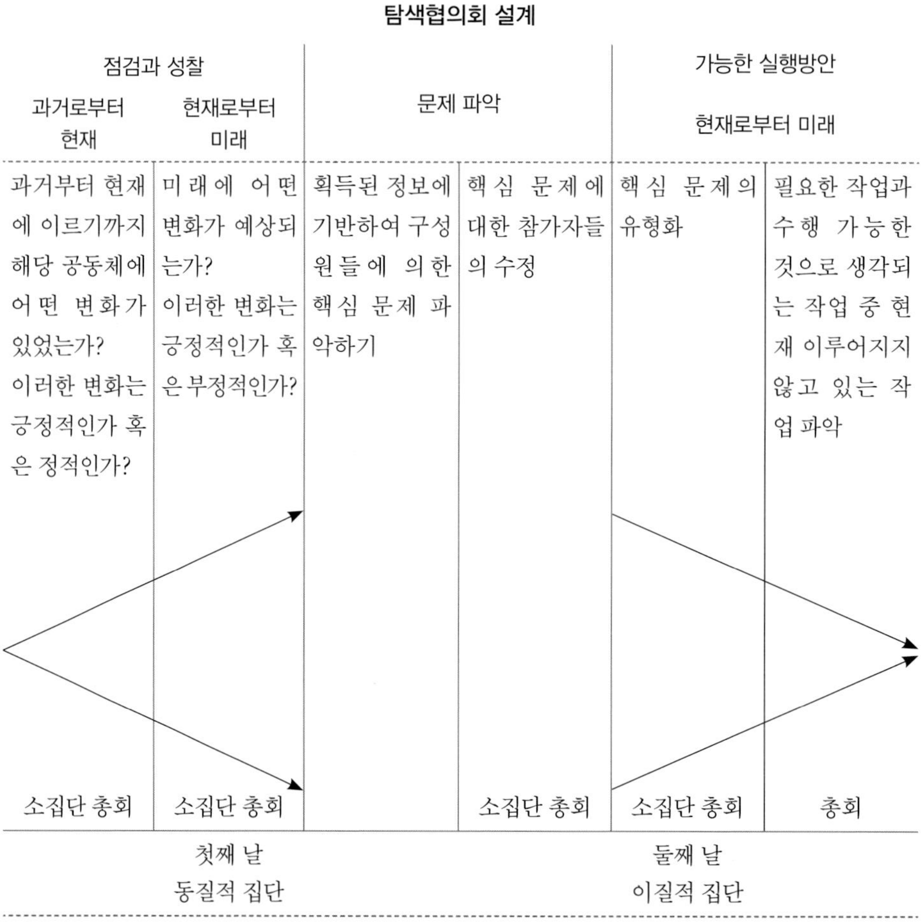

[그림 9-1] Herbst의 이중 트랙 탐색과정(dual-track search process)

탐색협의회 준비하기

탐색협의회의 개최는 다양한 방식으로 가능하다. 어떤 경우에는 지역 참여자들이 탐색협의회에 대해 잘 알고 있고, 따라서 그들이 무엇을 원하는지도 잘 알고 있다. 이러한 상황에서 탐색협의회 주창자의 과업은 업무를 수행할 촉진자(facilitator)를 찾는 것이다. 가장 흔히 행해지는 관료적 방식은 다양한 전문적인 탐색협의회 관리자들로부터 제안서를 제출하도록 요청하는 것이다. 하지만 필자들은 실행연구의 한 형태로서의 탐색은 대부분의 전통적인 컨설턴트들의 작업 스타일을 넘는 (전문적) 기술과 관여(engagement)를 요구한다고 생각한다. 따라서 탐색협의회 하나만을 위해 계약을 맺는 것은 다른 연관된 문제를 고려할 수 없을지도 모르기 때문에 문제가 있을 수도 있다고 생각한다.

탐색협의회를 개최하는 또 다른 방법은 지역 개발 업무에 관여해 온 외부자들로 하여금 탐색협의회가 (문제해결을 위해) 매우 적절한 접근방식이라는 점을 지역의 이해당사자들에게 설득하도록 하는 것이다. 이러한 상황에서 지역의 행위자들은 탐색협의회가 무엇인지 이해하지 못할지도 모른다. 이때 외부 전문가들에게 주어진 과제는 지역 이해당사자들에게 탐색협의회에 대한 이해 자체를 촉진하게 할 뿐만 아니라, 이러한 과정이 지역의 참여자들을 잠재적으로 도울 수 있다는 점을 설득시키는 일이다. 하지만 그렇다고 하더라도 탐색협의회를 출범시키는 과정은 결국 상호 간에 존재하는 신뢰에 의존할 수밖에 없다. 왜냐하면 만약 탐색협의회를 경험한 적이 없거나 다른 사례를 통해 탐색의 긍정적인 효과를 직접 보지 못한 사람들에게 탐색협의회가 무엇인지 분명한 청사진을 보여 주는 것은 매우 어렵기 때문이다.

탐색협의회의 계획과 실행

탐색협의회의 의뢰

탐색협의회의 첫 번째 단계는 탐색협의회를 의뢰(commission)하려는 지역의 행위자들과 함께 작업하는 일이다. 여기에서의 논의는 여러 가지 측면에서 중요하다. 지역 이해당사자들의 동기를 유발하는 초동적 질문은 해당 그룹에 대한 가장 근본적인 질문이 아니거나, 생산적인 탐색협의회로 이어지기 어려운 방식으로 기술된 것일지도 모른다. 탐색은 공동생성적 학습의 한 형태이기 때문에, 모든 사람들이 탐색협의회의 과정이 무엇인지에 대해 명확한 아이디어를 가질 수 있도록 탐색협의회 개최를 의뢰한 사람들과 충분한 논의의 시간을 가져야만 한다.

탐색과정이 상호 학습 기회를 창출하는 데 목적이 있기 때문에, 탐색 활동의 촉진자는 초기에 선정된 문제의 초점에 대해 문제점을 지적해야만 하며, 반대로 현재 해당 문제를 바라보는 지역 차원에서의 관점(local definitions of the problem)에 의해서 (이러한 촉진자에 의한 문제 제기가) 동시에 비판받아야만 한다. 이러한 대화의 과정을 통하여 도출되는 상호 이해가 바로 탐색협의회를 계획하는 데 활용될 탐색 문제(주제)를 정의하는 토대를 이룬다. 탐색협의회에서 두 사람이 함께 공동촉진자(cofacilitators) 혹은 관리자로서 역할을 수행하는 것을 강력히 권장한다.

참여자 파악하기

다음 단계는 잠재적인 참여자를 파악하는(identify) 것이다. 탐색협의회를 위한 이상적인 참여자의 숫자는 20명에서 40명 정도이지만 70명의 참여자가 참여한 가운데 성공적으로 이루어진 경우도 있다. 수많은 그룹이 참여한 최근의 일부 연합 탐색협의회의 경우에는 아주 많은 참여자가 참여한 가운데 수행된 적도 있다(Robert Rich, 1998, 개인적-교신; Pelletier, Kraak, McCullum, Uusitalo, & Rich, 1999; Pelletier, McCullum, Kraak, & Asher, 2003; Peters, Hittleman, & Pelletier, 2005).

적합한 이해당사자들이 누구인지를 적절히 파악하는 일은 가장 핵심적이다. 이해당사자들은 탐색의 초점을 충분히 감안하여 파악되어야 한다. 탐구 문제에 대해 관심이 있거나, 정당한 이해관계를 가지고 있는 개인과 집단들을 찾아내기 위해 가능한 모든 노력을 기울여야 한다. 이 과정은 통상적으로 탐색협의회를 처음 의뢰한 집단의 관점으로부터 시작되는 복잡한 과정이다. 하지만 이 그룹이 해당 지역의 이해당사자들을 적절하고 충분히 대표하는 경우는 많지 않다. 탐색 촉진자는 참여자들의 선정과정에서 가능한 한 많은 적절한 이해당사자들의 이해가 대변될 수 있도록 적절히 관리해 나가야만 한다.

이 과정은 탐색협의회를 의뢰한 사람들과의 논의들을 통해 시작되지만, 적절한 참여자를 발견하고 초청하는 과정은 곧바로 네트워크 분석의 형태로 전환된다. 탐색협의회 의뢰 그룹(start-up group)에 의해 제공된 이름과 집단들로부터 시작하여, 새롭게 접촉한 잠재적인 참여자들에게 탐색협의회에 초청해야 하는 사람이나 집단들을 추천하도록 요청한다. 이러한 작업들이 계속되면서 일단 참여자의 초동적 선택이 이루어진다. 종종 참여자의 범위는 수용 가능한 균형이 이루어질 때까지 수차례 확장 · 축소된다.

참여자 초청하기

촉진자가 적합한 집단의 사람들을 참여자로 제대로 파악했다고 생각될 때 그리고 지역의 이해당사자들이 동의하는 경우, 참여자 초청(invitation)이 이루어진다. 필자들의 견해로 보면, 사실 참여자 초청을 위한 최선의 방법은 초청과 면담을 결합하는 것이다. 만약 초청이 촉진자에 의해서 이루어진다면, 촉진자는 면담을 통하여 참여자들과 그들의 배경 그리고 그들이 속한 조직의 맥락에 대한 보다 많은 정보를 획득할 수 있다. 이러한 정보는 촉진자로 하여금 효과적으로 탐색 작업을 할 수 있도록 도와준다. 면담은 촉진자에게 현지 사람들과 상황에 대한 적절한 이해를 제공하여, 촉진자가 탐색이 이루어지는 동안 탐색의 구조와 과정에 대해 이러한 획득된 지식에 기반한 결정을 할 수 있도록 도와준다. 동시에 이러한 초청을 위한 면담(invitational interview)은 참여자들에게 탐색협의회가 무엇인지에 대해 알려 주는 수단이라는 차원에서도 의미가 크다. 이는 잠재적인 참여자들에게 정보를 제공할 뿐만 아니라, 참여에 대한 동기를 유발하기도 한다. 때때로 여러 가지 제약 조건 때문에 이러한 과업이 준비 그룹(planning group)에게 위임될 때도 있다. 이 경우 최소한 참여자들은 그들을 아는 사람들에 의해 초청되어야 하며, 편안한 환경에서 탐색과정에 대한 질문을 할 기회를 가질 수 있도록 분위기를 조성할 필요가 있다. 다른 모든 상황에서와 마찬가지로, 촉진자와 참여자가 준비가 잘 되어 있을수록 탐색협의회가 성공할 가능성이 높아질 것이다.

행정적 지원

필자들은 여기서 탐색협의회를 위해 좋은 물리적 환경과 행정적 지원(logistical support)이 매우 중요하다는 점을 강조하는 것 외에, 이를 위한 물질적 지원(material support)을 하는 방식에 대해 자세히 설명하지 않을 것이다. 탐색협의회는 그 성공이 집단 학습의 효과성 여부에 달려 있기 때문에, 이를 개최하는 환경은 적어도 연찬회와 같은 형식을 가지고, 참여자들이 그들의 일상에서 잠시 벗어나 다른 참여자와 해결해야 하는 문제에 강하게 몰입할 수 있도록 하는 것이 좋다. 이러한 격리된 환경은 탐색이 진행되지 않는 동안에 참여자들이 서로를 알게 되는 기회를 제공하고, 또한 참여자들이 일상사와 일정한 거리를 두게 함으로써 탐색하는 문제들에 대한 집중적 성찰을 할 수 있는 좋은 기회를 제공해 준다.

모든 사람이 참여하는 전체 회의 토론을 위해서는 충분히 큰 공간을 가진 곳을 찾는 것이 중요하다. 전체 회의가 열릴 곳은 참여자들이 자유롭게 이동할 수 있을 정도로 충분히 넓을 필요가 있고, 사방의 벽들은 진행 중인 작업들을 보여 줄 수 있는 플립 차트들로 채워져 있어야 한다. 탐색협의회가 열리는 곳은 또한 소집단 작업이 가능한 공간이 충분히 확보되어 있어야 한다. 필요한 물건들을 모으고 보관하는 공간 또한 필요하다.

탐색협의회를 준비할 때 지역 참여자 집단과 긴밀한 협력을 하는 것은 가장 기본적인 전제 조건이라고 할 수 있다. 이것은 지역 구성원들을 탐색협의회에 초청하기 위한 좋은 토대가 되고, 또한 준비 그룹 멤버들이 공동촉진자로 활동할 수 있도록 할 수 있는 여건을 만들어 준다. 이는 또한 지역 주민들이 추후 스스로 탐색협의회를 수행할 수 있도록 훈련시키는 효과도 있다. 하지만 이것이 무엇보다 중요한 것은 탐색협의회의 설계와 관리에 대해 지역 주민들이 목소리를 낼 기회를 제공한다는 민주적인 의미를 가지기 때문이다.

탐색협의회의 각 단계

탐색협의회에 걸리는 시간은 융통성이 있긴 하지만 대부분의 과정은 2일 정도가 소요된다. 왜 이렇게 많은 시간이 필요한가 생각하는 사람들이 있다면 필자들은, 탐색은 집합적인 학습과정에 의존하고 이러한 과정들은 빠른 속도로 발생하지 않기 때문이라고 답하고 싶다. 보다 짧은 기간 동안의 탐색 활동은 자칫 단순한 미봉책의 발견이라는 덫에 빠지기 쉽고, 무엇보다 지속 가능한 학습과정을 창출하려는 탐색협의회의 기본적 목적들에 배치되게 된다.

탐색협의회는 참여자들이 다루게 될 문제에 대한 공유된 역사(shared history)를 논의하는 전체 회의를 시작으로, 뒤이어 이상적이고 가능한 미래에 대한 세션이 뒤따르게 된다. 이러한 세션들이 보통 1일차 프로그램을 구성한다. 2일차 탐색협의회는 실행 전략을 개발하는 것으로 시작하여, 태스크포스 팀들의 구성 그리고 다음 미팅을 계획하는 것으로 끝난다.

공유된 역사 만들기

탐색의 첫 번째 단계는 역사를 공유하는 작업이다. 이는 집단의 역사적 발전과정에 대해 하나의 통일된 이해가 반드시 존재해야 한다는 것을 말하는 것은 아니다. 그보다는 모든 참여자들이 다른 행위자들의 관점에서 가지고 있는 (해당 집단의) 역사에 대해 적절히 이해를 하고 있어야 한다는 점에 초점을 둔다. 핵심적 아이디어는 집단의 역사가 얼마나 다면적이고 이질적인지를 보여 주는 것이다. 이는 집단의 역사에 대한 참여자들의 모든 견해들을 경청한 후라면 대개 명확해 질 것이다. 탐색협의회에서 대부분의 집단들은 이미 공유하고 있는 어떤 역사를 가지고 있다. 하지만 탐색협의회 과정에서 만들어진 역사는 통상적으로 종종 간과되거나 또는 적극적으로 해당 지역 혹은 조직에서 억압되어 온 경험이나 관점들을 적극적으로 찾아내려 한다는 점에서 차이가 있다.

탐색협의회를 시작하는 하나의 공통된 방식은 집단에서 존경받는 구성원으로 하여금 일종의 거시적 관점에서 해당 조직에 대한 역사적 스케치를 하도록 하는 것이다. 그러고 나서 각 참여자 그룹에게 그들이 생각하는 관점에서 역사에 대해 논의하는 기회를 제공한다. 이러한 개별 그룹의 관점에서의 역사들은 전체 회의에서 통합된다. 이러한 작업은 전체 구성원들이 가진 다양한 입장들이 충분히 드러나면서도 하나의 총체적 역사로서의 실체를 개발할 수 있을 때까지 지속된다.

공유된 역사를 개발하는 또 다른 방식은 그림과 글쓰기의 창의적 활용에 기반을 두고 있다. 이때 본 회의가 열리는 공간에서 사방의 벽면은 참여자들이 글을 쓰거나 그림을 그릴 수 있는 종이로 덮여 있다. 이는 별개의 종이들을 일렬로 나열한 것일 수도 있고, 조각난 종이들을 이어 붙인 하나의 긴 종이일 수도 있다(Martin & Rich, 1994). 표면에는 매우 개략적인 연대표가 그려지게 되는데, 이는 왼쪽 시작 시점부터 시작하여 현 시점까지 계속 이어지는 방식으로 되어 있다. 참여자들은 자신들이 기여할 수 있는 곳에다 그림을 그리거나, 사건을 추가할 기회를 제공받는다. 이후 전체 그룹은 무엇인가를 추가한 각 참여자의 설명을 듣는다. 이러한 접근방식을 통해 참여자들은 (집단의) 역사에 대한 서로의 해석을 배우고 함께 만들어 나갈 수 있으며, 이러한 전체 과정은 구성원들이 함께 해당 조직의 새로운 공동생성적 역사를 만들 수 있도록 한다.

공유된 비전 만들기

이 단계에서의 탐색과정에서 일반적 목적은 바람직하고 실현 가능한 미래에 대한 공유된 입장을 창출하는 데 있다. 이것은 이상적인 미래와 예상되는 미래를 대조해 보는 것으로부터 시작된다. 이상적인 미래는 지역 공동체나 조직이 다음 10년 후에 어떤 모습이 되어야 할 것인지 그 지향점을 제시하고 있는 비전이다. 여기에서 핵심 문제는 참여자들이 그들의 관점을 드러내고 이상적인 미래가 무엇인지에 대해 그들이 가진 생각과 느낌을 공유하는 것이다. 다시 말하지만 이것은 집합적인 과정이며, 참여자들은 일종의 의견 일치를 이룰 수 있도록 소집단 활동과 전체 회의 세션들을 활용해 대화에 참여하게 된다. 이 과정을 통해 종종 나타나는 모습은 개인적인 해석과 실행 여지를 남겨 두는 공유된 비전(shared vision)에 대한 전반적인 동의라고 할 수 있다.

비록 완벽한 의견 일치는 필요하지도 않고 반드시 바람직한 것도 아니지만, 상호 이해와 동의는 납득할 수 있는 수준이어야만 한다. 탐색협의회는 공통된 이해와 목표에 대한 최소한의 의견 합치가 있는 경우에만 유용한 결과를 산출할 수 있다. Martin(1995)은 여기서 한발 더 나아가 이상적인 미래에 대해 구성원들 간에 커다란 의견 차이가 있을 경우 탐색협의회가 실천적인 결과를 만들어 낼 가능성은 매우 낮을 것이라고 주장하고 있다.

이상적인 미래를 정의하는 과정을 수행하는 하나의 방법은, 작지만 상대적으로 동질적인 집단들로 시작하여 각 집단에게 탐색 문제와 관련하여 도달해야 할 5~10가지 중요한 목표를 정해 보라고 요청하는 것이다. 그러면 각 집단은 전체 회의에서 자기들의 견해를 발표하고, 이러한 발표들은 모든 참여자들 간 토의를 위한 기초가 된다. 탐색 촉진자들은 반드시 전체 회의에서 토론이 참여자들이 동의할 수 있는 문제에 점차적으로 초점을 맞추어 나가도록 노력해야 한다. 이러한 잠정적 의견 합치(working consensus)는 매우 중요한데, 이는 추후에 구성될 실행팀들에게 준거점으로 작용하게 될 것이기 때문이다.

예상되는 미래도 같은 기법을 통해서 만들어진다. 집단들은 그들의 미래를 향상시키기 위해 조치를 취하지 않을 경우 어떤 일이 일어날지에 대해 자신들의 의견을 생각해서 말해 보도록 요청된다. 필자들의 경험을 보면 탐색과정에서 통상적으로 사람들이 미래에 대한 부정적인 견해를 명확히 제시하는 것은 보다 쉽게 이루어지는 경향이 있다. 종종 참여자들이 생각하는 최악의 상황과 (예상되는 미래가) 부합되는 경우가 많기 때문에 이것은 민감한 부문이라고 할 수 있다. 필자들은 내부 집단들이 스스로 이러한 우려들을 공개적으로 논의하는 기회를 가질 필요가 있다고 생각한다. 왜냐하면 그들이 생각하는 최악의 상황에 대한 우려들을 공식적으로 논의하는 것은 실제적 변화가 필요하다는 분위기를 형성하는 데 커다란 도움을 줄 것이기 때문이다.

일단 참여자들이 조직의 예상되는 미래를 파악하고 나면, 역사(과거와 현재에서의 조직의 위상)와 이상적인 미래를 대조시켜 볼 때 나타나는 괴리로 인해 종종 구성원들의 끓어오르던 에너지가 사라져 버리는 것처럼 보일 때가 있다. 하지만 이러한 현실에 대한 정확한 점검은 탐색과정의 자연스러운 일부분이며, 촉진자들이 (참여자들이 이를) 좀 더 쉽게 받아들일 수 있도록 수위 조절을 하는 것은 피해야만 한다. 실제 필자들은 각 참여자들이 (현재 필요한) 조치를 취하지 않는 것이 조직을 위해 무엇을 의미하는지 그 함의를 직접적으로 경험하게 만드는 것이 매우 중요하다고 믿는다. 이것은 (참여자로 하여금) 후속적으로 실행과정에 대한 헌신을 이끌어 낼 수 있는 바탕이 되기 때문이다. 이러한 측면을 강화하기 위해 통상적으로 이 시점에서 1일차 프로그램이 끝나고 참여자들은 자신들의 이상적 미래와 예상되는 미래들에 대해 반추하는 시간을 가지도록 한다. 물론 다른 방식의 끝맺음도 가능하다. 활용 가능한 시간, 문제의 종류 그리고 집단 내에서의 역동성은 종종 (탐색협의회 운영 시) 프로그램별 시간 운용에서의 일부 수정이 필요한 상황을 만들기도 한다.

실행 계획 도출하기

바람직한 목표와 적절한 조치를 취하지 않을 경우에 나타나는 결과에 대해 구성원들이 전반적인 이해를 한 상황에서, 다음 과업은 가치 있는 목표 달성을 지원해 주는 실행에 대한 아이디어와 실행 전략들을 개발하는 것이다. 이 과정은 참여자들의 창의적인 역량에 기초하게 된다. 따라서 참여자들의 창의적인 역량을 공개적으로 표출할 수 있도록 장려하는 것이 이 단계에서 매우 중요하다. 일상생활에서 대개 우리는 개인적으로 창의성을 발휘하도록 요구받아 본 경험이 별로 없다. 탐색협의회에서는 참여자들이 이러한 종류의 개인적 창의성을 발휘하도록 장려하는 데 많은 시간을 할당하게 된다. 필자들의 경험에 의하면 이는 결과적으로 좋은 투자가 된다.

이를 위해 특정한 규칙들을 반드시 준수해야 한다. 예컨대, 다른 사람들의 아이디어에 대한 비판은 허락되지 않는다. 참여자들은 서로에게 보다 명확한 설명을 요구할 수 있지만, 일단 모든 아이디어들은 고려할 가치가 있는 것으로 간주된다. 어느 누구도 일방적으로 시간을 독점하거나, 다른 사람이 말하는 것을 방해하도록 허용되지 않는다. 촉진자는 성별, 나이, 인종, 이데올로기 차이를 명확히 인지하고, 가능한 한 개방적으로 대화가 이루어질 수 있도록 노력해야 한다. 이 시점에서 창의성을 촉진시키는 하나의 좋은 수단은, 해당 지역 공동체나 조직에서 다른 경험을 가지고 있고 지위(position)도 다른 참여자들로 소집단을 구성하는 것이다. 구성원들은 실행 전략과 계획을 개발하고, 그 결과는 후속되는 전체 회의에서 발표된다. 전체 회의에서 참여자들은 (제안된 아이디어의) 명확화를 위해 자유롭게 질문은 할 수 있지만, 이를 비판하지는 말도록 권고된다.

대안들의 우선순위 정하기

만약 이러한 개인적 창의적 발휘과정이 제대로 수행되었다면, 이 단계에서 소집된 참여자들은 자신들이 선택해야하는 많은 실행을 위한 대안들을 만들어 놓은 상태에 있게 된다. 다시 말하지만, 이 모든 활동들은 이상적인 미래에 도달하기 위한 것이다. 대안 마련 단계에서 존중하였던 창의적 과정의 바로 그 속성 때문에 이러한 아이디어들은 이 단계에서 어떤 특별한 순서로 나열되어 있는 것은 아니다. 하지만 대규모 집단과 함께 작업해 나가기 위해서 이들 아이디어 간의 순서를 어떤 방식으로든 정해야만 한다. 필자들은 탐색협의회의 촉진자들이 이 과업을 담당해야 한다고 생각한다.

많은 탐색협의회에서 1일차 프로그램은 이 시점에서 종료하지만, 일부 다른 탐색협의회에서는 참여자들로 하여금 자신들이 가질 수 있는 우려되는 최악의 상황에 직면하게 하면서 일정을 마무리하기도 한다. 실행을 위한 대안들이 도출되었을 때 촉진자들은 밤 시간을 이용해 함께 범주화할 수 있는 실행 항목들의 묶음들을 만드는 작업을 할 수 있다. 이것은 (향후) 우선순위를 정하는 과정(prioritization process)에 대한 근거를 만드는 것이기 때문에 매우 중요한 과업이다. 이것은 촉진자들이 탐색과정에서 적용해야 하는 핵심적 기술 중의 하나이다. 촉진자들은 (1) 지역 문화를 이해하는 능력, (2) 제시된 서로 다른 대안들을 지적으로 구분할 수 있는 능력, (3) 유사점들을 이해할 수 있는 능력을 가져야만 한다. 비록 촉진자들의 종합적 정리(synthesis)가 최종적인 것은 아니지만, 이는 바로 다음 날 이루어질 대안들 간 우선순위 부여 과정에서 논의의 기초를 제공한다.

다음 날 일정은 실행 대안들의 구성 체계(organization of action items)에 대한 촉진자의 발표로 시작된다. (발표 내용에 대한) 명확화와 수정이 필요한 사항에 대한 질의가 있은 후에, 참여자의 견해들이 얼마나 다양한지를 어느 정도라도 이해하기 위한 개방적 전체 토론이 뒤따르게 된다. 만약 (이러한 과정을 통해) 공통적으로 합의할 수 있는 핵심적 문제들이 쉽게 도출된다면, 우선순위를 정하는 작업은 단순명료해질 것이다. 만약 전체 회의에서 명확하고 일치된 견해가 도출되지 않는다면, 참여자들을 소집단으로 나누어 이 문제에 대해서 다시 의논하게 할 필요가 있다. 예컨대, 각각의 집단에게 3~5가지의 가장 바람직한 실행 이슈들(action issues)을 개발하도록 하는 과업을 부여한다. 그 결과는 다시 전체 회의에서 발표되고, 전체 그룹은 이를 통해 공동 의사결정의 가능성이 도출되었는지를 살펴보게 된다.

자발적 실행팀 구성을 통한 구체적 혁신 활동의 시작

탐색협의회의 마지막 단계는 합의가 된 실행 이슈들을 실제로 수행할 책임을 맡게 될 실행팀(action teams)을 구성하는 일이다. 이것은 앞서의 우선순위 선정과정이 제대로 되었는지에 대한 일종의 엄격한 검증이라고도 할 수 있다. 여기서 참여자들은 핵심 실행 항목이 나열되어 있는 종이의 해당 항목에 신청 사인을 하면서 반대 의사를 표명한다. 통상적으로 참여자들에 의해 중요하다고 파악된 일부 문제들에 대해 아무도 신청 사인을 하지 않는 경우도 나온다. 비록 이 문제들에 대해 성찰하는 것은 의미 있는 일이기는 하지만 탐색협의회의 목적은 실행과 관련한 최선의 상태(이상향)에 도달하는 것이 아니다. 오히려 탐색협의회는 사람들이 문제를 해결하기 위해 도출한 구체적인 실행 행위에 대해 실제 어느 만큼까지 개인적으로 기꺼이 노력할 수 있는가라는 현실에 존재하는 상황적 한계를 염두에 두고 행해지는 활동이라고 보는 것이 타당하다. 실제로 해당 조직의 사람들이 가진 에너지나 (어려운) 문제를 해결하려는 열정과는 무관하게 (휘황찬란한 아이디어로 가득 찬 문서상으로만 존재하는) 계획들이 범람하고 있는 현실을 생각해 보면 이러한 상황이 충분히 이해될 수 있을 것이다.

탐색협의회를 마무리하기 위해 새롭게 구성된 실행팀들은 간략한 기획 세션을 가지게 된다. 각 그룹은 자신들의 과업의 첫 번째 부분으로서 실행 계획을 만들게 된다. 이러한 계획에는 (1) 해당 집단에게 부여된 목표에 대한 구체적 설명, (2) 후속 미팅 날짜를 포함한 상세한 작업 스케줄, (3) 해당 그룹의 임시적 미팅 소집자의 선정 등을 포괄적으로 담게 된다. 하나의 집단으로서 참여자들은 특정한 전체 차원의 후속 미팅들(specific general follow-up meetings)에도 또한 참석해야 한다. 이상적인 상황은 탐색협의회 자체를 포함하여 전체 변화과정이 1년간 지속되는 것이다. 2~3개월마다 열리는 일반적 후속 미팅들은 참여자들로 하여금 서로 다른 실행팀들의 성과들을 공유하도록 함으로써 프로젝트 발전과정을 지속적으로 모니터링하게 된다. 이것은 참여한 모든 사람들의 학습 기회를 증진시키는 결과로 이어지고, 또한 변화 노력에 대한 공동체적 소유감 형성과 통제 능력 창출에도 이바지할 수 있다.

필자들은 탐색협의회의 실제 수행방식들은 상당 부분 서로 다를 수 있다는 점을 다시 한번 강조하고 싶다. 각 단계별 소요 시간, 촉진자들과 참여자들의 수, 소집단의 구성방식, 토의 규칙에 대한 강조 정도 등은 (1) 촉진자들이 다르거나 또는 (2) 같은 촉진자라도 특정한 집단들의 역동성을 개발하는 과정 속에서 접근방식을 기술적으로 조절하기 때문에 사실 모두 다를 수밖에 없다. 즉, 탐색은 하나의 정형화된 기법(recipe)이 아니라 고도로 숙련된 기술이 요구되는 공동생성적인 실행연구 과정이라고 할 수 있다. 따라서 탐색협의회를 단순히 하나의 정형화된 기법 정도로 치부하는 유사한 노력들의 경우에는 참여로 오인되는 비효과적인 실행 내용과 절차들을 초래하게 되는 경우가 많은 것이다.

결론

탐색협의회는 실용적 실행연구 수행과정에서 활용될 수 있는 여러 가지 방법들 중 하나에 불과하지만, 탐색협의회에 대한 상세한 설명을 함으로써 필자들은 우리가 적용하는 접근방식의 핵심적 특징들을 강조하였다. 탐색협의회는 (1) 지역 이해당사자들과 점진적으로 발전해 나가는 다면적 대화, (2) 문제 초점의 점진적인 정치화(progressive refinement), 그리고 (3) 포용의 과정(process of inclusion)을 포함한다. 이러한 과정이 진전되면서 사유와 행동 간의 관계가 다면적 · 공동작업적 맥락에서 강조되는 보다 구조화된 공동생성적 특징을 가지는 학습의 장이 만들어지게 된다.

필자들의 접근방식에 대한 다른 측면들은 대부분 제4장에서 제8장까지에 소개되어 있다. 특정한 지역 공동체나 조직이 특정한 사회과학 연구기법들에 대한 필요를 공동으로 느낀다면, 사회과학 연구의 모든 방법들을 사용하는 것도 물론 가능하다. 양적 · 질적 연구방법, 혼합 연구방법, 다른 특정한 연구기법들[T그룹 기법(T-groups), 집단 역동성 개발 실습(group dynamics exercises), 시뮬레이션, 힘의 장 분석 기법(force field analyses),[1] 차이 분석표 활용 기법(variance matrix analysis), 참여적 설계 워크숍(participatory design workshops), 역할극(role playing), 시나리오 만들기(scripting), 이야기하기(narrating)]은 모두 효과적일 수 있다. 하지만 이러한 연구기법들은 (1) 집합적으로 정의된 목적의 맥락적 범위 내에서 적용될 때, 그리고 (2) 지역 참여자들이 이들 기법을 적용하고 또한 그 결과들을 비판적으로 분석할 수 있도록 도움이 제공되는 상황하에서만 효과적일 수 있다는 점을 명심해야 한다.

실용적 실행연구 전략의 핵심은 연구, 실행 그리고 실행연구의 민주주의적 목표의 결합을 존중하는 것과, 연구자와 참여자들 사이의 지속적 대화를 유지하는 것에 있다. 이런 점은 또한 이 책의 제3장에서 소개된 사례들에 대한 고찰에서 나타난 교훈 중의 하나이다. 필자들은 탐색협회의가 매우 강력하고 가치로운 연구기법이라고 생각하며, 또한 우리가 활용하는 다른 연구방법들도 특정한 맥락에서는 동등하게 효과적인 것일 수 있다고 생각한다. 하지만 필자들은 실용적 실행연구가 비록 효과적인 기법이라고 하더라도, 참여자의 일부가 조직의 다른 구성원 일부의 파멸을 초래하는 일에 몰두하는 갈등적 상황에서도 중재적 역할을 수행할 수 있을 것인지에 대해서는 회의적이다. 실용주의(pragmatism)만으로 권위주의에 대항해서 싸우기에는 충분하지 않다.

1) [역자 주] 힘의 장 분석 기법(force field analysis)은 1940년대에 Kurt Lewin에 의해 개발되었다. Lewin은 원래 사회심리학자로서 그의 연구에 이 기법을 사용하였다. 하지만 오늘날 이 기법은 기업체에서 주로 간부들 간 의사결정을 하는 훈련 상황에서 활용되기도 한다. 힘의 장 분석 기법의 저변에 깔려 있는 아이디어는 상황은 변화를 촉진하는 힘과 변화에 저항하는 힘 간의 평형 상태에 의해 유지된다는 것이다. 변화가 발생하려면 변화를 추동하는 힘은 강화되어야 하고, 변화에 저항하는 힘은 약화되어야만 한다는 것이다. 힘의 장 분석 기법은 바로 상충되는 힘들의 분석을 통해 조직 구성원이 여하히 변화를 성공적으로 만들어 낼 수 있는가를 도와주는 기법이라고 할 수 있다(출처: https://www.mindtools.com/pages/article/newTED_06.htm).

저자 주

1. 필자들은 '실용적(pragmatic)'이란 용어를 두 가지 방식으로 사용하고 있다. 필자들은 이를 이 책의 제2부에서 논의된 실용주의(pragmatism)와 신실용주의(neopragmatism)의 철학적인 전통을 지칭하는 것으로 사용한다. 하지만 우리는 제3장에서 논의된 '실제적(practical)' 혹은 '실제적으로 유용한(practically useful)'이라는 통상적 의미로서 '실용적'이라는 용어를 사용하려는 의도도 있다는 점을 밝혀 둔다.
2. 제3장에서 논의된 바 있음

제 10 장

권력과 사회개혁:
남부 PAR, 교육, 페미니즘 그리고 실행연구

복잡하고 다양한 분야를 개략적으로 넓은 범위에서 소개하는 것은 어쩔 수 없이 희화화[1]를 자초한다. 이것은 우리가 주로 권력(power), 사회개혁(social reform), 공동체 개발 및 억압에 맞서는 문제들에 초점을 맞추는 실행연구의 다양한 접근방법을 다룰 때 더욱 뚜렷이 나타난다. 페미니스트들, 해방신학론자, 노동 운동가, 지역 공동체 창시자, 비정부기구(NGO) 지도자, 정부 관료, 대학에 있는 소수의 전문적 사회과학자들 모두가 이 범주(rubric) 내에 위치하고 있다. 권력과 근본적인 사회개혁에 대한 관심으로 뭉친 이들은 접근방법상의 차이, 이념, 중점적 관심 주제에 따라 수많은 분파로 나누어진다. 어떤 사람들은 이들 접근방식이 가진 권력관계와 억압에 대한 지속적인 관심을 들어 '남부 참여적 실행연구(Southern Participatory Action Research: 이하 남부 PAR)'라는 하나의 범주로 분류하기도 하는데, 이것도 반드시 틀린 것은 아니다. 하지만 필자들은 이러한 접근방식들 사이에 존재하는 무시하지 못할 다양성과 사회개혁에 대한 매우 다른 이상적 설계들에 대한 통찰력을 잃지 않기

1) [역자 주] 어떤 사람이나 사물의 특징을 과장하여 우스꽝스럽게 묘사한 글

위해, 남부 PAR 내의 다양한 분파를 세부적으로 구분하고자 한다. 필자들은 이들 다양한 분파들을 소개하고, 또한 이들이 산출해 낸 선행연구들에 대한 기초적 소개를 위해 이러한 다양한 접근방법 모두를 다루기로 한다.

필자들은 또한 (1) 앞서 언급했던 현장 실천가들과 (2) 사회의 구조적 개혁에는 관심이 덜한 반면 사회적 학습(social learning)의 향상, 조직 설계 그리고 일반적인 개인 복지에 보다 많은 관심을 가진 실행연구자들 간에 존재하는 차이점을 드러내고자 한다. 실행연구 접근방식에 있어서 이러한 두 가지의 주요 경향들은 소수의 실행연구자들 간에서만 접점을 찾을 수 있는 심각한 상호 분리 상태에 이르게 만들었다. 양쪽 진영은 상대의 연구에 대해 무시하고, 실행연구에 관한 광범위한 이데올로기적 차이에 대해 서로를 인정하지 않는 경향을 보여 왔다. 극단적인 경우, 권력 문제에 초점을 두고 있는 실행연구자들(power-oriented action researchers)은 학계, 산업체, 공공분야와 지역 정부에서 일하는 실행연구자들을 권력 엘리트들에게 영합하여 자신들의 윤리(ethics)적 기준을 쉽게 망각하는 자들로 본다. 반대쪽 진영의 사람들은 종종 권력문제 지향적 실행연구자들을 자신들의 견해가 옳다고 지나치게 확신하면서 자신들의 주변적 지위를 명예의 증표로서 고집하기 때문에 영구적으로 주변적 위치에 머무를 수밖에 없는 권위주의적인 사람들이라고 생각한다.

다행히도 이러한 비타협적인 입장 차이는 실제로는 매우 드물지만, 그럼에도 불구하고 이들 두 개 광범위한 집단들의 연구 실행 관행들 간에는 커다란 이념적 그리고 방법론적 차이가 존재한다. 필자들은 실행연구를 수행하는 누구라도 그들 자신들의 관점에 따라 문제에 접근할 권리를 가지고 있다고 믿는다. 그러나 필자들은 양쪽 진영에 속한 사람들이 서로 배우려고 노력하고, 또한 서로 각자에게 솔직해질 수 있다면 보다 많은 것들을 얻을 수 있다고 생각한다. 이것은 결국 그들이 자신들의 실행연구 수행과정에서 주장했던 바로 그 핵심적 요체라고 할 수 있다. 즉, 스스로 타인의 지식을 연구 수행과정에서 존중하라고 주장하면서 관점에 차이가 있는 다른 실행연구자 그룹의 지식을 거부하는 것은 그 자체로서 일관성이 없는 일이다.

이 장에서 논의되고 있는 실행연구자들을 전반적으로 하나로 묶는 접점은 어떤 실행연구 프로젝트이든지 간에 반드시 다루어야 하는 핵심적 문제로서 '권력과 권력관계'를 보는 것이라고 할 수 있다. 일단의 실행연구자들은 가장 심각한 문제는 권력의 불균형으로부터 초래되며, 보다 공정하고 평등한 방식으로 권력관계들을 조정하지 못할 경우 진정한 사회적 변화는 불가능할 것이라고 본다. 이와는 대조적으로 반대 진영의 실행연구자들은 권력 차이가 현실적으로 존재한다는 것을 부인하지 않으면서도, 이러한 상황에서 삶의 질과 조직의 기능을 개선하기 위해 많은 일들이 행해질 수 있으며, 이러한 개선들이 또한 문제 상황으로부터 구속받은 사람들을 해방시키는 것임을 주장한다. 즉 선진 산업사회의 핵심적 제도(core institutions)에서 이러한 변화가 이루어지지 않고서는 참여와 민주화의 목표는 결코 달성되지 못할 것이라고 믿는다.

이 장에서 필자들은 남부 PAR,[주1] 성인교육(adult education) 그리고 현대 페미니즘에 대한 논의를 함께 진행한다. 왜냐하면 이들 접근방법이 많은 공통적 이슈들을 공유하고 있기 때문이다. 그러나 이들 접근방법은 동일하지도 않으며, 또한 상호 간 의견 충돌 없이 공존하고 있는 것도 아니다. 예를 들어, 몇몇 페미니스트들은 남부 PAR의 남성중심주의(androcentrism)에 대해 비판을 지속해 왔다(Maguire, 1996). 최근에는 브라질에서의 참여적 연구 운동(participatory research movement)의 핵심적 지도자이며 전 세계적으로 명망을 가지게 된 Paolo Freire의 저작들도 바로 이러한 남부의 전통(Southern tradition)을 가진 연구자 집단으로부터 혹독한 비판에 처해진 바 있다(Browers & Apffel-Marglin, 2004; 또한 이 책의 제11장 '교육 실행연구' 참조).

하지만 그럼에도 불구하고 필자들은 접근방법들의 통합적 고려가 유용하다고 생각한다. 왜냐하면 이들은 정치경제와 실천(political economy and praxis)의 분석을 중심으로 중요한 기본적 특징을 서로 많이 공유하고 있기 때문이다. 필자들은 현대 페미니즘이 특히 남부 PAR 그리고 보다 일반적으로는 실행연구에 대한 관심을 부활시킨 주요 원인이 되고 있다(Greenwood, 2004b)고 생각한다. 현대 사회과학에 대한 일관되고(concerted), 반규범적이며(anticanonical), 반실증주의적(antipositivist)인 페미니스트의 비판이 전반적으로 실행연구에 대한 논쟁들을 재점화시키는 단초를 제공했다고 생각한다. 페미니즘은 남부 PAR과 관련하여 정치(politics)라는 요소를 새롭게 논의의 초점으로 가져온 바 있고, 이러한 노력은 실행연구에 대한 전반적인 관심을 재고하게 되는 계기로 작용했다.

실행연구를 페미니스트들의 노력에 기생하는 것으로 간주하고 동시에 실행연구에 대한 논의를 (의미의) 전용(轉用, appropriation), 혹은 더 나쁘게는 오염(co-optation)이라고 보는 몇몇 페미니스트들의 입장에서 보면 이것이 결코 좋은 소식만은 아니라는 점을 필자들은 첨언하고 싶다. 이러한 반응은 다음의 두 가지 이유로 이해가 가능하다. 첫째로, 페미니즘이 시달려 왔던 (관련 분야에서의) 용어의 편의적 채택과 의미의 오염(general co-optation)이다(Messer-Davidow, 2002). 또한 페미니스트들은 실행연구자들이 다양한 문제점들과 씨름하면서, 출처를 제대로 알지 못하거나 혹은 인정하지 않은 채 페미니즘으로부터 도출된 생각들과 논의 주제들을 발표할 때 자주 불만스러움을 느낀다. 문제를 더 복잡하게 만드는 것은 일부 남부 PAR 실행연구자들은 페미니즘을 주로 '북부 지역' 백인 여성의 운동으로 간주한다는 점이다. 페미니스트들은 이러한 일부 실행연구자들의 생각이 빈곤층 사람들의 연대(solidarity)를 필수적으로 요청하는 사회적 변혁의 의미를 오염시키거나(co-opts) 약화시키는 결과를 초래한다고 비판한다.

실행연구에서의 정치학(politics) 혹은 페미니즘 입장에서의 논쟁 그 어느 것도 민주적인 사회변화라는 공통된 목표를 추구하는 실행연구자들의 주된 관심의 이반을 초래하지는 못했다. 필자들은 양쪽 그룹들이 다른 종류의 실행연구자들의 연구방법과 실행방식들을 지속적으로 접하면서 상호 간에 이익을 얻을 수 있다고 믿는다. 그리고 대부분의 부유한 국가들에서 정치 구조는 매우 보수적이라는 점을 감안할 때, 정의, 공정, 형평성에 대해 관심이 있는 중요한 변화 촉진자(change agents) 그룹들은 모두 실행연구자들의 적이라기보다는 협조가가 될 수 있으며, 이러한 견지에서 서로 다른 실행연구 분파 상호 간의 싸움에 열중하는 것은 사실상 모두 함께 퇴보하는 길이라고 아니할 수 없다.

참여적 연구와 남부 PAR

필자들은 계급 투쟁 모형이라는 틀 속에서, 불평등에 대한 비판과 해방을 실천하는 방식으로 존재하게 된 일련의 접근방식들인 참여적 연구(participatory research)와 참여적 실행연구(participatory action research)에 대한 분석으로 논의를 시작하고자 한다. 비록 불평등에 관한 문제점과 갈등이 부유한 국가에서도 존재하기는 하지만, 이러한 접근방식들은 빈곤한 국가들에서 두드러지게 나타나고 있다.

여기서 언급되는 저자들(writers)과 학파들이 정합성 있는 깔끔한 조합을 구성하는 것은 아니다. 참여적 연구와 참여적 실행연구의 접근방법은 권력, 사회적 계층화 그리고 빈곤 등을 바라보는 관점에서 매우 이질적이지만, 조직 구조의 개발과 합리화(rationalization)란 측면에서 기존의 관습적이고 주류적인 접근방식과는 근본적으로 의견을 달리한다. 이들 모두는 권력관계를 정치적 또는 경제적으로 예리하게 분석하는 데 기반을 두며, 중요한 사회변화는 권력이 바뀌거나 불평등이 감소될 경우에만 일어난다고 단언하고 있다. 이 두 가지 접근방법을 사용하는 실천가는 지속적인 사회변화를 만드는 데 있어서 단순히 관계를 개선한다거나 혹은 갈등을 중재하는 것만으로는 충분하지 않다고 생각한다.

전문용어(terminology)에 대해서는 여기서 다루기 쉽지 않다. '남부(Southern)'는 지리적 준거점(geographical referents)이라기보다는 보다 분명한 도덕적 내용(moral content)을 가지고 있는 애매모호한 용어이다. 'South'란 용어를 사용하면서 이 실천가들의 집단은 (자신들의 접근방법이) 세상에 있는 가난한 사람들과 억압받는 사람들(그들이 어디에 있든지 간에)을 위한 것이라는 점을 상징화하여 제시한다. [여기서 북부(North)와 남부(South)는 지리적 위치를 의미하는 것이 아니라 가진 자(the haves)와 가지지 못한 자(the have nots)를 지칭하는 것이다. 예컨대, 다음의 용례와 같이 쓰이기도 한다. 즉, 북부 지역에는 상당한 숫자의 가지지 못한 자들이 있다; 이 책의 제2장 참조]. 또한 참여적 실행연구(participatory action research)와 참여적 연구(participatory research)와 관련해 용어 사용의 문제점이 존재하기도 한다. 어떤 사람들에게는 두 용어가 달리 쓰이지만 다른 사람들에게 이 두 가지 용어는 동일한 일반적 유형의 연구에 대해 부여된 서로 다른 이름일 뿐이다. 또 다른 사람들에게는 북부 지역에서 '참여적 실행연구'로 지칭되는 연구 수행방식들과 구별하기 위해서 자신들의 연구 접근방식에 '남부(Southern)'라는 용어를 덧붙이는 것이 일반적이다. 비록 필자들은 안타까운 일이라고 생각하지만, 이들 중 많은 사람들은 북부 지역에서 참여적 실행연구라고 지칭된 연구들은 권력 소유자들에게 포섭(co-opted)되었거나 어용적인 것으로 비판하는 입장을 가지고 있다.[주2] 필자들은 이 장에서 '남부(Southern)'라는 형용사(adjective)를 고수해 오고 있는데, 이것은 주로 이러한 접근방식들에 명시적으로 내재된 정치적 의도들을 강조하는 것과 함께 이러한 정치적 의제(political agendas)에 대한 필자들의 존중을 나타내려는 것임을 밝혀 둔다.

해방으로서의 민주화

산업화된 국가들에서의 많은 사상가들에게 민주화는 자율 결정적 정치과정에 보다 다양한 그룹들을 포함시켜 나가는 지속적인 과정이다(표준적 자유주의 관점). 그러나 북반구의 개발도상국과 다른 많은 빈곤 국가들은 억압받는 민족들의 해방을 민주화의 필수불가결한 요소로 보고 있다. 이러한 사상가이자 실천가들(thinker-actors)은 가난을 단순한 참여의 부족, 불충분한 교육 그리고 부적절한 인프라의 결과로 보기보다는, 가난을 부유하고 힘 있는 국내외적 엘리트들에 의한 수많은 억압이 체계적으로 나타난 결과로 간주한다. 세상에 관한 이러한 견해는 불공평과 불평등이 쉽게 사라지지 않을 것이라는 신념에 기초한다. 왜냐하면 개혁을 실현하려는 좋은 의도를 가진 외부자들이 오긴 하지만, 그러한 개혁 내용을 결정하는 권력을 가진 사람들은 단순히 자신들에게 유리한 방향으로 결정을 하는 경향이 있기 때문이다.

남부 실행연구자들의 관점에서 보자면 이들이 빈곤 국가나 지역에서 만들어 낼 수 있는 주변적 변화가능성에도 불구하고 국제적 개발 프로젝트는 의미 있는 사회변화의 방법이 아니다. 가난과 억압에 대한 진정한 해법은 권력과 돈의 분배방식에서의 근본적인 변화인 것이다. 이러한 날카롭고 흔들리지 않는 정치 문제에 대한 관심은 남부 PAR 접근방식의 특징이며, 또한 이를 급진적인 페미니즘에 밀접하게 연계시키고 있다.

이러한 접근방식들은 계급 간 갈등, 생산방식들의 역할(role of modes of production), 노동의 상품화 그리고 국제 자본주의의 약탈 행위 등을 강조하는 네오마르크스주의(neo-Marxism)의 다양한 관점들에 의존하고 있다. 또 이러한 관점들은 라틴 아메리카와 아프리카의 대부분의 국가, 일부 아시아 국가, 대부분의 부유한 자본주의 국가들 내부에 존재하는 극단적으로 가난한 지역들의 빈곤을 설명하고 유지시키는 데 있어 중요한 요소들이라고 할 수 있다.

이러한 견해에 따른 논리적인 결과로서, 남부 PAR 접근방법들은 통상적으로 부의 분배와 이에 따른 저소득층의 위험 노출 가능성에 대한 연구로 시작한다. 개별 사례에서 제공되는 구체적인 분석이 다른 증거를 제시하지 않는다면, 현재 존재하는 공공기관들은 신뢰하지 않으며 일반적으로 정의롭지 못한 질서를 보호하는 장치로 간주된다. 문제시되는 공공기관과 제도들에는 초 · 중등학교와 대학, 교회, 정부와 정부기관들 그리고 다수의 정부가 관여하는 국제 개발 프로그램과 사업 등이 포함된다. 따라서 이러한 접근방식의 연구는 먼저 빈곤과 억압의 조건들에 대한 외부적으로 촉발된 문제 분석에서부터 시작하여, 지역적 배경을 고려한 구체적 개입 조치들의 설계에 이르는 방식으로 진행된다.

이러한 지역에서의 개입 조치들은 종종 (항상 그런 것은 아니지만) 외부 전문가들이 문제 인식을 고취하고 이에 대한 토론과정에서 촉매자 역할을 하는 가운데 지역 참여자들의 관심과 참여를 확대해 나가는 노력으로부터 시작된다. 때때로 이는 이러한 단계를 이미 시작한 내부자들(insiders)에 대해 외부자(outsider)가 와서 지원하는 형태를 취하기도 한다. 다른 경우에는 외부자가 와서 변화를 촉발하고 조직해 나가는 의제를 제시하기도 한다.

이 작업은 외부자로 하여금 현재의 지역 상황을 초래한 원인에 대해 분석하도록 하고, 그 결과는 지역 주민들이 자신들이 가진 문제점을 스스로 분석할 수 있도록 하는 기회 제공과 욕구 창출을 위해 다시 환류된다. 이 분석으로부터 실행 계획들이 도출된다. 일부 상황에서 남부 PAR은 지역 빈곤과 억압을 초래하는 조건들에 대한 논의와 분석을 중심으로 하는 성인교육 혹은 문해 프로그램의 형태를 취하기도 한다. 이 외에도 비정부 기구들(NGOs), 교회 그리고 수많은 서로 다른 지역 행위자들과 함께 일하는 것을 포함해서 취할 수 있는 다양한 경로들이 존재한다.

표준적인 혁명적 실천 혹은 전통적인 노동 조직화 전술에서와는 달리, 남부 PAR은 지역 주민들의 지식, 문제에 대한 분석 그리고 노력을 가치롭게 생각한다. 남부 PAR 실천가들은 지역주민들의 현실과 현실개선을 위한 그들의 노력을 통해 얻을 수 있는 지역 주민들의 역량 향상과 주민들의 문화에 내포되어 있는 통합성과 복원력을 존중하는 접근방식을 취한다. 그들의 전제는 당면한 상황에 대한 지역적 지식이 믿을 만하며 상세하고 가치롭다는 것이다. 이러한 지역적 지식은 곧 '지역 주민'들을 위해 무엇이 좋은 것인지 안다고 확신하는 많은 외부 전문가들이 흔히 무시하는 것이라고 할 수 있다. 남부 PAR 프로세스는 먼저 지역 주민들이 자신들이 처한 상황을 논의하고 분석할 수 있도록 이들을 한 자리에 모으는 도전 과제들로부터 시작된다. 이러한 과정에서부터 연구와 사회변화를 위한 의제가 출현하는데, 이는 외부자와 지역 주민들 간의 공동노력으로 생성된 산물이다.

지역적 지식에 초점을 두는 것은 남부 PAR에 필수적 요소라고 할 수 있다. 이 접근방식에서 지역적 지식이 때때로 비현실적인 것으로 취급될 때도 있기는 하지만, 근원적인 목표는 이러한 접근방식을 통해 그러한 지식의 가치에 대한 존중심을 촉진하고, 또한 외부 전문가들과 지역 주민들 간에 협동적 노력을 할 수 있도록 하여 관계를 평등하게 만드는 데 있다. 지식이 지역적이라는 것과 열성적인 개인적 경험들로부터 만들어진다는 사실은 그러한 지식을 존중할 수 있도록 하고, 외부자들로 하여금 지역적 지식이 말하는 것을 귀담아 듣고 그러한 지식이 제공하는 것들에 근거해서 무엇인가를 시도하도록 만든다. 다시 말해 지역적 지식에 대한 이러한 접근방식은 (이제까지) 일반적으로 무시되어 온 가난하고 억압된 자들이 가진 지적 능력과 분석 역량이 가지는 공로를 인정하는 것이다. 따라서 이 접근방식에서는 필연적으로 그들이 처한 가난을 그들 자신의 무지와 게으름이 아닌 억압이라는 견지에서 설명하게 되는 것이다. 이러한 관점에서 이 접근방식은 이 책에서 논의되고 있는 다른 많은 실행연구 접근방식들과 긴밀한 관련성을 가지고 있고, 세상에 존재하는 모든 사람들은 그들이 살고 있는 세상에 대해 복잡하고 잘 조직된 이해를 가지고 있다는 전통적인 인류학적 전제와도 부합되는 것이라고 할 수 있다.

이러한 지역적 지식과 외부 연구자와 지역 주민들의 지식 간의 상호작용을 기반으로 하여, 양자 모두의 견해를 변화시킬 수 있는 공동생성적 대화(cogenerative dialogue)가 시작된다. 외부자의 관점은 필연적으로 추상적이며, 종종 지역에서의 실행에 있어서 수많은 구체적인 장애 요소들과 맞부딪히거나 이 과정에서 오류를 범하기도 한다. 내부자의 관점은 때때로 너무 구체적이어서(그리고 경우에 따라서는 지역 활동가들에 의해 균질화되어), 새로운 조치의 여지를 남겨 두지 않은 채 당면한 가난에 대한 단순한 기술적 설명만을 제공하는 것처럼 보이는 경우도 있다. 이 두 가지 관점들 간의 대화는 실제적 개입들이 가능한 공유된 의미에서의 소통의 장을 창출할 수 있다.

이 시점에 도달했을 때, 분석은 종종 연구에 초점 두기(focus on research)로 전환된다. 외부 연구자와 지역 주민들은 당면한 문제들에 대한 일정한 준거 틀을 공유하고, 당면한 문제들을 해결하기 위해 자신들이 가진 자원들을 평가하고 동원한다. (빈곤화에 의해 촉발 · 유지되는) 주민들의 무지(ignorance)는 압제적인 시스템이 유지되는 데 있어 가장 강력한 기제 중 하나이기 때문에, 이 단계에서는 종종 지역 주민들이 특정한 연구방법들을 습득할 수 있도록 훈련시키는 것과 그들이 자신들의 문제의 근원들을 함께 조사할 수 있는 스스로의 능력에 자신감을 가질 수 있도록 도와주는 것이 필요하다. 그들은 종종 강력한 기업적 · 정치적 이해관계가 원하는 것들에 반대되는 자신들의 요구를 지지하는 증거를 수집, 분석, 발표해야만 한다. 연구는 이러한 투쟁과정에서의 하나의 무기이며, 때로는 은밀히 실행되어야 할 만큼 매우 위험한 것이기도 하다.

연구 훈련은 맥락으로부터 결코 추상화될 수 없다. 예를 들어 성인교육의 맥락에서 훈련은 사람들이 당면한 구체적이고 즉시적인 문제에 초점을 맞추게 되는데, 때때로 지역주민들을 대상으로 한 문해력 훈련(literacy training)은 문제 해결에 초점을 둔 (연구)훈련 과정에서 하나의 요소가 된다. 한편, 다른 상황에서 지역 주민들은 자신들이 처한 조건을 기록하기 위해 녹음기와 비디오를 사용함으로써 사회과학 연구자들이 된다. 형식이 무엇인지와는 상관없이, 이러한 상황이 주는 메시지는 같다. 지역 주민들은 지적이고, 자신들이 처한 상황을 합리적으로 분석할 능력이 있으며, 자신들이 처한 상황을 개선하는 것을 목표로 하는 연구를 수행할 수 있다는 것이다. 그리고 그들은 자신들이 처한 상황을 보다 나은 상황으로 변화시킬 수 있는 원초적 권리를 가지고 있다. 연구는 그들에게 자신들의 투쟁과정에서 활용할 수 있는 새로운 수단을 제공한다.

이러한 과정 전반에 걸쳐 외부 실행연구자는 선동자, 과정 관리자, 아직까지 충분히 관여되지 않은 그룹들의 대변자, 연구방법에 대한 훈련자 그리고 여러 활동들의 연대기적 기록자로서의 종합적 역할을 수행한다. 이것은 많은 내재된 갈등들을 포함하는 복잡하고 고도의 역량을 요하는 일이다. 자신의 의지에 따라 자유롭게 이동할 수 있는 부와 교육 수준을 가진 사람으로서, 이러한 인사들은 필연적으로 지역적 경험이 일반적으로 부정적이고 억압적인 것이라고 생각하는 외부자들의 유형을 대표하는 사람들로 간주된다. 심지어 이러한 인식상의 장애물이 어느 정도 극복된다 하더라도, (지역적 상황에 대한 정보의 은닉과 결합된) 교육받은 외부자들에 대한 복종적 행위, 외부자들에 대한 적대감, 지역적 문제해결 능력에 대한 자신감의 결여, 새로운 연합체들(new coalitions)에 의해 위협받는 지역 권력 배분 구조, 인종차별 등과 같은 해결해야 하는 행동적 측면에서의 문제점들이 여전히 존재한다.

해당 과정의 연대기적 기록자로서 외부자는 절차가 어떻게 개념화되고, 어떻게 대외적으로 발표되는지에 대해 종종 과도하게 영향을 미치는 위치에 있는 경우가 많다. 누구의 입장을 어떻게 대변할 것인가의 문제들은 이러한 맥락에서 특히 신경이 쓰이는 부분이다. 만약 내부자가 억압적인 시스템을 바꾸려고 시도를 하다가 위험에 처하게 되는 경우라면, 외부자는 권력 당국에 의해 문제를 일으키는 사람, 혁명가, 심지어 테러리스트로 보여질 수도 있다. 때문에 그러한 과정은 복잡하고, 순탄치 않으며, 경우에 따라 매우 위험하기까지 하다.

여러 가지 어려움들에도 불구하고 이러한 방식으로 수행되어 왔던 많은 노력들이 있다. 그중 가장 중요하고 잘 알려진 실천가 중 한 명이 Orlando Fals Borda이다. 한 사람의 지식인으로서 그리고 민주화와 사회 정의 측면에서의 학자로서 자신의 소임에 기초하여, Fals Borda는 대학을 떠나 직접적인 실천을 위해 라틴 아메리카의 시골 마을로 이주했다. 그는 자신의 성찰 내용과 자신과 자신의 동료가 관여했던 많은 프로젝트들에 대한 공식적 기록을 제공한 바 있다(Fals Borda & Rahman, 1991; Hall, Gillette, & Tandon, 1982; Park, Brydon-Miller, Hall, & Jackson, 1993). 그는 자신의 저작물들을 통해 실행에 대한 이론과 바람직한 효과를 거두었던 일련의 사례들을 문서화하고 있을 뿐만 아니라, 또한 자신의 견해와 경험들을 라틴 아메리카, 아시아, 아프리카에서 활동하는 다른 실천가들의 견해와 경험들에 후속적으로 연계시키려고 노력해 왔다. 그 결과, Fals Borda를 통해서 사람들은 가난한 사람들의 삶에 적용될 수 있는 해방지향적 PAR(liberation-oriented PAR)의 실천에 대한 견해를 이해할 수 있게 되었다.

이러한 이슈들에 대해 일반적 독자들을 대상으로 효과적 저작 활동을 해 왔던 다른 실천가로는 L. David Brown and Rajesh Tandon(1993)이 있다. 그들은 전통적인 연구, 참여연구, 참여적 실행연구(PAR) 간에 존재하는 차별성을 명확히 하려고 시도하였으며, 이러한 분석은 전 세계의 가난과 억압 상황에 대한 자신들의 친숙함에 기초하고 있다. Hall, Gillette and Tandon(1982), Freire(1970), Park, Brydon-Miller, Hall and Jackson(1993), Gabarron and Hernández(1994) 등은 모두 이와 관련된 의미 있는 저작들이라고 할 수 있다.

북부 실행연구에서 나타난 남부 접근방식의 포섭과 의미의 왜곡

독자는 북부와 남부의 전문가들 사이에 존재하는 불편한 관계에 대해 인지할 필요가 있다. 최근 북부 지역에서 다시 실행연구가 급속하게 확산되고 있는 것은, 많은 남부 활동가들로 하여금 자신들이 당초 추구했던 민주적 시도들이 북부 연구자들에 의해 그 의미가 퇴색되고, 애매하게 변질되어 본래의 관점들을 오염시킬 것이라는 우려를 낳게 했다. 사실 이것은 괜한 걱정이 아니다. 우리 모두는 압제적 세력들에 의해, 본래 좌파적 비판과 접근방식들이었던 것들이 다른 접근 방식에 포섭되거나 의미의 오염이 일어나는 것을 목격해 왔다(예를 들면, 참여적 개발, 지속적 개발, 인권, 페미니즘과 같은 모든 것들이 포섭과 길들이기 노력에 의해 무자비하게 변질되어 왔다).

예를 들어, 산업화된 국가의 민간 부문에서는 전사적 품질 관리(total quality management)라는 목표를 달성하기 위해 직원들을 해당 사업에 보다 충분히 참여시키는 방법을 사용하고 있다. 이것은 종종 참여의 확대로 간주되는데, 최근에 일부 전통적 조직 개발 컨설턴트들은 그들의 작업을 '참여적 실행연구'라고 부르기 시작했다. 대부분의 경우에 참여란 노동자와 다른 하위직급 구성원들이 보다 크고 확대된 책임을 지는 반면, 의사결정에 대해서는 아주 작은 혹은 전혀 전과 다르지 않은 통제권만을 획득하는 상황을 의미한다. 이러한 상황하에서 참여와 실행연구의 의미를 언급하는 것은, 이러한 조치들이 해당 조직을 민주화하거나 또는 사회 정의를 확대하려는 목적에 기초한 것이 아니기 때문에 진실된 것이라고 볼 수 없다. 남부 실천가들과의 상호작용을 통해 우리 북부 지역 실천가들이 얻을 수 있었던 가장 큰 편익 중 하나는 우리에게 이러한 포섭과 오염의 과정에 대한 경계심을 심어 주었다는 점이다.

남부 관점에 대한 가치를 인정함에도 불구하고, 필자들은 북부의 작업은 의미가 오염되었고, 남부의 작업은 그러한 우려로부터 해방된 것이라는 도식으로 이 문제를 보는 관점을 받아들일 수는 없다. 우리가 스스로 북부의 모든 실행연구는 반드시 포섭될 수밖에 없다고 믿는다면, 우리는 아마 실행연구 전문가들이 될 수 없을 것이기 때문이다. 필자들의 경험에 따르면, 산업화된 사회의 핵심적 분야들에서 수행된 실행연구도 참여와 민주화 문제를 남부에서와 같이 진지하게 다룰 수 있다. 이러한 경우에 취해진 전략들은 지역 참여자들의 문해력과 빈곤의 정도 등에 따라 달라지고, 제기된 문제들에 대해서도 서로 다른 방식(예컨대, 특정 이슈나 그룹의 옹호, 대중의 관심 증대, 새로운 목적을 위해 기존의 기관 혹은 제도의 활용 등)으로 초점 영역이 정해지며, 결과는 급진적인 변화보다는 대개 개선지향적이 된다. 하지만 사회변화들은 여기서도 실제로 나타나고, 권력관계와 억압에 대한 분석들은 (남부의 그 것과) 다르지 않다. 설령 노동자가 나름 괜찮은 수준의 삶을 영위하고 있다고 하더라도 부유한 경영자들 집단에 의해 통제를 받고 있다면 이는 여전히 억압받는 것이라고 할 수 있다. 단순히 세계 어디서나 더욱 가난한 사람들이 있다는 논리로, 상대적으로 덜 억압받는 사람들의 권리를 무시하거나 부인하는 것은 필자들의 입장에서는 무감각한 것이라고 볼 수밖에 없다.

물론 남부에서의 억압적 상황은 많은 사례에서 극단적으로 부정적인 경우가 많다. 심각한 정부의 부패라는 상황 속에서 나타나는 가난, 압제 그리고 죽음, 지역사회를 억압하기 위한 군대의 이용, 저렴한 노동력을 지속적으로 확보하기 위한 국내외 자본의 이해관계, 여전히 진행 중인 식민주의, 문맹 그리고 기아 등은 북부의 문제들을 덜 심각하게 보이게 만든다. 하지만 북부의 인종차별 피해자, 노숙자, 마약중독자, 학대 피해자, 문맹자 등도 남부에서 억압받고 있는 사람들과 같이 똑같이 억압받고 있다. 즉, 북부에서 억압받고 있는 사람들은, 예컨대 (1) 참여를 작업 속도의 향상, 인력 감축, 노동조합 파괴의 수단으로 생각하고, 기업의 자원을 경영진에 대한 엄청난 보상이나 정치 시스템을 혼탁하게 만드는 데 은밀하게 사용하는 경영진 밑에서 일하는 남부의 노동자, 그리고 (2) 보다 손쉽게 관리·감독이 가능한 저임금 노동자로 언제든지 교체될 수 있는 남부의 중간관리자들과 같이 똑같이 억압받고 있다. 억압은 억압이며, 남부와 북부 어느 곳에서나 발견되고 있다.

교육 전략

사람들이 실행연구의 실천에 입문하게 되는 가장 중요하고 빈번한 경로들 중 하나는 다양한 적용 맥락을 가진 교육 분야[주3]를 통해서 이루어진다. 여기서 필자들이 사용할 용어인 '교육'은 초등학교에서 중등학교, 대학교와 대학원 과정을 포함하는 공식적 학교 시스템에 대한 개혁으로부터 나타나는 모든 것을 지칭하는 것으로 한다. 이것은 또한 성인교육, 기술적·사회적 변화로부터 구조 조정된 사람들에 대한 재교육이나 훈련, 혹은 급격한 변화를 겪고 있는 분야에서 최신의 기술을 습득하기 위한 기술 교육을 모두 포함한다. 필자들이 이러한 설명을 하는 과정에서 종종 마주하게 되는 조직적 문제는, 광범위한 교육 분야에서 많은 접근방식이 적용되고 있는데도 그중 일부만이 권력과 사회변화 문제를 다룬다는 것이다.

교육분야는 매우 다채로운 방식으로 분류될 수 있다. 하나의 방법은 다루어지는 교육 영역에 따라 초등, 중등, 고등, 성인교육, 비공식 교육 그리고 계속 교육(continuing education) 등으로 나누는 방법이다. 다른 방법은 교육의 다양한 기능을 중심으로 분류하는 것이다. 교육은 이미 알려진 지식의 전승과 사회적 제도의 보존을 포함하는 보수적인 임무를 가진다고 생각되어 왔다. 하지만 교육은 제도와 기존의 사고방식을 보존함과 동시에 기존 제도에 대한 비판과 새로운 사고의 개발을 촉진하는 기능을 담당하기도 한다. 후자의 경우에, 교육은 사회적 통합과 이동을 포함하는 것으로 보인다. 마지막으로, 교육에 관한 또 다른 접근방식은 교육을 사회적 제도를 변화시키고 주요한 삶의 경로에서의 변혁을 일으킬 수 있는 극히 개혁지향적인 방법으로 간주하기도 한다.

20세기 대부분의 기간 동안, 공식 · 비공식적인 교육적 노력은 실행연구자들을 위한 활동의 중심적 영역으로 자리매김해 왔다. 따라서 교육 분야의 역사는 많은 지역에서 실행연구의 역사와 교차되어 있다. 미국 공공교육 시스템의 아버지로 생각되는 John Dewey는 교육지향적인 실행연구에서 중요한 인물 중 하나이다. 학교와 사회, 교육과 민주화, 자기주도적 탐구에 의한 학습 형태와 해방(being free) 간의 관계에 대한 그의 생각은, 사회변화를 추동하는 데 있어서 교육 시스템의 잠재력을 다시 한 번 강하게 상기시켜 준다.

비록 Dewey가 학교를 통해 장기적이고 일관된 민주화를 달성하려고 했던 노력은 의미 있는 사회변화라는 차원에서는 사실 큰 성과를 거두지는 못했지만(Westbrook, 1991 참조), Dewey의 많은 아이디어는 사회변화를 원하는 실천가들에게 커다란 반향을 불러일으켰다. 예를 들어, 노동조합 조직자들이 자신들을 교육자라고 생각하고 행동하는데 영향을 미치기도 하였으며, 이는 미국에서 빈곤층의 삶을 개선하는 데 관심을 가진 많은 사회개혁가들에게도 마찬가지였다(예컨대, Alinsky, 1946; Chávez, 1975; Horton, 1990).

이러한 다양한 교육적 실천과 의제들은 당연히 다양한 종류의 실행연구 접근방식들을 발생시켰다. 이들 중 일부 접근방식들, 예컨대 교실기반 연구, 교사 개발, 그리고 전통적인 지역사회 협력 업무(extension work) 등은 여전히 사회적으로 보수적인 수준에 머무르고 있다. 이와 달리 문해력과 인종과 성 민감성, 자기존중감 증진 기술의 계발 그리고 상호 지원적인 학습공동체의 형성과 같은 접근방식들은 보다 사회변화 지향적인 것이라고 할 수 있다. 마지막으로 일부 교육적 접근법들은 개혁 지향성이 강하고 때로는 급진적이기까지 하다. 이러한 방식들에는 Freire(1970)의 의식화 운동(conscientization), 하이랜더 센터(Highlander Center)에서 제공되는 방식으로서의 성인교육, 노동조합 연구 모임, Fals Borda에 의해 수행된 작업과 유사한 프로젝트 기반 활동 등이 포함된다. 이 장에서 필자들은 교육에 대한 개혁가와 사회변화 지향적 접근방식들에 대해서만 다룰 것이다(다른 접근방식들은 이 책의 제11장 '교육 실행연구'에서 논의될 것이다).

사회변화의 물결이 성쇠를 거듭하면서 교육 개혁 노력에 있어서도 많은 부침이 있었다. 노동 운동은 광범위한 종류의 교육 프로그램을 만들어 냈다. 대공황의 여파로 인해 지역사회 개발과 교육 분야에서의 새로운 시도들이 이루어졌다. 시민인권 시대(civil right era)도 마찬가지의 영향을 주었다. 1968년 사건은 학교 현장뿐만 아니라 학교의 경계를 넘어 다양한 교육적 시도들을 초래하게 되었다(Readings, 1996). 사회적 변혁을 목표로 하는 모든 주요한 시도들은 수동적인 대상으로 취급되어 온 사람들이 적극적인 주체로 탈바꿈할 수 있도록 도와주는 일련의 교육적 변화와 함께 이루어졌다.

이러한 교육 활동들은 국제적으로 광범위하게 분포되어 있다. 남부 PAR이 민주화를 위한 유일한 수단으로서 교육에 집중적 관심을 두었던 상황은 남부의 실행연구가 성인교육에 커다란 관심을 부여한 배경과 맥을 같이한다. 따라서 성인교육과 남부에서의 실행연구 사이에 명확한 구획선을 긋는 것은 어려운 일이며, 심지어는 인위적이기도 하다. 전 세계적으로 답보 상태에 머무르고 있는 빈곤계층의 문제에 직면하면서, 남부 실천가들은 많은 경우 전세계적으로 만연한 빈곤 문제가 부유한 강대국들의 활동에 의해 창출된 것이라는 점을 강조하며 강력한 성인 해방 교육에 초점을 둔 활동을 전개했다. 대부분 빈곤국의 성인들은 제대로 교육을 받지 못하였고 사회변화 이니셔티브에서 적극적인 역할을 할 준비도 되어 있지 못했기 때문에, 이러한 접근방식은 합리적이었다. 많은 실행연구 전문가들은 시작 단계에서 아동교육에 먼저 초점을 맞추기보다는, 사회적 변화를 위한 투쟁이라는 과업을 필연적으로 맡게 될 성인들의 기술, 역량, 자아 성찰 그리고 자신감 개발에 자원을 집중하는 것이 보다 효과적이라고 생각했다.

이러한 역사적 출발점을 존중하면서 필자들은 가난한 국가와 산업화된 국가의 빈곤 지역에서 이루어진 성인교육에 대한 다양한 문헌들에 관심을 집중하기로 한다. 필자들은 성인교육의 한 형태로서의 노동의 조직화(labor organizing), 노동조합 교육, 공공학교 시스템을 벗어난 성인교육 학교들 그리고 실행연구에서 교육기관의 잠재적 역할 등을 포함한 수많은 교육에 기초한 이니셔티브들을 검토한다. 이러한 논의는 필연적으로 일련의 상이한 연구방법, 이념, 실행방식에 대한 다양한 설명들의 조합을 지칭할 수밖에 없게 될 것이지만, 그것이 바로 이 분야의 정확한 모습이라고 할 수 있다. 이러한 다양성은 오랜 기간 동안 교육 전략(educational strategies)을 특징지어 온 역동적인 에너지의 중요한 부분을 구성하고 있다. 다만 필자들은 Michelle Fine(1992)의 연구와 같이 북부 진영에서 이루어진 교육기관들에서의 다양한 실행연구 이니셔티브들이 이러한 접근방식을 살펴보는 과정에서 가볍게 언급된 채 지나가고 있다는 점을 함께 지적하고 넘어가고자 한다.

민중 고등학교(FOLK HIGH SCHOOLS):[2)] 민중 교육(POPULAR EDUCATION)[3)]의 기원

하나의 독립된 분야로서 성인교육이 신학자 Grundtvig(1783~1872)의 활동과 함께 유래되었다고 믿을 수 있는 합당한 이유가 있다. 그는 성경의 과학적 분석에 관

---

2) [역자 주] 민중 고등학교(Folk High Schools)의 창시자로 간주되는 Grundtvig는 영국의 기숙학교로부터 영감을 얻었다. 하지만 그의 초점은 공식적 교육이 아닌 민중 교육에 있었다. 그의 생각은 소작농과 사회 하층민들에게 개인적 계발을 통해 높은 수준의 교육을 제공한다는 것이었는데, Grundtvig는 이를 '실생활의 세계(living word)'라고 불렀다. 민중 고등학교는 시간이 지남에 따라 자연스럽게 변천(일부는 매우 급진적으로 변화)되어 왔긴 하지만, Grundtvig의 많은 민중 고등학교에 대한 핵심적 생각들은 오늘날의 운영방식에서도 여전히 발견된다. 오늘날의 민중 고등학교에서도 여전히 발견되는 핵심적 개념 중의 하나는 '평생 교육(lifelong learning)'이다. 이 학교들은 평생을 통해 교육시키는 것을 강조한다. 이 학교들은 개인 그리고 사회의 구성원으로서 민중의 삶을 둘러싼 기본적 질문에 해결의 실마리를 던져주어야 한다(출처: en.wikipedia.org/wiki/Folk_high_school).

3) [역자 주] 민중 교육(popular education)은 계급, 정치적 투쟁, 사회 변혁 등의 개념에 근거한 개념이다. 이 용어는 우리가 흔히 보는 영어의 용례(예컨대, 인기 있는 TV 프로그램, popular television program)와는 달리 스페인어 'educacion popular' 또는 포르투갈어 'educacao popular'의 번역에서 유래했으며, 여기서

하여 신학 연구기관들과 열띤 논쟁을 시작했다. 그의 요점은 성서는 신도들의 매일의 삶을 통해 일반 사람들에 의해 이해되어야만 한다는 것이었다. 결국 이러한 갈등으로부터 역사, 신학 그리고 문화적 유산에 대한 학습을 기반으로 한 통합적이고 맥락지향적인 지식 체계를 강조하는 민중 교육(popular education) 제도를 형성하기 위한 의식적 노력이 출현하게 되었다(Nørgaard, 1935). 최초의 '민중' 고등학교("folk" high school)는 1851년에 설립되었고, 이들 학교는 곧 전쟁이 할퀴고 간 덴마크에서 중요한 사회적 · 정치적 관심을 받게 되었다. 이러한 민중 교육 운동은 먼저 다른 스칸디나비아 반도 국가에 퍼져 나갔고, 그 영향력은 이후 다른 국가로 퍼져 나갔다. Myles Horton에 의해 설립된 테네시(Tennessee)주 뉴마켓(New Market)에 있는 하이랜더 민중학교(Highlander Folk School)는 이러한 당초의 민중 고등학교 개념에 커다란 영향을 받았다. 스칸디나비아 지역에서 발생한 민중 고등학교 운동은 여전히 활성화되어 많은 학생들을 끌어들이고 있다.

노동조합 교육

교육은 다음의 두 가지 측면에서 노동조합의 발전에 필수적이다. 교육은 노조원들이 해당 회사 수준에서 유능한 활동가가 되는 데(예컨대, 교섭과 협상 상황에 임할 때) 매우 중요한 것으로 여겨진다. 교육의 또 다른 주된 목적은 정치적 의식의 수준을 고양시키는 것이다. 노동조합의 정치적 투쟁의 초기 단계에서부터 현재까지 교육적 노력은 중요한 것으로 받아들여진다. 노동조합은 구성원이 근무하는 회사와 보다 상위의 정치적 무대에서 숙련된 활동가가 되도록 훈련시키는 것을 노조의 중요한 역량 중 하나로 간주했다. 북유럽의 사회 민주주의 운동에서 이러한 광범한 교육 전략은 그 중요성이 커졌고, 유럽 지역 정치학의 핵심 요소임이 증명되었다. 일례로 제2차 세계대전 이후 노르웨이의 '이튼(Eaton) 스쿨'(정치 분야 및 기업 리더들이 주로 진학하는 엘리트 학교)은 Sørmarka였는데, 이는 노르웨이의 노동조합 국

의 의미는 '민중'을 말한다. 일반적으로 민중 교육은 성격상 계급에 기반하며, 일방향적 전수를 흔히 지칭하는 전통적 교육의 개념을 거부한다. 민중 교육은 교육자와 피교육자 간의 변증법적 모형을 강조하는데, 이러한 모형은 최초의 민중 교육자 중 하나인 Paulo Freire의 저작들에서 매우 상세하게 탐색되고 있다(출처: en.wikipedia.org/wiki/Popular_education).

가 교육시설(trade union national education facility)이었다. (조금 과장해서 말하자면) Sørmarka를 다니지 않은 국무총리나 각료들은 거의 없었으며, 대표적으로, 1930년대에 작고한 총리인 Einar Gerhardsen(1932)을 들 수 있다. 그는『노동조합 직원이 되기까지(Becoming a Union Official)』란 책을 저술하기도 했으며, 이 책은 현재도 사용되고 있다.

노동조합 교육(trade union education) 활동은 작업 현장과 전체 기업 내에서의 노동조합 문제들을 다루기 위한 실용적인 훈련을 포함하며, 노동조합 이념을 보급하는 것을 항상 중요한 부분으로 생각한다. 이러한 상황에서 해방과 자기개발을 위한 교육이 특정한 노동조합 이념을 가르치는 목적에 의해 이루어지는 모순되는 장면을 초래하기도 한다.

노동조합의 교수 활동을 위한 개념적 기초는 특정한 지역적 경험들에 기반하여 실용적으로 개발되어 왔다. 지식이 힘이라는 생각에 기초하여 노동조합 교육은 일상적으로 발생하는 실제 문제들을 해결하는 데 중점을 둠으로써, 전통적인 교육에서 제공되는 단순하고 자명한 진술의 습득이라는 범위를 넘어선다. 독일의 사회학자 Oscar Negt(1977)는 노동조합 교육을 위한 개념적 기초를 만들었다. 그의 저작에 대한 덴마크어 번역본의 서문에서 역자들은 다음과 같은 언급을 하고 있다.

> Negt의 주요 관심사는 노동 계급에게 학습과정을 통해 집합적 (의식적 및 무의식적) 경험을 창출하고, 정치적 방향성을 제시할 수 있는 가능성을 부여하는 것이다. 생산과정에서의 일상적인 경험과 사회적 관계에 대한 정보(토론, 자료, 분석 등을 통한 학습과정을 지원할 수 있는 정보)를 통해 사회적 상상력을 훈련시키는 것을 출발점으로 삼는 것이 중요하다. 이는 개별 노동자가 개인의 삶과 사회 발전 간의 관계를 이해할 수 있도록 하는 사고방식을 가르치는 것을 의미한다(p. 7).

필자들의 논의 목적상, 여기서 우리는 이러한 논의의 토대(platform)를 노동조합 교육에 대한 개념적 지주(conceptual underpinnings)를 사후적으로 종합한 것으로 받아들일 수 있다. 이는 명확하고 명시적인 이념적 토대를 실제적 교육 시스템과 통합한 것으로 이러한 점에서 남부 PAR와 많은 공통점을 가지고 있다.

민중 교육

성인교육, 사회적 변화 노력, 노동조합 방식의 의식화 교육 그리고 다른 개혁방안들 간의 경계는 쉽게 구분되지 않는다. 이 분야의 실천가들은 오랫동안 서로를 알고 있었고, 때로는 함께 일해 왔다. Myles Horton과 하이랜더 센터는 이를 보여 주는 좋은 예라고 할 수 있다.

민중 교육자 Myles Horton은 미국 남부의 평범한 가정에서 태어났다. 그는 타고난 재능과 후천적 추진력을 통해 대학을 졸업했지만 결코 자신의 출신을 잊지 않았다. 따라서 민주적 사회변화를 촉진하기 위해 교육을 활용하기로 결심했다. 덴마크의 민중 학교 운동에 대해 학습한 후, Horton은 지역 주민들이 사회변화를 위해 자발적으로 만나고, 성찰하고, 학습하고, 조직하는 기회를 제공할 수 있도록 테네시 산맥에 교육과 사회변화를 위한 기관인 하이랜더 센터를 설립하기로 결심했다. 하이랜더 센터는 지난 수십 년간 연방기관들의 공격을 받기도 하고, 원래의 위치에서 폐쇄되기도 하는 등 많은 어려움을 겪어 왔지만 지금도 여전히 운영되고 있다. 이 센터는 미국 남부 시민권 운동의 핵심적 파트너였으며, 특정한 광업 회사가 노동자에게 행한 유해한 행위들 중 많은 부분을 개선하도록 한 지역사회 기반의 종합적인 실행연구 프로젝트를 촉진시켰고, 오랜 기간 동안 사회변화의 촉진자로서의 통찰력을 제공하는 원천이 되어 왔다.

Myles Horton은 무정부주의, 노동조합 동원, 시민 불복종 그리고 실행연구를 포함한 다양한 분야의 실천지향적 사회개혁 분야에서 잘 알려져 있다. 그러한 과정에 대해 그가 가진 관점은 전제적인 것과는 거리가 먼 것이었다. Horton은 사람들이 자신들을 위해 생각할 수 있는 지원적 환경과 기회가 주어졌을 때 스스로를 조직하기 때문에 자신이 직접 사람들을 '조직'할 수 없다고(그리고 조직하지 않을 것이라고) 주장했다. 이러한 신념 때문에 Horton은 하이랜더 센터를 주로 리더십에 의존하는 변화 접근방식으로부터는 거리를 두게 했다. 그는 지역 주민들의 경험과 실행을 위한 역량을 높이 평가하고, 오랜 기간 동안 지역 개혁 촉진자들의 용기를 북돋울 수 있는 방식으로서 자신감을 심어주는 것과 동시에 이들이 상호 소통할 수 있도록 만들기 위해 노력했다.

하이랜더 센터의 이야기는 Horton의 전기(Horton, 1990)와 Paolo Freire가 Horton

이 죽기 직전에 함께 완성한 저서(Horton & Freire, 1990)에 잘 설명되어 있다. 하이랜더 센터는 현재도 활발하게 활동하고 있으며 성인교육과 실행연구를 촉진시키는 중심적 역할을 담당하고 있다.

불평등과 발전에 대한 페미니스트적 분석

지난 10여 년 사이에 걸쳐 필자들이 가르쳤던 경험을 돌이켜 보면, 우리가 실행연구에 대한 기본적 관점들을 제시하고 나면 학생들은 페미니즘과 실행연구 사이의 관계에 대해 묻는 경우가 많았다. 학생들은 페미니스트의 견해들이 실행연구에서 발견되는 많은 동일한 문제들을 다루고 있음을 정확하게 인지하고 있었다. 예컨대, 실증주의에 대한 비판, 권력관계에 대한 분석, '표출되지 못한(silenced)' 지식에 대한 존중, 규범적 지위들에 대한 비판(critique of canonical positions) 그리고 혁신적 실천에 대한 집중적 관심 등이 그것이다. 학생들은 또한 실행연구가 페미니즘에 대한 본래의 관점들을 충분히 이해하지 않고 충분한 설명이나 개혁적 의도 없이 페미니즘의 분석들을 포섭하여 그 의미를 왜곡하고 있다는 우려의 목소리를 표출하였다. 이러한 우려는 우리의 관심을 끌 만한 가치가 있다. 페미니스트와 실행연구자들 사이의 의미 있는 협동 없이는, 양쪽 진영 모두에게 밝은 미래를 장담할 수 없다.

페미니즘과 실행연구는 서로 경쟁하는 분석 틀이 아니다. 실행연구와 페미니즘은 민주주의와 사회 정의에 대한 윤리적 · 정치적 헌신을 본질적으로 공유하고 있다. 실행연구는 이론이 아니라, 공동연구자들에게 도움이 될 것이라고 생각되는 어떤 그리고 모든 수단을 사용하는 실천지향적 전략이라는 것을 염두에 두는 것이 필요하다. 여러 차례 언급한 것처럼, 필자들은 실행연구를 구체적 상황적 조건하에서 참여, 실행, 연구라는 요소들을 연계시키는 다양한 분석 기법들과 기술들의 실용적 조합으로 생각한다. 필자들은 소수에 한정된 보다 정통적이라고 생각되는 일부 수단에 천착하지 않으며, 불평등과 억압이라는 도전 과제에 대처하기 위한 보다 다양한 접근방식이 필요하다고 본다.

동일한 맥락에서 실행연구는 페미니즘을 길들이려고 하거나, 과격하지는 않지만 피상적인 것에 불과한 통합의 움직임을 시도해서도 안 된다고 생각한다. 필자들은 통합을 통한 전문적 영역의 확장이라는 정치학에 별로 관심이 없다. 필자들은 어떻게 하면 더 나은 세상을 만들 수 있는가를 찾아내는 데 관심이 있을 뿐이다. 실행연구는 과거에 그러했듯이 페미니즘이 제시하고 있는 성별에 따른 억압에 대한 심오하고 상세한 분석, 그리고 성 해방(gender liberation)을 위한 노력으로부터 배워 나감으로써 지속적으로 성장해 나가야 한다. 페미니즘의 핵심적 요소를 구성해 왔던 실증주의, 본질주의, 억압, 이론과 실천의 괴리에 대한 비판은 실행연구에서도 본질적 부분이라고 할 수 있다.

대부분의 페미니스트들은 억압을 일상적 상태로서 생각하고, 그들의 실천 전략은 현재의 상황이 좀 더 나은 해방된 조건으로 변화되어야만 한다는 신념에 기반하여 만들어진다. 페미니스트는 오랜 세월 동안 그들이 주장하는 이슈에 대해 사회적 인정을 얻고자, 그리고 여성의 권리가 일상적으로 짓밟히는 것과 인간에게 태생적으로 본연의 성별이 부여된다는 생각(essentialized gendering)[4] 또한 억압의 한 형태라는 것을 전 세계의 다수 사람들에게 설득하기 위해 투쟁해 왔다. 페미니스트들은 (단순히 더 나은 사람이 되어야 한다는 등의 입에 발린 대화의 수준이 아니라) 민주적 사회변화가 이러한 사회악들을 치유하는 데 반드시 필요하다고 단언한다.

필자들의 관점에서 볼 때, 페미니스트들은 지난 20여 년 동안 전통적인 사회과학과 사회복지 프로그램에 내재화된 권위주의적인 패러다임을 약화시키기 위해 그 누구보다도 많은 역할을 해 왔다. 이 공헌들에 대한 훌륭한 검토 작업은 Iris Young(1990)의 『정의와 다름의 정치학(Justice and the Politics of Difference)』에서 발견된다. Young은 억압을 복지국가, 분배적 정의 패러다임 그리고 실증주의 사회과학과 설득력 있게 연계시키고 있다. 그의 논리는 페미니즘 고유의 논지에 많이 의존하고 있기는 하지만, 실행연구에 대해 전통적인 사회과학 연구가 견지하고 있는 이념적인 억압을 극복하기 위한 투쟁 상황에도 직접적으로 적용 가능하다고 생각된다.

---

4) [역자 주] '성 본질주의(gender essentialism)'는 남성과 여성에게 고정된, 본질적이고 타고난 속성이 무엇인지를 검증하는 데 사용되는 개념이다. 이 이론에서는 생물학적 성별(sex)과는 달리 남성과 여성의 행동에서 관찰된 차이의 근원을 이루는 특정한 보편적이고 타고난 생물학적 또는 심리학적인 특성에 기반한 성별(gender)이 존재한다고 본다. 성 본질주의에 대한 대안적 견해는 20세기 중반에 제안되었다. 제2차 페미니즘 운동(second-wave feminism) 과정에서 1960년대와 1970년대의 Simone de Beauvoir와 다른 페미니스트들은 성별에 의한 차이는 사회적으로 구성되는 것이라는 이론을 제시한 바 있다(출처: en.wikipedia.org/wiki/Gender_essentialism).

'특정한 지향이 없는 가치중립적 연구'에 대한 페미니스트들의 비판은, 소위 가치중립적 연구가 일반적으로는 특정한 성 지향성을 내재화하는 데 기여해 왔다는 것을 자신들의 연구를 통하여 지속적으로 보여 주었기 때문에 커다란 영향력을 가진다고 볼 수 있다(Fox Keller, 1985; Lather, 1991). 이러한 페미니스트들의 주장은 가치중립적인 연구가 공평하고 과학적이라는 이데올로기의 가면을 쓴 채 모든 유형의 압제적 사회 제도들을 대변해 왔다는 보편적인 견해들과 별로 다르지 않으며, 이는 곧 실행연구의 본질적 요소이기도 하다.

페미니스트적 접근방식은 또한 다양성의 가치를 강조한다. 여성이 과소 대표되는 조건들에 초점에 맞추어, 페미니스트들은 대부분의 사회 이론과 정책에서 잠재되어 있는 백인, 남성, 중산층 중심적 경향을 폭로했다. 그들은 이러한 주장을 가난한 국가들에서 적용했던 것과 마찬가지로, 산업화된 국가들에도 매우 효과적으로 적용해 나갔다(Sims Feldstein & Poats, 1990).

네오마르크스주의와 페미니즘은 또한 실제 생산과정들에 초점을 둔다는 점에서 유용한 접점을 발견할 수 있다. 페미니스트들은 사회의 생산 기제에서 여성이 중심적 역할을 수행하고 있지만 제대로 보상받지 못하고 있다는 사실을 드러내기 위해 열심히 노력해 왔고, 이는 선진 자본주의와 그에 부수되는 승자지향적 이데올로기들을 비판하는 데 효과적으로 기여했다(Swantz, 1985).

억압과 소외를 일상적으로 다루고 있는 페미니스트들은 사회의 밑바닥에서부터 보는 관점, 소외된 집단의 목소리를 경청하는 것 그리고 이러한 목소리를 논의의 주제로 가져오는 것에 전념해 왔다(Mies, 1990). 여기서 삶의 역사와 지역적 지식을 크게 강조하는 페미니스트의 분석과 실행연구 사이에 공통된 부분이 나타나는 것은 너무나 당연하다. 양자 모두 많은 사람들의 소외를 극복하려고 하는데, 전자는 성별에 근거한 소외, 후자는 계층에 근거한 소외의 극복에 초점을 두고 있다.

가난한 국가들에서 (산업화된 국가들에서도 마찬가지지만), 페미니스트들은 환경보호, 복지 서비스, 개발 프로그램들과 같은 문제에 대해 강력한 행위자 지향적인 접근방식(actor-oriented approach)을 취해 왔다. 어떤 분야이든지 간에 이들이 내거는 주된 슬로건은 성에 따른 차별에 반드시 관심을 두는 연구(gender-responsible research)이다(van den Hombergh, 1993). 그들은 사람들이 성별에 대해 체계적인 관심을 기울이지 않는다면 일반적인 사건들의 전개과정에서 여성들에 대한 관점이 무시될 것이라는 점을 설득력 있게 지적해 왔다. 페미니스트의 이러한 주장과, 지역적 지식의 가치에 대한 인정 없이는 해당 지식은 폐기될 것이고, 동일한 맥락에서 억압이 지속될 수밖에 없다는 실천적 경험에 기초하여 지역적 지식을 강조하는 실행연구 사이에는 명백한 공통 분모가 존재한다.

따라서 필자들은 페미니즘과 실행연구 사이의 관계는 상호 보완적인 것이라고 생각한다. 당연한 말이겠지만, 필자들은 양 진영 모두 서로 혜택을 보고 있다고 본다. 권력의 핵심부에 대한 페미니스트들의 맹공이 없었다면, 우리가 실행연구자로서 현재 차지하고 있는 나름의 공간들을 확보할 수는 없었을 것이라고 생각한다. 동시에 다양한 실행연구 접근방식으로 개발되어 온 많은 실행 기법에 관심을 기울임으로써 실행연구 분야에서 페미니스트 관점에 따른 실천방식의 향상을 가져올 여지가 적지 않다. 페미니스트들은 종종 실행연구에 관여하지만, 이제까지 두 가지 관점들을 체계적으로 연계시키려는 시도들은 손에 꼽을 정도로 드물었다. 이러한 시도들 중에서 필자들은 주요한 이론가들의 핵심 저작 몇 가지를 단단히 언급하도록 한다.

『참여적 연구 수행하기: 페미니스트 접근법(Doing Participatory Research: A Feminist Approach)』이란 책에서, Patricia Maguire(1987)는 페미니스트 의제, 참여적 연구 실행 그리고 자신의 활동에 대한 개인적 경험의 측면이 어떻게 조합되고 있는지를 명확히 설명하고 있다. 이 책에서 저자는 페미니즘과 참여로부터 제기되는 이슈들을 활용하지만 해결하려고 하는 사회적 문제에 대한 초점을 단호하게 유지함으로써 다른 어떤 책보다 페미니즘, 참여 그리고 사회적 실천에 대해 효과적으로 다루고 있다. 후속 저작들에서 Maguire(1994, 1996)는 페미니스트 관점들의 체계적인 통합이 없는 참여적 연구의 개념은 말도 안 된다고 주장하면서 많은 실행연구의 접근방식에 대한 자신의 비판을 확장해 나갔다. 그러한 주장이 제대로 발전된 상태가 아니었음에도 불구하고, 그녀는 또한 페미니스트 연구가 그 범위를 확장하기 위해서는 실행연구의 영역으로 이동해 가야 한다고 믿었다. 따라서 Maguire는 두 가지 접근방식들과 이슈들이 서로 긍정적인 측면에서 도움을 줄 수 있으며, 이들 두 가지 전통적 접근방식 간의 상호 협력의 필요성을 주장했다.

다른 많은 학자들은 다양한 수준과 방식으로 페미니즘과 실행연구의 연계를 요청하기도 한다. Patti Lather(1991)는 『현명해지기: 포스트모던 시대에서의 페미니스트 연구와 교육학(Getting Smart: Feminist Research and Pedagogy with/in the Postmodern)』이란 책에서 페미니즘의 주된 공헌은 실증주의에 대한 비판, 모든 형태의 탐구는 가치지향적(value laden)이라는 점을 보여 준 점, 비판적인 사회과학의 가능성을 열어 준 점, '권한 이양'의 정치 체제를 강력히 요구한 점 그리고 포스트모더니즘의 도전에 맞서 역량을 발휘한 점 등이라고 주장한다. 그녀의 이러한 야심찬 관점들의 결합은 실천지향적 사회과학(activist social science)이라는 수단을 통해, 후기 실증주의(postpositivism), 후기 구조주의(poststructuralism), 포스트모더니즘(postmodernism) 사이에 존재하는 딜레마를 극복하는 데 기여했다. 그녀는 실천지향적 연구(activist research)를 연구의 가장 핵심적 요소로 생각했으며 또한 실행연구자들에게 풍부한 분석적 수단과 통찰력을 제공하고 있다.

한편, 또 다른 페미니스트 사상가들은 다양한 방식으로 페미니즘과 실행연구 간의 조합을 주장한다. Joyappa and Martin(1996)은 미국 성인교육에 대한 장애물들을 제거하기 위해 페미니스트 연구와 참여적 연구의 조합 필요성을 주장했으며, Reinharz(1992)는 자신이 '페미니스트 실행연구(feminist action research)'라고 칭하는 행동주의(activism)와 학문적 활동을 연계한 새로운 접근방식의 가능성을 탐색하고 있다. 사회변화에 대한 몰두와 헌신이라는 요소 없이는 페미니스트 관점을 가질 수 없다는 사실은 이러한 실천적 행동가들을 서로 연계시키고, 또한 보다 일반적인 수준에서 이들을 실행연구와 연계시키는 접점이라고 볼 수 있다.

Michelle Fine(1992)은 『파괴적인 목소리(Disruptive Voices)』에서 페미니즘, 다양한 조직적 체계들에서의 조직에 대한 개입, 사회적 행동주의(social activism)를 연계시킨다. 그녀가 제시하고 있는 수많은 사례들은 페미니스트 연구를 사회적 변화를 목적으로 하는 공동생성적 탐구(cogenerative inquiry)라는 지향점으로 정향시키고 있다.

훨씬 더 많은 페미니스트 사상가들이 언급될 만한 가치가 있긴 하지만(예컨대 Belenky, Clinchy, Goldberger & Tarule, 1997; Gilligan, 1982), 필자들은 이제까지 설명한 것으로 이미 보다 폭넓은 논의의 가능성을 열어 놓기에는 충분하다고 생각한다. 역으로 이러한 피상적 검토는 페미니스트 연구자들과 실행연구에 대한 다른 많은 접근방식들 간에 보다 빈번하고 세밀한 의사소통의 필요성을 제시하는 것이라고 할 수 있다. 필자들이 생각하기에 실행연구는 페미니스트의 관점 없이는 가능하지 않으며, 이 두 가지 분석의 틀은 많은 공통된 의제를 가지고 있다고 생각한다. 이에 대한 반대급부로 실행연구자들은 페미니스트들에게, 공동탐구 과정 및 여타 연구 분야에서 산업 민주주의 운동에서 개발된 다양한 개입 기법과 집단적 연구를 진행하는 절차와 방법들에 대한 폭넓은 이해를 제공해 줄 수 있다. 이러한 기법들은 행동주의에 기반한 페미니스트들의 노력과정에서 사회변화라는 목표를 달성하기 위해 집단으로 협동하여 작업하는 과정에서 좋은 기법들을 활용하도록 도와줄 수 있을 것이다.

결론

권력과 해방과 관련된 이슈에 대해 훨씬 더 많은 접근방식들이 언급될 수도 있다. 필자들의 의도는 단지 이러한 관점들이 서로 생산적으로 연계될 수 있고 또한 연계되어야 한다는 점에 대해 독자들을 충분히 설득시킬 수 있는가라는 것과, 남부 PAR과 페미니즘의 관점들에 대해 약간의 개관을 제공함으로써 이와 관련한 우리의 주장을 구체화하는 것에 있다. 필자들은 또한 북부에도 빈곤한 지역이 있고, 남부 PAR의 관점에 따른 실행연구 접근방법들이 남부에서 타당했던 것처럼 북부의 다른 조건하에서도 타당하다는 것을 독자에게 설득하려고 했다. 남부의 관점들은 북부의 실행연구자들에게 참여를 표상하는 언어가 오히려 진정한 참여를 저해하는 것을 조장하는 목적으로 잘못 포섭될 때 발생할 수 있는 왜곡과 승리 지상주의(triumphalism)의 폐해를 상기시켜 준다는 점에서 특히 가치가 있다. 마지막으로, 필자들은 이 모든 것들이 성공하기 위한 필수 조건으로서 성인교육, 페미니즘, 실행연구 간의 관계에 대한 논의가 강화되어야 한다고 주장했다.

저자 주

1. 필자들은 독자들에게 남부와 그 대척점에 있는 북부라는 개념이 정확히 규정하기 힘든 점이라는 점을 상기시키고 싶다. 여기서 남부(South)는 가난하고 억압받는 사람들을 가리킨다. 그러한 처지에 있는 사람들의 절대적 숫자는 빈곤국에 존재하기 때문에 남부라는 명칭이 이러한 현상을 상징화하는 용어가 되었지만, 북부에도 많은 빈곤한 지역들이 있으며, (북부에서 이루어졌던) 하이랜더 센터와 같은 이니셔티브들은 우리가 생각하기에 남부에서 이러한 변화 노력을 뒷받침했던 것과 동일한 사회 · 경제적 정의의 원칙에 기초하여 이루어졌다.[5)]
2. 우리를 혼란스럽게 만드는 이러한 종류의 갈등의 예는 Whyte and Whyte(1991)가 그가 개발하고 있던 실행연구에 대한 접근방식을 발표하기 위해 '참여적 실행연구(participatory action research)'라는 용어를 사용한 경우에서 발견될 수 있다. 비록 이러한 제목을 단 책에서 개발도상국들의 사례들이 포함되어 있지만, 해당 접근방식에 대한 전반적 전략들은 해방주의적 틀과는 거리가 있으며, 남부 실천가들에 의해 이미 먼저 사용되었던 용어인 '참여적 실행연구'는 여기서 언급되지 않았다. 이러한 종류의 언어 사용은 실행연구자들 사이에서의 의사소통을 방해한다.
3. 이 분야는 오랜 역사를 갖고 있으며 상당히 잘 조직화되어 있기 때문에 많은 일반적 저작물들이 독자들에게 이와 관련한 중요한 모습을 안내해 줄 수 있다. 이와 관련해 가장 유용하다고 생각되는 몇몇 일반적 자료들은 다음과 같다. Paolo Freire(1970)의 『억압받는 자의 교육학(Pedagogy of the Oppressed)』, Budd Hall(1975)의 고전적 논문인 「참여연구: 변화를 위한 접근방법(Participatory Research: An Approach for Change)」, 『Convergence』 저널에 수년 동안 게재된 많은 논문들, 그리고 Carr and Kemmis(1985)의 『비판적으로 되기(Becoming Critical)』, John Elliott(1991)의 『교육적 변화를 위한 실행연구(Action Research for Educational Change)』, Susan Noffke(1994)의 리뷰 논문.

5) [역자 주] 북부–남부 구분은 개략적으로 사회 · 경제적 그리고 정치적 구분으로 간주된다. 일반적으로 지구의 북반구에는 미국, 캐나다, 유럽, 일본, 한국과 호주, 뉴질랜드가 포함되고, 남반구는 아프리카, 라틴 아메리카 그리고 아시아의 개발도상국들로 구성된다. 즉 북부는 선진 서구 유럽과 후발 산업화 국가를 커버하는 반면, 남부는 개략적으로 제3세계와 일치된다. 하지만 지리적 위치에 기반한 이러한 남부와 북부의 구분은 점점 더 현실과 덜 부합하며 점차적으로 도전을 받고 있다.

제 11 장

교육 실행연구

실행연구 중에서 교육 실행연구(educational action research)는 초·중등교육과 교육행정, 고등교육, 성인교육과 지역 개발, 해방 운동에 이르기까지 매우 광범위하고 복잡하다. 교육 실행연구 분야가 광범위하고 특성이 서로 이질적이기 때문에 이 책의 목적에 부합하는 종합적 의미를 이끌어 내기는 쉽지 않다. 교육 실행연구는 다른 분야의 실행연구와 경계가 매우 모호하며, 다른 장에서 적용된 몇 가지 접근법들이 여기에서도 다시 언급된다. 교육 실행연구만을 위한 안내와 가이드라인은 없다. 이 장의 목적은 독자로 하여금 교육 실행연구에 관심을 가지게 하고, 전반적 연구 흐름을 파악하게 하여 자신의 연구 방향을 찾을 수 있도록 도와주는 데 있다.[주1] 이 장의 접근방식이 비록 사회변화 지향적이기는 하지만 남부 PAR(Southern PAR)에서와 같이 첨예한 정치적 관점과 관련되어 있지는 않다. 이 장에서는 조직 및 행동 변화와 교육기관 개혁에 중점을 두고 살펴보고자 한다.

교육 실행연구의 분석 틀

실행연구의 성격을 가진 모든 교육 연구들이 성인교육을 다루는 것은 아니지만, 현재 활용되고 있는 실행연구 접근방식이나 이로부터 도출된 주된 이론적인 체계는 초·중등 및 고등 교육 연구에서보다 성인교육 분야 연구로부터 유래되었다. 필자들은 다음의 두 가지 측면에서 보다 폭넓은 이론적 통합을 시도한다. 이론적 통합은 한 가지 형태의 논문이나 하나의 기관에 한정된 연구보다, 해당 주제에 대한 보다 폭넓은 연구의 분석 틀(framework)을 제공해 준다. 가장 최근에 이루어진 도전적인 이론적 통합 노력은, 필자들로 하여금 산업 민주주의가 작동하는 상황하에서 실행연구가 이러한 딜레마로부터 벗어날 수 있는 유일한 합리적 방법이라는 결론에 이르게 했다.

교육 실행연구 분야를 체계적으로 구조화함에 있어서 필자들은 Mattias Finger and José Manuel Asún(2001)의 『기로에 선 성인교육: 우리의 돌파구찾기(Adult Education at the Crossroads: Learning Our Way Out)』"[1)]와 Robin Usher, Ian Bryant and Rennie Johnston(1997)의 『성인교육과 포스트모던 관점에서의 도전: 주어진 한계를 초월한 학습(Adult Education and the Postmodern Challenge: Learning Beyond the Limitç)』[2)]이 제시한 분석틀을 활용했다. 이러한 대담하고 깊이 있는 저작물들은 보다 폭넓은 성인교육의 시각에서 교육 및 사회를 바라보게 하고, 이 책의 다른 장들의 논의에서도 다루어지는 이 분야에서의 몇 가지 핵심 딜레마들을 살펴볼 수 있도록 한다.

---

1) [역자 주] 이 책은 성인교육의 과거, 현재, 가능한 미래의 문제들을 진단한다. 성인교육이 1980년대와 1990년대에 사회변화를 가져오는 과정에서 어려움이 무엇인지 밝히고 있다. 또한 미래에 일어날 네 가지 가능성(지속적 산업 발전, 불평등, 대량 이주, 소외)과 이에 대해 성인교육이 사회변화를 이끄는 과정에서 직면하게 될 도전들에 대해 설명했다.

2) [역자 주] 이 책은 비판적 교육학, 페미니즘 및 포스트모더니즘의 새로운 이론적 틀에서 성인교육 이론과 실제 그리고 연구를 조명하고, 성인교육의 변화 맥락을 살펴보고 있다. 저자들은 현재 성인교육의 특정 주류 이론의 한계를 뛰어넘는 개념을 구축함으로써 성인교육 현장에서의 대안을 제시하고 있다.

FINGER와 ASÚN: 기로에 선 성인교육

Finger와 Asún은 성인교육 분야를 실용주의자, 휴머니스트, 마르크스주의자의 세 가지 관점으로 분류하였다. 실용주의자 관점하에서는 John Dewey, Kurt Lewin, David Kolb, Jack Mezirow, Chris Argyris, Donald Schön의 저작들을 다루었다.[주2] 실용주의가 친사회적인 이데올로기임에도 불구하고 그들의 저작들에서는 사회 혹은 정치경제 이론이 다루어지지 않았고, 실용주의적 발견과 지속적인 학습 그리고 사회적 변혁의 가능성에 영향을 미치는 조건들에 대해서도 제대로 탐구되지 못했다고 지적했다.

Finger와 Asún이 말하는 휴머니스트 학파에는 Malcolm Knowles, Carl Rogers 그리고 Stephen Brookfield가 포함되어 있다. 이 접근방식의 핵심은 인간의 성장, 자유, 자기계발을 위한 잠재력 등을 낙관적으로 바라보고 있다는 점과 인본주의 심리학에 많은 부분 의존하고 있다는 점이다. 이 접근은 정치경제 및 제도적 환경에 대한 이론화가 결여된 반면, 자기계발에 대한 매우 치료적이며 개인적인 접근방식을 취하고 있다.

마르크스주의 접근방식에는 전통적인 마르크스주의와 비판 이론들(Theodor Adorno, Walter Benjamin, Jürgen Habermas 등)이 포함된다. 또한 이 분야는 Paolo Freire(제10장 참조)에 의해 개척되었는데, Finger와 Asún은 이를 '비판적 교육학(critical pedagogy)'이라고 부르기도 한다. 이들은 개방적 학습과정들과 억압의 정치(politics)를 옹호하는 인식론의 모든 접근방식들을 비판한다. 이들은 비판이론(critical theory)이 어떻게 의미 있는 해방적 실천(meaningful liberatory practice)으로 이어지는지에 대해서는 관심을 가지지 않는다. 단지 그들은 이 책에서 '남부 PAR'이라고 부르는 것에 이러한 비판의식을 한정하여 연계시키고 있다(제10장 참조).

사람들이 Finger와 Asún의 세부적 주장들에 대해 어떻게 생각하든 간에, 수많은 접근방식들이 가지는 차이점에도 불구하고 그들은 이러한 접근방식들은 "사람들이 자신이 교육받는 과정에 직접 관여하도록 함으로써 이러한 계발과정을 인간화하는 것"(Finger & Asún, 2001, p. 96)이라는 동일한 목표를 가지고 있다는 흥미롭고 설득력 있는 주장을 하고 있다. 좀 더 직접적으로 말하면, Finger와 Asún은 명백한 비판주의 입장을 취하기는 하지만, 자기계발 과정의 타당성과 계몽주의의 근대화 패러다임을 수용하기 때문에 단지 선진 자본주의에 대해서만 제한된 비판을 하고 있을 뿐이다.

Finger와 Asún은 이러한 목표를 어떻게 달성할 수 있을까에 대해서도 고민하는데, 필자들이 보기에는 바로 실행연구의 근간을 이루는 것들과 동일하게 보이는 일련의 분석 틀과 실천적 방법들(예컨대, 교육에 모든 참여자가 함께하도록 하는 제도적 변화, 변화의 지속가능성, 공정성 등)을 권고하고 있다. 이것은 단순히 과거의 '계발(development)'론적 관점의 새로운 모습이 아니라, 끈끈한 유대감이 지배하는 공동체에서 함께 만들어 나가고 결정을 해 가는 새로운 삶의 방식이다. 따라서 드러내놓고 명시하지는 않았지만 이 접근방식에서 추구하는 목표의 달성방법이 실행연구를 통해서 이루어진다는 점은 명확해 보인다.

Usher, Bryant 및 Johnston: 포스트모던 관점에서의 도전

이 시점에서 필자들은 Usher, Bryant and Johnston(1997)의 논쟁을 살펴보고자 한다. 왜냐하면 성인교육에 대한 포스트모던 관점에서의 도전(postmodern challenge)이라는 그들의 이론 체제는 비록 Finger와 Asún과는 뿌리를 달리하지만, 결국은 유사한 지향점을 가지고 있기 때문이다. Usher, Bryant와 Johnston의 견해에 따르면 모더니즘의 종료와 포스트모더니즘의 대두는 다양한 방식으로 교육과 연계되어 있다. 현재 세계화라는 환경적 영향 속에서 나타나는 초개인주의(hyper-individualization)와 그룹 및 시스템의 역동성과 불안정성의 증대는 모더니즘 사회를 지배한 패러다임의 근간을 붕괴시켰다. 그러나 그들은 개념 및 실천으로서 교육 자체는 모더니즘 사고 틀의 특정한 요소들을 전제로 한다고 주장한다. 계발, 진보, '권한 부여(empowerment)' 등의 요소는 모두 모더니즘적 개념들이다. 그들은 교육에서는 모더니즘에 대한 대안이 없으며, 모더니즘이 단순히 포기되어서는 안 된다고 믿는다. 하지만 이들은 또한 포스트모더니즘은 모더니즘적 접근방식의 새로운 적용을 위해 유용한 몇 가지 조건들을 창출한다고 생각한다. 그들은 (모더니즘의) 주장들은 진리가 아니고 "사회적으로 구성되고 특정한 역사적 시점을 반영한 문화적 개념들이며, 따라서 부분적이고 특정한 일부 담론과 목적에 부합하는 주장일 뿐이라는 점을 인식해야 한다"고 권고한다(Usher, Bryant, & Johnston, 1997, p. 7).

이러한 주장이 실천적 관점에서 무엇을 의미하는가에 대해 그들은 실행연구의 기법들과 유사한 연구 틀과 기법, 연구결과 작성에 대한 개념들을 제시한다. 연구의 개방성, 공동작업, 집단과정, 사유와 행위가 통합된 순환적 체계 및 기타의 특성들은 모더니즘과 포스트모더니즘 모두의 '한계를 초월한 학습'을 위한 기반을 제공한다.

앞에서 살펴본 이 두 가지의 매우 정련되고 사려 깊은 종합적 개관들은 그 자체로도 읽을 가치가 있지만, 지금부터 우리가 간략하게 살펴볼 다양한 교육 실행연구에 대한 일종의 배경지식을 제공하는 것이라고 할 수 있다.

북부의 교육 개혁

학교 및 교육 전문가의 교육 실행연구

수많은 교사와 대학 교수들이 관여하고 있는 실천방식은 동질적일 수는 없기 때문에, 교육 실행연구의 영역에도 다양한 접근방식들이 있다. 핵심적 요점을 말하자면, 우리가 교육 실행연구를 생각할 때 초·중등 및 고등 교육 교원들과 이들을 지원하는 대학의 연구자들을 중심에 둔다. 이들 실행연구의 주된 참여들은 주로 교사로서 그들이 수행하는 교수의 질과 효과를 향상시키거나, 그들이 업무를 수행하고 있는 제도적 환경을 개선시키는 데 중점을 두고 다양한 실행연구를 수행하고 있다. 교육 실행연구는 조직 개발 업무와 관련된 중요한 요소와, 산업 민주주의 범주하에서 수행된 연구들과 많은 공통점들을 가지고 있다. 이들 두 가지 접근방식들은 모두 Kurt Lewin과 런던의 타비스톡 인간관계 연구소(Tavistock Institute for Human Relations)의 연구에 많은 영향을 받았다.

리뷰 논문인 「교육 실행연구(Educational Action Research)」에서 Ken Zeichner (2001)는 이 분야를 다음과 같은 5개 분야로 유형화한다. (1) Kurt Lewin과 컬럼비아 대학교(Columbia University)의 Stephen Corey를 중심으로 미국에서 진행된 연구, (2) John Elliott과 Lawrence Stenhouse의 연구를 중심으로 한 영국 커리큘럼 개혁 운동(1960~1970년대),[3] (3) 영국의 커리큘럼 개혁 운동으로부터 많은 영향을 받음과 동시에 Stephen Kemmis와 Robin McTaggart와 같은 연구자에 의한 원주민 교육의 요소가 추가된 호주 실행연구[4] 운동, (4) 미국에서의 교사/연구자 운동(teacher/researcher movement)[5], (5) 최근에 대두된 교수법 향상을 위한 고등교육 분야 교수들에 의한 자기학습(self-study) 연구이다.[6]

이러한 접근방식들은 서로 다른 다양한 접근방식들을 사용하지만, 주요 관심은 모두 교수법 향상과 해당 학교 안에서의 조직 개발이다. 이러한 접근방식들은 학교와 교사들의 전문성 개선을 요구하고, 권력의 이동을 목표로 하기보다는 학생과 교사의 의사소통 패턴과 수업 환경을 개선하고 그러한 변화를 지원하는 정책 개선을 이루어 내는 데 목표를 둔 개혁주의적인 활동이다.

다양한 실행연구 중에 어떤 실행연구는 거의 전적으로 교사 주도적이고, 학교의

3) [역자 주] 영국 커리큘럼 개혁 운동(1960~1970년대)은 영국 중등학교에서 학생들의 교육과정에 대한 불만으로 인해 일어났다. 일부 혁신적인 중등학교 교사들이 인문학 교육과정을 재구조화고 재개념화하였다. 교사들이 교사이면서 연구가로서 교육실천을 반성적으로 바라보고, 가르치는 것에 대해 연구하는 형태로 일어났다. 영국 교사들에 의해 시작되어 나중에 Lawrence Stenhouse, John Elliott, Jean Ruddick과 같은 학자들에 의해 개념화되었다. 교육과정 개발이 실행연구 형태로 Lawrence Stenhouse, John Elliott, Jean Ruddick에 의해 진행되었으며, 주로 대학 교수와 현직 교사가 함께 공동으로 연구하는 방식으로 이루어졌다(Zeichner, 2001)[출처: Zeichner, K. (2001). Educational action research. In R. A. Schmuck (Ed.), *Practical Action Research* (pp. 24-42). London: Corwin Press. A Sage Company].

4) [역자 주] 호주의 실행연구는 호주의 실행연구를 주도하는 Stephen Kemmis와 다른 연구자들이 영국의 Elliott와 긴밀한 관계를 가지고 수행했다. 따라서 영국 실행연구에 영향을 받았으며, 실행연구로 학교기반 커리큘럼 개발과 평가, 현직 교사 교육 등이 이루어졌다. 하지만 이에 그치지 않고 디킨 대학교(Deakin University)의 Kemmis와 동료들은 비판적 이론에 근거하여 호주의 맥락에서 '해방적 실행연구'를 발전시키기도 했다[출처: Zeichner, K. (2001). Educational action research. In R. A. Schmuck (Ed.), *Practical Action Research* (pp. 24–42). London: Corwin Press. A Sage Company].

5) [역자 주] 미국의 교사-연구자 운동(teacher/researcher movement)은 영국 커리큘럼 개혁 운동이나 1950년대 협동적 실행연구에 영향을 받지 않고 일어났다. 교육에서 질적 연구 및 사례연구가 받아들여지고 대학에서 실행연구를 강조하게 됨에 따라 교사 교육에서도 반성적 실천 움직임이 나타났는데, 이것이 큰 영향을 미쳤다. 연구자와 교사가 함께 하는 실행연구가 진행되다가, 최근에는 교사가 연구자가 되어 실행연구를 진행하는 흐름이 나타나고 있다[출처: Zeichner, K. (2001). Educational action research. In R. A. Schmuck (Ed.), *Practical Action Research* (pp. 24-42). London: Corwin Press. A Sage Company].

6) [역자 주] 1990년대부터 대학원 등 고등교육 기관에서 교수들이 자신의 교수법에 대해 연구하는 경향이 증가하고 있다. 대학에서 자기학습 연구는 다양한 질적 연구방법을 채택하고 광범위한 주제들을 다룬다. 생애사 연구와 같은 연구방법을 채택하거나 교사 교육 프로그램에서 특별한 교육철학 적용, 인종과 성, 계층과 같은 주제와 관련된 연구 등과 같이 다양하게 이루어지고 있다[출처: Zeichner, K. (2001). Educational action research. In R. A. Schmuck (Ed.), *Practical Action Research* (pp. 24-42). London: Corwin Press. A Sage Company].

다른 구성원들의 참여는 적은 편이다. 반면, 다른 유형의 실행연구들은 학생과 학교 내의 교사가 아닌 구성원에 대해 개방적인 형태로 이루어진다. Zeichner(2001)는 이러한 교육 실행연구에 대한 중요한 참고문헌을 제공하고 있다(pp. 281-283). 교육 실행연구에 대한 종합적 개관과 방법론에 대한 안내를 위한 좋은 참고 자료로는 Stringer(2004)의 『교육에서의 실행연구(Action Research in Education)』가 있다.

공립학교에 대한 대안

교육 실행연구에서 보이는 이러한 다양성의 수준을 훨씬 초월하여, 의도적으로 교육 시스템에 대해 보다 강한 개혁주의적 접근방식을 취하는 움직임들도 있다. 그동안 특화된 많은 대안적 공립학교(extra-public schools)가 설립되었다. 이런 학교들에는 음악과 무용, 종교 교육 및 문화 전수[예를 들어 많은 서방 선진 국가에서의 일본 토요학교(Japanese Saturday schools)]가 포함된다. 이런 학교들에서는 교육과정을 다양화하고, 부모와 교사들에 의해 계획된 보다 폭넓은 세계관을 배양하려는 환경 속에서 학생들의 일상적 학교 경험을 만들어 나가려고 노력한다.

고등교육 기관에서의 실행연구

실행연구자들의 교육은 이 책의 제16장에서 별도로 다루고 있기 때문에, 이 장에서는 학부 및 대학원 수준에서 실행연구 프로그램 설치를 위한 많은 노력이 진행되고 있다는 점만 간단히 언급하고자 한다.

민주적 사회변화를 위한 교육에 가장 야심차고도 충분한 재정이 지원되었던 교육 전략들 중 하나는 미국에서 19세기에 이루어졌던 '토지 불하 대학교(land grant university)'의 설립이었다. 대학 설립에 주어지는 기본적인 토지 보조금 시스템은 미국에서의 주별 경계선과 연계되어 있었다. 대부분의 주에는 자신들이 처분할 수 있는 일정량의 공공토지가 있었다. 연방정부의 위임에 의해 주정부들은 이 공공토지의 일부를 매각하고, 매각 대금으로 특별 기금을 마련하여 주립대학교를 설립하였다(이런 이유로 이 대학교들을 '토지 불하 대학교'라고 부르는 것임). 각각의 주에는 각 1개의 토지 불하 대학교 설립이 요구되었다.

공적 자금으로 설립된 주립대학교로서 토지 불하 대학교는 연구와 교육 및 공공 서비스를 서로 긴밀하게 연계된 방식으로 제공했다. 이 대학교들은 해당 주의 주민들을 교육하고, 주민들에게 실질적인 이익이 되는 주제에 대한 연구를 수행하고, 주민들에게 그 지식을 직접적으로 보급하는 역할을 담당했다. 이러한 토지 불하 대학교의 기본 취지는 실행연구와 밀접하게 연계되어 있다. 이는 학계와 지역사회 이해당사자들 간의 체계적인 파트너십, 서로의 필요와 관심사에 관한 충분한 의사소통 그리고 협동적 연구와 그 결과의 검증 등의 노력을 포함한다. 그럼에도 불구하고 토지 불하 대학교는 실행연구 운동의 주요한 원천이 되지는 못했다.

토지 불하 대학교는 요청되는 많은 서비스들을 수행하면서 번성해 왔지만(Lyall & Sell, 2006), 시간이 흐르면서 이들 대학교는 지식 민주화에 기여하기보다는 오히려 사회적 권력에 종속되는 움직임을 보였다. 원래 토지 불하 대학교는 교수들의 학문과 실천 연계를 통한 사회적 기여를 장려하고 보상하기 위한 수단으로서 계획되었지만, 이 대학교들은 내부적으로 비응용 혹은 반응용 연구를 수행하는 높은 위상의 교수들과 상대적으로 훨씬 낮은 위상을 가진 주변적 교수와 기타 전문가들로 분화되어 왔다.

토지 불하 대학교는 통상적으로 대농장주들과 힘 있는 기업의 이익과 노동을 기계로 대체하는 것과 같은 기타 계층적 질서 유지를 위한 노력들을 지원해 왔다. 해당 시스템의 법적 · 경제적 취지를 감안할 때 훨씬 더 많은 민주적인 성과를 지원해야 했었음에도 불구하고, 토지 불하라는 개혁적 아이디어는 권력에 의해 사실상 중단되어 버렸다. 이런 분위기 속에서 대학 내의 어떤 강력한 개혁주의적 실행연구의 발전도 환영받을 수 없었다. 그럼에도 몇몇 개혁은 이러한 악조건에도 불구하고 어렵사리 착수되었다. 필자들은 이들 중 일부에 대해 언급하고자 한다.

토지 불하 대학교 제도의 맥락 내에서, 특히 실행연구 원칙에 입각하여 토지 불하 대학교 제도를 재개념화하고 취지를 되살리려는 온건한 개혁 움직임이 있었다. 이러한 접근을 하는 주도적 실천가 중의 하나가 Scott Peters(Peters, 2001; Peters, Hittleman, & Pelletier, 2005; Peters, Jordan, Adamek, & Alter, 2005)이다. 그는 토지 불하 대학교라는 아이디어와 민주화라는 개념에 깊은 관심을 가지고, 대학과 외부 사회와의 연계 교육 시스템(extension system) 분야에서 알려지지 않은 많은 훌륭한 전문가들의 우수 실천 사례에 대한 연구를 수행하였다. 대화를 통해 산출되는 내러티브에 크게 의존하고 있는 이러한 협동적 연구를 통해, Peters는 이해당사자와 '함께 하는' 전문가라기보다는 이해당사자들을 '위한' 전문가로서 권위주의적 · 전통적인 모형들의 범람으로 인해 그동안 거의 잊혀져 버렸던 실행연구의 복잡성과 개혁의 잠재성에 대한 비전을 제시하였다(Crane, 2000). 그리고 이러한 유형의 과업을 추진한 또 다른 노력들도 있다.

서비스 러닝[7]

많은 대학에서는 Dewey(1900)가 구상했던 업무 경험과 학업이 통합된 방식으로 이루어지는 서비스 러닝(service learning), 인턴십 및 산학 협력 등이 다양한 방식으로 결합되어 운영되는 교육 프로그램들을 개발하고 있다. 이러한 교육 프로그램으로 유명한 학교에는 안티오크 대학(Antioch College)과 베레아 대학(Berea College)이 있다.

학생과 교수들을 고등교육 기관의 테두리를 넘어 인턴십 또는 이와 다른 형태로 기관에서 제공하는 직접적 서비스에 참여시키려는 노력이 계속되면서, 서비스 러닝 운동이 확산되었다(Giles, Stanton, & Cruz, 1999). 지난 20여 년 동안 이러한 움직임은 점점 확산되어, 형식은 다를지 모르지만 이제는 고등교육 기관 중에 적어도 일정한 서비스 러닝 프로그램을 시행하지 않는 곳은 거의 없다. 미국의 캠퍼스 협약(Campus Compact, http://www.compact.org)에 따르면, 500만 명이 넘는 학생들이 950개 이상의 대학과 기관이 연계하여 운영하고 있는 서비스 러닝 프로그램에 참여하고 있다.

필자들 스스로도 서비스 러닝이 학생들에게 가치로운 경험을 제공한다고 믿는다는 것을 강조하면서, 필자들은 서비스 러닝이 반드시라고 말할 정도는 아니지만 실행연구의 요소를 포함할 수 있음을 제안하고자 한다. Kenneth Reardon(1997)과 같은 연구자들의 실천과정을 살펴보면, 서비스 러닝은 실행연구자들로 하여금 다중

7) [역자 주] 서비스 러닝(service learning)은 학습과 지역사회 봉사를 결합하여 지역사회 필요를 충족시키면서 실용적이고 진보적으로 학습을 제공하는 것을 의미한다(출처: https://en.wikipedia.org/wiki/Service-learning).

적 이해당사자들의 훈련의 장으로서 충분히 활용할 수 있다고 생각된다. 한편, 서비스 러닝은 또한 학생들의 교육적 경험과는 아무런 관련이 없이 이루어질 수도 있다. 예컨대, 설령 서비스 러닝을 통해 학생들이 어떤 것을 '배울지라도' 그러한 배움이 (서비스 러닝 프로그램에서 의도했던 활동이 아니라) 주로 그들 스스로의 노력으로 일어나는 일종의 분리된 단순한 '서비스' 활동'이 될 수도 있다는 것이다.

사회에 대한 봉사를 고등교육 활동의 핵심으로 삼고, 고등교육과 외부 사회와의 관계를 재설정하는 방식의 하나로 서비스 러닝을 활용하는 경우는 매우 드물다. 전통적인 고등교육 기관의 운영방식에 길들여지면서, 서비스 러닝은 고등교육 기관의 운영방식을 거의 변화시키지 않은 채 그냥 보기에 '좋은' 것을 하는 방식으로 변질되었다. 사회에 대한 봉사가 고등교육 기관의 사명으로 뿌리내릴 수 있을 때 비로소 서비스 러닝은 좀 더 개혁적인 방식으로 운영될 수 있을 것이다.

선진국의 성인교육에 대한 접근방식

이 장의 서두에서 언급했듯이 교육 실행연구 분야는 방대하고 서로 이질적이다. 여러 가지 측면에서 성인교육 분야의 이론가들과 이 분야의 이론을 종합해 온 연구자들은 교육 실행연구자들보다는 보다 종합적으로 다양한 성인교육의 접근방식들을 체계적으로 개관해 왔다. 아마 교육 실행연구자들의 경우 보다 제한된 제도적 초점(limited institutional focus)에 얽매여 있을지도 모르기 때문이다. 그러나 먼저 필자들은 전통적으로 보다 협의의 관점에서 성인교육 접근방식이라고 불리어 왔던 것에 대해 논의해 보고자 한다.

안드라고지 및 변혁적 학습

선진 산업국가에서 성인교육과 관련 가장 널리 사용되는 용어는 안드라고지(andragogy)[8]이다. 이 개념의 도입에는 Malcolm Knowles(Knowles, 1990; Knowles

8) [역자 주] 안드라고지(andragogy)는 1833년 독일 교육자 Alexander Kapp가 처음으로 주창했고, Eugen

and others, 1984)의 기여가 가장 크다고 할 수 있고, 최근에는 Jack Mezirow의 공헌도 무시할 수 없다. Mezirow(1991)는 "안드라고지는 성인교육자에 대한 전문가적인 관점이다. 안드라고지는 성인들이 자기주도 학습자로 기능하면서 자신의 역량을 향상시킬 수 있도록 지원하기 위한 지속적이고 조직화된 노력으로 정의된다"(p. 199)라고 하였다. 유럽 대륙에서는 안드라고지가 성인교육을 지칭하는 용어로 널리 사용되며, 많은 대학에서 안드라고지를 세부 명칭으로 하는 학위를 수여한다.

성인교육의 핵심은 학습을 사회적 · 문화적 · 물질적 맥락에서 바라보며, 이러한 맥락 속에서 개인의 경험은 비판적 성찰을 통해 해방적 행동으로 변화하는 것으로 보는 것이다. Mezirow의 변혁이론(transformation theory)은 합리적 모더니스트 전통에서의 객관주의적 학습에 대한 가정[9]들과 상징적 상호주의(symbolic interactionism)[10]로부터 연유하는 의미의 개념 사이의 변증법적 통합을 의미한다. 그의 변혁이론은 간주관성과 의사소통 역량 구조에 직접적으로 뿌리를 두고 있는 비판적 성찰에 초점을 맞추고 있다(Mezirow, 1996, p. 165).

최근 몇 년 동안 안드라고지는 실행연구와 매우 유사한 전문적 입장(professional position parallel to AR)을 취하는 쪽으로 변화하고 있다. Mezirow(예를 들어 1996)의 후기 저술은 하버마스(Habermas, 1984)의 과학적 전통에 대한 비판과 의사소통적 행동에 관한 연구에 기초하고 있다. 실행연구의 영역으로 완전히 발을 들여놓은 것은 교육 분야의 교수들인 Wilfred Carr와 Stephen Kemmis에 의해서이다. 그들의 저서 『비평적이 된다는 것: 교육, 지식과 실행연구(Becoming Critical: Education,

---

Rosenstock-Hussey가 성인교육 이론으로 발전시켰으며, 이후 미국의 교육학자 Malcolm Knowles에 의해 널리 알려지게 되었다. Knowles는 andragogy(그리스어, man-leading)와 pedagogy(그리스어, child-leading)가 구별되어야 한다고 했다.

9) [역자 주] 객관주의 학습이론에서는 지식이 이미 고정되어 있고 지식은 학습자와 독립된 것으로 본다. 지식은 학습자가 가지고 있는 사회적 · 문화적 차이점이나 특수성에 전혀 영향을 받지 않는다고 본다[출처: 강인애(1995). 구성주의 학습원리와 적용: 조교 교육 프로그램의 개발. 교육공학 연구, 11(1), 25-45].

10) [역자 주] 상징적 상호주의의 대표적 학자는 Mead, Cooley, Thomas, Blumer이다. Mead는 객관주의 학습이론에서 간과하는 행위자의 의식과 정신과정에 주목하였다. 여기서는 "인간의 행위는 행위자의 의미를 통해서 이해되어야 한다"는 기본 가정을 가지고 있다. 인간은 자극이나 충동에 대해 정해진 대로 반응하는 것이 아니라 행위를 의식적으로 선택하고 구성해 나간다. 개인은 자신의 문화 속에서 사회적 의미와 상징을 통해 현실을 해석해 간다[출처: 김기현(2018). 다문화 가정 아동의 사회적 인식에 따른 상징적 상호작용 경험에 관한 사례 분석 연구. 공공정책연구, 25(1), 105-135].

Knowledge and Action Research)』(1985)는 실용주의 철학에 기초하여 실행연구에 대한 인식론적인 근거를 제공한다.

서구의 안드라고지적 사고의 핵심 개념은 비판적 성찰과 사고에 대한 강조이다. Brookfield(1987)는 이와 관련한 책을 저술하여 비판적 사유라는 개념을 확장시키고 참여자(학습자)들의 비판적 사고 능력을 고취하는 방법에 대해 집중적으로 다루었다. Brookfield는 비판적 사고의 네 가지 핵심적 구성 요소를 다음과 같이 설명하고 있다.

1. 가정(assumption)을 파악하고 이에 도전하는 것
2. 맥락의 중요성에 대해 도전적인 접근방식을 취하는 것(challenging the importance of context)
3. 비판적 사고를 하는 사람들은 대안을 상정하고 탐구하려고 노력하는 것
4. 대안을 상정하고 탐구하는 것은 반성적 회의론(reflective skepticism)을 바탕으로 함(p. 7)

Brookfield(1986, 1987)의 저작에서 중요한 요소는 그가 성인교육과정에서의 핵심적 인물로 '촉진자(facilitator)'의 역할에 커다란 관심을 두고 있다는 점이다. 그는 (1) 학생들로 하여금 특정 문제들을 보고 반성적으로 성찰하도록 교사가 자신의 권력을 사용하는 것과, (2) 비판적 사고를 할 수 있는 사람들(critical thinkers)이 (그러한 교사의 역할을) 넘겨받을 준비가 되어 있을 때 학습과정에서 교사가 그러한 통제권을 내려놓아야 하는 것 사이에 중요한 모순이 있다는 점을 지적한다. 이러한 모순이나 긴장은 또한 Levin and Martin(1995)의 연구에서도 논의되고 있는데, 그들은 해방이 획득될 수 있는 학습 상황에서 권력을 사용하는 것은 필수적이라고 주장한다.

남부의 민중 교육과 북부의 안드라고지 사이에는 몇 가지 중첩되고 연관되는 측면들이 있다. 다음의 두 책은 모두 대화 형식으로 기술되었으며, 남부와 북부에서 행해지고 있는 이 두 가지 접근방식들의 관계에 대해 반성적으로 성찰하고 있다. 이 책은 Paulo Freire(1990)의 『천천히 우리의 길을 만들어 나가기(We Make the Road by Walking)』와 Ira Shor and Paulo Freire(1987)의 『해방을 위한 교육학(A Pedagogy for Liberation)』이다. 이 두 책들은 남부와 북부의 실천가들 사이의 관계가 얼마나 활력

있고 값진 것일 수 있는지를 보여 주고 있다. 이러한 주장에 대한 명쾌한 요약과 분석은 Finger and Asún(2001, 제3장)에서 찾아볼 수 있다.

기업 교육

후기 자본주의에서 놀라운 특징 중 하나는 기업 교육(corporate classroom)의 등장이다. 많은 기업들이 자체적인 교육 및 훈련 시스템을 개발해 나가는 추세이다. 이 분야의 주요 행위자들은 자체적인 교육시설을 갖춘 다국적 컨설팅 회사이고, 이 회사 신입 컨설턴트들은 기업 문화를 이해하고 고객을 컨설팅하는 방법(tools of the trade)을 배우기 위해 기업 교육에 참여해야 한다. 교육의 내용과 구조는 컨설턴트들이 자신들의 고객을 '교육하고' 조언할 때 하는 방식과 같기 때문에 이러한 형태의 사내 교육이 확산되는 것은 당연한 것으로 보인다. 미국에서는 지금으로부터 최소 20여 년 전에 벌써 주요 민간 기업과 기업 직원을 위한 위탁 교육 강좌의 시간이 그 당시 3,000개가 넘는 고등교육 기관의 교육 시간보다 많았던 것으로 추산되었다(Eurich, 1985).

다양한 과목들이 이 기업 교육에서 다루어지고 있다. 기업 교육에서 제공되는 대표적 영역으로는 기술 교육과 재교육이 있고, 그 외 인간관계, 경영 교육, 회계 실습, 자기계발, 건강 관리 등이 있다. 고급 정보통신 기술의 발달로 인해 직원들은 직장 밖에서도 그러한 학습 기회를 많이 가질 수 있게 되었다.

기업 교육의 종류는 매우 다양하며 다양한 가능성을 열어 두고 있다. 하나의 이유는 정규 교육 시스템이 (현재와 같이) 취업자들을 직장에서 바로 일할 수 있도록 제대로 준비시키지 못하기 때문에, 이익 창출을 목적으로 하는 기업에서 이들이 제대로 기능하도록 만들기 위해서는 추가적인 교육이 필요하다는 것이다. 또 다른 이유는 기업 세계가 매우 역동적이고 도전적이어서 모든 조직이 효과적으로 경쟁하려면 반드시 '학습 조직'이 될 필요가 있다는 것이다(Senge, 1990). 기업 교육은(예컨대, 노동조합 등에 의해) 직원들을 서로 사회화하고 이념적으로 훈련시키는 목적으로 진행되기도 한다.

기업 교육은 우리가 그냥 무시할 정도로 규모가 작은 것이거나 또는 경제적으로 별로 의미가 없는 미미한 활동이 아니다. 미국에서는 1년 동안의 공식적인 직원 교육에 300~500억 달러가 소요되고, 비공식적인 견습 교육과 훈련에 1,800억 달러 이상이 소요되는 것으로 추산된다(Nash & Hawthorne, 1988). 미국에서 기업 교육이 어떻게 구안되고 시행되는지는 이제까지 실행연구의 관심사항은 아니었다. 아마도 이는 기업 환경 내에서 일하고자 하는 실행연구자들이 매우 드물거나, 실행연구자들이 기업 교육과 같이 거대하고 재정적 지원도 잘 이루어지고 있는 프로그램에 내재하고 있는 자체적 변화의 가능성을 제대로 이해하지 못하고 있기 때문이라고 할 수 있을 것이다.

성인교육 및 지역사회 개발

지역사회 개발

제10장에서 필자들은 성인교육으로 분류될 수 있는 교육 활동 중 핵심적 부분들을 논의하였다. 하이랜더 센터가 주도한 지역 개발과 Belenky, Bond and Weinstock(1997), Freire(1970), Gaventa(1982), Hall(1975), Hinsdale, Lewis and Waller(1995)와 같은 사람들을 주축으로 수행된 다양한 운동들은 이미 언급된 바 있지만 논리적으로는 지역사회 개발이란 주제하에서 논의되는 것이 보다 타당하다. 이러한 지역사회 개발 운동은 이론과 연구방법 및 추구하는 이념 측면에서 매우 다양하지만, 필자들은 Finger and Asún(2001)이 본질적으로는 이러한 지역사회 개발 운동 모두가 개발에 대한 모더니스트 모형의 범위 내에서 이루어진 개혁주의 운동이라고 하는 주장에 동의한다. Finger와 Asún이 지적하는 것처럼, 이러한 운동들은 주로 자본주의에다 인간적인 측면을 부가하는 것(putting a human face on capitalism)에 관한 것이다. 일부 실천가들은 이렇게 하는 것이 다른 접근방식으로 접근하는 것보다 훨씬 어렵다고 생각하기는 하지만, 그들 모두는 현재 체제를 개혁하는 것이 가능하다고 믿는다. 우리 자신들을 지역의 이해당사자들보다 우월한 위치에 있는 사람이라고 생각하면 안 되므로, 필자들은 우리 역시 이러한 근본 지향점을 공유할 필요가 있음을 강조한다. 또한 이러한 원칙은 필자들 자신의 연구에서도 명확한 핵심

전제로 삼을 것이다.

지역사회 개발과 관련된 활동들은 이미 자신의 개인적 삶을 영위하고 있는 성인들이 주로 관여하고 있는 계속 교육(ongoing education), 역량 형성, 자기결정(self-determination)의 과정을 포함하고 있기 때문에 모두 성인교육의 범주에서 논의될 수 있다. 이들은 교육하는 방법, 교육과정이 얼마나 개별화된 학습 혹은 그룹지향적 학습의 형태를 취하는지 그리고 현대 사회의 정치경제에 대해 얼마나 강한 비판의 견지를 취하는지의 측면에서 각기 다르지만, 이러한 다양성 안에 여전히 같은 범주의 접근방식으로 간주될 만한 유사성도 가지고 있다. 물론 다양한 실천가들은 자신들이 한 묶음으로 처리되는 것에 동의하지 않을지도 모른다. 이는 이 분야에 익숙해지기 위해서는 서로 다른 접근방법들에 대한 문헌들을 철저히 숙지할 필요가 있다.

실행연구를 위한 분석 틀로서의 개발

남부 PAR과 민중 교육(popular education)이 국제 개발에 대한 기존의 접근방식과는 다르다는 생각이 널리 퍼져 있고, 또한 남부 PAR을 수행해 온 일부 실천가들을 언짢게 할 위험 부담이 있을지는 모르지만, 앞에서 Finger and Asún(2001)과 Usher, Bryant and Johnston(1997)에서 인용한 주장의 결론과 같이, 필자들은 이러한 접근방식들은 거의 대부분 전반적으로 모더니스트적 '개발'이라는 틀에 부합된다고 생각한다. 현재 사회 상태를 변경하고 향상시킬 수 있는 역량을 키우기 위해 교육이 일정한 역할을 할 수 있다는 가능성에 대한 믿음은 그 사회 자체를 부정하는 것과는 전혀 차원을 달리한다. 비록 실천가들 각각을 만족시킬 수 있는 개혁의 정도는 크게 다를 수밖에 없지만, 우리 거의 대부분은 혁명가라기보다는 개혁가에 가깝다. 결과적으로 이러한 입장 차이는 불편한 긴장감을 조성하거나 때로 논의가 평행선을 달리도록 만들기도 한다. 하지만 필자들은 지역사회 개발 실천가들이 수행하는 실행연구는, 근본적으로 사람들이 자신들이 처한 삶의 조건들과 제도들을 보다 더 나은 방향으로 변화시키기 위해서는 스스로의 역량 개발이 필요하다는 우리의 믿음과 그 기초를 일정 부분 같이하고 있다고 생각한다.

남부의 민중 교육

아마도 이 분야에서 가장 잘 알려진 접근방식은 남부의 성인교육과 사회변화 사업일 것이다. 이에 대해서는 이미 수많은 책들이 쓰여졌으며, 필자들 역시 이미 이에 대한 몇 가지 기본적 견해를 제시하기도 했다. 남부의 성인교육과 사회변화 사업은 아마도 실행연구 접근방식 중 전 세계적으로 가장 잘 알려져 있고, 이 분야의 선도자들 중에 Paolo Freire(1970), Budd Hall(1975), Orlando Fals Borda(Fals Borda & Rahman, 1991) 등은 실행연구 실천가들의 역할 모델로 간주된다. 이러한 실천가들은 자신들의 사유와 행동에 대한 의미 있는 기록을 만들어 왔기 때문에, 이들이 쓴 글의 원문(the original)을 읽으면 커다란 도움을 받을 수 있다. 물론 이들이 전반적으로는 유사한 관심을 가지고 있다고 하더라도, 그들이 개발한 개입 전략들에 개별성과 고유성이 있다는 점을 간과해서는 안 된다. 그들 개별적으로 그리고 전 세계에 존재하는 많은 동료들은 각각 독특한 목소리와 관점을 제공하고 있다. 독자들을 위해 필자들은 무리함을 무릅쓰고, 세부적 특징을 일부 희생하면서 각각의 접근방식에 대해 압축적 설명만을 제시하려고 한다.

민중 교육 접근방식의 출발점은 의심할 여지없이 도덕적이고 정치적인 것이었다. 도덕적인 측면은 민중 교육 접근방식이 시작된 단초였으며 이 접근방식에서 절대 사라질 수 없는 핵심적 요소이다. 인간은 인간다운 삶을 살 권리가 있고 빈곤과 정치적 압제에서 탈피할 수 있는 자유를 부여받았다. 인간은 기본적인 존엄성을 가지고 있고 존중받을 가치가 있다. 이러한 도덕적 관점에 수반되는 정치적 논리는 오히려 단순하다. 인간이 자유롭고 자신의 삶을 효과적으로 영위할 수 있는 권리를 가지고 있기 때문에 그렇지 못한 상황에 대해서는 반드시 설명이 이루어져야 한다는 것이다. 이는 경제적 권력과 폭력에 의해 뒷받침되는 억압으로 설명될 수 있다. 따라서 민중 교육 실행연구 실천가들은 그들의 작업을 강력한 마르크스주의적 견해에 기초하여 실천한다. 그들은 권력과 압제에 대한 분석적 관심을 절대적으로 유지하면서, 권력 구조가 완전히 전복되고 보다 해방적인 구조가 자리 잡을 때까지는 사회변화가 일어난 것으로 생각하지 않는다.

마르크스주의와 노동조합 조직 실천과정에서 만들어진 동원이론들(mobilization theories)과 같이, 이 접근방식들은 현장 지식(local knowledge)에 특별한 가치를 부여한다. 이 접근방식의 출발점은 가난한 사람들의 무지나 능력 부족이 아니라, 엘리트 그룹의 이익과 권력이 사람들을 가난하게 만들고 압제적인 상태에 처하게 만든다는 것이다. 따라서 지역사회와 조직의 주민들은 자신들의 상황에 대해 상세하고 가치 있는 지식을 가지고 있고, 또한 사회변화를 위해 이러한 지식을 동원할 수 있는 분석 및 전략들을 개발할 수 있는 능력을 가지고 있다고 본다.

외부 전문가의 역할은 전문가의 관점에 따라 다르긴 하지만 언제나 매개자나 촉진자의 역할을 수행하고, 때로는 자극과 주의를 주지만 항상 현지 주민과 그들의 권리를 존중하려고 노력한다. 이것이 바로 성인교육과의 접점이 발생하는 지점인데, 왜냐하면 이러한 개입 프로그램들 중 많은 부분은 성인교육과 역량 형성의 형태로도 이해될 수 있기 때문이다.

실행연구가 지속되면서 사람들은 종종 자신의 능력과 관점에 자신감을 가지게 되고 비자발적으로 권위에 복종을 하는 것에 대해 다시 한번 생각해 보게 되며, 사회변화를 촉진하기 위한 조직 전략을 개발할 수도 있게 된다. 이러한 상황에서 어떤 경우에는 반대자들이 단순히 무지하거나 생각이 없을 수도 있다. 다른 곳에서는 반대자들이 위험하고 폭력적인 경우도 있다. 따라서 이런 경우에는 소수의 사람들을 위협하는 지역 조직들의 형성으로부터 직접적으로 폭동으로 정의될 수도 있는 활동에 이르기까지 다양한 문제 상황이 발생할 수 있다.

Paolo Freire

실행연구의 하나로서 민중 교육 대한 필자들의 논의를 시작하기 위해 Paolo Freire의 연구를 간략하게나마 검토하는 것은 의미가 있다. Freire는 실행연구에서 가장 유명한 인물 중 하나이며, 그의 저작들은 실행연구 분야에 있는 모든 사람들이 어떤 경로에서이건 한번은 접해 보았을 정도로 영향력이 있다. 왜냐하면 Freire는 남부 PAR, 성인교육, 정규 교육 및 지역사회 개발 등에서 중요한 역할을 했기 때문이다.

1921년 브라질에서 태어난 Freire는 길고도 복잡한 경력을 가지고 있다. 그는 빈곤층의 사람들과 함께 일하는 성인교육자로 그의 경력을 시작했지만, 1964년 군사 쿠데타 때 자신이 해 온 활동 때문에 브라질에서 추방되었다. 그의 접근방식은 1970년에 처음 출판된 그의 가장 유명한 저서 『억압된 자들을 위한 교육학(Pedagogy of the

Oppressed)』'[11]에 잘 요약되어 있다. 이 책은 지금까지 출판된 실행연구 저작물들 중 가장 널리 읽혀진 책 중의 하나이며, 그의 메세지는 오늘날에도 여전히 영향력을 가지고 있고 심지어 흥분을 자아내기도 한다. 그의 망명생활은 16년간 지속되었으며 그 기간 동안 칠레와 영국에서 거주하면서 일을 하고, 일정 기간 동안은 제네바에 있는 세계교회협의회(World Council of Churches)와 함께 일했다. 그는 1969년부터 브라질로 돌아가기 전인 1979년까지 하버드 대학교(Harvard University)에서 가르쳤다. 이후 1988년 브라질 상파울로(Sao Paulo)시 교육부 장관으로 임명되어 브라질에서 그의 공적인 경력을 시작하였다. 이때 Freire는 교육에 대한 자신의 아이디어를 실천에 옮길 기회를 가졌다. 1997년 Freire는 생을 마감했다.

그의 저작은 신마르크스주의, Gramsci류의 관점, 해방신학, (노동조합) 조직 기법(organizing) 등이 혼합된 복잡한 조합으로, 그는 이를 '교육학(pedagogy)'이라는 광대한 하나의 범주하에 통합하고 있다. Freire는 "진실을 말하는 것은 세상을 변혁시키는 것"(1970, p.87)이라고 믿었다. 그는 비판적 의식, 명확하고 절제된 행동 및 반성적 사고의 순환 구조와 연계된 말(speech)의 힘을 믿었다. 그는 피억압자들을 노예 상태로 묶어 두고 있는 '소외된 의식(alienated consciousness)'에 대해 매우 복잡한 견해(complex view)를 가지고 있었는데, 조직 운동가들의 일반적인 두 가지 대응방식인 탁상공론(verbalism)과 행동주의(activism)에 대해 비판했다. 첫 번째인 '탁상공론'은 행동이 없는 말이며(1970, p. 87), 두 번째인 '행동주의'는 비판적 의식에 대한 훈련 없이 행동을 위한 행동을 하는 것을 말한다(1970, p. 88).

Freire는 사람들에게 자신들이 처한 상황과 그러한 상황을 변화시킬 수 있는 자신들의 능력을 깨닫게 만드는 비판적 의사소통 행위(critical communicative action)의 힘을 강하게 믿었다. 따라서 그는 사람들이 자신의 목소리를 가질 수 있도록 하는 것을 해방의 가장 핵심적 요소로 보았다. Freire는 "인간은 침묵하도록 창조되지는 않았다"(1970, p. 88)고 주장하며, 자신의 목소리를 낼 수 있는 인간의 권리가 가장 강력한 행위 형식 중 하나라고 강조했다. 비록 자신의 목소리를 내는 행위가 적대적이거나 공격적으로 보일 수도 있지만, Freire는 대화는 사랑의 행위이며 인류에 대

11) [역자 주] 우리나라에서는 『페다고지』(남경태, 허진 역, 2018, 그린비출판사)와 『페다고지:억눌린자를 위한 교육』(성찬성 역, 1995, 한마당출판사)으로 번역되어 출간되었다.

한 믿음을 필요로 한다고 주장했다. 왜냐하면 대화는 상대방이 응답할 수 있고 응답할 것이라는 희망과 믿음에 의존하기 때문이다.

따라서 Freire의 견해로 볼 때 진정한 교육은 항상 사회적이고, 이를 필자들의 용어로 말하자면 '공동생성적(cogenerative)'이 되는 것이다. Freire는 그가 '의식화(conscientization)'라고 부르는 비판적 의식의 개발을 통해 피억압자가 스스로를 해방시켜야 하지만, 궁극적으로는 피억압자들이 또한 동일한 방식으로 자신들을 억압하는 사람들의 해방을 추구해야 한다고 주장한다. 이러한 Freire의 주장에는 사랑과 사회적 연대의 개념이 보인다. 만약 이렇게 하지 않는다는 것은 단순히 피억압자가 다시 반대로 억압자가 되어 그러한 문제 상황이 다시 반복될수 있음을 의미하기 때문이다.

Freire의 저술은 광범위한데(1970, 1998a, 1998b) 그의 저술에 대한 비평도 나타나기 시작했다(예를 들어, Bowers & Apfei-Marglin, 2004). 다시 언급하면, 여기서 논하는 Freire의 저술의 일부는 남부 PAR(제10장)의 광범위한 전략들을 대표하는 것으로 자리매김되어야 할 뿐만 아니라, 교육 실행연구와 인간중심 탐구 전략(제14장)의 일부와도 관련이 있음을 주목해야 한다.

이 접근방식에 대한 더 많은 논의가 이루어질 수도 있지만, 필자들의 생각에는 이미 이러한 접근방식에 대해 관심을 가지고 있는 사람들이 더 많은 관련 문헌을 스스로 찾아 읽을 수 있도록 할 정도의 논의는 충분히 제공했다고 생각한다. 남부 PAR에 대한 두 가지 가장 중요한 기여점은 현장 지식에 대한 집중적 관심과 가치 부여, 그리고 사회변화란 단순히 상황을 미시적으로 조정하는 문제가 아니라 권력의 구조 자체를 변화시키는 것이라는 것을 강조하였다는 점이다.[주3]

우리가 제10장에서 이미 언급했듯이 민중 교육 실행연구 접근방식에서 당연하게 여겨 온 일부 가정들의 문제점을 검증하는 비판적 문헌들도 나타나고 있다.

국제 개발 기구

성인교육을 다루는 가장 강력하고 자금이 풍부한 기관들 중 하나는 국가 기금들을 개발 원조 프로그램에 유입시키는 중앙 정부와 국제 기구들 및 그 관련 기관들이라고 할 수 있다.

이는 극도로 복잡한 주제이다. 필자들은 참여적 농어촌 지역 평가를 다루는 제13장에서 실행연구와 연계되는 국제 개발 기구의 가장 두드러진 특징을 다루고 있다. 국제 개발 기구들은 대개 비정부 기구들(NGOs)과 선교 단체들이 활동하고 있는 곳에서 지배적인 힘을 행사하고 있다. 이러한 국제 개발 기구에는 미국 국제개발처(U.S. Agency for International Development), 노르웨이의 NORAD, 세계보건기구(World Health Organization), 세계은행(World Bank) 및 국제통화기금(International Monetary Fund) 등이 포함된다. 주로 국가의 중앙 정부가 제공하는 예산에 의해 설립된 이 기관들은 전 세계적으로 많은 국가의 개발 프로그램들을 지원하고 있다.

이러한 프로젝트의 대다수는 대규모 기반시설 구축에 자금을 지원하고, 하향식 업무 추진방식이 내재화되어 있으며, 빈곤층의 생활 여건에 대해서는 큰 향상을 거두지 못했고, 민주화에 대해서도 커다란 기여를 하지 못했다고 하는 것이 공정한 평가라고 할 수 있다. 하지만 그래도 일부 프로그램은 의미 있는 지역적 성과를 거두었다. 주요 곡물 수확량 증대를 가져온 소위 녹색 혁명 기술들(green revolution technologies)은 세계 일부 지역 사람들의 영양 및 건강 상태를 향상시켰다. 개발 프로그램의 후원하에, 빈곤 국가 출신의 많은 사람들이 선진 교육을 받기 위해 서구 산업국가에 파견되었다. 어떤 경우에는 (이러한 조치가 해당 국가에) 좋은 효과를 가져오기도 했지만, 때로는 교육받은 후 고국으로 돌아가지 않는 경우도 있었다. 최근 이들 국제 개발 기구들은 필자들이 제13장에서 언급할 참여적 농어촌 지역 평가와 같은 실행연구의 요소를 가진 기법들을 지역 개발에 적극적으로 활용하도록 하는 촉진자 역할을 해 왔다. 이들 대부분의 국제 개발 기구는 참여적 개발 전략에 대한 그들의 공헌에 대해 공식적으로 이야기하고 있다. 하지만 국제 개발 기구가 수행한 국가별 사업들의 성과에 대한 평가가 극단적으로 혼재되어 있기 때문에, 실행연구 분야에 있는 많은 전문가들은 이러한 국제 개발 기구의 기여를 회의적으로 본다. 그들의 개발 노력을 추동하는 재정적 지원은 외형적으로 부여된 이데올로기적 포장과는 달리 주로 해당 국가의 정치적 이익을 위해 봉사하기 때문이다.

지난 25여 년 동안 이러한 국제 개발 프로그램들에서 지속적으로 나타나는 특징 중 하나는 개발을 위해서는 지역 주민들의 교육과 태도의 변화가 중요하다는 주장이다. 이러한 국제 개발 프로그램이 지속적으로 비판받는 이유 중 하나는 현지 사람들에 대해 제대로 알지 못하거나 그들에게 체화된 현지 지식을 존중하지 못하고 있다는 것이다. 이런 비판에 대해 접근방식을 개선하려는 일부 시도가 있긴 했지만, 국제 개발 기구는 구조적으로 현지의 수혜자가 아닌 기금 제공자의 목표를 달성하기 위해 상부로부터 전달되는 하향식으로 프로그램이 시행되어 왔다. 현지 주민들의 이익에 부합되도록 목표가 설정될 때 실행연구 절차들이 진행될 여지가 커질 것이다. 그렇지 않은 경우 실행연구 실천가와 현지 행동가들은 하향식 접근방식을 반대할 수밖에 없다. 물론 특정한 상황이 어떤 상황인지 구분하는 것은 언제나 복잡한 판단의 대상인 것은 틀림없다.

필자들이 이 주제를 마치기 전에, 다른 곳에서는 성인교육 및 실행연구의 범위를 완전히 벗어나는 것으로 간주될 수 있는 몇 가지 다른 종류의 성인교육의 실천 노력들을 추가로 제시하고자 한다.

지원 그룹

비록 그것이 성인교육의 개념을 확장하는 것으로 보일지도 모르지만, 지원 그룹(support groups)은 필자들이 이제까지 논의해 온 성인교육과 실행연구에 대한 많은 요소들을 포함하고 있다. 지원 그룹은 가족의 암, 배우자 학대, 약물 오남용과 같은 공유된 문제를 가진 개인과 가족들이 의도적이고 자발적으로 형성한 그룹이다. 지원 그룹들의 목록은 사실 끝이 없다.

이 그룹들은 그들이 가진 조직과 철학 면에서 매우 다양하지만, 이 그룹의 취지는 함께 모여 자신들이 직면하고 있는 딜레마와 이에 대한 해결책, 약점과 강점을 서로 나누면서, 자신들이 처한 어려움에 대처하는 것을 서로 돕는다는 것에 있다. 지원 그룹은 종종 어려움을 이겨 내는 과정에서의 학습을 통해 사회변화를 위한 조치들을 개발하였다. 음주 운전 및 배우자 학대 방지 및 기타 많은 사회적 문제를 다루는 조직은 소규모 지원 그룹에서부터 시작되었다. 소아암 부모들의 지원에 대한 Chessler and Chesney(1995)의 연구는 실행연구와 지원 그룹들의 접점을 보여 주는 좋은 사례연구라고 할 수 있다. 이러한 분야에서 실행연구가 급격히 발전해 나아갈 수 있는 잠재력을 절대 과소평가해서는 안 될 것이다.

스터디 서클

아메리카 대륙에서보다 유럽에서 훨씬 더 자주 보이는 스터디 서클(study circles)은 성인들이 모여서 자신들의 삶에 영향을 미치는 조건들에 대해 함께 탐구하는 것으로 노동 운동 분야에서 태동했다. 스터디 서클은 노동조합 교육에서 매우 일반적인 접근방식이다. 북유럽의 많은 민중 교육 운동에서도 학습 활동의 주요한 요소로서 스터디 서클을 활용한다.

스터디 서클의 핵심은 (사회에서)성인교육으로 인식되게 하는 것을 목표로 하되, 참여자에게 영향을 미치는 특정한 문제에 대한 의식화를 하여 눈을 뜨게 하고 이에 대해 전략적으로 사고를 할 수 있도록 하는 데 있다. 이러한 유형의 다양한 스터디 서클들은 대부분의 선진 산업사회에서 출현했다가 사라지는 것을 반복하고 있다.

비정부 기구(NGO)

세계 많은 지역의 NGO들은 그들에게 관심 있는 특정한 종류의 사회변화를 지원하기 위해 광범위한 교육 프로그램들을 개발하고 시행한다. 생태 교육, 농업 교육, 성 교육, 보건 교육, 영양 교육 및 유사한 주제들은 많은 NGO 활동들의 핵심을 이룬다. 비록 지금은 NGO들이 엄청나게 많고 다양하지만, NGO들은 일반적으로 정부나 금전적 이익이 아니라 사람들을 진정한 변화의 주체로 보는 국제 개발에 대한 견해를 공유하고 있다. 역사적으로 NGO들은 사람들에게 투자하는 경향이 있었으며, 이로 인해 사람들이 스스로 변화를 창출하고 이를 지속할 수 있도록 했다. 이런 견해로 인해 민중 교육은 NGO들의 활동에서 우선순위를 점하면서 지속적으로 진행되어 오고 있다.

최근 NGO들의 활동방식에 대한 신랄한 비판도 제기되고 있다. 어떤 경우에는 빈곤국에서 NGO들이 정부기관들보다도 더 많은 현금(disposable cash)을 가진 선출되지 않은 숨겨진 정부가 되기도 한다. 각 NGO들은 자신이 추구하는 의제와 가치 체계에 몰입하기 때문에 오용될 가능성이 크다(Mendelson & Glenn, 2002). 유사한 맥락이지만, NGO의 특성상 반대로 상대적으로 커다란 운영의 자유와 유연성 때문에 일부 NGO들은 현지 이해당사자들이 주도권을 가지고 의미 있는 사회개혁 노력을 할 수 있도록 온전한 실행연구 활동에 초점을 맞추고 있는 경우도 있다.

선교와 복음 전도

물론 선교에 다른 목적들도 충분히 존재할 수 있겠지만, 선교는 확실히 일종의 교육적 노력이라고 할 수 있다. 선교는 세계의 모든 국가에서 나타나고 있으며 앞으로도 사라질 것으로 보이지는 않는다. 틀에 박힌 관점으로만 보자면, 선교사는 선한 목적을 가진 봉사자이거나 종교적 광신자로 간주된다. 비록 이런 이미지들에 딱 들어맞는 사람들이 많기는 하지만, 신세대 선교사들은 훨씬 더 세련된 모습으로 활동하고 있다. 일부 선교사 그룹은 현지 지역사회에서 자신의 신념에 따라 살아가려고 노력을 하고, 이를 위해 현지인들에게 가치 있는 프로젝트에 대해 인력과 자원을 배분하는 역할을 하는 민중 교육자의 모습을 보이고 있다. 다른 선교사들은 현지 지역사회에 중요한 자원을 가져와서, 이러한 자원을 선교와 함께 현지 사회의 변화 노력을 촉발하기 위해 사람들을 모으는 데 사용한다. 또 다른 경우에는 이러한 선교 단체들만이 위험하고 분열된 곳에서 일할 용기와 정치적 독립성 그리고 자원을 가지고 있기도 한다. 정부 차원에서는 그러한 지역을 제재하거나 두려워하거나, 그렇지 않다면 문제의 존재 자체를 전적으로 부정할지도 모른다. 따라서 선교사들은 때때로 다른 방식으로는 접근이 불가능한 사람들에게 다가가는 유일한 방법이기도 하다.

선교과정에서는 다양한 교육 전략이 수반된다. 예컨대, 문맹 퇴치 캠페인과 특정한 지역 또는 국가의 변화 프로젝트[온두라스에서의 렌카 인디언 동원(Lenca Indian mobilization)에 관해서는 Kurt Ver Beck, 1996 참조]와 관련된 사회적 집단의 형성, 성경 공부 그룹, 보건 진료소, 난민촌 등이 이러한 교육적 전략이라고 할 수 있다. 이런 선교 단체들 중 일부는 기독교 메시지의 일부로 민주화 이데올로기를 전하기도 한다.

비록 필자들이 선교사들의 존재에 대한 정당성에 의문을 제기하는 것은 아니지만 그들의 실행방식에 대해서는 면밀히 검증해 보는 것이 필요하다. 왜냐하면 선교에서의 중요한 요소는 종국적이거나 절대적인 진리에 대한 믿음이기 때문에, 현지 사람들에게 자신들이 원하지 않는 틀을 부과할 가능성이 항상 존재한다. 이런 일이 발생할 때 선교는 실행연구에서 추구하는 것과는 적대적인 것이 된다. 그러나 선교가 항상 그런 방식으로 이루어지는 것만은 아니기 때문에, 실행연구 실천가들은 선교에 대해서도 열린 마음을 가질 필요가 있다. 실행연구 실천가는 앞서 언급했던 NGO들, 토지 불하 대학교 및 민주적인 개입이 시도되는 다른 어떤 영역에서도 오용의 가능성이 존재했던 것처럼, 선교에서도 이러한 오용의 가능성이 존재하기 때문에 이에 대해 충분히 경계할 필요가 있다.

결론

필자들은 이 장의 서두에서 넌지시 언급했던 광범위하고 방대한 교육 실행연구의 범위가 이제는 명확해졌기를 희망한다. 사실 이 주제를 다른 장들에서 제시했던 수많은 주제 및 접근방식들과 깔끔하게 분리해서 제시하는 것은 불가능하다는 것을 알았을 것이다. 아마도 여기에 남겨진 과제는 Finger and Asún(2001)과 Usher, Bryant and Johnston(1997)이 제기한 도전 과제로 돌아가는 것이다. 서로 다른 관점이지기는 하지만, 그들 모두는 교육 실행연구 분야에서 대부분의 기존 실행방식들은 모더니스트 개발 패러다임에 의해 크게 영향을 받았다고 주장하고 있다. 그들은 교육, 성찰 그리고 이에 따른 변화가 더 나은 사회에서의 보다 만족스러운 삶과 이어질 수 있다고 낙관적으로 보는 사람들에 의해 모더니스트 개발 패러다임의 일부 구성 요소가 이러한 접근방식들에 필연적으로 유지되고 있다고 본다. 따라서 그들은 이러한 상황이 일정 부분 불가피한 것이라고 간주한다. 하지만 그들이 지적한 대로 이러한 주장 또한 더 이상 반드시 확실한 것은 아니다. 포스트모던적인 관점 그 자체가 하나의 보다 거대한 내러티브(grand narrative)로서 이해될 필요가 있다.[12]

그러나 어떤 것을 하나의 거대한 내러티브로 이해한다고 해서 이것이 반드시 이와 관련된 모든 연구방법들과 실천방식들을 버리거나 민주주의와 참여의 가치를 포기하라는 것을 의미하는 것은 아니다. 이러한 연구자들이 우리에게 부과한 도전 과제는 중요한 의미를 가지고 있다. 교육 실행연구가 건설적인 방향으로 나아가기

12) [역자 주] 포스트모던적인 관점에서 볼 때 확실한 것은 아무것도 없다.

위해서(그리고 모든 실행연구 접근방식들이 그렇게 되기 위해서), 우리는 자신들의 이념적 지향점들을 명확히 이해해야 한다. 또한 가치의 투명성(value transparency)과 협력적/공동생성적 과정들을 촉진하는 데 있어서의 일관성에 대해 좀 더 엄격한 기준을 설정하려는 책임의식을 가져야 한다. 아울러 우리는 모든 사람들이 가치로운 삶을 추구하는 것을 돕는 데 있어 단순한 기술적 전문가로 만족하는 것이 아니라, 반드시 협력적 탐구방식에 잘 어울리는 겸손한 태도를 갖는 것에 유념해야 할 것이다.

저자 주

1. 필자들은 현재 코넬 대학교 교육학과에 재직하고 있는 우리의 동료들인 Arthur Wilson과 Scott Peters의 훌륭한 조언을 얻을 수 있어서 매우 행운이라고 생각한다. 그들은 필자들이 익숙하지 않은 이 분야에 입문할 수 있도록 도움을 주었으며, 우리가 조언을 구한 것에 대해 도움이 되는 주된 저작물들을 소개해 주었다. 그들은 우리의 해석과 판단상에 혹시라도 존재할지 모르는 오류에 대해서 전혀 책임이 없다.
2. 필자들은 산업 민주주의(제2장)와 실행과학(제15장)에 대한 장에서 이러한 사상가들을 충분히 언급했으며, 필자들 자신의 접근방식이 John Dewey에게 크게 의존하고 있으므로, 여기서 이들 사상가의 논의들 모두를 검토하지는 않을 것이다.
3. 우리는 제10장에서 이 주제에 대해 광범위하게 다룬 바 있으며 추가적 정보를 얻기 위해서는 해당 논의를 참조하길 바란다.

역자 참고문헌

Zeichner, K.(2001). Educational action research. In R. A. Schmuck (Ed.), *Practical Action Research*(pp. 24-42). London: Corwin Press. A Sage Company

제12장

참여적 평가

과정 또는 프로젝트에 대한 전통적 평가는 사회 관리(social management)를 목적으로 한 가장 권위주의적인 접근방식으로부터 비롯되었다. 전통적 평가라는 개념 자체는 관료적 통제 시스템을 사회과학 연구기법들과 결합함으로써 감독의 대상자들(예컨대, 보조금 수령자, 기관 등)의 활동에 대해 정확히 파악하고, 특정 활동에 대한 그들의 성과를 (일종의) 공적으로 정당화할 수 있는 척도에 따라 분석하는 것이 가능하다는 가정에 근거한다. 이러한 유형의 전통적 평가는 객관적이고 중립적인 전문가가 자기 자신의 (특정한) 가치관이나 선호와는 관계없이 특정 활동에 대해 타당하고, 과오 없는 판단을 내릴 수 있는 능력을 갖추고 있다는 원칙에 근거를 두고 있다.

권한(authority)에 대한 책임의 문제가 여기서 핵심적인 이슈이다. 공적 자금 및 사적 재원은 민간과 공공 분야에서 특정한 문제를 해결하는 데 사용되며, 이러한 재원들이 적절하게 사용되었는지 여부를 파악하기 위해 평가가 실시된다. 사회의 각계각층에서 높아지고 있는 책무성에 대한 요구는 이런 방식의 전통적인 평가가 지배적인 대응방식이 되도록 하였다. 정확히 누가 책임을 져야 하는 것인지 불분명한 경우가 많지만, 모든 사람은 책임을 지도록 되어 있다.

사부문의 재정지원자, 지역 당국자, 정부 그리고 조직 지도자들은 거의 모두가 자신들의 재정지원에 대한 의사결정에 도움을 받거나 이를 정당화하기 위해 또는 자신들의 통제 하에 지원하는 활동들이 지속적으로 수행되도록 하기 위해 프로그램에 대한 평가를 요청하게 된다. 재정 지원자들에게 있어서 이러한 유형의 책무성이 매우 유용하다는 것은 명약관화하다. 평가는 그들의 권력적 위치를 각인시켜 주고, 누가 통제권을 가지고 있는지를 명확히 알려 주는 것이다.

재정 지원을 받고 평가를 받는 사람들의 관점에서 보면, 책무성은 그들의 주된 관심이 아니다. 그들은 자신들이 행한 업무 성과의 질적 수준에 훨씬 더 관심이 있다. 예컨대, 그들이 관심을 가지는 질문은 다음과 같은 것들이다. 해당 프로그램이나 활동이 나의 상황을 개선시켰는가? 지금 나의 삶이 전보다 더 좋아졌는가? 내 스스로를 더 잘 돌볼 수 있게 되었는가? 내 업무 상황이 더 나아졌는가? 우리 조직이 전보다 더 잘 운영되고 있는가? 우리는 옳은 일을 하고 있으며 그러한 일들을 올바른 방식으로 하고 있는가? 평가를 통해 책무성을 확보하려는 접근방식으로는 이러한 질문들에 대해 제대로 된 답을 하기가 매우 어려울 것이다. 그러한 질문들에 답하기 위해서는 해당 조직의 이해당사자들과 고객들로 하여금 자신들이 그동안 참여해왔던 활동 및 상황에 대해 스스로 납득(sense making)하도록 하는 과정에 적극적으로 관여하게 하는 것이 필요하다. 이러한 내부적 관점이 바로 해당 조직 내 구성원들의 행동을 이끌어 가는 힘이라고 할 수 있다.

만약 재정 지원을 받고 있는 이해당사자들이 중요하다고 여기는 문제에 평가의 초점을 맞춘다면, 이를 실행하는 유일한 방법은 해당 프로그램이나 활동의 내부적인 관점에서 역동성이나 과정 및 성과를 이해하고 판단하는 것이다. 따라서 현지 이해당사자가 해당 평가과정에 충분히 관여해야 한다. 하지만 누구나 알고 있듯이 이러한 방식으로 현지 이해당사자들을 평가에 관여시키는 것은 대단히 드문 일이다. 이런 종류의 참여자 관여 여부가 참여적 평가와 전통적인 실증주의적 평가 사이를 획정하는 경계선이라고 할 수 있다.

교실에서의 수행(교사와 학생 양자 모두), 공공 프로그램의 효과 및 개발 프로그램의 영향 등 광범위한 영역에 걸쳐 다양한 문제들이 평가되어 왔다. 공·사적인 분야를 막론하고 어떤 분야에서든지 종류는 다르겠지만 평가를 받지 않는 곳은 거의 없다. 전통적 평가의 활용은 정책 결정자들이 그러한 평가 활동을 다른 방식으로 수행하는 것을 생각할 수 없을 정도로 표준적 방식(modus operandi)으로 자리매김해 왔다.

평가는 공공 및 민간 영역의 의사결정 과정 모두에서 확실히 중요한 위치를 차지해 왔다. 평가는 재원 배분에 대한 결정을 정당화하고 특정한 정치적 결정에 대한 정당성을 창출하는 등 다양한 정치적 기능을 수행한다. 평가는 또한 경비 사용의 타당성과 관련하여 사후적 책무성의 논거로도 활용된다. 추후 공지가 있을 때까지 현재 해당 문제가 평가 중이라고 주장하면서 결정을 연기하는 데에도 평가가 활용될 수 있다.

이 모든 것을 고려해 볼 때, 평가는 수익성이 높은 전문 분야이자 실질적 성장을 거듭하고 있는 주요한 컨설팅 사업이 되어 가고 있다. 이러한 유형의 평가 체계에서는 이해당사자들의 적극적인 참여를 포함하는 평가 활동은 상상조차 할 수 없다. 이해당사자들은 자신들의 활동을 평가할 수 있는 역량이 없는 것으로 간주되며, 자신들을 실제보다 더 그럴듯하게 보이기 위해 자신들의 활동을 재정 지원자들에게 제시함에 있어서 도덕적 위해(moral hazard)를 범할 가능성이 큰, 정직하지 못한 이들로 상정된다.

이러한 사고방식은 평가 절차와 결과에 대해 평가자 위주로 설정된 일방적 관점의 강요라는 생각에 철저하게 의존하고 있다. 따라서 이해당사자들과 거리를 유지한 중립적인 관찰과 전문가로서의 평가자를 상정하고 있기 때문에 자신들의 업무 수행에 관한 데이터 수집 및 결과 분석 과정에 평가의 '대상들(objects)'을 관여시키는 참여의 문제는 전적으로 불가능한 것으로 본다. 그러나 이는 불가능한 것이 아니다. 평가를 수행하며 단지 돈을 버는 것을 목적으로 하는 사람들과는 달리, 유능한 평가자들은 평가가 재정 지원을 받는 조직의 일상적인 활동에 유용한 영향을 미치기 위해서는 평가의 과정과 결과가 단순히 자금을 제공하는 사람이나 조직뿐만이 아니라, 현지 이해당사자들에게도 흥미가 있고 의미가 있어야 한다는 점을 점차 발견하게 되었다. 이런 통찰의 결과로 참여적 평가가 점점 일반적인 방법(common practice)으로 부상하고 있다.

평가의 권위

평가자, 회계사, 사정인, 인증 심사원 또는 기타 전문적인 평가 역할을 수행하는 인사들이 방문하면, 대개는 자신 혹은 자신의 프로그램이나 조직을 '객관적으로(objectively)' 검토하고 평가하도록 역할을 부여받은 그러한 전문가보다 열등한 위치에 처하게 되는 경험을 하게 된다. 우리들 거의 모두가 그러한 평가를 이미 경험해 보았을 것이기 때문에, 흔히 적대적인 것으로 경험되는 그러한 평가를 받는 가운데 대답하기 어려운 질문을 하는 객관적이고 불편부당한 외부자의 이미지를 떠올리는 것이 어렵지는 않을 것이다. (평가대상과의) 거리두기는 전통적 평가방식에서는 매우 중요한 것으로 가정된다. 따라서 평가대상자가 평가자를 포섭(co-opt)하려는 시도가 이루어지지 않도록 경계(실제로도 그런 시도가 이루어지지 않도록 노력)하고 있다. 비록 일부 평가자들은 평가대상과의 관계를 관리하는 데 있어 다른 평가자들보다 더 노련할지는 모르지만, 전통적 평가는 기본적으로 평가자와 평가대상자 사이에 잠재적 이해의 상충이 있다는 것을 중요한 가정으로 삼는다.

독자들은 아마도 평가에 대한 이러한 접근방식이 전통적 사회과학의 개념 및 관료적 불편부당성과 매우 밀접한 연계가 있다는 것을 알아차렸을 것이다. 객관성, 거리두기, 연구자의 주관성과 대상자 선정에서의 편향성(bias and co-optation) 최소화의 필요성 등의 개념은 전통적인 사회과학 연구에서의 표준적 규칙들, 표본 추출, 통계적 검정 등과 같은 '거리두기(distance)'를 위한 기법들과 거의 정확히 일치한다. 게다가 대부분의 전통적 평가는 프로젝트가 끝나는 시점에 이루어지거나, 해당 프로젝트의 중요한 활동이 이루어진 후 상당한 간격을 두고 수행된다. 그러한 평가의 목적은 일반적으로 프로젝트 및 그 책임자의 성과를 '등급화(grade)'하는 데 있다. 물론 일부 중간 평가의 경우는 프로젝트의 후속 단계를 위해 유용한 정보를 도출하는 것을 목표로 할 때도 있다. 여기서 하나의 분명한 가정은 (1) 평가대상자가 정직하거나 양질의 평가 정보를 제공할 것이라고 신뢰해서는 안 된다라는 점과 (2) 프로젝트의 즉각적이고 지속적인 변화를 위해 평가 결과를 활용하는 것이 주된 목표는 아니라는 점이다. 이런 방식으로 평가되는 것은 독자로 하여금 전통적인 사회과학 연구자에 의해 연구대상으로 취급된다는 것이 어떠한 느낌일지를 쉽게 경험하게 한다.

참여적 평가의 등장

다년간에 걸친 프로젝트에서 중간 평가를 하는 경우를 제외한다면(물론 필자가 생각하지 못하는 다른 역할을 할 수도 있겠지만), 전통적인 평가는 프로젝트가 진행 중인 동안에 해당 프로젝트에 대해 긍정적인 영향을 미치는 것을 목표로 하지 않는다. 일반적으로 전통적 평가는 의사결정권자라는 특정한 고객을 위해 결과를 기록할 뿐이다.

가난을 퇴치하거나, 교육받지 못한 사람들에게 읽는 것을 가르치거나, 농어촌 지역공동체의 생존 노력을 지원하는 프로그램들 모두 평가자들의 정밀한 조사를 받는다. 그러한 평가를 통해 보고서가 만들어지는데, 기밀로 유지되거나 혹은 대부분의 비전문가가 이해하기 어려운 방식으로 작성하기 때문에 해당 프로그램의 이해당사자는 대개 자신들을 평가한 보고서에 접근할 수 없게 된다. 또한 대체로 이들 평가 보고서들은 실행 가능한 방식으로 작성되어 있지 않아서 제안된 권고안들조차도 현지 이해당사자들이 즉각 활용할 수 없는 방식으로 제시되고 있는 경우가 허다하다. 즉, 이러한 평가 보고서들은 평가대상자보다는 재정 지원자와 감독 조직이 활용하는 데 더 적합한 방식으로 작성된 것이라고 할 수 있다.

이러한 방식으로 수행된 평가는 경험적 지식을 가진 개인들로서의 현지 참여자들과 그들의 자율성에 종종 부정적인 영향을 미친다. 현지 참여자들은 무엇이 평가되는지, 어떻게 평가가 수행되는지, 또한 평가 결과의 타당성에 대해 어떻게 납득해야 하는지(how to make sense of the results) 등에 대해 할 수 있는 일이 거의 없다. 현지 참여자들은 외부의 '전문(expert)' 평가자와의 관계에서 수동적인 위치에 있으며. 단순히 평가자들을 위한 정보 제공자로 취급된다. 이는 전통적 평가의 가장 기본적인 원리들 중 하나에 기인하는데, 그것은 평가의 본질은 결과에 대해 전문 평가자 자신이 내리는 판단이라는 것이다(Scriven, 1995). 이러한 관점에서 보면, (평가자라는) 전문 직업의 요체는 평가 중인 활동들에 대해 중립적이고 객관적인 판단을 내리는 것이다.

참여적 평가는 이러한 분리 및 단절이 필요하고 가능하며 오히려 바람직한 것이라 보는 전통적 평가의 입장을 전적으로 거부한다. 일부 전문 평가자들은 전통적 평가가 현지 이해당사자들의 요구가 아니라 단지 권력 소유자들의 요구에만 부합되고 있는 사실에 대해 우려하게 되었다. 또한 그들의 평가가 자신들의 돈벌이 수단이 된다는 것 이외에 현장에는 전혀 영향을 미치지 못하고 있다는 사실을 알게 되었다. 그 결과, 그들 중 일부는 자신들의 전문가적 위치를 재규정하고 참여적 평가를 창안하게 되었다.

이해당사자들 입장에서 이러한 전환은 평가를 자신들이 중요하다고 여기는 부분들에 대한 성과 향상 달성을 도와주기 위한 조직 개발(organizational development) 과정으로 변환시키기 때문에 매우 중요하다고 할 수 있다. 다른 말로 표현하자면, 참여적 평가는 평가를 단순히 책무성 달성 여부를 따지는 '책무성의 법정(court of accountability)'에서의 검증작업이라는 성격에서 현장의 프로그램 개발을 지원하기 위한 참여적이고 비전과 가치를 기반에 두고 변화시켰다. 이것이 가능하려면 평가자들은 특정한 프로그램이나 활동에서 이해당사자들이 관여하게끔 하고, 거리를 둔 객관적인 심판자의 역할 대신 관여하는 행위자로서의 전문적 역할을 맡아야 한다.

이러한 입장에 대한 평가자 공동체에서의 최초의 영향력 있는 주장은 평가에서의 윤리 논쟁을 촉발시킨 Ernest House(1972, 1993)로부터 비롯되었다. House에 따르면, 평가과정에서 서로 다른 직권(직위 권력)을 가지고 있는 서로 다른 이해당사자들은 확실히 일치된 이해관계를 가지지는 않을 것이다. House는 평가를 하나의 과정으로 제시했는데, 이 과정 속에서 서로 다른 이해당사자나 수혜자들이 가지고 있는 다양한 가치, 관심사항 및 역량들은 평가자로 하여금 평가대상자와 거리를 유지한 객관적 관찰자의 위치로부터 적극적으로 관여하고 참여하는 공동작업자로 이동할 것을 요구하였다. 이러한 관점의 전환이 바로 참여적 평가를 위한 길을 연 핵심적 계기가 되었다.

우리는 물론 참여적 평가의 의미를 과장해서도 안 된다. 현재 거의 대부분의 평가에서 지배적으로 활용되고 있는 전통적 평가는 여전히 참여에 대해 가장 초보적인 관련성만을 유지한 채 평가를 시행하고 있다. 예를 들어, Michael Scriven(1991)의 『평가 분류 사전(제4판)(Evaluation Thesaurus)』에서는 심지어 참여에 대해 언급조차 하지 않고 있다.

참여적 평가의 접근방식

참여적 평가에 관한 문헌들에서 적어도 세 가지 다른 접근방식들을 확인할 수 있다. 참여에 대한 이러한 접근방식들은 서로 다른 인식론적 전제에 기반하고 있으며, 다양한 방식으로 참여를 개념화하고 있다. 이들 접근방식은 현장에서의 실행방식(on-the-ground praxis)에도 차이를 둔다. 접근방식들 중 첫 번째 계열은 Guba and Lincoln(1981, 1989)의 구성주의적 접근으로 대표된다. 두 번째 계열은 Patton(1986, 1997)의 활용기반 평가(utilization-based evaluation)에 대한 주장이고, 세 번째 계열은 Fetterman, Kaftarian and Wandersman(1995)의 권한 부여 평가(empowerment evaluation)이다.

구성주의적 평가

Egon Guba와 Yvonna Lincoln은 전통적 평가의 유용성에 대해 완전히 실망하게 된 이후에 구성주의적 평가(constructivist evaluation)에 관심을 갖게 되었다. 이는 그들의 '자연주의적 탐구(naturalistic inquiry)' 관점의 논리적인 파생물이라고 할 수 있다. 그들은 평가가 효과적인 것이 되려면 평가가 자연주의적 패러다임에 기반해야 한다고 생각했다.

> 자연주의적 패러다임은 근원적 연구기법(fundamental technique)으로서 현장 연구에 의존한다. 이는 진실을 불가항력적(ineluctable)인 것으로, 즉 궁극적으로 피할 수 없는 것으로 보는 것이다. 현상학의 탐구대상이 존재하는 현장에 대해 가지게 되는 경험과 그러한 현장에의 충분한 몰입은 현장에서 중요하고 역동적이며 보편적으로 인식되는(pervasive) 것이 무엇인지에 대한 필연적인 귀결을 산출하게 만든다. 민족지학은 이러한 패러다임에 의존하고 있는 전형적인 예라고 할 수 있다(Guba & Lincoln, 1981, p. 55).

구성주의적 평가에 관한 표준적 교재는 Guba and Lincoln(1989)의 『제4세대 평가(Fourth Generation Evaluation)』이다. 이 책에서 저자들은 평가에 구성주의적 접근법을 도입하고, 평가는 실재를 구성하고 또한 재구성하는 과정이라고 주장함으로써 이를 자연주의 탐구와 연계시킨다. 이 책은 논리적 측면에서 그들의 저서들인 『효과적인 평가(Effective Evaluation)』(1981)와 『자연주의적 탐구(Naturalistic Inquiry)』(1985)의 후속 저작물이라고 할 수 있다. 전자는 "평가를 어떻게 의미 있게 만들 수 있을 것인가"란 주제를 중점적으로 다루고 있고, 후자는 사회과학에 대한 후기 실증주의적 방법론들을 종합적으로 개발하는데 초점을 맞추고 있다. 특히 『제4세대 평가』는 구성주의적 사회과학에 대한 인식론적 입장을 개척하고, 비실증주의적 방식으로 해당 분야에 접근하는 연구자들을 위한 상세한 방법론적 입장을 전하는 데 중점을 두고 있다.

Guba와 Lincoln 연구의 중심 주제는 평가 과정과 결과를 이해하기 위해서 직접 사람들과 함께 참여할 것을 사회과학 연구자들에게 촉구하는 것이다. 이런 방식으로, 그들은 참여를 현대적 평가의 활용(contemporary evaluation praxis)과 관련한 논쟁에서 중심적인 요소로 만들었다. Guba와 Lincoln은 다음과 같이 언급하고 있다.

> 구성주의 연구자의 주요 과업은 주어진 상황 내에서 다양한 행위자들이 가지고 있는 사회적으로 구성된 의미들(constructions)을 알아내고, 이렇게 구성된 의미들을 서로 연결시키는 것이다. 즉, 사회적으로 구성된 의미들이 서로 결합되고, 또한 문제가 되고 있는 이슈들에 의미를 가지고 있는 모든 정보들이 함께 고려되는 것[이어야 한다](1989, p. 142).

구성주의적 접근방식은 문제의 당사자들을 전면에 내세우는데, 이는 평가받는 과정과 구조를 파악하고 이해하는 데 그들의 견해가 핵심적인 역할을 담당하기 때문이다. 이것은 평가가 (1) 자신들의 상황에 대한 참여자들의 이해와 (2) 성취된 결과에 대한 참여자들의 판단에 기반한다는 것을 의미한다. 평가자는 이러한 해석학적 과정을 지원하고 그 과정에 관여할 수 있는데, 그 이유는 그러한 과정이 결국 필수적인 '평가적 통찰력(evaluative insights)'으로 이어지기 때문이다. 이런 관점에서 해석학적인 기반 작업이 참여자에 의해 이루어지지 않는다면 평가는 완료될 수 없는 것이다.

활용 및 참여

평가의 효율성과 효과성과 관련한 도전에 대한 보다 전통적인 대응(conventional response)은 Michael Quinn Patton(1986, 1997)의 연구에서 발견된다. Patton에게 있어 가장 중요한 문제는 평가 결과가 관련 이해당사자에게 의미 있는 것이 되기 위해서 평가를 어떻게 설계할 것인가 하는 것이었다. Patton의 관점에서 평가는 평가되고 있는 프로그램 또는 활동에 영향을 미칠 수 있도록 설계되어야만 하는 활동이다.

이해당사자들에 의해 제대로 활용되지 못하는 평가의 딜레마 문제에 대한 대응으로서, Patton과 같은 평가자들은 평가자와 평가대상자가 보다 긴밀한 관계를 형성하고 상호 학습의 가능성을 높이는 참여적 접근방식(participatory approaches)을 개발했다. Patton은 이러한 평가방식을 처음으로 제시한 학자들 중 한 명이었다. Patton(1986)은 자신의 저서 『활용중심 평가(Utilization-Focused Evaluation)』에서 프로젝트를 개선하기 위한 평가 결과의 활용을 평가 작업에서 필수적인 것으로서 강조하고 있다.

> 활용중심 평가와 다른 접근방식과의 근본적인 차이는 평가의 본질, 목적, 내용 및 방법에 관해 선택하는 부담을 평가자 혼자 떠맡지 않는다는 것이다. 이러한 결정들은 확인 가능하고 조직화되어 있는 의도된 사용자들(intended users)이란 집단과 함께 이루어진다(p. 53).

기본적으로 Patton은 그가 정의한 것과 같이 평가에 모든 이해당사자들을 포함시키는 것을 목표로 한다. 여기서 모든 이해당사자들은 "평가 결과에 있어서 이해관계(기득권)를 가진 사람들"(1986, p. 43)이다. 모든 평가에는 프로그램 효과에 직간접적인 이해관계를 가지고 있는 프로그램의 자금 제공자, 직원, 관리자, 고객 및 기타 사람들 등 다수의 이해당사자들이 존재한다. 비록 Patton(1986, 1997)의 관심이 자금 제공자, 직원 및 관리자에게 보다 많이 주어지기는 했지만, 평가되고 있는 프로젝트의 고객들 또한 그의 사고 및 평가과정에 포함된다.

평가 결과를 유용하게 만들기 위해서는 현지 이해당사자들의 관여가 필요하다는 이러한 특별한 통찰은 평가대상 프로그램의 고객들이 스스로 평가 결과를 다루는 방식에 관심을 갖도록 하는 것으로 이어졌다. 이들 고객은 평가를 통해 잠재적으로 가장 많은 이익을 얻어야만 하는 행위자들로서 다른 모든 이해당사자들과 다른 위치에 있다. 많은 경우에 그들의 관심사는 프로그램을 운영하는 직원들의 관심사와는 다르다. 어떤 의미에서 그들은 어떠한 프로그램에서든 주요한 행위자가 되는데, 그 이유는 해당 프로그램과 관련된 활동의 초점이 그들이 처한 상황에 대해 어떤 것을 하는 가에 맞춰져 있기 때문이다. 다른 어떤 이해당사자 집단도 그러한 위치에 있지 않기 때문에, 이러한 평가의 주요한 수혜자들이 평가를 활용하는 방법에 대해 주의를 집중하도록 하는 것은 평가의 의미를 높이는 하나의 효과적인 조치가 될 수 있다.

이 지점이 바로 평가에 대한 참여적 접근이 본연의 모습을 드러내는 곳이다. 참여적 평가는 프로그램의 고객들이 스스로 자신들이 원하는 목표에 도달하려고 노력하는 과정에서 (평가자들이) 이들을 도와줄 수 있는 학습과정을 창출하는 것을 목표로 한다. 평가에 대한 참여적 접근방식은 프로그램 활동과 평가 결과 사이의 구분을 의도적으로 흐릿하게 한다. 왜냐하면 참여적 평가는 프로그램 수혜자로 하여금 스스로 목표를 더 잘 달성할 수 있도록 도와줌으로써 변화를 만들어 나가는 것을 목표로 하기 때문이다. 결국 그러한 접근방식은 종종 한 단계 더 나아가 해당 프로그램이 원래 계획되어 있는 것을 제대로 하고 있는지를 평가할 뿐만 아니라, 현재 수행하고 있는 일들이 정말로 해야만 하는 옳은 일인지 또는 다른 대안적 작업을 수행하는 것이 오히려 프로그램의 목적을 보다 잘 달성할 수 있는 것인지 여부를 평가하는 것이 가능한 상황을 창출하게 된다.

참여적 평가에서의 표준적 실행방식은 평가 결과를 해석하는 과정에서 프로그램이나 활동의 제공자와 고객들을 참여시키는 것이다. 이를 수행하는 가장 일반화된 방법은 평가 결과의 타당성을 납득시키기 위한 방식으로서 수집된 데이터에 대해 이들(제공자 및 고객)과 함께 논의하는 것이다. 보다 진전된 형태는 프로젝트 초기부터 무엇을 평가할지를 설계하는 과정에 이해당사자를 관여시키고(예를 들면, 주요 변인 및 변인의 정의방법 결정), 그들을 데이터 수집과정에 관여하게 하며, 발견된 결과의 타당성에 대해 이해를 공유하는 과정에도 이들을 포함시키는 것이다.

이러한 참여적 과정이 어떻게 구조화되느냐는 평가 전문가들 사이에서도 의견이 크게 다를 수 있다. 각각의 평가자는 (평가자와 참여자의) 양측 당사자 모두가 부담을 느끼지 않는 편한 방법으로 참여자를 관여시키게 된다. 일부는 회의를 조직하고 다른 이들은 탐색협의회(search conference)와 같은 집단 역학과정(group dynamic processes)이나 기타 다른 참여적 기법을 활용한다.

(그러나) 이러한 참여적 과정에 문제가 없는 것은 아니다. 보다 향상된 수준으로 평가 결과를 활용하겠다는 목적만을 위해 참여적 평가 접근방식을 사용하는 데서 나타나는 주된 어려움은 평가자의 입장에서 기회주의적 상황(opportunistic situation)이 조성될 수도 있다는 점이다. 즉, 평가자들이 해당 프로그램의 고객들에게 그 프로그램으로부터 무엇을 얻을 수 있는지 대해 (자신의 관점을 바탕으로) 영향력있게 지도함으로써(coaching) (구성원들의 다양한 의견을 존중하자는) 본래의 의미가 왜곡되는 과정(co-optive process)으로 이어질 수도 있다. 이로 인해 이해당사자들의 이해의 다양성이 소홀히 다루어질 수 있고, 이러한 문제점을 해소하기 위해 이해당사자들의 목표 설정과정에서 종종 많은 시간이 걸리는 지난한 노력이 요청되는 경우가 발생될 수 있다.

권한 부여 평가

어떤 참여적 과정에서나 무언가를 성취하는 도구적 수단으로서의 참여와 그 자체가 목적이 되는 참여 간에는 언제나 긴장이 존재한다. 이해관계와 권력을 포함한 보다 광범위한 정치적 환경은 대개 대부분의 평가 실제에서 미미한 역할만을 하며, 민주화가 평가와 연계된 개념 체계에서 하나의 요소로 포함되는 경우도 거의 없다. 그러나 권한 부여 평가(empowerment evaluation)에서는 이러한 환경들이 강조된다. 예를 들어, Brunner and Guzman(1989)의 『참여적 평가: 프로젝트 평가와 권한 부여의 도구(Participatory Evaluation: A Tool to Assess Projects and Empower People)』는 평가를 "공정하고 평등한 사회를 만들기 위한 투쟁에 참여할 수 있도록 사회에서 지배받는 집단들에게 권한을 부여하는 것을 목표로 하는 교육 개발 프로젝트의 방법론적 구성 요소"(p. 10)로 보려고 하는 노력이라고 할 수 있다. Weiss and Greene(1992), Patti Lather(1991) 및 Michelle Fine(1996)은 권한 부여 평가 접근방식의 또 다른 주창자들이다.

Michelle Fine(1996)은 참여적 평가 연구에 접근하는 다섯 가지 실행 방침의 형태로 자신의 주장을 요약하고 있다. 그것은 지역의 역량 형성(building local capacity), 평가와 개혁, 탐구에 대한 윤리, 평가와 민주적 참여 그리고 평가 연구의 '산출물(products)'에 대해 다시 생각해 보는 것이다. Fetterman 등(1995)은 권한 부여 평가를 "개선과 자기결정을 촉진하기 위한 평가 개념, 기법 및 결과의 사용"이라고 정의한다. 그들은 나아가 "권한 부여 과정은 통제권과 필요한 자원을 획득하고, 자신의 사회적 환경을 비판적으로 이해하려는 시도들이 골간을 이루는 과정이다"(1995, p. 4)라고 언급하고 있다.

이것은 기존의 평가 개념에 비해 급진적인 것이 아닐 수 없다. 권한 부여 평가는 평가대상과 거리를 두고 객관성을 강조하는 전통적인 평가자의 역할에서 완전히 탈피하여 평가자 역할을 재구성하는 것을 기반으로 한다. 또한 구성주의적 평가 및 활용중심 평가에 비해 정치적인 측면에서도 보다 적극적(proactive)이다. 권한 부여 평가에서 가장 두드러진 요소는 개입주의자, 실천주의자로서 평가자를 이해하는 것이다. 적극적인 정치적 관여도 기대된다.

권한 부여 평가의 근본은 참여자들이 자기 자신의 평가를 수행할 수 있도록 가르치는 데 있다. 여기에는 평가가 무엇인지와 평가가 어떻게 수행될 수 있는지, 이 두 가지 모두를 참여자가 이해하도록 돕는 노력이 포함된다. 권한 부여 평가에 있어서는 이해당사자 스스로가 적극적이고 참여적일 것이 기대된다. 여기에서 자기평가는 (1) 평가를 자기 스스로 수행한다는 것, 그리고 (2) 자기 자신의 상황에 대한 평가가 이루어지도록 한다는 것의 이중의 의미를 갖는 것으로 개념화되어 있다. 따라서 전문 평가자는 참여자로 하여금 자신들의 평가를 의뢰할 수 있게 하고, 이들을 지원하기 위해 필요한 학습과정들이 제대로 구조화되었는지 확인하기 위해 일하는 촉진자가 된다. 이 점에서 권한 부여 평가는 훌륭한 공동생성적 조직 개발과정과 매우 유사해 보인다.

전문 평가자는 또한 주창자(advocate)이기도 하다. 그러나 가장 중점을 두는 것은 참여자로 하여금 그들 자신의 평가를 수행할 수 있게끔 하는 데 있다. 이 평가에 대한 전문 평가자는 평가과정을 통해 얻은 통찰력을 공식적으로 대변하는 사람(public spokesperson)이자 평가 결과에 정당성을 부여하는 사람(legitimator)이 된다.

실제 권한 부여 평가 과정에서는 해방을 촉진하는 변화(liberating development)를 향한 출발점을 만들어 낼 수 있는 참여자들의 계몽적인(눈이 뜨이게 하는, 감춰진

부분을 드러내는, 깨우치는) 경험에 특히 관심을 기울인다. 그럼에도 불구하고 해방이라는 보다 광범위한 문제는 일반적으로 다음의 예에서처럼 다소 완곡한 방식으로 다루어진다. 즉, "[권한 부여 평가는] 자기결정을 위한 강력하고 해방적인 힘들을 분출시키게 할 수 있다"(Fetterman et al., 1995, p. 16) 이 과정에서 해방은 권한 부여 평가 내에서 발생하는 부차적인 효과로 간주된다. 해방은 그 자체로서 목표는 아니지만 일어나면 좋을 잠재적 성과이다. 이는 해당 평가에 대한 설계 기준 요소는 아니다.

이것은 흥미로운 모순이 아닐 수 없다. 만일 권한 부여 평가가 반드시 해방이라는 궁극적인 목표를 의미하는 것이 아니라면, 이 평가의 목적은 무엇인가? 이러한 보다 상위의 목표에 대한 명확성이 결여되어 있다면, 권한 부여 평가는 사람들이 자신들의 삶에 영향을 미칠 수 있는 장기적인 능력 배양에 대해 거의 혹은 전혀 효과가 없는 과정으로의 참여를 의미하는, 당초 취지로부터 한참 왜곡된 전략(co-opted strategy)으로 전락하기 쉽다. 권한 부여 평가 역시 기업계에서의 권한 부여 운동이 그랬던 것처럼 권한 부여가 통상 이해당사자에 의해서 이루어지는 행위이기보다는 이해당사자를 '대상으로 하여 행해지는' 어떤 것이라고 간주되는 동일한 문제 상황에 빠질 위기에 처해 있다.

평가 실제에서 실행연구의 활용

참여적 평가 전략은 전반적으로 볼 때 실행연구 접근방식의 복잡성, 다양성 및 특수성과 공통되는 점이 매우 많다. 참여적 평가는 그 자체로서 하나의 실행 형식이라고 할 수 있지만, 실행연구에서 사용되는 작업방식/작업(work)에 직접적으로 기반을 두고 있고, 또한 참여적 평가의 많은 저자들은 특정한 실행연구 작업들을 자신들이 연구자로서의 가진 전문 지식의 일부로서 직접적으로 언급하기도 한다. 실행연구 접근방식은 협력적이고 참여적인 접근방식으로 평가라는 개념을 확장시킴으로써 이 분야에 중요한 공헌을 했다. 다만, Patton(1997)은 실행연구에 대해 일부 언급을 하긴 하지만 결코 이를 자신의 개념화에 통합시키지는 않고 있다.

필자들의 생각으로는 실행연구를 모델로 한 평가는 최근에 들어서야 비로소 중요한 영향을 미치고 있는 것으로 보인다. 예를 들어, Finne, Levin and Nilssen(1995)은 최근 개발된 실행연구 평가 접근방식 중 하나를 '추적연구(trailing research)'[1]라고 부르고 있다. 추적연구에서는 평가에 대한 참여적 접근방식이 실행연구 과정으로부터 직접 통합된다. 이러한 과정에서의 중심 개념은 전체 프로그램 기간 전반에 걸쳐 이해당사자들과 지속적으로 관여를 할 수 있는 상황을 구축한다는 것이다. 평가자들은 이해당사자와 공동으로 평가할 문제들을 결정한다. 그다음 연구팀은 통상적으로 관련 데이터를 수집하고 일부 예비적 분석들을 수행하는데, 이때 이해당사자들도 의미 생성과정(sense-making processes)에 관여하게 된다. 이러한 상호 학습과정으로부터 문제 상황에 맞게 조정하여 다시 구안된 조치들을 도출하게 되며, 이렇게 새로 구안된 조치들은 목표를 달성하기 위해 혹은 해당 프로그램을 새로운 목표에 따라 수정하기 위해 진행 중인 해당 프로그램에서 다시 적용되게 된다. 이러한 작업은 추후 실행연구와 유사한 방법이 적용되는 형성평가의 성격을 가진 보고서 작성으로 마무리되게 된다(Rolfsen & Torvatn, 2005).

실행연구는 또한 교육기관을 평가하는 접근방식으로 사용되어 왔다. King(1998)은 이러한 유형의 작업의 예를 보여 준다. 그러나 이러한 평가에 대한 접근방식들은

---

1) 영어로서 추적연구(trailing research)란 용어는 Finne, Levin and Nilssen(1995)에 의해 처음으로 만들어졌으며, Olsen and Lindøe(2004)에 의해 후속적 논의가 이루어졌다(Stensaker, 2013). 추적연구는 평가 결과의 활용을 향상시키려는 목적을 가진 평가의 모형이다. 이 모형은 형성평가와 총괄평가를 통해 학문공동체를 위한 지식을 산출하는 것과 함께 연구가 실행되는 조직 구성원들과의 계획된 학습의 발생을 통합시키는 모형이다. 형성 및 총괄 평가는 평가 결과의 즉각적 활용을 향상시킬 수 있도록 실행연구 모형 속에 내재화된다. 추적연구에 내재하고 있는 기본적 생각은 실용적 평가 활동을 반성적 성찰의 과정과 통합시키자는 것이다(Finne, Levin, & Nilssen, 1995). 추적연구는 평가에 대한 전통적 접근방식과 실행연구 접근방식의 강점을 함께 모아 시너지 효과를 창출하기 위해 개발되었다(Olsen & Lindøe, 2004). 추적연구와 실행연구의 차이점은 추적연구에서는 (1) 현장의 문제를 해결하는 타당한 실천방안을 도출하는 것뿐만 아니라, 학문공동체를 위한 지식을 산출하는 것을 동시에 목표로 한다는 것, 따라서 (2) 연구자의 역할도 실행연구에서처럼 연구자이자 동시에 자신이 적극적인 변화 창도자의 역할을 하는 것이 아니라, 비판적인 외부자(연구자)로서의 신뢰성과 조직적 맥락에 대한 민감성(sensitivity to the organizational context) 사이의 균형을 잡는 것에 견구자의 주된 관심을 두게 된다. 따라서 추적연구에서 연구자는 실행연구에서와는 달리 직접적인 변화 창도자는 아니며, 변화 결과에 대한 직접적인 이해관계도 존재하지 않는다(Stensaker, 2013). 실행연구가 민주적 변화를 실현시키는 도구라는 이념지향성이 실행연구자가 가져야 하는 바람직한 마음가짐이라는 전제를 깔고 시작하는 반면, 추적연구는 그러한 이념지향성에서 연구자를 분리하고 있다는 점에서 차이가 있는 셈이다. 이런 점에서 역자의 관점에서 보면 추적연구는 이 책의 제9장에서 제시하고 있는 실용적 실행연구의 기본적 개념과 일치하는 부분이 많다고 본다.

실행연구에 대한 제대로 된 이해에 기반하고 있지 않은 경우가 많아, 필자들은 매우 놀라울 따름이다.

결론

비록 필자들은 참여적 평가와 실행연구 사이의 (차이점보다는) 유사점을 보다 일반적인 것이라고 보고 있기는 하지만, 두 접근방식의 강조점에 있어서는 몇 가지 중요한 차이점이 있다. 먼저, 참여적 평가는 참여적 측면을 평가과정에서의 모든 활동들의 구심점으로 강조하지만, 그러한 참여로부터 문제해결을 위한 적극적 관여 단계로의 전이과정은 전혀 명확하지 않다.

다른 한편으로, 대부분의 실행연구가 데이터 수집과 분석 전략에 많은 관심을 기울이지 않고 있는 반면, 평가자들은 전반적으로 높은 수준의 데이터 수집 및 분석 기준과 전략을 가지고 있다. 이 분야가 지속적으로 발전해 나감에 따라, 참여적 평가자와 기타 실행연구자들 사이의 보다 긴밀한 관계의 형성은 양쪽 집단 모두에게 가치로운 것이 될 수 있을 것이다.

마지막으로, 비록 필자들이 이 장에서 참여적 평가를 별도의 주제로 다루기는 했지만, 실행연구와 평가 활동 간에는 훨씬 더 긴밀한 관계(integral relationship)가 있다는 점은 명확하다. 기본적으로 실행연구 프로젝트의 논리 자체에는 문제의 설정, 방법의 선택, 데이터 수집과 분석, 활동 설계 그리고 연구 협력자에 의한 활동의 효과에 대한 '평가(evaluation)'가 포함된다. 평가가 없다면 실행연구 과정 자체가 완료될 수 없는 것이다. 더욱이 실행연구에서는 평가가 프로젝트의 시행 첫날부터 마지막 날까지 해당 프로젝트의 구성 요소가 되어야 실행연구로서의 진정한 의미가 있다고 본다. 실행연구에서의 평가는 연구 수행과정들을 점검하고, 또한 이 과정에서 적절한 활동들이 적절한 방식으로 수행되고 있는지, 그리고 프로젝트 진행과정 중에 만들어 낸 변화들이 성과를 향상시킬 수 있는지 여부 등을 결정하는 중요한 방법이라고 할 수 있다. 따라서 실행연구를 실천하고자 하는 사람은 누구나 참여적 평가도 원활하게 수행할 수 있어야 한다.

역자 참고문헌

Finne, H., Levin, M., & Nilssen, T. (1995). Trailing Research: A Model for Useful Program Evaluation. *Evaluation, 1*(1), 11-31.

Olsen, O. E., & Lindøe, P. (2004). Trailing research based evaluation: Phases and roles. *Evaluation and Program Planning, 27*(4), 371-380.

Stensaker, I. R. (2013). Methods for tracking and trailing change. In A. B. Shani, W. A. Pasmore, R. W. Woodman, & D. A. Noumair (Eds.), *Research in Organizational Change and Development*. Bingley, U.K.: Emerald Books.

제 13 장

참여적 농어촌 지역 평가, 단기 농어촌 지역 평가, 참여적 학습과 분석

참여적 형식의 평가는 다양하고 매우 광범위한 상황에 적용될 수 있지만 보편적인 형식의 평가는 아니다. 이전 장에서 언급했듯이 참여적 형식의 평가는 비전문적인 이해당사자의 능력과 정직성에 대한 긍정적인 가정들에 많이 의존하고 있다. 강력한 관리주의(managerialist)와 권위적인 접근방식들이 다른 많은 분야들에서 성행함에도 불구하고, 참여적 평가 기법은 전통적인 접근방식들이 실패를 거듭해 왔던 특정한 분야에서 나름의 성과를 만들어 내고 있다. 그러한 분야 중 하나가 다중적 이해당사자가 참여하는 지속 가능한 환경 개발(Hemmati, Dodds, & Enayati, 2002)이다. 또 다른 분야는 국제적인 농어촌 지역(rural) 개발 프로그램에서의 기초연구(baseline studies)와 평가인데, 이는 현재 실행연구가 주변적인 위치에 머무르지 않고 주도적 접근방식으로 자리 잡고 있는(혹은 적어도 그렇게 보이는) 얼마되지 않는 분야들 중의 하나이다.

우리가 언급하는 실행방식들은 매우 다양한 이름으로 알려져 있지만 가장 널리 활용되고 있는 명칭은 참여적 농어촌 지역 평가(participatory rural appraisal: PRA)이다. 하지만 우리가 아래에서 지적하는 것처럼 이를 지칭하는 많은 다른 표현들이 존재한다. 참여적 농어촌 지역 평가는 국제적인 농어촌 지역 개발 프로그램(대부분이 시골 지역이지만 반드시 그렇지는 않다)에서의 기초적 연구와 참여적 설계 및 평가에 초점을 맞추고 있다. 참여적 농어촌 지역 평가의 경우 세계은행(World Bank), 미국 국제개발처(U.S. Agency for International Development: USAID), 식량농업기구(Food and Agriculture Organization: FAO)와 같은 거대 국제 개발 기구들 중 최소한 일부 기구가 이를 주요 업무로 삼고 있기 때문에 충분한 자금이 지원되고 있다. 이 분야에서의 참여적 농어촌 지역 평가의 중요성에도 불구하고, 강력하고 재정이 풍부한 국제 기구의 핵심적 운영 활동이 된다는 것은 특히 비참여적 목표(non-participatory ends)를 위해 실행연구 접근방식을 편의적으로 채택하는 문제(co-optation)를 비롯한 많은 문제들을 야기시키고 있다.

이러한 실행방식들의 광범위한 확산과 함께, 거대 규모의 다국적 국제 기구들과 수많은 비정부 기구들(NGOs)에 제공되고 있는 막대한 재정적 · 인적 자원들을 생각하면 우리가 여기서 참여적 농어촌 지역 평가를 별도의 항목으로 다루는 것에 별 이견이 없을 것으로 생각한다.

국제 개발 영역에서 참여적 농어촌 지역 평가

다양한 형태의 참여적 평가와 연계되어 있기는 하지만 매우 다른 위상을 차지하고 있는 것이 현재 일반적으로 '참여적 농어촌 지역 평가(participatory rural appraisal)'[주1]라는 이름하에 수행되고 있는 일련의 접근방식들이라고 할 수 있다. 참여적 농어촌 지역 평가는 주로 가난한 국가에서 전반적인 사회경제적 개발 프로그램들을 구성하는 하나의 요소라고 할 수 있다. 이러한 전략들은 지역 주민들이 문제 정의와 문서화 과정에 관여함으로써 해당 문제에 대해 보다 신뢰할 수 있는 기초 데이터를 개발하는 것을 목표로 한다. 전 세계적인 개발 프로젝트들의 급증과 참여적 농어촌 지역 평가의 초동적 상태를 고려해 볼 때 현재 관련 문헌은 거의 없는 것이나 마찬가지이다. 필자들은 다만 이 장을 통해 독자들이 참여적 농어촌 지역 평가를 이해하기 위한 기초적 지식을 얻는다면 만족할 것이다.

일단 적절한 용어를 정하는 것 자체가 매우 어렵다. 예컨대, Jules Pretty와

Simplice Vodouhê(연도 미상)는 참여적 농어촌 지역 평가와 관련성이 있는 다음과 같은 약어들을 나열하고 있다.[주2] AEA, BA, DELTA, DPR, FPR, GRAAP, MARP, PALM, PAR, PRM, PRAP, PTD, PUA, PfR, PD, RA, RAAKS, RAP, RAT, RCA, REA, RFSA, RMA, ROA, RRA, SB, SSM, TfD, TfT, VIPP 등. 이러한 용어 리스트들을 볼 때, 업무 수행 절차에서 자신의 이름을 특허화하는 것이 일종의 마케팅 전략이 되는 거대한 관료적 국제 기구와 매우 적극적인 국제 컨설팅 비즈니스가 이 분야에 관련하고 있다는 점에는 의문의 여지가 없다. 문제 상황을 더욱 악화시키는 것은 동일한 내용에 단지 다른 이름이 붙은 것이 아니라, 일정 부분 공통된 가정으로 연계되어 있긴 하지만 상당히 다른 다양한 접근방식을 포괄하고 있다는 점이다. 여기서 우리의 목적은 단지 다양한 참여적 평가 전략이 사용되고 또한 실천방식과 내용에 있어 다양성이 발견된다는 점을 염두에 두면서 이러한 공통된 가정들 중의 일부를 나열하는 데 있다.

이러한 접근방식의 활용을 촉진해 온 기관들 중 가장 선도적 기관은 서섹스(Sussex)의 개발연구원(Institute for Development Studies)이며, 이 분야에서 가장 잘 알려져 있는 사람이자 왕성한 활동력을 가진 작가는 Robert Chambers이다. 필자들은 이 장에서 Chambers의 접근방식에 크게 의존하고 있긴 하지만,[주3] 이와 관련한 접근방식들은 다른 곳에서도 많이 발전되어 왔다[예컨대, 페루의 국제감자연구소(International Potato Center), 코넬 대학교 국제농업식량개발연구소(Cornell Institute for International Agriculture, Food, and Development)의 일부 부서 그리고 기타 세계적으로 존재하는 많은 다른 기관들]. 그럼에도 불구하고 Chambers는 이 분야에서 가장 핵심적인 연구자이며 이제까지 학습된 것들을 종합한 대표적 저자라고 할 수 있다. 왜냐하면 그는 다른 사람들의 작업 내용을 꼼꼼하게 문서화하였고, 자신이 실행하고 있는 활동에 대해서도 스스로 매우 성실하게 비판하였기 때문이다. 필자들은 몇 가지 추가적인 문헌에 대한 안내를 이 장의 말미에 제공하고 있다.

이 책에서 필자들이 명확히 해 왔던 가치지향성과 정치적 입장을 감안할 때, 필자들이 현재 구조화되어 있는 개발 지원 프로그램들에 대한 절대적인 옹호자는 아니며, 따라서 그러한 프로그램들에 의미 있는 정치적인 참여가 얼마나 만들어질 수 있을 것인지에 대해 의문을 제기할 것이라는 점은 그리 놀랄 일은 아니다. 개발의 정치경제에는 실행연구가 추구하는 자율적 참여와 같은 방식을 저해하는 심각한 제한점들이 존재한다. 하지만 특정한 접근방식과 맥락의 불완전성이 (1) 이제까지 개발에 대한 보다 해방주의적인 접근방식(liberationist approaches)이 대체적으로 실패해 왔고, 또한 (2) 대부분의 개발 과업은 현재 참여적 농어촌 지역 평가에 관여하고 있는 기구들에 의해 수행되고 있다는 명확한 현실을 외면해서는 안 된다. 따라서 필자들은 실행연구에 관심이 있는 사람들이 참여적 농어촌 지역 평가에 관심을 둘 충분한 가치가 있다고 믿는다. 국제적인 빈곤의 완화에 대한 다른 실행 가능한 대안적인 접근방식이 개발되기 전까지, 참여적 농어촌 지역 평가는 실행연구와 가장 많은 공통점을 가진 개발 실천 전략의 하나로서 간주될 것이다.

참여적 농어촌 지역 평가가 직면하고 있는 주된 어려움들은 국제 개발 업무의 전반적인 틀이 활동의 내용과 방법에 대한 엄격한 제약으로 작용하고 있다는 점이다. 주로 산업화된 국가들의 외교 정책 혹은 경제적 이해를 실현하기 위한 수단으로 행해지고 있는 국제 개발은 거대한 관련 국제 기구, 전문적 학회, 국제 연구기관, 관련 학문분야, 학술지와 단행본 시리즈, 세계의 빈곤층에 대한 전문가로 스스로를 자리매김함으로써 괜찮은 직업을 얻게 된 수많은 현장 실천가들을 만들어 냈다. 이에 더해 전 세계적으로 NGO의 활동이 가속화되고 있고, 세계의 빈국들에 이러한 외부 전문가들이 넘쳐 나고 있다.

수십억 달러가 투입되는 이러한 '개발' 활동들이 본격적으로 시작된 것은 1950년대였다. 개발 활동은 한동안 활성화 일로를 달리다가, 점차 효과에 대해 문제를 제기하는 적대적인 정부들의 엄격한 조사를 받게 되었다. 일부 원조 국가의 정부 감독 부서들은 해외로 돈을 보내는 것이 자원의 낭비이고, 다른 나라의 경제를 개발시키는 것이 곧 자국 산업에 대한 경쟁자를 만들어 내는 일이며, 따라서 자국에 이익이 되는 경우에만 원조를 하는 것이 타당하다고 느끼기 시작했다. 비록 이러한 견해들이 완전히 지배적이 된 적은 없었으나, 개발 프로그램을 설계하고 평가하는 데 있어 극도로 위계적인 시스템을 초래하게 되었고, 이러한 시스템들은 그 이후에도 매우 계층적이고 권위주의적인 상태로 남아 있다.

지난 15년 정도의 기간 동안 많은 NGO들이 주요 행위자로서 개발 분야에서 활동하고 있다(Gardner & Lewis, 1996; Lewis, 2001). 국수주의자들이 표명하고 있는 당위성과 정치학적 논리에 제한되지 않은 채, 이들 NGO는 개발에 대한 접근방식을 여러모로 다양화시켜 왔다. NGO들은 자신들이 지지하는 특정한 종류의 사회적 · 경제적 · 윤리적 접근방식과 가치들을 촉진하기 위해 만들어졌기 때문에, 자신들의 이념적 목표를 대외적으로 드러내는 것에 대해 좀 더 자유로울 수 있다. 그 결과, 현재의 국제 개발 현장은 국가 차원의 거대한 국제 개발 프로젝트에 NGO의 활동들이 덧붙여진 복잡한 양상으로 전개되고 있다. 참여적 농어촌 지역 평가는 이 두 가지 개발 접근방식 모두에서 사용되고 있다.

개발 사업의 역사

왜 참여적 농어촌 지역 평가가 기존의 접근방식과 본질적으로 다른 것인지를 이해하기 위해서는 국제 개발 사업의 역사에 대한 개략적 이해가 필요하다. 1950년대 말 이후 국제 개발 분야에서는 자유주의와 마르크스주의라는 두 가지의 주요한 접근방식이 적용되어 왔다. 이와 함께 주제 영역(예컨대 인구 조절, 자본 형성 전략, 페미니즘, 환경주의, 참여, 해외 부채와 구조 조정, 국제 인권 등)에 보다 초점을 맞춘, 접근방식들도 있었다.

개발 부문에 있어서 이제까지 가장 지배적인 접근방식은 경쟁적 개인주의 시장 이론(competitive individualist market theory)에 근거해 왔다. 이러한 견해들은 개발의 문제점에 대한 특정한 진단, 즉 빈곤을 세계 경제의 불행하고 부절적한 결과물로 간주하고 이러한 문제는 적절한 타깃 설정과 인센티브의 재구조화에 의해 교정될 수 있다고 보는 관점에 근거하고 있다. 많은 이론들과 이에 근거한 방법들이 일반적으로 개발에 대한 낙관적인 태도를 지지해 왔다.

이러한 패러다임에 대한 하나의 변형은 근대화 이론(modernization theory)이다. 근대화 이론에서는 가난의 문제를, 사람들이 최선의 이익을 위해 행동하는 것을 제약하는, 소위 전통적인(따라서 추정하기에 비합리적이라고 여겨지는) 제도와 행태들이 지속됨에 따라 발생하는 사회적 문제로 간주한다. 일부 이론가들은 이러한 비합리성을 일반적으로 제대로 교육받지 못한 사람들의 특성으로 보아 왔다. 또 다른 이론가들은 이를 현재 상황에서는 지위가 약화되어야만 하는 소수의 '전통적인' 지도자들이 다수의 민중을 이기적으로 착취하는 것으로 보고 있다.

다른 대안적 접근방식은 자본 형성이 성공적인 경제 개발의 핵심이라고 주장하는 다양한 이론들에 초점을 맞추고 있다. 경제 개발을 위해 어떤 전략을 사용할 것인지에 대해서는 이론가에 따라 차이가 있다. 이는 종종 인구 증가를 조절하면 1인당 소득이 더 높아질 수 있다는 것을 의미하거나, 어떻게 하면 자원을 좀 더 잘 활용하거나 보존할 것인가를 배워서 기초적인 생산 인프라를 향상시키는 것을 의미하기도 한다. 아울러 이는 '전통적인' 사람들을 '현대적인' 사고를 하는 사람들로 만들기 위한 교육과 의사소통 전략들에 대해 강조하기도 한다.

개발에 대한 이러한 기술적인 접근방식들은 서구의 산업화된 국가에서 매우 인기를 끌었다. 댐, 도로, 학교 건설, 트랙터, 비료의 지원 그리고 기술 원조는 이들 서구 국가가 선호하는 개발 원조의 방식들로 받아들여졌고, 원조 국가들의 노동자들에게도 대개 이익이 되었다. 좀 더 최근에는 녹색 혁명, 새롭게 개발된 다양한 곡물들과 경작 시스템 그리고 통합된 해충 관리 등과 같은 생물학적인 기술들이 각광을 받고 있다. 일반적으로 말하자면, 이러한 기술들은 서구에서 개발되거나 종종 생산이 이루어져 왔고, 이후에 이들 지역을 넘어선 다른 지역으로 확산·적용되어 왔다 (때로는 적용이 강제되는 경우도 있다). 이러한 관점은 전 세계적 빈곤을 사회정치적인 개혁이나 토지와 자본의 재분배보다는 생산 기술에 의해 해결될 수 있는 문제로 간주하는 특징을 가지고 있었다.

이러한 접근방식들은 많은 자본과 정치적 영향력을 가지고 있는 정부들이 지원했기 때문에 매우 강력한 힘을 가지고 있었다. 좀 더 생산적인 새로운 기초 식량 작물들을 개발해 온 IMF, 세계은행, 국제 농업 연구기관들과 같은 국제 개발 기구의 의제들이 그랬듯이, 모든 세대를 위한 국가 개발 프로그램들도 이러한 개인주의적 생각과 이념적 토대에 기초하고 있었다. 현재는 NGO들이 이러한 개발 프레임워크에 자신들이 추구하는 특정한 성향을 추가하면서 개발 사업에서 또 다른 주된 역할을 담당해 오고 있다.

이러한 개발 접근방식과 대조적으로, 미개발 후진국들에 대한 다양한 종류의 정치경제 이론들이 항상 존재해 왔다. 이들 중 많은 이론들은 마르크스주의 혹은 신마르크주의에서 영감을 받았고, 따라서 널리 퍼져 있는 빈곤 문제를 자본주의에 내재된 본질적 결함으로 이해한다. 근대적 세계질서를 뒷받침해 온 시스템은 불평등하게 발전되어 왔다. 이는 부유한 국가들이 가난한 국가들을 값싼 원자재, 노동력, 상품을 조달할 수 있는 착취 대상으로 여겨 왔기 때문이다. 이러한 관점에서 보면 저개발은 자본주의의 산물이며, 국제 개발 프로그램들은 정치적인 강제, 현존하는 식

민주의적 질서의 유지나 확장을 포장하는 것에 불과한 것이다.

문제에 대한 이러한 서로 다른 견해는 전혀 다른 방식의 실천으로 이어지게 한다. 여기서 주요 목표는 현재 시스템을 지배하고 있는 강력하고 부유한 국가들에 대한 의존성을 깨는 것이다. 이러한 목표의 달성은 극도로 위험한 과정일 뿐만 아니라 현 상황에서 성공할 가능성이 매우 낮기 때문에, (이러한 견해는) 지속되는 빈곤 현상을 설명하는 방식으로 많은 사람들에게 이데올로기적인 감명을 주기는 했으나, 실제 많은 혁명들이 일어나도록 하는 데는 성공적이지 못했다. 이 접근방식은 개입 전략을 마르크스주의적 분석에 기초하고 있고, 경제 발전을 권력 구조에 대한 의도적인 민주화를 요구하는 것으로 이해하는 전 세계적으로 존재하는 상당수의 NGO들의 실천 전략에 영향을 미치고 있다.

대규모 개발 기구 맥락에서의 참여

1970년대 초기부터 국제 개발과 관련한 전통적인 사고방식에 새로운 의제들이 등장하기 시작했다. 특별히 언급할 만한 가치가 있는 사실은 참여적 과업에 대한 도시와 시골 지역의 접근방식들이 완전히 독립적이지는 않다는 것이었다. William Foote Whyte와 노사관계 및 도시 계획 측면의 참여를 강조하는 사람들은 이와 관련된 작업을 수행하고 있었고, Whyte 자신은 농어촌 지역 개발 사업에 대해서도 상당한 수의 사업들을 통해 발을 담그고 있었다(Whyte & Alberti, 1976; Whyte & Boynton, 1983). 하지만 일반적으로 이들 두 가지 다른 영역은 독립적으로 개발되었다.

코넬 대학교의 정치학 교수이자 동료인 Norman Uphoff는 코넬 대학교의 농어촌 지역 개발위원회(Rural Development Committee)의 책임자로서 이러한 개발 사업들의 중심적 역할을 수행했다. Uphoff(1992, 1996)는 이러한 개발 사업의 역사를 흥미로운 방식으로 분류하여, 개발 사업에서 참여적 접근방식들이 발전된 경로가 얼마나 길고 복잡했는지를 잘 보여 주고 있다. 그의 분류방식에 따르면, 당초 단기 농어촌 지역 평가(rapid rural appraisal: RRA)로 불리던 활동이 참여적 농어촌 지역 평가로 전환되는 발전이 이루어지는 동안, 미국 국제개발처(USAID)에서는 이 기구가 참여적 접근방식을 시행하도록 하는 데 주된 역할을 했던 Ted Owens라는 관료에 의해 또 다른 시도들이 이루어지고 있었다. 국제개발협회(the Society for International

Development)와 미국 국무부(U.S. Department of State) 구성원들의 지지를 얻으면서, 그들은 마침내 자신들의 노력에 대한 의회의 지지를 확보할 수 있었다. 의회는 USAID에게 참여를 전면에 내세우고, 해당 기관에서 수행하는 프로그램의 과업에서 참여를 핵심적인 요소로 포함하도록 지시했다.

학문적인 지지와 신뢰도 양자 모두를 높이기 위해, 1972년에 Uphoff를 만난 Ted Owens는 코넬 대학교에 '농어촌 지역 정부에 대한 비교연구(comparative study of rural local government)'를 위한 자금을 제공했다. 이것이 Uphoff와 John Cohen에 의해 주도된 USAID 프로젝트로 이어져, 농어촌 지역 개발 참여의 의미를 정의하게 되었다. 매사추세츠 공과대학교(MIT)와 하버드 대학교(Harvard University)에서 수행된 비슷한 연구에 실망한 후, Owens는 이 사업을 계약할 정도로 여기에 충분한 관심을 가지고 있었다. 이 코넬 프로젝트는 일종의 협력 동의하에서, 점차적으로 코넬 대학교를 '농어촌 지역 개발 참여'에 대한 'USAID의 멘토'로 자리매김하도록 만들었다. 이러한 다차원적이고 다국적인 사업의 구성 요소로서, 이 그룹은 1970년대 중반에 3년 동안 『농어촌 지역 개발 참여 리뷰(Rural Development Participation Review)』라는 학술지를 발간하기 시작했다. 이 학술지는 Robert Chambers와 James Scott과 같은 인물의 저작을 포함하고 있었으며, 일정 기간 동안 농어촌 지역 개발 참여에 대한 정보를 얻기 위한 중심적 기제로서의 역할을 수행했다. 그러나 지원되던 자금은 Ronald Reagan 정부의 출범과 동시에 중단되어 버렸다.

Uphoff의 생각에 따르면 비록 수행되었던 많은 활동들이 상당히 관습적으로 해오던 것들이었지만, 그들은 참여를 개발 과업에서 논의될 필요가 있는 주제로 만드는 데 성공했다. 하지만 이들이 수행했던 과업의 일부는 이러한 수준을 넘어서 발전했는데, 가장 대표적인 것은 Uphoff의 주요 프로젝트였던 「스리랑카의 관개 시스템에 대한 참여 관리(Uphoff, 1992, 1996)」였다고 할 수 있다.

이러한 이야기를 통해 말하고자 하는 핵심 중의 하나는 참여를 대규모 개발 기구의 의제로 만드는 것이 정치적 · 학문적 네트워크와 관련되는 복잡한 과정이며, 또한 오랜 기간의 인내심을 요하는 협상과 노력이 요구되는 지난한 과정이라는 것이다. 심지어 국제 개발에 '참여'라는 용어를 사용하는 유행 자체도 많은 사람들이 투여한 수십 년간 노력의 산물이다. 이러한 점을 감안하면, 현재의 접근방식에 존재하는 결함을 지적하는 일부 원칙론자들이 종종 주장하는 것처럼 심층적 고민없이 '참여'라는 용어를 쉽게 폐기하는 것은 문제가 있다고 보여진다.

참여와 지속가능성

환경 운동은 참여적 접근방식을 확산시키는 데 중요한 영향을 미쳤다. 초창기의 개발방식은 글로벌 생태학의 문제들에 대해 강한 문제의식을 가지고 있지는 않았다. 이에 따라 대규모, 에너지 집약적인 인프라 프로젝트들을 특히 강조했으며, 많은 개발 기구들과 민간 기업들은 이로부터 재정적인 이익을 얻기도 했다. 또한 "작은 것이 아름답다"(Schumacher, 1973)와 녹색 운동의 출현이 개발에 대한 자유주의와 마르크스주의적 시각 모두에 대해 강력한 비판을 제공했고, 풍요와 빈곤의 복잡성에 대해 보다 총체적인 접근방식을 요구하게 되었다. 이는 용인 가능한 기본적 삶의 기준에 대한 주장을 뛰어넘어, 자기결정의 권리, 강압에 대한 자유, 성 평등, 아동과 태아의 권리, 인종 집단의 권리 등을 포함하는 강력한 국제적 인권 운동의 출현과 동시에 태동되었다.

그와 함께 원조 국가들이 어떤 의미에서라도 나름의 이념적 정당성을 유지하기 위해 최소한 립 서비스 수준에서라도 성, 환경, 인권 이슈에 대해 관심을 표하지 않을 수 없게 되었기 때문에, 이러한 운동들은 결과적으로 원조 국가들의 거시적 개발 전략에 일종의 감화(感化)적 효과를 낳게 되었다. 이는 복잡한 내부적 역동성을 경험하고 있던 부유한 원조 국가 내부에서 발생한 사건들과 동시적으로 일어났다. 근래에는 책임, 효율성, 다운사이징, 참여, 경쟁력 등이 기업의 슬로건이 되었고, 이러한 이념들이 일반적으로 공공부문, 특히 개발 기구들에 침투해 오고 있다. 동시에 이러한 정치적 스펙트럼의 반대편에서는 그들 자신의 잘못으로 생긴 빈곤 문제에 돈을 퍼 주는 것은 의미 없는 낭비에 불과하다는 1950년대의 이데올로기로 회귀하여, 또 다른 논리로 해외 원조에 대한 비난을 하는 움직임도 커지고 있었다. 물론 신자유주의적 논리는 여전히 살아 있고 개발 사업에서도 영향력을 발휘하고 있다. 이러한 과정들은 선진 자본주의 사회에서 빈부의 격차가 매년 커지고 있다는 점에서 그리 놀라운 일은 아니다.

이러한 역사적 시점에서 각종 접근방식들 사이의 경계는 점점 흐려지고 있다. 자유주의적 · 마르크스주의적 접근방식들은 예전에는 쉽게 구별되었지만, 지금은 자유주의 접근방식들도 마르크스주의자, 페미니스트, 생태학적 분석의 언어들을 사용하기도 한다. NGO들도 기독교의 복음주의에서부터 유아와 나무의 권리에까지 걸치는 수많은 의제들로 이념적 지평을 더욱 복잡하게 만들고 있다. 이러한 복잡한 상황은 개발 기구들이 스스로를 재구조화하고, 자신들이 사용했던 방법들을 재정의하도록 하며, 또한 새로운 운영 형태를 찾기 위해 노력하도록 강제하는 환경을 조성했다. 이러한 상황하에서 소수의 개발 부문 종사자들이 참여적 접근방식을 개발 부문에 접목시키려고 해 왔던 것이다.

참여적 농어촌 지역 평가의 주요 특징

모든 주요한 사회과학 연구는 오랜 기간에 걸친 연구자들의 경험, 전문 지식에서 도출된 협력적인 노력의 산물이다. 하지만 Freire(1970)의 억압된 자에 대한 교육학(pedagogy of the oppressed)과 같이 한 명의 걸출한 인물이 쓴 저작이 민중 교육의 태동에 결정적 영향을 미쳤듯이, 참여적 농어촌 지역 평가는 Robert Chambers라는 한 명의 전문가에 의해 만들어진 산물이라고 해도 과언이 아니다. 물론 Chambers가 결코 이 분야의 유일한 전문가는 아니다. 하지만 전 세계적으로 개최된 수많은 훈련 워크숍과 학회에서 발표한 논문들(Chambers, 1994a, 1994b, 1994c), 이와 관련된 최신 발전 상황을 요약하고 있는『누구의 현실이 중요한가?: 처음을 마지막에 놓기(Whose Reality Counts?: Putting the First Last)(1997)』와 같은 탁월한 저서 그리고 이러한 주제들에 대한 방법론적 토대를 확장시켜 온 많은 후속연구들(Chambers, 2002, 2005)을 통해 그는 참여적 농어촌 지역 평가에 대한 매우 간결하고 명확한 설명을 제공하고 있다.

Chambers의 설명에 따르면, 참여적 농어촌 지역 평가의 근원은 다양하고 분절된 다수의 활동들에서 찾아볼 수 있다. 이것은 기본적으로 참여적 연구(필자들이 남부 PAR이라고 지칭한 것; 제10장 참조)에서 나온 것이다. 또한 이것은 1950년대 초에 시작되어 지속되고 있지만, 참여적 의도는 거의 찾아볼 수 없는, 다양한 응용 또는 실행 인류학으로부터의 요소들로부터 영향을 받고 있다. 참여적 농어촌 지역 평가는 또한 '영농 연구'라고 지칭될 수 있는 다양한 학파들로부터도 일정 부분 영향을 받고 있다. 이는 체제적 관점에서 지역 영농 실천방식에 대한 면밀한 관찰과 개발 전략들의 창출을 위한 하나의 양식으로서 '농업 현장 연구(on-farm research)'라는 개념도 일부 포함하고 있다.

단기 농어촌 지역 평가

참여적 농어촌 지역 평가를 위한 단초를 만들었던 전략적 문제점들 중의 하나는, 특히 수년간에 걸쳐 진행되는 개발 프로그램에 기본적으로 내재해 있는 색다르고 좌절감을 주는 역동성(bizarre and frustrating dynamic)이었다고 할 수 있다. 예컨대, 프로그램 전략의 개발과 성과 평가를 위한 기초 데이터(baseline data)의 완벽한 결핍과 같은 것이다. 이제까지의 모든 개발 프로젝트들은 무엇이 잘못되었는지에 관한 가정들에 근거하여 어떻게 이를 고칠 수 있는지 추측하고 (과거) 실패한 전략들에 대해 사후적 정당화를 하는 방식으로 진행되어 왔다. 이러한 방식에 대한 일관된 비판에 직면하면서도, 개발 기구들은 '시작 단계 기준시점 연구(baseline research)'의 수행에 대해 이것이 너무 비용이 많이 들고 불필요하거나 혹은 불가능한 것이라고 주장하면서 반대했다. 이 문제에 대해 이 책의 저자 중 하나인 Greenwood(1980)도 (비록 이들 기관에 의해 무시되긴 했지만) 신속하고 효율적이며 유의미한 기초 데이터가 수집될 수 있고 수집되어야 한다고 주장하는 초동적 포지션 페이퍼(position paper를 작성하기도 했다.

시간이 지나면서, 시작 단계에 대한 신속한 기준시점 연구가 필요하고 또한 가능하다는 생각이 자리를 잡아 나갔으며, 이를 바탕으로 단기 농어촌 지역 평가(rapid rural appraisal: RRA)라고 불리는 일련의 전략들이 개발되었다(Belshaw, 1981; Chambers, 1981). 단기 런던의 국제환경개발원(International Institute for Environment and Development)에서 농어촌 지역 평가 관련 강좌가 제공되었고,『단기 농어촌 지역 평가 노트(RRA Notes)』와 같은 정기 간행물을 통해 그 발전 상황이 지속적으로 기록되었다.

단기 농어촌 지역 평가는 곧 개발 사업뿐만 아니라, 산업체 및 서비스 조직의 구조 조정 부문에서도 참여라는 개념이 점차적으로 인기를 끌게 되는 또 다른 사회적 분위기 속에서 새로운 단계의 발전을 모색해야 하는 상황에 처하게 되었다. 이에 따라 머지않아 단기 농어촌 지역 평가와 참여적 농어촌 지역 평가 사이의 연계가 만들어졌다. 여기서 단기 농어촌 지역 평가는 지역적 지식과 참여를 보다 높은 정도로 강조하는 것으로 변형되었다. 단기 농어촌 지역 평가가 좀 더 전문가 중심적이고 학문적인 것에 기반하고 있다면, 참여적 농어촌 지역 평가는 전 세계의 NGO들의 활동을 통해 보다 많은 추동력을 얻었다. 참여적 농어촌 지역 평가는 지역적 지식과 훈련, 권력 공유, 지역의 자기관리를 위한 지속 가능한 프로그램의 개발 등을 강조했다. 기술된 목적을 살펴보면, 참여적 농어촌 지역 평가는 이 책 전반에서 논의되고 있는 실행연구의 분파들과 매우 유사한 것으로 보인다.

다른 형식의 실행연구와는 달리, 참여적 농어촌 지역 평가는 상대적으로 그와 관련되어 있는 일련의 특정한 기법들과 방법들을 가지고 있다. Chambers는 그의 논문과 저서에서 이와 관련된 세부사항들을 상세히 설명하고 있다. 이것이 무엇인지 개념을 잡기 위한 가장 좋은 방법은 사용된 방법들이 얼마나 다양하고 융통성 있는지를 이해하기 위해 관련 문헌들을 직접 읽어 보는 것이다. 필자들은 독자들이 이러한 접근방식의 구체적인 모습과 매력에 대해 약간의 감을 잡도록 하기 위해 여기서 일부를 소개한다.

참여적 농어촌 지역 평가는 수많은 인터뷰와 샘플링 방법들, 그리고 일정한 그룹 및 팀 역동성을 강조하는 접근방식들을 포함하고 있다. 주로 활용되고 있는 접근방식에는 지역 공동체나 문제 영역들에 대한 참여적 매핑(mapping)과 모델링, 지역 전문가를 핵심 정보 제공자로 선택하여 서로 다른 중요한 지역 집단들을 발견하도록 하기, 각 그룹의 일부 구성원들 간에 접촉을 하도록 만들어 참여자로 하여금 그들에 대해 기술된 사실들에 대해 분석할 수 있도록 서로 도와주도록 하기, 지역 정보를 가지고 추진 일정과 경향 분석하기, 작물 주기나 노동 요구량을 포함한 계절에 따른 일정표 만들기 그리고 팀과 팀 계약의 작성 등이 있다. 지역 주민들이 생각하고 반응하는 방식에 대한 융통성과 관심, 그리고 지역 주민들의 지식 체계에 대한 강력한 믿음이 바로 참여적 농어촌 지역 평가의 핵심 요소라고 할 수 있다.

이러한 접근방법들을 사용해 만들어 낸 몇 가지 결과물들의 예시가 [그림 13-1]과 [그림 13-2]에 제시되어 있다(Thomson & Schoonmaker Freudenberger, 1997).

각각의 참여적 농어촌 지역 평가 프로젝트는 참여하고 있는 외부 전문가들의 전

부								
	성별(gender)		부(wealth)			사용자 출처(provenance of user)		
	남 (Man)	여 (Woman)	부자 (Richer)	중산층 (Average)	빈자 (Poorer)	마을 사람 (Villager)	이웃 마을 (Neibouring village)	외부자 (Stranger)
경작지 (Cropland)	12	2	10	8	5	10		
텃밭 (Kitchen Garden Land)	3	10	10	10	10	10		
목재류 (Tree Wood)	6	6	5	6	10	6	4	5
수엽류 (Tree Leaves)	3	13	6	3	10	5	3	
약용 식물 (Medicinal Plants)	6	8	2	3	8	5	3	12
잔디 (Grasses)	10	4	9	5	2	6	4	

[그림 13-1] 자원 사용 매트릭스

출처: Thomson & Schoonmaker Freudenberge (1997).

문 지식, 지역적으로 활용 가능한 역량, 검토되고 있는 문제의 성격 등에 따라 약간씩 다른 기법들이 동원되고 있다. 점차 큰 인기를 끌게 되면서, 현재 참여적 농어촌 지역 평가는 농어촌 지역 평가, 프로젝트에 대한 참여적 평가의 개발, 특정한 주제에 대한 연구를 포함한 다양한 상황에서 적용되고 있고, 또한 지역공동체 구성원과 외부자들을 위한 훈련 프로그램의 중요한 자원으로 활용되고 있다.

참여적 농어촌 지역 평가는 실행연구와 많은 부분에서 유사한 것으로 보인다. 일단 현장 지식에 대해 매우 중요한 가치를 부여하고 있다. 이상적인 측면에서 볼 때, 외부 전문가의 행동은 내부자들이 스스로 선택할 수 있는 여지를 제공하는 것으로 제한된다. 참여적 농어촌 지역 평가에서 사용되는 방법은 마구잡이로 적용되지 않으며, 시간이 지나면서 특정한 종류의 지식과 팀 역학에서 보다 복잡한 것들로 이동하는 합리적인 활동 순서로 이루어진다. 참여적 농어촌 지역 평가는 또한 데이터의

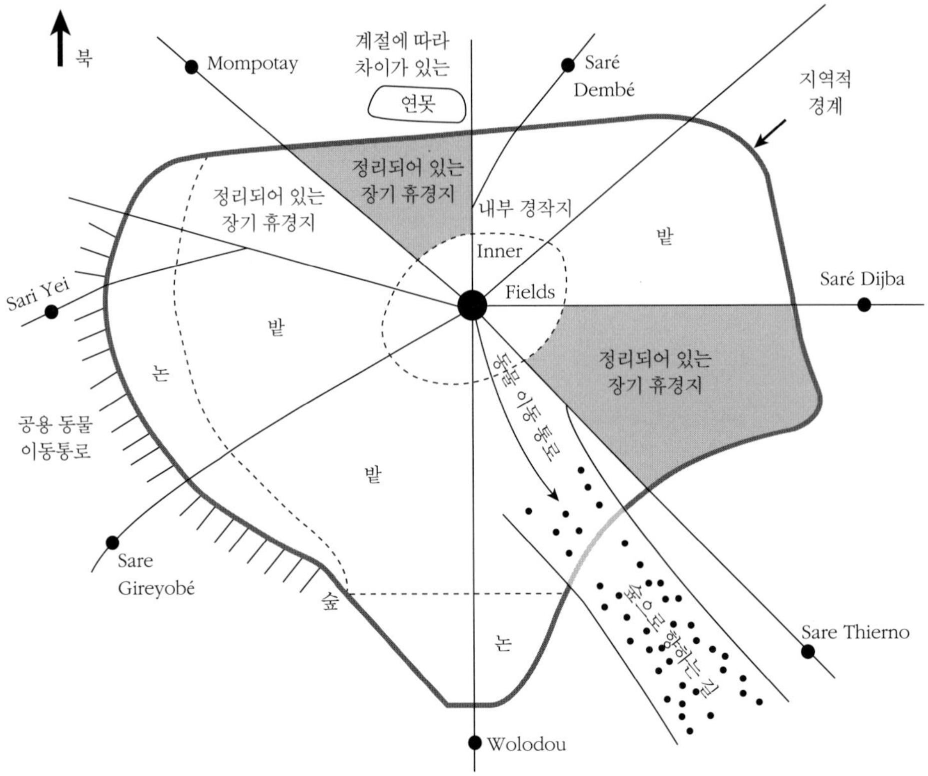

[그림 13-2] 지역공동체 매핑

출처: Thomson & Schoonmaker Freudenberge (1997).

타당도와 신뢰도의 문제를 다루고 있고, 지역 주민들이 스스로 자신들의 상황을 정의하고 이에 대해 직접 행동할 수 있도록 큰 권한을 주어야 한다고 주장하고 있다.

적어도 Chambers 자신의 실행과정에서 권력과 지식의 문제는 직접적으로 연계되어 있다. 1997년의 저서에 붙은 부제인 '처음을 마지막에 놓기(Putting the First Last)'는 바로 그의 이런 취향을 잘 보여 주고 있다. 그는 만약 개발 전문가들이 지역 주민들의 관점을 듣고, 그들의 지식을 존중해야 한다고 주장하면서, 의도적으로 지역 주민들에게 '권한 넘겨 주기(handing over the stick)'를 하지 않는다면, 부자와 권력자 등 가진 자들의 아이디어와 방식들이 모든 상황을 지배할 것이라는 가정을 하고 있다. 개발 전문가들은 바로 개혁에 신념을 가지고 지역 주민의 의견을 들을 수 있는 사람들이며, 이를 바탕으로 그들이 배운 것을 지역 주민들에게 도움이 되도록 실천에 옮기는 사람이다.

참여적 농어촌 지역 평가에 대한 비평

실로 많은 문제들이 대규모 개발 기구의 실천방식을 둘러싸고 나타나고 있기 때문에, 참여적 농어촌 지역 평가에 대한 비판이 다각적으로 제기되고 있다. 개발 프로그램의 설계나 평가방식에 대한 신속한 조언을 획득할 수 있는 통로로서 개발 단체들은 적어도 표면적으로는 이러한 비판을 환영하고 있는 것으로 보인다. 하지만 이러한 단체들이 '참여'라는 단어가 가지는 긍정적인 대외적 메시지 획득이라는 이득을 취하는 것 외에, 과연 참여라는 실질에 대해 정말로 커다란 관심을 부여하고 있는지에 대해서는 명확하지 않다. 현재 참여적 농어촌 지역 평가들은 종종 개발 기구의 규정에 의해 시행되고 있는데, 이것이 반드시 나쁜 것만은 아니다. 하지만 참여적 농어촌 지역 평가방식을 규정하고 있는 이들 단체의 전반적 조건들은 (1) 전문가들로 하여금 과업의 결과에 대해 선입견을 가지게 하거나 또는 (2) 이미 참여적 농어촌 지역 평가를 사용하지 않도록 결정된 프로젝트들을 차기로 이월시키도록 만드는 등 개발 수행과정들을 혼탁하게 만들고 있다.

다른 실행연구 접근방식들과 마찬가지로 참여적 농어촌 지역 평가는 부적합하거나 악의적인 전문가에게 걸리면, 지역 상황의 복잡성을 보다 잘 이해하기 위해 적용되는 새로운 접근방식이 아니라, 정형적 단계를 그냥 끝까지 진행하는 속 빈 강정이 되어 버릴 수도 있다. 물론 실체는 없이 용어와 실천방식만 따라 하는 이러한 오염현상(co-optation)이 참여적 농어촌 지역 평가에만 발생하는 것은 아니다.

종종 강력한 외부의 단체들에 의해 후원을 받는 참여적 농어촌 지역 평가는 참여적 방식을 옹호하면서도 해당 기관의 규제적 환경하에서 과업을 수행해야 하는 모순에 빠지기도 한다. 페미니스트들은 많은 참여적 농어촌 지역 평가들이 실패하고 있다고 지적해 왔다. 이는 참여적 농어촌 지역 평가에서 외부 전문가들은 해당 공동체의 힘없는 구성원들에게는 제대로 다가가지 못하기 때문이며 특히 외부 전문가가 남성이고 지역의 남성 지도자들과 주로 작업을 하게 될 경우 그러하다고 한다. 선도적인 참여적 농어촌 지역 평가 전문가들 중 일부는 이러한 비판들을 진지하게 받아들여 왔고, 이러한 문제들을 해결하기 위해 씨름하고 있다.

David Mosse(1993)는 참여적 농어촌 지역 평가가 실패했다고 보기보다는, 수행과정에서 이러한 방식이 가지는 약점과 왜 참여적 농어촌 지역 평가를 만병통치약으로 여겨서는 안 되는지에 대해 지적하고 있다. 그는 실행연구 프로젝트가 의도와는 달리 지역 권력관계에 대한 장기적이고 미묘한 민감성을 개발하는 데 실패하는 경우, 참여적 농어촌 지역 평가가 어떻게 기존에 존재하는 사회적 관계를 그대로 반영한 퇴행적인 현장 지식만을 만들어 낼 수 있는지를 명확하게 보여 주고 있다.

특정한 참여적 농어촌 지역 평가팀이 지역공동체에 도착해서 데이터 수집과 분석 절차를 시작할 때 통상적으로 시간이 부족하고, 또한 (시간이 어느 정도 있다 하더라도) 이들이 지역적 권력의 작동 기제에 대해 세세하고, 미묘하며, 문화기술지(ethnography)적인 방식으로 알아 가야 한다는 생각을 가지는 것은 매우 어렵다. 결과적으로 많은 공동체에 대해 공식적으로 보이는 측면만을 받아쓰게 만드는 어쩔 수 없는 상황과 (기존 권력 세력와의) 공모가 결과물에 반영될 가능성이 매우 크다는 것이다. 참여적 농어촌 지역 평가는 동일한 이유로 성 편견의 가능성에 대해서도 자유롭지 못하다. 왜냐하면 공식적으로 표현된 지식은 그러한 지식의 형성에 대한 여성의 기여를 제한할 수 있기 때문이다.

참여적 농어촌 지역 평가는 기본적으로 정보를 추출하는 접근방식이다. 가장 나쁜 경우는 해당 공동체의 필요에 맞는 프로그램을 설계하기 위해 데이터를 수집한다는 당초의 목적에 따르기보다는, 단순히 개발 기구의 목적을 위해 데이터가 수집되는 경우이다. 따라서 이 경우 참여적 농어촌 지역 평가팀이 와서 데이터 수집활동을 한 후 떠나고 나면 졸속적으로 파악한 개요에 기초하여 지역공동체에 대한 개입방식을 구안하고 이러한 절차를 '참여적'이라고 부르게 되는 경우도 생기는 것이다.

Mosse(1993)는 또한 참여적 농어촌 지역 평가에서 강조하는 참여적 언어가 일정한 상황하에서는 억압적인 것으로 느껴질 수도 있다고 지적했다. 지역 주민들이 참여적 농어촌 지역 평가팀에게 어떤 일이 이루어져야 하는지 질문을 했을 때 이에 대한 대답이 "여러분 자신의 공동체가 결정해야 합니다"라는 것이었다면, 지역 주민들은 이러한 답변의 의미를 "강력한 외부자들이 자신들이 가지고 있는 진정한 의제가 무엇인지 지역 주민들에게 쉽게 알리기를 원하지 않는다"는 것으로 생각할 수 있다는 것이다. 이것은 추가적인 불안정성과 불신감을 조성하는데도 참여적 농어촌 지역 평가팀 구성원들은 오히려 그들이 열려 있고, 참여적인 태도를 가지고 있는 것으로 오해하는 경향이 있다는 것이다.

지금까지 출판된 개발에 대한 참여적 접근방식에 대한 비판 중 가장 지속력이 강한 것은 Cooke and Kothari(2001)의 『참여: 새로운 횡포?(Participation: A New Tyranny?)』이다. 이 책에서 저자들은 서구적 참여 개념이 비서구적 맥락에서 제대로 작동할 수 있는지에 대한 문제를 제기하고 있다. 종종 참여는 외부자로부터 부과된 계획에 대한 지역의 반대를 약화시키기 위해 사용되며, 이는 노동조합의 반발을 누그러뜨리기 위해 조직의 관리자들이 참여적 절차를 도입할 때 제기되는 문제와 유사한 것이라고 할 수 있다. 무엇보다도 그들은 참여적 접근방식이 제시하는 과장된 주장(예컨대, 빈곤의 문제에 대한 만병통치약으로서 참여적 접근방식)에 대해서는 매우 회의적인 시각을 가지고 있다.

참여적 농어촌 지역 평가와 실행연구

시행상의 문제가 무엇이든 간에, 참여적 농어촌 지역 평가와 참여적 평가, 보다 일반적으로는 실행연구 간에는 명확한 관련성이 존재한다. 이들은 지역적 지식을 가치롭게 여기고, 개발 프로그램의 구안이나 실행의 기초로 받아들인다.참여적 농어촌 지역 평가는 실행에 대한 일정한 정당화 근거를 산출한다. 이러한 접근방식들은 또한 도시 지역 전문성(urban professionalism)에 대한 강력한 비판을 핵심 요소로 포함하고 있고, 내부자와 외부자 관계를 전체 과업 수행 절차의 역동성에서 중요한 차원으로 취급하고 있다.

동시에 다른 형식의 실행연구나 페미니스트 비판과는 궤를 같이하지 않는 측면도 있다. 참여적 농어촌 지역 평가는 명백히 단기간인 데 반해, 실행연구는 일반적으로 내부자들과 외부자들 간의 장기간의 관계로서 개념화되어 있다. Chambers 스스로가 제기하는 현실적 문제 인식에도 불구하고, 참여적 농어촌 지역 평가에 대한 많은 문헌과 실제 시행방식은 실행연구 접근방식에서 핵심적 요소인 권력관계에 대해서는 크게 관심을 가지지 않는다. 예컨대, 참여적 농어촌 지역 평가에서는 이 평가가 활용되는 방식에 영향을 미칠 정도로 성 차별의 문제를 인식하기는 하지만, 서로 다른 성의 문제에 대해 이제까지 충분히 민감한 수준으로 대응하지는 못해 왔다. 필자들은 참여적 농어촌 지역 평가가 가지는 그러한 단기간의 그리고 형식주의에 가까운 접근방식이 과연 이러한 문제들을 극복하게 만들 수 있을 것인지 의문이 든다.

참여적 평가에 대한 필자들의 비평과 유사하게, 초기 단계의 참여적 농어촌 지역 평가가 종료된 이후 적용되는 활동 계획과 방법론들은 별로 구체적이지 못한 한계를 가지고 있다. 즉, 단기간 개입하는 방식으로서 참여적 농어촌 지역 평가는 장기간의 변화를 지속하기 위한 명확한 전략을 가지고 있지 못하다. 참여적 농어촌 지역 평가가 비록 현장 지식을 개발하고 팀들을 발전시키긴 했지만, 많은 실행연구 프로젝트들이 실행을 통해 이루어진 변화가 원래의 상태로 다시 퇴보하는 것을 방지하기 위해 지속 가능한 관계 형성을 위해 노력해 온 것과 비교할 때, 참여적 농어촌 지역 평가가 이러한 측면에서 효과적이라고 보기는 어렵다.

참여적 농어촌 지역 평가는 그것이 발견한 그룹 내 알력들을 다루는 것에 대해 이론적 입장을 결여하고 있다. 이해가 제대로 이루어지는 경우, 지역 주민들은 대개 다양하거나 양립 불가능한 이해관계를 갖게 된다. 참여적 농어촌 지역 평가는 수용 가능하고 공정한 접근방식을 개발하기 위해 이러한 차이점들을 논의의 장으로 가져오는 절차에 대해 언급하지 않고 있다.

필자들은 참여적 농어촌 지역 평가를 참여적 요소를 가진 흥미로운 접근방식의 하나로 보고 있다. 하지만 현재로서는 참여적 농어촌 지역 평가 사업에 대한 의제는 여전히 외부의 자금 제공자들과 NGO들에게 지나치게 의존하고 있다. 외부 프로젝트 수행을 통해 일부 요소들이 변화될 가능성을 열어두고 있지만, 그러한 변화가 우리의 기대처럼 방법론적으로 보다 탄탄한 방향으로 이루어지기는 어려울 것이다. 그리고 단기간이라는 기간상의 한계로 말미암아, 참여적 농어촌 지역 평가가 기존의 권력관계를 아주 의미 있는 수준으로 변경할 수 있는 가능성은 적어 보인다. 이 모든 것을 고려할 때, 적어도 외국 정부들의 정치적 규제 도구에 불과한 개발 기구들을 위해서 참여적 농어촌 지역 평가는 이전의 실행방식보다 훨씬 더 좋은 선택지임에는 틀림없다.

결론

이 장을 어떻게 결론짓든 간에, 참여적 농어촌 지역 평가와 관련 접근방식들은 실행연구자들이 곰곰이 생각해 볼 흔치 않은 중요한 사례를 제시하고 있다. 주변화되거나 무시되는 다른 실행연구의 분파적 접근방식과는 전혀 다르게, 참여적 농어촌 지역 평가는 주요한 국제 개발 기구들의 핵심을 차지해 왔고 광범위하게 적용되고 있다. 참여적 농어촌 지역 평가에 대한 이러한 인정과 발전은 고무적이지만, 한편으로 이러한 성공의 이면에는 대가도 있었다. 참여적 농어촌 지역 평가는 주로 지역의 자율적 결정에 대한 관심이 희박한 극히 위계적인 기구 내에서 시행되었다. 이러한 맥락에서 참여적 농어촌 지역 평가에 부과된 자원과 시간적 제약들은 접근방식의 가치 자체를 압도해 버리고 무의미한 결과를 산출해 낼 수 있다. 무엇보다도 참여적 농어촌 지역 평가는 힘 있는 개발 기구가 실행연구 접근방식을 채택할 때 참여에 대한 개념과 실행방식이 (본래 취지를 벗어나) 오염될 가능성이 항상 심각한 문제가 될 수 있다는 점을 보여 주고 있다. 물론 다른 많은 실행연구가 일반적으로 주변부적 입지에 놓여 있다는 점이 이러한 이슈들이 강하게 표출되는 것을 막고 있기는 하다. 하지만, 실행연구가 주요한 국제적 실천 전략에서 보다 중심적 자리를 차지하게 되는 정도에 비례하여, 실행연구자들은 현재 참여적 농어촌 지역 평가에 영향을 주고 있는 개념과 실행방식의 오염(본래 취지에서 벗어나는 형식화) 그리고 규제라는 문제에 직면할 수밖에 없을 것이다.

저자 주

1. 전문용어와 약어는 따라가기가 쉽지 않다. 참여적 농어촌 지역 평가는 시작 단계 기준시점 연구(baseline studies), 영농 시스템 연구 그리고 소규모 농업인에게 초점을 둔 개발 이니셔티브들에서 태동한 단기 농어촌 지역 평가(rapid rural appraisal)로부터 발현하였다. 최근 참여적 농어촌 지역 평가라는 용어는 관심을 받지 못하고 있으며, 참여적 학습과 실행(participatory learning and action: PLA)이라는 용어로 대체되고 있다. 필자들은 이 장의 용어로서 참여적 농어촌 지역 평가를 사용한다.

2. 다음은 Pretty와 Vodouhê(연도 미상)에 의해 제공된 용어 목록이다.

참여적 학습과 실행(participatory learning and action: PLA)의 대안적 시스템들을 위한 용어와 명칭들 예시

AEA	Agroecosystems Analysis
BA	Beneficiary Assessment
DELTA	Development Education Leadership Team
DPR	Diagnóstico Rurale Participative
FPR	Farmer Participatory Research
GRAAP	Groupe de Recherche et d'Appui pour l'Auto-Promotion Paysanne
MARP	Methode Accélérée de Recherche Participative
PALM	Participatory Analysis and Learning Methods
PAR	Participatory Action Research
PRM	Participatory Research Methodology
PRAP	Participatory Rural Appraisal and Planning
PTD	Participatory Technology Development
PUA	Participatory Urban Appraisal
PfR	Planning for Real
PD	Process Documentation
RA	Rapid Appraisal
RAAKS	Rapid Assessment of Agricultural Knowledge Systems
RAP	Rapid Assessment Procedures
RAT	Rapid Assessment Techniques
RCA	Rapid Catchment Analysis
REA	Rapid Ethnographic Assessment
RFSA	Rapid Food Security Assessment
RMA	Rapid Multi-perspective Appraisal
ROA	Rapid Organizational Assessment
RRA	Rapid Rural Appraisal
SB	Samuhik Brahman (Joint trek)
SSM	Soft Systems Methodology
TfD	Theatre for Development
TfT	Training for Transformation
VIPP	Visualization in Participatory Programmes

3. 이러한 결정은 또한 1997년 봄 코넬 대학교에서 Robert Chambers가 개최한 이틀간의 참여적 농어촌 지역 평가 워크숍에 Greenwood가 참여함으로써 영향을 받았다.

역자 참고문헌

Thomson, J., & Schoonmaker Freudenberger, K. (1997). Crafting institutional arrangements for community forestry. Rome: Food and Agriculture Organization of the United Nation' (Forests, Trees and People Community Forestry Field Manual 7). Available at http://www.fao.org/docrep/w7483e/2/7483e00.htm#contents

제 14 장

인간중심 탐구의 제 분파:
협력적, 실행적, 자기성찰적 그리고 협동적 탐구

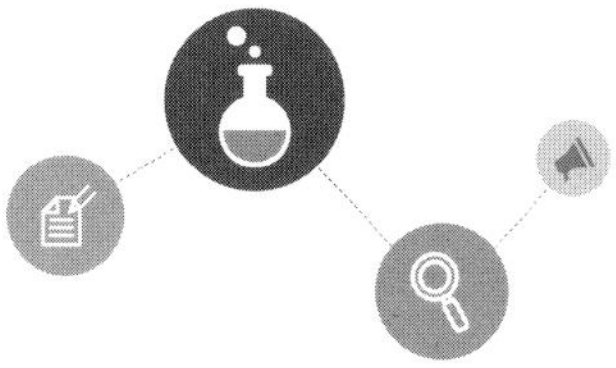

인간중심 탐구(human inquiry),[1] 협력적 탐구(collaborative inquiry), 실행적 탐구(action inquiry), 협동적 탐구(cooperative inquiry) 등의 용어는 각자 고유의 의미 있는 계보(genealogy)를 지니고 있어서 하나의 접근방식으로 다루지는 못하지만, 각 분야의 전문가들은 서로 간 유익한 대화를 지속해 왔다. 필자들은 이 책의 초판에서 이러한 용어들을 함께 다루었는데, 그 이유는 이들 견해 간에는 어느 정도의 공통점이 있고, 또한 이들이 배스 대학교(University of Bath)에서의 집합적 노력 또는 Peter Reason이라는 개인의 노력을 통해 직접적으로 상호 연관되어 있기 때문이

1) [역자 주] 인간중심 탐구(human inquiry)는 참여적 · 경험적 · 정치적 · 행동지향적이다. 이는 정통적 사회과학과는 매우 다른 목적을 가지고 있으며, 해당 학문분야의 지식의 축적에 기여하는 협소한 목적을 탈피하여, 탐구과정에 관여한 모든 사람들의 삶과 통합된 살아 있는 탐구를 지향한다. 인간중심 탐구는 '연구에 참여하는 사람들을 직시하고(faces the people)', '유용해야 하며' 연구가 봉사하는 사람들의 필요와 경험들에서 도출되게 하고, 기득권자들의 입맛에 맞도록 문제를 규정하는 권력의 패턴들을 변화시키는 것을 목적으로 한다(Reason, 1996). 이 장에서 'inquiry' 는 유사한 의미를 가지는 'research'와 구분하기 위해 주로 '탐구'로 번역하였다. 아울러 이 장에서 'human inquiry'는 직역하여 '인간 연구'로 번역하기보다는 '인간중심 연구'로 의역하기로 한다.

다. Reason은 왕성한 저술가였다(예를 들어, Reason, 1988, 1994; Reason & Bradbury, 2001a; Reason & Rowan, 1981). 1998년 이후 그의 노력을 통해 그의 동료들은 실행연구를 구성하는 다양한 요소들을 체계적으로 파악하고 정교화하는 과정에서 핵심적인 역할을 수행하였다. Peter Reason, John Rowan, John Heron, Hilary Bradbury, William Tobert, Judi Marshall 등의 연구자들은 그들 자신의 실천방식들을 조화롭게 재구조화하기 위해 심리학, 사회복지 업무, 평가연구, 페미니즘, 행동과학, 실행학습, 갈등의 조정과 실천 사례 등에서 도출한 다양한 요소들의 조합을 활용하는 일단의 동질적인 그룹을 형성했다. 하지만 Reason은 여기서 한 발 더 나아가 외부의 청중에게 실행연구 수행방식에 대한 전반적 관점을 체계화하고 소통하는 방식으로 자신의 접근방식을 활용했다.

이 과정에서 핵심적 역할을 수행한 Reason은 (Hilary Bradbury와 협력하여) 이해하기 쉬운 방식으로 실행연구 분야를 체계적으로 구조화하고, 전 세계의 모든 관련 전문가들을 연계하며, 그들의 다양한 공유된 관심사들을 명확히 설명함으로써 이들 전문가가 상호 소통할 수 있는 중요한 논의의 장을 만드는 데 있어 큰 진전을 이루어 냈다. Reason and Bradbury(2001a)의 최초의 『실행연구 핸드북(Handbook of Action Research)』 발간과 학술지 『실행연구(Journal of Action Research)』의 창간과 후속적 발간 작업은 우리 모두에게 많은 도움이 되었다. Reason은 서로의 연구에 대해서 상대적으로 잘 모르고, 매우 다른 전문용어들을 사용하고 있던 느슨한 전문가 네트워크 상태에서 실행연구 공동체가 벗어날 수 있도록 하기 위해, 실행연구자들 사이에 존재하는 차이점을 억압하지 않으면서도 나름의 체계를 세우려고 노력했다. 이러한 방식으로 Reason과 그의 협력자들은 서로 다른 접근방식들을 가진 연구자들 사이를 갈라놓지 않으면서도 민주적 대화에 대한 실행연구의 원칙들을 이 분야의 질적 수준을 향상시키기 위해 사용하는 소통의 장을 마련하였다. 이 중차대한 작업은 결코 종료되지 않을 것이며, Reason과 Bradbury는 『실행연구 핸드북』의 제2판 발간을 준비하고 있다. 학술지 『실행연구(Action Research)』 (이전의 『Journal of Action Research』에서 명칭 변경)의 발행은 성공적이었으며, 이를 통해 현재 세계 모든 지역에 있는 실행연구 연구자들이 중요한 주제 영역에서 전공 논문들을 주기적으로 발간하고 있다.

이러한 관점에서 Reason과 그의 주된 공동연구자들의 연구에 내재되어 있는 이론과 기본 원리를 이해하는 것은 실행연구를 전체적으로 이해하는 데 매우 중요하다. 이러한 관점은 실행연구 전 분야에 대한 그들의 체계도에도 영향을 미치므로, 그들의 견해와 방법을 이해하는 것은 우리가 그들의 실행연구에 대한 비전이 무엇인지 이해하고 실행연구 수행에서 어떤 측면들을 강조하는지 파악하는 데 도움이 된다. 따라서 이 장은 그들의 분석 틀을 제시하는 것에 더해 그들의 실행연구 분야에 대한 전반적 체계화 방식에 대한 비평을 하는 것으로 구성될 것이다.

핵심적 관점

Reason과 Bradbury가 『실행연구 핸드북』(2001a)의 첫 번째 장에서 체계적으로 논의한 바와 같이, (1) 실행연구는 일상생활에서 유용하고, (2) 외부 세계와 지속 가능한 관계의 맥락에서 해당 지역 주민과 공동체의 복지를 향상시키며, (3) 해방 지향적 의도를 가지고, (4) 역동적 · 지속적인 탐구과정에 초점을 맞춘 지식을 생산하는 데 중점을 두고 있다(Reason & Bradbury, 2001b, p. 2). 이러한 분석 틀(frameworks)의 저변에 있는 개념은 곧 Reason이 종종 '참여적 세계관(participatory worldview)'이라고 부르는 것이다. 이 세계관은 단순히 참여를 강조하는 것뿐만 아니라, Reason이 '인류의 번영(human flourishing)'이라고 부르는 압제의 상태로부터 해방된 상태로 상황을 변화시키기 위한 관여와 이에 따른 지속적 변혁을 의미한다(Reason & Brdbury, 2001b, p. 1). 마지막으로 실행연구는 앎의 다양한 방식들, 과정 자체의 질적 수준, 참여자와 그들을 둘러싼 세상의 복지를 위해 연구결과가 의미를 가져야 한다는 점을 받아들일 수 있을 때 타당한 결과를 만들어 낸다.

Reason은 (필자들이 판단하기에 보조적 역할을 한) John Heron과 함께 그들이 스스로 '협동적 탐구(cooperative inquiry)'라고 칭하는 접근방식에 대한 종합적 · 개략적 얼개를 개발했다. 이는 사람에 '대한(on)' 연구가 아니라 사람과 '함께하는(with)' 연구라는 의미를 가진다. 1970년대 후반 이후로 분석 틀을 발전시키기 위해 공을 들인 끝에, 그들은 협동적 탐구를 위해 필요한 다음과 같은 조건들을 제시했다. '협동적 탐구'에서는 연구과정의 모든 측면에서 참여자들이 공동연구자로서 충분히 관여되어야 한다. 연구과정에서는 납득하기(sense-making)[2] 활동들과 경험과 실행의 결과 간에 잘 조화된 상호작용이 있어야만 하며, 여기서 타당성(validity)이 중심적 문제로 다루어져야 한다. 타당성은 실행과정에서 연구결과가 참여자들의 목적과 필요들을 얼마나 만족시켰는지 정도에 의해서 평가된다.

협동적 탐구는 탐구에 대한 발전된 인식론에 기초하고 있다. Reason과 그의 동료들은 (1) 직접적인 행동을 통해 발생하는 '경험적 앎(experiential knowing)', (2) 그러한 경험들의 결과를 소통하는 데서 발생하는 '표상적 앎(presentational knowing)', (3) 앞의 두 가지 유형의 앎을 명시적으로 기록한 '명제적 앎(propositional knowing)',[3] 그리고 (4) 자기 스스로 상황에 맞도록 능숙하게 행위를 취할 수 있는 능력인 '어떻게 해야 할지를 아는 것(knowing how)'을 포함하는 '실제적 앎(practical knowing)'을 구분하고 있다. 필자들은 이 분류 체계가 실행연구를 안내하는 유용한 도구라고 생각하기 때문에 이에 대해 좀 더 자세히 논의해 보기로 한다.

이에 더해 이들은 1인칭, 2인칭, 3인칭 연구 및 접근방법을 구분할 것을 강하게 주장했다. Tobert는 그의 논문 「실행연구의 실천(The Practice of Action Inquiry)」(2001)에서 이러한 구분방식을 명확히 제시한 바 있다. 이러한 구분방식들은 Reason, Judi Marshall(2001)과 다른 많은 연구자들에 의해 사용되고 있다. 1인칭 연구 및 접근방법은 "주의를 기울이기(exercise our attention)"(Torbert, 2001 , p. 251), 탐구의 자아 성찰적인 측면을 회피하려는 우리의 강한 성향을 극복하는 방법들을 발견하는 작업을 포함한다. 이것은 연구자 자신에게 초점을 맞추고 있으며, 자기 자신의 행위들에 대한 탐구의 습관을 개발하는 방법을 배우는 것 그리고 효과적인 참여자와 연구자로서 다양한 집단 상황에 대한 참여가 하나의 중요한 요소라고 깨닫는 것을 포함한다. Tobert가 살펴본 바와 같이, 이런 종류의 행위에 대한 탐구는 우리 자신들의 현재 진행되고 있는 경험들에 대해 보다 명확하게 알 수 있게 해 준다. 따라서 이는 결과적으로 우리가 다른 사람들과의 활동에 보다 적극적으로 참여하도록 하고 그들이 보다 잘 이해하도록 준비할 수 있게 해 준다. 이러한 점에서 Chris

2) [역자 주] Sense-making은 이해당사자가 추진되고 있는 특정한 과제의 목표와 시행방식에 동의하고 납득을 하도록 만들기 위한 지속적 과정이다.

3) [역자 주] '표상적 앎'은 흔히 예술작품 등의 감상에서 발생하는데, 경험적 앎과는 달리 실제 행동과 경험을 통하기보다는 직관과 느낌을 통해 발생한다. '명제적 앎'은 일반적으로 우리가 이론이나 명제로 부르는 '개념과 개념 간의 관계를 언어로 기술한 것'을 말한다.

Argris and Donald Schön 등(Argyris, 1974, 1980, 1993; Argyris, Putnam, & Smith, 1985; Argyris & Schön, 1978, 1996)의 작업에는 상호 연계 고리가 있으며, 이들의 관점에서는 연구자 자신의 행동을 분석하고 훈련하는 절차를 배우는 것이 어떠한 탐구의 틀에서도 핵심적 요소가 된다.

한편, Tobert는 2인칭 연구 및 접근방법은 타인의 그리고 타인과 함께 있는 맥락에서(with and in the context of others) 대화하고 경청하는 훈련을 포함하는 것이라고 정의했다. 2인칭 연구 및 접근방법에서는 다양한 활동들이 중심 요소가 된다. 2인칭 연구 및 접근방법은 논의를 '구조화(frame)'하려는 시도를 포함하고 있으며, 그러한 논의의 구조화 방식은 (1) 다른 참여자의 반응을 받아들이는 것, (2) 분석과 상호 토의가 자유롭게 이루어지는 맥락에서 (자신이 지지하는) 특정한 입장을 옹호 또는 주장하는 것, (3) 그러한 주장을 입증하기 위해 실제 사례를 제공하는 것, 그리고 (4) 다양한 해석의 형식을 개발할 때 그들이 대응해야 하는 상황에서 다른 사람들에게 질의를 하는 것 등에 개방적이어야 한다. 이들은 본질적으로 실행연구에 참여하는 그룹에 속하는 사람과 사람 간의 소통과 대화의 맥락에서 발생하는 것들이며, 다시 한 번 말하지만 이러한 관점들은 개념적 · 실질적으로 Argyris and Schön(1978, 1996)의 연구와 상당한 공통점을 가지고 있다(제15장 '실행과학과 조직학습' 참조).

마지막으로, 3인칭 연구 및 접근방법이 있는데, 여기서는 1인칭 연구와 2인칭 연구가 (권력의 교체가 발생하는) 조직 혁신의 과정에 연계되어 있다(Tobert, 2001, p. 256). 이들은 권력과 권력의 이동이 특히 두드러지게 나타나는 조직의 변화, 조직 개발, 조직의 리더십 그리고 보다 광범위한 사회적 변화의 맥락에서 이루어진다.

이들 그리고 이들로부터 배웠거나 영향을 받은 많은 연구자들의 작업은 포괄적인 분석 틀을 가지고 있다. 그들은 전통적인 연구에 내재한 인식론과는 날카롭게 대조되는 일련의 기본적 인식론적 입장에 기반한다. 그들은 또한 실행연구에서 사용되고 중요성을 인정받고 있는 다양한 종류의 지식들 간에 명확한 구분방식을 적용하고 있다. 마지막으로 이들은 협동적 연구과정의 개인적 차원, 상호 대화 차원 그리고 집합적 차원 사이에 팽팽한 긴장감(active tension)을 유지하는 1인칭, 2인칭, 3인칭 연구를 서로 구분하는 입장을 견지한다. 이것은 실행연구의 비전을 명확하고 충실하게 설명하고 있다. Reason과 Bradbury(2001a)는 이를 『실행연구 핸드북』을 구성하는 데 핵심적 요소로 활용한 바 있으며, 이는 어떤 연구가 실행연구의 전체적 영역 중 어디에 해당하는지에 대한 기준을 제공했다.

필자들은 이러한 설명이 앞서 언급한 접근방법들에 대한 매우 일반적 설명이라는 것을 알고 있다. 따라서 이후의 장에서는 이 분야에서 핵심적 역할을 수행했던 4명의 전문가들(Peter Reason, William Torbert, Judi Marshall 그리고 John Heron)의 저작들을 검토함으로써 이를 보다 구체적으로 살펴보고자 한다.

인간중심 탐구

Peter Reason의 인간중심 탐구

이러한 형태의 탐구의 가장 두드러진 특징 중 하나는 다양한 관점들과 접근방법을 꾸준히 도입함으로써 지속적으로 발전의 과정을 보이고 있다는 점이다. Peter Reason의 계보는 1970년대 후반까지 거슬러 올라가며, 그 이후 지금까지 점점 더 명확해지고 있는 접근방식들이 꾸준히 개발되고 있다. 연구의 포괄성과 사례연구와의 연계성으로 인해, 그의 업적 중에서 필자들이 가장 선호하는 것은 인간중심 탐구(human inquiry)에서의 참여라는 요소이다(Reason, 1994). 그는 인간중심 탐구의 핵심적 의제를 (1) 경험과 관여, (2) 사람들의 성실성에 대한 사랑과 존중, (3) 예상을 뛰어넘는 정도로 꾸준히 성찰하고 창의적 삶의 가능성을 열기 위해 안정적 상황을 기꺼이 희생하는 자발성에 바탕을 둔 접근방식으로 정의했다(Reason, 1994, p. 9).

경험과 관여에 대한 강력한 가치 부여, 관계에 대한 감성적·윤리적인 차원에 대한 명확한 인식, 실제 경험에 근거하여 입증하고 (실증주의에 반하여) 선입견을 무력화하려는 욕구, '창의적인 삶(creative living)'에 대한 집중적 노력 등이 주요한 요소들이라고 할 수 있다. 여기서 초점은 주어진 상황 속에 있는 개인과 그들이 속한 조직들, 그리고 더 창의적 삶을 살려고 노력하는 사람들에게 맞추어져 있다. 동시에 그들이 속한 조직에서 나타나는 보다 폭넓은 정치·경제 현상이나 이들 조직이 속한 상위의 사회 시스템에는 상대적으로 덜 관심을 가진다.

인간중심 탐구의 목적은 대담하다. 이미 1994년 이전에 Reason은 (1) 특정한 인식론, 그러한 인식론의 결과로서 나타나는 일련의 기법들, (2) 인식론적 주장들과 기술적 실천방식들을 뒷받침하는 과학의 역사, (3) 민주화, 사회 서비스들의 개선, 사회변화의 모든 측면에서 성별에 대한 관점의 통합을 포함하는 일련의 사회개혁 의제들에 대한 자신의 주장을 펼친 바 있다. 이런 측면에서 인간중심 탐구는 실행연구 분야에서 발견되는 사회심리학과 인간관계의 조합이라는 프레임 속에서 이론화와 실천이 결합되는 가장 정교하고 복잡한 접근방식들 중 하나라고 할 수 있다.

Reason은 참여적 방법론과의 연계를 위하여 참여적 세계관을 우선적으로 강조하는 분석 틀을 중심으로 자신의 논의를 구축해 나가고 있다. 다른 말로 하자면, 연구기법 자체만으로는 자신들이 원하는 종류의 작업을 충분히 이끌어 낼 수 없다는 것인데, 이는 다른 연구자들에 의해서는 종종 무시되는 점이라고 할 수 있다. 연구기법은 참여를 원칙(principle)과 실천 양 측면 모두의 문제로서 이를 특별히 강조하는, 보다 넓은 세계관과 인간관계를 가정하는 기반 위에서 제시되어야 한다. 이것이 이루어진 후에야 비로소 전통적 연구에서 대상으로 간주되었던 사람들이 동료 연구자들로 변화되는 단계로 전이될 수 있는 것이다.

필자들을 포함한 많은 다른 실행연구자들과 같이, Reason은 사회과학 탐구에 대한 비참여적 그리고 (사회변화와 동떨어진) 연구결과 산출을 지향하는 접근방식을 현재의 전통적 사회과학의 지배를 초래한 원인으로 분석하면서, 그 자신의 독특한 연구 이력(history)을 제공하고 있다. 우리 모두는 이러한 노력에 동참하고 있는데, 이는 실행연구가 기존의 전통적인 사회과학 연구보다 연구를 수행하는 보다 나은 방법이라고 단순히 주장하는 것만으로는 충분하지 않기 때문이다. 또한 우리가 실행연구보다 명확히 열등한 것으로 주장하는 전통적 사회과학의 득세라는 문제를 해결하는 것도 필요하다.

현재 지배적인 현실 세계로부터 유리된 사회과학 연구의 문제에 대처하기 위해, Reason(1994)은 인간 의식의 진화에 대한 '거대 내러티브(grand narrative)'를 발전시키고 있다. 그의 기본적 생각은 인간은 무의식적 참여로부터 가부장적 지배에 의해 만들어진 소외로 이동하고, 여기서 다시 자기인식과 자아 성찰의 특성을 가지는 일종의 미래지향적 참여로서 해방을 추구한다는 것이다. 이 미래지향적 참여는 Bateson 유의 패턴과 형식[4]의 세계(Batesonian world of pattern and form; Bateson, 1979)에서 작동하는 것으로서 표현된다. 이는 상상력의 의식적 활용을 포함하며, 공통적인 것으로부터 성별에 따라 나누어진 접근방식까지 매우 다른 자아에 대한 경험을 제공한다.

이러한 맥락에서 인간중심 탐구는 새로운 유형의 참여적 성과로 이어질 것이라고 생각되는 "연구방법 또는 훈련, 일련의 규칙, 연습, 또는 절차"(Reason, 1994, p. 40)로 설정된다. 필자들이 앞에서 언급했듯이, Reason은 인간중심 탐구에 대한 주요한 토대를 이루는 지식 혹은 앎의 네 가지 유형에 대한 분류 체계를 제시했다(경험적 · 표상적 · 실제적 · 명제적 지식). 필자들은 이러한 분류 체계가 광범위하고 포괄적인 지식에 대한 개념의 일부를 형성하는 다양한 활동들에 관심을 집중시키기 때문에 매우 의미 있는 기여를 하고 있다고 생각한다. 또한 이는 지식이 얼마나 복잡하고 다양한 것인지, 그리고 지식이 맥락에 따라 서로 다른 앎과 행위의 순서와 조합에 따라 어떻게 구축되는지를 상기시킴으로써 전통적 사회과학의 문제점을 강조한다.

필자들은 탐구의 과정이 특정한 지식 형태가 지배하는 각각의 단계들을 거쳐 발전해 나간다는 Reason의 주장에 동의한다. 필자들에게 있어 실행연구에서 지식의 발전 단계를 이러한 방식으로 이해하는 것은 Reason의 업적 중 가장 훌륭한 부분들 중 하나라고 할 수 있다. 실행연구 저작들은 일반적으로 참여과정 내에서 실행연구자 자신과 공동연구자를 드러내거나, 그들의 활동을 파악하는 데 도움이 되는 특징적인 사항들을 거의 제공하지 않는다. 이러한 체계는 1940, 1950년대 사회심리학 분야의 연구 성과에 일정 부분 영향을 받고 있기는 하지만, 실행연구라는 목적을 위해 훨씬 더 효과적으로 체계화되었다. 이 부분이 중요한 것은 1인칭, 2인칭, 3인칭 연구 절차들과 실행연구에서 산출되는 다양한 종류의 지식이 만들어 내는 복잡한

---

4) [역자 주] Gregory Bateson은 20세기의 가장 영향력 있는 사상가 중의 한 명이다. 그의 사상의 독특성은 광범한 범위와 일반성으로부터 온다. 파편화와 지나친 특수화로 특징지어지는 시대에서, Bateson은 서로 다른 현상을 연결 짓는 패턴들과 구조 밑에 있는 과정들을 찾아보는 것을 통해 상당수의 과학 분야의 기본 가정과 연구방법에 대해 비판했다. 그가 주장하는 핵심적 메시지는 관계가 현실 세계의 가장 본질적인 것이며, 이를 이해하고 묘사하기 위해 우리는 관계에 대한 언어가 필요하다는 것이다. 그의 생각에 따르면, 그렇게 하기 위한 가장 좋은 방법 중 하나는 이야기를 하는 것(telling stories)이다. "이야기는 관계에 대한 연구를 하는 왕도이다"라고 그는 말했다. 하나의 이야기에서 중요한 것, 그 안에서 진실된 것은 이야기 속에 있는 사건의 구성, 사물 혹은 사람이 아니라, 그들 간에 존재하는 관계이다. 따라서 Bateson이 가장 좋아하는 방법은 당연하게도 이야기의 형식으로 관계들 사이에 존재하는 패턴들을 제시하는 것이었다(출처: http://www.anecologyofmind.com/gregorybateson.html).

조합은 종종 실행연구자가 그런 복잡함을 구조화하고 설명할 수 있는 역량을 압도해 버리기 때문이다. 이러한 체계는 모든 형태의 실행연구를 체계적으로 구조화하기 위한 유용한 도구로서의 역할을 수행한다.

인간중심 탐구 그 자체에서 이러한 단계들은 특정한 주제를 함께 조사하는 공동연구자들과 같이 시작한다. Reason(1994)에 따르면 이러한 지식은 주로 명제적 지식으로 형성되지만, 표상적 지식도 일부 함께 제시된다. 연구과정이 심화되어 갈수록 공동연구자들은 공동 연구대상들로 전환된다. 이 시점에서 나타나는 지식의 유형은 주로 실제적인 것이다. 그다음 단계에서 공동의 연구대상들은 서로서로가 처한 실상에 몰두하게 되며, 지식의 형태는 주로 경험적인 것이 된다. 마지막으로, 공동 연구대상들이 연구과정으로부터 함께 부상하기 시작한다. 그들은 아이디어를 검토하고, 재구성하고, 심지어 일부는 파기하기도 한다. 이 시점에서 지식의 유형은 주로 명제적인 것이 된다. 그러나 표상적 지식의 요소들이 명제적 지식을 획득하는 과정에서 얻어지는 경험적 그리고 실제적 지식들을 연계하는 데 사용되기도 한다.

이것은 거의 대부분의 실행연구 프로젝트가 오히려 전통적인 연구 또는 문제해결 활동에서 시작되는 경우가 많기 때문에 특히 유용하다 할 수 있다. 실제로 필자들이 지도한 많은 학생들은 작업을 시작할 때 자신들이 실행연구를 해야 할 것인지 여부에 대해 걱정하는 경우가 많았다. 사람들은 실행연구 프로젝트가 태생적으로 충분히 참여적이고 민주적인 방식으로 이루어져야 한다고 가정하고 있는 것으로 보인다. 필자들의 경험과 Reason과 그의 동료들의 연구의 일부 전제들을 보면, 실행연구는 시간이 지남에 따라 성과를 낼 수 있는 절차이며 종종 매우 전통적인 방법으로부터 시작되는 것이라는 것을 알 수 있다. 사실 이것은 가망성이 없을 정도의 위계적 방식으로 시작될 수도 있는 절차이며, 이후에 보다 실험적이며 위험을 담보한 참여의 형태로 확장되어 나갈 수 있다. 이는 필자들이 겪었던 경험과도 명확히 일치한다(Greenwood, Whyte, & Harkavy, 1993 참조).

실행연구는 전체 연구과정에 걸쳐 이루어지는 과정이지 특정한 무엇이 아니기 때문에, 실행연구 과정에서 보다 광범위한 협력과 함께 협력 파트너들이 진정한 공동 연구대상이 될 수 있도록 가능성을 열어 둠으로써 다양한 혁신의 기회들이 주어진다. 단적으로 그러한 과정이 얼마나 진행될 수 있는지는 실행연구자의 기술, 문제 상황, 공동 연구대상자의 성격과 상황 그리고 기타 지역적 요인 등에 달려 있다. 중요한 것은 이러한 과정이 어디에선가 시작되었을 때 실행연구자들이 그 어느 때보다 연구대상들을 공동연구자로 많이 참여시킬 수 있도록 숙련된 노력을 집중해 나가는 것이다. 이를 드러내는 과정에서, Reason은 프로젝트의 소유감, 권력관계, 그리고 협력의 문제점과 기회에 대해 언급하는 데 많은 관심을 기울였다.

Reason(1994)으로부터 명확히 유래한 또 다른 점은 훌륭한 사회과학 연구자가 되는 것만으로 좋은 실행연구 프로젝트를 만들어 낼 수는 없다는 것이다. 인간중심 탐구를 수행하기 위해서 연구자는 반드시 훌륭한 촉진자로서의 기술을 개발해야 하고, 집단적 과정에 대한 이해도 구비해야 한다. 이를 위해 현재 존재하는 모든 공식적 사회과학 훈련은 유용할 수 있지만, 그것만으로는 충분하지 않다. 인간중심 탐구를 공부하고자 하는 학생은 반드시 집단적 과정을 받아들이는 법을 배워야만 하고, 촉진자와 협력자로서 자신을 개발하는 일에 소홀히 하지 않아야 한다. 또한 연구자로서의 탁월성과 지역 협력자들을 공동 연구대상으로서 생각하면서 이에 대한 윤리적 · 정치적 헌신을 보여 줄 수 있도록 지속적으로 함께 노력해야 한다. 이것은 또한 Reason이 참여적 방법론을 시행하기 위해서는 왜 이와 일치하는 참여적 세계관을 갖는 것이 중요하다고 역설했는지를 잘 알려 준다. 적절한 세계관이 뒤따르지 않은 채 적용되는 기법만으로는 한계가 있으며, 이 경우 설령 실행연구를 수행하였다 하더라도 원하는 결과를 성취하기는 어려울 것이다.

Reason과 그의 동료들은 또한 이러한 작업에서의 핵심적 요소로서 '좋은 이야기(good stories)'의 중요성을 강조한다. 오랜 기간 동안, 실행연구자들은 실행연구는 그저 '이야기를 하는 것(telling stories)'이라고 주장하며 우리를 비방해 왔던 전통적인 사회과학 연구자들의 억압을 그대로 수용해 왔다. 이러한 비판은 실제로부터 유리되고 쓸데없이 어려운 용어를 사용하는 경향이 있는 전통적인 사회과학 연구에 드리워진 가식을 정당화하는 일종의 보호 장치라고 할 수 있다. 필자들이 제7장에서 언급한 바와 같이, 강력한 내러티브는 실행연구의 핵심이며 어떤 종류의 사회과학적 노력에도 필수적인 것이다. 이는 Reason의 저작들에서도 명확히 자리매김하고 있다. 실제 살아가는 현장에 역동적으로 참여하면서 사람들이 처한 실제 상황이 어떻게 작동하는지에 대한 진정한 논리 구조를 구체적으로 이해할 수 있어야만 우리가 이러한 상황들을 제대로 설명할 수 있게 도와주는 보다 상위의 내재된 이슈와 원인을 이해할 수 있게 되는 것이다.

일반적으로 실행연구의 핵심적 강령 중 하나는 전통적인 연구에서라면 아마 연구대상으로 치부되었을 사람들을 공동연구자의 위치로 전환시키는 것이다. Reason과 그의 동료들은 이것을 확언할 뿐만 아니라, 다른 누구보다도 인식론 · 방법론적으로 이러한 협력적인 관계들을 개발하는 세부적인 논의에 많은 관심을 기울인다. 1인칭과 2인칭에 대한 강조는 그러한 관계를 구성하는 요소들에 강력히 초점을 맞추어야 한다는 논의로 자연스럽게 이어진다.

예를 들어, Reason의 오랜 동료인 John Rowan은 다른 사람과 함께 보다 잘 작업할 수 있도록 하는 과정의 일환으로서 연구자의 자아를 개발하는 것이 필요하다고 강조한다. 비록 이것은 개인적인 성장에서 시작하지만, 이는 또한 실행연구에서의 관계가 풍성하게 되는 데 필요한 일종의 개인적 진정성과도 관련이 있다(Rowan, 2001, pp. 114-115). 특히 Rowan은 만약 우리가 현실에서 유리된 연구에서 벗어나 참여지향적 연구과정으로 나아가려고 한다면 그러한 변화가 필요하다고 주장한다. 따라서 실행연구의 전통에서 말하는 자아의 유형은 연구자 자신이 연구로부터 완전히 분리되어 있다고 비현실적으로 상정하는 '객관주의자(objectivist)'의 자아가 아니라, 다소 취약하더라도 건강한 방식으로 협력적 탐구과정에서 다른 사람들과 진정성 있게 관계를 맺는 자아라고 할 수 있다.

이러한 방식으로 연구를 기술하는 과정에서, John Heron은 협동적 탐구와 관련해 "고도로 참여적이 된다는 것은 미시정치적 형식(micro-political form)을 가지며, 교육적 · 정치적으로 해방되는 절차로서 중요성이 있다. 이는 어떤 종류의 통제나 권위주의적인 사회적 절차를 반대하고 극복하고자 하는 사람들 간의 협력과 자율성에 힘을 실어 준다"고 언급하고 있다(Heron, 2001, p. 333). Heron은 이것을 '개인초월적 탐구(transpersonal inquiry)'라고 부르며, 목표로서 추구되는 역동성과 성장을 야기하는 종합적인 과정의 조화를 강조한다. 이러한 과정은 공유된 언어와 안정적인 대화의 장을 구축함으로써 마음을 변화시키는 것을 목표로 한다. 그것은 또한 탐구지향적 의식 체계, 비판적 성찰, 참여자들에 대한 권한의 이전이 이루어질 수 있도록 노력한다(Heron, 2001, p. 334).

아마도 분명한 점은 실행연구가 극복해야만 하는 핵심적 문제들 중의 하나가 우리 사회에 존재하는 소외 문제라는 것이다. 사회과학과 사회 정책을 강력하게 뒷받침하는 일종의 신자유주의적 사고방식에 근거한 과격한 개인주의자(radical individualist)와 단순한 상품 생산적 접근방식은 이러한 소외 현상의 증거라고 할 수 있으며, 실행연구의 접근방식에서 볼 때 유일한 탈출구는 보다 심도 깊은 자아에 대한 인식과 타인과의 관계의 맥락 속에서 자아에 대한 인식을 결합하는 것으로부터 찾을 수 있다.

Reason, Rowan과 Heron의 입장에서 이러한 종류의 의식은 자아의식과 자기성찰을 포함하고 있고, 복잡하고 역동적인 패턴과 형식들이 존재하는 유동적인 세계(fluid world)에서 살아가는 것을 전제로 하고 있다. 또한 이는 상상력, 감성, 지성을 도구로서 함께 사용하는 것을 포함하고 있어 매력적이다. 인간중심 그리고 협력적 탐구는 연구자로 하여금 단순히 다른 방식으로 연구를 수행하도록 이끄는 것이 아니라, 다른 종류의 사람으로서 세상을 살게 하도록 만든다. 이러한 목표는 많은 측면에서 실행연구가 가지는 커다란 매력의 근저를 이루고 있지만, 대부분의 저작물에서는 그러한 목표 자체가 명확하게 기술되어 있지 않다. 인간중심 탐구가 하나의 학문분야이고 실행방식이라는 점 그리고 연구자가 학습자의 특성을 가지고 있다는 점을 강조함으로써, 저자들은 실행연구가 타인을 통해 자기발견의 과정에 관여하는 모든 참여자를 포함한다고 주장한다.

인간중심 탐구의 전통은 커다란 가치를 가지고 있다. 인간중심 탐구가 주장하는 관점에 동의하든 그렇지 않든 간에, 이 접근방식은 체계적인 인식론 · 방법론적 발전을 포함하고 있음과 동시에, 많은 실행연구를 특징짓는 지적 게으름에 대한 하나의 훌륭한 처방전이라고 할 수 있다. 종종 실행연구에서는 연구자가 좋은 일을 하고 있다(doing good)고 하는 정당성 자체가 해당 연구자로 하여금 자신이 현재 무엇을 하고 있고 그것을 어떻게 개선할 수 있는지에 대해 심사숙고하는 데 필요한 지적 노력을 제대로 하지 않거나 혹은 이러한 성찰을 할 능력의 결여로 이어지게 만드는 경우가 없지 않다는 점을 경계해야 할 것이다.

실행적 탐구[5)]와 자기성찰적 탐구

이러한 일련의 접근방식들은 다른 방식들과는 분명히 차별화되는 강조점들이 존재한다. 이러한 강조점 중 하나는 실행연구 과정을 가능하게 만드는 데 있어서 개인적 탐구의 역할을 보다 진지하게 생각하는 접근방법이라고 할 수 있다. 이러한 작업의 일부는 Argyris의 연구에 의해 커다란 영향을 받았지만(제15장 '실행과학과 조직학습' 참조), 또한 Kurt Lewin과 다른 사회심리학자들 그리고 심리치료의 전통에 일정 부분 영향을 받고 있다. 이 접근방식의 대표적 주창자는 William Tobert와 Judi Marshall이다. Tobert(2001)는 이러한 접근방식을 '실행적 탐구(action inquiry)'라고 부르고 Marshall(2001)은 이를 '자기성찰적 탐구(self-reflective inquiry)'라고 지칭한다. 이러한 접근방식에 기반한 논문들은 '자기성찰적 실행방법과 1인칭 실행 연구'라는 주제에 대한『실행연구』특집호에서 찾아볼 수 있다(Marshall & Mead, 2005).

William Torbert의 실행적 탐구

비록 Tobert가 여러 출판물을 통해 이러한 아이디어를 개발해 왔고 현재도 그러한 노력을 계속하고 있지만, 필자들은 그의 견해가 가장 종합적으로 나타나 있는 저작으로서『균형의 권력(The Power of Balance, 1991)』이라는 책을 참조하고자 한다. 이 책은 Donald Schön이 쓴 다소 당혹스러운 서문으로 시작한다. 이 서문에서 그는 이 책에 있는 많은 주장들에 대해 자신이 동의하지는 않지만 우리로 하여금 이러한 주장들로부터 적극적으로 배워 나갈 필요가 있다고 요청하고 있다. Schön이 적극적으로 찬동하지 않은 이유의 일부는 아마 Tobert의 주장이 때때로 극단적이었기 때문일 수도 있고, Tobert가 때때로 그의 주장을 하는 과정에서 극도로 자신을 드러

5) [역자 주] 이 장에서 action inquiry는 이제까지 action research를 실행연구로 번역해 왔음을 감안하여 '실행적 탐구'라고 번역한다. 사실상 action inquiry도 실행연구의 역사적 발전과정에서 이루어진 조어라고 할 수 있고, 이에 따라 나름의 특성을 발전시켜 나왔기 때문에 현재 시점에서 이를 실행연구와 어떻게 차이가 나는지를 논의하는 것은 실익이 없을 것이라고 생각한다. 다만, 여기서는 제반 실행연구 접근방식 중의 하나라고 이해하는 정도로 충분한 것으로 생각된다.

내고 있다는 사실 때문일 수도 있다. 이렇게 노골적으로 자기를 드러내는 것은 인간중심 탐구, 협동적 탐구의 접근방식들과 무관하지 않지만, Tobert는 실행연구자에게 필요한 핵심적 역량으로서 자아와 그것이 가지는 약점들에 대해 특히 강력한 초점을 두어야 한다는 주장을 계속했다. 사회 변혁을 위해서는 자아 변혁이 선행되어야 한다고 주장하며, 그는 이러한 과정에서 얼마나 많은 자기성찰과 다른 대부분의 접근방식에서 감추려고 하는 (특정한 유형의) 개인적인 것에 대한 개방성(openness to the personal)을 요구하는지를 보여 주고 있다.

여기서 논의되고 있는 저자들 중 Tobert(1991)야말로 개인, 그룹 그리고 보다 상위의 정치적 수준에서의 참여적 변화를 상호 참조(cross-reference)하는 데 가장 열심이었던 논자였다. Tobert의 사례들은 일상적으로 권력관계에 직접적인 방식으로 관여한다. 이는 그의 분석에다 통상적인 발견사항을 넘는 추가적 가치를 부여하도록 만들었다. 그는 통상적으로 상정되는 권력(즉, 다른 사람을 지배하는 권력)은 그가 '균형의 권력(power of balance)'이라고 부르는 '자기정당화 형식의 권력(self-legitimizing form of power)'보다 훨씬 약한 것이라는 견해로 시작한다. 그가 말한 '자기정당화 형식의 권력'은 "상호관계를 필요로 하고, 이러한 필요에 반응하는 사람들 스스로에게 주도권을 부여하며, 생산성과 질문, 변혁과 안정성, 자유와 질서를 창출한다"(p. 2). 실행적 탐구의 목적은 이런 종류의 권력을 어떻게 개별적으로, 집단적으로 그리고 여러 세대에 걸쳐 지속적으로 행사할 수 있는지에 대해 배우는 것이다.

Tobert는 다시 권력을 일방적 · 외교적 · 논리적 · 변혁적 권력의 네 가지 유형으로 구분한다. 이러한 네 가지 유형의 권력을 생산적으로 혼합함으로써 균형 있는 권력이 만들어진다. 이러한 균형은 개인적 권리와 보다 공정한 사회적 관계를 성취하는 것을 목표로 하는, 그 자신이 '건설적인 합리성(constructive rationality)'이라고 지칭한 것으로부터 비롯된다. 따라서 이러한 관점은 균형의 형성과정에서 필수적인 요소들인 집단의 역동성과 개인적 행동에 대한 특정한 견해에 기반한 거시정치적 비전에 뿌리를 두고 있다. 이런 견지에서 Tobert의 접근방식은 거시사회 · 정치적 환경에 대한 보다 명확한 견해를 가지고 있기 때문에 특징적이라고 할 수 있다.

Tobert가 오랜 기간 동안 경영대학에서 가르치고 또한 민간 분야에서 일했던 경력을 감안할 때, 그가 제시하는 대부분의 사례와 주장들은 이러한 맥락에서 도출된 것이라고 할 수 있다. 그의 작업은 경영대학에서의 교육과정 개편에 대한 자세한 사례를 포함하고 있다. 이는 고등교육 교육과정 혁신을 통해 실행연구에 대한 설명을 제공하는 매우 드문 사례 중의 하나이다(이와 관련한 다른 사례는 Roynolds, 1994 참조). 그의 작업은 종종 그의 핵심적 주장에 대해 생생한 실제 사례를 제공하는, 개인과 그룹의 행동에 관한 짤막한 분석들로 점철되어 있다.

실행적 탐구에서의 핵심적 실행방식은 Tobert가 '해방적 구조의 창조(creation of liberating structures)'라고 일컫는 것이다. Tobert는 사람들이 스스로를 개발하고, 성장, 현실의 직시, 발달로 진행되는 지속적인 과정에서 사람들 간의 관계들을 발전시키는 방향으로 인도하는 구조에 대해 긍정적인 입장을 표명한다. 그의 관점에서 볼 때 구조가 없으면 변화도 없다. 반면에, 강압적인 구조에는 저항만이 있을 뿐이다. 이러한 구조를 해방시키는 것은 실행적 탐구가 제시하는 탈출구이다.

Tobert는 해방적 구조의 여덟 가지 핵심적인 특성을 제시한다. 첫째, 사려 깊은 아이러니(deliberate irony)는 사람들로 하여금 그들의 조직에 대한 전통적인 사고방식에서 탈피하게 하는 시도이다. 둘째, 해방적 구조에서는 반드시 과업을 정의해야 하는데, 이것이 완료되기 위해서는 조직 발전에 대한 보다 넓은 가치와 일치하는 방식으로 접근해야 한다. 셋째, 해방적 구조는 시간이 지남에 따라 미리 계획되고 예측된 구조적 변화를 수반한다. 넷째, 이러한 과정에서 경험적이고 실증적인 연구, 그리고 참여자들에 대한 피드백으로 이루어지는 지속적으로 진행되는 주기를 반드시 창출해야 한다. 다섯째, 리더십은 이러한 목표들을 달성하기 위해 이용 가능한 모든 형태의 권력을 사용할 수 있다. 여섯째, 해방적 구조는 항상 조직 구성원들의 도전에 개방되어 있어야 한다. 일곱째, 리더십은 이러한 과정에서 채택된 것과 동일한 가치들에 대해 책임을 지게 된다. 여덟째, 리더십은 개인적 · 조직적 부조화를 찾아내고 그것을 해결하는 것을 목표로 한다.

비록 이러한 견해들이 다른 분석 틀을 모방하는 측면이 있지만, Tobert의 조합방식은 독특하다고 아니할 수 없다. Tobert는 권력과 리더십의 행사와 관련한 딜레마에 많은 관심을 기울인다. 앞서 나열한 측면들은 Tobert가 남부 감리교 대학교(Southern Methodist University)의 경영대학에서 수행했던 상세한 교육과정 개혁 사례에서 발생한 것이다. 새롭게 쓰여진 생생한 이야기, 민족지적인 특수성, 과정에 대한 조직적 차원의 이야기와 개인적 · 실존적 측면 간에 방향을 바꾸며 나아가기, 학교의 거시정치학적 측면 등은 이 사례를 매우 가치로운 읽을거리로 만들고 있다. 주요한 조직적 변화와 같은 복잡한 현상에는 필연적으로 수반되는 불규칙성, 불확실성, 두려움, 침체와 호조기, 시행착오 등이 훌륭하게 재구성되어 이야기되고 있다. 이러한 요소들은 점차 교육자, 남편, 친구 그리고 리더로서 Tobert 자신의 인생 발달 경로에 대한 보다 거대한 내러티브로 녹아들어 간다. 이 저작에서 Tobert의 고백적인 어조는 실행연구의 존재론적 측면에 대해 출판된 몇 안 되는 이야기를 제공하고 있다. 곧 이렇게 깊숙히 관여된 탐구는 우리로 하여금 단순히 훈련받은 전문가들로서가 아니라, 다각적인 측면에서 우리를 깊이 몰두시키게 만든다는 것을 명확히 상기시켜 준다. 그는 다양한 저작에서 이러한 관점들을 지속적으로 발전시켜 왔다.

그의 실행방식에 대한 간략한 요약은 Tobert(2001)에서 찾아볼 수 있다. 그는 또한 Chandler and Tobert(2003)에 포함된 실행연구에 대한 많은 '특징들(flavors)'에 대한 흥미로운 에세이에서 자신의 견해를 보다 넓은 실행연구 분야 체계 속에서 명확히 설명하고 있다. 특히 매력적인 사례들은 Sharman and Tobert(2000)에서 참조할 수 있다.

Judi Marshall의 자기성찰적 탐구

Peter Reason의 오랜 동료였던 Judi Marshall은 1인칭 실행연구에 특히 주안점을 두고 연구를 수행했다. 그녀는『실행연구 핸드북』(2001)에서 자신의 실행방식에 대한 개관을 제시했고, 학술지『실행연구』(Marshall, 2004)에 실린 논문에서는 자신의 작업을 시스템 이론과 접목시켰다. 그녀의 출발점은 탐구 그 자체는 훈련을 필요로 하고, 자신이 '주의집중 훈련(attentional disciplines)'이라고 부르는 것이 바로 성공적인 실행연구의 수행에 핵심적인 요소라는 것이다. 이러한 '주의집중 훈련'은 구체적 처방이나 규칙이 아니라, 일반적으로 보다 큰 성장과 탐구 기술을 습득하는 방법들을 말한다. Marshall의 관점에서 보면 탐구 그 자체가 삶의 핵심적 요소이다. 그녀는 "나는 현재 탐구라는 개념을 삶의 과정으로 생각하는 관점을 선호하며, 탐구하는 것이 어떻게 내가 존재하고 있다는 사실과 관련이 되는지, 나의 총체적(복수의) 존재[my full (multiple being)]는 내가 수행하는 어떤 연구 수행과정과 행위에도 항상 연관되어 있다고 보는 견해를 존중한다"고 말했다(Marshall, 2004, p. 438).

Marshall은 실행연구에서 내향적 및 외향적 방향 모두에 관심이 주어져야 하며,

이러한 '주의집중 훈련'은 행동과 성찰 그리고 행동과 행동의 수용 간의 체계적인 순환의 맥락에 자리 잡아야 한다고 주장한다. "실행연구는 연구자 자신을 제외한 다른 모든 사람들에 의해 결정되어야 하고 실행연구자 스스로는 완전히 중립적이어야 한다"고 주장하는 일부 비현실적인 실천가들이 있음에도 불구하고, 탐구는 절대로 우연으로 일어나는(unintentional) 것은 아니라고 본다. 필자들이 생각하기에 매우 타당하게도, Marshall은 사려 깊으면서도 계획적임과 동시에 개방적 · 수용적인 상태를 유지할 것을 강조했다. 그리고 이러한 기술은 자아와 자기 자신의 동기와 필요에 대한 진정성 있는 이해가 강화되었을 때에만 획득될 수 있다고 보았다. 이렇게 볼 때, Tobert와 Marshall의 작업에서 커다란 비중이 실행연구를 수행하는 필수적이고 아마도 핵심적인 동기로서 '주의집중 훈련'과 스스로의 지식을 향상시키는 것에 놓여 있다는 점은 명확하다.

협동적 탐구

John Heron의 협력적 탐구(collaborative inquiry)

John Heron은 Peter Reason의 동료이자 우호적인 비평가이다. 그는 1978년 Reason과 John Rowan과 함께 런던에서 '새로운 패러다임 연구 그룹(New Paradigm Research Group)'을 설립했다. 또한 Heron 스스로도 왕성한 저작 활동을 한 저술가이자 동시에 실천가이기도 하다. Heron의 작업은 여기서 이미 논의되었던 것들과 많은 부분에서 유사하지만, 그가 강조하고 있는 광범위한 연구의 절차들과 타당성에 대한 질문들은 필자들이 여기서 그의 작업을 별도로 논의할 필요를 느끼게 한 이유이다.

이러한 주제들에 대한 그의 핵심적 저작은 『협동적 탐구: 인간이 처한 조건에 대한 연구(Co-operative Inquiry: Research Into the Human Condition)』(Heron, 1996)인데, 여기서 그는 실행연구를 위한 인식론과 방법론의 개발을 종합적으로 논의하고 있다. 하지만 이 책은 또 다른 정설(orthodoxy)을 만들어 내려는 욕구를 거부하면서 시작하고 있다. Heron은 그의 접근방식을 일반적인 질적 탐구방법을 포함한 기존의 다른 접근방법들을 참조하여 체계적으로 구조화하는 방법을 모색하고, 그러한 접근방법의 기저에 있는 패러다임을 탐색하고 이를 다른 패러다임들과 비교할 것을 약속하고 있다. 그는 복잡한 주제에 대해 매력적이면서도 편협하지 않은 접근방법을 취하면서 이러한 약속들에 부응하고자 노력했다.

협동적 탐구(cooperative inquiry)의 출발점은 '참여적 실재(participative reality)'이다. 이는 Heron(1996)이 '본성으로서의 마음의 내재성(immanence of mind in nature)' [Bateson(1979)을 연상시키는 부분]이라고 부르는 것으로서, 곧 인간의 앎이 필연적으로 공동생성적인 속성을 가지고 있다는 점을 말하는 것이다. 여기서 Heron의 논의를 차별화시키는 점은 인식론적 질문으로서 '참여적 현실'과 이와 동등한 정도로 중요한 강력한 참여와 인간 발달에 대한 정치적(그리고 윤리적) 가치들을 구분하는 것이다. 이것들은 다음의 두 가지 차원에서 다루어진다. 하지만 종종 행해지고 있는 방식과는 달리 전자를 후자로부터 도출하려고 노력하지 않는다. "연구 관리에서의 민주화는 중앙과 지방 수준에서의 정부 민주화에서 다루는 인권 문제만큼이나 중요하다"(1996, p. 21)

협동적 탐구에 대한 그의 주장은 참여에 대한 이러한 두 가지 의미들을 연계하고 있는데, 그는 자신이 보다 제한적이라고 생각하는 다른 접근방법들을 비판하면서 이를 체계적으로 변호하고 있다. 그는 탐구과정 전반에 걸쳐 강력하게 경험적 · 표상적 · 실제적 · 명제적 앎을 구분해서 사용했다. 훌륭한 실행연구자로서 그는 경험적 앎으로부터 탐구과정을 시작한다.

Heron은 또한 좋은 목적의 연구를 수행함으로써 이에 수반되는 방법론적 · 인식론적 문제들은 면죄부를 받을 수 있다고 주장하기보다는, 진실과 타당성의 문제에 정면으로 맞서고 있다. Heron은 지식은 행동을 위해 존재한다는 관점을 강하게 믿고 있다. 그는 탐구과정들이 시작되고 각각의 단계를 거치면서 서로 다른 시점에서 발생할 수 있는 여러 가지 문제들을 다양한 방법을 통해 처리해 나갔다. 비록 공저자 권한 배분의 딜레마에 대한 해결책은 없었지만, Heron은 이러한 이슈에 대해서도 솔직하게 문제를 제기했다.

Heron은 특히 타당성의 문제에 관심을 기울였고, 실행연구에 대한 보다 폭넓은 논의가 이루어지는 데 중대한 기여를 했다. 그는 이러한 유형의 작업에서 무엇이 타당성을 구성하는지에 대해 일반적으로 개관하는 과정에서 탐구의 순환과정(inquiry cycles), 성찰, 행동 그리고 다른 요소들을 서로 연계시켰다. 필자들은 이것이 현재까지 실행연구 문헌에서 발견되는 타당성에 대한 가장 종합적인 주장이라고 생각한다. Heron이 주창하는 타당성 절차들 중에는 연구 순환과정(research cycling), 연구과정에서 분화와 수렴의 균형, 성찰의 요소들이 포함되어 있다. 타당성에 관한 논의는 이 책의 제4장에 제시된 주장들과 공통적인 부분이 많다. 실행연구에서 언제나 그렇듯이, 타당성에 대한 주장을 하는 근거는 그들이 행동을 정당화하거나 작동 가능한 해결책을 산출할 수 있느냐에 달려 있다.

이러한 긴 논의 끝에, Heron(1996)은 협동적 탐구를 안내하는 보다 넓은 세계관의 문제로 다시 논의의 중점을 옮긴다. 그는 여기서 자신이 '경험론(empiricism)'이라고 부르는 것에 대한 그의 신념을 다시 한번 언급하였다. 하지만 그는 여기서 경험론은 경험의 내용을 속단하는 것을 의미하는 것이 되어서는 안 된다는 파격적인 주장을 하고 있다. Heron은 무엇이 경험적인 것인가에 대한 경험론자들의 견해가 완전히 부적절하다고 주장함으로써 경험론자의 주장의 본질적인 부분을 효과적으로 비판하고 있다. 그는 전통적인 사회과학 연구가 가지는 거의 모든 개념적 · 경험적, 그리고 정치적인 딜레마들을 협동적 탐구가 얼마나 더 효과적으로 다룰 수 있는지를 보여 주면서 논의를 마치고 있다.

타당성

타당성에 대한 Heron의 강조는 Bradbury와 Reason이 그들의 저서 『실행연구 핸드북』의 마지막 장에서 다루고 있다. 이것은 매우 흥미로운 선택이었으며 실행연구에서 타당성의 문제를 다루는 것이 중요하다는 Heron의 주장이 동력을 얻었다는 것을 의미한다. 윤리적으로 훌륭한 연구를 수행하는 것이 일정 부분 자동적으로 '좋은(good)' 연구결과를 산출한다고 주장하는 것보다는, 이제는 우리가 수행하는 실행연구의 질과 타당성을 변호할 수 있는 주장을 해야 한다는 것은 명확하다.

Bradbury와 Reason은 타당성의 다중적 의미에 대해 검토하고, 모든 타당성의 기준들과 의미를 해체하려는 포스트모던적인 시도가 실행연구에서는 얼마나 뼈 속 깊이 받아들이기 어려운 것인지 검토한다. 그들은 타당성의 질문과 질적 수준의 질문을 연계시키고 있으며, 그 이유는 무엇이 질적으로 훌륭한지 판단할 수 없다면 무엇이 타당한 연구인지 판단할 방법이 없기 때문이다. 그러나 선한 것(goodness)인지 여부는 해당 탐구의 목적과 매우 크게 관련이 있다. 따라서 해당 연구의 가치와 '가치로움(worthwhileness)'이야말로 타당성 판단의 핵심적 요소라고 할 수 있다.

실행연구에서 타당성은 다른 모든 것들과 마찬가지로 역동적이며 과정적인 것이다. 각각의 서로 다른 절차와 적용되는 지식의 종류에 따라 타당성을 다루는 방식도 서로 달라진다. Bradbury와 Reason은 필자들이 여기서 다시 인용하여 제시하고 있는 훌륭한 종합적 예시로서 자신들의 글을 마무리하고 있다.

실행연구에서 질적 수준을 점검하기 위한 주요 이슈와 질문

(Bradbury & Reason, 2001, p. 454)

해당 실행연구가

- 명시적으로 관계지향적 참여(relational-participation) 방식을 개발하려고 하는가?
- 실제적 성과들을 산출하기 위한 성찰적 관심에 의해 진행되고 있는가?
- 앎의 다양한 유형들(plurality of knowing)을 포함하고 하는가?
- 개념적-이론적 성실성(conceptual-theoretical integrity)을 보장하는가?
- 전통적 학문공동체에서 통용되는 앎의 방식을 넘어선 다양한 유형의 앎의 중요성을 아우르고 있는가?
- 적절한 연구방법들을 의도적으로 채택하고 있는가?
- '의미 있는(significant)'이라는 용어에 걸맞는 가치가 있는가?
- 새롭고도 견고한 연구방법적 토대 구축을 지향하고 있는가?

결론

종합적으로 이러한 일련의 논의들은 필자들에게 사회심리학, 조직 개발, 복지 사업(human service work)에 강력한 뿌리를 두면서, 실행연구에 접근하는 서로 연관된 몇 가지 특정한 접근방식들에 대한 폭넓은 관점들을 제공해 주고 있다. 이 연구자들은 또한 다른 누구보다도 실행연구 분야를 체계적으로 구조화시키고, 실행연구 접

근방식에 대한 서로 다른 방식들과 논의들을 보다 광범위하고 전 세계적인 대화의 장으로 엮어 나가려고 노력해 왔다. 이것은 중요한 공헌이 아닐 수 없으며, 이들의 노력 덕분에 실행연구 분야는 심지어 5년 전이라는 비근한 시점과 비교해 볼 때도 커다란 발전을 이루어 냈다고 할 수 있다.

또한 그것은 이러한 체계하에서 발생할 것으로 기대하는 미래의 발전 방향에 대해 우리가 상당한 희망을 가질 수 있다는 것을 의미한다. 필자들에게 가장 인상적인 것은, Tobert와 Heron의 저작에 있는 몇 가지 요소들을 제외한다면 1인칭과 2인칭 탐구 형식과 분석 그리고 그들에 부수하는 주의집중 훈련에 절대적으로 많은 관심이 집중되고 있다는 점이다. 부분적으로 이것은 이 분파가 자신들의 강력한 논리적 근거를 사회심리학, 심리치료 요법 그리고 명상적인 실행방식에 두고 있는 자연스러운 결과라고 할 수 있다. 분명 이러한 강조는 실행연구와 전통적인 사회과학 연구 모두에서 오랫동안 지나치게 강조되어 온 3인칭 탐구방식에 대한 건강한 반작용이라고 할 수 있다. 그러나 그동안 특정 분야에 대한 지나친 강조가 다른 분야에 대한 또 다른 편중으로 고쳐지지는 않는다는 점을 명확히 유념할 필요가 있다.

1인칭과 2인칭 탐구방식에 지나치게 초점을 맞추면서, 이 분야의 많은 저작들은 보다 큰 조직의 변화와 혁신에 대한 역동성보다는 개인과 개인 간의 그것에 보다 많은 관심을 두고 있다. 여기서 조직은 자기 스스로의 역동성을 가진 시스템이라기보다는 개인과 양자 간의 상호작용의 총합이라는 단순한 배경 수준으로 논의되고 있는 것으로 보인다.

이와 관련이 있지만 이들의 분석 체계에서 전혀 암시되지 않았던 것으로는 소규모 그룹을 연구하거나 또는 복지 서비스 전달 체계 및 교육기관에 초점을 두는 경향을 들 수 있다. 대규모 공공부문 조직, 대규모 관료제, 산업체 공장, 지역 개발 프로젝트, 다국적 기업 등은 여기서 별로 주목을 받지 못했다.

그러나 최근 이러한 경향이 바뀌는 중요한 징후가 있다. Peter Reason과 그의 동료들은 최근 그들의 작업의 관심을 실행연구에 대한 산업 민주주의의 위협과 밀접히 관련된 쪽으로 이동시킴으로써 중요한 적용 영역을 새롭게 개척했다. 그러한 프로젝트 중 하나는 「저탄소 잠재력의 탐색: 기존 저탄소 기술의 도입을 활성화하기 위한 통합적 실행연구(Unlocking Low Carbon Potential: Integrated Action Research to Enable Adoption of Existing Low Carbon Technologies)」이다. 이는 특히 식품 산업에서 탄소 배출을 변화시키는 방법들에 대한 새로운 이해를 만들어 내려고 하고 있다. 이 문제를 해결하기 위해 연구진은 이 '문제 상황(mess)'의 해결책에 대한 조직 차원의 장애 요소에 초점을 맞추고, 이러한 복잡성에 대처하기 위해 팀 빌딩(team building)과 상호대화 협의회(dialogue conference)를 포함한 실행연구에서의 간학문적 노력(interdisciplinary effort)을 진행하고 있다(Reason, 개인적 교신).

두 번째의 주요한 프로젝트는 특히 중간층 관리역량 개발에 대한 관심을 통해 웨일즈 지역의 공공 서비스 관리 혁신을 주안점으로 추진되고 있다. 이는 네트워크 구축과 공동생성적 과정을 통한 참여적 학습에 초점을 두고 있다. 이 프로그램은 다음의 세 가지 목적을 가지고 있다. (1) 관리 역량 개발(management development), (2) 공유된 목표를 가진 실행학습 그룹의 생성, (3) 웨일즈 지역 공공 서비스 조직 문화의 혁신(Reason, 개인적 교신).

제 15 장

실행과학과 조직학습

이 장에서 필자들은 실행연구와 관련된 논의의 범위를 확장하기 위해서 실행과학(action science)과 조직학습(organizational learning)을 선택하였다. 이를 통해 필자들은 Kurt Lewin(1935, 1943, 1948)의 실행연구(action research) 접근방식과 실용주의 철학(pragmatic philosophy)이 발전해 나간 한 줄기로서 이들의 중요성과 함께, 현재 실행연구 수행에서의 이 접근방법들의 유용성을 강조하고자 한다. 필자들은 실행과학이야말로 과학적 명료성과 실천적 유용성이라는 두 가지 요구 모두를 충족시키는 방식으로 실행연구를 정립해 나가기 위한 가장 의미 있고 체계적인 시도들 중의 하나라고 생각한다. 조직학습과 조직 개발이라는 개념 틀은 실행연구로부터 출현했던 사회과학 지식 체계에 대한 가장 중요한 두 가지의 개념적 기여라고 할 수 있다. 그러나 필자들의 비평이 앞으로 보여 주는 것처럼 우리 역시 편견이 없는 지지자는 아니다.

실행과학 또한 이 책에서 중요한 의미를 가진다. 왜냐하면 실행과학에 대해 논의하는 것은 필자들로 하여금 적어도 지난 50여 년 동안에 걸쳐 실행연구의 구성 요소의 하나였던 정신역동(psychodynamic)[1]의 측면을 명확히 강조하고 있는 실행연구에 대한 접근방식 하나를 포함시킬 수 있게 해 주기 때문이다. 실행과학과 조직학습의 주요 설계자는 Chris Argyris와 Donald Schön이며, 두 사람 모두 왕성한 저술가이자 명망 있는 교수들이다. Argyris는 오랜 기간에 걸쳐 서로 다른 많은 관점에서 이 주제에 관해 저술해 왔다(1974, 1980, 1985, 1993; Argyris & Schön, 1978, 1996; Schön 1983). 필자들은 (이와 관련한) 두 가지 주요한 저작물들로 (1) 실행과학 접근방식에 대한 주요 논문인『실행과학; 개념, 방법, 연구와 개입을 위한 기술(Action Science: Concepts, Methods, and Skills for Research and Intervention)』(Argyris, Putnam, & McClain Smith, 1985) 그리고 (2) Donald Schön과 공동 저술한 조직학습에 관한 2권의 책과『조직학습 II (Organizational Learning)』(1996)[주1]을 설정하고, 여기에 기술되어 있는 내용을 중심으로 논의를 전개해 나가기로 한다(후자는 실행과학). 후자는 실행과학, 반성적 실천(reflective practice)[주2] 그리고 조직학습적 관점들(organizational learning perspectives)을 연계시키고 있다.

실행과학

필자들은 Chris Argyris, Robert Putnam and Diana McClain Smith(1985)가 저술한『실행과학(Action Science)』이란 책에 초점을 맞추고 있다. 그 이유는 실행과학 접근방식에 있어 가장 중요한 요소들을 포함하고 있기 때문이다. 필자들은 이 책을 수업에서 사용해 왔는데, 그것이 초심자인 독자들에게도 핵심적 주장들을 명확히 전달하는 데 효과적이었다고 생각한다. 필자들은 실행과학이 시스템 이론(systems theory), 정신분석학(psychoanalysis) 그리고 조직 행동 관점(organizational behavior perspectives)의 제반 요소들을 결합시킨 포괄적인 접근방식을 통해 실행연구 발전 과정에서 주요한 일맥(一脈)을 이룬 바 있기 때문에, 보다 상세한 설명을 할 가치가 있다고 생각한다. 이는 또한 사회변화를 실천함에 있어서 '과학적 지식(scientific

1) [역자 주] 정신분석 이론의 영향을 받아 개인의 과거 경험이 현재의 문제에 어떤 영향을 미치고 있는지 설명하고 이에 의거하여 문제를 해결하려는 이론이다(출처: http://www.doopedia.co.kr/search/encyber/new_totalSearch.jsp).

knowledge)'의 문제를 명시적으로 다루고 있다. 현재까지 실행과학은 실행연구와 과학적 방법 간의 관계를 다루고 있는 최선의 노력들 중 하나라고 할 수 있다.

『실행과학』의 초반부에 저자들은 자신들의 주요 목표를 분명하게 언급하고 있다. "우리의 초점은 실제 적용과정에서 사용될 수 있는 지식의 산출이며, 동시에 실행이론(theory of action)[2] 창출에 기여하는 데 있다"(p. ix) 그렇게 함으로써 이들은 실행에 대한 하나의 레퍼토리로서 이론 형성과 실행과정에서의 이론 검증 간의 연계를 주장한다.

Argyris, Putnam and McClain Smith(1985)는 이러한 작업이 그때까지 거의 시도되지 않았음을 알고 있었다. 그들은 자신들이 '엄격성(rigor)과 적절성(relevance) 간의 잘못된 갈등(false conflict)'이라고 지칭하는 것들을 논의함으로써 이러한 실패에 대한 설명을 구조화하려고 하고 있다. 저자들은 '무엇이 적절한가', '무엇이 특정한 상황에서 실제 현실에 영향을 미치는가(what touches the real world in known locations)'와 같은 주제는 그 자체적으로 엄격한 지식의 근원이 될 수 없다고 가정해 온 사회과학에서의 오랜 제도적 관행을 지적하고 있다. 이들은 엄격성(rigor)과 적절성(relevance)은 잘못된 이분법(dichotomy)이라고 주장한다. 이들은 '무언가를 이해하는 최선의 방법은 이를 변화시키기 위해 노력하는 것'이라는 Lewin의 견해를 언급하면서, 엄격성에 이르는 길은 '사회과학 이론(social theory)'을 사회적 행위(social action)에 적용하려는 시도에 있다고 주장하는데, 이는 필자들이 이전 장들에서 제시했던 실행연구의 철학과 일치하는 관점이라고 할 수 있다.

---

2) [역자 주] Argyris와 Schön에 의하면 모든 개인의 의도적인 행위는 어떤 행위이론에 따라 결정된다. 어떤 행위 결과가 만약 기대했던 바와 일치(match)한다면 행위이론은 타당한 것으로 판명되어 모종의 추가적인 과정은 촉발되지 않는다. 반면, 불일치(mismatch)되었다면, 즉 결과가 기대한 것과 다르다든지 혹은 기대하지 않았던 바람직하지 않은 다른 결과가 유발되었을 때 행위 전략을 수정하게 되는 것이다. 다시 새로운 행위의 결과는 일치 혹은 불일치가 될 것이며 일치가 될 때까지의 반복된 과정을 '단일순환 학습(single loop learning)'이라 일컫는다. 이때 아무리 반복해서 전략을 수정해도 불일치를 교정할 수 없는 상태에 이르렀다고 하자. 이와 같은 상태는 아마도 운영 규범(governing variable values)이 바뀌지 않는 한 교정되지 않는 '오류(error)'가 아닌가 의심할 수 있다. 이 경우의 불일치가 운영 규범의 수정을 통해서만 교정 가능하며, 그 후에 행위 전략을 수정함으로써 기대된 결과를 얻어 낸다면 이 과정은 이중순환 학습(double loop learning)이 발생한 것이라고 할 수 있다(출처: HRD 용어사전, 2010. 9. 6, (사)한국기업교육학회).

직면하기

실행과학의 핵심적 개념과 연구방법은 '직면하기(confronting)'이다. 직면하기는 사회적 행위자들이 변화와 지각된 위협에 대한 스스로의 방어적 반응들을 명시적으로 받아들이도록 강제되는 과정이라고 할 수 있다. 이는 방어적 반응들의 원인들을 탐구하고, 그러한 순응의 결과들을 분석함으로써 이루어진다. 비록 Argyris 등(1985)이 모든 방어적 반응들이 부정적인 결과를 초래하지는 않는다고 지적하고 있지만, 그들은 방어적 행동들이 종종 집단들이 상충되는 요구들 사이에서 끊임없이 방황하게 만드는 주된 원인이 될 때 유일한 해결책은 갈등을 직시하여 해소하는 것뿐이라고 생각한다.

변화와 정체(停滯)의 이론

Argyris 등(1985)의 관점에서 볼 때, 실행과학의 목적은 "인간이 다른 사람들과의 관계 속에서 어떻게 행위를 설계하고 실행하는지에 대한 탐구방법을 창출하는 것이다. 따라서 그것은 실천에 대한 과학이다"(1985, p. 4).

그러나 그들의 목표는 이보다 훨씬 원대하다. 왜냐하면 이들은 (1) 현재 상태를 유지하고자 하는 현 상태에 내재된 변수들, (2) 현재 상태를 변화시켜 해방적인 대안으로 나아가는 데 관련된 변수들, (3) 이전의 명제들이 검증된 적이 있다면 요구될 수 있는 과학적 개입을 위한 변수들, 그리고 (4) 변화를 가능하게 하고 동시에 반증가능성에 대한 엄격한 검증을 충족하는 지식을 생산하는 연구방법론들을 탐구하려고 하고 있기 때문이다(Argyris et al., 1985, p. xii).

이러한 노력들에 의해 Argyris 등(1985)은 "실천에 대한 과학"(p. 4)을 발전시키려 하고 있다. 이를 통해 개인과 집단들은 "타당성 있는 정보를 창출하는 데 도움이 되는 행동과학적 세계들(behavioral worlds)을 창출하고 유지"(p. 77)하는 데 도움을 받을 수 있다. 그리고 "이러한 세계 속에서 행위자들은 자유롭고 정보에 기반을 둔 선택들을 하면서, 내면적으로 자신들의 선택에 노력하고 있다는 느낌을 가질 수 있게 된다"(p. 77).

객관성

실행과학은 '객관성'에 대한 사회과학의 수호자 역할을 맡고 있다. 왜냐하면 Argyris 등(1985)은 자신들의 이론(formulations)에 대한 핵심적 반대들이 실증주의에 기반을 둔 표준적 방어 기제를 중심으로 이루어질 것이라고 정확히 예상하고 있었기 때문이다. 객관성 논쟁에 대한 그들 주장의 핵심은 적어도 참여자들의 일상적 방어 기제의 일부가 직접적으로 나타나지 않을 때까지는, 심지어 최소한의 "타당한 기술(valid description)"(p.xii)을 하는 것도 가능하지 않다는 입장을 취하고 있다. 그들의 견해에 따르면 이러한 방어적 행위 패턴들은 기능적일 수도 있고 반대로 역기능적일 수도 있기 때문에, 이러한 요소들에 대한 상당 수준의 분류가 이루어지기 전까지는 행위를 이해하는 것이 불가능하다. 다른 말로 표현하면, 개입(intervention)이 없이는 경험적 기술(empirical description) 자체가 불가능하다는 것인바, 이는 곧 전통적인 사회과학의 입장에 대한 직접적인 공격과 다름이 없다.

개입 그리고 과학

Argyris 등(1985)은 실행에 대한 과학이 수립될 수 있는 기반인 '의미 있는 기술(meaningful descriptions)'을 만들어 내기 위한 핵심적 요소로서 개입의 필요성을 주장한다. 그들은 엄격성(rigor)에 대한 표준적인 접근방식이 부적절하고(irrelevant), 검증되지 않았으며(untested), 검증 불가능한(untestable) 명제들을 산출할 뿐이라고 주장함으로써 엄격성과 적절성(relevance)에 대한 관습적인 사회과학의 접근방식에 도전하고 있다. "우리는 실천에 기여하는 것을 목적으로 하는 이론은 오직 순수과학의 기준(criteria)에만 적합한 이론들과는 다른 특징들을 가져야 한다고 주장한다" (pp. 18-19).

그들의 관점에서는 인간중심 과학들(human sciences)을 고유한 것으로 만드는 것은 이들이 실제 실행과정에 있는 사람들의 집단을 연구한다는 것이며, 실행과학자들은 여기서 실천(practice), 성찰(reflection), 방어적 성향(defensiveness) 그리고 이러한 공동 연구대상들(cosubjects)의 객관화로 구성되는 병렬적 과정들에 관여하는 실천가(practitioner)라는 것이다(p. 22). 종국적으로 그들의 목표는 정확히 다음과 같다고 볼 수 있다.

> 실행과학은 개입이라는 실천방식에 주된 관심을 둔다. 이러한 실천방식에 대한 성찰을 함으로써, 우리는 (1) 어떻게 지식이라고 주장하는 바(knowledge claims)가 검증되고 실천적으로 정당화될 수 있는지, 그리고 (2) 그런 탐구 형태가 얼마나 주류 과학의 접근방식과 유사하거나 혹은 다른지에 대한 이해를 증진시키는 데 기여할 수 있기를 희망한다(p. 35).

지지이론[3]과 상용이론[4]

실행과학에 대한 주장을 발전시켜 나가는 데 있어서 Argyris는 Donald Schön (Argyris & Schön, 1978, 1996)과 공저한 몇 편의 논문을 포함한 많은 선행 저작들에서 개발했던 개념과 이론들을 활용하고 있다. 그러한 개념과 이론들 가운데에는 지지이론(espoused theory), 상용이론(theory-in-use), 단일순환 학습(single-loop learning), 이중순환 학습(double-loop learning) 그리고 실행에 대한 모델 I(Model I)과 모델 II(Model II) 이론들이 있다. 필자들은 이들이 실천의 한 형태로서 실행과학의 기본구조(infrastructure)를 이루는 핵심적 요소들로 생각하기 때문에 이러한 개념들에 대해 간략하게나마 좀 더 구체적으로 살펴보기로 한다.

'지지이론/상용이론'이라는 용어는 새롭게 발견된 개념들을 지칭하는 것이 아니라, 통용되고 있는 어떤 사회과학 연구에서나 중요시되는 흔히 알려진 아이디어들을 가리키는 것이다. 지지이론은 행위자들이 그들의 행위의 이유에 대해 제시하는 설명을 말한다. 상용이론이란 만일 사람들의 행위가 납득되기 위해서는 그러한 행

3) [역자 주] 지지이론(espoused theory)이란 자신의 삶에 대해서 '옳다'라고 믿는 일련의 신념과 가치 체계를 일컫는다. 특정 상황과 무관하게 행위 주체가 일반적으로 믿고 있는 신념과 이상이며, 이는 당사자의 입으로 어떻게 행동한다고 말하는 이론이다. 결국 우리는 옳다고 믿는 신념과 가치 체계(지지이론)에 의거해 삶을 영위한다고 생각하지만, 실제 우리의 행동(상용이론)이 우리가 옳다고 믿는 바와 늘 일치하지 않는 데 주목하게 된다(출처: HRD 용어사전, 2010. 9. 6).

4) [역자 주] 상용이론(theory-in-use)은 실천 현장에서 행위 주체의 행동을 지배하는 이론이다. 이는 당사자에게 어떤 상용이론을 사용하고 있는지 물어봐서 파악하기 어렵고, 실제로 특정한 상황에서 어떤 행동을 하는지를 관찰함으로써만 밝혀낼 수 있는 이론이다. 구체적인 실천 상황에서 매일의 일상적인 경험으로부터 도출되기 때문이다(출처: HRD 용어사전, 2010. 9. 6).

위를 하는 사람들의 관찰된 행동들에 공통적으로 깔려 있어야만 하는 이론에 대해 관찰자로서의 분석자가 추론을 하는 것을 말한다. 종종 지지이론과 상용이론은 일치하지 않는다. 때때로 이 이론들은 서로 직접적으로 상충되기도 한다.

이는 새로운 구분은 아니다. 인류학에서는 내부자적 접근법(emic approaches)과 외부자적 접근법(etic approaches)[5] 간의 구분으로서 이해되어 왔다. 사적 유물론(historical materialism)은 Gramsci(1975)가 헤게모니란 개념을 사용한 방식과 동일하게, 이데올로기와 하부구조(infrastructure)란 견지에서 동일한 이슈를 제기한다. 실행과학에서 새로운 점은 특정한 집단이 보다 해방적 역동성을 가지는 집단으로 스스로를 변화시키기 위해 자신들의 행위들에 대해 탐구하는 과정에서, 지지이론과 상용이론 간의 불일치의 정도(distance)가 관심의 초점이 되고 있다는 것이다.

단일순환 학습은 사람이나 조직이 자신들의 행동을 변화시키기는 하지만, 애당초 그러한 문제 상황을 촉발시킨 저변에 존재하는 행동 전략(behavioral strategies)에 대해서는 아무런 변화가 없는 상황을 지칭한다. 문제 상황은 주어진 것으로 받아들이고, 참여자는 특정한 문제들을 해결하는 그들의 능력을 향상시킨다. 효과는 아마 특정한 문제를 간단하게라도 개선하는 것으로 나타나겠지만, 저변에 존재하는 원

5) [역자 주] 언어학 연구의 두 가지 접근인 음성학과 음소론을 행동과학 전체에 적용하려고 하는 과정에서, Pike(Kenneth L. Pike)가 음소론을 의미하는 영어 단어의 형용사형 phonemic에서 소리를 의미하는 phon-을 제거하고 남은 뒷부분(emic)으로 만든 조어이다. 이것은 문화 내부적 관점 또는 문화상대주의적 관점에 해당한다. 이 접근은 특정한 사회에 속해 있는 사람들의 행동에서 '음소'와 같은 기본적 문화적 요소를 추론해 내고, 그 변별 특질들을 밝혀내고, 그 사회 내부의 문화적 맥락 안에서 그 요소들이 어떻게 달리 나타나는가를 구명함으로써 그들이 의식하든 의식하지 않든 그들의 삶을 안내하는 사람들에게 의미 있는 세계를 그려 내려는 이론적 지향을 말한다. 에믹(emic)이라는 개념은 Pike에 의해 언어학에서 처음으로 사용되었지만, Marvin Harris에 의해 인류학에 적극적으로 도입되었으며, 이후에는 사회학 등에서 널리 사용됨으로써 인문 · 사회과학에서 사용되는 일반적인 개념이 되었다(출처: 교육학용어사전, 1995. 6. 29). 한편, 에틱(etic)은 동일하게 Pike가 음성학을 의미하는 영어 단어의 형용사형 phonetic에서 소리를 의미하는 phone-을 제거하고 남은 뒷부분(etic)으로 만든 조어이다. 이것은 비교 문화적 관점 또는 문화보편주의적 관점에 해당한다. 이 접근은 인간 행동에 대한 이해를 보다 체계화하고 논증 가능하게 하기 위하여 학문공동체에서 통용되는 또는 학문 공동체에서 받아들일 수 있는 용어로 인간 행동을 분석하고, 그 결과를 이론화하려는 이론적 지향을 말한다. 에틱(etic)에서는 특정한 사회에 속해 있는 사람들의 행동을 규정하는 생태학적 또는 역사적 조건을 통해 그 법칙성을 밝혀냄으로써 그들이 자신의 행동을 통념적으로 어떻게 이해하고 정당화하는가에 관계없이 그 행동을 가능하게 한 외적 조건을 구명한다. 에틱(etic)이라는 개념은 에믹(emic)이라는 개념과 더불어 연구의 이론적 지향을 대별하는 용어로 널리 사용되고 있다(출처: 교육학용어사전, 1995. 6. 29).

인들에 대한 분석이 제대로 이루어지지 않았기 때문에 문제는 다시 발생하게 된다. 또 다른 딜레마에 부닥치게 되면 바로 문제들은 다시 나타나게 되고, 문제 상황은 오히려 심화된다.

반면, 이중순환 학습은 한 걸음 뒤로 물러서서 특정한 문제에 대응하고, 또한 문제가 생겨날 수 있는 보다 큰 대안적 틀을 검사해 봄으로써 나타나는 결과이다. 발생한 문제는 특정한 맥락의 산물로 이해되는데, 변화를 위해서는 이러한 맥락 그 자체가 반드시 고쳐져야 한다. 이러한 맥락을 변화시킴으로써 집단은 새로운 조직학습과 변화의 국면으로 이동할 수 있게 된다. 실행과학은 일반적으로 단일순환 학습이 지속되는 것이 방어적 대응(defensive reactions)의 산물이며, 타인의 동기에 대한 부적절한 추론의 결과라고 보고 있다.

단일순환 학습과 이중순환 학습을 구분하는 것이 중요한 것은 실행과학에서의 개입이 목표로 하고 있는 특정한 종류의 문제점들을 명확히 해 준다는 데 있다. 이러한 문제들은 "해당 문제들을 해결하기 위한 노력에도 불구하고 지속되는 문제들……(이며). [이 문제들은] 마치 그들 안에 내재되어 있는 이중순환의 문제들을 가지고 있을 가능성이 크다"(Argyris et al., 1985, p. 87).

행위이론들(theories of action)은 이러한 두 종류의 학습이 서로 연계된 것이다. Argyris 등(1985)이 '모델 I(Model I)'이라고 부르는 것에서 저변에 존재하는 모형(underlying model)은 다른 사람들에 대한 일방적 통제를 기초로 한다. 모델 I을 지지하는 사람은 거의 없지만, 실제 많은 사람들이 그렇게 행동하고 있다. 또 다른 행위이론에는 '모델 O(rganizational)-I'가 있다. 이러한 종류의 행위이론에서는 감추어질 수 없고 해당 집단의 저변에 깔려 있는 규범들을 위협하지 않는 수준의 오류들만을 수정시키는 제한된 학습 체제(limited learning system)를 나타나게 한다. 여기서 핵심은 폭넓은 참여(broad participation)와 윈-윈 접근방식(win-win approaches)에 대한 집중적 관심, 지적인 분석을 억제하는 반면 감정을 표출하는 것에 대한 강한 강조 등이다.

이러한 모형들과 대조되는 것들이 '모델 II' 행위이론들이다. 모델 II 에서는 "최소한의 방어적인 대인 및 집단 관계, 높은 선택의 자유, 고위험에 대한 감수가 이루어진다. 이중순환 학습의 가능성이 강화되고 효과성은 시간에 따라 증가된다"(Argyris et al., 1985, p. 102).

모델 O(rganizational)-II는 동일하나, 집단을 구성하는 개인들은 모델II를 상용이론으로 사용하고 있다. 그 결과, 문제와 갈등이 개방되고 단일순환 학습과 이중순환 학습이 발생하는 탐구공동체(community of inquiry)가 만들어지게 된다.

실행과학의 경험적 검증

실행과학에 있어서 매우 흥미로운 특징 중 하나는, 해석에 대한 검증법(tests of interpretations)을 개발하는 방법들에 커다란 관심을 보이고 있다는 것이다. 이러한 관점은 사람들의 행동에 대한 원인을 밝히고, 인과관계를 설정하며, 자료에 대한 간주관적인(intersubjective) 합의[6]를 이루어 내는데 사용되는 다양한 개념들을 광범위하게 개발하는 것을 토대로 하고 있다.

'추론의 사다리(ladder of inference)'라고 불리는 기법은 주제에 대한 대화, 해석 그리고 실행을 상호작용에 대해 이루어진 해석과 연결시키는 데 활용된다. "실행과학에서 우리는 이러한 문제를 추론의 사다리라고 하는 개념적 장치의 도움을 통해 다루고 있다. 이는 인간들이 자신들의 일상사를 이해하려고 하는 경우 (다른 사람과의) 상호작용으로부터 선택하고, 상호작용에 의미를 부여하는 단계들을 도식화한 표상(representation)이라고 할 수 있다"(Argyris et al., 1985, p. 57)

이러한 분석을 구성하는 데 있어서 첫 번째 단계는 특정한 상황 하에서 일상적인 언어로부터 나오는 표현들(utterances)이다. 그때 관찰자와 참여자는 그들 자신과 그들이 대하는 사람들 양자 모두가 만들어 낸 표현에 대해 의미를 부여한다. 그 다음 그러한 의미들을 검사하고 비교하며, 그러한 의미들에 도달하기 위해 사용된 추론들을 분석한다. 추론의 사다리는 표현과 도출된 해석 간의 분석에 대한 연계 고리를

---

6) [역자 주] 사람들 간에 공유된 경험, 지식에 관한 합의를 말한다. 이는 사람들로 하여금 다른 사람들을 이해하고 기대를 갖게 하는 사회생활의 조건이며, 어떻게 이것이 생겨나는가가 간주관적 시각에 기초한 사회학의 과제이다. '간주관성'의 이론은 그것이 '객관주의'를 무시하기 때문에 유아론(唯我論), 상대주의, 비교 불가능성과 같은 교의와 관련이 있다고 주장하는 사람도 있다. 이는 바로 상징적 상호작용론의 연구주제이다(출처: 사회학사전, 2000. 10. 30). 또한 권향원(2011)은 지식의 객관성이 사회적으로 구성(socially-constructed)되는 것이며, 이러한 사회적 구성은 주관적인 인식 및 의식들 간의 상호작용을 통해 과정적으로 합의적인 형태로 나아가는 것이라고 본다(Durkheim, 1938; Behling, 1978, 권향원, 2011, p. 297에서 재인용).

나타낸다. 통상적으로 대부분의 사람들은 불확실한 자료를 토대로 다른 사람들의 (행동) 목적에 대하여 매우 강력한 추론을 만들어 낸다. 즉, 핵심은 조사되는 상황하에서 결론이 어떻게 도출되었고, 무엇에 관심이 집중되었으며, 무엇이 무시되었는지를 확인하면서, 행위자들과 함께 추론의 사다리를 위아래로 왔다 갔다 하는 것이다. 이를 통해 단일순환 학습의 지속성을 이끄는 행동 패턴들이 비로소 드러나고 조사될 수 있다.

추론의 사다리는 단순한 연구 도구가 아니라 조직적 개입을 위한 기법이라는 점을 주목하자. 특정한 집단이 그들이 가진 문제를 해결하는 데 있어서 실행과학자들이 자신들을 도와주는 것으로 위임했기 때문에 이 기법이 적용될 수 있다. 개입은 행위에서 연구로 이어지는 일련의 연속선상에서 한쪽 끝에 위치하는 것은 아니다(at the opposite end of some continuum leading from action to research). 오히려 Argyris 등(1985)이 말하고 있듯이 "실행과학에 있어 개입은 실험과 유사한 의미를 가지고 있다"(Intervention is the AS analogue of experimentation; p. 64). 개입 없이는 실행과학도 없다! 여기서 실행과학에 대한 Lewin과 Dewey의 영향력이 분명히 나타나고 있다.

실행과학에 대한 회고적 사례: Milgram 실험

Argyris 등(1985)이 쓴 논문의 가장 두드러진 특징 중 하나는 미국의 심리학자 Stanley Milgram(1974)이 수행한 유명한 실험, 즉 평범한 사람들이 동료들에게 해를 입히려고 하는 의향에 대한 실험에의 매력적 비평과 실험의 재구성이다. Argyris 등은 Milgram 실험에 대해 비평하고 자신들의 전략을 실험에서 적용된 전략과 구별함으로써 실행과학이 사회와 관련된 주제 영역에서조차 전통적인 사회과학과 얼마나 다를 수 있는지를 보여 주는 데 성공하고 있다.

Milgram은 추정에 따르면 실험대상에게 일정한 단어 연상을 가르치기 위해 광고로 사람들을 모집하여 활용했다. 해당 실험대상이 실패할 때마다 교사는 전기 충격을 가하였고, 충격 수준은 실험의 전반적 과정에서 위험한 정도까지 높아졌다. 사실 Milgram과 실험대상은 비밀리에 협조하고 있었고, 어떠한 전기 충격도 가해지지 않았다. 그러나 '교사들'은 이러한 사실을 알지 못했다.

Milgram은 교사들과 사전에 인터뷰를 했는데, 그들 모두는 고의로 동료들에게 해를 끼치지는 않을 거라고 단언했다. 비록 Milgram은 사람들의 반응에서 많은 정도의 차이를 발견하긴 했지만, 많은 사람들은 사실 기꺼이 실험대상에게 전기 충격을 가하였다. 이러한 사실을 통해 Milgram은 사용한 자료에 대해서는 한 마디 언급도 없이(without a dear line to the data), 인간은 본성적으로 적대적이거나 공격적이기보다는 오히려 의지가 약하며, 권위를 가진 사람들의 명령을 추종하는 경향이 있다는 결론을 내리고 있다. 이러한 발견의 결과로서 이 연구는 'Eichmann 실험'이란 별명으로 불리고 있다. Milgram은 연구를 종료한 후 거의 10년 후에 그의 연구결과들을 보고했지만, 자신의 책을 집필한 것 외에 어떠한 사회적 개입도 하지 않았다.

Milgram 연구에 대한 논평에서 Argyris 등(1985)은 그의 업적은 존중하지만 자신들의 접근방식과 Milgram의 접근방식을 구별하고 있다. "어떤 현상을 신뢰성 있게 묘사하기 위해 연구자는 반드시 해당 현상의 본질적인 특징을 유지해야 하고, 또한 그러한 본질을 포착하는 상황을 구축해야만 한다"(p. 111)

Argyris 등의 관점에서 보면 Milgram은 주어진 상황과 그 결과를 바꾸려고 시도하지 않았다. 이것은 그로 하여금 관찰된 행위의 발생 메커니즘을 이해할 수 있는 기회를 놓치게 만들었다. 결과적으로 그의 실험들은 개인들로 하여금 이러한 딜레마에서 벗어나는 데 도움이 될지도 모르는 지식을 창출할 수 없게 된 것이다. 이 경우 우리는 그 상황을 보다 잘 관리할 수도 있는 대안들을 결코 학습하지 못하며, 그 상황을 유지하게 만드는 심층적 구조들을 발견하지 못한다.

Argyris 등의 모델 II 접근방식은 결과물을 변화시키기 위해 실험의 매개 변수를 변경시키는 것이었다. 사회적으로 바람직한 것은 어떤 사람도 부도덕한 지시를 기꺼이 따르려는 사람이 없는 상황을 말하는 것이기 때문에, Argyris 등은 실행연구는 불복종하는 교사들에게 초점을 맞추고 교사들이 그러한 지시를 따르지 않으려고 하는 원인에 대해 탐구해야 한다고 주장한다. 이로부터 불복종의 원인들을 탐구하는 이론들이 개발될 수 있으며, 최대의 불복종 수준에 도달될 때까지 불복종의 원인들을 증가시켜 나갈 수 있도록 실험방식은 다양화될 수 있다. 이러한 방식으로 모델 II 탐구는 행동의 원인을 조사할 뿐만 아니라, 연구대상들에게 도덕적으로 바람직한 행위를 촉진하기 위해 직접적으로 개입한다. 이러한 접근방식과 전통적인 사회과학 간의 차이는 매우 크며, 전통적인 사회과학의 기반 그 자체는 단일순환, 즉 '모델

I 행동'으로 드러냈다.

실행과학을 실천하는 것

실행과학에 대한 추상적인 이론을 단순히 나열하는 것에 만족하지 않고, Argyris 등(1985)은 자신들의 실행연구를 안내하는 수많은 실천 규칙들을 만들었다. 이들과 병치(竝置)할 수 있는 것은 가설을 검증하기 위한 일련의 규칙들인데, 이 주제는 실행연구 문헌들에서는 거의 언급되지 않은 것들이라고 할 수 있다. 이러한 유형의 실행과학에 대해 사람들이 어떻게 생각하든지 간에, 필자들은 Argyris 등이 과학적 추론과정에 최우선적 관심을 둔 방식은 올바른 것이었다고 생각한다.

긍정적인 특징

이러한 분석 틀에는 유용한 점이 많이 있다. Argyris 등(1985)은 사회적 문제들을 처리함에 있어 특정한 윤리적 주장을 통해 행위를 정당화하기보다는, 실행과학이 전통적인 과학에 비해 보다 타당한 과학적 탐구 형식이라고 주장한다. 그들은 또한 학습은 실행을 통해 일어난다는 Dewey와 Lewin의 주장을 채택한다. 따라서 상기 저자들의 견해에 따르면, 사회과학 연구는 과학적인 것이 되기 위해서 반드시 해당 사회에 깊숙이 관여하는 것이 되어야 한다. Argyris가 오랫동안 사용해 왔던 분석 틀에 따라 이를 설명하자면, 실행과학의 목적은 실현가능성은 낮더라도 사회적으로 유익한(해방적인) 결과의 가능성을 높이는 것이 되어야만 한다. 그들은 이러한 목표를 과학적 방법의 적용을 통해서 달성하고자 한다. 그들이 주장하는 논리의 핵심은 (사회 문제에 대해 직접적으로) 개입하지 않는 어떤 사회과학 연구도 과학적인 것이 될 수 없으며, 이러한 그들의 주장은 Milgram 실험에 대한 자신들의 분석에서 매우 효과적으로 이루어진 바 있다.

이러한 논리와는 완전히 반대쪽에서 이들은 상대적으로 충분히 표현되지는 않았지만, 많은 다른 실행연구자들에 대해서도 동등한 수준의 통렬한 비판을 가하고 있다. Argyris 등의 관점에서는 매우 많은 실행연구자들이 그들이 연구하는 문제들의 긴박성 또는 목표의 사회적 타당성(goodness)을 들어 자신들의 연구를 정당화하면서 전통적인 사회과학의 특징인 사유와 실천의 분리를 일상적으로 받아들이고 있다고 본다. 더 직설적으로 말하자면, 실행연구의 대부분은 명확하지 않은 인식론과 일관되지 못하거나 혹은 부주의한 방법론으로 특징지어진다는 것이다. 실행과학의 논리에 따르면, 이것은 그 자체가 모델 I 단일순환 행동(Model I single-loop behavior)이며, 결과적으로 성공적인 탐구공동체를 생성하지 못하게 되는 것이다.

비평

심리주의,[7] 방어적인 관행,[8] 그리고 개입자의 후견주의[9]

비록 필자들은 이러한 수준에서의 실행과학의 동기와 행동에 대한 분석을 환영하기는 하지만, 우리가 볼 때 실행과학은 인간 심리학의 복잡성을 지나치게 좁은 관점에서 보고 있다. 가장 중요한 문제점은 행위와 관련하여 볼 때, 인간 심리학이 단일순환 결과(single-loop outcomes)로 이어지는 단순한 방어적인 관행(defensive routines) 생성의 문제가 되어 버린다는 것이다. 필자들에게는 방어성(defensiveness)이 이러한 집단 현상과 관련하여 유일하게 중요한 심리학적 과정이라는 설명이 잘 납득이 가지 않는다. 인간 동기의 다양성, 문화적 아이디어들과 특정한 상황에 존재하는 정치 · 경제 간의 복잡한 상호작용, 그리고 특정한 상황에 놓여 있는 모든 참여자들 사이에 존재하는 복잡한 차이들은 분석이 단지 방어성에만 초점이 두어진다면 제대로 탐색되지 못할 것이다.

실행과학자들이 스스로 이러한 방어성을 어떻게 극복했는지도 명확하지 않다. 그들의 견해에 따르면 방어성은 인간 행위에 '내재된(default)' 형태이다[그들은 개인

7) [역자 주] 심리주의(psychologism)는 윤리학적 · 논리학적 · 미학적 혹은 형이상학적인 철학의 문제를 심리학의 관점에서 접근하려는 경향을 말하는데, 주로 D. Hume, J. S. Mill, W. James 등의 철학자들에게서 볼 수 있는 특징이다. E. Husserl 등의 독일 철학자들은 '심리주의'를 논리적-인식론적 고려 없이 심리적 과정을 과장하려 하거나, 논리학 혹은 인식론의 대상 · 관념을 심리적 과정으로 설명하려는 경향을 비난조로 일컬을 때 사용하고 있기도 하다(출처: 교육학용어사전, 1995. 6. 29).

8) [역자 주] '방어적인 관행들(defensive routines)'(예컨대, '복지부동' 행태)은 관료제적 책임 추궁과정과 엄격한 규율 제도하에서 발생하는 행태로, 조직 구성원들은 새로운 변화와 혁신을 추구하기보다 방어적인 관행 등에 집착하기 쉽다(출처: http://www.kocw.net/home/search/kemView.do?kemId=1005663에서 2019. 3. 3 인출).

9) [역자 주] 'paternalism'은 국내 문헌에서 '후견주의', '온정주의', '개입주의' 등으로 번역되고 있다. 이 책에서는 'paternalism'이 'intervener(개입자)'와 같이 쓰이고 있어 후견주의로 번역하기로 한다.

의 모델 I 반응을 '자연적(natural)' 그리고 '자동적(automatic)'이라고 표현한다; Argyris et al., 1985, p. 151]. 이러한 가정은 촉진자(facilitator)와 연구대상(subject) 사이에 설명되지 않는 간극을 생성하기 때문에 중요한 문제이다.

그들 자신의 기제에 맡겨 둔다면 참여자들은 반복적인 실패로 이어지는 모델 I 성향들을 재구조화할 수 없을지도 모른다. 좌절감과 절망감을 지속적으로 느끼기보다는, 모델II 행위를 하는 것이 불가능하니 차라리 포기하는 것이 좋겠다는 결정을 정당화할지도 모른다. 그렇지 않다면 일정한 모델 I 전략들은 기대되었던 것만큼이나 좋으며, 자신들의 의도와는 다른 특성에는 초점을 맞추지 않는 것으로 결정할 수도 있을 것이다. 다시 말해서, 모델 I 상황에서 사람들로 하여금 자신들의 상용이론에 대해 알지 못하는 상태로 남아 있게 만드는 방어 기제들(defenses) 자체가 다시 효력을 발휘하게 될지도 모른다. 개입자(interventionist)의 과업은 참여자가 그들의 상용이론을 진지하게 다시 구안하는 데 착수하도록 돕는 것이다(Argyris et al., 1985, p. 338).

이러한 문제 상황에 대해 어떠한 정당화 논리도 이제까지 제시되지 않았으며, 또한 이러한 한계를 극복할 수 있는 개입자들의 '비정상적인(unnatural)' 인간 능력의 원천에 대해서도 특별한 설명이 제공되지 않았다. 이러한 설명에 따르면 Argyris 등은 정말 천부적으로 타고난(natural-born) 실행연구자들인 것처럼 보인다.

변화를 선택하는 것에 대해 말하자면 그들은 개개인들이 자신들의 상용이론과 O-I 학습 시스템(O-I learning system)에 있어서 선택의 여지가 없다고 말하면서도 자신들은 상용이론과 이런 이유로 조직학습 시스템과 문화를 변경하는 것을 선택할 수 있다고 이야기한다. 그러나 그러한 변화들은 앞서 언급한 개인들(players)이 헌신하지(committed) 않으면 발생하지 않는다(p. 152). 하지만 왜 개인들은 선택의 여지가 없는지 그리고 헌신한다는 것은 무엇이며, 어떻게 그러한 헌신이 발전되어 나가는지에 대해서는 아무런 논의가 없다.

이러한 견해는 우리로 하여금 실행과학자들은 일반인들과는 다른 종류의 인간이라고 결론 내리도록 만들기 때문에 정치적으로 강력한 비판을 받게 된다. 비록 이러한 견해가 사람들이 실행과학자가 되기 위해 훈련이 필요하다는 논의를 통해 정당화될 수 있을지도 모르지만, 실행과학은 그러한 논의를 포함하지 않고 있다. 실행과학자들은 누구에게도 도전받지 않고, 자의식이 강하며(self-conscious), 다른 사람들을 위해 행동할 수 있는 능력을 갖춘 자체로서 완전무결한(self-contained) 사람으로 상정되고 있는 것이 현실이다.

실행과학에 존재하는 이러한 문제점을 살펴보는 또 다른 방식은 실행과학의 분석이 강한 이분법적(dyadic) 편향을 가지고 있다는 점을 주목하는 것이다. 다시 말하자면, 많은 사례들이 집단 맥락에서 발생하고, 모델 I과 모델 II가 집단 행동을 지칭하는 것임에도 불구하고, 실행과학 저작물에서 나타나는 연구자의 지배적인 이미지는 집단 구성원의 문제점을 직시하면서 집단 구성원들로 하여금 자신의 행동을 탐구하게 하고 변화시키고자 하는 숙련된 전문가 혹은 교사로 나타난다는 것이다.

필자들은 교사와 학생, 치료자와 환자로 설정된 이러한 이미지가 비록 집단과정(group processes)[10]에서 나타나는 일정한 심리적 차원들에 대해 관심을 집중시킬 수 있다는 이점이 있기는 하지만 동시에 막대한 비용을 초래한다고 믿는다. 필자들은 최근까지도 실행과학 분야에서 집단 자체를 분석 단위로 하여 분석을 하는 경우를 보지 못했다. 이와는 달리 집단 내의 구성원들 간의 모든 상호관계가 잘 이루어지는 경우 집단 역시 잘 기능하는 것으로 가정되어 왔다. 이에 따라 자연스럽게 집단의 구조, 정치경제, 성별에 따른 차이, 인종 등의 개념들은 제대로 논의되지 못하고 있다. 집단은 상호 교환에 관여하고 있는 개인들로 구성되어 있으며, 일종의 합리적인 선택 모델의 가정에 따라 이상적으로 행동하는 것으로 묘사되고 있다. 특히 이러한 한계는 접근방식 그 자체가 전문가인 개입자(intervener)에게 부여하는 권력을 포함하며, 권력관계에 대한 분석이 제대로 이루어지지 못하게 하는 원인이 되고 있다.

이것은 매우 중요한 문제이다. 하지만 문제의 원인은 비단 훌륭한 실행과학자가 없어서가 아니다. 사실 필자들은 매우 훌륭한 실행과학의 실천이 이루어지는 것을

10) [역자 주] 집단 구성원 간의 상호작용이 활발해지면 집단과정에서 역할관계나 의사소통의 구조화가 추진되며, 집단 전체로서의 문화가 나타난다. 집단과정에서는 집단 구성원들과 집단 지도자 간에 상호작용과 에너지 교환이 이루어진다. 즉, 지도자가 집단 구성원에게 어떻게 반응하고, 집단 구성원끼리 그리고 지도자와 집단 구성원 사이에 어떻게 관계를 맺는지 등으로 집단과정을 알 수 있다. 집단과정은 집단 응집력과 밀접하게 관계되어 있기 때문에 응집력이 높은 집단일수록 사회적 상호작용도 많고 집단 구성원 간에도 긍정적인 관계를 맺게 된다. 집단과정은 집단 구성원의 연령, 성별, 신체적 특성, 지능, 사회경제적 수준 등의 배경 특성에 영향을 받는다. 집단과정은 원래 집단 역동(group dynamics) 연구에서 파생된 용어이다. 과제 해결 집단에서 집단과정은 동기 부여, 목표 설정, 의사결정 등의 진행과 관련이 있다(출처: 상담학 사전, 2016. 01. 15).

보아 왔다. 오히려 우리가 봐 왔던 좋은 실행과학 연구들은, 필자들이 생각하기에 실행과학자들이 자신들의 저작물에서 명확히 설명하고 있는 것보다 더 세련된 사회과학 이론을 적용하고 있고, 실행과학 모델이 제시하는 것보다 덜 계층화된 방식으로 접근하고 있었다. 이러한 요소들에 대해 보다 나은 분석방법을 개발하는 것은 실행과학에 있어서 여전히 미해결된 영역이다.

이러한 계층 구조의 문제는 매우 중요하다. 그 이유는 실행과학은 문제들을 파악하고, 해결책이 발견되었을 때 동의하는 절차로 진행되기 때문이다. 따라서 이러한 결정들을 내릴 수 있는 권한이 누구에게 있는지가 핵심이라고 할 수 있다. 예를 들어, 어떠한 종류의 행위가 적절한지 결정하는 것은 매우 중요하다. 그러나, 예컨대 사회적 관계에서 '불안정성(brittleness)'을 언급할 때, 실행과학자들은 이를 "오류를 범했을 때, 부적절하게 높은 절망감과 실패의 감정을 표현하는 성향"으로 정의한다(Argyris et al., 1985, p. 156). 그런데 무엇이 '부적절'하고, 누가 결정하는지에 대해서는 제대로 논의되고 있지 않다. (실행과학에서 아마도) 이러한 결정은 분명히 개입자에 의해 이루어질 것이다. Argyris 등은 또한 개입자로 하여금 무엇이 변화이고, 무엇이 변화가 아닌지를 결정하는 권한을 부여하면서도, 무엇이 '진정한 것(genuine)'인지에 대한 정의 없이 '진정한 조직변화'를 언급하고 있다.

추론의 사다리(ladder of inference)가 사용되는 방식, 그리고 전체 대화의 부분부분들(segments)이 분석을 위해 분절되는 방식 또한 높은 수준의 규칙 의존적 문화지향성(rule-based vision of culture)을 드러내고 있다. 이는 곧 행동을 기술하는 데 있어 '관행(routines)'이라는 용어를 반복적으로 사용해 온 Argyris 등에 의해 지지되는 견해이다. 인류학에서의 성분 분석(componential analysis)[11]을 포함하여 많은 학파에서 이러한 접근방식을 사용하지만, 그러한 견해에는 심각한 한계들이 있다. 마치 언어가 문법 이상의 무엇을 의미하듯이, 행동은 규칙 이상의 실체로 존재한다. 이것

11) [역자 주] 성분 분석(componential analysis)은 음운론적 언어학에 기초한 기법으로, 복합적인 요소들을 그것의 성분들로 분석하는 것을 말한다. 예를 들어서, 의미론에서 '여성'의 의미는 '인간'+'여자'로 분석할 수 있는 것으로 보일 수 있고, 이것은 성분이 된다. 따라서 인지인류학의 영역에서의 연구는 친족 용어에서 사용되고 있는 것과 관련되는데, 함께 사용되어서 특수한 용어에 속하게 되는 기초가 되는 성분이나 측면을 규명하고자 한다. 따라서 '아주머니'는 '여자'+'한 세대 앞선'+'방계가계의 거리가 있는' 것과 관련된다. 이상형은 한 영역의 용어에서의 모든 변화들을 설명하는 것이다(출처: 사회학사전, 2000. 10. 30, 사회문화연구소).

은 과학적인 것을 지향하는 실행과학의 노력이 해당 접근방식의 일부로서 일종의 '부당성의 증명(disconfirmation)'과 같은 개념을 요구하기 때문에 특히 중요하다. 그러나 이렇게 주장하는 논자들의 '부당성의 증명'에 대한 논의는 행동에 대한 규칙 의존적 관점에 지나치게 의존하고 있다. 따라서 이는 인간 행동의 흐름이 실제로 행동이 존재하는 사회의 문화기술적 복잡성(ethnographic complexity)의 관점에서 이해될 때 나타나는 '부당성의 증명' 전략 적용에 대한 경험적 어려움에 대해서는 필자들에게 별로 설득력을 주지 못하고 있다.

과학의 역사

전통적인 사회과학 접근방식에 대해 비판을 제기하는 우리 모두는 왜 전통적인 사회과학이 주류를 이루고 있는지에 대해 설명할 필요가 있다. 필자들이 옳고 전통적인 사회과학이 틀리다면, 우리는 왜 전통적인 사회과학이 주류를 이루고 있고 필자들은 그렇지 못한지를 설명해야만 한다. 필자들은 이미 이 책(제2부 참조)에서 이 문제에 대해 관심을 기울여 왔다. 필자들은 여기서 단지 (1) 왜 사회과학이 Dewey와 Lewin(Argyris et al., 1985, p. 5)의 주장보다는 자연과학을 모방하기로 선택했는지에 대한 이유, 또는 (2) Argyris 등이 이론과 실제의 "매우 유해한 괴리(pernicious separation)'"라고 부르는 현상(1985, p. 7)이 왜 존재하는가에 대한 이유에 관해 실행과학이 제대로 설명을 하지 못하고 있다는 점을 지적하고자 한다.

필자들의 견해로는 사회 구조와 정치경제와 같은 보다 상위의 이슈에 대한 이러한 무관심은 필자들이 앞서 언급한 것과 같은 이분법적이고 치료적(therapeutic)인 견해에서 비롯된 것이다. 실행과학자들은 사람들이 제대로 된 안내를 받지 못하고 있고, 따라서 양질의 개입을 통해 특정한 문제에 대해 보다 더 나은 견해를 가질 수 있다고 가정한다. 이것은 사회과학에서 항상 개혁주의자와 민주화를 촉진하는 요소들(democratizing elements)을 약화시키는 방향으로 움직이도록 만드는 모든 정치경제적 요소들의 존재를 무시하는 것이다. 왜냐하면 이러한 문제들은 특정한 집단 구성원들의 '방어적인 관행들(defensive routines)'에 의해서보다는 권력(power)의 문제로 훨씬 더 잘 설명되기 때문이다.

이러한 비평들 중 반박 불가능한 것은 없으며, 실제로 이들 중 일부에 대해서는 실행과학자들이 최근 출판물에서 이미 그들의 주장을 제기하고 있다. 실행과학은 과학으로서의 실행연구라는 관점에서 제기된 어떤 주장들보다 방법론·인식론적 문제들을 가장 심층적으로 다루고 있다.

조직학습

Chris Argyris와 Donald Schön 간의 장기적이고 생산적인 협력 작업은 다수의 출판물로 이어졌다. 그 결과로서 나타난 가장 중요한 두 저서는 1978년에 발간된『조직학습』과 1996년에 발간된『조직학습 II』이다. 조직학습(organizational learning)이라는 용어가 지금은 일반화되었지만, Argyris와 Schön은 조직 행동(organizational behavior)에 대한 사고가 현재와는 매우 다른 지향을 가지고 있는 시점이었던 1978년에 이미 이 용어를 만들었다. 현재는 조직학습에 관한 가능성에 기초한 수많은 저작물과 고수익 컨설팅 사업이 존재한다(예: Senge, 1990).

많은 주장들이 실행과학과 관련하여 제시된 것들과 유사하지만, 조직 역동성(organizational dynamics)에 대한 일부 문제들은 오직 조직학습 영역의 저작물에서만 다루어지고 있다. 여기서 필자들은 이들의 두 번째 저서인『조직학습 II』(1996)에 대해 언급한다. 이 책은 기존의 조직학습 문헌에 대한 탁월한 비평적 개관을 제공해 준다. 이 책의 저자들은 이미 논의했던 단일순환, 이중순환, 모델 I, 모델 II의 개념틀에 대해 포괄적이고 명확한 설명을 제시하고 난 후 조직학습에 대한 체계적 논리에 기반을 둔 그들 특유의 견해를 제시하고 있다.

전체 실행과학의 관점에서 볼 때 이 책에서 중요한 것은 저자들이 권력이 이슈가 되지 않고 있는 단순한 양자관계(dyadic relationships)를 넘어서려고 열심히 노력하고 있다는 점이다. 그들은 조직 내 정치(organizational politics)에 대해 논의하고, 이전의 연구(Argyris & Schön, 1978)에서는 명확하지 않았던 조직에서의 상징적-문화적 생활(symbolic-cultural life)이 창출해 내는 복잡성에 대한 관심을 보여 주려고 노력하고 있다. 그들은 또한 Argyris 등(1985)에서보다 '탐구 강화형 개입(inquiry-enhancing intervention)'을 훨씬 더 명확한 개념과 과정으로 정립하는 데 성공했다.

이와 함께 특별히 언급할 가치가 있는 것은 기존 학문공동체가 이론-실제의 괴리 문제를 직시할 가능성이 거의 없다고 주장하면서, 기존의 학문적 관행에 대해 매우 조리 있게 비판을 하고 있는 Argyris와 Schön에 의한 발문(afterword)이다. 필자들은 대학이 실질적인 의미에서 학습 조직이 될 가능성이 거의 없다는 그들의 의견에 전적으로 동의한다.

Argyris와 Schön처럼 효과적으로 실행과학과 조직학습에 대한 복잡한 문제들을 다루고 있는 저작물들은 거의 없다. 아마도 Robert Flood and Norma Romm(1996)의 『다양성 관리(Diversity Management)』[12] 정도만이 그들의 인식론 · 방법론적 그리고 실천적 열정(practical ambitions)을 공유하고 있는 듯하다. Argyris와 Schön은 이전의 접근방법들에서는 볼 수 없었던 인식, 즉 그들이 조직학습에 내재되어 있는 조직 문화의 문제에 대해 목소리를 낼 필요가 있다는 점을 알고 있다는 것을 보여 줌으로써 실행과학을 한 단계 발전시켰다.

그러나 이러한 측면에 대해서는 좀 더 면밀한 주의가 필요한데, 사실 조직 문화에 대한 그들의 논의가 그들의 역동적이고 보다 차별화된 행동주의적 관점(behavioral perspectives)과는 대조적으로, 상당히 제한적이고 기계론적 수준에 머무르고 있기 때문이다. 조직적 맥락에서 그리고 Argyris와 Schön이 촉진하려고 시도하고 있는 유형의 과정들을 둘러싼 풍부한 문화적 산출물은 보다 광범한 분석적 접근방식의 발전을 필요로 하고 있다. 이러한 풍부함은 탐색협의회(search conferences)에서 가장 지속적으로 나타나는 경험들 중의 하나라고 할 수 있다.

Argyris와 Schön은 또한 조직을 단순히 양자적 관계의 방식으로 상호작용하고 있는 개인들의 집합체로서 보는 견해를 넘어, 조직 구조에 대한 보다 의미 있는 사회적 개념을 발전시켜 나가기 위해 많은 노력을 기울이고 있다. 이러한 시도는 중요하긴 하나, 현재까지 관련된 문제들이 제대로 해결되지 못하고 있다.

저자들은 그들의 관점들이 권력관계에 대해 눈을 감고 있다거나, 실제로 조직 내에서 특정한 유형의 위계관계를 오히려 강화하고 있다는 비판에 대해 잘 인지하고 있음을 보여 준다. 그럼에도 불구하고 모델 I 행동이 조직 내 행위자들에게 기초적

12) [역자 주] 다양성 관리(diversity management)란 다양한 속성(성, 연령, 국적, 기타 개인적 차이)이나 다양한 가치 · 발상을 받아들여 기업의 활성화를 위한 조직 문화 변혁을 목표로 하는 전략이며, 기업과 고용된 개인의 성장 · 발전으로 이어지게 하려는 전략이다(출처: HRD 용어사전).

조건이 된다는 사실은, 여전히 특정한 정치경제적 체계 속에서 나타날 수 있는 결과물이라고 보기보다는 단순한 자연 법칙으로 설명되고 있다. 이것은 Argyris 등(1985)에서처럼 모델 I과 모델 II의 동인이 여전히 설명되지 못한 채로 남아 있다는 것을 의미한다. 모델 I 행동의 궁극적 동인을 제대로 설명하지 않고 남겨 두는 것은, 왜 특정 개인들(여기서는 저자들을 의미)의 경우 평범한 인간의 한계를 초월할 수 있고, 나아가 다른 사람들도 그렇게 할 수 있도록 이끌 수 있는지에 대한 의문을 여전히 우리에게 던져 주고 있다. 이러한 의문은 권위와 전문 지식의 정당화 방식과 과정에 대한 보다 개방적인 연구의 필요성을 제기하고 있다.

비록 이 저서는 실행과학과 마찬가지로 실행연구의 전통에 명확히 포함되기는 하지만,『조직학습 II』는 조직학습의 규범적 · 윤리적인 목표를 강하게 주장하지 않는다. 이 접근방식이 가지는 방어적이지 않은(nondefensive) 인간 행동에 대한 명확한 관심은 분명 긍정적이지만, 이러한 노력과 민주화 사이에는 어떠한 명시적 관련성도 존재하지 않는다. 따라서 이러한 접근방식은 참여와 민주화가 최우선 순위가 아닌 전통적인 컨설턴트에 의해 쉽게 채택될 수 있을 것으로 생각된다.

실행과학과 조직학습에서 요구되는 기술

훌륭한 실행과학의 수행을 위해서는 집단과정 기술이 매우 중요시된다. 일부 실행과학자들의 개입에 대해 필자들이 관찰한 결과, 우리는 그들이 개발한 특정한 기술들에 대해 깊은 인상을 받았다. 한 예를 들면, 그들은 해당 과정들에 대해 매우 끈기가 있고 지속적이라는 점이다. 침착하고 지속적이며, 명확하고 지원적 역할을 하는 개입자는 집단과정에서의 변화로 이어지는 실행과학적 탐구방식들이 개발될 수 있도록 하는 장들을 창출하는 데 중요한 기능을 한다. 필자들의 느낌으로는 실행과학이 아마 대부분의 다른 접근방법들보다 연구자들로 하여금 더 많이 기다리고, 더 오래 지속하며, 평온을 유지하도록 하기 위해 스스로를 단련해야 한다고 주장한다. 아마도 이러한 경향은 실행과학이 부분적으로 치료적 접근방식에 의존하고 있는 데서 나타나는 귀결로 보인다.

실행과학에서의 개입이 가지는 또 다른 중요한 특징은 연구자들이 집단적 과정에서 나타나는 침묵과 공백 기간들(vacuums)로 인해 위협감을 느끼지 않도록 하는 것을 배우는 방법이다. 야단스러운 소리와 행동으로 어색한 공간을 성급하게 채우려고 하기보다, 그들은 참여자들로 하여금 잠자코 있음으로써 인해 야기되는 불편함으로부터 부분적으로나마 벗어나기 위해서는 그들의 행동들을 점검할 필요가 있다는 것을 직시하도록 하면서 불편한 공간들을 오랫 동안 그대로 열어 둔다.

중요한 고비마다, 실행과학 연구자들은 참여자들이 기탄없이 자신들의 생각을 이야기하게 하고, 자신들의 행동을 설명할 수 있도록 도전하게 한다. 그리고 연구자들 또한 이러한 행동의 모델로서 반복적으로 그들 자신의 반응과 설명을 가감 없이 드러낸다. 이러한 '유사소크라테스적인 개입(quasi-Socratic intervention)'은 종종 연구 참여자들을 집단과정의 틈새에서 숨을 수 있도록 하기보다는, 그들 자신의 분석적 돌파구들을 만들어 내도록 유도한다. 여기에는 사람들을 침묵시키지 않고 이들이 현실을 직시하도록 만들고, 강하지만 개방적이고, 동정적이지만 비판적이며, 말과 행동의 세부적인 측면들에 대해 통상적인 수준을 넘는 주의를 기울이게 하는 기술이 요청된다. 다시 말하자면, 이러한 기술들은 실행과학에 영향을 미친 치료적 접근방법의 유산이며, 실행연구 과정에서 학습하고 모방할 가치가 있는 것들이라고 할 수 있다.

결론

결론적으로 실행과학과 조직학습은 완벽하지도 않지만 그렇다고 잘못된 것도 아니다. 양자 모두 실행연구에 전통적인 사회과학의 접근방식들을 최대한 접목시키면서, 제한되긴 하지만 사회개혁 의제를 논의하고자 하는 대담하고 명료하게 제시된 시도라고 할 수 있다. 물론 다른 접근방법들과 마찬가지로 실행과학 접근방법들도 메울 수 없는 여러 가지 빈틈과 문제점들을 가지고 있다. 이러한 문제점들에 대해서는 실행연구자들에 의한 보다 면밀한 연구가 필요하다.

저자 주

1. 실제로 필자들은 이 저서들의 두 번째 개정판만을 다루고 있다. 왜냐하면 이 책이 저자들의 지속적인 연구과 그들이 받아들인 비평에 기반하여 출판된 최종 개정판이기 때문이다.
2. 필자들은 Donald Schön이 '반성적 실천(reflective practice)'[13](Schön, 1983, 1987, 1991)이라고 부르는 그와 가장 연관성이 높은 접근방식을 독립된 장으로 포함시키지 않길 결정했다. 주된 이유는 이러한 관점에서 시행되는 많은 조직적 실천의 요소들이 공동 저술된 책들에서도 나타나고 있고, 반성적 실천 접근방식에서 핵심 요소들의 일부는 대규모 조직변화가 아닌 양자 코칭(dyadic coaching) 관계에 초점을 맞추고 있기 때문이다.

13) [역자 주] '반성적 실천'이란 학습자가 적극적인 자기성찰과 자신과의 대화를 통해 자신의 인지 구조에 내재된 오류를 발견하거나 새로운 지식과 기존의 지식을 구성해 나가는 실천이 강조된 반성적 사고과정을 말한다(고문숙, 2010; 김현미, 2015, p. 6; Schön, 1983).

제 4 부

실행연구, 고등교육 그리고 민주주의

●●● 이제까지 필자들은 체계적으로 실행연구를 정의하고, 묘사하고, 정당화해 왔으며, 또한 실행연구를 철학적 · 기술적 · 조직적 · 정치적 맥락에서 자리매김하려고 노력해 왔다. 필자들은 다양한 실행연구 접근방식들 중에서 우리 자신들이 선호하는 접근방식과 사례들을 제시했다. 아직 많은 부분이 설명되지 못하고 남아 있고, 심지어 필자들이 제시한 접근방식들에 대한 설명도 단지 개략적으로만 이루어졌다. 이 분야에 대한 많은 중요한 공헌들이 아직 제대로 언급되지 못했고, 또한 해결되어야 할 여러 가지 어려운 문제들에 대해서도 그 대처방안에 대해 간략한 언급만을 한 상태이다. 하지만 필자들은 이 책에서 제시된 이러한 전반적 개관이 실행연구에 대한 독자 여러분의 흥미를 북돋우고, 또한 이러한 접근방식들에 대한 보다 정교한 검증을 위한 일종의 계기로 작용하게 되기를 희망한다.

이런 관점에서 필자들이 언급하지 않고 남겨 둔 주제는 실행연구자들에 대한 교육 문제, 즉 실행연구와 고등교육 기관 간 관계의 복잡성에 대한 논의 그리고 필자들이 희망하는 실행연구의 향후 활용과 관련된 주제이다. 이러한 논의는 실행연구와 관련된 교육학적 측면의 논의들을 살펴보는 것, 실행연구를 고등교육에 자리매김하게 하는 것 그리고 사회 전반에 걸쳐 실행연구를 적용하는 것을 포함한다. 이러한 목표를 달성하기 위해 제16장(실행연구자 교육하기)에서 필자들은 실행연구의 실천과 고등교육 기관에서의 지속적인 변화/변혁 간의 관계에서 볼 수 있는 긴장과 가능성들을 검토한다. 제17장(실행연구, 참여, 민주화)에서 필자들은 민주적 과정들에 다시 활력을 불어넣는 데 있어서, 그리고 경제적 글로벌화의 맹공격에 의해 사라져 버린 시민사회 특성들의 일면을 재창조해 내는 데 있어서 실행연구가 잠재적으로 어떠한 역할을 할 수 있는지에 대해 우리의 주장을 결론적으로 펼치고자 한다.

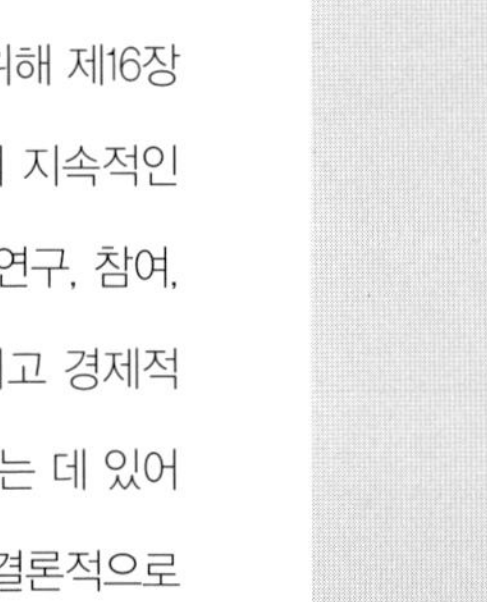

제16장

실행연구자 교육하기

'교육 실행연구' 분야가 존재하고 고등교육 기관에서 근무하고 있는 많은 실행연구자들이 있음에도 불구하고, 실행연구자들을 어떻게 교육할 것인지에 대한 문헌은 매우 부족한 실정이다. 교육 실행연구 문헌에서 발견되는 성인교육과 무형식 교육에 대한 강조는 고등교육 분야의 실행연구에서 나타나는 관심과는 다소 차이가 있는 것으로 보인다. 실행연구의 관점에서 대학의 사회적 역할에 대해 일반적으로 분석한 연구들(Brulin, 2001; Greenwood & Levin, 2000)을 제외하면, Reason & Bradbury(2001a)의『실행연구 핸드북(Handbook of Action Research)』에서조차도 고등교육 시스템 내에서 실행연구자들을 어떻게 교육시킬 것인지에 대해 논의하는 장은 없다. 물론『실행연구 핸드북』의 1개 섹션이 실행연구를 수행하는 데 필요한 기술에 대해 설명하고 있긴 하지만, 대학의 학문적 맥락 속에서 실행연구 수행 기술들을 어떻게 전수할 것인가에 관한 체계적인 설명은 없다. 이 저서 내 대부분의 장은 교수와 학습에 관한 일회적인 사례들에 대해 열거하고 있을 뿐이다. 이런 점에서 보면『실행연구 핸드북』이 여타 교육 실행연구 분야의 저서와 차별화할 만한 특별한 점이 없다고 할 수 있다.

이처럼 실행연구 교육에 관한 논의가 부족한 것은, 부분적으로는 사회과학을 사회적 행위와 분리시키고 대학의 사회과학 연구자들로 하여금 사회적 관심사로부터 거리를 두도록 만들어 온 역사적인 발전과정에서 기인한 측면이 크다(제5장 참조). 이러한 문제점에 대한 인식은 미국 사회과학 연구 분야에서 잘 알려져 있는 사실이지만(Furner, 1975; Madoo Lengermann & Niebrugge-Brantley, 1998; Ross, 1991), 문제는 이러한 상황이 미국을 포함한 모든 나라에서 반복되고 있다는 것이다. 이런 현상은 실행연구가 미국보다 훨씬 더 널리 존중되고 있고, 심지어 실행연구가 공공정책 연구의 주요한 도구로서 많은 재정적 지원을 받고 있는 노르웨이에서도 유사한 상황이 발생하고 있다.

1960년대에 노르웨이 기술원(Norwegian Institute of Technology) 부지에 노르웨이 최초의 실행연구 기관이 설립되었다. 특히 산업사회과학연구원(Institute for Social Research in Industry)은 산업연구와 공학교육 분야의 기술자를 양성하기 위한 교육에 관심을 두고 있었다. 산업사회과학연구원은 연구중심 기관이었고, 기술자 양성 교육과 관련해서는 공과대학에 몇 개의 강좌들을 개설하는 정도였다. 시간이 지남에 따라 노르웨이 기술원에 별도의 심리학 및 사회과학 연구학과(Department of Psychology and Social Research)가 만들어질 정도로 대학에서의 실행연구에 대한 수용도가 높아져 갔다. 그러나 그때부터 산업사회과학연구원에서 일하던 실행연구자들이 노르웨이 기술원을 떠나 오슬로(Oslo) 지역에 노동연구원(Work Research Institute)을 새로이 설립하였다. 불행하게도, 노동연구원은 대학과 같은 교육기관 내에 위치하고 있지 않았다. 사실 연구자들이 오슬로의 노동연구원으로 이직한 동기는 노동연구 분야에서 우선순위 선점과 관련한 정치적 과정들과 공적 자금에 대한 연구자들의 접근성을 높이기 위함이었다. 그러나 결과적으로 오슬로로의 이동은 일상적인 학문적 활동과 실행연구를 분리시키는 결과를 초래하였다. 노동연구원은 오슬로 대학교(University of Oslo)와는 결코 우호적인 관계를 만들어 내지 못하였다. 오히려 전통적인 학자들 중 일부의 학자들이 가진 노동연구원에 대한 적대감이 너무도 강해서 상호 간 협력은 결국 불가능하게 되었다.

이러한 상황은 이후 수십 년 동안 노르웨이 대학에서 실행연구가 침체되게 되는 상황으로 이어졌다. 결과적으로 국제 수준의 실행연구에서 노르웨이가 차지하고 있는 중심적 역할과 노르웨이 국가 정책에서 실행연구가 강조되고 있음에도 불구하고, 대학생들이 재학 중에 실행연구를 학습하고 경험할 수 있는 기회를 가질 수 없었다. 실행연구자 채용은 학생들이 기존 방식대로 석사와 박사 학위를 받은 후에 이루어졌다. 이는 기존의 관습에 따라 연구자로 사회화되고 훈련된 학생들이 실제로는 실행연구에 적합한 기술 습득이나 훈련을 전혀 받지 못한 채 실행연구 프로젝트에 입문하여 책임자 역할을 맡게 되는 참담한 결과를 초래하였다.

영국의 타비스톡연구소(Tavistock Institute) 또한 영어권 고등교육과 연계될 수 있는 기회를 가지지 못했다. 오늘날까지 호주의 몇몇 대학들이 실행연구자를 교육하는 프로그램을 운영하는 경우[디킨 대학교(Deakin University)와 서던 크로스 대학교(Southern Cross University)]를 제외하고는, 미국을 비롯한 세계 어느 곳에서도 대학이 실행연구에 관한 훈련 혹은 학위과정을 운영하는 경우는 거의 없다. 하지만 서로 다른 정치 체제와 고등교육 구조를 가진 많은 나라에서 모두 유사한 경향을 보이고 있다면 이와 같은 경향성을 우연이라고만은 볼 수 없다.

이러한 현재의 상황에 대해 실행연구자들은 대학과 기존의 사회과학자들에게 전적인 책임을 돌리고 싶은 유혹이 생기긴 하지만, 사실 이런 문제가 발생하게 된 일정 부분의 책임은 실행연구자들에게도 있다. 많은 실행연구자들은 자신의 동료들을 혹독하게 비판하거나, 상호 간 비판적인 담론보다는 실효성 없는 가식적 논쟁에 만족해 왔다. 전통적 학계의 기존 동료들도 항상 그렇게 해 왔다. 이러한 '움직임(dance)'은 양쪽 진영, 즉 전통적인 사회과학자와 실행연구자들이 서로를 무시하고 있는 상황이 지속되도록 만들었고, 그 결과 실행연구와 전통적인 사회과학 연구자 양자 모두에게 좋지 않은 영향을 미쳤다. 서로의 연구 분야에 무관심해짐으로써 양 진영 모두 학문적으로 발전하지 못하고 있는 결과를 초래하고 있는 것이다.

이런 측면에서 실행연구자들도 전통적인 연구자들보다 나을 것이 하나도 없다. Levin은 런던에 있는 타비스톡 인간관계 연구소(Tavistock Institute of Human Relations)의 50주년 기념행사에서 지적인 책임의식을 가진 자기 비판적 담론이 실행연구자 공동체 내부에서도 사라졌다고 지적한 바 있다. 또한 서로 분절된 채 양자 모두 상대방에게 문제 제기를 하지 않는 것은 전통적인 사회과학자들에게 연구자로서의 진정한 책임을 회피하게 해 주는 핑계를 만들어 주고 있다. 사회적 실천 없이도 마치 사회'과학'을 제대로 창출해 온 것처럼 행동하는 전통적 사회과학자들의 가식에 대한 비판을 포함한 실행연구자들의 논리 정연한 문제 제기에도 불구하고,

실천적 검증도 없이 자동 생산되고 따라서 사회적으로 부적절할 가능성이 높은 전통적 사회과학자들의 학문 활동에 대해 그 누구도 정당화해 보라는 사회적 요구를 하지 않았다.

이것은 결과적으로 실행연구자들을 주변적 위치로 전락하게 했지만, 기존의 사회과학자들도 자신들의 입장에서 예기치 못했던 취약한 상황에 처하게 되었다. 전통적 사회과학 분야의 연구가 현실 사회 문제해결에 관련이 적다는 점과 사회과학자들이 단지 자신의 학문분야 내부의 이슈들에만 절대적인 관심을 기울인다는 사실은, 정부와 다른 연구비 지원기관의 입장에서 보았을 때 이제까지는 크게 부정적 요인으로 인식되지 않았다. 하지만 부정적 요인이 상존함에도 불구하고 대학과 연구 관련 예산이 확대되어 온 지난 수십 년 동안, 이러한 연구 메커니즘은 큰 문제 없이 작동되어 왔다. 하지만 대학의 운영방식에 영향을 미치는 정치 · 경제적 상황은 변화를 거듭하고 있다. 정부의 공무원, 사기업의 CEO, 대학의 행정가들은 모두 현재 고등교육 분야로의 지속적인 재정 지원은 부분적으로 대학이 얼마나 일반 사회복지와 경제적 경쟁력 제고에 가시적으로 기여할 수 있느냐에 달려 있다는 점을 알고 있다. 이러한 사회적 압력에 대처하기 위해 대학 행정가들은 '지식 관리(knowledge management)', '산학 협력 단지(academic industrial parks)' 조성 그리고 '창의적 수업(creative class)' 등의 새로운 시도들에 대해 고등교육 기관의 경영 관리 측면에서 조언해 줄 고임금의 외부 컨설턴트를 고용해 오고 있다. 대학 행정가들이 외부 전문가에게 의존하는 이러한 접근방식을 취해 온 이유는, 적어도 부분적으로는 많은 대학 행정가들이 자신들이 소속되어 있는 대학의 사회과학 분야 교수들과 이러한 이슈들을 놓고 비생산적인 토론을 한 경험을 가지고 있기 때문이다. 거의 모든 대학의 리더와 정책 결정자들은 Gibbons, Limoges, Nowotny, Schwartzman, Scott and Trow(1994; Nowotny, Scott, & Gibbons, 2001)의 '모드 2 연구(Mode 2 research)'의 개념(응용의 맥락에서 수행되고, 실제 실행과정을 통해 검증된 '사회적으로 견고한' 지식을 산출하는 연구)을 알고 있다. 이들은 대학으로 하여금 실용의 맥락에서 연구를 수행하고, '지식 경제'에 기여하며, 실용적 맥락에 적용할 수 있는 기술을 가진 학생들을 훈련시킴으로써 일반적인 경제적 이익을 창출하기를 바라고 있다.

그러나 오랜 기간 동안 유지되어 온 실행연구와 대학 간의 분리 현상 때문에, 대부분의 대학 리더들은 실행연구가 정확하게 지식과 실행 전략을 동시에 창출하는 데 그 기반을 두고 있는 유일한 연구 전략이라는 것을 이해하지 못하고 있다. 전통적인 사회과학 연구자들이 실행연구가 실천적 활동에 기여하는 방법을 알지 못한다는 것은 별로 놀랄 만한 일이 아니다. 하지만 고등교육 운영방식의 개혁과, 사회·정치적으로 건설적인 방식으로 앞서 설명한 모드 2 연구의 필요성에 대해 문제를 제기하는 사회적 움직임이 일어나는 상황에서 정작 실행연구자들의 목소리가 들리지 않는다는 것은 매우 비정상적인 일이라고 하지 않을 수 없다.

일반적인 고려사항

필자가 파악하기로는 실행연구 분야에서 대학원생 대상 프로그램은 일부 운영되고 있으나, 전문화된 학부생 대상 실행연구 프로그램은 전 세계적으로 거의 없는 것으로 알고 있다. 따라서 실행연구 분야에서 학생들을 적절하게 훈련시키기 위한 교육적인 전략 및 적절한 훈련을 위한 선택에 대한 토론은 어떤 논의의 장도 제대로 존재하지 않는 실정이라고 할 수 있다.

실행연구는 매우 강력한 방식으로 대학과 사회 간에 존재하는 괴리를 좁혀 줄 수 있는 잠재력을 가지고 있지만, 이는 우리가 고등교육과 연구 분야에서 실행연구를 필수적인 부분으로 만들 수 있는 경우에만 가능한 시나리오이다. 실행연구는 전통적인 사회과학 교육을 받은 후에 후속하는 업무 수행을 통한 훈련을 통해 습득할 수 있는 것이 아니다. 처음부터 대학에서 실행연구와 관련된 제대로 된 훈련을 받은 일단의 새로운 전문가 혹은 연구자들이 없다면, 이들로부터 사회적 그리고 과학적 부문에서 큰 역할을 기대하기는 힘들 것이다. 이러한 목표를 달성하기 위해서는 학부 및 석·박사과정 학생들에게 실행연구를 가르칠 수 있는 모종의 전략이 필요하다.

학문분야별 파편화와 다학문적 접근

이러한 문제 상황을 해결하기 위해 예측되는 대학의 반응은 실행연구와 관련된 독립된 교과목, 프로그램 혹은 학과를 새로 개설하는 것이다. 이런 해결방법은 보다 정확히 표현하자면 여성학, 민족학[1] 그리고 과학기술학 분야에서 이미 시도되었던 것이다. 독립된 학과를 개설하는 것은 결과적으로 실행연구의 전형적인 조직 모형이 다른 분과학문 분야와 유사하고, 또한 하나의 전문적 협의회에 의해 평가되는 전통적 학과의 형태를 띠도록 만들게 될 것이다.

실행연구를 위해 이러한 조직 모형을 받아들이는 것은 이기적인 전문성과 분과학문에 기초한 편협한 사고를 재생산할 가능성이 크다(예컨대, Messer-Davidow, 2002 참조). 우리는 이미 이러한 이유 때문에 전통적인 사회과학 분야에서 실패를 경험했고, 또한 최근에는 이러한 분과학문적 폐쇄성의 문제점을 해소하기 위해 도입되었던 페미니즘, 민족학 그리고 과학기술학에서 이로 인한 문제들을 유사하게 경험하고 있다.

필자들의 견해로 볼 때, 실행연구를 고등교육 기관에서 전통적 방식대로 분절된 프로그램과 학과 시스템으로 운영하는 것은 문자 그대로 실행연구를 파괴할 가능성이 크다고 본다. 왜냐하면 실행연구는 (1) 여러 학문분야에 걸쳐 지식을 공동 생성하는 성격을 띤 학문이며, 또한 (2) 현장에서 문제를 가지고 있는 사람과 긴밀히 연계하여 실천적이면서도 동시에 이론적인 지식을 만들어 내는 것을 목적으로 하는 통합적 지식 창출 전략이기 때문이다. 전통적인 학과와 분과학문 구조는 이를 어렵게 하거나 불가능하게 만들 소지가 크다.

전통적인 분과학문의 구조로는 실행연구의 발전을 기대할 수 없다는 필자들의 논리는 명확하다. 실행연구는 하나의 특정한 전통 학문분야 내에서 작동할 수 없다. 실행연구가 응용의 맥락에서 새로운 지식을 총체적인 관점에서 창출하기 때문에, 이러한 고유한 지식 창출방식으로 인해 실행연구는 성격상 다학문적이 될 수밖에 없다. 물론 실행연구 프로젝트에서 다루고 있는 문제의 성격에 따라 참여하는 학문분야가 서로 다를 수 있다. 그렇기 때문에 심지어 다학문 분야로 구성된 학과를 새로 만들려고 하는 노력조차도 문제가 있을 수 있다. 보다 근본적으로 어떤 학문분

1) [역자 주] 민족학(ethnic studies)은 미국, 종종 전 세계인 범위에서 인종(race), 민족성(ethnicity), 원주민(indigeneity) 등의 이슈에 대해 특히 유색인종들의 경험과 관점에 초점을 두고 연구하는 비판적인 지향성을 가진 간학제적 학문분야이다. 1960년대 말에 하나의 학문분야로서 태동한 이후, 연구자들은 인종과 인종주의가 형성되어 유지되어 온 방식들을 분석해 왔고, 성별, 계급, 성적 이슈(sexuality), 법적 지위(legal status) 등을 포함한 사회의 계층화와 관련된 다른 부분들과 연계성을 가지면서 지속적으로 강력한 사회 · 문화 · 정치적 영향력을 행사해 왔다(출처: Ethnic Studies Department, University of California at Berkeley).

야들이 실행연구 분야와 연관이 있을지 선험적으로 알 수는 없다는 것이다.

대학과 같은 테일러식 조직(Tayloristic institutions)[2)]에서 다수의 학문분야, 학과, 프로그램 그리고 단과대학들이 관여하는 새로운 시도를 하는 것은 단지 환영받지 못할 뿐 아니라, 분절된 학과 구조에 익숙한 학장과 학과장들의 관점에서 보자면 단순히 불가능해 보이는 난제를 단순히 던지는 것이라고밖에는 보이지 않는다. 그들의 눈에는 대학의 전문 지식을 총체적 복잡성을 띠고 있는 현실 세계의 문제해결에 적용하려고 시도하는 것이 아마도 불가능하고 또한 바람직하지도 않은 것으로 느껴질 것이다. 하지만 사회에서는 점차적으로 그들에게 한층 확대된 책무성 확보 기제를 통해 더 나은 방법을 찾아내든지, 아니면 지원되는 사회적 자금 없이 일하는 방법을 스스로 찾아내든지 하는 선택을 강요하고 있다. 그들이 실행연구를 선호하든 그렇지 않든 간에 말이다.

다학문성 또는 다학문적인 사고방식(multidisciplinary mindset)

학생들이 향후 전문적 연구 수행과정에서 당면하게 될 실행연구 프로젝트와 관련하여 교육기관이 필요한 모든 학문분야에서 해당 분야의 전문가가 되도록 훈련시킬 수는 없다. 그러나 교육기관이 할 수 있는 것은 학생들이 한 전문 분야에만 천착되는 것을 익숙해지도록 내버려 두는 것이 아니라, 다른 학문분야들의 지식들을 기꺼이 받아들이고 또한 서로 다른 분야의 지식들을 긴밀하게 연결할 수 있도록 장려함으로써 지식의 다학문적인 속성을 이해할 수 있도록 훈련시켜 주는 것이다. 서로 다른 다양한 형식의 전문 지식을 가진 사람들과 하나의 그룹을 이루어 문제를 해결하는 경험에 익숙해지도록 하는 것은 가르치고 학습될 수 있는 것들 중 하나이다.

더욱이 우리는 경험을 통해 전문 지식에 대한 자족적 숭배 행태(Brint, 1994)가 있음에도 불구하고 하나의 특정 분야에서 뛰어난 성취를 거두었다는 사실이, 그 사람이 다른 분야에서 적절한 역량을 가지고 있지 못하다는 것을 의미하지 않는다는 것

2) [역자 주] 테일러식 조직(Tayloristic institutions)이라 함은 F. W. Talor의 과학적 관리법(scientific management)의 개념을 기초로, 효율성을 최우선 가치로 하여 과업의 철저한 분업과 시간 관리, 동작 관리를 통해 조직의 생산성을 높이는 것을 목적으로 구성된 조직을 말한다.

을 잘 알고 있다. 교육에 대한 폭넓은 견해와 새로운 것들을 배우고 자신과 다른 배경을 가진 동료들과 전문 지식을 어떻게 공유할 것인지를 학습하는 것에 대해 긍정적인 태도를 배양해 나아가는 것은 충분히 가능한 일이다. 만약 공동생성적 지식 창출과 이 과정에서 창출되는 다양한 지식을 습득하는 과정의 가치를 진정으로 믿는다면, 우리는 대학에서도 이와 동일한 방식으로 교육 활동을 수행해야 한다. 이러한 견지에서 필자의 동료들과 실행연구를 하는 학생들이 더도 덜도 말고 실행연구 프로젝트에서 우리가 지역의 이해당사자들에게 기대하는 행동방식과 동일한 방식으로 접근할 것을 요청하는 것이다. 필자들은 실행연구를 공부하는 학생들이 다른 이해당사자들이 가진 지식에 대해 관대하고 개방적이어야 하며 또한 공동생성적으로 함께 작업할 수 있어야 한다고 주장한다.

필자들은 오랜 경험을 통해 실행연구에 관심을 가진 학생들이 이전과 같은 방식으로 훈련된다면, 기존 학계의 동료들이 (1) 실행연구를 공부하는 학생들을 제대로 훈련받지 못한 아마추어 연구자로 간주하면서, (2) 이들 학생이 다양한 분야에 대해 알기는 하지만 특정 분야에 대해서는 제대로 알지 못하는 자격을 갖추지 못한 연구자가 될 것이라고 반박함으로써 자신들의 학문영역을 지키려고 할 것이라는 점을 잘 알고 있다. 하지만 이러한 주장은 지난 수십 년에 걸쳐 지속되고 있는 테일러주의(Taylorism)에 기반을 둔 정치적 학문 권력에 의해 뒷받침되지 못했다면 진작에 사라져 버렸을 명백하게 잘못된 관행이 아닐 수 없다. 폭넓고 총체적인 관점을 가지는 것은 결코 학생들이 특정한 주제 영역에서 심층적 지식을 개발하는 것을 방해하지 않는다. 심층적 지식은 복잡한 문제들을 다루는 데 있어서 반드시 필요할 뿐만 아니라, 이것은 다양한 분야의 전문 지식들을 효과적 방식으로 결합하는 공동생성적 과정을 통해서만 개발될 수 있다는 사실을 분명히 인지할 필요가 있다. 물론 특정한 분야에 대한 심층적 지식을 가지고 있는 전통적 사회과학자들이 종종 있기는 하다. 하지만 이들이 기본적으로 이러한 심층적 지식을 유사한 방식으로 훈련받은 일부 동료 학자들만이 접근 가능한 학술지 등 전문적 학술 활동 외의 다른 곳에 사용하는 경우는 매우 드물다. 학계에서는 이러한 전문 지식 활용과 관련한 당혹스러운 편협성이 오히려 보편적으로 나타나고 있다.

고등교육에서 실행연구의 실천적 활용

대학에서 실행연구를 교과목에 적용하는 방식은 (1) 단일 혹은 복수의 학문분야에서의 다양한 전문 지식과 (2) 실제 문제가 일어나고 있는 현장에서 해당 문제를 가지고 있는 지역 당사자들의 적극적 관여를 결합시키는 교육학적인 접근방법으로부터 시작될 것이다. 전문 지식과 실제 문제와의 결합은 일반적으로 그리고 의도적으로 이론과 실천, 교수(가르치는 활동)와 행동을 분리시키고, 주로 명시적이고 명제적인 지식만을 가르치는 전통적인 대학에서의 훈련방식과는 상당히 대조적인 접근방법이라고 할 수 있다. '주입식 교육 모델(banking model)'(Freire, 1970)은 교사들이 학생들에게 일방적으로 지식을 전달하는 방식으로서 학생들은 교사에 의해 머릿속에 주입된 지식을 수동적으로 받음으로써 효과가 없으며 심지어는 비생산적이라는 많은 증거들에도 불구하고, 대학에서는 여전히 최고의 지식 전달방법으로서 그 자리를 지키고 있다.

허위 제약 조건

변화를 유도하는 프로젝트가 변화를 원하지 않는 그룹(계층)에 제안되면, 해당 그룹(계층)에서는 자원 제약과 행정적인 제한으로 인해 프로젝트를 진행할 수 없다는 변명을 늘어놓는 것이 보통이다. 우리는 이 같은 현상을 행동의 변화와 현재 가지고 있는 권한의 배분 형태가 바뀌는 것을 피하고 싶어 하고, 변화를 내키지 않아 한다는 의미에서 '허위 제약 조건들(pseudo-constraints)'이라 부르며, 이 허위 제약 조건들은 모델 1 행동의 훌륭한 예가 될 수 있다고 생각한다.

학부, 석 · 박사과정 등 모든 학위과정에서 실행연구를 가르치는 데 영향을 미치는 제약 조건 중 하나는 교실의 크기이다. 대형 대학의 학부과정에서 사회과학 수업은 종종 강당에 모여 수백 명의 학생을 함께 가르치는 형태로 제공된다. 엄청난 규모의 학생들이 수강하는 수업을 운영하면서, 팀 기반으로 상호작용을 하며 문제를 가진 실제 현장의 집단과의 연계가 필수적인 실행연구에 기초한 양질의 교수-학습 과정을 창출하는 것은 매우 어렵다. 따라서 수업에서 실행연구를 적용하는 데 있어 교실의 크기는 주된 장애 요인 중 하나로 작용한다.

하지만 실행연구에 기초한 수업을 진행하는 데 있어 교실의 크기는 대표적인 허위 제약 조건 중 하나이다. 왜냐하면 배정된 교실 크기의 결정은 바로 기존의 제도적 선택과 우선순위의 결과이기 때문이다. 소규모 학급 규모가 중요하다고 생각되는 실습 위주의 수업, 예를 들면 미국에서의 언어와 논술 혹은 작문 수업, 미술과 건축 분야 스튜디오 강의, 음악 등과 같은 수업은 대부분의 고등교육 기관에서 소규모 강의를 유지하도록 권장한다. 교수와 학생 사이에 개인적인 관계가 중요시되는 소규모 강의 환경은 더 많은 분반과 교수를 필요로 하기 때문에 비용이 많이 든다. 따라서 대학은 사회과학 수업에 있어 교육 내용을 적절하게 가르치는 데 관심을 두기보다는, 보다 많은 교수 정원의 확보, 보다 넓은 사무실 공간 그리고 다른 혜택을 보상으로 주는 것 등의 기준을 적용함으로써 학과들로 하여금 수업의 규모를 경쟁적으로 키우도록 유도하였고, 이에 따라 수많은 학생들을 단순히 공장에서 '공정 처리'하는 방식으로 그들의 교육 사업을 볼썽 사납게 운영하고 있는 것이다.

교과목과 교육과정 구조는 다른 허위 제약 조건들을 만들어 낸다. 학생들은 체계적으로 설계된 교육과정 내에서 교과목을 선택하는 것이 아니라 제도적으로 조정이 거의 되지 않은 상태로 한꺼번에 많은 과목을 수강한다. 학생들에게 이같이 무분별하게 많은 과목을 한꺼번에 수강하도록 하는 것은 정당성이 없다. 학생들은 여름과 겨울 학기를 이용하여 한 달 동안 집중적으로 진행되는 하나의 과목을 풀타임으로 쉽게 수강할 수 있으며, 이 경우 일 년 동안 수강한 과목의 수는 동일하다. 이러한 집중과정은 실행연구에서 교수-학습 과정을 개발할 수 있는 최선의 상황이 될 수 있을 것이다. 그러나 일반적으로 기존의 제도를 답습하는 데 익숙한 고등교육 행정가들이 이러한 방식으로 학사 제도를 재조직하는 데는 그들이 평소에 가지지 못한 상상력과 대담성을 필요로 할 것이다.

교과목과 학기를 구분하는 기존의 학사 제도하에서는 실행연구의 일부분인 실습 과정을 가르치기에도 터무니없이 부족하다. 그러므로 일반적인 학사 일정에 따라 실행연구 프로젝트의 전체 주기를 가르치는 것은 불가능하다. 학부생이 수학 기간을 넘어 실행연구 프로젝트에 장기간 참여하는 것은 이론적으로는 가능하지만, 이를 실현 가능토록 노력하는 기관은 거의 없다.

대학에서 실행연구와 같은 양질의 교수와 학습 과정을 제공하는 데 필수적인 학사 일정과 제도, 그리고 기타 여러 제약에 대한 변화 노력이 부재한 이유는 대학기관과 소속 행정가들이 모드 2 지식 생산에 대한 도전을 꺼리는 것 때문이라고 분명하게 이야기할 수 있다. 이런 도전을 하다가 실패한다면 대부분의 대학들은 많은 비용을 치르게 될 것이며, 대중과 정치인들은 이러한 실패를 공공 고등교육 기관에 대한 자신들의 도덕적 · 재정적 지원을 점차적으로 줄이는 계기로 삼을 가능성이 크기 때문이다(Lyall & Sell, 2006).

학부 단계에서 실행연구 교육 활성화를 위한 몇 가지 가능성

후술할 소그룹 학부생들을 대상으로 특화된 프로그램을 제공하는 것을 제외하고, 필자들이 생각하는 학부생들에 대한 실행연구 교육의 주된 초점은 다음과 같다. 첫째, 실행연구란 무엇인지에 대한 기초적 이해, 둘째, 실행연구의 목표, 셋째, 사회적 지식 생산이라는 보다 폭넓은 맥락에서 실행연구의 역사, 넷째, 실행연구를 수행하기 위해 요구되는 일련의 기술들에 대한 기초적 이해의 제공 등이다. 필자들이 오랜 시간 동안 실행연구를 수업에 적용해 본 경험에 따르면, 우리가 앞서 언급한 바 있는 허위 제약 조건들의 한계 속에서도 실행연구 교육이 성공적으로 수행될 수 있다는 것을 보여 주었다. 필자들은 학생들에게 그들 자신의 공동생성적 학습 환경을 운영해 보는 경험을 제공하고, 학생들이 프로젝트와 실행연구에서 전문가들의 역할에 대해 배우도록 도움을 줄 수 있었다. 또한 학생들에게 실행연구의 윤리적 · 정치적 목표에 대해 가르치면서, 학생들로 하여금 자신들의 관심과 능력이 실행연구에 부합하는지에 대해 다양한 방식으로 성찰해 보는 기회를 제공할 수 있었다. 이런 정도의 실행연구 입문과정 교육은 대규모 수업을 통해서도 수행될 수 있지만 이런 과정을 제공하는 대학은 드물다.

중급 수준의 학부생 수업

중급 수준에서 실행연구에 초점을 맞춘 소규모 수업은 쉽게 개발할 수 있다.

Levin의 공공 기획과 행정 과정

노르웨이 기술원에서 Levin은 공공 기획과 행정 과정(public planning and administration course)을 가르치는 데 실행연구를 활용하여 실험적인 교과목을 개발하였다. 공학 분야로 특성화된 대학에서, 실행연구를 활용한 공공 기획과 행정 과정 강좌를 개설한 것은 당연히 소수의 학생들만의 관심을 끌었지만, 이는 오히려 수업을 상호작용적 분위기로 바꾸는 장점을 가져왔다. Levin은 학생들로 하여금 현장에 실재하는 문제를 강의실로 가지고 오도록 하기 위해 수강생을 3명에서 5명으로 나누어 팀을 구성하고, 각 팀마다 그 지역에서 다룰 만한 가치가 있다고 생각되는 공공기획 이슈를 결정하도록 했다. 학생들은 자신의 관심사에 부합하면서 동기를 부여하는 재미있는 이슈들을 쉽게 찾을 수 있었다. 그러고 나서 팀으로 나뉜 학생들은 팀에서 선택한 문제의 초점이 무엇인지 논의하고 현장 실습에 참여하는 과정을 거쳤다.

Levin의 주된 역할은 학생들이 프로젝트를 위한 연구 질문을 만들어 내도록 지원하는 비판적인 청자이면서 동시에 질문자가 되는 것이었다. 하지만 종종 학생들의 연구 질문은 현장 문제에 제대로 접근할 수 있는 실제적인 접점을 찾지 못하는 경우도 있었다. 학생들은 데이터 수집과 분석에 정말 최소한의 훈련만을 받은 상태였지만, 현장에서 학생 스스로 직접 인터뷰와 데이터 수집을 수행해야 했고, 실제로 이들은 많은 인터뷰와 데이터 수집 작업을 했다. 학생들 중 대부분은 새로운 인터뷰 및 데이터 수집 기술을 필요로 했고, 학생들은 그러한 기술들을 현장 상황에서 실제 문제를 구체적으로 다루면서 배웠다.

학습과정은 학생들의 프로젝트 개발을 중심으로 설계되었으며, Levin이 연구를 위해 읽고 활용해야 하는 필수적 자료로 생각하는 것들과 균형을 맞추어 전체 과정이 구성되었다. 이러한 학습과정을 운영하면서 가장 성공적이었던 해 중 하나는 4개 수업의 모든 프로젝트가 지역 신문의 첫 페이지를 장식했던 해였다.

실생활 문제와 관련한 주제를 선택하고 연구 질문을 만드는 실행연구 교과목은 학생들에게 강력한 동기를 부여하는 기제가 되었던 것이 분명했다. 학생들은 실행연구 교과목에서 수행하는 과제에 많은 시간과 열정을 기울여야 했기 때문에, 때로는 다른 교과목 학습을 위한 충분한 시간을 가지지 못하는 것에 대해 불평하였다. 하지만 학생들은 프로젝트 수행에 필요한 참여 시간을 줄이지 않았다. 실제 존재하는 문제 상황에 처한 사람들과 이야기를 나누고 문제에 대한 해결방안을 제시해 보면서 사람들로부터 배우게 되었고, 이러한 학습과정은 학생들의 높은 헌신과 에너지를 만들어 냈다.

Greenwood의 실행연구 입문 강좌

Greenwood는 학부 및 대학원생 모두를 대상으로 하는 실행연구 입문과정을 14년 동안 가르쳐 왔다. Greenwood는 수업 시간마다 강의 계획서상에 학생들이 필수적으로 읽어야 하는 실행연구에 관한 필독서 목록을 제공하는 것으로 수업을 시작했다. 수업 운영 초반에 학생들은 수업 포털에 필독서에 대한 설명과 토론문을 제출해야 하고, 교과목을 통해 배우고자 하는 요청 및 제안사항, 즉 교과목 학습을 통해 학생들이 배우고자 '원하는 것(요구사항)'과 학생들이 '제안하는 것(제안사항)'에 대한 목록을 작성해야 했다. 학생들은 교수로부터 학생 스스로 달성하기를 원하는 것과 교과목에 기여할 수 있는 것, 그리고 수업을 위해 준비할 수 있는 것들을 목록에 기록하도록 요청받는다. 이런 요구와 제안사항은 확장된 집단 학습과정에 대한 연습을 통해 교과목 운영과정의 우선순위 목록 내에서 통합적으로 처리되고, 그 결과는 강의 계획서에 반영된다. 학생들은 그들의 관심 분야, 전문 지식 및 경험에 따라 자발적으로 특정한 주제에 대한 나름의 역할을 담당하기를 자원한다. 학생들은 Greenwood와 함께 수업 자료를 준비하여 제공해야 하고, 교육과정의 일부로서 집단과정을 설계한다.

교수와 학생이 함께 강의 계획서를 구성하고 실제 문제를 수업 시간에 다루어 보는 경험이 처음에는 학생들에게 불안감을 줄지 모르지만, 실행연구 방법을 적용하며 학생들의 요구와 제안사항을 충분하게 반영시킨 수업과정은 학생들이 수업에 몰입하게 되면서 해당 강좌가 매우 빨리 끝나는 것처럼 여겨지게 만들었다. 또한 오랜 기간 동안 수동적인 학습자로 키워졌던 학생들은 자신의 학습을 아주 빠르게 주도하고 관리할 수 있게 되었다. 한 학기의 수업과정 동안, 학생들은 주도적으로 자신의 연구 주제와 질문을 선택하고, 복잡한 수업 설계과정에 참여함으로써 학습 내용에 대해 더 많이 배울 수 있게 되고, 자기 스스로에 대해서도 많은 것을 알게 되는 계기가 되었다. 또한 학생들은 수업 운영과정 전반에 걸쳐 실행연구를 접목한 수업에 대해 참여적 평가 절차를 개발하고, 자신의 수업과정 참여에 관한 채점방식을 작성·관리하고, 또한 교수에 대한 평가도 담당하였다.

Levin이 기획했던 공공 기획 및 행정 과정과 마찬가지로, 실행연구 방법을 적용하여 학습함으로써 학생들이 얼마나 빠르게 이러한 학습방식을 배우고 또한 얼마나 진지하게 이를 받아들이는지를 보는 것은 정말 놀라울 정도이다. 학생들은 전통적으로 조직화된 수업과정에서 학습하는 것보다 어쩔 수 없이 훨씬 더 열심히 그리고 더 자발적으로 수업에 참여한다. 학생들 스스로도 이러한 사실을 잘 알고 있는데, 이러한 학생들의 반응은 자신들이 배우고 실행하는 것이 바로 그들 자신의 선택이자 동시에 학생 자신들과 다른 사람들에 대한 책무라는 사실에 기인하는 것으로 보인다.

Levin의 조직 개발과정

Levin은 이전에 설명한 공공 기획과 행정 강좌의 계획과정에서 얻은 경험을 활용하여, 실행연구 관점에서 조직 개발에 대한 새로운 교육과정을 만들었다. Levin은 수업 시간에 전통적 조직 개발 전문가로서의 전문적 위상을 강조하는 대신에, 조직 개발과정을 계획할 때 지식의 공동생성 모델을 강조하는 방식으로 수업을 구성하였다. 변화는 순식간에 일어나지 않기 때문에, Levin은 시간적 관점을 활용하여 변화과정을 계획하고 이를 반영하는 것을 강조하였고 이러한 과정은 점진적으로 진화·발전하였다.

이런 방식으로 새로운 교과목 개발을 통해 실행연구를 가르치는 과정은 학생들로부터 호평을 받았으며, 또한 Levin에게도 많은 자극을 주는 계기가 되었다. 실행연구를 가르치는 교과목에 대한 학생들의 등록률은 상당히 높았으며(30~50명) 학생들의 강의 평가 결과도 상당히 호의적이었다. "무엇인가 배우기를 원한다면 이 강좌를 들어야 한다" "당신은 이번 학기 다른 모든 과목에서 했던 학습량에 맞먹을 만큼의 노력을 이 과정에서 쏟아부어야만 한다" "당신은 전문적 직업을 시작할 때 이 강좌에서 배운 활동이 필요할 것이다"

실행연구를 가르치면서 얻었던 이러한 학생들의 초동적 반응을 감안하여, Levin은 수업 현장에 실재감을 가져오고, 이를 위한 과제의 구조를 개발할 수 있는 보다 진전된 방안을 찾으려고 했다. 학생들은 그들이 연구하는 조직에 대한 장단점을 포함한 평가 체제를 개발해야 했다. 조직의 장단점에 대한 학생들의 분석은 이후 최초의 과제 개발 계획에 피드백되었다. 최초로 이루어진 과제 개발 계획에 대해 학생들은 교수로부터 생각을 촉진하는 피드백을 받게 되며, 이에 따라 그들의 최초의 계획을 수정하거나 다시 개발해야만 한다. 수업 구성에 있어 이러한 일부의 변화는 수업을 실제 운영하는 과정에서 극적인 변화를 만들었다. 왜냐하면 이런 변화가 수업을 계획하고 운영하는 상황을 역동적으로 변화하도록 자극하였기 때문이다. 이는 학생들로 하여금 조직 개발과정을 위한 초기 계획은 계획일 뿐이며, 계획이 앞으로 어떻게 전개될 것인지에 대한 최종 청사진이 아니라는 점을 명확히 보여 주었기 때문이었다. 학생들은 과정이 발전해 나감에 따라 전략과 목표를 변경시켜야 한다는 점을 배워야 했다.

학생들이 수업 설계과정에 참여한 이러한 경험을 바탕으로, Levin은 학생들이 또한 단순히 주어진 연구문제를 해결하는 것뿐만 아니라 어떻게 연구문제를 설정하는 것인지를 배울 수 있도록 독려하기 위해서 사전에 설정한 우선적인 관심 분야 없이 사례를 제시하는 방법을 탐색했다. 컴퓨터 기반의 비디오 스트리밍은 새로운 가능성을 열었다. Levin은 조직 내에서 사람들과 나눈 수많은 대화를 녹음한 뒤 컴퓨터에 업로드하고 학생들이 녹음된 대화 파일에 접속할 수 있도록 했다. 이에 따라 학생들이 이를 듣고, 메모를 작성하며, 그들이 보고 들은 바에 대해 토론할 수 있도록 하였다.

이와 함께 연구대상 '사례' 조직에 속한 구성원들을 초빙 강연자로 초청하여 수업 시간에 강의를 진행하도록 하였다. 이들에게는 소속 조직에서 자신이 겪은 경험들과 자신의 관점에 대해 발표할 수 있는 기회가 부여되었다. 이와 같은 수업은 2시간 혹은 3시간 세션으로 구성된다. 그런 다음 학기 내 몇 주 동안 Levin은 (1) 학생들과 화상 콘퍼런스를 개최하거나 혹은 (2) 만약 회사가 대학과 가까운 지역에 있다면 현장 사람들을 다시 초대하여 학생들이 프로젝트 작업을 진행하면서 부딪혔던 문제들을 명료하게 하고 해당 문제들을 해결하는 방안에 대해 토론을 하도록 하였다.

학생들이 수업과정을 통해 수행할 과제는 강의 계획서상에 '조직 운영을 향상시키는 조직 개발 계획의 개발' 등과 같이 간단하게 명시되어 있다. 하지만 이같이 단순하고, 의도적으로 모호하게 제시된 문제에 대한 진술은 많은 학생들을 당혹스럽게 만들었다. 반면에, 실제로 학생들이 경험한 상황은 학생들에게 현실이 얼마나 혼돈스럽고 불명확한 것인지를 성찰하게 했다. 총체적이고 복잡한 현실의 상황을 이해하고 문제 상황을 해결하기 위해서는 어떤 핵심적 이슈가 다루어져야 하는지 명확한 근거를 가지고 합리적 이해를 해낼 수 있어야 한다. 그렇기 때문에 이러한 접근방식은 현실적인 교육이라고 할 수 있다. 이 과제를 하는 데 있어 가장 어렵고 시간이 많이 소요되는 부분은 인터뷰를 분석하는 것이다. 학생들은 인터뷰 데이터 분석에 대한 극히 초보적인 지식만 가지고 있었기 때문에 학생들에게 인터뷰 데이터 분석은 매우 도전적인 일이 되었다. 따라서 학생들에게 인터뷰 데이터 분석을 배울 수 있는 집중강의 모듈을 제공하는 것은 필수적이다.

조직변화를 위한 개입의 초점 영역은 현장의 이해당사자들과 협의하였으며, 학생들은 조직의 변화를 일으키기 위해 그들이 어떤 학습의 장을 제안할 것인지에 대해 진지하게 고민하고 그들의 생각을 제안해야만 했다. 해당 강좌의 종료 시점에 해당 조직의 구성원들은 학생들의 최종 발표 현장에 초대되었고, 문제의 당사자들로부터 직접적이고 근거 있는 피드백을 받을 수 있었다. 학생들의 분석 결과가 해당 지역 조직에 대해 비판적 입장을 취한 경우조차도 학생들의 발표 내용은 항상 이들 조직의 이해당사자들로부터 호평을 받았다.

학생들이 실행연구를 배우는 과정에서 나타나는 가장 명확한 문제점은 학생들이 현장에 직접 참여하는 과정이 결여되어 있다는 것이다. 30명에서 50명 정도의 학생들이 하나의 조직에 가는 것은 현장에서 감당하기 어려워 사실상 불가능하다. 그리고 학생들의 입장에서도 그들 스스로 실행연구에 근거한 변화를 실행하는 것에 대해 책임을 지기 어렵다.

필자들 외에 실행연구를 가르치는 많은 교수들도 앞서 언급한 것과 유사한 방식으로 학생들과 지식을 공동 생성하는 학습과정을 개발하여 왔고, 우리가 방금 설명했던 내용들이 그들에게는 특별한 것이 별로 없을 수도 있다. 하지만 필자들은 주입식 교육 모델이 대학에서 주류를 이루고 있음에도 불구하고, 학생들을 공동학습자로 참여시키는 것은 놀랄 정도로 용이하다는 점을 강조하고자 하였다. 물론 수업에 이러한 방식을 적용하고 그러한 학습과정을 어떻게 지원해 나갈 것인지의 여부는 교수에게 달려 있다.

학부생을 위한 경험기반 강좌

실행연구에 관심을 가진 우수한 학부생을 위해 실행연구를 보다 구체적인 수준으로 다루는 특별 프로그램들이 소규모 수업 형식으로 운영될 수 있다. Greenwood는 3년 동안 자발적 동료 그룹(Nimat Hafez Barazangi, Ken Reardon, Paula Horrigan 그리고 Leonardo Vargas Méndez) 및 코넬 공공서비스 센터(Cornell Public Service Center)와 함께 '바텔스 학부생 대상 실행연구 연구원 훈련 프로그램(Bartels Undergraduate Action Research Fellows Program)'을 운영했다. Greenwood와 그의 동료들은 코넬 대학교의 기부자로부터 받은 자금을 가지고 학부생을 위한 실행연구 경진대회를 개최하였다. 신청자들은 현재 진행 중인 지역 프로젝트를 선정해야 하고, 지역 이해 당사자로부터 프로젝트 진행에 대한 지원 서신을 받고, 당해 연도 내내 다른 학부생 연구원들과 함께 실행연구 세미나에 참여해야만 했다. 그 대가로 재정적인 지원의 필요가 있는 일부 학생들은 장학금을 수혜받았고, 프로젝트에 참여하는 모든 학생은 이 프로젝트에서 제공하는 약간의 재정 지원을 받았다.

경험기반 강좌의 전제는 만약 학생들의 개인 프로젝트가 세미나를 통해 논의되고 발표된다면 그리고 실행연구 과정에서의 훈련이 해당 세미나에서 이루어지고 프로젝트의 필요에 부합한다면, 서비스와 학습 간 훨씬 더 나은 연결 고리가 만들어질 수 있다는 것이다. Greenwood가 그의 동료들과 기획한 프로그램은 매우 성공적이었으며 엄격한 평가가 진행되었다(Hafez Barazangi, Greenwood, Burns, & Finne, 2004). 또한 이 프로그램은 학생뿐만 아니라 문제를 가진 당사자인 지역 이해당사자들에게도 인기가 있었다. 그러나 코넬 대학교는 기존 재정 지원 프로그램을 실행연구와 같은 별도의 프로그램에 재배분하거나 원 소속 학과의 책임 시수를 경감해 주면서까지 교수들을 실행연구 프로그램으로 파견하는 것에 대해 달가워하지 않았다. 이것은 실행연구 프로그램에 완전히 새로운 자금을 요구한 것이 아니라 단지 기존의 재원을 실행연구에 재배분하면 되는 비교적 용이한 것이었는데도 말이다. 결과적으로 실행연구 프로그램 운영을 위한 기부자의 재원이 소진되자 이 프로그램은 사라지게 되었다. 이러한 사례를 통해 필자들은 단순히 효과적으로 작동하는 실행연구 교육법이 있다고 해서 대학 내에서 프로그램의 생존이 보장되는 것은 아니라는 사실을 뼈저리게 깨닫게 되었다.

한편, 실행연구와 서비스 러닝 양 분야에서 대표적 인사인 Kenneth Reardon은 코넬 도시 지역 개발 연구자 프로그램(Cornell Urban Scholars Program)을 운영하고 있었다. Kenneth Reardon은 코넬 재단의 재정 지원을 받아 6개 코넬 대학교 단과대학의 학부생 20여 명과 이보다 작은 규모의 대학원생들에게, 매년 뉴욕시의 지역공동체에 기반을 둔 조직들과 여름방학 기간에 함께 작업할 기회를 제공하였다. 이 프로그램 참여에 대한 준비를 위해, 학생들은 정규 학기를 다니는 동안 캠퍼스 내에서 개설된 실행연구와 기획 세미나를 수강하였다. 학생들에게 실행연구 참여를 위한 사전 경험을 제공하는 것 외에도, 이 프로그램은 학생들이 자신이 관심을 가진 지역 분야에서 할 일을 이해하는 데 필요한 도구와 경험을 제공함으로써 이들이 공공서비스 분야의 경력을 선택할 수 있도록 격려하고 있다(자세한 정보는 http://www.cusp.cornell.edu에서 이용 가능).

미국 대학에서는 '서비스 러닝'이라고 불리는 다른 유형의 사례들이 많이 있다. 서비스 러닝 참여를 통해 얻는 경험의 질은 매우 다양하다. 어떤 경우에는 학생들이 단지 지역 기관의 자원봉사자로 고용되기도 하는데 이러한 경험을 '서비스 러닝'이라고 부르기도 한다. 다른 경우에는 교수진이 지역에서 지속적으로 추진되고 있는 프로젝트에 학생들을 참여시키기도 하고, 드물기는 하지만 경우에 따라 학생들에게 서비스 러닝 요소를 포함하고 있는 교과목이 제공되기도 한다. 하지만 모든 서비스 러닝에서 이름처럼 '학습(learning)'이 일어나는 것은 아니다. 서비스 러닝의 대부분은 실행연구 전략에 기반하지 않고, 전통적인 전문가 주도의 컨설팅의 형태를 취하고 있는 것이 보통이다.

Greenwood와 Reardon의 학부생 대상 프로그램에서 보여 주었던 것처럼 대학교육에서 실행연구에 초점을 둔 프로그램을 개발할 여지는 있지만, 그러한 프로그램에 대해 안정적인 제도적 지원과 인정을 받는 것은 매우 어렵다. 하지만 Levin과 Greenwood가 학부생을 대상으로 한 수업과정에 실행연구를 도입했던 경험은 학생들에게 실행연구 수행방법을 훈련시킬 수 있는 학부 수업을 만드는 것이 가능하다는 것을 보여 주었다는 점에서 의미가 있다고 할 수 있다.

실행연구 분야에서 박사과정 훈련

필자들의 생각으로는 실행연구에 대해 가장 유망한 교육 분야는 박사과정 훈련이라고 본다. 박사과정 학생들은 보다 성숙하고, 자신의 특별한 관심 분야에 주의를 기울일 수 있으며, 박사학위 취득과정은 실행연구 프로젝트를 통해 중요한 변화를 가져올 수 있을 만큼 충분한 기간을 확보할 수 있다. 이러한 조건들은 박사과정 학생들이 상당한 기간 동안 현장에서 활동할 수 있는 상황을 만들 수 있고, 따라서 규칙적이고 체계적인 실행연구 활동을 경험할 수 있을 것이다.

개별화된 박사과정 프로그램

개별화된 박사과정 프로그램을 만드는 가장 직접적인 방법은, 실행연구 프로젝트를 수행하는 과정과 학문적 성찰, 글쓰기 등 양쪽 방면에서 교수가 박사과정 학생들을 직접 지원하고 안내하는 개별 실행연구 프로젝트를 만드는 것이다. 변화 촉진 활동과 학업 수행과정 양자 모두에서 나타나는 이러한 지도방식은 대부분의 박사과정 프로그램에서 발견되는 전통적인 일대일 관계를 만들어 낸다. 프로젝트 현장에서 그리고 성찰과 연구 과정에서 전통적인 일대일 관계는 도제방식에 입각한 교수-학습 모드로 쉽게 전환될 수 있다. 심도 있는 협력을 특징으로 하는 이러한 형태의 교수-학생 간의 일대일 관계는 매우 효과적일 수 있지만, 교수 입장에서 보면 엄청난 개인적 · 경제적인 자원이 요구되는 매우 어려운 훈련방식이기도 하다. 한 명의 교수가 감당할 수 있는 지도학생과 프로젝트의 수가 얼마나 될 것인가를 생각해 보면 이러한 접근방식의 한계가 명확히 드러날 것이다. 또한 실행연구 관련 교과목 담당 교수는 (1) 실행연구를 수행하는 학생들에게는 필요하지 않은 교과목 및 시험과 관련된 별도의 요구 조건을 만들어 낼 뿐만 아니라 (2) 실행연구 과정 대학원생들에게는 학과 재원을 배분하지 않으려고 하는 실행연구에 호의적이지 않은 동료 교수들의 적대적인 반응에 대응하여 학생들을 보호해야 하는 문제도 고려해야 한다.

그룹 단위 박사과정 프로그램

노르웨이 과학기술대학교(NTNU)에서 Levin은 실행연구 분야 박사과정 훈련 프로그램을 지속적으로 운영해 왔다(Levin, 2003). 실행연구에서 개입의 핵심은 지역 구성원과 실행연구자들을 동일한 성찰과 학습 과정에 통합함으로써 집합적 학습의 기회를 만드는 것이기 때문에, 이러한 형태의 박사과정 훈련은 실제 상황에서만 일어날 수 있다. 학생들과 지도교수들은 프로그램을 설계할 때 학습과정의 설계와 실행 과정 그리고 실행 자체에 대한 성찰(Schön, 1983)이라는 앞서 언급한 세 가지 요소 모두가 훈련 가능하도록 만드는 데 책임감을 공유한다. Levin은 실행연구 외부 기금을 마련하여 계획된 전체 실행연구 프로그램을 함께 수행해 나가는 것을 목적으로 박사과정 학생들을 모집했다(Levin, 2003). 이 박사과정 프로그램은 현장 조사, 세미나 그리고 대학 캠퍼스 내에서의 훈련들이 체계적으로 상호작용하면서 진행 중인 현장 프로젝트와 연계되도록 설계되었다. 이런 종류의 프로그램에서 교수와 학습자 간 관계에서 가장 중요한 것은 현장 조사 작업에서의 상호 관여 혹은 공유된 작업 경험에 대한 성찰을 통해 구체적인 실천과 직접적으로 연계될 수 있는 학습의 가능성을 창출하는 것이다. 이를 위해 Levin은 현장 프로젝트에 구체적으로 관여할 수 있는 재량권과 역량을 가지고, 학생들로 하여금 왜 그리고 어떻게 조치가 취해지는지를 보고 이해하도록 함으로써 실행 과정에 대해 효과적으로 성찰할 수 있도록 했다.

이 프로그램은 노르웨이에서 잘 훈련된 새로운 세대의 실행연구자 그룹을 형성해 냈다는 점에서 성공적이라고 할 수 있지만, 이러한 방식으로 훈련을 받은 박사과정 학생 그룹은 어쩌면 고립된 상태로 남아 있을 가능성이 있다. 전통적인 박사과정 프로그램에서 발견할 수 있는 보다 이질적으로 구성된 학생과 지도교수들 사이에서 이루어지는 보다 폭넓은 성찰의 과정이 이러한 실행연구 프로그램에서는 결여되어 있는 것이다. 이와는 달리 실행연구 프로그램에서 성찰과정은 교수와 학생 간 일대일 관계에 크게 의존하고 있다.

국제 박사과정 프로그램: EDWOR

노르웨이 연구위원회(Norwegian Research Council)의 지원을 받아, Levin은 앞서 언급했던 노르웨이에서 시행했던 그룹 단위 박사과정 실행연구 프로그램의 한계를 극복하기 위해 박사과정 수준의 국제 실행연구 프로그램을 개발하였다. 노르웨이 과학재단(Norwegian Science Foundation)으로부터 재정 지원을 받고 있는 '노르웨이 가치 창조 2010 프로그램(Norwegian Value Creation 2010 Program)'과 연계하여 이 박사과정 프로그램이 개설되었다. Levin은 9명의 교수진을 선발하였는데, 그중 4명은 외국인으로서 노르웨이 과학기술대학교의 겸임교수로 임명되었고, 나머지 5명은 노르웨이에 있는 다양한 연구기관으로부터 온 내국인 교수들이었다. 노르웨이인 교수진은 미국인 1명, 덴마크인 1명 그리고 터키인 3명을 포함한 24명의 학생을 선발하였다.

선발된 학생들 각자는 이미 진행 중에 있는 실행연구 프로젝트를 자신의 박사과정 프로그램에 가져오도록 했다. 수업은 4년간 나누어서 이루어졌는데 이 기간 동안 매년 4번씩 1주간의 초집중 수업과 지도 세션들이 제공되었다. 또한 이들은 이 기간 동안 노르웨이 박사과정 학생들에게 요구되는 학점(강좌 시간)을 모두 이수해야 한다. 교수진은 교육과정을 개발하였고, 과학 이론, 연구방법, 현장연구, 혁신 시스템과 글쓰기 등과 같은 교과목을 제공하였다. 글쓰기는 모두 영어로 이루어졌으며, 참여 학생들은 프로그램 내에서 2명의 박사학위를 가진 지도교수를 선택하였다. 이 책이 쓰여지고 있던 2006년 중반경에 국제 실행연구 프로그램은 마지막 해를 맞고 있다.

프로그램에 참여했던 학생들은 모두 30대에서 40대로서 전일제 직업을 가지고 있었기 때문에, 많은 학생들에게 박사과정 공부를 위한 시간을 내고 일관된 초점을 유지하는 것이 매우 어려웠다. 또한 다른 일반적 유형의 정규 박사과정 프로그램과 비교할 때 사회적 연대감이나 사회적 학습 측면에서 4년간 16번의 1주간 집중 모임만을 가지는 이 프로그램의 한계는 명확했다. 그러나 국제 박사과정 프로그램(EDWOR)은 다음 학기 박사과정 학생들을 모집하기 위한 재정 지원을 받았을 정도로 충분히 성공적이었다. 아울러 이 과정에서 얻었던 교훈은 차기 프로그램을 재설계하는 데 적용되었다.

실행연구로 논문 쓰기

아주 오랫동안 실행연구자들은 실행연구로 논문을 작성하고 이를 승인하는 문제에 대해 침묵을 지키고 있다. 다행스럽게도, 지금은 이에 대해 보다 건설적인 대응이 가능하다. 최근 몇 년 동안 출간된 책들 중 가장 유용한 것은 『실행연구로 논문 쓰기(The Action Research Dissertation)』(Herr & Anderson, 2005)이다. 필자들은 실행연구 논문을 작성하고 있는 모든 학생들에게 이 책을 추천한다. 이 책은 논문 작성자들에게 실행연구 논문 작성의 복잡성을 고려한 실질적인 가이드를 제공하고 있다.

『실행연구로 논문 쓰기』가 좋기는 하지만, 한 권의 책으로는 충분하지 않을 수 있다. Bradbury and Reason(2001a)이 지적한 바와 같이 "어떻게 수준 높은 실행연구 논문을 작성할 수 있을까?"라는 문제에 대해 실행연구자들 간의 합의를 도출하는 것은 실행연구자들의 국제 네트워크에서의 주요 의제에 속한다. 대학 환경에서 수행되는 실행연구 과정을 복잡하게 만드는 상이한 입장, 다양한 글쓰기 방식, 지적 재산권 그리고 익명성 유지 등의 문제에 대해서는 우리가 훈련시키고 있는 학생들을 대신하여 기성 실행연구 공동체가 힘을 합쳐 합리적인 대안을 내놓을 필요가 있다.

대학 내에서 실행연구 자리 찾기

실행연구 교육만이 대학에서 실행연구가 자리를 잡을 수 있도록 하는 유일한 방법은 아니다. 대학은 거기서 벌어먹고 사는 사람들과 그들을 관리하는 사람들의 편의에 맞도록 구조화되어 있다. 대학은 각각 분절되어 운영되고 있는 다양한 학과들의 모음으로 구성되어 있다. 각각의 학문분야가 학과 간 구분이라는 측면에서 어떤 모호함도 없이 마치 조물주(clockmaker deity)에 의해 하나하나 별개로 창조된 것처럼 생각하는 것은 진실로 학문적 관료 또는 학문분야의 엄격한 구분에 목매는 자들의 희망사항에 불과하다. 학과장, 단과대학 학장 그리고 대학 본부의 고위 행정가들(총장, 부총장, 처장 등)은 고상한 이름으로 미화된 테일러식(Tayloristic)으로 분화된 업무 조직에서 감독자, 부서 관리자 그리고 CEO가 되고 있다. 그들이 이외 다른 무슨 업무를 하더라도, 분절된 대학의 조직 구조는 학내에 위계적 정치 구조를 내재화시키고, 현실 세계의 문제에 대해 '구조적으로 만들어진 부적절성(structurally produced irrelevance)'을 초래하도록 만들 수밖에 없다. 영향력 있는 기업과 정치 엘리트들이 해결을 요구하고 또한 재정지원을 하는 특별한 문제들이 아닌 한 말이다. 누구도 대학의 연구자들이 연구한 것을 크게 신경 쓰지 않는다면 이러한 유형의 테일러주의(Taylorism)가 앞으로도 살아남을 가능성이 크다. 하지만 대학은 학자들과 대학 행정가들의 경력의 문제가 아니라 전체 사회에 대해 책임을 지고 그들의 가치를 증명하도록 요구받고 있기 때문에 현실과 유리된 연구가 판치는 이러한 상황이 계속 유지되기는 어렵다.

특히 사회과학 분야에서는 실험실 내에서가 아니라 '실제 문제 상황에 적용해 보는 것(context of application)'(Nowotny et al., 2001)을 통해 연구하고 해법을 발견하는 과정들을 강조하는 경향이 커지고 있다. 하지만 추상적 수준에서 모드 2 지식 생산을 제안하는 것은 현실의 대학에서 이를 달성하기 위한 조직적 메커니즘을 구축하도록 하는 것과 같을 수 없다. 모드 2 지식 생산을 위해서는, 대학에서 해당 주제와 연구방법에 대한 지식들이 실제 문제 상황에 대한 해법의 적용이라는 맥락에서 그리고 해당 문제를 가진 사회적 이해당사자들과의 협력을 강조하면서, 폐쇄적 학문 공동체 외부에서 실제로 일어나는 문제점들을 중심으로 쉽고 빠르게 동원될 수 있어야 한다.

현재 대부분의 대학은 학과에서 단과대학 그리고 대학 전체에 이르기까지 각 단계에서 자기 이익을 지키려는 기득권층이 포진한 계층적이고 분절된 구조를 가지고 있다. 이러한 구조 속에 흩어져 있는 교수들과 학생들로부터 전문 지식과 관심을 우발적으로 모아서 모드 2 작업에 대한 참여를 지원하는 업무 조직을 창출한다는 것은 엄청난 도전이다. 많은 교수들은 그러한 변화에 반대하고 있으며, 대부분의 행정가들 또한 위계적인 행정적 권한의 급격한 증대, 학문의 자유와 정년 보장 임용의 축소 그리고 학과의 구조 조정 없이 그러한 변화를 만들어 내기는 불가능하다고 생각한다. 다시 말해서, 우리는 1970년대와 1980년대에 기업 및 노조 지도자들이 왜 자신들의 성과를 향상시킬 수 없는지에 대해 언급했던 모든 변명들을 다시금 듣고 있다.

'기업가 정신을 갖춘 대학(entrepreneurial universities)'(Marginson & Considine, 2000; Slaughter & Leslie, 1997)을 만들어 가는 과정은 우리가 처한 이러한 도전 상황에 대해 행정가와 정책 결정가가 내놓은 일종의 대응방식이라고 할 수 있다. 이는 대학 내 모든 부서가 외부의 당국자와 이해당사자에게 책임을 지게 하고, 연구와 교육을 서로 다른 전문가가 담당하는 활동으로 분리하며, 질 보장 기제를 부과하는 것(본부의 권력을 강화하기 위한 모든 시도들)을 통해 보다 많은 유연성을 확보하자는 것이다. 이러한 계층화 과정이 가지는 보다 상위의 의미에 대해 사람들이 어떻게 생각하든 간에, 오랜 시간 동안 현장 연구자로서 그리고 조직 개발 전문가로서 활동해 온 필자들은 이러한 변화가 고등교육에서 모드 2 과정 창출에 오히려 역효과만 초래할 것이라는 점을 잘 알고 있다.

제조업 재구조화와 관련한 최근의 역사적 경험에서 우리가 직접적으로 참고할 유사한 사례가 있다. 글로벌 경쟁의 영향하에서 파산을 면한 테일러식(Tayloristic) 조직 운영에 익숙했던 기업들은 근본적인 방식으로 변혁을 시도해 왔다. 기업과 외부 고객 사이의 경계가 옅어지고 있고, 기업과 고객 사이의 관계는 보다 협조적인 형태로 재구조화되었다. 조직 내부의 계층 구조도 이전에 비해 현저히 수평화되었으며, 의사결정은 가능한 최대한의 범위에서 생산 현장으로 위임되는 방향으로 변화되었다. 다양한 기술로 무장된 상호 연계된 팀은 기업 내에서 선호되는 생산 시스템이 되었고, 정보는 시스템 전반에 걸쳐 훨씬 원활하게 순환되고 있다. 회사의 의사결정 구조 면에서도 예전보다 훨씬 더 많은 직원들이 기업 전략과 문제점에 대한 구체적 이해를 위한 활동에 참여하고, 자신의 아이디어와 경험을 바탕으로 회사의 문제를 해결하는 데 적극적으로 기여한다(예: Womack et al., 1990 참조).

이러한 상황은 분명히 이상적인 모습이지만 이것이 곧 '기업가 정신을 갖춘 대학이 모드 2 과정 창출에 오히려 역효과만 초래할 것'이라는 앞서 필자들의 주장과 모순되는 것은 아니다. 현재 대부분의 대학에서 보다 기업적 접근방식이라고 주장되는 것들은 필자들이 방금 기술한 상황과는 전혀 다르다. 만약 대학이 앞서 필자들이 언급했던 새로운 제조업 모형을 중심으로 재구조화된다면, 실행할 권리, 외부 이해당사자들과 상호작용할 권리와 함께 권한도 현장지향적으로 재배분될 수 있을 것이다. 물론 팀워크와 다양한 기술의 구비 또한 두드러진 특징이 될 것이다. 이러한 조직의 재구조화 과정이 완료되면, 대학은 진정으로 모드 2 지식 생산과정에 효과적으로 관여할 수 있게 된다.

필자들은 실행연구에서 채택하는 연구 전략이 모드 2 지식 생산과 공통점이 많음을 지적하고 있다. 외부 이해당사자들과 원활한 의사소통을 하는 협력적이고 다양한 기술로 무장된 팀들은 '실제 문제에 대한 적용의 맥락'에서 문제를 연구하고 이를 해결하기 위해 실행한다. 이는 결국 '사회적 타당성이 있는 튼실한 지식'의 산출로 이어진다. 그렇다면 모드 2 지식 생산을 지배적인 연구 형식으로 만들기 위해서는 대학을 어떻게 재구조화할 수 있을까?

대학은 외부 이해당사자들을 명확히 파악해야 할 필요성이 있다. 왜냐하면 이들 외부 이해당사자들의 문제와 주장들은 다른 종류의 연구기관에 의해서보다는 해당 대학 자체에 의해 제기되어야만 하기 때문이다. 많은 교수들과 외부 이해당사자들은 잠재적으로 가치 있는 협력이 무엇인지에 대해 이미 나름의 아이디어를 가지고 관계를 형성해 나가고 있다. 따라서 이러한 정보들이 대학 구성원들의 관심을 받을 수 있도록 내부 의사소통의 장들이 창출될 필요가 있다. 일반적인 실행연구 프로젝트에서와 마찬가지로 일단 주요 이해당사자와 연구문제가 파악되면, 어떤 종류의 전문 지식이 해당 문제를 해결하기 위해 일하는 과정에서 가치가 있는지를 발견하는 것이 필수적이다. 이 과정은 대학과 외부 이해당사자들 간의 상호작용 과정이 되어야 한다.

대학의 혁신에 관심 있는 역량 있는 내부 구성원을 파악한 후, 대학 경영진은 그들로 하여금 임시 팀을 구성하도록 하고 다른 업무 부담을 줄여 주며 캠퍼스 안팎에서 융통성 있게 근무할 수 있도록 한다. 또한 다른 팀 구성원 및 지역 이해당사자들과 정기적으로 상호작용하고, 프로젝트 수행과정에서 나타나는 영역들에 대해 스스로 충분히 훈련할 시간을 부여한다. 그러한 활동을 위한 시간적 범위는 프로젝트가 종료될 때까지, 그리고 대학의 연구자들이 자신의 소속기관으로 복귀할 때까지(아마 다른 프로젝트를 위해 다시 프로젝트 참여 요청을 받을 테지만)라고 할 수 있다.

이러한 과정은 다양한 단기 실행연구 그룹들이 형성되게 만들 것이며, 만약 제대로만 활동이 이루어진다면 학문적 측면에서도 또한 해당 대학의 운영에 크게 기여할 수 있을 것이다. 프로젝트에 대한 지역사회 보고서 작성을 위해 대학 내부적인 의사소통의 장을 만드는 것, 학부생과 대학원생 교육의 일환으로 프로젝트 수행과정에서 학생들에게 적절한 역할을 부여하는 것, 그리고 지속적으로 외부의 문제 당사자와 이러한 활동들을 지원할 수 있는 재원을 찾을 수 있도록 행정 담당자를 활용하는 것이 모두 큰 어려움 없이 가능할 것이다.

결론

필자들이 이제까지 기술했던 조직변화의 긍정적 측면은 실행연구를 통해 모드 2 연구에 대한 요구를 충족시킬 뿐만 아니라, 이것이 실제로 가능할 것이라는 점이다.

그러나 가능하다는 것과 실제로 실행된다는 것은 전혀 다른 것이다. 필자들은 어떤 것도 쉽지 않으며 치열한 투쟁 없이 이러한 변화가 발생할 수 있을 것이라고 믿지도 않는다. 우리가 부닥칠 실재하는 적들은 지식 창출과 관리에 대한 착취적이고, 현실과 동떨어진 접근방식으로부터 현재 편익을 얻고 있는 영향력 있는 엘리트 그룹들, 자신들이 알고 있는 폐쇄적 세상 내의 현상 외의 다른 어떤 것도 상상할 수 없는 자들, 단순히 현실에 안주하여 귀찮은 것을 싫어하는 게으르고 냉소적인 태도를 가진 자들이다. 그러나 현재 우리에게 선택의 여지가 있는지는 불명확하다. 필자들이 보기에 대학은 주요한 공공기관 중에서 자기 이익 추구 원칙이 작동하는 신자유주의적 경쟁의 장으로 변화될 가능성이 가장 낮은 기관으로 보인다(Lyall & Sell, 2006).

그래도 단순히 포기하고 말기보다는 필자들은 실행연구 공동체가 Ronald Barnett (2003)이 '고결한 이데올로기(virtuous ideologies)'라고 부르는 실행연구 진흥을 목표로 한 일종의 대항 운동을 조직화하려고 노력해야만 한다고 생각한다. 즉, 이러한 이데올로기는 모든 반대 입장을 무시하거나 민주주의의 요체가 다른 것으로 대체되는 상황보다는, 민주주의적 상호 대화과정에서 다양한 입장들의 균형을 만들어 가자는 신실용주의적 입장을 바탕으로 하고 있다. 우리 실행연구자들은 다른 지역 이해당사자들에게 그들의 상황을 어떻게 공동생성적 방식으로 변혁시켜 나갈 수 있는지에 대해 이야기해 주는 것에 매우 익숙하지만, 이러한 교훈을 정작 우리 자신이 속해 있는 대학에 적용하는 데 있어서는 이제까지 별로 능숙하지도 용감하지도 못한 것처럼 보인다.

필자들은 실행연구자들이 고통을 감내하며 이렇게 노력을 하는 와중에도, 우리의 학계 동료와 대학 행정가들이 대학을 향한 외부의 압력과 적대감이 임계점에 도달하는 그날이 올 때까지 자신들에게 익숙한 길만을 따라가면서 모드 1 지식 생산 및 모델 I 방식과 같은 방어적 관행에만 지속적으로 침잠해 있는 것은 아닌지에 대해 의심의 눈초리를 거두지 않고 있다.

제 17 장

실행연구, 참여, 민주화

이 마지막 장에서 필자들은 참여와 민주화를 둘러싼 몇 가지 보다 근본적 주제들에 대해 살펴보고자 한다. 민주화와 참여란 용어와 개념들은 요즈음 실행연구 공동체 그리고 이를 넘어서도 많이 사용되고 있지만, 그러한 개념들은 이념적 무기들로 사용되고 있는 경우가 많다. 실행연구를 참여와 민주화라는 보다 근본적 논의의 장에 자리매김하기 위해서, 필자들은 우리가 이 용어들을 사용하는 방식에 대한 보다 명확하고 사려 깊은 설명이 필요하다고 생각한다.

참여와 민주화는 그 자체가 만병통치약은 아니다. 참여와 민주화가 세상의 모든 문제들을 해결해 주는 것은 아니다. 이들이 이 세상을 보다 공정하고, 살 만하며, 지속 가능한 곳으로 바꾸는 마법 같은 효과를 가지고 있는 것은 아니라는 것이다. 참여는 항상 정치(politics)와 연계되어 있다. 참여가 내용 없이 껍데기로만 사용될 때는 진정한 사회적 변혁을 위한 수단이 될 수도 있지만, 권력을 가진 자의 억압을 지원할 수도 있다. 지역 이해당사자가 자신들의 상황을 스스로 통제할 수 있는 능력을 키워 주는 권력 공유에 대한 실질적이고 지속 가능한 개혁의 장들을 창출하지 못하는 경우, 참여가 민주화를 위한 근거를 마련해 주지는 못한다.

필자들은 참여와 민주화 양자 모두에 대한 강력한 옹호자들이기는 하지만, 이분법적인 도덕적 논쟁에 포획되어 버리는 상태는 원하지 않는다. 필자들은 기존의 많은 저작물로부터 급진적인 이분법적 접근이 거의 예외없이 도덕적 논쟁에만 치중하고 있고, 이에 따라 정작 사려 깊은 논쟁이 이루어지지 못하고 있다는 점을 잘 알고 있다. 이러한 이분법적인 사고에 기초한 논리들은 항상 자기가 주장하는 한쪽은 이상적인 것으로, 다른 한쪽은 모든 악의 근원으로 설정함으로써 마치 세상이 특정한 도덕적 가치에 의해 강제되어야 하는 것처럼 세상을 보는 관점을 지나치게 단순화하고 있다. 오래전에 Mary Douglas(2002)가 적절히 지적하고 있듯이, 그러한 이분법을 어리석게도 신봉하는 것은 우리가 마치 일생 동안 '먼지(dirt)'를 청소해야 하는 형을 선고받는 것과 같다. 여기서 '먼지를 청소한다는 것'이란 이분법적인 틀에 제대로 들어맞지 않는 우리 삶에서 나타나는 많은 현상들을 억지로 그러한 틀에 끼워 맞추려고 지속적으로 노력해야 한다는 것을 의미한다.

실행연구에서도 명백한 도덕적 의제들(moral agendas)이 포함되어 있기 때문에, 실행연구자들은 그러한 도덕적 해석 문제(moralizing)에 매우 취약하다. 실행연구자들은 권위주의와 정당하지 못한 위계관계를 반대하고 권력과 사회적 특권의 보다 근본적인 재분배를 추구한다. 이러한 실행연구의 지향점은 우리로 하여금 참여와 민주화 그리고 심지어 평등을 무비판적으로 찬양하고 또한 실행연구는 항상 정의의 편에 있다고 주장하면서 전제주의와 위계관계를 비난하는 상황으로 빠지게 하기 쉽다. 대부분의 경우 참여는 이상적인 것으로 상정되긴 하지만, 참여가 항상 발생하고 있는 위계적 시스템들은 간과되고 있다. 이분법적으로 개념들을 대조함으로써 일부 상황에서 유용한 개념적 명확화를 이루어 내기도 하지만, 그러한 이분법적 접근방식은 실제 실행될 조치를 구안할 때는 소용이 없다. 실행은 항상 (이분법으로는) 잘 보이지 않는 암흑의 영역에서 발생하고, 여기서 필자들의 목적은 그러한 영역을 충분히 구별해 내는 데 있기 때문이다.

필자들은 특정한 종류의 참여가 실행연구를 성공적으로 이끄는 데 중요하며, 참여 없이는 사회적 문제를 효과적으로 해결할 수 없다고 생각한다. 그러나 참여 자체가 좋은 실행연구 과정을 규정하는 이유가 될 수는 없다. 참여는 공동생성적 지식 생성, 실행의 설계 그리고 평가라는 보다 넓은 과정에서 사용될 수 있는 하나의 도구일 뿐이다. 참여는 특정한 '사물(thing)'이나 '측정 가능한 것(quantum)'이 아니다.

참여는 종종 복잡하게 차별화되어 비균질적으로 나타나고, 때로는 심지어 모순되는 형태로 나타나기도 한다. 그리고 참여는 항상 보다 상위의 위계적인 사회적 · 정치적 경계 내에서 나타난다.

보다 공정하고, 보다 건강하며, 보다 해방적이고, 보다 지속 가능한 사회의 설계를 탐색하는 과정에서, 가능한 한 가장 포괄적으로 구성된 이해당사자들의 자율적 결정을 증진시킨다는 의미에서의 민주화는 실행연구의 보다 근본적 목적이라고 할 수 있다. 특정한 유형의 참여적 과정들은 이러한 목적 달성에 기여하지만, 참여 그 자체만으로 민주화를 이룰 수는 없다.

참여

참여는 종종 지나치게 일반적인 수준으로 다루어진다. 따라서 실행연구자들로 하여금 자신들의 프로젝트의 전반적 방향을 확인할 수 있도록 도와주는 방식으로 참여의 개념을 차별화하고 맥락화할 필요가 있다. 참여는 서로 다른 관점을 통해 바라볼 수 있다. 필자들은 다음의 세 가지 관점을 선택했다. 첫째, 권력과 통제에 기초한 관점, 둘째, 정치적 자리매김의 인식론(a epistemology of political positioning)의 견지에서 바라보는 관점, 셋째 작업 현장의 현실에 대한 어용론(語用論, pragmatics of workplace realities)[1]에 기초한 관점.

Arnstein: 권력과 통제

먼저, 우리는 1969년 Sherry Arnstein이 만든 참여에 대한 분석적 유형 분류 체계를 하나의 좋은 자료원으로 생각한다. 이 유형 분류 체계의 다양한 요소(dimensions)들은 [그림 17-1]에 제시되어 있다.

Arnstein 분석이 가지는 의미 있는 기여는 조작(manipulation)으로부터 시민 통제

1) [역자 주] 어용론(pragmatics)은 언어를 상황과 사용자의 입장에서 연구하는 것으로 넓은 의미에서의 문법의 한 분야를 말한다(출처: 교학사 신영한대사전).

시민 권력의 수준 (Degree of Citizen Power)	8. 시민 통제(Citizen Control) 7. 권력 이양(Delegated power) 6. 파트너십(Partnership)
상징적 수준 (Degree of Tokenism)	5. 회유(Placation) 4. 협의(Consultation) 3. 정보제공(Informing)
비참여 (Nonparticipation)	2. 치료(Therapy) 1. 조작(Manipulation)

[그림 17-1] 참여의 형식과 수준

(citizen control)에 이르기까지 모든 것을 포함시킴으로써 참여를 광범위하게 다루고 있고, 이어서 이러한 참여 유형에 따라 권력관계에 미치는 효과를 차별화하고 있다는 점이다. 예를 들어, 사람들이 조작적인 상황(manipulative situations)에 참여하고 있다고 이야기될 수는 있겠지만, 권력의 견지에서 볼 때 이들은 창출된 사회적 성과라는 측면에서는 참여자들이 아닌 것이라고 볼 수 있다. 이 분류 체계는 무엇보다 참여가 항상 선(virtue)은 아니라는 것을 명확히 보여 주고 있다.

Arnstein의 유형 분류 체계에서는 먼저 조작(manipulation), 치료(therapy)의 단계로부터 시작된다. 이 유형에서는 전문가 혹은 권력자가 존재하고 그들의 의지에 종속된 사람들이 일련의 상황 속에서 참여자가 된다. 그러나 정치적 관점에서 본다면 참여의 목적이 전문가나 리더들이 '참여자'로 하여금 자신들이 시키는 대로 행동하도록 만드는 데 있기 때문에, 이러한 유형들은 비참여적 접근방식이라고 할 수 있다. 이때 강조점은 권력과 대중의 관계(그리고 종종 애국심, 시민적 자긍심 그리고 사회 전반을 휩쓰는 뜨거운 정서적 감정)이다.

정치적 참여(political inclusion)로의 첫 번째 단계는 Arnstein이 '정보제공(informing)'이라 부르는 것을 포함한다. 정보제공은 많은 방식으로 개발될 수 있다. 매우 낮은 수준에서, 이는 당국자나 리더들이 미팅에 참여하거나 그렇지 않다면 그들의 피고용자들이나 구성원들과 의사소통하면서 어떤 일이 일어나고 있는지를 이들에게 말해 주는 것이다. 많은 경우 이러한 방식의 의사소통은 일방통행식이다. 주요한 기업의 사장이 피고용인들을 모아 놓고 그들에게 앞으로 5천 개의 일자리가 감축될 것이라고 통보하는 것이 정보제공의 한 예라고 할 수 있다.

다음 유형의 참여는 '협의(consultation)'이다. 여기서는 자발적이든 법적인 강제에 의해서든 협의과정에서 당국자들이 정당성을 가진 이해당사자들에게 관여를 하게 된다. 협의는 만남, 공청회, 시민 위원회와의 회의 등을 포함한다. 이러한 종류의 협의는 당국자들로 하여금 그들의 구성원들로부터의 질문에 대답할 수 있도록 하는 기회를 많이 만들게 하는 점은 있지만, 대부분 그러한 만남들은 사전에 조정되거나 통제되는 경우가 많다. 여기서도 종종 적대적인 논조가 표출되거나, 참여한 모든 당사자들에 의해 정보의 급속한 순환이 이루어지기도 한다.

Arnstein 모델에서 다음 유형의 참여는 '회유(placation)'이다. 여기서는 영향력 있는 이해당사자 그룹들 중 일부 구성원들이 선택되어 권력자들의 의사소통 네트워크에 편입된다. 이는 권력자들에 의해 선택된 인사들을 통해 이해당사자들의 의견이 전해지는 통로로서 기능하며, 또한 종종 이해당사자 그룹들의 잠재적 리더들을 권력자들이 구상하는 계획들에 끌어들이는 기제로 이용되기도 한다. 이러한 방식으로 권력자들은 많은 것을 학습할 수 있고, 또한 권력자들이 무엇을 생각하고 행동하는지에 대한 일부 정보가 이해당사자들에게 전달될 수도 있다. 하지만 무슨 일이 이루어질 것인가에 대한 의사결정에서 이해당사자들의 역할은 이 유형에서 일반적으로 매우 제한적이다.

좀 더 실질적인 참여의 형태로서는 이해당사자들과 권력자 간의 '파트너십(partnership)'이 있다. 이들은 공동으로 작업 그룹들을 구성하고, 그렇지 않다면 정보, 분석, 권력을 서로 공유하면서 선택을 한다. 이 경우 시스템의 최상층으로부터 훨씬 더 광범한 수준으로 권력의 재분배가 나타나게 되며, 의사결정은 공동결정적 성격을 가지게 된다.

Arnstein의 다음 단계의 참여 유형은 '권력 이양(delegated power)'이다. 권력 이양은 실제로 이해당사자들에게 그들의 이해와 복지에 영향을 주는 결정을 하는 주요한 자리를 맡게 하는 것을 포함한다. 권력 이양은 단순히 이해당사자들이 결정과정을 담당하도록 하는 것뿐만 아니라, 이들로 하여금 그들 자신이 한 결정과 조치들의 질적 수준과 타당성에 대해 자신들과 리더들 그리고 공동체에 있는 다른 이해당사자들에게 책무를 지도록 하는 것이다.

마지막으로, Arnstein은 '시민 통제(citizen control)' 상황을 기술하고 있다. '시민 통제'는 어떤 결정, 조건과 조치에 의해 직접적으로 영향을 받는 사람들이 그들 자신의 상황과 자신들이 속한 상위 시스템의 상황에 영향을 줄 수 있는 계획과 정책 형성 그리고 조치 실행을 완전히 자신의 책임하에 하도록 하는 것을 말한다.

Greenberg: 정치적인 자리매김하기

「노동자 참여의 결과: 이론적 문헌에 대한 명확화(The Consequences of Worker Participation: A Clarification of the Theoretical Literature)」란 논문에서 Greenberg(1975)는 노동 조직에서의 참여를 이해하는 데 유용한 또 다른 분류 체계를 만들어 냈다. Greenberg는 그의 논의과정에서 참여, 태도 및 행동적 영향, 사회・정치적 결과를 통합하였다. 그는 자신이 생각하기에 다른 분파(different schools of thought)라고 파악될 수 있는 네 가지의 유형을 만들어 내었다.

첫 번째 분파는 관리중심적 사고(management-centered thinking)라고 할 수 있다. 여기서 참여는 낮은 강도와 좁은 범위로 기대된다. 이 유형에서의 초점은 사기 고양과 운영의 효율성에 두어지는 경우가 많다. 참여의 목표는 기업의 목표와 일치하며, 결과는 해당 공장의 전체적 운용을 향상시키는 것일 것이다.

두 번째 분파는 인본주의적 심리학(humanistic psychology)이다. 여기서 참여의 강도는 매우 높지만, 범위는 상당히 좁은 수준을 가질 것으로 예상되고 있다. 효과는 향상된 정신 건강과 참여자들의 복지에서 나타난다. 또한 조직의 향상된 성과에서도 그 효과가 나타난다.

세 번째 분파는 민주적 이론(democratic theory)인데, Greenberg는 이 유형에서는 참여의 강도가 매우 높고 또한 폭넓은 사회・정치적 이슈를 포함하는 것으로 예정되어 있다고 지적한다. 참여를 통해 공공문제에 대한 이해와 이에 대한 흥미를 불러일으킬 것이 기대된다. 또한 참여는 다른 사람들의 견해와 다양한 삶의 방식(diverse ways of being)에 대해 보다 큰 관용으로 이어질 수 있다. 가장 의미 있는 효과는 건전한 시민의식을 가진 시민 그룹의 양성이라고 할 수 있다.

Greenberg의 네 번째 분파는 '참여적 좌파(participatory left)'이다. 이 유형에서는 높은 강도의 참여와 넓은 스펙트럼의 사회 · 정치적 이슈를 포괄하는 참여가 기대된다. 참여는 건강한 노동 여건, 통제에 대한 높아지는 욕구, 높은 수준의 경제적 활동을 가져오지만, 이는 관료적 중앙집권화와 위계적 관계에 대한 적대심과 결합되어 있다. 참여의 궁극적인 효과는 비엘리트주의자(nonelitist), 군중에 기반한 혁명일 것이다.

Levin: 현실 세계의 맥락에서 받아들여지는 의미(Real-World Pragmatics)

이 분류는 현실 세계의 맥락에서 유용하다. Levin(1984)에 의해 이루어진 연구에서 연구자의 관심은 노르웨이 산업 분야에서 나타나는 참여의 양상을 살펴보는 것이었다. 설문 조사 기반의 연구를 의뢰하는 대신, 이 연구는 노르웨이의 지배적 가공 산업(process industries)의 주요 회사들을 대상으로 한 심층 인터뷰를 중심으로 수행되었다. 이 연구는 개인의 참여에 대한 생각은 해당 조직에서 자신의 역할 및 지위의 결과라는 사실을 보여 주었다. 경영진은 참여가 중요하고 유용하다고 믿고 있었는데, 이는 참여가 노동자들에게 정보를 전달하는 데 효과적인 기제였기 때문이었다. 이는 경영진에게 노동자들의 사고 및 행동 방식에 대한 통찰력을 얻을 수 있는 일종의 기식 기반을 제공할 수 있다는 차원에서 또한 중요한 것으로 여겨졌다.

이는 민주적 제도들에 대한 이념적 편향을 벗겨낸 참여에 대한 순수하고도 실천적인 접근방식이었다. 반면, 공장의 생산 현장 노동자들은 참여에 대해 매우 제한적 관점을 가지고 있었는데, 이들은 주로 참여가 즉각적으로 현장 작업 조건들에 영향을 미치는 경우에만 유용하다고 믿고 있었다. 노동자들은 그들의 경험으로부터, 참여를 통해 작업 현장의 구체적 물리적 설계나 구내식당이 설계되고 운영되는 방식 등에 대해 영향을 미칠 수 있다는 것을 알고 있었기 때문이었다.

참여에 대한 세 번째 견해는 노동조합원들이 가지고 있었다. 노동조합원들의 입장은 이념적 함의를 가지고 있었다. 이들은 참여가 회사로 하여금 산업 민주주의로 움직이도록 할 수 있는 개선 조치들의 중요한 원천이라고 주장했다. 동시에 노동조합은 자신들의 일상적인 업무로서, 회사의 효율성을 향상시키고 또한 일반적 노동환경을 향상시키기 위한 구체적이고 실천적인 참여 프로젝트에 관여한다. 노동조합원들은 실용적이고 일상적인 참여 이슈로부터 해당 회사 내의 보다 본질적인 정치적 이슈를 다루는 참여에 이르기까지 참여에 대한 복합적인 견해를 가지고 있었다.

필자들이 이제까지 제시했던 개념화의 몇 가지 예들은 참여가 다면적인 개념이라는 것을 제대로 보여 주고 있다. 포섭(co-optation)은 Arnstein과 Greenberg의 분류 체계 모두에서 매우 중요한 이슈이지만, 이러한 요소는 Levin의 개념화에서는 위장된 채로 감춰져 있다. 우리는 항상 특정한 참여과정이 포섭적인 측면으로 이해될 수 있는지 의문을 가질 필요가 있다. 만일 참여가 행동이 아니라 단지 대화의 수준에서만 이루어진다면 이데올로기적 맹목(ideological blindness)이 초래될 우려가 있을 것이다(Brunsson, 1989). 만약 참여가 구성원들이 자신들의 우선순위에 따라 변화를 촉진할 수 있도록 해당 그룹에 충분한 권력을 창출시키는 구체적 결과로 이어지지 못한다면, 그러한 행위는 참여가 아닌 것이다.

이러한 참여의 많은 측면들은 실행연구 과정 전반에 걸쳐 나름의 의미를 가지게 된다. 실행연구 과정에서 최고 수준의 참여가 항상 완벽하게 또는 획일적으로 수행되는 경우는 없다. 매 시점에서 약점이 나타나고, 또한 개선할 영역이 항상 발생한다. 필자들은 실행연구자들이 자신들의 프로젝트에서 발생하는 다양한 참여적 절차에 대해 분석적인 시각으로 지속적으로 검토하고, 전략적으로 참여의 깊이와 범위를 향상시켜 나갈 뿐만 아니라, 구체적 행동이라는 측면에서 참여의 진정성을 이해하기 위해 노력하는 것이 필요하다고 생각한다.

비록 참여가 일반적으로는 좋은 것으로 칭송되기는 하지만, 참여에 대한 적절한 비판의 목소리도 높다. 참여와 관련된 문제점의 일부는 우리가 Arnstein, Greenberg 그리고 Levin의 모델에서 볼 수 있듯이 서로 다른 활동들이 참여라는 이름하에서 설명되고 있다는 것을 명확히 이해하고, 또한 필자들이 허위적 참여 절차(pseudo-participatory processes)라고 간주하는 조작적이고 냉소적인 참여의 활용이 아주 적절히 비판받게 된다면 해결된다. 예를 들어, 특정한 그룹이 어떤 조직 혹은 정부가 참여적 과정에 관여하고 있고 구성원들의 '의견(input)' 제시가 요청되고 있으며, 의사결정은 '참여자'들이 그들의 의견 제시가 끝난 후에 이루어진다는 이야기를 들었을 때, 이러한 절차가 민주화로 이어지는 것이 아니라 종종 참여라는 수사하에 숨겨진 조작을 감추기 위한 시도가 되는 경우가 많다. 이런 이유로 최근의 노동운동 역사를 살펴보면, 노동조합들이 사용자들과 협상 투쟁을 하는 과정에서 자신들의 협상력을 강화하기 위한 하나의 수단으로서 회사가 규정한 참여 기제[(예컨대, 공통의 문제해결을 위해 조직된 작업 그룹(work circles,[2] 통합적 질 관리 등)]로부터 철수하는 경우가 많이 있었다. 노동조합 리더들은 사실 그러한 참여는 권력의 공유와는 전혀 관련 없이 단순히 효율화와 경쟁, 회사의 이익만을 증진시키는 것임을 인식하게 되었다.

강압에 의한 허위적 참여는 많은 상황에서 심심치 않게 일어나고 있고, 이는 참여를 민주화로부터 멀어지게 한다. 필자들은 압제의 새로운 형태라는 의미에서 Cooke과 Kothari의 참여에 대한 견해를 이미 언급한 바 있다(제13장). 그리고 필자들은 그들의 주장이 지나치게 단순화되었다는 점을 지적하기는 했지만, 그들이 지적한 조작된 허위적 참여의 모습은 많은 국제적, 공동체 개발 계획들에서 나타나고 있는 현실을 정확히 포착하고 있는 것이라고 생각한다. 그러한 강압적 환경 속에서 참여에 대한 저항은 그 자체로서 민주화로 가는 중요한 활동이 될 수 있다. 실행연구는 이런 비평들을 심각하게 받아들일 필요가 있고, 참여 자체가 항상 좋은 것이라는 주장에 지나친 확신을 가지면 안 된다. 실체는 없이 형체만 남은 참여의 허상을 추구하는 문제점은 어디에나 존재한다.

민주화

만약 누군가가 참여의 다양한 의미들을 이해하는 게 매우 복잡하다고 할지 모르지만, 민주화라는 개념을 이해하는 것은 참조할 규준이 보다 광범위하기 때문에 훨씬 더 어렵다고 할 수 있다. 민주화는 구조, 과정, 통치 체제, 의사결정, 도덕적 목표 그리고 절대로 간단하게 설명할 수 없는 정의(justice)를 지칭하는 용어이다. 실행연구자들이 그에 부여하는 중요성에도 불구하고, 실행연구 분야에서 민주화의 의미에 대한 지속적인 논의는 여전히 미흡하다. 필자들의 입장에서 볼 때 여전히 많은 추가적 논의가 필요한 상황이라고 생각된다.

2) [역자 주] Work circle(작업 그룹)은 공통의 문제를 해결하기 위해 전체 조직의 서로 다른 부서로부터 모집된 사람들이 서로 협동하여 문제를 해결하는 협동적 문제해결 방식의 하나이다.

민주화에 대한 필자들의 생각을 체계적으로 조직함에 있어, 우리는 절차 면에서 서로 다른 요소들을 부각시키는 비교적 간단한 분류 유형을 개발했다. 이 분류 유형에서 가장 핵심적인 요소는 협력이라는 개념이다. 민주화는 제기될 문제를 협력적으로 설정하는 것을 요구한다. 의제를 설정하는 것은 어떤 유형의 민주적 절차에서도 가장 본질적인 이슈라고 할 수 있다. 민주주의는 공공선(collective good)이며, 그 당연한 결과로서 민주주의는 급진적인 개인주의라는 수단을 통해 달성될 수는 없다. 민주주의는 집합적 의사결정을 할 수 있는 사람들의 능력에 토대를 둔 대의제 모델이나 참여적 모델을 근간으로 할 수밖에 없다. 결정에 도달하기 위해 사용되는 규칙들은 서로 다른 맥락에 따라 달라질 수 있고 또한 달라져야 하지만, 근본적인 이슈는 여기서 결정들이 (1) 집합적인 의미의 형성과 (2) 결정을 함께 하는 구성원들 간의 협력과 갈등에 기초해서 이루어져야 한다는 것이다.

일단 문제들이 협력적으로 설정되었다면, 해결책을 개발하는 데 있어 협력은 다시 한 번 중요한 이슈가 된다. 여기에서도 민주화는 복합적 의미를 가진다. 민주화는 문제의 전체 윤곽을 이해하기 위해 없어서는 안 될 지식 기반을 개발하는 것을 포함한다. 또한 이것은 종종 협력자들에게 필요한 수단과 훈련을 제공해서 그들이 자신들을 위해 설정한 문제들에 대해 연구를 수행할 수 있도록 하는 것을 의미하기도 한다. 이런 모든 사례들에서 구성원들에게 필수적인 지식을 습득하도록 하는 책무는 전문가들의 손에 맡기기보다는 민주적으로 이루어지도록 하는 것이 바람직하다.

일단 지식이 개발된 이후에는 분석과정 또한 협력적이어야 하는데, 여기서는 이 해당사자들의 다양한 관점들과 해당 문제와 관련된 그들의 경험을 활용하게 된다. 그리고 이 단계에서부터 협력은 애당초 이 작업을 하게끔 발단을 제공했던 지역의 문제들을 해결하는 것을 돕기 위한 실행 조치들의 구안으로 확대된다. 실행을 구안하는 이 단계는 참여자들 간에 서로 공유되며, 프로그램들을 설계한 전문가들에게 전적으로 의존하지 않는다. 마지막으로, 협력은 고안된 실행 조치들을 적용하고 그 결과를 평가하는 것으로 확장된다.

과정 전반에 걸쳐 협력의 기반은 광범위하고, 참여의 역할은 참여를 통해 높은 수준의 공동결정이 핵심이 되도록 하는 데 있다. 비록 이런 종류의 연구 절차의 민주화가 이미 암시하고 있음에도 불구하고, 필자들은 여전히 문제를 가진 사람들의 지식과 경험이 전적으로 존중되는 것이 전제되어야 한다는 점을 여기서 다시 한번 강조하는 것이 가치가 있다고 생각한다. 여기서 민주적 가정은 (1) 모든 인간은 자기 자신을 둘러싼 문제 상황에 대해 다른 누구보다 더 잘 알고 있고, (2) 합리적인 지원과 함께 만일 우리 모두가 협력의 장을 만드는 데 있어 집단적으로 충분히 숙련이 되어 있다면, 누구나 집합적 사회적 과정에 나름의 지식과 분석을 통해 기여할 수 있는 능력이 있다는 것이다.

민주주의와 실행연구를 논하는 과정에서 매우 빈번히 간과되고 있는 것은 민주주의에 대한 만장일치 모형(consensus models)과 다수결 모형(majoritarian models) 양자 모두가 실행연구에서 활용되는 민주주의의 개념과는 상충된다는 것이다. 모든 사람이 동일한 이해관계를 가지고 있는 통상적이지 않은 상황(즉, 운석이 지구의 궤도로 접근하여 지구에 충돌하는 것이 통상적이지 않은 것처럼)을 제외하고는, 만장일치에 따른 의사결정은 대개 주변적인 목소리와 관점을 억압하는 지배적인 목소리와 관점에 좌우된다. 다수결 원칙은 필자들에게는 더욱 적대적인 것으로 여겨진다. 이 경우 다수 그룹은 승리하지만 소수 그룹의 목소리는 무시되기 때문이다.

필자들의 관점에서 실행연구와 궤를 같이하는 민주주의에 대한 유일한 접근방식은 서로 다른 입장들에 대한 화합(harmonization of positions)으로서의 민주주의(Lijphart, 1977)라고 할 수 있다. 실행연구의 과정들은 다름을 말살하는 것이 아니라, 무엇이 다른지를 파악하고 이해당사자들이 포기할 수 없도록 혹은 포기하지 않도록 다름을 존중하는 다양한 고려 가능한 방법들을 제시하는 것이다. 종종 이것은 어떤 조치를 취하기에는 이해관계가 너무 많이 상충된 영역에서 바로 조치를 취하지 못하는 상황으로 이어지는 것을 의미하기는 하지만, 이러한 상황에서는 조치들을 취했다 하더라도 향후 더욱 복잡한 이슈들을 해결해야 하는 문제적 상황으로 이어질 가능성도 있다는 점을 감안할 필요가 있을 것이다. 필자들이 반대하는 것은 의사결정의 규칙이 어떤 이해당사자 집단의 정당한 이해관계를 무시하거나 억압하는 데 사용될 수 있다는 생각이다. 이런 의미에서 민주주의에 대한 우리의 생각은 이러한 활동들의 목적은 '대화가 지속적으로 유지되게 하는 것'이라는 신실용주의의 견해와 전적으로 일치한다고 할 수 있다(Rorty, 1980).

마지막으로, 필자들은 민주화는 결과의 공정성과 연계하여 과정의 공정성에 대해 생각하는 일종의 근본적인 주의(ultimate vigilance)가 요구된다고 생각한다. 즉, 실행연구 프로젝트를 진행하면서 일상적으로 발생하는 절차의 개방성과 공정성의 문제에 관심을 기울여야 할 뿐만 아니라, 결과의 공정성에 대해서도 반드시 고려해야만 한다는 것이다. 이것은 절대로 분리되어 생각되어서는 안 된다. 개방적이고 공정한 과정을 거쳐서 좋지 않은 결과로 마무리될 수도 있다. 또한 때로는 과정이 나빠도 좋은 결과가 나오는 것도 가능하다. 실행연구에서 우리는 민주주의에 대한 우리의 관점을 수행과정과 결과 모두에서 일관되게 유지할 수 있도록 주의할 필요가 있다.

참여와 민주주의를 위한 장

이 시점까지 필자들은 참여와 민주화에 대해 상당히 추상적 방법으로 이야기를 전개해 왔다. 또 다른 전략은 우리가 실제 과업을 수행하고 있는 실제 상황에서 참여와 민주화가 가능한 조건들에 대해 맥락적으로 생각해 보는 것이다. 참여와 민주화를 위한 조건들은 제조업, 가공, 서비스 등 산업의 성격에 따라 다르며, 이러한 조건들은 서비스 조직, 교육 조직, 정부 기구, 국제 개발 기구, NGO 등 기관의 성격에 따라서도 다르다. 물론 이들은 활동의 특성, 조직의 구조, 역사, 문화에 따라 이러한 섹터 하나하나의 내부에서도 또한 서로 다르다.

이 책의 필자로 참여한 두 사람 모두 산업체, 공동체 개발, 교육기관, 서비스 조직 등에서 일해 왔기 때문에, 우리는 이러한 서로 다른 조건하에서의 참여와 민주화를 가능하게 만드는 조건이 상이하다는 점을 잘 알고 있다. 필자들은 (1) 산업체, 대학, 정부 기구에서 이루어지는 과업은 태생적으로 당초 취지를 벗어나 왜곡되는 현상이 발생하며(inherently co-opted), (2) 정합성 있는 실행연구에 대한 입장을 유지하는 것은 '문제가 실제 일어나는 현장(belly of the beast)'에서 벗어날 때 비로소 가능하다는 신념을 가진 일부 실행연구자들에 의해 우리의 작업이 배척당했던 경험을 하기도 했다. 필자들은 동료들이 우리와 다른 견해들을 가질 수 있는 권리를 인정하지만, 그들의 생각에 우리가 동의해야 할 의무는 없다고 생각한다.

필자들의 관점에서 실행연구는 모든 인간적 상황들에 대한 개방적인 견해를 가지고, 여하히 모든 맥락에서 인류의 발전을 위해 기여할 수 있는지를 고민하고 배워 나가는 것이 훨씬 더 생산적이라고 생각한다. 비록 일부 특정한 프로젝트들이 실행연구에 매우 적대적인 환경 속에서 수행되어 어떤 의미 있는 결과도 산출하지 못한 경우가 있다는 것을 분명히 인정하면서도, 필자들은 특정한 종류의 제도적 맥락이 실행연구에 본질적으로 맞지 않는다는 것은 믿지 않는다.

따라서 필자들은 민주주의가 맥락에 기속되며 항상 특정한 맥락, 권력 구조와 환경 내에서 운영된다고 단언한다. 예를 들어, 페로 제도(Faroe Islands)는 그들 자체적이고 자율적으로 통제되는 민주적 시스템을 가지고 있다. 하지만 외교 정책과 관련된 특정한 사안들에 대해서는 그들의 결정을 덴마크와 조정해야 한다. 물론 덴마크는 다시 유럽연합의 결정에 따라야만 하고, 마지막으로 유럽연합 역시 자체의 민주적 결정을 도출하고 이를 집행할 수 있도록 노력해야 한다. 따라서 민주주의는 국가적 수준이냐 또는 지역적 수준이냐에 관계없이 항상 특정하게 주어진 상황 속에서 운영된다.

실행연구에서는 이런 점들이 종종 간과된다. 이러한 관계들의 복잡성에 대한 좋은 실례 중 하나는 '노르웨이 산업 민주주의 프로젝트(Norwegian Industrial Democracy Project)'라고 할 수 있다. 이에 대한 기본적 생각은 생산 현장에서의 민주화를 돕기 위한 것이었다. 이 프로젝트는 국가 고용자 연합과 노동조합들 간의 협상된 휴전(negotiated truce)으로 시작되었다. 이러한 민주적인 노력과정에서 밝혀진 하나의 중대한 모순은 (1) 높은 수준의 노조 가입률과 집합적 대표권에 기초한 회사 경영에 대한 노동조합의 권력적 위치와 (2) 생산 현장 수준에서의 지역적 민주화 절차 간에 존재하는 괴리였다. 즉, 생산 현장에서 만들어지는 결정들은 노동조합의 영향력의 근간을 침식하게 됨으로써 지역 노동조합을 불필요한 것으로 만들게 할 수 있었고, 이것은 노동조합으로 하여금 생산 현장 수준의 민주화에 대해 오히려 적대시하는 태도를 가지도록 했다. 요약하자면, 한 수준에서의 민주주의는 시스템의 다른 수준들에서의 조건과 균형을 이루어 발전되어야만 한다는 것이다. 효과적이기 위해서는 (시스템 내의) 서로 다른 수준에 따라 서로 다른 민주화 유형이 요청되는 것이다.

필자들의 논지를 표현하는 또 다른 방식은 실행연구는 언제나 맥락적으로 상대적이라는 점이다. 필자들이 이 책에서 반복적으로 언급하고 있듯이, 실행연구 과정들은 항상 개선될 수 있고 또한 특정한 시점에서 우리가 발견한 것들 이상의 무엇이 발견될 수 있다는 가능성을 항상 열어 두고 있다. 그러나 이것은 또한 필연적으로 향상이라는 개념이 과거에 달성했던 것에 대비하여 현재 달성한 것을 평가하는 것을 의미하게 된다. 이것은 절대적인 평가가 아니라 참여의 조건들을 심화시키고 향상시키려는 지속적인 노력의 과정이며, 이를 통해 특정한 상황에 대해 좀 더 폭넓은 민주화를 도모하고자 하는 것이다.

예를 들자면, 생산 수단의 소유권이 노동자 외부의 주주 그룹에게 있거나 혹은 회사의 설립자나 가족들에게 있는 산업체 환경에서의 실행연구의 경우, 작업 조건과 편익 그리고 최종적으로는 편익에 대한 보다 공정한 배분에 영향을 미치는 이해관계자 그룹 전체를 포괄하는 시스템 역량 증진이라는 매우 복잡한 절차를 포함한다. 그러나 보다 공정하다는 것이 균등한 분배나 심지어 이에 근접한 것을 의미하는 것이 전혀 아닐 수도 있다. 반대로 이것이 작업 안전, 직무 만족 그리고 아마도 보수 또는 심지어 업무에서의 형평성의 상당한 수준의 향상을 의미할 수도 있다. 그러한 작업에서는 항상 개인적으로 도덕적 선택을 해야 하는 상황이 발생한다. 하지만 필자들은 단순히 불평등이 남아 있다고 해서, 그리고 자본주의적 조직들이 완전히 전복되지 않았다고 해서 그러한 작업들을 실행연구의 경계 밖으로 배척할 권리는 누구에게도 없다고 생각한다.

필자들은 또한 보다 민주화된 작업 현장을 이루어 내지 못한다면 정치적 민주주의의 미래도 일반적으로 암울할 수밖에 없다고 믿는다. 강압적이고 독재적인 작업 현장에서 일하면서, 주로 (이러한 상황에 있는) 대기업에 의해 재정 지원을 받는 일단의 리더 그룹을 민주적으로 선출하기 위해 투표한다는 것은 진정한 민주적 거버넌스를 위한 적절한 처방이 될 수는 없기 때문이다. 따라서 필자들은 산업 민주화가 민주주의 자체를 위한 승리의 조건을 만들어 나가는 점진적이고 고통스러운 과정이라고 이해하고 있다.

비슷한 주장들이 현재 권위주의, 당초 취지를 벗어난 왜곡(co-optation), 반민주적인 관행들이 지배하고 있는 서비스 조직, 정부 조직 그리고 기타 많은 기관들에서의 과업을 대상으로 이루어질 수 있다. 작업 현장에 있는 것을 도저히 참을 수 없을 정도의 조건하에서 취지가 왜곡된 유형의 실행연구를 해서는 안 된다고 실행연구자들이 주장하는 것은 분명히 사실이기는 하지만, 그러한 과업이 실행연구의 경계 밖에 있다는 것은 사실이 아니다. 그러한 견해를 받아들이는 것은 실행연구를 전 세계에서 가난에 시달리는 주변부에만 한정해야 한다는 것을 선언하는 셈이다. 또한 우리로 하여금 그 자체로서 취지가 왜곡된 입장, 즉 선진 자본주의의 주변부에 존재하는 지역의 문제해결 수단으로만 실행연구를 사용하도록 스스로를 길들이는 상황에 처하도록 만드는 것이다.

당초 취지의 왜곡은 어떤 실행연구 과정에 있어서나 항상 핵심적 위험 요소라고 할 수 있다. 그러나 도대체 무엇이 당초 취지의 왜곡으로 볼 것인지에 대해서는 절대 쉽게 단정할 수 있는 문제가 아니다. 아무런 가능성을 보지 못한 사람이 그러한 부적절한 상황에서 실행연구를 시도하는 것은 실행연구의 취지의 왜곡을 스스로 조장하는 것이나 다름없다는 점에서 지탄을 받아 마땅하다. 일정한 가능성을 발견한 사람이 실행을 한 결과 나타난 실패에 대해서는 적극적 관여의 부족에서 비롯된 당초 취지의 왜곡으로 보는 것이 타당하다. 필자들의 견해로는 모든 실행연구 상황은 취지의 왜곡, 허위 참여, 조작의 요소들을 포함하고 있다. 유일한 해결책들은 지속적으로 개인적 차원에서 주의를 기울이는 한편, 이러한 문제점들이 발생하는 범위와 상황들을 명확히 하는 작업들을 실행연구 전문가들 사이에서 적극적이고 지속적으로 해 나가는 수밖에는 없다.

결론: 실행연구와 민주적 절차

실행연구의 목표는 민주화 과정을 지원하는 것이다. 현 시점에서의 의문은 이러한 관점을 지지하는 하나의 일반적 실행연구 관점이 존재하느냐 여부와 관련된 것이다. 필자들이 앞서 제기한 주장들을 검토해 보면, 필자들은 민주적 의사결정을 성취하기 위해서는 그 과정에서 관련된 이해당사자들의 참여가 이루어져야 한다고 언급했다. 필자들은 또한 민주적 결정들이 만장일치 기반 절차들과 절대 동의어가 될 수 없다고 언급했다. 의사결정은 이해당사자들의 다양성과 다원적인 요소들을 충분히 고려한 후 이루어져야 한다. 동시에 이러한 과정은 실행연구 활동에서 지식생성과정들의 결과로서 출현하는 새롭게 구성된 입장들을 생성(creation of reframed positions)할 수 있어야만 한다.

필자들의 견해로는 민주적 과정의 본질은 지식의 공동생성(cogeneration)이다. 실행연구에서는 통상적으로 이념적 가식(ideological posturing)에 기반을 두고 있는 일종의 '정치적인 행위'인 허위적 숙려(pseudo-deliberation)가 이해당사자에게 적절한 문제들을 해결하기 위한 적극적이고 실제적인 실험에 기초한 집합적 지식 생성 과정으로 대체된다. 이러한 지식 생성과정은 비록 해당 과정이 이념들에 의해 영향을 받기는 하지만, 이념에 치우친 정치적 논쟁과는 다르다. 왜냐하면 의미 형성과정(sense-making process)이 구체적이고, 상호 공유된 상황과 직접적으로 결부되어 있기 때문이다. 이런 점 때문에 의미 형성도 맥락화될 뿐만 아니라 실제적인 것이 되는 것이다.

더욱이 주어진 맥락에서 실천적 선택을 하는 상황 속에서 이러한 의미 형성에 대한 기초적 토대(grounding)를 형성하는 것은 Gramsci가 아주 적극적으로 지적하고 있는 것처럼 '지배계급의 헤게모니'를 극복할 수 있는 가능성을 창출한다(Ransome, 1992)고 생각된다. Gramsci는 소외계층이 권력자들에 의해 지지되는 사회적 모형들을 받아들임으로써 그들 자신이 가진 최선의 이해관계가 무엇인지 자체를 제대로 가려낼 수 없었다고 주장했다. 이것은 굉장히 큰 문제라고 할 수 있다. 하지만 실행연구는 이해당사자들의 광범한 이해관계들과 진정으로 부합하는 지식과 이를 기초로 필요한 실행을 위한 설계를 해낼 수 있는 절차를 창출함으로써 이러한 문제를 풀 수 있는 작지만 매우 의미 있는 단초를 만들었다고 평가될 수 있다. 따라서 당초 취지의 왜곡이라는 여러 가지 위험에도 불구하고, 필자들은 실행연구의 공동생성적 지식 창출과정들이 민주주의를 뒷받침하는 전도 유망한 방식이라고 주장한다.

참고문헌

Adams, J. (2004, July). *Scientific teams and institutional collaborations: Evidence from U.S. universities, 1981-1999* (Working Paper no. 10640). Cambridge, MA: National Bureau of Economic Research.

Alinsky, S. (1946). *Reveille for radicals.* Chicago: University of Chicago Press.

Amabile, T. M. (1996). *Creativity in context.* Boulder, CO:Westview.

Argyris, C. (1974). *Theory in practice.* San Francisco: Jossey-Bass.

Argyris, C. (1980). *Inner contradictions of rigorous research.* New York: Academic Press.

Argyris, C. (1985). *Strategy, change, and defensive routines.* Boston: Pitman.

Argyris, C. (1993). *On organizational learning.* Cambridge, MA: Blackwell.

Argyris, C., Putnam, R., & McClain Smith, D. (1985). *Action science: Concepts, methods, and skills for research and intervention.* San Francisco: Jossey-Bass.

Argyris, C., & Schön,D. (1978). *Organizational learning.* Reading, MA: Addison-Wesley.

Argyris, C., & Schön,D. (1996). *Organizational learning II.* Reading, MA:Addison-Wesley.

Arnstein, S. R. (1969, July). A ladder of citizen participation. *Journal of the American Planning Association, 35*(4), 216-224.

Barnes, B. (1977). *Interests and the growth of knowledge.* London: Routledge & Kegan Paul.

Barnes B., & Shapin, S. (1979). *Natural order.* Beverly Hills, CA: Sage.

Barnett, R. (2003). *Beyond all reason: Living with ideology in the university.* Buckingham, England: Society for Research into Higher Education and Open University Press.

Bateson, G. (1979). *Mind and nature: A necessary unity.* New York: Dutton.

Belenky, M., Bond, L., & Weinstock, J. (1997). *A tradition that has no name.* New York: Basic Books.

Belenky, M., Clinchy, B., Goldberger, N., & Tarule, J. (1997). *Women's ways of knowing.* New York: Basic Books.

Belshaw, D. (1981). A theoretical framework for data-economizing appraisal procedures with applications for rural development planning. *IDS Bulletin, 12,* 12-22.

Benson, L., Harkavy, I., & Puckett, J. (2000). An implementation revolution as a strategy for fulfilling the democratic promise of university-community partnerships: Penn-West

Philadelphia as an experiment in progress. *Nonprofit and Voluntary Sector Quarterly, 29*(1), 24-45.

Berger, P., & Luckmann, T. (1966). *The social construction of reality.* Garden City, NY: Doubleday.

Bowers, C. A., & Apffel-Marglin, F. (Eds.). (2004). *Rethinking Freire: Globalization and the environmental crisis.* Mahwah, NJ: Lawrence Erlbaum Associates.

Bradbury H., & Reason, P. (2001). Conclusion: Broadening the bandwidth of validity: Issues and choice-points for improving the quality of action research. In P. Reason & H. Bradbury (Eds.), *Handbook of action research* (pp. 447-455). London: Sage.

Bradley, K., & Gelb, A. (1983). *Cooperation at work: The Mondragón experience.* London: Heinemann Educational Books.

Brint, S. (1994). *In an age of experts: The changing role of professionals in politics and public life.* Princeton, NJ: Princeton University Press.

Brokhaug, I., Levin, M., & Nilssen, T. (1986). *Tiltaksarbeid på dugnad* [Collective work for community development]. Trondheim, Norway: IFIM/ORAL.

Brookfield, S. (1986). *Understanding and facilitating learning: A comprehensive analysis of principles and effective practices.* San Francisco: Jossey-Bass.

Brookfield, S. (1987). *Developing critical thinkers: Challenging adults to explore alternative ways of thinking and acting.* San Francisco: Jossey-Bass.

Brown, L. D., & Tandon, R. (1993). Ideology and political economy in inquiry: Action research and participatory research. *Journal of Applied Behavioral Science, 19*(3), 277-294.

Brulin, G. (2001). The third task of universities or how to get universities to serve their communities. In P. Reason & H. Bradbury (Eds.), *Handbook of action research* (pp. 440-446). London: Sage.

Brunner, I., & Guzman, A. (1989). Participatory evaluation: A tool to assess projects and empower people. In R. Conner & M.Hendricks (Eds.), *International innovations in evaluation methodology* (New Directions in Evaluation no. 42; pp. 9-18). San Francisco: Jossey-Bass.

Brunsson, N. (1989). *The organization of hypocrisy: Talk, decisions and actions in organizations.* Chichester, England:Wiley.

Burke, T. (1994). *Dewey's new logic: A reply to Russell.* Chicago: University of Chicago Press.

Bråthen, S. (1973). Model monopoly and communication systems: Theoretical notes on democratization. *Acta Sociologica, 16*(2), 98-107.

Carr, W., & Kemmis, S. (1985). *Becoming critical: Education, knowledge and action research.* London: Falmer.

Chambers, R. (1981). Rapid rural appraisal: Rationale and repertoire. *Public Administration and*

Rural Development, 2(2), 95-106.

Chambers, R. (1994a). The origins and practice of participatory rural appraisal. *World Development, 22*(7), 953-966.

Chambers, R. (1994b). Participatory rural appraisal (PRA): Analysis of experience. *World Development, 22*(9), 1253-1268.

Chambers, R. (1994c). Participatory rural appraisal (PRA): Challenges, potentials and paradigms. *World Development, 22*(10), 1437-1454.

Chambers, R. (1997). *Whose reality counts? Putting the first last.* London: Intermediate Technology.

Chambers, R. (2002). *Participatory workshops: A sourcebook for 21 sets of ideas and activities.* London: James & James/Earthscan.

Chambers, R. (2005). *Ideas for development.* London: James & James/Earthscan.

Chandler, D., & Torbert, W. (2003). Transforming inquiry and action: Interweaving flavors of action research. *Journal of Action Research, 1*(2), 133-152.

Chávez, C. (1975). *César Chávez: Autobiography of La Causa* (with J. E. Levy). New York: Norton.

Chessler, M., & Chesney, B. (1995). *Cancer and self-help: Bridging the troubled waters of childhood illness.* Madison: University of Wisconsin Press.

Clifford, J., & Marcus, G. (Eds.). (1985). *Writing culture.* Berkeley: University of California Press.

Cooke, B., & Kothari, U. (Eds.). (2001). *Participation: A new tyranny?* London: Zed Books.

Crane, B. (2000). *Building a theory of change and a logic model for an empowermentoriented family support training and credentialing program.* Unpublished doctoral dissertation, Cornell University, Ithaca, NY.

Cronbach, L. J., & Suppes, P. (1969). *Research for tomorrow's schools: Disciplined inquiry for education.* London: Macmillan.

Cummings, T. G., & Worley, C. G. (2001). *Organization development and change.* Cincinnati: South-Western.

Dahl, R. (1989). *Democracy and its critics.* New Haven, CT: Yale University Press.

Davis, L. E., & Taylor, J. C. (1972). *Design of jobs.* Harmondsworth, England: Penguin.

Deming, W. E. (1983). *Out of the crisis: Quality, productivity, and competitive position.* Cambridge, MA: MIT Center for Advanced Engineering Technology.

Dewey, J. (1900). *The school and society.* Chicago: University of Chicago Press.

Dewey, J. (1902). *The child and the curriculum.* Chicago: University of Chicago Press.

Dewey, J. (1976). *Essays on logical theory, 1902-1903* (A. Boydston, ed.). Carbondale: Southern Illinois University Press.

Dewey, J. (1991). *Logic: The theory of inquiry.* Carbondale: Southern Illinois University Press.

Dewey, J. (1991/1927). *The public and its problems.* Athens: Ohio University Press. (Original work published 1927).

Diggins, J. (1994). *The promise of pragmatism.* Chicago: University of Chicago Press.

Douglas, M. (2002). *Purity and danger: An analysis of the concepts of pollution and taboo.* London: Routledge.

Dreyfus, H., & Dreyfus, S. (1986). *Mind over machine.* New York: Free Press.

Eikeland, O. (1992). *Erfaring, dialogikk og politikk* [Experience, dialogue and politics]. Oslo: Work Research Institute.

Elden, M. (1979). Three generations of work democracy experiments in Norway. In G. Cooper & E. Mumford (Eds.), *The quality of working life in Western Europe* (pp. 226-257). London: Associated Business Press.

Elden, M., & Levin, M. (1991). Co-generative learning: Bringing participation into action research. In W. F. Whyte (Ed.), *Participatory action research* (pp. 127-142). Newbury Park, CA: Sage.

Elliott, J. (1991). *Action research for educational change.* Buckingham, England: Open University Press.

Elster, J. (Ed.). (1986). *Rational choice.* Oxford, England: Basil Blackwell.

Elvemo, J., Grant Matthews, L., Greenwood, D., Martin, A., Strubel, A., & Thomas, L. (1997). Participation, action, and research in classroom. *Studies in Continuing Education, 19*(1), 1-50.

Emery, F., & Emery, M. (1974). *Participative design: Work and community life.* Canberra: Australian National University Centre for Continuing Education.

Emery, F., & Thorsrud, E. (1976). *Democracy at work.* Leiden, Netherlands: Martinus Nijhoff.

Emery, F., & Trist, E. (1973). *Towards a social ecology.* London: Plenum.

Emery, F. E., & Oeser, O. A. (1958). *Information, decision, and action.* Melbourne: Melbourne University Press.

Emery, M. (1982). *Searching.* Canberra: Australian National University Centre for Continuing Education.

Emery, M. (1993). *Participative design for participative democracy.* Canberra: Australian National University Centre for Continuing Education.

Emery, M. (1998). *Searching.* Amsterdam: John Benjamins.

Engelstad, P. H., & Haugen, R. (1972). *Skjervøy i gar, i dag og i morgen* [Sjervøy, yesterday, today and tomorrow]. Oslo: Work Research Institute.

Eurich, N. (1985). *Corporate classrooms: The learning business.* Princeton, NJ: Princeton University Press.

Fals Borda, O. (1969). *Subversion and social change in Colombia* (J. D. Skiles, trans.). New York: Columbia University Press.

Fals Borda, O., & Rahman, M. (Eds.). (1991). *Action and knowledge: Breaking the monopoly with participatory action research.* New York: Apex.

Fetterman, D., Kaftarian, S. J., & Wandersman, A. (1995). *Empowerment evaluation: Knowledge and tools for self-assessment and accountability.* Thousand Oaks, CA: Sage.

Filley, A. C., & House, R. J. (1969). *Managerial process and organizational behavior.* Glenview, IL: Scott, Foresman.

Fine, M. (1992). *Disruptive voices: The possibilities of feminist research.* Ann Arbor: University of Michigan Press.

Finger, M., & Asún, J. M. (2001). *Adult education at the crossroads: Learning our way out.* New York: National Institute of Adult Continuing Education.

Finne, H., Levin, M., & Nilssen, T. (1995). Trailing research: A model for useful evaluation. *Evaluation, 1*(1), 11-32.

Flood, R., & Romm, N. (1996). *Diversity management.* Chichester, England: Wiley.

Fox Keller, E. (1985). *Reflections on gender and science.* New Haven, CT: Yale University Press.

Frege, G. (1956). The thought: A logical inquiry. *Mind, 65,* 289-311. (Original work published 1918).

Freire, P. (1970). *The pedagogy of the oppressed.* New York: Herder & Herder.

Freire, P. (1998a). *Pedagogy of the heart.* New York: Continuum International.

Freire, P. (1998b). *Teachers as cultural workers: Letters to those who dare.* Boulder, CO: Westview.

Fuller, S. (2000). *The governance of science: Ideology and the future of the open society.* London: Open University Press.

Furner, M. (1975). *Advocacy and objectivity: A crisis in the professionalization of American social science, 1865-1905.* Lexington: University of Kentucky Press.

Gabarrón, L., & Hernández-Landa, L. (1994). *Investigación participative* [Participatory research]. Madrid: Centro de Investigaciones Sociológicas.

Gadamer, H. G. (1982). *Truth and method* (2nd ed.). New York: Crossroads.

Gallagher, R. A. (2001). *T-Groups.* Available at http://www.orgdct.com/more_on_t-groups.htm

Gaventa, J. (1982). *Power and powerlessness: Quiescence and rebellion in an Appalachian valley.* Urbana and Chicago: University of Illinois Press.

Gardner, K., & Lewis, D. (1996). *Anthropology, development and the post-modern challenge.* London: Pluto.

Geertz, C. (1973). *The interpretation of cultures.* New York: Basic Books.

Gerhardsen, E. (1932). *Tillitsmannen* [Becoming a union official]. Oslo: Tiden Forlag.

Gibbons, M., Limoges, C., Nowotny, H., Schwartzman, S., Scott, P., & Trow, M. (1994). *The new production of knowledge: The dynamics of science and research in contemporary societies.* London: Sage.

Gilligan, C. (1982). *In a different voice.* Cambridge, MA: Harvard University Press.

Giles, D., Stanton, T., & Cruz, N. (1999). *Service-learning: A movement's pioneers reflect on its origins, practice, and future.* San Francisco: Jossey-Bass.

Gramsci, A. (1975). *Letters from prison* (L. Lawner, trans.). London: Jonathan Cape.

Greenberg, E. S. (1975, September). The consequences of worker participation and control: A clarification of the theoretical literature. *Social Science Quarterly, 2*, 225-242.

Greenwood, D. (1980). *Community-level research, local-regional-governmental interaction and development planning: A strategy for baseline studies* (Rural Development Occasional Paper no. 10). Ithaca, NY: Cornell University, Center for International Studies.

Greenwood, D. (1985). *The taming of evolution: The persistence of nonevolutionary views in the study of humans.* Ithaca, NY: Cornell University Press.

Greenwood, D. (1989). Paradigm-centered versus client-centered research: A proposal for linkage. In *Proceedings of the forty-second annual meeting, Industrial Relations Research Association* (pp. 273-281). Madison, WI: Industrial Relations Research Association.

Greenwood, D. (2002). Action research: Unfulfilled promises and unmet challenges. *Concepts and Transformation, 7*(2), 117-139.

Greenwood, D. (2004a). Action research: Collegial responses fulfilled. *Concepts and Transformation, 9*(1), 80-93.

Greenwood, D. (2004b). Feminism and action research: Is "resistance" possible and, if so, why is it necessary? In M. Brydon-Miller, P. Maguire, & A. McIntyre (Eds.), *Traveling companions: Feminism, teaching, and action research* (pp. 157-168). Westport, CT: Praeger.

Greenwood, D., et al. (1990). *Culturas de Fagor: Estudio antropológico de las cooperativas de Mondragón.* San Sebastian, Spain: Editorial Txertoa.

Greenwood, D., et al. (1992). *Industrial democracy as process: Participatory action research in the Fagor Cooperative Group of Mondragón.* Assen-Maastricht, Netherlands: Van Gorcum.

Greenwood, D., & Levin, M. (1998). Action research, science, and the co-optation of social research. *Studies in Cultures, Organizations and Societies, 5*(1), 237-261.

Greenwood, D., & Levin, M. (2000). Reconstructing the relationships between universities and society through action research. In N. Denzin & Y. Lincoln (Eds.), *Handbook of qualitative research* (2nd ed.; pp. 85-106). Thousand Oaks, CA: Sage.

Greenwood, D., Whyte, W., & Harkavy, I. (1993). Participatory action research as a process and as a goal. *Human Relations, 46*(2), 175-192.

Guba, E., & Lincoln, Y. (1981). *Effective evaluation: Improving the usefulness of evaluation results through responsive and naturalistic approaches.* San Francisco, CA: Jossey-Bass.

Guba, E., & Lincoln, Y. (1985). *Naturalistic inquiry.* Newbury Park, CA: Sage.

Guba, E., & Lincoln, Y. (1989). *Fourth generation evaluation.* Newbury Park, CA: Sage.

Guba, E., & Lincoln, Y. (2005). Paradigmatic controversies, contradictions, and emerging confluences. In N. Denzin & Y. Lincoln (Eds.), *Handbook of qualitative research* (3rd ed.; pp. 191-215). Thousand Oaks, CA: Sage.

Gunder Frank, A. (1970). *Latin America: Underdevelopment or revolution: Essays on the development of underdevelopment and the immediate enemy.* New York: Monthly Review Press.

Gustavsen, B. (1985). Work place reform and democratic dialogue. *Economic and Industrial Democracy, 6*, 461-479.

Gustavsen, B. (1992). *Dialogue and development.* Assen-Maastricht, Netherlands: Van Gorcum.

Gustavsen, B., & Engelstad, P. H. (1986). The design of conferences and the evolving role of democratic dialogue in changing working life. *Human Relations, 39*(2), 101-116.

Habermas, J. (1984). *The theory of communicative action: Reason and the rationality of society* (T. McCarthy, trans.). Boston: Beacon.

Hafez Barazangi, N., Greenwood, D., Burns, M., & Finne, J. (2004). Evaluation model for an undergraduate action research program. In B. Hall & M. del Carmen Rodríguez de France (Eds.), *Learning the world we want* (pp. 152-159). Proceedings of the conference "Intersecting Conversations on Education, Culture, and Community," Victoria, British Columbia, November 2003.

Hall, B. (1975). Participatory research: An approach for change. *Convergence, 8*(2), 24-32.

Hall, B., Gillette, A., & Tandon, R. (Eds.). (1982). *Creating knowledge: A monopoly? Participatory research in development.* New Delhi: Society for Participatory Research in Asia.

Hanssen Bauer, J., & Aslaksen, K. (1991). *Rett sats* [Correct start]. Oslo: SBA.

Hemmati, M., Dodds, F., & Enayati, J. (2002). *Multi-stakeholder processes for governance and sustainability.* London: James & James/Earthscan.

Herbst, P. (1976). *Alternatives to hierarchies.* Leiden, Netherlands: Martinus Nijhoff.

Herbst, P. (1980). Community conference design: Skjervøy, today and tomorrow. *Human Futures* (2), 1-6.

Heron, J. (1996). *Co-operative inquiry: Research into the human condition.* London: Sage.

Heron, J. (2001). Transpersonal co-operative inquiry. In P. Reason & H. Bradbury (Eds.), *Handbook of action research* (pp. 333-339). London: Sage.

Herr, K., & Anderson, G. L. (2005). *The action research dissertation.* Thousand Oaks, CA: Sage.

Herzberg, F. (1966). *Work and the nature of man.* Cleveland:World.

Hess, D. (2001). *Science studies: An advanced introduction.* New York: New York University Press.

Hinsdale, M., Lewis, H., & Waller, S. (1995). *It comes from the people.* Philadelphia: Temple University Press.

Horton, M. (with J. Kohl & H. Kohl). (1990). *The long haul: An autobiography.* New York: Doubleday.

Horton, M., & Freire, P. (1990). *We make the road by walking: Conversations on education and social change.* Philadelphia: Temple University Press.

House, E. (1972). The conscience of educational evaluation. *Teachers Colleges Record, 73*(3), 405-414.

House, E. (1993). *Professional evaluation: Social impact and political consequences.* Thousand Oaks, CA: Sage

Ishikawa, K. (1976). *Guide to quality control.* Tokyo: Asian Productivity Organization.

Jacob, F. (1982). *The possible and the actual.* Seattle: University of Washington Press.

James,W. (1948). *Essays in pragmatism.* New York: Hafner.

James,W. (1995). *Essays in radical empiricism.* Lincoln: University of Nebraska Press.

Johannesen, K. S. (1996). Action research and epistemology: Some remarks concerning the activity-relatedness and contextuality of human language. *Concepts and Transformation, 1*(2/3), 281-297.

Joyappa,V., & Martin,D. (1996). Exploring alternative research epistemologies for adult education: Participatory research, feminist research and feminist participatory research. *Adult Education Quarterly, 47*(1), 1-14.

Juran, J. M. (1980). *Quality planning and analysis.* New York: McGraw-Hill.

Kasmir, S. (1996). *The myth of Mondragón.* Albany: State University of New York Press.

King, J. (1998). Making sense of participatory evaluation practice. *New Directions for Evaluation, 80,* 57-67.

Knowles, M. (1990). *The adult learner: A neglected species* (rev. ed.). Houston: Gulf Publishing.

Knowles, M., and others. (1984). *Andragogy in action: Applying modern principles of adult education.* San Francisco: Jossey-Bass.

Kuhn, T. (1962). *The structure of scientific revolutions.* Chicago: University of Chicago Press.

Lather, P. (1991). *Getting smart: Feminist research and pedagogy with/in the postmodern.* New York: Routledge.

Latour, B. (1987). *Science in action.* Cambridge, MA: Harvard University Press.

Latour, B., & Woolgar, S. (1979). *Laboratory life.* Beverly Hills, CA: Sage.

Levin, M. (1984). Worker participation in the design of new technology. In T. Martin (Ed.), *Design of work in automated manufacturing systems* (pp. 97-103). Oxford, England: Pergamon.

Levin, M. (1988). *Lokal mobilisering* [Local mobilization]. Trondheim, Norway: IFIM.

Levin, M. (1993). Creating networks for rural economic development in Norway. *Human Relations, 46*(2), 193-217.

Levin, M. (1994). Action research and critical systems thinking: Two icons carved out of the same log? *Systems Practice, 7*(1), 25-42.

Levin, M. (1998). Book Review—PAR/Action and Knowledge. *Systemic Practice and Action Research, 11*(2), 207-211.

Levin, M. (2003). Ph.D. programs in action research: Can they be housed in universities? *Concepts and Transformation*, *8*(3), 3-23.

Levin, M., & Klev, R. (Eds.). (2000). *Forandring som praxis* [Change as praxis]. Bergen, Norway: Fagbokforlaget.

Levin, M., & Martin, A. (1995). *Power differences in discourse.* Unpublished manuscript.

Levin, M., et al. (1980a). *Hitterværinger vi kan vil vi?* [Citizens of Hitra, we can but will we?]. Trondheim, Norway: IFIM.

Levin, M., et al. (1980b). *Teknisk utvikling og arbeidsforhold i aluminiumselektrolyse* [Technical development and quality of working life in aluminum smelting]. Trondheim, Norway: IFIM.

Lewin, K. (1935). *A dynamic theory of personality* (D. Adams & E. Zener, trans.). New York: McGraw-Hall.

Lewin, K. (1943). Forces behind food habits and methods of change. *Bulletin of the National Research Council, 108,* 35-65.

Lewin, K. (1948). *Resolving social conflicts.* New York: Harper.

Lewis, D. (2001). *The management of non-governmental development organizations: An introduction.* London: Routledge.

Lijphart, A. (1977). *Democracy in plural societies: A comparative exploration.* New Haven, CT: Yale University Press.

Lyall, K., & Sell, K. (2006). *The true genius of America at risk: Are we losing our public universities to de facto privatization?* New York: American Council on Education/Praeger.

Madoo Lengermann, P., & Niebrugge-Brantley, J. (1998). *The women founders: Sociology and social theory, 1830-1930.* Boston: Mc-Graw-Hill.

McIntyre, A. (2004). *Women in Belfast: How violence shapes identity.* Westport, CT: Greenwood.

Maguire, P. (1987). *Doing participatory research: A feminist approach.* Amherst: University of Massachusetts, Center for International Education.

Maguire, P. (1994). Participatory research from one feminist's perspective: Moving from exposing androcentricism to embracing possible contributions of feminism to participatory research and practice. In I. de Koning (Ed.), *Proceedings of the international symposium on participatory research in health promotion* (pp. 5-14). Liverpool, England: Liverpool School of Tropical Medicine, Education Resource Group.

Maguire, P. (1996). Considering more feminist participatory research: What has congruency got to do with it? *Qualitative Inquiry, 2*(1), 106-118.

Mansbridge, J. (1983). *Beyond adversary democracy.* Chicago: University of Chicago Press.

Marginson, S., & Considine, M. (2000). *The enterprise university: Power, governance, and reinvention in Australia.* Cambridge, England: Cambridge University Press.

Markova, I., & Foppa, K. (1991). *Asymmetries in dialogue.* Herfordshire, England: Harvester Wheatsheaf.

Marshall, J. (2001). Self-reflective inquiry practices. In P. Reason & H. Bradbury (Eds.), *Handbook of action research* (pp. 433-439). London: Sage.

Marshall, J. (2004). Living systemic thinking. *Journal of Action Research, 2*(3), 305-325.

Marshall, J., & Mead, G. (Eds.). (2005). Self-reflective practice and first-person action research. Special Issue of the *Journal of Action Research 3*(3).

Martin, A. (2000). *Search conference methodology and the politics of difference.* Unpublished doctoral dissertation, Columbia University Teachers College.

Martin, A., Hemlock, N., & Rich, R. (1994). *Saskatchewan highways and transportation traffic safety search conference.* Ithaca, NY: Cornell University Programs for Employment and Workplace Systems.

Martin, A., & Rich, B. (1994). *Seneca Nation of Indians search '94.* Ithaca, NY: Cornell University Programs for Employment and Workplace Systems.

Martin, A. W. (1995, November). *Power differences in discourse.* Unpublished proceedings from Power Difference in Discourse, Ithaca, NY.

Maslow, A. (1943). A theory of human motivation. *Psychological Review, 50,* 370-396.

Miles, B., & Huberman, M. (1994). *Data analysis: An expanded sourcebook.* Thousand Oaks, CA: Sage.

Mayo, E. (1933). *The human problems of industrial civilization.* New York: Macmillan.

Messer-Davidow, E. (2002). *Disciplining feminism: From social activism to academic discourse.* Durham, NC: Duke University Press.

Mezirow, J. (1991). *Transformative dimensions of adult learning.* San Francisco: Jossey-Bass.

Mezirow, J. (1996). Contemporary paradigms of learning. *Adult Education Quarterly, 46*(3), 158-173.

Mies, M. (1990). Women's studies: Science, violence and responsibility. *Women's Studies International Forum, 13,* 433-441.

Milgram, S. (1974). *Obedience to authority.* New York: Harper & Row.

Mills, C. Wright. (1959/1976). *The sociological imagination.* New York: Oxford University Press.

Monden, Y. (1983). *The Toyota production system: A practical approach to production management.* Norcross, GA: Industrial Engineering and Management Press.

Monk, R. (1990). *Ludwig Wittgenstein: The duty of genius.* London: Jonathan Cape.

Mosse, D. (1993). *Authority, gender and knowledge: Theoretical reflections on the practice of participatory rural appraisal* (ODI Network Paper 44). London: ODI.

Nash, N. S., & Hawthorne, E. M. (1988). *Corporate education* (ERIC Digest no. ED301142). Available at http://www.ericdigests.org/pre-9210/corporate.htm

Negt, O. (1977). *Sociologisk fantasi og eksemplarisk indlæring* [Sociological fantasy and exemplary learning]. Roskilde, Denmark: Roskilde Universitetsforlag.

Noffke, S. (1994). Action research: Towards the next generation. *Educational Action Research, 2*(1), 9-21.

Nowotny, H., Scott, P., & Gibbons, M. (2001). *Re-thinking science: Knowledge and the public in an age of uncertainty.* London: Polity.

Nørgaard, A. (1935). *Grundtvigianismen* [The Grundtvid way]. København, Denmark: Gyldendal.

Park, P., Brydon-Miller, M., Hall, B., & Jackson, T. (Eds.). (1993). *Voices of change: Participatory research in the United States and Canada.* Westport, CT: Bergin & Garvey.

Parsons, T. (1951). *The social system.* Glencoe, IL: Free Press.

Pateman, C. (1970). *Participation and democratic theory.* Cambridge, England: Cambridge University Press.

Patton, M. Q. (1986). *Utilization-focused evaluation.* Beverly Hills, CA: Sage.

Patton, M. Q. (1997). *Utilization-focused evaluation* (3rd ed.). Thousand Oaks, CA: Sage.

Peirce, C. (1950). *Philosophy: Selected writings.* New York: Harcourt Brace.

Pelletier, D., Kraak, V., McCullum, C., Uusitalo, U., & Rich, R. (1999). The shaping of collective values through deliberative democracy: An empirical study from New York's North Country. *Policy Sciences, 32,* 103-131.

Pelletier, D., McCullum, C., Kraak, V., & Asher, K. (2003). Participation, power and beliefs shape local food and nutrition policy. *Journal of Nutrition, 133,* 301-304.

Peters, S. (2001). The civic mission question in land-grant education. *Higher Education Exchange, 6,* 25-37.

Peters, S., Hittleman, M., & Pelletier, D. (2005). The North Country community food and economic security project case study. In S. Peters, N. Jordan, M. Adamek, & T. Alter. (Eds.), *Engaging campus and community: Public scholarship in the state and land-grant university system.* Dayton, OH: Kettering Foundation Press.

Peters, S., Jordan, N., Adamek, M., & Alter, T. (Eds.). (2005). *Engaging campus and community: The practice of public scholarship in the state and land-grant university system.* Dayton, OH: Kettering Foundation Press.

Philips, Ä. (1988). *Eldsjälar* [Burning souls]. Doctoral dissertation, Stockholm School of Economics.

Polanyi, M. (1964). *Personal knowledge.* New York: Harper & Row.

Polanyi, M. (1966). *The tacit dimension.* Gloucester, MA: P. Smith.

Porter, T. (1995). *Trust in numbers: the pursuit of objectivity in science and public life.* Princeton, NJ: Princeton University Press.

Pretty, J. N., & Vodouhê, S. D. (n.d.). *Using rapid or participatory rural appraisal.* Available at http://www.fao.org/docrep/w5830e/w5830e08.htm

Pålshaugen, Ø. (1998). *The end of organization theory?* Amsterdam: John Benjamins.

Pålshaugen, Ø. (2000). Dialogkonferanser som metode i bedriftsutvikling [Dialogue conferences as method in enterprise development]. In M. Levin & R. Klev (Eds.), *Forandring som praxis* [Change as praxis] (pp. 187-195). Bergen, Norway: Fagbokforlaget.

Pålshaugen, Ø. (2002). Discourse democracy at work. *Concepts and Transformation, 7,* 141-192.

Price, D. (2004). *Threatening anthropology.* Durham, NC, and London: Duke University Press.

Rabinow, P. (1996). *Making PCR.* Chicago: University of Chicago Press.

Rabinow, P., & Sullivan, W. (Eds.). (1987). *Interpretive social science.* Berkeley: University of California Press.

Ransome, P. (1992). *Antonio Gramsci: A new introduction.* Hemel Hempstead, Hertfordshire, England: Harvester Wheatsheaf.

Rapoport, A. (1974). *Conflict in man-made environments.* Harmondsworth, England: Penguin.

Readings, B. (1996). *The university in ruins.* Cambridge, MA: Harvard University Press.

Reardon, K. (1997). Participatory action research and real community-based planning in East St. Louis. In P. Nyden et al. (Eds.), *Building community: Social science in action* (pp. 233-239). Thousand Oaks, CA: Pine Forge Press.

Reason, P. (Ed.). (1994). *Participation in human inquiry.* London: Sage.

Reason, P. (Ed.). (1988). *Human inquiry in action.* London: Sage.

Reason, P., & Bradbury, H. (Eds.). (2001a). *Handbook of action research.* London: Sage.

Reason, P., & Bradbury, H. (2001b). Introduction: Inquiry and participation in search of a world worthy of human aspiration. In P. Reason & H. Bradbury (Eds.), *Handbook of action research* (pp. 1-14). London: Sage.

Reason, P., & Rowan, J. (Eds.). (1981). *Human inquiry: A sourcebook of new paradigm research.* Chichester, England: Wiley.

Reinharz, S. (1992). *Feminist methods in social research.* New York: Oxford University Press.

Reynolds, M. (1994). *Democracy in higher education: Participatory action research in the Physics 101-102 curriculum revision project at Cornell University.* Doctoral dissertation, Cornell University, Ithaca, NY.

Rolfsen, M., & Torvatn, H. (2005). How to "get through" communication challenges in formative evaluation. *Evaluation, 11*(3), 297-309.

Rorty, R. (1980). *Philosophy and the mirror of nature.* Princeton, NJ: Princeton University Press.

Ross, D. (1991). *The origin of American social science.* Cambridge, England: Cambridge University Press.

Rowan, J. (2001). The humanistic approach to action research. In P. Reason & H. Bradbury (Eds.), *Handbook of action research* (pp. 114-123). London: Sage.

Russell, B. (1903). *The principles of mathematics.* Cambridge, England: Cambridge University Press.

Ryle, G. (1949). *The concept of mind.* London: Hutchinson.

Schafft, K., & Greenwood, D. (2003). Promises and dilemmas of participation: Action research, search conference methodology, and community development. *Journal of the Community Development Society, 34*(1), 18-35.

Schön, D. (1983). *The reflective practitioner.* New York: Basic Books.

Schön, D. (1987). *Educating the reflective practitioner.* San Francisco: Jossey-Bass.

Schön, D. (Ed.). (1991). *The reflective turn.* New York: Teachers College Press.

Schumacher, E. (1973). *Small is beautiful: A study of economics as if people mattered.* New York: Harper & Row.

Schwandt, T. (1997a). *Qualitative inquiry: A dictionary of terms.* Thousand Oaks, CA: Sage.

Schwandt, T. (1997b). *Towards a new science of action research.* Paper presented at the Tavistock conference "Is Action Research Real Research," London.

Scriven, M. (1991). *Evaluation thesaurus.* Thousand Oaks, CA: Sage.

Scriven, M. (1995). The logic of evaluation and evaluation practice. *New Directions for Evaluation, 68,* 49-70.

Scott, J. (1995). *Sociological theory: Contemporary debates.* Cheltenham, England: Edward Elgar.

Senge, P. (1990). *The fifth discipline: The art and practice of the learning organization.* New York: Doubleday.

Shor, I., & Freire, P. (1987). *A pedagogy for liberation: Dialogues on transforming education.* South Hadley, MA: Bergin & Garvey.

Sherman, F., & Torbert, W. (Eds.). (2000). *Transforming social inquiry, transforming social action.* Boston: Kluwer Academic.

Sims Feldstein, H., & Poats, S. (Eds.) (1990). *Working together: Gender analysis in agriculture.* West Hartford, CT: Kumarian.

Skjervheim, H. (1974). *Objektivismen og studiet av mennesket* [Objectivity and the study of man]. Oslo: Gyldendal.

Slaughter, S., & Leslie, L. (1997). *Academic capitalism: Politics, policies and the entrepreneurial university.* Baltimore: Johns Hopkins University Press.

Stringer, E. (2004). *Action research in education.* Thousand Oaks, CA: Sage.

Swantz, M. L. (1985). *Women in development: A creative role denied? The case of Tanzania.*

London: Hurst.

Sørensen, Å. B. (1992). Aktionsforskning i om arbejdslivet [Action research in work life]. *Tidsskrift for samfunnsforskning*, *33* (s.), 213-230.

Taylor, C. (1985). *Philosophy and the human sciences.* Cambridge, England: Cambridge University Press.

Taylor, F.W. (1911). *The principles of scientific management.* New York: Harper Bros.

Thomas, H., & Logan, C. (1982). *Mondragón: An economic analysis.* London: Allen & Unwin.

Thomson, J., & Schoonmaker Freudenberger, K. (1997). *Crafting institutional arrangements for community forestry.* Rome: Food and Agriculture Organization of the United Nations (Forests, Trees and People Community Forestry Field Manual 7). Available at http://www.fao.org/docrep/w7483e/w7483e00.htm#contents

Tocqueville, A. de. (2001). *Democracy in America.* New York: New American Library, Signet Classic. (Originally published in two volumes, 1835 and 1840).

Torbert, W. (1991). *The power of balance: Transforming self, society, and scientific inquiry.* Newbury Park, CA: Sage.

Torbert, W. (2001). The practice of action inquiry. In P. Reason & H. Bradbury (Eds.), *Handbook of action research* (pp. 250-260). London: Sage.

Toulmin, S. (1996). Concluding methodological reflection: Elitism and democracy among the sciences. In S. Toulmin & B. Gustavsen (Eds.), *Beyond theory* (pp. 203-225). Amsterdam and Philadelphia: John Benjamins.

Toulmin, S., & Gustavsen, B. (Eds.). (1996). *Beyond theory.* Amsterdam and Philadelphia: John Benjamins.

Traweek, S. (1992). *Beamtimes and lifetimes.* Cambridge, MA: Harvard University Press.

Trist, E. (1981). *The evolution of socio-technical systems* (Occasional Paper No. 2). Toronto: Ontario Quality of Work Life Council.

Trist, E., & Bamforth, K. W. (1951). Some social and psychological consequences of the longwall method of coal getting. *Human Relations, 4,* 3-38.

Uphoff, N. (1992, 1996). *Learning from Gal Oya: Possibilities for participatory development and post-newtonian social science.* Ithaca, NY: Cornell University Press, 1992. (Paperback edition with new introduction, Intermediate Technology Publications, 1996).

Usher, R. B., Bryant, I., & Johnston, R. (1997). *Adult education and the postmodern challenge: Learning beyond the limits.* London: Routledge & Kegan Paul.

Van den Hombergh, H. (1993). *Gender, environment, and development: A guide to the literature.* Utrecht: Institute for Development Research, International Books.

Van Eijnatten, F. M. (1993). *The paradigm that changed the work place.* Assen, Netherlands: van Gorcum.

Ver Beek, K. (1996). *The pilgrimage for life, justice and liberty: Insights for development.* Doctoral dissertation, Cornell University, Ithaca, NY.

von Bertalanffy, L. (1966). *Modern theories of development.* London: Oxford University Press.

von Bertalanffy, L. (1968). *General systems theory.* New York: Braziller.

Weber, M. (1958). *The city* (D. Martindale & G. Neuwirth, trans.). Glencoe, IL: Free Press.

Weisbord, M. (1987). *Productive workplaces: Organizing and managing for meaning and community.* San Francisco: Jossey-Bass.

Weisbord, M. (1992). *Discovering common ground.* San Francisco: Berrett-Koehler.

Weiss, H., & Greene, J. (1992). An empowerment partnership for family support and education programs and evaluations. *Family Science Review*, 5(1 and 2), 131-149.

Westbrook, R. (1991). *John Dewey and American democracy.* Ithaca, NY: Cornell University Press.

Whyte,W. F. (1991). *Participatory action research.* Newbury Park, CA: Sage.

Whyte,W. F. (1994). *Participant observer: An autobiography.* Ithaca, NY: ILR Press.

Whyte, W. F., & Alberti, G. (1976). *Power, politics, and progress: Social change in rural Peru.* New York: Elsevier-North Holland.

Whyte,W. F., & Boynton, D. (Eds.). (1983). *Higher yielding human systems for agriculture.* Ithaca, NY: Cornell University Press.

Whyte, W. F., & Whyte, K. K. (1991). *Making Mondragón* (2nd ed.). Ithaca, NY: ILR Press.

Wittgenstein, L. (1953). *Philosophical investigations.* Oxford, England: Basil Blackwell.

Womack, J. P., et al. (1990). *The machine that changed the world.* New York: Rawson Associates.

Young, I. M. (1990). *Justice and the politics of difference.* Princeton, NJ: Princeton University Press.

Zabusky, S. (1995). *Launching Europe.* Princeton, NJ: Princeton University Press.

Zeichner, K. (2001). Educational action research. In P. Pearson & H. Bradbury (Eds.), *Handbook of Action Research* (pp. 273-284). London: Sage.

찾아보기

인명

내용

저자 소개

이 책의 저자인 **Davydd J. Greenwood**는 코넬 대학교(Cornell University)의 인류학 골드윈 스미스 석좌교수(Goldwin Smith Professor of Anthropology)이자 현재 유럽학 연구소(Institute for European Studies)의 소장이다. 그는 스페인 윤리, 정치학 왕립 아카데미의 교신회원(Corresponding Member)으로 선출되었다. 그는 마리오 아이나우디 센터(Mario Einaudi Center)의 존 S. 나이트 석좌교수(John S. Knight Professor)이자 소장으로 10년간 재임했으며 국제교육행정가협회(Association of International Education Administrators)의 회장도 역임한 바 있다. 또한 그는 대학교와 국립 외국어 센터 평가위원을 여러 차례 역임하였다. 주요 관심 분야는 실행연구, 정치경제학, 인종 갈등과 스페인 및 미국의 지역사회 개발이며, 최근의 연구는 기업화가 고등교육, 특히 사회과학 분야에 미치는 영향에 초점을 맞추고 있다.

저서로는 『Unrewarding Wealth: The Commercialization and Collapse of Agriculture in a Spanish Basque Town』『Nature, Culture, and Human History』『The Taming of Evolution: The Persistence of Non-evolutionary Views in the Study of Humans』『Las culturas de Fagor』, 『Industrial Democracy as Process』『Participatory Action Research in the Fagor Cooperative Group of Mondragon』『Introduction to Action Research: Social Research for Social Change』 등이 있으며, 이 외에 2권의 편저가 있다.

Morten Levin은 노르웨이 트론다임의 노르웨이 과학기술대학교(Norwegian University of Science and Technology in Trondheim) 사회과학 및 기술경영학부(Faculty of Social Sciences and Technology Management)의 산업경제학 및 기술경영학과(Department of Industrial Economics and Technology Management) 교수로 재직 중이며 엔지니어링과 사회학 전공으로 학위를 취득했다. 그는 경력 전반에 걸쳐 실행연구자로 활동해 왔으며, 특히 기술과 조직 간 관계에서 사회적 변화의 과정과 구조에 관심을 가져왔다. 그의 실행연구는 산업 현장, 지역사회 그리고 대학 교육의 맥락에서 이루어졌는데, 이는 그가 3개의 연속적인 실행연구 연계 박사학위 프로그램을 개발하고 운영해 왔던 곳들이다.

그는 『Introduction to Action Research: Social Research for Social Change』를 비롯한 다양한 저서와 논문을 집필하였으며 『Systemic Practice and Action Research, Action Research International』『Action Research』『Handbook of Qualitative Inquiry』『Handbook of Action Research』의 편집위원으로 활동하고 있다.

역자 **변기용**(Byun Ki Yong)은 서울대학교를 졸업하고 미국 University of Oregon에서 고등교육정책 및 행정 전공으로 박사학위를 받았다. 교육부 대학원 개선팀장, 기획담당관, 장관 정책보좌관 등을 역임하였으며, 2002년부터 2005년까지 OECD 사무국(프랑스 파리)에서 상근 컨설턴트로 근무하면서 '지역발전을 위한 고등교육기관의 역할(Contribution of Higher Education Institutions to Regional Development)'이라는 국제 협력 프로젝트를 운영하였다. 현재 고려대학교 교육학과 교수 및 고등교육정책연구소 소장으로 재임하고 있으며, 한국교육정치학회 회장(2018), 안암교육학회 학회지『한국교육학연구』편집위원장(2017~2018) 등을 역임하였다.

최근의 연구 관심 분야는 (1) 대학 조직 혁신['조직 변화(organizational change)'란 관점에서 학부교육 체제 혁신이란 시대적 과업을 어떻게 수행해 나갈 것인가?], (2) 고등교육 국제화(국제화란 환경적 변화가 고등교육 체제의 조직 및 운영 방식에 미치는 영향과 의미는 무엇인가?), (3) 대학평가체제 개편(대학이 제대로 역할을 수행할 수 있도록 만들 수 있는 대학평가체제 개편은 어떻게 이루어지는 것이 타당한가?) 등이다.

방법론적으로는 복잡한 현실을 단순화한 이론과 모형을 통해 한정된 변인 간의 관계를 분석하는 양적 접근방식보다는, 해당 이슈가 존재하는 특정한 대학(혹은 정책 하위체제)의 맥락 속에서 정책 효과의 발생에 영향을 미치는 무수한 변인의 역동적 상호작용 과정과 의미를 심층적으로 분석하는 '사례연구'에 큰 관심을 가지고 있다. 잘 이루어진 사례연구의 경우 연구가 단순히 연구에 그치지 않고, 현장에서 문제해결을 위해 꼭 필요한 통찰력을 상당 부분 제공할 수 있기 때문이다. 특히 최근에는 (1) 전문가로서의 외부 연구자와 (2) 오랜 기간 동안의 현장 경험을 바탕으로 체화된 전문지식을 가진 내부 구성원들 간에, 협동적이고 반복적 상호작용을 통해 실행 가능한 지식을 창출하는 것을 목적으로 하는 실행연구(action research)에 대해 큰 관심을 가지고 연구를 수행하고 있다. 응용지향적 학문임에도 불구하고 그동안 지나치게 '이론적 연구'에만 우월한 가치를 부여하면서 실제 학교와 대학의 교육 현실 개선에는 상대적으로 제한된 역할만을 수행해 온 기존의 우리 교육행정학계의 연구의 편향성과 이에 따른 연구방법상의 한계를 보완할 수 있는 상당한 가능성과 잠재력을 가지고 있다고 보기 때문이다.

사회개혁과 교육실천을 위한

실행연구 입문

Introduction to Action Research:
Social Research for Social Change (2nd Edition)

2020년 2월 25일 1판 1쇄 인쇄
2020년 2월 28일 1판 1쇄 발행

지은이 • Davydd J. Greenwood · Morten Levin
옮긴이 • 변기용
펴낸이 • 김진환
펴낸곳 • (주)학지사
04031 서울특별시 마포구 양화로 15길 20 마인드월드빌딩
대표전화 • 02-330-5114 팩스 • 02-324-2345
등록번호 • 제313-2006-000265호

홈페이지 • http://www.hakjisa.co.kr
페이스북 • https://www.facebook.com/hakjisa

ISBN 978-89-997-2066-6 93370

정가 23,000원

이 도서의 국립중앙도서관 출판시도서목록(CIP)은 서지정보유통지원시스템 홈페이지(http://seoji.nl.go.kr)와 국가자료공동목록시스템(http://www.nl.go.kr/kolisnet)에서 이용하실 수 있습니다.
(CIP 제어번호: CIP2020007331)